U0525780

三 维 集
—— 历史理论、资本主义和美国史研究

何顺果 著

商务印书馆
2010年·北京

图书在版编目(CIP)数据

三维集:历史理论、资本主义和美国史研究/何顺果著.—北京:商务印书馆,2010
ISBN 978-7-100-04592-6

I.三… II.何… III.①史学理论—研究②资本主义—研究③美国—历史—研究 IV.K0 D091.5 K712.07

中国版本图书馆 CIP 数据核字(2005)第 078083 号

所有权利保留。
未经许可,不得以任何方式使用。

sān wéi jí
三　维　集
——历史理论、资本主义和美国史研究
何顺果　著

商　务　印　书　馆　出　版
(北京王府井大街36号　邮政编码 100710)
商　务　印　书　馆　发　行
北京瑞古冠中印刷厂印刷
ISBN 978-7-100-04592-6

2010 年 7 月第 1 版　　　　开本 880×1230 1/32
2010 年 7 月北京第 1 次印刷　　印张 18¾
定价:38.00 元

目 录

自 序 …………………………………………………… 1

历史与理论

文明史研究的任务 …………………………………… 7
西方"文明"概念的局限性 …………………………… 10
生产方式≠社会形态 ………………………………… 13
小农制：一种普遍而长命的生产方式
　　——兼论"生产方式≠社会形态" ……………… 19
马克思《资本主义生产以前的各种形式》考辨 ……… 36
马克思社会形态演进论考释 ………………………… 48
土地问题在社会转型中的重要性
　　——评中村哲著《近代东亚经济的发展和世界市场》 …… 61
自然科学与人文精神 ………………………………… 71

资本主义史

关于"资本主义"的定义 ……………………………… 79
马克思"资本原始形成"理论研究
　　——重读《资本主义生产以前的各种形式》 …… 93
关于资本主义起源问题的三大学派 ………………… 107
市场在西欧的兴起及其历史意义 …………………… 132

1

资本主义萌芽及其历史命运……………………………… 152
资本主义首先产生于农业领域还是工业领域
　　——兼论资本主义生产方式的本质特征……………… 167
关于美洲奴隶种植园经济的性质问题
　　——释马克思的"接种"论………………………………… 185
东欧"再版农奴制"庄园经济的性质问题
　　——与美洲奴隶种植园经济比较………………………… 202
"自由殖民地"
　　——一种独特的资本主义起源和发展的历史模式……… 226
人类正面临从未有过的变化
　　——论高科技革命的世界历史意义……………………… 250
　　附：劳动时间不再决定价值
　　　　——大转变的一千年……………………………… 269
"经济殖民地"概念问题
　　——读陈其人著《南北经济关系研究》…………………… 272

美 国 史 研 究

美国历史概论……………………………………………… 277
美利坚文明的历史起源…………………………………… 295
略论美国农场主阶级的形成……………………………… 321
关于早期美国黑人的地位及其演变……………………… 343
略论美国的"立国精神"…………………………………… 356
关于美国国内市场形成问题
　　——兼谈三大区域之间的关系及其演变………………… 378
解读"暴发式"发展之谜
　　——西进在美国经济发展中的作用……………………… 403

西部的拓殖与美国工业化……………………………………… 429
加利福尼亚金矿的发现及其历史意义………………………… 451
美国西部城市的起源及其历史类型…………………………… 471
美国西部拓荒农场主的形成和演变…………………………… 491

附　论

一个具有重大意义的主题
　　——重读F.特纳的《边疆在美国历史上的重要性》……… 511
　　附：F.特纳"边疆假说"的一个翻译问题 ………………… 524
不能简单地把"西进运动"归结为"领土扩张"
　　——美国"西进运动"初探………………………………… 527
美国西部开发的历史与经验…………………………………… 552
大西部的开发与美国的现代化………………………………… 567
略论美国西部开发模式………………………………………… 576

后记……………………………………………………………… 592

自 序

多年来,我在北京大学所从事的教学和研究,主要涉及三个领域或层次:一是历史理论,这是我的宏观史学;二是资本主义,这是我的中观史学;三是美国历史,这是我的微观史学。在写作有关专著的过程中,有时则是在出版专著之后,会就某些研究心得写点小文,二十年下来竟然积累下三四十来篇。由于它们也是笔者从事研究和写作时,常常不得不考虑的三个角度或维度,故把这个集子称为《三维集》。

但我最初的研究其实是从美国研究开始的。这与我1970年毕业留校时的工作分配有关,当时我被分在美国史教研组。我只记得,当我真正进入我的角色的时候,给我的第一个感觉便是我所能利用的美国史教材其实是很不完善的,最大的问题是只讲13个州的形成而不讲50个州的形成,因而合众国作为一个大国的历史其实是不完备的。它迫使我去研究美国西部的历史及其与美国整个历史的关系,而为了研究它又不得不重新定义和解释当时主要作为批判对象的美国"西进运动"的定义和内容。为此,在我关于这个主题的第一篇论文《美国"西进运动"初探》一文中提出,美国"西进运动"主要包括三个内容:它首先是一个群众性的移民运动,其次它还是一个不断的领土扩张运动,第三它也是一个大规模的开发运动;三者相互联系又互相区别,不能简单地把它们归结为"领土扩张"。这篇文章虽然是在1983年才发表,但基本思想在"文革"结束之前已经有了。

不过，我很快发现，要真正弄清"西进运动"这个问题，仅仅就西部研究西部是远远不够的，还必须去研究北部、南部乃至整个美国史，才有可能有一个全面的看法，因为"西进运动"发生的社会和经济背景，既包括北部的"工业革命"也包括南部的奴隶种植园经济，而南北在社会经济制度上差异又那么大，整个19世纪的美国史在某种意义上就是这三大区域相互斗争和整合的历史。为此，我在1985年左右形成了一个美国区域问题系列研究的计划，这实际上是一个涉及整个美国史的框架。由于它的重点是美国社会经济史问题，为了确定其性质和特点，不与其他资本主义发展模式做比较更是不行的，这又迫使我去研究整个资本主义史，以便把美国的问题拿到一个更广阔的范围内来考察。

然而，当我开始接触资本主义史的一些实质问题时，例如，为什么资本主义会产生于15、16世纪？又如，为什么资本主义不是首先产生于中国而是西欧？这些问题，几乎已涉及整个人类的历史，要回答它们就更不能把自己的视线局限于一国一地了，于是我开始了对历史理论的探索和思考。为此，我既要重读我们自己过去的有关论著，也必须重读马克思的有关论著，还必须重读西方的史学史及世界史。我面临的困难在于，就像我们在经验生活领域必须谨慎地区别什么东西是该保留或什么东西是该抛弃的一样，在理论思维领域也必须谨慎地对待历史遗留给我们的东西，以便把继承和创新结合起来。我有关这方面的几篇文章，都是在这样的考虑下写出来的。

这样，就自然地形成了我在上面所说的三个领域或层次与维度。我自己觉得，这种知识结构的追求，既给我的研究增添了许多意想不到的困难，也促进了我对许多问题的解决，从中我实在是获益匪浅。举个例子，关于美国南部奴隶种植园经济的性质问题，这是美国史研究中最难的问题之一，有关这个问题的争论，即使在美国学术界也长盛不衰,并因此形成了众多的流派和观点。其中有两个尖锐对立的观点,不是把它视作为与古代奴隶制一样,就是把它等同于现代资本主义。我由于把它放到以西欧为中心的大西洋资本主义体系中去考察,即把它作为西欧原生型资本主义的派生和再生形式,立即发现美洲的奴隶种植园并没有完全排斥自由雇佣劳动制度,从而证明了它与资本主义的联系;但由于它主要采取的是奴隶劳动,在这种经济活动中劳动对资本的从属还是形式上的,而不是实质上的。那么,这种经济形态的性质究竟应如何确定呢?我们从马克思的资本理论中得知,它应属于资本主义与非资本主义之外的第三种形态:"形式上的资本主义"。这一独立解释,既不同于某些西方学者的意见,也不同于某些东方学者的意见,如果没有对史学史和马克思的基本了解,是不可能作出的。

以上是从个人研究经历来谈本书三个部分形成的过程,但并不是说所有这些文章都是相互关联的,因为一旦进入这些领域你就会发现,每一个领域都会有自己独特的研究对象和内容,它们都会像迷宫一样吸引着你不断去探索,没有十年八年甚至一辈子的工夫或许都出不来。正因为如此,在每一个领域我都力图钻进去,并按它们本身的规律来设定自己研究的任务,并试着把自己的一些研究心得、体会记录下来,就教于读者。然而,所有这些都仅仅是开了个头,也许再过十年八年会使这本集子变得更为充实和系统一些,但绝不可能有一个完满的时候,至少对我本人来说是如此。

这些文章长短不一,深浅也不尽相同,但大多数选题的确定都遵循着一个原则,即选题都着眼于历史和理论的双重价值。我希望在解决某一个历史问题时,在理论的探索中也能有所推进,尽管在这方面做得还很不够,但我尽量孜孜以求,从未懈怠过。我所能做到的,仅此而已。

美国西部的开发问题,本是我一直关注的一个问题,这几年国内对这个问题也很重视,其中一些比较专业的文章已收入文集第三部分,其余文章则纳入"附论",以便社会上关心这一问题的人士参考。

作者　谨识

2004年2月于北京大学

历史与理论

文明史研究的任务[*]

关于文明问题，以前虽然有所留意，但并无什么深究。1998年，教育部高教司组织编写大学生素质教育书系，我受托主编《人类文明的历程》（高等教育出版社2000年版）一书，方对"文明"及"文明史"问题有较多的接触和思考。这里特把我的一些心得和体会写出来，与关注文明问题及文明史研究的同行和读者切磋。

迄今为止，在很多人看来，特别是在西方的某些学者眼中，所谓"文明"主要还是指"物质文明"，这可能与他们拥有庞大的物质财富有关；许多人也在谈论"精神文明"，但在他们心目中，"精神"与"物质"常常是对立的。可以想见，在这样的情况下，不可能对"文明"有正确而深刻的理解，当然也就弄不清文明史研究的真正任务。而我认为，"文明"在本质上应是人文的，而不是物质的。

是的，文明可能有各种各样的形式，但无论"文明"以何种形式出现，都必须以一定的物质作为它的基础和载体，包括制度的、文化的和精神的东西在内。"精神"，包括伦理和道德在内，似乎看不见也摸不着，但第一，"精神"是思维活动的产物，而思维有人的大脑作为它的物质基础，没有这种物质基础人们就无法进行思维、推理和判断；第二，作为"精神"重要组成部分的伦理、道德，不仅会通过人们的行为活动得到反映、体现，也通过各种形式的文字给人们以教育而获得

---

[*] 这是笔者拟写的关于文明问题的一系列文章的头一篇，后因忙于别的任务未能续写下去，等将来有机会再补写。

传承。可以说,物质不仅是一切文明存在和发展的基础,也是一切文明存在和表达的主要形式。

不过,我以为,虽然文明有各种各样的存在和表达形式,且一切文明的形式都必须以一定的物质作为它的基础和载体,但一切文明在本质上还是人文的,或者说归根结底是精神的,而一切物质的东西之所以会成为文明的组成部分,那是因为它们被赋予了人文的因素,或者说是在它们被注入了人文精神之后。这是因为,在人类诞生之前,世界上的万事万物都还是自然的,或者说还是以"自然"形态存在着的,在这种情况下无所谓"文明"。而"人"之所以为"人",或者说"人"之区别于其他一切动物乃至整个自然界,恰恰就在于,人是具有理性思维能力的,因而是具有主观能动性的,因而又是可以认识自然和改造自然的。可见,文明发生的内在逻辑乃是人,更确切地说是人文因素对自然的介入,没有人和人文因素的介入,便谈不上任何文明的产生;从这个意义上说,在第一件人工石器工具诞生之前,世界上的一切都是自然的;当第一件人工石器诞生之后,世界便开始不完全属于自然了,因为人在制造这个工具时已赋予它以人文的因素,即人制作这个石器的思想和目的,以及为达此目的而采用的技艺和手段,于是这石器便属于"文化"的范畴了。从这时开始,整个文明即人类活动所创造的全部成果,无论它是政治的还是经济的,也无论它是制度的还是文化的,亦无论它是物质的还是精神的,只要它是被称为"文明"的东西,就毫无例外地包含着人文的因素,如此才有可能被纳入"文明"的范畴。可以这样说,文明之产生只不过是由于自然被赋予了人文的因素。

正因为如此,一件文物的价值,主要并不是体现在它的物质上,而是体现在它包含的人文精神上,从纯粹的物质价值上去考虑,许多古文物在外行人看来可能是"废品",但其中所蕴涵的人文价值却可能是无价的。克里特岛上的古文字样品,最初只是被当作"护身符"戴在希腊妇女的身上,只是在1893年英国考古学家在雅典的大街上买到并由此引发了1895—1900年对米诺斯迷宫的发掘之后,才被认定它们原是古希腊文明留下的遗物而成为珍贵文物,因为它们让人们找到了欧洲文明的源头。因此,某些看似微不足道的东西,从文明史研究的角度看,却有着难以估计的价值。也正因为如此,我们在研究文明史时,不仅要看到文明存在和表达形式的差异,以及这些文明形式在历史上发达的程度,更重要的是要了解它们所包含的人文内涵并揭示其本质和价值,因为那才是"文明"的真谛。如,在研究世界建筑和雕塑史时,不仅要看到各国建筑和雕塑所表现出来的不同的结构与风格,更要重视由这些结构和风格所表达的不同的观念和精神,我们从哥德式建筑的结构和风格看到的是这个民族的"极大的精神苦闷",而古希腊的雕像却充分表达了那个民族"对肉体生活像对精神生活一样的爱好"。再如,在研究世界制度和文化史时,不仅要看到各国政治制度的差异及其演变的不同路径,更要通过这些差异去探索那个民族和国家独特的社会传统与人文传统,人们会发现深受伊斯兰影响的阿拉伯文化与深受基督教影响的西欧文化是多么不一样,而深受儒教影响的中华文化又与阿拉伯文化和西欧文化是多么不一样。

当然,为了对文明进行这种深层次的探索,我们首先要整理有关这些文明的资料,划分文明的种类和形式,记述各文明发展的历史,研究推动各文明发展的动力。但在全部文明史的研究中,如果我们忽视了对各文明形式所蕴涵的不同的人文精神的把握,就不能说是抓住了文明及文明史研究的核心,就不能说是完成了文明史研究的任务。

(原载《光明日报》2001年4月10日)

西方"文明"概念的局限性

为了写好《世界文明史》,当务之急是要确立一个科学的"文明"概念,因为我们准备编写的是《世界文明史》,而不仅仅是通常见到的西方文明史,而目前国际学术界流行的"文明"概念,主要反映的是西欧文明的内容。

目前流行的"文明"概念,在英文中写作"civilization",它有两点值得我们特别注意:(1)是它产生的时代背景。据宾维尼斯特考证,"文明"(civilization)这一术语,最早见于法国米拉波侯爵(1757年)及苏格兰思想家 A. 弗格森(1767年)的著作。它的流行是在18世纪后半叶,并且是由启蒙思想家首先使用的。这一事实赋予它以明确的时代内容。(2)是它包含的文化内涵。因为这个词的词根 civil 是来自拉丁文的 civis,该词在拉丁语中的基本含义是"市民"和"公民"[1]。换言之,"civilization"这一概念是以"自由"为核心的,而我们知道,在希腊人和罗马人中,享有公民权的市民历来仅限于自由人而不包括奴隶,因而是西方市民阶级利益和观念的反映。这一事实赋予它以明确的阶级内容。这就提出了一系列问题:在资本主义形成以前存不存在"文明"? 在西欧之外还有没有别的"文明"? 文明仅仅是属于"市民社会"的吗? 答案当然是清楚的。由此可见,必须突破西方"文明"的局限性,扩大和丰富"文明"的内涵,才能适应我们编写

---

[1] 谢大任主编:《拉丁语汉语词典》,商务印书馆1988年版,第100页。

《世界文明史》的需要。有关"文明"这一概念的问题很多,但认识它本身的内涵和局限性,我以为至关重要。

不言而喻,文明史研究的对象应是人类自身。因此,所谓"世界文明史",准确地说应叫人类文明史。根据现代语言学的"二项对立"原理,任何语言中的概念永远处于某种对立的状态,单独一个元素不可能清楚表达任何意义,①因此"文明"应是相对"野蛮"而言的。关于这一点,我们的祖先似乎比当代的某些人更清楚。查《周易》一书,先后有六次使用"文明"一语:(1)"'见龙在田',天下文明。"(2)"文明以健,中正而应,君子正也。"(3)"其德刚健而文明,应乎天而时行,是以元亨。"(4)"文明以止,人文也。"(5)"内文明而外柔顺,以蒙大难,文王以之。"(6)"文明以说,大亨以正。"可以说是处处强调人的教化与自教,无不将"文明"与"野蛮"对立。事实上,摩尔根写的《古代社会》,以及恩格斯所写的《家庭、私有制和国家的起源》,虽然对"文明"的标志各有不同的界定和解释,但都是将"文明"与"野蛮"对立的。②它们都表达了一种观念:人类本身的进步。因此,世界文明史,就是人类通过自己的活动和实践,逐步摆脱野蛮状态走向进步的历程,它应包括人类全部的既得成果,包括物质的和精神的、经济的和政治的、制度的和文化的。

在确立了"文明"的这种观念之后,我们就不难理解所谓"文明"绝不是一元的,而应当是多元的。因为尽管人类可能有自己共同的祖先,因而其起源可能是一元的,但人类由野蛮到文明的演进是由人类本身的活动和实践决定的,而人类的活动和实践又要受种种不同的环境和条件,以及在这些条件基础上形成的不同的社会经济结构

---

① 参见 F.杰姆逊:《后现代主义与文化理论》,北京大学出版社1997年版,第17页。
② G.邓肯·米切尔主编:《新社会学词典》,上海译文出版社1987年版,第45页。

的制约。关于人类社会形态的演进,我在 1996 年就写了一篇专文,并在该年底交《北大史学》,文中提出,马克思的社会形态演进论是社会进化论和多线发展论的统一,多样性占主导地位。我以为,人类文明的演进,不能离开这一基本规律。

谙熟西方文明史写作的费尔南·布罗代尔,在他的《文明史:过去解释现在》这篇著名论文中写道:"政治、社会和经济的结构左右着道德生活、精神生活和宗教生活的方向",以往有关文明史的研究之所以"几乎总是导致唯心主义的猖獗",就是因为它们往往"忽视下层基础"的重要性,而"文明毕竟建立在土地上"。① 这些话此刻读起来真是入木三分,但愿我们的世界文明史研究,不犯布罗代尔所批评过的错误。

(原载《北大史学》1998 年第 5 期)

---

① 费尔南·布罗代尔:《资本主义论丛》,中央编译出版社 1997 年版,第 157—158 页。

生产方式≠社会形态

在一些著述中,人们常常把"生产方式"与"社会形态"混为一谈,以为生产方式就是社会形态,或社会形态就是生产方式,进而把某种生产方式的产生看成就是一种新的社会形态的形成,或新的社会的形成。

我猜,这多半是受了马克思此段论述,确切地说,是此段论述的中译文的影响:"大体说来,亚细亚的、古代的、封建的和现代资产阶级的生产方式可以看作是社会经济形态演进的几个时代。"[①]正如有的学者指出的:"从字面上看,这里社会形态是指生产方式"。[②] 因为在此译文中,按汉语语法关系,生产方式和社会形态两个概念是对等的,用一个公式来表示,就是:A=B。

其实,这完全是对马克思的误解。查有关的德文原文,此处"看作"一词马克思原用的是"bezeichnet",[③]此词的原型"bezeichnen"在德语中有几个释义:(1)作记号于,标明;(2)说明,描述;(3)称作,称为;(4)表示,表明;(5)[旧]表示(或说明)……的特性,刻画……的特点[④];而且各类词典的释文基本一致。不难看出,此词虽然可译作

[①] 马克思:《政治经济学批判》序言,载《马克思恩格斯选集》第2卷,人民出版社1966年版,第195页。着重点为引者所加。
[②] 赵家祥:《马克思主义的社会形态理论简论》,北京大学出版社1985年版,第4页。
[③] 《马克思恩格斯全集》(K. Marx, F. Engels, *Werke*)第13卷,柏林,1961年版,第9页。
[④] 《德汉词典》编写组:《德汉词典》,上海译文出版社1982年版,第196—197页;王昭仁等:《德汉词典》,商务印书馆1985年版,第162页。

"看做"、"称作"、"表示"等,但其基本的含义或者说首要的意义,乃是"标志"、"标明"之意①。换言之,在此论断中,马克思的本意,只是把"生产方式"看做与之相对应的那种"社会形态"的"标志",而不是把这种"生产方式"看做是该"社会形态"本身。因为,既然它只是某种社会形态的"标志",那么它只应是该种社会形态中占主导地位的生产方式即主要的生产方式,并决定着该社会经济形态的性质即使之具有独立的性格,否则它便不能构成该形态的"标志"。可见,在马克思的心目中,在马克思的思想中,生产方式≠社会形态。由此,我们可以作出如下推论:第一,既然一种生产方式只在社会上占主导地位时才能造成一个与之对应的独立的社会形态,那么这种生产方式由萌芽到取得主导地位应是有一个过程的,因此不应忽视社会形态形成的复杂性;第二,既然一种社会形态中必有一种生产方式是占主导地位的,那么在它内部就一定还会有不占主导地位的生产方式,因此各种社会形态应是多种生产方式的结合体;第三,既然在一种社会形态中有的生产方式占主导地位而有的不占主导地位,可见并不是任何一种生产方式都一定会上升到主导地位,并造成与之对应的独立的社会形态。我以为,这是不言而喻的。

对马克思论断的这一考释可否成立?我们先来看英语世界对它的理解。在1968年于纽约出版的《马克思恩格斯选集》中,有关马克思此段论述的英译文是这样表达的:"In broad outlines Asiatic, ancient, feudal, and modern bourgeois modes of production can be designated as progressive epochs in the economic formation of society."②在此处,英译者使用了"designated"一词,来翻译马克思

---

① 赵汤寿主编:《现代汉德、德汉词典》(德汉卷),北京大学出版社、乌特·席勒出版社和香港燕园文化实业有限公司1992年版,第76页。
② 见 H. 塞尔萨姆等编(H. Selsam and Others ed.):《社会变迁动力学:马克思主义社会科学读本》(*Dynamics of Social Change: A Reader in Marxist Social Science*),纽约,1980年版,第52页。

所用的"bezeichnet"一词。关于英文"designate"一词，一般英汉词典释义为：(1)指出，指明；(2)指出……名字，把……叫做；(3)选定，指定，等①，其基本含义也是"标明"、"指明"。例如，此词在牛津大学出版的《现代高级英汉双解辞典》中给出了两个释义，其中第一个释义就是"标明"、"指明"(mark or point out clearly)②。而著名的韦氏国际英语大辞典，对"designate"一词的最基本的释义，也是"标出"(to mark out)③。可见，英译者也注意到了马克思该用语的本义，并对此相应地做了准确的译述。

此外，我们还注意到，关于马克思此论断中包含的这一重要思想，恩格斯在《〈共产党宣言〉1888年英文版序言》中也有过专门的说明。在那里他清楚地写道："虽然《宣言》是我们两人共同的作品，但我终究认为必须指出，构成《宣言》核心的基本原理是属于马克思一个人的。这个原理就是：每一个历史时代主要的经济生产方式与交换方式以及必然由此产生的社会结构，是该时代政治的和精神的历史所赖以确立的基础，并且只有从这一基础出发，这一历史才能得到说明。"④这里有几点值得注意：第一，他认为，每个"历史时代"都有一种"主要的生产方式"；第二，他认为，是这个主要生产方式"产生"和决定了那个时代的"社会结构"即社会形态；第三，他认为，由生产方式的改变引起的社会结构的变化带有"必然"性；第四，他认为，这一思想和原理只是"属于马克思一人的"。不难看出，上面我们的理解和解释，和恩格斯的说明是一致的。

---

① 郑易里等：《英华大词典》，商务印书馆1985年版，第360页。
② 《现代高级英汉双解辞典》，牛津大学出版社1963年版，第291页。
③ 《韦氏第三版新编国际英语词典》(*Webster's Third New International Dictionary of the English Language*)，美国马萨诸塞斯普林菲尔德公司1981年版，第612页。
④ 《马克思恩格斯选集》第1卷，人民出版社1972年版，第225—226页。着重点为引者所加。

那么,马克思本人究竟是怎样看待这一问题的?他有没有对自己的这一思想的直接表述?我们查阅了他的著作,发现他在《〈政治经济学批判〉导言》中的这一段话,就应是他关于这一思想的直接表述:"在一切社会形态中都有一种一定的生产支配着其他一切生产的地位和影响,因而它的关系也支配着其他一切关系的地位和影响。这是一种普照的光,一切其他色彩都隐没其中,它使它们的特点变了样。"①可见,恩格斯说这一思想和原理只"属于马克思一人",并不是一种谦虚,而是一种事实:马克思此话写于1857年,比恩格斯的话要早31年。

在做了上述考释之后,一个偶然机会读到本·法因和劳伦斯·哈里斯所著《重读〈资本论〉》,发现其中竟有一节专门论及"生产方式和社会形态"。他们认为,由于"社会形态的思想比生产方式这个简单、高度抽象的思想更复杂",我们有必要详细地研究和说明"这二者之间的关系"。在他们看来,"一种社会形态是一个完整的社会实体,这个实体是几种生产方式"相互结合的产物,但它们又不是"不同生产方式的简单堆积"。据他们说,在 L. 阿尔都塞所著《保卫马克思》(1969年)以及他和 E. 巴利巴尔合著的《阅读〈资本论〉》(1970年)中,也认为任何特定的社会形态都是不同生产方式的结合。作者们写道:"例如,20 世纪的法国就是这样一种社会形态,其中资本主义生产方式占统治地位,但也包含有其他生产方式,农民的存在就是明证。"②所有这些,都与本文所持论点不谋而合。

由此可以推知,从生产方式与社会形态的关系来看,在历史上所有已经存在过或将要建立的社会形态中,生产方式所处的地位和状

---

① 《马克思恩格斯选集》第 2 卷,第 109 页。
② 本·法因和劳伦斯·哈里斯:《重读〈资本论〉》,山东人民出版社 1993 年版,第 8—14 页。

况不外乎以下四种:(1)这种生产方式虽已产生,但其力量还十分弱小而幼稚,只能依附于别种方式而存在,可称之为"从属形态";(2)当这种生产方式成熟起来后,便逐渐地具有了与别的生产方式抗衡的力量,而为自己取得了均衡的地位,可称之为"均衡形态";(3)这种生产方式进一步发展壮大,以致最终在诸生产方式中上升到主导的地位,并造成一个与之对应的独立的社会形态,可谓之曰"主导形态";(4)如果一种生产方式不仅取得主导地位,而且排斥任何其他生产方式的存在,那就造成了一种极端形式,可视之为"纯粹形态"。不难看出,"主导形态"才是历史上社会形态的常态,其余三类不是还不稳定,就是过于理想化,都不是常态。

我们还可以推知,如果一种生产方式虽然已经产生,甚至已有相当程度的发展壮大,但只要它还未上升到主导的地位,我们便不能说它已构成了一个以它为标志的社会形态而在历史上独立存在,因为它还不能决定整个社会的性质。例如,在中国,就不存在独立的资本主义社会,或者说,未经过独立的资本主义社会发展阶段,因为中国虽然产生了它的资本主义,但这种生产方式并未在历史上获得充分的发展,并在整个中国社会中占主导地位,所以叫做"半封建半殖民地社会",亦即"半封建半资本主义社会"。

从上面的考察和分析可以看出,上述马克思论断的中文的译法是有根据的,但似乎还没有准确地表达马克思用语的本义,容易造成马克思认为社会形态即生产方式的误解,而这并不符合恩格斯所阐述的马克思有关这一问题的基本思想。可否考虑将译文改为:"大体说来,亚细亚的、古代的、封建的和现代资产阶级的生产方式,可以看作是社会经济形态演进的几个时代的标志。"以避免把生产方式等同于社会形态的误解。由于翻译是一个复杂的事情,各人的理解又往往很不相同,因此这种改动还须仔细斟酌。

但是,鉴于上述马克思的论断,是国际学术界(包括东方的和西方的学者在内)广泛引用的著名论断,甚至可能是马克思著作中被引述得最多的论断,又涉及人类学、考古学、历史学乃至整个文化学的研究领域,过去对与此有关的许多问题的解释可能都过于简单化,这里对此作一简略的考察和分析,在学术上或许是不无意义的。

(原载《世界历史》1998年第3期;
《人民日报》1998年8月29日理
论版摘要报道)

小农制:一种普遍而长命的生产方式
—— 兼论"生产方式≠社会形态"

在《世界历史》1998年第3期上,我曾写过一篇小小的读史札记,谈及马克思社会形态演进论的一处翻译问题。其原文是:"大体说来,亚细亚的、古代的、封建的和现代资产阶级的生产方式可以看作是社会经济形态演进的几个时代。"①

在研究中,我注意到,此论断中的关键词"看作",原文"bezeichnet"(动词)的主要意思是"标志"、"标明","看作"乃是它的基本含义的引申。因此,我推断,马克思在这一论断中,只是把"生产方式"视作与之对应的那种"社会形态"的"标志",即该种"社会形态"中占主导地位的生产方式,而不是把"生产方式"看作该社会形态本身,因而在马克思心目中"生产方式≠社会形态"。②

那么,在实践上这一看法是否站得住脚,则是一个有待进一步探讨的问题。按逻辑,为使这一公式得以成立,必须找到至少一个或一个以上的例证,并可以说明此生产方式未构成社会形态,否则判断无效。我以为,我们已找到了这样的例证,这就是我们常说的"小农制",因为它是一种普遍而长命的生产方式,却从未在哪个地方上升

---

① 马克思:《政治经济学批判》序言,《马克思恩格斯选集》第2卷,第195页。
② 何顺果:《生产方式≠社会形态》,载《世界历史》1998年第3期。《人民日报》1998年8月29日理论版作了摘要报道。《改革内参》1998年第22期亦作了摘要报道。

到一个社会的主导地位,并进而形成以它为标志的社会形态,或以它为标志的独立的社会发展阶段。当然,"小农制"是否是一种"普遍而长命"的生产方式,我们首先还须证明。

关于小农制,卡尔·马克思有过一系列经典论述,其中最重要的有以下两条:

(1)"小农经济和独立的手工业生产,一部分构成封建生产方式的基础,一部分在封建生产方式瓦解以后又和资本主义生产并存。同时,它们在原始的东方公有制解体以后,奴隶制真正支配生产以前,还构成古典社会全盛时期的经济基础。"①

(2)"从资本主义生产方式产生的资本主义占有方式,从而资本主义私有制,是对个人的、以自己劳动为基础的私有制的第一个否定,但资本主义生产由于自然过程的必然性,造成了对自身的否定,这是否定的否定。这种否定不是重新建立私有制,而是在资本主义时代的成就的基础上,也就是说,在协作和对土地及靠劳动本身生产的生产资料的共同占有的基础上,重新建立个人所有制。"②

马克思在这里设定了"小农制"的三个"黄金时代"。关于引文(2)所说的"个人所有制",究竟是指"生活资料的个人所有制"还是指"人人皆有的私有制",抑或是指"生产资料的公有制",目前学术界尚存在许多争论。但一点是很清楚的,即在马克思所设想的未来社会中,"个人所有制"即小农制仍是社会的重要基础。只是迄今为止,世界上还没有一个地方进入马克思所设想的"共产主义社会",因此他所说的"个人所有制"究竟为何物谁也说不清,姑且称之为"经济学的哥德巴赫猜想"③。不过,马克思所讲的前两个"黄金时代",已为

---

① 马克思:《资本论》第1卷,人民出版社2004年版,第371页注㉔。
② 同上书,第332页。
③ 张燕喜等:《经济学的哥德巴赫猜想》,载《中国社会科学》1999年第5期。

大量历史事实所证实,并非猜测。

在由公有制社会向私有制社会转变的过程中,有一个以农村公社为标志的过渡期。与以往的氏族制度相比较,农村公社有一系列突出的特点:(1)它是按地域而不是按血缘组织起来的;(2)土地耕作开始由以氏族为单位转变为以家族或家庭为单位;(3)权力行使的范围开始越出氏族的范畴,由此造成了大批独立经营的小农。这种小农或者完全拥有原公社的土地,或者部分拥有原公社的土地,或者只拥有占有权和使用权,但总的趋势是趋于私有化及经营上的个体化。古巴比伦社会中的"阿维鲁"(awilum),雅利安人中的"吠舍"(vaicya),赫梯法典中所说的"使用工具者",殷墟卜辞中所说的"众"人①,古希腊档案中称为"克托那"(ko-to-na)的人,古罗斯文献中所记载的"斯美尔德"(СМеРД),以及古英语中所说的"刻尔"(coerl),都是起源于本民族农村公社的自由农民,只不过有的含义单纯而有的较为复杂而已。例如,古巴比伦语中的"awilum"(阿维鲁),我们过去一般译为"自由民"②,其中当然就包括我们所说的"小农",但实际上它并非专指"小农",因为他们生活于其中的"阿鲁姆"(alum),既指农村公社及相关的社会组织,也指建筑、城镇、要塞等③。又如,古希腊语中的"ko-to-na"(克托那)又分两种:一种是由被称作"te-re-ta"的个人"出租"给私人使用的,叫做"ki-ti-me-na ko-to-na";另一种则是由集体"出租"给私人使用的,叫做"ke-ke-me-na ko-to-na",虽

---

① 关于殷墟卜辞中的"众",我国学界多有争论,目前至少有三种看法:一说是"奴隶";一说是"自由民";一说是"族众",包括平民和家长制下的奴隶。今暂取其一。参见赵诚:《甲骨文简明词典》,中华书局1988年版,第163页。

② 林志纯主编:《世界通史资料选辑》(上古部分),商务印书馆1963年版,第57—93页。

③ 杨炽译:《汉穆拉比法典》,高等教育出版社1992年版,第165页注㉚、㉝。

然它们的耕种者都是"份地"领有人,即小农①。但有一点很清楚,不管这些小农在他们的社会里如何称呼,他们都是农村公社的主要社会成分。

至于小农在农奴制度废除后的主体地位,在学术上更是一个不争的事实,这在东西方都可以找到足够的证据。在西方,可以英、法为代表,这两个国家的农奴制,都是在14世纪末、15世纪初废除的②。据统计,英国在1640年革命爆发前,作为英吉利民族支柱的公簿持有农,在中部地区占农村人口的60%,而在东部地区则占到了1/3至1/2;此外,全国还有自由持有农16万,茅舍农40万。法国的情况与英国有些不同,在1789年大革命爆发前,全部土地仍为大小封建主所有,其中贵族领主占3/5,国王和教会各占1/5,但法国地主均不直接经营土地,而是采用"租地"和"纳赋地"的形式,将土地分成小块租佃给农民耕种。在东方,可以韩国和中国台湾地区为例,因为二者都在1950年前后,通过"农地改革"废除了封建土地所有制,并由此形成了自耕农在农村人口中的统治地位;据统计,在台湾,自耕农在全部农户中的比重,由1945年的29.8%上升到1957年的60.0%;而在韩国,自耕农在整个农户中的比重,也由1945年的13.8%上升到1955年的69.5%。(见下表)这就提出了一个问题:除了这三个"黄金时代"以外,在奴隶社会、封建社会和资本主义社会中是否还有小农制存在?如果有,它们在当时的社会经济结构中又占多大的比重?

---

① 让-皮埃尔·韦尔南,《希腊思想的起源》,三联书店1996年版,第18—19页。黄洋:《古代希腊土地制度研究》,复旦大学出版社1995年版,第19—20页。
② 据记载,在英格兰,"最后一个有记录的维兰案件",即宣布给予维兰皮格以自由的裁定,是在1618年。这可视作农奴制在英国最后消失的时间。见约翰·克拉潘:《简明不列颠经济史》,上海译文出版社1980年版,第281页。

土改前后台湾地区和韩国农业社会结构之变迁[①]（单位：万户）

耕者类型	台湾地区 土改前(1949年) 户数　%	台湾地区 土改后(1957年) 户数　%	韩国 土改前(1945年) 户数　%	韩国 土改后(1965年) 户数　%
自耕农	22.4　36	45.5　60	28.4　13.8	174.2　69.5
半自耕农	15.6　25	17.8　23	71.6　34.6	58.9　23.5
佃　农	24.0　39	12.6　17	100.9　48.9	17.6　7.0
非农户			5.6　2.7	

对于封建社会来说，此问题并不难解决，因为封建社会是典型的传统农业社会，是农业社会经过几千年发展后所达到的顶峰。在这种社会里，虽然地主所有制占据统治地位，但是，第一，在这种社会里，"除了封建所有制之外，还存在农民和手工业者以本身劳动为基础的个体所有制，他们占有生产工具和自己的私有经济"。[②] 在这类"个体所有制"中，最典型最重要的部分，是历史悠久的"自由农民"，虽然我们无法了解这类"自由农民"在各国农民中的实际比重究竟有多大，但我们确切知道在13世纪即封建盛期的英国，这个比例大约1/3至1/2[③]。据E.A.科斯敏斯基研究，在13世纪英国中部五个郡中有明确身份的9934个农户中，农奴占去了58%，自由农民占42%[④]。第二，在"地主所有制"名义下，在世界各国甚至一国范围内，存在着一系列十分不同的经营方式，其中就包括领主制、庄园制、工役制等方式。无论哪一种形式，都存在着一个"所有权"和"经营

[①] 《台湾农业年鉴》，台北，1950年版，第28页，台北，1967年版，第47页；J.布朗和S.林编（J. Brown and Sein Lin, eds.）：《发展中国家的土地改革》(Land Reform in Developing Countries)，哈特佛德，1968年版，第102页。

[②] 斯大林：《列宁主义问题》，人民出版社1973年版，第650页。

[③] R.H.希尔顿（R.H. Hilton）：《随便使用的非自由人》(Band Men Made Free)，伦敦，1980年版，第61页。

[④] E.A.科斯敏斯基（E.A. Kosminsky）：《13世纪英国农业史研究》(Studies in the Agrarian History of England in the Thirteenth Century)，牛津，1956年版，第205页。

权"分离的问题,因而仍是以"小生产方式"为基础的。自然,在地主所有制下的"小农",只是从经营方式而不是从所有权上说的。但在西欧,据马克垚教授研究,本来在很长一个时期内并没有"所有权"这个字眼,英语的 ownership 和德语的 eigentum 均是在 13、14 世纪才陆续使用的,在此之前使用的是"占有"(seisin)一词。① 换言之,在 13、14 世纪之前,西欧封建主的土地所有权,也不一定就是绝对的。

在各封建社会中,占突出地位的经济形态都是庄园制,由于封建时代的庄园常常和村落在组织上重叠,因而典型的庄园总是由三部分构成的:(1)领主自营地;(2)农奴领有地;(3)自由领有地。因此,深入了解庄园经济的结构及其内部各部分的比重,对我们从整体上认识封建经济的结构,有重要的典型意义。在这方面,E. A. 科斯敏斯基对 13 世纪英国中部的研究颇能说明问题。他首先把该地区的庄园按大、中、小进行分类,然后分别对各类庄园土地占有的状况进行统计,得出各类庄园上土地占有的比例②:

庄园类型	领主自营地	农奴领有地	自由领有地
大型庄园 (1000 英亩以上)	20	57	23
中型庄园 (500~1000 英亩)	35	39	26
小型庄园 (500 英亩以下)	41	32	27

从中可知:第一,庄园愈大,农奴领有地的比重愈大;第二,不论庄园大小,绝大部分土地都是由农奴和自由农民耕种的。"领主自营地"一般是由庄园的"犁队"(plough-team)耕种的。例如,根据 1086 年英国全国土地调查记录,洛斯特郡伯克利庄园的自营地有 54.5 个犁

---

① 马克垚:《西欧封建经济形态研究》,人民出版社 1985 年版,第 116 页。
② E. A. 科斯敏斯基:《13 世纪英国农业史研究》,第 100 页。

队,威斯敏斯特郡斯坦尼斯庄园的自营地有24个犁队。① 但庄园的自营地也不一定全由庄园犁队耕种,有时也由自营地上的佃户来承担。例如,上述伯克利庄园,"其自营地上有54.5个犁队,还有192个佃农"②。

其他国家的情况也与此类似。在中国,战国之前实行领主制,土地的实际耕种者是"庶人"或"小人",即农奴;战国之后地主制取代领主制,土地改由"田客"或"佃农"分种。律令制在日本建立后,土地和人民都收归国家所有,然后以户为单位并按不同性别授(班)田,同时允许"狭乡"富户到土地较多的"宽乡"占地,而由赁租者直接耕种。从奈良时代到战国时代,庄园制在日本盛行起来,但庄园一般被分成"直营地"和"治田"两种:前者称为"田"或"公事田",由庄园领主自营;后者称作"佃"或"用作"、"正作",由当地农民耕种。在李朝统治下的高丽,按当时颁布的"科田法",土地被分为"科田"、"军田"和"民田"三类,其中由百官和"功臣"领有的"科田"和"军田",直接耕种者也都是纳贡和服役的农民。据15世纪30年代江原道的统计,"残户"、"残残户"占农民总数的85.1%,其土地在6结以下,属地道的小农制。在伊斯兰统治下的莫卧儿帝国,推行德里苏丹实行的"伊克塔"制度,在此制度下封土"扎吉尔"是授给扎吉达尔的,但扎吉达尔既不能世袭占有其封地,本人一般也不居住在自己的封地上,只能按时在封地上按国家规定收税,而直接生产者则是小农。在奥斯曼帝国,在著名的"蒂马尔制度"(Timer)下,"阿尔齐·米里"即国有土地在1528年几乎占了全国土地的87%,被划分为22个类别分别授予各级封建领主,但直接耕种者则是具有"世袭和永佃权"的农民。俄

---

① F.梅兰德(F. Mailland):《末日审判书及其以前的情况》(*Domesday Book and Beyond*),剑桥,1921年版,第111、113页。
② 同上书,第113页。

国封建农奴制形成于1649年,从此"克列斯基扬"(Крестьян)即农奴取代以往的"斯美尔德"(смерд)成为俄国农民的主体,但:第一,即使在农奴制形成后,"米尔"(мир)仍在俄国国内保存下来,村社土地还不断进行重分;第二,在农奴制下,俄国农奴虽然在人身上依附于各类领主,以劳役或货币形式缴纳地租,但他们仍有小规模的独立经济。总之,在封建社会,小农制仍是整个社会的基础,因为农奴是"封建社会的独立小生产者"①。

如果说小农在封建社会中的地位和作用问题较为易于解决的话,那么小农在奴隶社会中的地位和作用问题就难于弄清了,因为查士丁尼说过,在罗马社会中"一切人不是自由人就是奴隶"②,仿佛除了奴隶主和奴隶外,奴隶社会就没有别的什么人了。其实不然,大量研究证明,在几乎所有奴隶社会中,奴隶从未能构成人口的多数,也未能构成劳动者的多数,即使在发达的奴隶社会中也是如此。因为奴隶社会首先是一个农业社会,而农业是一种生长性产业,是要受季节、气候和作物的种类影响,因而存在劳动间歇问题。而奴隶,作为主人的财产,一般来说不拥有自己独立的经济,全年生活费用都要由主人提供,因而在农业中大量使用奴隶劳动是否合算,就是主人必须认真考虑的问题。正因为如此,在东、西方被称作奴隶社会的地方,我们到处都可以看到"小农"的身影。例如,埃及古王国的"尼苏提乌"和"麦尔特"或"勒麦特",两河流域苏美尔城邦的"古鲁什"(Gurus),古巴比伦《汉谟拉比法典》中所提到的依附于主人的"雇农",以及中国《孟子·滕文公》所说的"夏后氏五十而贡"中因获得五十亩授地而必须纳"贡"的人,亦即《穀梁传·成公元年》所谓"古者四民"中

---

① 马克垚:《西欧封建经济形态研究》,第200页。
② 查士丁尼:《法学总论》,商务印书馆1989年版,第12页。

的"农民",均是主要从事农业耕作的独立或依附小农。朱龙华教授认为:"一般而言,使用于生产劳动中的奴隶在数量上不及农民及手工业者,这是整个古代东方社会共有的特征"[①],这一论断应是可以成立的。据研究,在苏美尔的拉格什,其鼎盛时期的总人口达12—13万,而奴隶只占总数的 1/4,即约 3 万。

其实,不仅在古代东方社会中小农是基本的农业耕种者,就是在被称为"古典"奴隶制国家的希腊社会中,"小农"也是最基本的成分。这是由希腊各城邦的土地制度决定的。在迈锡尼文明中,一种称作"ke-ke-me-na ko-to-na"的土地,是由集体"出租"给私人个人使用的,可见早期村社土地制度在新形势下仍起着作用。在斯巴达流行着一种"份地制度",就是在成年男性公民中进行土地平分,这种制度无论是出于现实的需要还是由于历史的原因,其结果都是土地的分散耕作。在雅典,土地的私有在梭伦改革前已经存在,梭伦的改革由于废除债务奴隶制使这种土地私有制得以确立,又通过按财产划分等级的制度打破贵族对政治权利的垄断,二者都加强了小农阶层的力量。结果,雅典这个实行典型的古代民主制的城邦,也成为典型的以小农为公民主体的城邦,小农竟占了公民总数的 44%—65%。(见下表)

在罗马帝国,奴隶制可以说发展到极致,大量使用奴隶劳动的事例随处可见。如罗马骑士 T. 维提乌斯(T. Vetius)在坎佩尼亚的一处地产上,从事日常劳动的奴隶人数就达 400 名,而拥有多达数千奴隶的大奴隶主亦不在少数。奴隶劳动涉及采矿、农业及工商业等部门,能查到名目的工种就不下三五十,如捕兽、放牧、挖土、修枝、护林、运水、管家、看房、制毡、制砖、纺织、制铁、维修,等等,几乎没有一

---

① 朱龙华:《世界历史》(上古部分),北京大学出版社 1991 年版,第 100 页。

个地方离得了奴隶。但即使在罗马帝国这样奴隶制高度发达的社会中,拥有仅几犹格(jugera)土地,"自己耕地,由家协助"的典型小农,从整体上看在农业中仍"占绝对优势"。马克·布洛赫在《法国农村史》中写道:"罗马时代曾有过使用奴隶集体耕种大面积土地的情况",但这种耕种方法在农业中"从未普遍实行"过,因为"奴隶集体劳动效果不好"。① 在第十四届国际历史科学大会上,由苏联学者提交的题为《古代世界的公社类型》的报告指出,在古代世界,公社组织并没有被彻底摧毁,即使在奴隶制高度发达的意大利和罗马行省中,公社作为居民的生产组织,仍然富有活力。

雅典公民的组成及其财产分配②

所属社会阶层	财产价值(德拉克玛)	男性公民人数	占公民总人数的比例(%)
捐助者阶层	21000 以上	300	1.2—0.75
重装步兵	2000 以上	8700	34.8—21.65
小农阶层	2000 以下	11000—26000	44—65
贫穷公民		5000	20—12.5
总　　计		25000—40000	100

如果说小农在奴隶社会中的地位和作用难以确定的话,那么小农在资本主义社会中的地位和作用就更难以确定了。按马克思的意见,在资本主义制度下,"用自己的生产资料进行生产的手工业者或农民,不是逐渐变成剥削别人劳动的小资本家,就是丧失自己的生产资料……变成雇佣工人",其中"最常见的是后一种情况"。③ 应该说,马克思对资本主义条件下独立小农命运的预测,即资本对农业的

---

① 马克·布洛赫:《法国农村史》,商务印书馆1991年版,第82页。
② J. K. 戴维斯(J. K. Davis):《古典雅典的财富和财富的权力》(*Wealth and Power of Wealth in Classical Athens*),萨勒姆,1981年版。参见黄洋:《古代希腊土地制度研究》,第155页。
③ 马克思:《剩余价值理论》第1册,人民出版社1975年版,第441页。

渗透将导致小农的分化,并不是毫无根据的。以英国为例,据约翰·克拉潘研究,由于手工业革命及资本对农业的渗透,往日独立的小农确曾发生了分化,农村无产者人数与土地所有者人数之比,由1750年的1.8∶1上升到1831年的2.5∶1[①],以致史家们常常把英国称为"世界上第一个消灭了传统农民阶级"的国家。但现在看来,英国这个例子并不具有普遍性:第一,英国是第一个发达的资本主义国家;第二,在英国,资本对农业的渗透比任何国家都更早、更深。但在资本主义发展滞后的欧陆国家,小农的分化程度就远不如英国那么大。在法国,由于资本向农村的渗透迟缓,并没有涌现出多少英国那样的租地农业家,许多庄园主依然把他们的土地分成小块,租给农民中的中下层民众耕种,这种情况在1789年的大革命中也没有多大改变。结果,在19世纪初,即使在像皮卡尔迪、阿多瓦等法国较为发达的地区,英式资本主义大农场在全部农户中的比重,亦不超过20%[②]。而在德意志,则由于长期处于诸侯专政状态,缺乏统一的资本市场,资本对农业的渗透更为有限。至18世纪末,德意志大部分地区尚未摆脱农奴制的束缚,只有其西部情况稍好些。至于俄罗斯,18世纪正是农奴制的鼎盛时期,资本主义因素在农村中滋生就更难了。所有这些都决定了资本对小农的分化作用,在英国以外的欧陆,以及资本更为不发达的其他地区,不会超过英国本身。

但后来的情况发生了很大的变化。人们发现,一个重要的事实是,即使在最早发生了工业革命的英国,独立的自耕农也并没有因工业革命而完全消失。甚至在1850年左右,即工业革命基本完成以

[①] 约翰·克拉潘:《简明不列颠经济史》,上海译文出版社1980年版,第291—292页。

[②] 约翰·克拉潘:《1815—1914年法国和德国的经济发展》,商务印书馆1965年版,第29—30页。

后,在英国亦存在着"大大小小的自耕农(yeomen)"。此时,较大的自耕农所持土地在 300—1000 英亩左右,较小的自耕农所持土地在 100—300 英亩左右,比这些自耕农更小的还有不足 100 英亩的小农。① 据研究,1750—1850 年,即英国工业革命期间,自耕农即"自由持有农",在整个农户中的比重曾减少到 1/3;但到 18 世纪末,在英国仍有 12 个县份,持 100 英亩左右土地的小农仍处于"支配地位"。这 12 个县份是:坎伯兰,威斯特莫兰,兰开夏,柴郡,伍斯特郡,德比郡,诺丁汉郡,拉特兰,牛津,赫里福德,米德尔塞克斯和康沃尔。到 1870 年,这类小农所拥有的土地,大约仍占全部英国土地的 10%。② 我们在研究 19 世纪美国西部历史的时候,也发现了类似 19 世纪英国的情况。美国大西部的拓殖是在独立革命之后展开的,因而可以说是按纯粹的资本主义方式进行的,如果说小农在资本主义条件下的分化是不可避免的话,那么那里的小农的分化理应比英国来得彻底,但我们看到的情况并非如此。据 1900 年第 12 次人口调查所提供的资料,土地完全所有、部分所有、所有和租佃、经营、现金租佃和分成租佃各类农场在全国农场总数中的比重分别是:54.9%、7.9%、0.9%、1.0%、13.1%和 22.2%。③ 换言之,直到 19 世纪末和 20 世纪初,美国一半以上的农场主仍保持了自己对土地的所有权,而避免了因资本的渗透而引发的分化。正因为如此,直到 20 世纪初的 1909 年,中央东北、中央西北、落基山区和太平洋沿岸地区,雇佣劳工的农户即真正的资本主义农场主在各地区整个农户中的比重,也只分

---

① D. E. 明格编(D. E. Mingay, ed.):《英格兰和威尔士农业史》(*The Agrarian History of England and Wales, 1750—1850*)第 1 卷,剑桥大学出版社 1989 年版,第 849—850 页。

② 同上书,第 849—855 页。

③ 美国人口调查局(U. S. Bereau of Census):《人口调查报告:1900 年第 12 次人口调查》(*Census Reports, 1900*)第 5 卷《农业》,华盛顿,1902 年版,第 248 页。

别占51.7%、52.0%、46.8%和58.0%。① 如果以1862年林肯颁布《宅地法》时提出的160英亩作为小农的标准,那么19世纪末和20世纪初的美国仍是以小农为主的国家。因为,据统计,1900年时,土地面积在20至174英亩之间的农场主,占了全国农户总数的69.7%。②

现在看来,19世纪末在英美农业中发生的这种变化,可能是一种不可避免的趋势,且这种趋势在进入20世纪后被肯定了下来。结果,我们在查阅20世纪农业史资料时便看到,在几乎所有主要的资本主义国家,姑且不论这些国家资本的发达程度如何,小农在其农业结构中总是占据着优势。(见下表)至于欠发达国家,即亚、非、拉广大第三世界国家,按著名经济学家W.A.刘易斯的意见,则属于他所说的"二元经济"的国家,因而更是以小农为主体的。因为,在他看来,欠发达国家的经济是由两个不同的经济部门组成的:一是现代部门,包括按先进技术武装起来的工矿业、建筑业及现代的商业和服务业,它们是"使用再生产性资本"谋取利润的产业,即资本主义产业;二是传统部门,主要包括自给自足的农业及那些零星的商业和服务业,它们是以"维持生计"为主的产业,即非资本主义产业。W.A.刘易斯的"二元论"否认传统农业内部发展的能力,但并不否认工业部门对传统农业的扩张,也就是不否认资本对农业的渗透。但在他看来,传统农业部门的主要任务是为工业部门输送剩余劳动力,在其剩余劳动力输送完毕之前,农业将始终处于停滞状态。换言之,在他看来,在欠发达世界,小农制将长期存在。③ W.A.刘易斯的意见对不对呢?

---

① 何顺果:《美国边疆史:西部开发模式研究》,北京大学出版社2000年版,第160页。
② 美国人口调查局:《人口调查报告:1900年第12次人口调查》第5卷《农业》,第248页。
③ W.A.刘易斯(W.A. Louis):《无限制劳动力供应下的经济发展》("Economic Development with Unlimited Supplies of Labor"),载《曼彻斯特学派》(*Manchester School*),1954年第22卷,第139—191页。

农业中从事经济活动的人口与农场规模[①]

(1970年) (%)

国　　家	农业中从事经济活动的人口的比重	农场规模结构 20公顷以下	20—50公顷	50公顷以上
丹麦	10.9	62.1	31.7	
联合王国	2.7	52.4	24.3	
爱尔兰	24.9	68.2	24.3	
尼德兰	6.9	81.5	17.0	
比利时	4.4	84.9		
西德	8.3	83.7		
法兰西	13.2	65.5		
意大利	18.9	94.6		
日本*	31.1	86.9		

* 日本的数据取自1972年。

又对又不对。否认传统农业内部发展的能力肯定不对,因为西方现代工业社会也是在传统农业社会中孕育出来的,而西方的传统农业与东方的传统农业在本质上并没有什么不同。但说小农制将在欠发达世界长期存在,这却是有事实为根据的,印度就是这方面的一个典型:据B.达什古卜塔对这个国家的考察,印度在1970—1971年内用地面积不足1公顷的农场占了农场总数的一半以上,而这些农场占用的土地合计还不到土地总面积的1/10。(见下表)

1970—1971年印度土地使用规模及分配[②]

土地使用规模	占农场总数的%	占土地面积的%
1公顷以下	50.6	9.0
1—2公顷	19.0	11.9
2—4公顷	15.2	18.2
4—10公顷	11.3	29.7

---

① D.古德曼和M.雷德克利夫特(D. Goodman and M. Redclift):《从农民到无产者》(*From Peasant to Proletarian*),牛津,1981年版,第17页。

② 苏布拉塔·加塔克:《农业与经济发展》,华夏出版社1987年版,第20页。

续表

10公顷以上	3.9	30.9
总计（单位1000）	70 493	—

那么，是什么原因导致了上述的变化，使历史发展的轨迹偏离了马克思经典的预言呢？关于这一问题，在19世纪末，K.考茨基就曾给予过关注，他以为是由于中型农场发生了"碎分"，在他看来是因为这种"碎分"代替了"集中"。①但这种解释并非无懈可击：第一，并非只有中型农场才发生"碎分"，发生"碎分"的也有大型农场和小型农场；第二，"碎分"和"集中"并非绝对对立，如果不是"小农制"还有别的更重要的原因可使之长命，在资本的强大的冲击和渗透下，已经"碎分"了的农场还可能被"集中"起来；第三，K.考茨基本人也承认，在发生中型农场"碎分"的地方，实际上"大经营和小经营在数量上同时增加了"，因而并没有避免两极分化。②既然这样，促使"小农制"能够长命的更重要的原因究竟何在呢？有以下几个主要因素：

首先，最重要的，是农业的行业特点使然。因为农业和工业不一样，它有其自身的突出的特点：(1)它属于生长性行业，要受季节的很大影响，其经营具有不连续性；(2)小农制虽然在规模上较小，却也不太容易受外界因素的影响，其生存具有韧性；(3)农业是人类从自然经济中发展起来的第一大产业，对技术的要求相对来说较低，即使在技术上没有多大的突破，其生产和经营仍可靠手工维持；(4)农业有很强的自给性，完全可以靠自身的能力维持其生存和发展，而排除外界力量对它的渗透。正因为如此，我们看到，在资本主义条件下，即使在已发生了工业革命之后，小农制并没有因资本对农业的渗透而统统破产、分化，而是在新的条件下顽强地生存下来，甚至在遭受破

---

① K.考茨基：《土地问题》，三联书店1955年版，第202页。
② 同上书，第208页。

产之后使自己重建、复活。

其实,小农的这一特性,不仅可以在一定程度上避免资本化和工业化对它的冲击,有时还能利用资本化和工业化对自己有利的一面。这突出地表现在以下两个方面:第一,农业机械化和半机械化的发展,使农场主可以不雇佣或少雇佣劳动力,仍能靠家庭的力量完成其农业生产的任务。美国是这方面的典型。第二,由于借贷资本的发展,使农民特别是小农在遇到资金短缺或经济危机的时候,可以靠不太多的借贷资本就能渡过难关,维持其生存。我们可以把法国视为这方面的典型。自然,在所有这些情况下,小农制在经济上都不会毫无变化,它们经营的规模或许没有什么大的变化,但它们商品化的成分和因素增加了,它们扩大再生产的能力增强了,它们将逐渐摆脱昔日那种自然经济的状况,而把自己融入商品经济的大潮。但从总体上看,农业的效率不如工业的效率,这就影响到农业吸纳资本的能力,以及资本投入的行业取向,从而反过来延缓小农的分化及其程度。

在世界历史上,小农制本身的情况十分复杂,有的对土地拥有完全的所有权,有的则只有占有权和使用权而无所有权,有的虽有使用权但在人身上却依附于主人。但从上面我们的考察中可以看出,小农制作为一种生产方式,它基本上是以家庭为单位运作,并以家庭成员为主要劳动力来源的;它几乎存在于人类社会发展的所有不同阶段,并成为不同经济和社会形态赖以建立和发展的重要基础,虽然我们不能武断地说它在任何时候、任何地方,都构成农民中的绝对多数。然而,由于这种生产方式本身的局限性,如它们以小块土地的个体所有或占有为条件,其规模的狭小使其难于靠自身的力量实现自我扩张,因而这种小生产虽然在历史上普遍而长命,却从未在哪个社会形态中占据支配的地位,并进而决定和影响一个社会形态的性质。

这一事实正好证明了我们曾提出和讨论过的一个观点：生产方式≠社会形态。

（原载《世界历史》2000年第6期）

马克思《资本主义生产以前的各种形式》考辨

此处准备考察的,是马克思的《资本主义生产以前的各种形式》一文,原载《马克思恩格斯全集》第 46 卷(上)(人民出版社 1979 年版),为节省篇幅起见,我们简称为《形式》。基于同样的理由,本文凡引自该文的文字,只在引文后标出它在全集第 46 卷(上)的页码,一律不再另作脚注,祈读者见谅。

(1) 马克思的《形式》一文,历来被当作马克思关于社会形态演变理论的经典,在人类学、考古学、社会学、历史学著作和文章中被广泛征引。然而,最近笔者在仔细研究了这篇文献之后发现,这篇一直被视为社会形态演变理论问题的文献,其主题原本是讲"资本的原始形成"(第 504 页)即资本主义起源问题的,①而不是专讲社会形态演变的。我的理由有三:第一,文章开宗明义就谈到,他研究历史上的各种所有制形式及其演变之目的,乃是为了弄清"雇佣劳动的前提和资本的历史条件"(第 470 页);第二,从文章的结构看,此文总共可分成两大部分,前一部分讲农业公社的起源及其各种派生和再生形式,后一部分讲资本主义生产关系产生的历史过程及其特征,按逻辑显然前一部分是为后一部分服务的;第三,这篇文章虽以很大篇幅来谈"资本主义生产以前的各种形式"问题,但在《经济学手稿》(1857—

---

① 具体地讲,是研究"正在历史地形成的"资本主义生产关系,而不是"已经成为决定的、支配整个生产的"资本主义关系。参见《史学理论研究》1998 年第 2 期,第 5—6 页。

1858年)中被列在第三章即《资本章》之下,由此也可以看出作者写作此文的真实意图。但这篇文章,由于在1939年和1940年以《资本主义生产以前各形态》为题,由当时苏联马列研究所单独编辑出版,①读者的注意力一下子被引导到"社会形态"问题的讨论上,它所阐述的资本主义起源这一主题,反而被不应有地忽视了。如果这一论点可以成立,那么过去的许多与此有关的误读或误解,以及由此引出的许多解释和发挥,可能都应重新审查。

(2) 或许有人会说,这并没有什么关系,不管其主题是什么,反正文章以大量篇幅探讨了"资本主义生产以前的各种形式",因此并不妨碍我们把它当作关于"社会形态"问题的经典来读。此说当然不无道理,因为此文在马克思的全部著作中,的确是涉及所有制形式或生产方式问题最系统、最全面的一篇,甚至可以说是其中"绝无仅有"的一篇,因此它被人称作"稀有著作"②是很正确的。但由于主题不是讲"社会形态"问题,而是讲资本主义起源问题的,它在写作方法上主要是拿资本主义生产方式与一切前资本主义生产方式进行对比与分析,强调的是资本主义生产方式与一切前资本主义生产方式之间的区别,文章不仅不强调各前资本主义生产方式之间的区别,反而有时在某种程度上更强调各前资本主义生产方式之间的联系。例如,它强调所有前资本主义的生产都是"使用价值"(第505页)的生产,而与生产"交换价值"的资本主义生产形成鲜明对照。在这种情况下,就出现了这样一种罕见情况,历史上存在过的一些重要生产方式,例如东西方都存在过的奴隶制和农奴制,在这篇著名文献中就未

---

① 最初单独发表于《无产阶级革命》杂志,1940年以小册子形式单独出版。К. Маркс, Формы, Предшествующие капиталистическому производству, Политиздат, 1940. 马克思:《资本主义生产以前各形态》,人民出版社1956年版。

② 中村哲:《奴隶制与农奴制的理论》,武汉大学出版社1994年版,第4页。

加详细分析,不仅对它们之间的区别和特点未加详细分析,反而很注意二者之间的某些共同之处,强调它们均"把人本身也作为土地的有机附属物而同土地一起加以夺取"(第490页)这一点。他还指出,由于奴隶主把奴隶看作自己的"财产",即物,而农奴在人身上被主人占有而成为"土地的附属品"(第488页),在这两种情况下都是"劳动本身被列入生产的客观条件"(第502页),因而实际上和此前的农村公社的各种形式一样,都是劳动者和生产资料的"天然统一"或"原始统一"。他写道:"劳动本身,无论采取的是奴隶的形态,还是农奴的形态,都是作为生产的无机条件与其他自然物同属一类的"(第488页)。这就产生了一个问题:奴隶制和农奴制是不是两种不同的生产方式?二者在历史上作为社会经济形态独立存在过吗?它给后人留下了一个难解的历史之谜。

(3) 有人不了解这一点,根据他们的误解,提出在历史上只存在三种社会经济形态,认为在资本主义之前虽然存在过《形式》中所说的三种所有制形式,但它们只不过是一种社会经济形态里所有制的"三种类型",因此在资本主义之前只存在一种社会经济形态。这种意见对不对呢?笔者认为,又对又不对。说《形式》中所讲的三种"所有制形式",即亚细亚的、古代的和日耳曼的所有制形式,是一种社会形态里的三种所有制类型,这一看法当然是不会错的。因为,正如马克思在《形式》一文中所指出的,这些"以十分不同的方式实现出来"的所有制形式,原本是"以同一基本关系[即土地公有制]为基础的"(第472—473页)。对此,他还具体解释说:亚细亚的所有制形式的"第一个前提首先是自然形成的共同体",如家庭和扩大成为部落的家庭,等等(第472页);古代的所有制形式则"是原始部落更为动荡的历史生活、各种遭遇以及变化的产物,它也要以共同体作为第一个前提"(第474页);至于日耳曼的所有制形式虽然其特点更为突出,但它仍然是"自给自足的公社成员,对他们劳动的自然条件的所有制形式"(第477页)。所以,本文的俄文版编者在出版本文时,特意在文前加了一个原文没有的小标题,称它们都是"公社的各种形式"(第470页)。苏联学者Л.С.瓦西利耶夫等人也认为,《形式》一文中所说的三种所有制形式,是"三种主要原始公社"①的所有制形式。当然,马克思划分这三种不同所有制类型的标准,都是劳动者个人与公社土地之间的关系,因而此处所说的"公社"并非一般公社,而是专指农业公社或土地公社,它们虽然在性质上仍属于原始社会,但已是人类原始公社的最后阶段,即由原始社会向阶级社会转变的过渡阶段了。马克思之所以要详细研究这几种所有制形式的区别和联系,其目的就是要在动态和静态中把握人类历史的走向,看人类社会经济形态演进的路线和程序所体现出来的多样性,究竟是在什么时候发生的,又是怎样发生的。②

(4) 但这一意见又不完全对。因为承认这三种所有制形式都是原始公社或农业公社所有制的不同类型,并不等于说马克思认为在资本主义之前只存在过一种社会形态,也不等于说马克思认为奴隶制或农奴制在人类历史上,不曾以独立的社会经济形态存在过,至少不能从作者在《形式》所做的论述中得出这样的结论。众所周知,关于奴隶制和农奴制,恩格斯在《家庭、私有制和国家的起源》中谈到:"奴隶制是古代世界所固有的第一个剥削形式;继之而来的是中世纪的农奴制和近代的雇佣劳动制。"③他还指出:"我们的全部经济、政

---

① 郝镇华编:《外国学者论亚细亚生产方式》(上),中国社会科学出版社1981年版,第95页。
② 恩格斯认为:"一切文明民族都是从土地公有制开始的。"见《马克思恩格斯选集》第3卷,第178页。
③ 恩格斯:《家庭、私有制和国家的起源》,《马克思恩格斯选集》第4卷,人民出版社1995年版,第172页。

治和智慧的发展,是以奴隶制既为人所公认、同样又为人所必需这种状况为前提的。"① 也许有人会说,这是恩格斯讲的,并不一定代表马克思的观点。那么,《德意志意识形态》所阐述的观点代不代表马克思呢?要知道此书是他们两人共同的作品,其中每一章都是马克思亲自过目的。在此书中,他们以分工及其发展立论,讲了世界历史上的三种所有制形式,即"部落所有制"、"古代公社所有制和国家所有制"以及"封建的或等级的所有制",并认为它们代表了"分工发展的各个不同阶段"。其中,第一和第三种所有制用语明确,是分别指原始社会和封建社会,但第二种是否就是指"奴隶制"社会呢?笔者以为回答应是肯定的,因为他们在下文讲得很清楚,说在此形式下"公民和奴隶之间的阶级关系已经充分发展"②,奴隶制有了发展而且"已经充分"的社会应是指奴隶社会,不应该有任何怀疑。其实,很少有人注意到,就在《形式》一文中,马克思也以十分清晰的语言,不仅指出了奴隶制和农奴制作为生产方式存在于农业公社的事实,还讲到二者发展成奴隶制或农奴制社会的必然性:"假如把人本身也作为土地的有机附属物而同土地一起加以夺取,那么,这也就是把他作为生产的条件之一而一并加以夺取,这样便产生奴隶制和农奴制,而奴隶制和农奴制很快就败坏和改变一切共同体的原始形式,并使自己成为它们的基础,简单的组织因此便取得了否定的规定。"(第490—491页)请注意,"否定"在哲学上意味着质变,奴隶制和农奴制不仅成了共同体的经济基础,而且"否定"了原始的"组织"即社会结构,这不就是说用一种新的社会形态取代了原始社会吗?我们还发现,马克思不仅清晰地说明了由原始社会向奴隶社会转变的必然性,还深

---

① 恩格斯:《反杜林论》,载《马克思恩格斯选集》第3卷,第220页。
② 《马克思恩格斯选集》第1卷,第26页。

刻地揭示了这种转变的内在原因。他在《形式》的后半部分,在分别论述了"财产的各种原始形式"之后指出:"这些形式由于劳动本身被列入生产的客观条件(农奴制和奴隶制)之内而在本质上发生了变化,于是属于第一种状态的一切财产形式的单纯肯定性质便丧失了,发生变化了。它们全都包含着奴隶制这种可能性,因而包含着这种对自身的扬弃。"(第502页)换言之,马克思认为,奴隶制产生的经济原因,是因为在财产的原始形式的演变中,融进了一种因素即"劳动本身被列入生产的客观条件"。笔者以为,这是马克思的两个重要思想,由于它采用极为抽象的哲学语言而难于为读者所理解,对于对此问题感兴趣的研究者来说,是可以得到启发的。所以,在《形式》一文中,马克思只提到奴隶制和农奴制,但未对它们本身的性质和特点展开论述,并不意味着它们在历史上不曾作为社会形态独立存在过,《形式》本身不能提供这样的证据。

(5) 但承认奴隶制或农奴制作为生产方式,在经过农业公社或土地公社的过渡阶段之后,可以达到最终"否定"原有的共同体而形成一种新的社会形态是一回事,至于奴隶制或农奴制是否在任何国家和地方都会上升为主要生产方式而形成为与之对应的社会形态而在历史上独立存在,则是另一回事。关于这个问题,马克思在《形式》一文中写道:

> 以部落体(共同体最初就归结为部落体)为基础的财产的基本条件就是:必须是部落的一个成员。这就使被这个部落所征服或制服的其他部落丧失财产,而且使它沦为这个部落的再生产的无机条件之一,共同体是把这些条件看作归自己所有的东西。所以奴隶制和农奴制只是这种以部落体为基础的财产的继续发展。它们必然改变部落体的一切形式。在亚细亚形式下,

它们所能改变的最少。这种财产形式是建立在自给自足的工农业统一之上的,在这种情况下,和在土地财产、农业独占统治的地方不同,征服(其他共同体)并不是一个必要条件。而从另一方面说,因为在这种财产形式下,单个的人从来不能成为所有者,而只不过是占有者,实际上他本身就是作为公社统一体的体现者的那个人的财产,即奴隶,所以奴隶制在这里并不破坏劳动的条件,也不改变本质的关系。(第492—493页。着重点为引者所加)

这段论述的重要性何在?其重要性在于,它清楚地揭示了奴隶制发展的两种倾向,即有的可能"改变部落体的一切形式",而有的则"不改变[部落体]本质的关系",它要以部落体内部的财产关系的状况为转移。换言之,马克思认为,并不是在任何情况下,奴隶制都可以发展为独立的社会形态。他虽然在这里只以亚细亚为特例①来说明这种可能性,但从其行文和用语看,他并不认为只有亚细亚才有这种可能性,因为他只认为"在亚细亚形式下,它们所能改变的最少",既然只是"最少",就还有"较多"、"较少"。因此,我认为,马克思关于奴隶制发展的两种可能性的思想是有一定普遍意义的,应当在理论方面继续加以探索,不可轻易否定。这与前面所说的关于奴隶制发展的"必然性"并不是一回事,因而并不相悖。

(6) 有些研究者,由于在《形式》一文中找不到马克思关于奴隶制和农奴制的详细分析,于是便根据其关于亚细亚的、古代的和日耳曼的所有制形式的某些特点的分析,把它们演绎成人类社会经济形

---

① 至于亚细亚是否形成过独立的奴隶制社会,那是一个实证问题,人们尽可以自由地去讨论,它的答案怎样,均不构成对马克思思想的否定。

态发展的三个阶段,令它们分别代表原始社会、奴隶社会和封建社会。这就提出了一个问题:它们究竟是一种社会经济形态内的三种所有制类型,还是人类历史上社会经济形态演进的三个时代？我的答案是前者而不是后者,其理由已如上文所述。这里需要略作补充的是,把这三种所有制形式看作社会经济形态的三个阶段的主张并非毫无根据,因为只要仔细研读一下《形式》就可发现,几种所有制形式在那里虽然是并列的,但在马克思看来其私有化的程度却有高低之分。如果以"公有制—私有制"的发展方向为线索,对三种所有制形式进行排比分类,则它们又可构成三个不同梯级:(1)亚细亚的所有制形式:国家所有和私人占有;(2)古代的所有制形式:集体所有和个人占有;(3)日耳曼的所有制形式:个人私有和集体所有。由此可以看出,第一种所有制形式离公有制最近,而第三种所有制形式则离私有制最近,从而在性质上显示出先后次序来,这就很容易给人造成一种误解,仿佛这三种所有制代表了三个独立的社会发展阶段。但不要忘记,无论其中哪一个所有制形式,都是以公有和私有并存为其特征的,因而都还是从公有到私有的过渡形态的不同表现形式。在这种情况下,要把它们归入三个不同的社会经济形态是很难的,因为任何一种独立的社会经济形态,都必须有一种对应的生产方式占主导的地位。而《形式》对其中任何一种所有制形式的描述,都不能给我们这样的印象。

(7) 应当指出,《形式》通篇以"所有制形式"立论,因此与此直接相联系的应是"生产方式"而不会是"社会形态"。这是因为,生产力是物质内容,组成生产力的各种要素,如劳动者、劳动资料、劳动对象都是物质实体,而生产关系则是把这些物质实体联系起来的社会形式,是人们在生产过程中结成的社会关系,而不是物质实体。因此,生产关系可以和生产力一起构成一个统一体即构成生产方式,但是生产关系无论如何不能单独和上层建筑一起构成一个统一体。① 正因为如此,一个独立的完整的社会经济形态,一定要通过生产关系这个中介把上层建筑与生产力连在一起才能形成,否则它就将成为一个没有物质内容的东西,因而也就无法存在;换言之,所谓"社会经济形态",应是由一定的生产力、生产关系和上层建筑等全部要素组成的统一的和有机的社会结构体系,是某种生产方式在新的生产力的推动下不断发展壮大并最终战胜落后的生产方式而取得主导地位之后形成的,是一个历史的范畴。有鉴于此,在《政治经济学批判》序言中,马克思在提出其关于社会经济形态演变的著名论断时,"社会经济形态"这一概念使用的就是:Ökonomische Gesellschaftsformation②(与之对应的英译名则是 economic formation of society③)。不难看出,此概念的中心词是"社会形态"而不是"经济形态",因为原文"社会形态"是一个词而不是两个词(是连写的),ökonomische 一词作为形容词只是用来说明名词"社会形态"的,因此其本意是指由经济所产生或建立在经济基础之上的、与经济密切联系的社会结构体系,直译应表述为"经济的社会形态",或"经济社会形态"。由于马克思在《形式》一文中是以"所有制形式"立论,所以他在该文中使用的也就是"form"(复数 formen)④而不是"formation"。此词的英文词形与德文相同,从语言学上讲前者强调的是外貌特征(outward or visible appearance),而后者强调的是形成的过程和结果(forming or shaping),⑤其含义有重要差别。其实,关于《形式》所阐述的基本概

---

① 参阅赵家祥:《马克思主义的社会形态理论简论》,北京大学出版社 1985 年版,第 11 页。
② K. Marx,F. Engels,*Werke*,Band 13,Berlin,1961. p. 9.
③ H. Selsman and others ed. , *Dynamics of Social Change*:*A Reader in Marxist Social Science*. New York,1980. p. 52.
④ K. Marx,F. Engels,*Werke*,Band 42,Berlin,1983. p. 383.
⑤ 《现代高级英汉双解辞典》,牛津大学出版社 1963 年版,第 426、427 页。

念和内容,1858年11月12日马克思在致斐迪南·拉萨尔的信中已说得很清楚,他说《经济学手稿》(1857—1858年)是他"一生的黄金时代的研究成果",它"第一次科学地表述了对社会关系具有重大意义的观点"。① 由于所有制形式和生产力一起构成生产方式,因此也可以说《形式》所涉及的核心概念是"生产方式"。

(8)还有一点,可以证明《形式》一文中所讲的是"生产方式"而不是"社会形态"。关于"社会形态",在国际学术界虽然众说纷纭,但不外乎"三形态"、"四形态"或"五形态"等说,形态的类型比较而言总是有限的。但如果我们仔细阅读一下《形式》便可发现,马克思在那里提到的前资本主义的"所有制形式"就不下五种。除了明文标出的三种所有制形式外,马克思还提到"斯拉夫的"所有制形式,以及作为"派生形式"的奴隶制和农奴制,这已经超过了五种了。除了这些所有制形式之外,在《形式》一文中,马克思还提到劳动者作为"生产工具所有者"的所有制形式,并指出"同这种劳动形式相联系的是行会同业公会制度",认为它是一种与手工劳动有关的"特殊形式"(第498—499页)。此外,马克思还注意到,只有生活资料所有权的情况,有的可能已发展到奴隶制或农奴制,但有的则可能还不能归结为奴隶制和农奴制,他们在原始共同体解体后失去了自己的土地,但还拥有对生活资料的所有权。(第502页)还有一些人是封建主的侍从,虽然他们本人拥有土地和农奴等财产,只把个人服务作为自己的"生存方式",但这种统治和侍从的关系在本质上也是一种"占有关系"。所有这些,按本文所持观点,都可以构成十分不同的生产方式,但只有少数几种可形成以它们为主导的独立的社会经济形态。由此,我们可以得出结论:第一,马克思在《形式》一文中所讲的是生产

---

① 马克思、恩格斯:《〈资本论〉书信集》,人民出版社1976年版,第137—138页。

方式而不是社会形态;第二,比较而言,在历史上独立的"社会形态"的类型是有限的,而"生产方式"却是多种多样的。因此,我们在具体研究中,就不能简单地将社会形态与生产方式一一加以对应,因为这里会因此引发出两种可能性:同一种生产方式可能有不同的社会形态与之相适应,而同一种社会形态也可能包含着不同的生产方式。

(9) 这里有一个问题,究竟如何区别各种各样的"生产方式"？或者说,区分不同的"生产方式"的主要标志是什么？在以往的研究中,人们比较注意所有制的不同,以为它就是造成不同生产方式的主要原因。但若进一步问,不同的生产资料的"所有制"形式又是由什么造成的呢？在马克思看来,这是由人们在生产中所采用的"劳动形式"之不同、进而是人们对生产资料的"占有方式"之不同造成的。在《形式》中的一个注中,马克思清楚地表达了这一思想:"对公共财产的这种占有方式可以发生十分不同的历史的、地域的等等变化,这要看劳动本身是由每一个私人占有者孤立地进行,还是由公社来规定或由高居于各个公社之上的统一体系来规定。"(第478页注①)这里所说的"占有方式"可以视作"所有制形式"的同义语,而"劳动本身"如何进行的问题,则可以理解为"劳动的形式"或方式。为何所有制形式要由劳动形式来决定呢？因为"一切生产都是个人在一定社会形式中并借这种社会形式而进行的对自然的占有"①。据考证,这里的"占有"一词,马克思是用的 Aneignung,此词是从动词 aneignen 变来的,有攫取、占据、占取等意,表示的是一个与生产有关的过程。② 因此,所有制形式也好,生产资料占有方式也好,进而整个生产方式也好,仅从所有制上来观察是不够的,还必须看它们究竟采取

---

① 马克思:《政治经济学批判》导言,《马克思恩格斯选集》第2卷,第90页。
② 马克思:《关于生产资料所有制问题》,见《北京大学百年校庆世界史文集》,北京大学出版社1998年版,第365—366页。

何种劳动形式。正是在这个意义上,马克思断言:"靠资本生活的劳动者和靠收入生活的劳动者之间的区别,同劳动的形式有关。资本主义生产方式与非资本主义生产方式的全部区别就在这里。"①

最后,我还想到一个问题,《形式》一文原本没有小标题,现有的小标题是俄文版编者后加上去的,这些小标题因此并不一定就反映马克思本人的意见,读者在阅读现在流行的版本的同时,适当参阅不带小标题的马克思原文译本,或许不无助益。②

(原载《史学理论研究》1999 年第 1 期)

---

① 马克思:《剩余价值理论》第 3 册,第 176 页。参见《史学理论研究》1998 年第 2 期,第 12 页。

② 从这个角度看,1956 年由人民出版社出版的日知译本,仍有参考价值。

马克思社会形态演进论考释

"大体说来,亚细亚的、古代的、封建的和现代资产阶级的生产方式可以看作是社会经济形态演进的几个时代。"①

1859年,卡尔·马克思在《政治经济学批判》序言(以下简称《序言》)中,对人类社会经济形态演进所做的这一重要论断,以"经典定义"的形式呈现于广大读者面前,因事关人类社会本身的发展及其规律问题,理所当然地受到人们的高度重视。

关于这一论断,在国内外学术界,人们的认识历来多有分歧。有人从中引出"单线"发展论,把它看成是人类社会发展的某种逻辑"公式",以为各国的社会形态都是按上述顺序"依次"更替的;也有人认为,它根本不是人类社会演进的什么"公式",上述几种生产方式原本是"并列"提出的,并不存在先后"依次"更替的关系。当然,尽管各家观点歧异、意见相左,却并不否认这一论断的"经典性",因而并不否认它在理论上的重要性。那么,应当如何理解这一论断?它是否是人类社会演进的逻辑"公式"?究竟应如何认识人类社会发展的基本规律?本文试就这一论断做一点考释,并对上述问题谈一点浅见。

不过,在进行考释之前,我以为有一点须事先明确,这就是马克思的这一论断,绝不像某些人所说的那样是偶发的奇想,而是他进行多年研究之后所得出的结论,因为在此之前他已一再涉及这一主题。

---

① 马克思:《政治经济学批判》序言,载《马克思恩格斯选集》第2卷,第195页。

早在《1844年经济学哲学手稿》中,他就提出了"异化劳动"的概念,认为人类最初是作为"类存在物"而存在的,人类真正的历史始于异化劳动,在经历了"强迫劳动"和"自愿劳动"之后,才在共产主义下实现了向人的本质的复归①。1845—1846年,他又和恩格斯一起发表巨著《德意志意识形态》,在那里不仅第一次系统地阐述了唯物史观,而且按"分工发展的各个不同阶段"将资本主义之前的社会划分为三种:"部落所有制"、"古代公社所有制和国家所有制"、"封建的和等级的所有制"②。之后,在《经济学手稿》(1857—1858年)中,他又给我们留下了"稀有著作"③《资本主义生产以前的各种形式》(以下简称《形式》),第一次在理论和历史结合的基础上,对资本主义以前人类社会诸形式,做了系统而深入的分析。在《经济学手稿》(1857—1858年)的基础上,马克思先后正式出版过两部著作:《政治经济学批判》和《资本论》,而他的上述论断就出自《政治经济学批判》序言。十分清楚,马克思的上述论断,可以看作是这一系列研究的概括和总结,而理解和说明这一论断的最直接的依据就是他写的《形式》,二者之间存在着明显的渊源关系。只有明确了这一点,方有可能对上述论断进行考释。

首先,我以为,不可否认,在马克思的上述论断中,几种生产方式的排列,确实带有"并列"的痕迹或影子。因为此论断中所列几种生产方式的第一种就是所谓"亚细亚的"生产方式,而它在马克思本人的著作中原本是和"古代的"、"日耳曼的"生产方式并列的三种生产方式之一。"亚细亚的"生产方式这个概念以及这几种生产方式并列

---

① 马克思:《1844年经济学哲学手稿》,人民出版社1985年版,第46—60、74—88页。
② 《马克思恩格斯选集》第1卷,第25—28页。
③ 中村哲:《奴隶制与农奴制的理论》,武汉大学出版社1994年版,第4页。

的提法，首次非正式地出现于《经济学手稿》(1857—1858年)，即其中题为《形式》的那一著名篇章。在该文中，马克思列举了三种所有制形式："亚细亚的所有制形式"、"古代的所有制形式"和"日耳曼的所有制形式"①，从这个意义上说"亚细亚的"生产方式是《序言》在概念使用上留下的《形式》一文的遗迹。许多研究者已注意到，这些所有制形式不仅都是以地域来命名的，而且分别被标以"第一种"、"第二种"和"第三种"的字样，因而是并列的。不过，我以为，之所以说它们是"并列"的，并不仅是由于它们是以地域来命名的，还因为按马克思当时及后来的提示，它们的原生形态都是"天然形成的共同体"，即家庭、扩大为部落的家庭，或通过家庭之间互相通婚而形成的部落或部落联盟，而这三种所有制形式又都是由"原生形态"向"次生形态"过渡的形态，即(农业)"公社的各种形式"②。既然三者同属于(农业)"公社"的所有制形式，又是以地域来分别命名的，说它们是"并列"的，当是可以成立的。当时之所以未用"生产方式"这一概念，而用"所有制形式"这个概念，是因为马克思该手稿的任务是研究"财产"、"私有制"和"资本"的起源，需从"所有制"的角度入手。③ 但在马克思的"生产关系"概念中，起决定性作用的也是"所有制"，因此在其"生产方式"和"所有制形式"两概念之间存在着明显的内在联系，不能互换但可互通。正因为如此，人们一见到"亚细亚的"生产方式，

---

① 马克思:《资本主义生产以前的各种形式》，《马克思恩格斯全集》第46卷(上)，人民出版社1979年版，第472—482页。

② 《马克思恩格斯全集》第46卷(上)，第470页。此引语见《形式》第(1)部分的小标题，也就是说它是全集俄文版编者所加的，因马克思德文原文并无小标题，但这一标题正确地概括了三种所有制形式的历史属性。参 К. Маркс ц ф. Энглес, *сочинения*, Том 46, Москва, 1977, 以及 K. Marx, F. Engels, *Werke*, Band 42, Berlin, 1983. 着重点为引者所加。

③ 商德文:《前资本主义社会形态学说的形成》，《〈资本论〉第一稿研究》，山东人民出版社1991年版，第341页。

首先想到《经济学手稿》(1857—1858年)中几种所有制形式并列的提法,并进而推断马克思上述论断中几种生产方式也是"并列"的,这种想法是不无根据的、自然的。从这个意义上说,任何人若要研究马克思的论断,恐怕都不能置《形式》一文于不顾。

既然如此,在上述论断中,马克思为何又说它们是人类"社会经济形态演进的几个时代"的标志呢?关于这个问题,长期以来未引起研究者的注意,也很少有人对它做深入的探究和说明。查德文原文,其中"演进"这一概念马克思使用的是形容词"progressive",该词的基本释义是"向前发展的"、"逐级上升的"、"进步的"和"累进的";此外,马克思在做上述论断时,还使用了一个重要连词"als",意在表示"身份"、"性质"和"作用"等,作"作"、"作为"、"当作"等用①。所有这些都清楚表明,在马克思上述论断中,几种生产方式的排列,显然包含着"先进"还是"落后"、"高级"还是"低级"的判断,即性质上的比较。由此,我们便可以进一步推知:(1)在上述论断中,几种生产方式已不再处于"并列"的地位;(2)它们在社会形态"演进"序列中的位置,是按其"进步"与否来确定的;(3)正因为如此,就其社会性质而言,在上述社会形态排列顺序中,后一种生产方式肯定比前一种先进或高级。我以为,只有这样来理解马克思的上述论断,才算抓住了这一论断的真谛,而关键是弄清他使用的"演进"一词的内涵。据此,可以得出结论,那种认为在上述论断中,由于采用了"亚细亚的生产方式"这一术语,便以为几种生产方式是"并列"的观点,是不符合马克思本意的。

---

① K. Marx, F. Engels, *Werke*. Band 13, p. 9;《德汉词典》,上海译文出版社1982年版,第960、37—38页。马克思论断的德文原文抄录如下:In großen Umrissen Können asiatische, antike, feudale und modern bürgerliche Produktions weisen als progressive Epochen der ökonomische Gesellschaftsformation bezeichnet werden. (K. Marx, F. Engels, *Werke*, Band 13, Berlin 1961, p. 9.)

已有人注意到：从横向看，《形式》中几种所有制形式是并列的；但如果从纵向看，几种所有制形式在性质上又有很大差异，从而显出高低来。根据马克思的分析，如果把它们分别置于"公有制—私有制"这条发展轴线来观察，则三种所有制形式的排列也就有了先后的次序：处于第一位的是亚细亚的所有制形式，其特点是"国家所有和私人占有"并存；处于第二位的是古代的所有制形式，其特点是"集体所有和私人占有"并存；处于第三位的才是日耳曼的所有制形式，其特点是"个人所有和集体所有"并存[1]。其中，亚细亚形式离公有制最近而离私有制最远，日耳曼形式则离私有制最近而离公有制最远，从而便在社会性质上分出高低先后来。于是，一些学者提出，《形式》中所讲的亚细亚的、古代的和日耳曼的所有制形式，和《序言》中所讲的亚细亚的、古代的和封建的生产方式存在着"对应关系"[2]，因而可以从《形式》所列三种所有制形式中，直接推导出《序言》中所列亚细亚的、古代的和封建的社会形态来。然而，这种推导在理论上是站不住脚的，因为后者所讲的是三种生产方式占主导地位的不同社会经济形态，其排列方式是纵向排列；而《形式》中所说的几种所有制形式则同属于"原始社会"这一社会形态，都是"公社的不同形式"，因而是横向排列，虽然它们都已进入了原始社会的"最后阶段"即（农业）"公社"阶段，但二者之间并不存在直接的"对应关系"，当然也就不能用前者直接推导出后者来。看不到这一点，便会自觉不自觉地陷入形而上学的泥潭，直接把《形式》中所说的三种所有制形式，看成是《序言》中所说的三个不同"时代"的社会经济形态，这与马克思所说的它们都是"公社"的不同形式，在逻辑上是矛盾的。

---

[1] 盐泽君夫：《马克思亚细亚生产方式概念的形成和发展》，见郝镇华编：《外国学者论亚细亚生产方式》（上），第72—73页。

[2] 同上书，第75页。

值得注意的是,在此处所列的几种生产方式中,对《经济学手稿》(1857—1858年)中所列几种所有制形式做了一个重要改动,就是用"封建的"生产方式取代了原来的"日耳曼的"所有制形式。这一改动意义重大,因为它用一个定性的概念代替了原来的带地域性的概念,显然是在强调此概念的普遍性而不是它的特殊性,从而把它变成了社会形态演变的一个独立阶段,并彻底抛弃了原有概念的地域性。它再一次告诉我们,马克思在上述论断中所列各种生产方式,确是按"先进"与否这一标准来确定其排列顺序的。因此,按逻辑,被排在它前面的"古代的"即古典时期希腊—罗马的生产方式,在此论断中也已被抽象成代表人类社会发展的一个独立阶段即奴隶制社会的概念,而不再是一个地域性的概念。换言之,我们应当从发展即"演进"的观点,来看待排在这个序列中的"古代的"及更靠前的"亚细亚的"生产方式,尽管它们在文字上与《形式》所使用的相同。

此外,还应提请注意,紧接在上述论断之后,马克思还有一个重要补充:"资本主义生产方式是社会生产过程的最后一个对抗形式。"并进一步解释说:"这里所说的对抗,不是指个人的对抗,而是指从个人的社会生活条件中生长出来的对抗"①,即社会和阶级的矛盾和斗争。由此我们可以看出:第一,它证明,上述论断中"资产阶级的生产方式"之前的几种生产方式,的确是按发展程度而不是以"并列"方式排列的,否则不能说资产阶级的生产方式是"最后一个";第二,既然资本主义是"最后一个对抗形式",那么在马克思所排生产方式序列中便不可能只有一个是"对抗形式",至少"古代的"和"封建的"生产方式也属于对抗形式,且在"封建的"生产方式之前的"古代的"生产方式应是指奴隶制;第三,按其逻辑,在"资产阶级的生产方式"之后

---

① 《马克思恩格斯选集》第2卷,第195页。

的生产方式,肯定不再属于"对抗"即以私有制为基础的社会形式,而是非对抗的即以公有制的基础的社会。那么,此处所说的"古代的"生产方式,能不能是别的"对抗形式"而不是奴隶制呢?这似乎不可能,其理由有二:(1)在《经济学手稿》(1857—1858年)中,在谈及资本主义以前各种形式时,马克思只同时提到两种主要对抗形式,这就是"奴隶制和农奴制"①,除封建制之外就只剩下了奴隶制;(2)"古代的",德文原文使用的是"antike"一语,它在德语中除了指古希腊—罗马外还指古典时期的文明②,即马克思在别的地方所说的"古典古代的"(Klassisch antiken),因此,列在"封建的"生产方式之前的"古代的"生产方式,只能是奴隶制社会。

有人认为,奴隶制和农奴制一样,只是历史上一种"阶级压迫的主要形式",它在原始社会后期就存在了,在以后不可能变成占统治地位的生产方式,并进而对"奴隶制社会"这一概念提出了"质疑"。持此观点的学者,常常援引马克思如下的论述为据:"在罗马人那里,奴隶制的发展、土地占有的集中、交换、货币关系、征服等等","所有这些因素在达到某一定点以前似乎和基础还相符合"。但能不能从马克思手稿中得出否定"奴隶制"作为一种独立的社会经济形态的可能呢?我以为很难,因为这些学者只注意到马克思关于奴隶制起源的言论,而忽视了他关于奴隶制发展的论述。请看:

假如把人本身〔V-5〕也作为土地的有机附属物而同土地一起加以夺取,那么,这也就是把他作为生产的条件之一而一并

---

① 《马克思恩格斯全集》第46卷(上),第488、492、496页。
② 《德汉词典》,第69页。在一些文章中,常常把"古代的"说成是"形容词",其实原文用的是"antike"而不是"antik",前者是名词而后者才是形容词,这和前面用的"asiatische"(名词)是一致的。

加以夺取,这样便产生奴隶制和农奴制,而奴隶制和农奴制很快就败坏和改变一切共同体的原始形式,并使自己成为它们的基础。简单的组织因此便取得了否定的规定。①(着重点为引者所加)

此处,"组织"指原始社会的社会经济结构,"否定"在哲学上意味着事物的质变。从这段论述中可以看出:第一,他认为,奴隶制起源于对他人"人身"的占有;第二,他又认为,奴隶制并不仅是人身占有,因人身是"同土地一起"被夺取的,因而它应是一种新的社会经济制度;第三,他还认为,奴隶制虽产生于原始社会内部,但它一经产生便很快发展起来而成为原始共同体的经济"基础",并进而"改变一切"原始形式;第四,他进一步发现,在这种情况下,原来的原始共同体不可避免地会取得"否定的规定",即最终被新的社会形态所取代。由此可见,随着奴隶制的产生,原始的社会经济结构终将发生"本质"的变化,那种否定"奴隶制社会"这一概念的观点,是错误的。

在马克思所排序列中,"亚细亚的"生产方式的性质,在国内外学术界争论最大。有人认为它就是指"原始公社的生产方式",但也有人认为它只不过是与"古代的"生产方式"并列"的一种生产方式,因而也属于奴隶制。关于这个问题,我们已在前文证明,在马克思上述论断中,各生产方式排列的位置是按"先进"与否确定的,且后一种生产方式肯定比前一种先进或高级,因此"亚细亚的"生产方式按逻辑应是先于"古代的"即奴隶制的生产方式,亦即原始公社的生产方式。但这就产生了这样一些问题:第一,既然在马克思论断中各生产方式排列的次序是按性质确定的,为何在其中又保留了这样一个带地域性的概念?笔者以为,如前所述,马克思论断中所使用的"亚细亚的"

---

① 《马克思恩格斯全集》第 46 卷(上),第 490—491 页。

生产方式这一概念,显然还带有《经济学手稿》(1857—1858年)的痕迹,但它已不再仅是一个地域性概念而具有了普遍性,即既是地域性的又是世界性的。1868年3月14日马克思致恩格斯的信,提出"欧亚各地的亚细亚所有制形式"①,就是明证。第二,既然"亚细亚的"生产方式是"原始公社的生产方式",它能否代表整个"原始社会"形态呢?在《形式》一文中,马克思深刻地指出,人类天真地把土地视为共同体的财产,即原始形式的"土地公有制"的形成,只有在人类由游牧转向定居,从而伴随以"农业公社"形成之时才有可能。正是在这个意义上,他说:"这种所有制的原始形式本身就是直接的公有制(东方形式……)。"②它说明,在当时马克思心目中,亚细亚形式即"所有制的原始形式"。

但是不是由此可以得出结论说,马克思是一个所谓"单线"进化论者呢?当然不能。"单线"进化论的提出者,是斯宾塞、泰勒和摩尔根等人,其代表作有《原始文化》(1871年)和《古代社会》(1877年)等。他们企图以达尔文的生物进化论重构人类文化史,以为任何地域和民族的进化历程都是"相同"的③,它们之间"构成一个顺序相承的系列"④,其理由是人类"心理作用"基本一致⑤。这种"单线"进化论,在教条主义盛行时期的苏联曾被推到某种极端,以致有人提出"所有的民族都经历基本相同的道路"的论点,认为"社会的发展是按

---

① 马克思、恩格斯:《〈资本论〉书信集》,第255页。
② 《马克思恩格斯全集》第46卷(上),第498页。
③ 路易斯·亨利·摩尔根:《古代社会》,商务印书馆1995年版,第1页。他写道:"人类历史的起源相同,经验相同,进步相同。"
④ 同上书,第505页。
⑤ 路易斯·亨利·摩尔根称:"人类出于同源,在同一发展阶段中人类有类似的需要,并可看出在相似的社会状态中人类有同样的心理作用。"见《古代社会》,第ii页。祖父江孝男等《文化人类学事典》(陕西人民出版社1992年版)在释"普遍、单系的进化"一词条时也说:"任何地域、任何民族的进化历程都是相同的。进化主义认为这是根源于人类心理基本一致的必然过程。"(第353页)

各种既定的规律,由一种社会经济形态向另一种社会经济形态依次更替的"。① 然而,马克思并不认为每一个地区和民族都要按上述论断中所列的几种生产方式,一个接一个地"依次"走过其中的每一个阶段。他认为,"极为相似的事情,但在不同的历史环境中出现就引起了完全不同的结果"。② 由于农业公社在由无阶级社会向阶级社会转变中的独特地位,它成为马克思研究各国社会演进道路时予以极大关注的问题。他指出:"农业公社既然是原生的社会形态的最后阶段,所以它同时也是向次生的形态过渡的阶段,即以公有制为基础的社会向以私有制为基础的社会过渡。"③但他同时又指出:第一,"并不是所有的原始公社都是按同一形式建立起来的。相反,它们有好多种社会结构,这些结构的类型、存在时间的长短彼此都不相同"。④ 第二,处于过渡状态的农业公社,在世界历史上至少有三或四种不同的类型:(1)亚细亚的所有制形式;(2)古代的所有制形式;(3)日耳曼的所有制形式;(4)斯拉夫的所有制形式,它们均具有自己的特色⑤。第三,上述各种所有制形式虽同属过渡形态,但古代的和日耳曼的农村公社都是其"自生的发展的产物,而绝不是从亚洲现成地输入的"⑥,因而它们各自是独立地和并行地发展的。第四,在农业公社的基础上产生出来的次生形态,"包括建立在奴隶制和农奴制上的一系列社会",因此作为次生形态的社会经济形态不会只有一种⑦。可见,对于马克思来说,人类社会经济形态的演进,其路线或轨

---

① 转引自 M. 拉德尔(M. Rader):《马克思的历史观》(*Marx's Interpretation of History*),1979年,第129页。
② 马克思:《给〈祖国纪事〉杂志编辑部的信》,载《马克思恩格斯全集》第19卷,人民出版社1965年版,第131页。
③ 马克思:《哈维·伊·查苏利奇的复信草稿》(三稿),载《马克思恩格斯全集》第19卷,第451页。
④ 《马克思恩格斯全集》第19卷,第448页。着重点为引用者所加。
⑤ 《马克思恩格斯全集》第46卷(上),第496页。
⑥ 《马克思恩格斯全集》第19卷,第433—434页。
⑦ 同上书,第450页。

迹是"多线"的,至少不是"单线"的①。正因为如此,在上述马克思论断中,他特地使用了"In großen Umrissen Können"②一语,其中"großen"一词的本义为"粗略的"和"粗线条的",而"Können"一词则是情态动词,基本释义为"可能"、"也许"、"能够",显然带有很大的推测性。

在前面,在我们的考察中,曾遇到过一大难题:既然在《序言》中几种生产方式的排列是按"先进"与否确定的,为何在文字上又似乎是移植了《形式》中所用过的概念?既然二者之间不存在直接的"对应关系",那么它们在概念上的明显的联系又做何解释?现在,在弄清了马克思的"多线"发展观之后,再回过头重新考察马克思的有关论断,从其文字使用上的蛛丝马迹中,就不难发现二者之间的真正关系,从而使矛盾迎刃而解。原来,尽管马克思在《序言》中所说的"亚细亚的"、"古代的"和"封建的"生产方式,与他在《形式》中所讲的"亚细亚的"、"古代的"和"日耳曼的"所有制形式并不存在直接的"对应关系",但由于以公有制为基础的社会向以私有制为基础的社会的过渡是多线的,结果"次生形态"便显出意想不到的多样性来,并非一定都是马克思所排序列中的奴隶制社会。其中,以"农业和手工业结合"为特征的"亚细亚的所有制形式",由于长期稳定仍被视作"原始形式"的代表;"日耳曼的所有制形式"则直接过渡到封建制社会,因为"用农奴耕作是日耳曼人的传统生产方式"③;而"古代的所有制形式"直接转变为奴隶制社会,因为"直接的强制劳动是古代的基础"。④ 这样,便在

---

① 英国历史家E.霍布斯鲍姆指出:"明确地说,原始公社制度的发展有三条或四条线路,……马克思对历史发展的观点从来就不是单线式的。"(郝镇华编:《外国学者论亚细亚生产方式》,第9—10页)有人认为:"多线"论是西方资产阶级的观点,与其说它是西方资产阶级的观点,毋宁说它是西方学者对马克思的发现。
② K. Marx, F. Engels, *Werke*, Band 13, p. 9;《德汉词典》,上海译文出版社1982年版,第532、717—718页。
③ 马克思:《政治经济学批判》导言,载《马克思恩格斯选集》第2卷,第212页。
④ 马克思:《政治经济学批判大纲》第2卷,中译本,第165页。

《序言》所列"亚细亚的"、"古代的"和"封建的"生产方式和《形式》所列"亚细亚的"、"古代的"和"日耳曼的"所有制形式之间,形成了一种间接的"对应关系",并在概念的使用上留下线索。

由此,透过《序言》在概念使用上残留的《形式》一文的遗迹,不难发现马克思关于社会经济形态演进的上述重要论断,原本是社会进化论和多线发展论的有机统一。如果抽掉了其中蕴涵的"社会进化论",就看不到几种生产方式排列的高低和先后关系,从而错误地把它们视作"并列"的几种生产方式或类型;而若忽视或否定"多线发展论",则不仅找不到《序言》和《形式》中两种排列的真正关系,还可能陷入某种形而上学的"单线"发展论的泥潭。当然,正因为如此,我们也就不能把马克思的上述论断,视作有关社会经济形态演进的"逻辑公式",排除社会形态演进中任何"超越"的可能性。这里,还应说明,这一观点并非是我们对马克思观点的演绎和推理,在他的上述论断中也可以找到根据。我们注意到,在马克思论断原文中,本用有动词"bezeichnet"一词,该词在德语中作"标志"、"标明"解①,只是由于照顾汉语表达的习惯,"标志"这一概念才未在中译文中出现。由此可见,在上述论断中,包含着马克思的一个重要思想:上述各生产方式应是其所在"时代",即一个独立的社会经济形态中占主导地位的方式,否则不能被视作该时代的"标志";同理,既然在一个"时代"即独立的社会经济形态中存在占主导地位的生产方式,那么就一定还存在不占主导地位的生产方式。② 既然生产方式有主次之分,有的可上升为主要的生产方式,而有的生产方式则不一定,那么我们完全有

---

① K. Marx, F. Engels,*Werke*, Band 13, p. 9;《德汉词典》,第 170 页。
② 列宁说,"无论在自然界或社会中,'纯粹的'现象是没有而且不可能有的","世界上没有而且也不会有'纯粹的'资本主义,而总是有封建主义、小市民意识或其他某种东西掺杂其间。"(《列宁选集》第 2 卷,第 642—643 页。)它表达了这样一种观点,即历史上的任何一种社会经济形态,都是以某种生产方式为主的多种生产方式的综合体。

理由推知:上述论断中所说的几种生产方式,在世界历史上虽然是普遍存在的基本生产方式,但并不意味着其中任何一种在任何国家都上升为占主导地位的方式,而在这个国家造成与之相对应的独立的社会经济形态,即独立的社会发展阶段。例如,在日耳曼人中虽然存在过奴隶制,但在德意志并没有经历一个独立的奴隶制社会阶段。在中国也产生过资本主义萌芽,但中国也未形成独立的资本主义社会发展阶段,只有过半封建半资本主义社会,如此等等,就是明证。

其实,对马克思在上述论断中所包含的这一思想和原理,恩格斯在《〈共产党宣言〉1888年英文版序言》中有过明确的说明。他写道:"虽然《宣言》是我们两人共同的作品,但我终究认为必须指出,构成《宣言》核心的基本原理是属于马克思一个人的。这个原理就是:每一个历史时代主要的经济生产方式与交换方式以及必然由此产生的社会结构,是该时代政治的和精神的历史所赖以确立的基础,并且只有从这一基础出发,这一历史才能得到说明。"[1]这里有三点值得注意:(1)它认为,每个"历史时代"都有一个"主要的生产方式";(2)它认为,这个主要的生产方式"产生"或决定了那个时代的"社会结构"或形态;(3)它认为,这一思想和原理是"属于马克思一个人的"。可见,我们对上述论断中马克思这一思想的分析是有根据的。列宁说得完全正确:

> 世界历史的发展是按着总规律进行的,这并不排斥在形式上或顺序上有所不同的个别发展阶段,反而预定了要有这样的发展阶段。[2]

(原载《北大史学》1998年第5期)

---

[1] 《马克思恩格斯选集》第1卷,第237页。着重点为引者所加。
[2] 列宁:《论我国革命》,《列宁全集》第33卷,第432页。

土地问题在社会转型中的重要性
——评中村哲著《近代东亚经济的
发展和世界市场》

　　一个时期来,有一本书常常牵动着我的心,总想为它写点什么东西,谈谈我在读书时的一些体会,同时也发表一点对该书的看法,因为我觉得从世界史研究的角度看,此书论证了土地问题在东亚经济转型中的重要性,从而对东亚现代化模式做了历史的解释,可视之为有关东亚现代化模式研究的历史学派的代表作。这就是中村哲所著《近代东亚经济的发展和世界市场》。此书1991年初版于日本,1993年和1995年先后被译为韩文和中文。中文版由商务印书馆出版。

　　自15、16世纪以来,世界历史发展的格局发生了根本性变化,素来处于落后地位的西方世界迅速崛起,在19世纪成为世界历史发展的中心。而具有古老文明的东方世界,却日益失去其昔日的光彩,相继沦为西方资本主义列强的附庸,在本质上是农业世界对工业世界的从属。在东方,最先起来打破这种格局的是日本,它在绝大多数亚洲国家先后沦为西方国家的殖民地和半殖民地时,以独特的维新方式实现了所谓"脱亚入欧",从而摆脱了被"边缘化"或"半边缘化"的命运,成为东方唯一的"例外"。① 接着,它又在1904年至1905年的日俄战争中一举打败老大俄国,俨然以"大国"的姿态登上东亚历史

---

① 斯塔夫里亚诺斯:《全球分裂:第三世界的历史进程》,商务印书馆1993年版,第376页。

的舞台,被孙中山称作"亚洲民族在最近几百年中头一次战胜欧洲人"。① 20世纪60年代,日本又借助美国的扶持,一跃而为发达资本主义国家。70年代以来,东亚一些国家和地区,包括韩国、中国的台湾、香港和新加坡,也先后实现了资本主义工业化,成为亚洲的所谓"四小龙"。它们和日本一起,构成了东亚"新兴工业带",而与西方的欧美工业带遥相呼应,在世纪之末实现了"东亚的崛起"。

众所周知,长期以来在国际学术界流传着一种观点,由于亚洲社会经济结构过于"独特",似乎是不适宜发展资本主义的。马克思把这种社会结构称作"亚细亚生产方式",认为其特征是"稳定"和"停滞"②,但并未说它无发展资本主义的能力。而马克斯·韦伯则公然宣称:"在中国,缺乏资本主义'经营'的法律形式与社会学基础",因为"在中国的经济里,未出现理性的客观化倾向"。③ 卡尔·A.魏特夫认为,资本主义以私有制为前提,而在东方国家不存在土地私有制,全国土地的唯一所有者是专制君主,因而在东方没有产生资本主义的基础。对西方派持批判态度的"依附论",认为"从属于发达国家会阻碍发展",最终只能导致依附国"欠发达的发展"④,对作为依附国的东亚发展的可能性,实际上也做了否定的回答。这就提出了一个重大的理论问题,为什么日本能实现"脱亚入欧"?战后东亚迅速崛起的原因是什么?难道"新兴工业带"的形成是偶然的吗?正确地回答这一问题,显然不仅在理论上是必要的,在实践上也有重要的现实意义。

---

① 《中山丛书》第3册,新民书局1926年版,第372—375页。关于孙中山对日俄战争的评价,彭树智在《东方民族主义思潮》中有中肯的分析。

② 马克思:《资本主义生产以前的各种形式》,《马克思恩格斯全集》第46卷(上),人民出版社1979年版,第480页。

③ 马克斯·韦伯:《儒教与道教》,江苏人民出版社1993年版,第103页。

④ A.G. Frank, "The Development of Undevelopment", *Monthly Review*, XVIII (Sept,1966).

对于这一问题,许多人都在进行探索,这种探讨至今兴趣不减,不过角度很不相同。有人着重从政治上进行探讨,强调"明治维新"的"革命"性[①],认为它对日本具有与西方资产阶级革命一样的作用。也有人从技术上进行探讨,强调西方科学技术在东亚的传播和作用,以为从中找到了东亚崛起的"真正动力"。还有人着重从文化上进行探讨,强调"儒教伦理"在日本和东亚近代化中的作用,其典型有弗朗西斯·福山(Francis Fukuyama)提出的"信用"(trust)社会论[②]。在另一些人眼里,"在身穿西装、掌握着现代科学技术的日本人的精神里,封建武士精神仍在起作用",[③]似乎武士道也现代化了。这些研究和探讨,从单方面看均不无道理,但却不能从整体上说明东亚崛起的根本原因,难以圆满回答上面所提出的问题。

笔者认为,如果说西方的兴起是15世纪以来世界历史上的一大转折的话,那么东亚的崛起则是15世纪以来世界历史上的又一大转折,两次大转折都带有某种"脱亚"的倾向,但又同是对它所赖以存在的传统农业社会的巨大变革,因而都具有社会转型和结构演变的性质。英国崛起于西方,以希腊、罗马文化为传统,而希腊、罗马文化曾深受东方文化的影响,甚至"Europe"在希腊神话中也是亚洲腓尼基国王之女,为天神宙斯化身的白牛所生的后代,所以说西方的兴起带有"脱亚"的倾向;而日本及东亚本属汉字文化圈,深受中华文化的儒教思想的影响,它们转而采用西方之制度而走上资本主义道路,当然带有明显的"脱亚"倾向。这两次大转折,可以说都是通过对传统农

---

① 列宁认为,日本明治维新具有"革命和改革"的双重性。参阅《列宁全集》第39卷,第779页。

② 这种理论认为,对经济的发展起决定作用的,不是制度而是文化,而构成一种文化的核心就是"信用"(trust),所有在经济上成功的社会,都是相互信任的社会。参阅王列:《变化差异是导致社会和经济差异的决定因素》,载《战略与管理》1997年第2期。

③ M.沃尔夫:《日本经济飞跃的秘诀》,军事谊文出版社1995年版,第118页。

业社会的深刻变革而实现的,但这种变革若离开了社会经济结构的改变便谈不上任何深刻性,而社会经济结构演变的核心问题是土地问题。总之,没有土地关系的改变,便没有社会结构的演变;而没有社会结构的演变,就谈不上整个社会的转型,所谓"脱亚"云云当然也就无从说起了。古人说得好:"非天下之至变,其孰能与于此?"[①]

关于土地问题在社会经济转型中的重要性,马克思在关于资本主义起源研究即《资本论》第 24 章中讲得很清楚:"资本主义社会的经济结构是从封建社会的经济结构中产生的。后者的解体使前者的要素得到解放。"而"对农业生产者即农民的土地的剥夺,形成全部过程的基础"[②]。马克斯·韦伯虽然认为资本主义自古就存在,但断定"合理的资本主义"是在近代才有的,并把占有包括土地在内的"生产手段"以及"自由劳动力的存在",视为这种"合理的资本主义"产生的"先决条件",指出:没有这些先决条件,"资本主义不可能发展"。[③]一个时期内,不少人喜欢孤立地谈论"生产力"的作用,但近年来在国际学术界兴起的"制度变迁"理论,却把"产权"置于制度变迁即结构演变的核心地位,认为"产权的演变"(当然也包括"地权"在内)是第二次经济革命,即由传统农业社会向现代工业社会转变的决定性步骤[④],这可看作是对马克思的某种回应。这其中的道理很简单:土地是整个传统农业社会的基础,用新的社会结构代替旧的社会结构的过程,不可能越过土地关系这一环节。

中村哲研究的独到之处恰恰在于,他对东亚崛起的过程和原因

---

① 《易系辞》。
② 马克思:《资本论》第 1 卷,人民出版社 1975 年版,第 783、784 页。
③ 马克斯·维贝尔(韦伯):《世界经济通史》,上海译文出版社 1981 年版,第 234—235 页。
④ 道格拉斯·C.诺思:《经济史中的结构与变迁》,上海三联书店 1995 年版,第 6、194 页。

的考察不是简单化的,而是把它纳入整个历史发展的长过程中来观察,并力图在史论结合基础上回答有关的深层次的问题。为此,他首先对世界的现状作了冷静的估计,然后转而研究近代世界历史的结构,以及日本和东亚崛起在世界结构演变中的地位和作用,进而探讨日本和东亚崛起的过程和原因,以及由此引出的若干历史与理论问题,可以说是从整体上把握这一主题的难得之作,前所未见。难能可贵的是,作者在整个研究和探讨之中,虽以马克思的社会形态及其演变的理论为指南,但又不拘泥于19世纪马克思的原论和依据,在吸收当代国际学术研究的新成果的基础上,对马克思的原论进行在他看来是必要的修正和重构,以适应已经发生的改变和该书写作的目的,其中不乏新的观点和新的结论,表现了不凡的驾驭历史与理论的才能。这正是我们对之深感兴趣的原因所在。

中村首先考察当代世界历史的变化及其性质。他认为,自资本主义产生以来,世界市场的发展已发生了三次大的转变:第一次发生于16世纪,资本主义生产方式由萌芽而成熟,资本主义世界市场"开始形成";第二次发生于19世纪中叶,其动力来自孕育于英国的产业革命,世界市场扩大到澳洲、中国和日本,其"轮廓"大体上确立;第三次发生于20世纪后半期,世界市场已不只是限于流通和金融领域,生产领域本身已大规模"世界组织化"。他借用马克思的比喻,称第三次转变为"第三个16世纪"[①],但显然已不完全是马克思的本义,因为马克思曾预言:"第二个16世纪"具有社会主义的性质。从中村的分析和论证来看,这个新的概念包含了双重的意义:一方面,按马克思的原理,揭示资本主义世界市场运动的内在规律,如实地把当代世界的变革视作它的第三阶段;另一方面,对马克思的革命危机论进行

---

① 中村哲:《近代东亚经济的发展和世界市场》,商务印书馆1994年版,第25页。

反思,从他关于1857年经济危机和革命预测中吸取教训,从他未能把握住的现实出发进行理论创新。因此,"第三个16世纪"是一个全新的概念,所指并非马克思预测的新革命,而是资本主义发展的新阶段。

以这种对世界现状的重新估计为基础,中村对近代世界史的结构进行了"再构思",认为近代世界并非马克思所说的"两极世界",即处于中心的西方发达资本主义国家构成一极,而处于边缘的殖民地和附属国构成另一极;在中村看来,世界是由不同发展水平国家构成的"三重结构":发达国家—中等发达国家—低发展国家,中村提出了"中等发达资本主义国家"[①]的新概念。有人不太理解提出"中等发达国家"这一新概念的意义,以为从传统比较史学的角度看这个概念似乎是多余的,说:"韩国和台湾等有些国家(地区)近年来工业化发展,资本主义发展了,这是事实,但是为什么必须把这种现象理解为'中等发达资本主义国家(地区)'类型,而放在与'发达资本主义国家'和'低发展国家'相对的位置上呢?其理由并不清楚。"[②]其实,中村先生本人交代得很清楚,他提出"发达"、"中等发达"和"低发展"等概念,考虑到了这些国家(地区)在世界历史结构中的相对"位置",但运用这些概念"主要表示国内经济结构"及其演变,因而是和他提出的"第三个16世纪"相呼应的,尚未离开他本人的理论逻辑。不过,在我看来,这一概念的提出,除了打破传统的"两极结构"理论外,也为殖民地和附属国的转化设置了一个必要的"过渡"阶段,使人不致对"东亚的崛起"感到过于突然。

[①] 他说:"看看世界资本主义的实际历史,就可以解释它是三重结构,而不是两极,而且结构中的国家、民族的位置不是固定的,正在发生转变。"中村哲:《近代东亚经济的发展和世界市场》,第23、90页。

[②] 中村哲:《近代东亚经济的发展和世界市场》,第78—79页。

但传统的"两极结构"论,并不一定把处于从属地位的殖民地、半殖民地,看作在性质上与处于中心地位的宗主国一样的国家,而在中村所说的"三层结构"中的"中等发达"国家却是资本主义的。那么,像东亚这样的新兴工业国家和地区,绝大多数曾是日本和西方国家(英国等)的殖民地,它们是怎样转化为资本主义的"中等发达"国家和地区?发生这种转变的主要契机又是什么?如果不解决这一问题,就很难说清东亚崛起的来龙去脉,也就很难说清东亚崛起的根本原因。在迄今为止很长的一个时期内,社会上相当一部分人对东亚的崛起感到不可理喻或突然。他们觉得,这些小小的国家和地区,原本那么愚昧、落后甚至曾被迫沦为外国的殖民地,怎么一下子就变成了新兴工业国家和地区呢,发展成了亚洲的所谓"四小龙"呢?这似乎是一个谜。于是,有人就简单地把它归之于"西方的援助"。

而中村先生却有些不同,在别人只注意到东亚崛起的外因之时,他却在努力寻找这一世界性事件的内因,在别人对个别事件或因素津津乐道的时候,他却在努力寻找导致东亚崛起的根本原因和长期因素,并最终成功地为人们解了"谜"。他发现,无论是日本还是中国台湾、冲绳和韩国,作为受亚细亚方式影响的原本属于儒教文化圈的国家和地区,之所以能走上不同于亚洲(包括中国大陆)既定发展方向的资本主义道路,并最终迅速崛起于世界和亚洲的东方,关键是因为在这些国家和地区均发生和进行了"近代土地改革"或"近代农地改革","在法律上承认近代土地私有"并由此造成了"近代中间性地主阶级",从而得以从根本上完成对东亚社会形态的改造,用新的资本主义社会结构取代旧的封建社会结构,而"近代中间性地主制"便是其过渡形态。因此,在中村看来,东亚的崛起绝不是偶然的,它有其深刻的社会和历史根源。这就点明了东亚崛起中的一个关键性因素,对人们所说的"东亚现代化模式"作了历史的解释。正是在这个意义上,我们说他的这本书是关于东亚现代化模式研究的"历史学派的代表作"。

事实上,中村不仅提出了"近代农地改革"在东亚社会形态转变中的重要性,而且在历史和理论上对东亚的近代农地改革进行了研究和概括。他认为,东亚的近代农地改革可分为三个"阶段和形态":(1)是赋予以近代奴隶制和农奴制为基础的土地所有权以"排他性土地所有权",从而构成了东亚近代农地改革的第一阶段,其典型则是1793年印度的"固定赋额法"(Permanent Settlement);(2)是从根本上"废除"奴隶制和农奴制,"在法律上"承认近代排他性土地所有权,有如日本的地税改革(1873—1881年)、台湾地区的土地调查(1898—1905年)和朝鲜的土地调查(1910—1918年);(3)是废除近代中间性地主制,将这种制度下的土地解放出来分配给租地农。这一进程发生于1945年日本战败之后,其结果是大批自耕型近代小商品生产形成和发展并演变成东亚农业的主流,即所谓"当代小农制"。中村指出,虽然有些改革是在殖民时期进行的,"但在本地前资本主义生产方式的解体、资本主义若干关系的发展、对世界市场的从属等方面,形成了战后从属性资本主义化的基础条件。在这种基础上,因战后的政治独立而带来了由国家统一各种生产方式的可能性,所以60年代以后的资本主义工业化快速发展才有可能。"

为了论证近代东亚农地改革的性质和意义,中村先生在理论上必须回答以下两个问题,首先是"土改"前东亚土地关系的性质问题,而这个问题必然牵涉到马克思"亚细亚生产方式"的理论,因为这个理论认为在亚细亚占统治地位的一直是"土地国有制"。中村的论证,是以日本学者小谷汪之的研究为依据的,而小谷通过自己的研究和探索发现,马克思以印度为典型得出的亚细亚"土地国有制",并不是古代原生型的公社共同体公有制,实际上是为了征税和发展的需要"由资本主义"即西方殖民国家"造成的",是一种所谓"乡村领主阶层共同占有制",这种制度乃是"国家农奴制和私人领主制的复合结构","是近代世界中非近代社会关系的一种形态"。一方面,领主阶层是"国家官僚",另一方面又领有共同体土地,对共同体内农民实行征税承包制,而农民的小经营则是"独立"进行的,被马克思误作了土地国有制。由此,中村得出结论,在"近代土地改革"之前,东亚的土地所有制不是马克思所说的"土地国有制"即"亚细亚生产方式",而是前近代土地所有制即封建农民制,从而论证了东亚"近代土地改革"的资本主义性质。换言之,中村认为,发生于19世纪末和20世纪初的"农地改革",乃是东亚社会由封建农奴制向资本主义转变的决定性步骤,带有进步性。

另一个问题,是如何认识"土改"后东亚小农制的性质问题,因为土改后在东亚农业中占主导地位的是"小农制",而不是马克思所说的小农分化基础上形成的资本主义大农场。对此,中村指出,不能一般地谈"规模经济"的优越性,"大经营的生产力优越性,一般地说适用于工业,……但往往不适用于农业"。因此无论是在东方还是在西方,在19世纪末和20世纪初"小经营不是被大经营所驱逐、减少、消灭,而是存续,甚至增多"。他认为,这种小农制虽然不具资本主义性质,但具有扩大再生产和商品生产的倾向,"在这一点上与单纯小商品生产不同,与奴隶制、农奴制是对立的",为资本主义的发展留下了广阔的天地。因此,由农地改革所建立的小农制,被中村称为"近代小商品生产",是东亚由传统农业社会向现代工业社会转变的"过渡形态"。

总之,土地问题的解决,是东亚由传统农业社会向现代工业社会转变的关键,它不仅规定了此后东亚社会经济结构的基本特征,也决定了此后在东亚社会经济发展的基本方向,是东亚现代化模式形成的历史条件。中村研究的可靠性如何？我以为回答应是肯定的。从这个角度观之，中村先生这部论著，应引起学界高度的重视。

（原载《日本学》2000年第9期，标题略有变动）

自然科学与人文精神

文与理,或者说,自然科学与社会科学,它们究竟是什么关系?据说在胡适时期就有了争论,似乎已成了一个难以说清的问题。目前重理轻文之风盛行,这个问题就更难说清了。但也不尽然,一些基本问题,本来是不难说清的。

文理之分,其实是16世纪以后才有的事。在16世纪之前,文理本是不分家的。在自然科学发源地的古希腊文化中,一切科学最初都包含在"文科"(liberal arts)这一概念之内,因为那时的希腊人非常重视公民教育和素质,把他们所研究的学科,如语法、修辞、逻辑、算术、几何、天文、音乐等等,视为一个自由人理应具有的素质和必修课。正如苏格拉底所说:"美德即知识。"那时,虽然已然有了"科学"思想的萌芽,但它也还包括在"哲学"的范畴之中,并未独立出来。所以,在很长一个时期内,科学在西方被称为"自然哲学"。

从罗马帝国后期起,基督教先是被抬到"国教"的高位,后又在罗马建立了凌驾于各世俗政权之上的教廷。于是,对宗教经典(主要是圣经)的研究和解释成了整个中世纪的显学,而生产这类经学的地方就是教会在各地建立的权威机构经院,其他一切学术机构和活动都不能与之相抗衡,而必须受经学的制约并为之服务,以致成为神学的"婢女"。在这种情况下,在将近一千年的时间里,在对人和宇宙的观察和解释中,一种超自然的学说即宗教神学,便取代了处于萌芽状态的古希腊的人文精神。

但这种反常情况并不能持续太久。大约从14、15世纪起,怀疑乃至反对宗教神学的人们,从对人体的解剖和宇宙的观察所得出的经验和认识中,特别是从古希腊古典文化中重新找回了失去多年的人文精神,重新思考并肯定了人的能力和价值以及人在自然界中的中心地位,并用以进行文学、艺术、建筑等的研究和创作,从而迎来了一个新的被称之为"文艺复兴"的伟大时代。这是一个以人为本的时代,是由以神为本位向以人为本位回归的时代,从此人性、理性和科学取代了禁欲主义、蒙昧主义和神权至上,人类在思想上第一次获得了普遍的解放。这种解放作用,之所以说它是普遍的而不是个人的,是因为它涉及了人与自然关系的各个方面。紧接而来的,就是宗教改革和科学革命。

以马丁·路德的《九十五条论纲》(1517年)开始的宗教改革,不仅把由文艺复兴开始的思想解放运动,从文学艺术领域推进到宗教神学的堡垒——教会内部,也把这种解放运动的实践由思想领域推进到政治领域:先是由加尔文在日内瓦建立了"神权共和国",接着又由他们的教友在尼德兰建立了世俗共和国,最后又在英格兰发动了具有世界意义的资产阶级革命。尽管英国革命最初还披着一张"宗教外衣",但它最终还是以约翰·洛克的《政府论》和《权利法案》,公开宣布了资产阶级的政治纲领:自然权利、社会契约、三权分立的主张和"民权"的概念。与此同时,一场由哥白尼在1543年出版的《天体运行论》所引发的科学革命也发生了,但它的主要战场不是在波兰而是在中世纪罗马教廷统治较为薄弱的边缘地区——英国,这场革命一开始就直指中世纪宗教神学的核心:上帝创世说和地球中心论,而以牛顿万有引力定律的发现和运动力学三定律的创立而达于顶峰,并宣告了"自然科学"作为一门科学的诞生。但正如著名科学史家汤浅光朝所指出的:在这两场对抗旧的天主教的斗争中,"新教精神与近代科学精神属同一源泉",即由文艺复兴所重新发现并形成的人文主义。因为,正是由人文主义所焕发出来的自由和民主精神,给了宗教改革和科学革命的那些英雄和大师们以思想武装,成就了他们在各自领域的丰功伟业。

自然科学的兴起也促进了社会科学的产生。在此之前,统治人文社会科学领域的是上帝创世说和历史循环论,这种情况一直持续到整个18世纪,甚至狂飙突进的启蒙运动也未能使之彻底改观。但1859年达尔文发表的确立了生物进化论的《物种起源》使社会科学领域一举开创了新局面,因为"达尔文的《物种起源》像一发巨型炮弹炸开,把进化思想带进了哲学、艺术、政治、宗教、社会以及其他一切领域",由此产生了社会进化论。紧接着,马克思又在社会进化论的基础上提出了"社会形态"演进论,把整个人类社会的发展归结为"社会形态"的演进,进而把社会形态的演进归结为生活关系,特别是生产力发展的性质和水平,从而把人类社会的发展变化看作一种"自然历史过程",并第一次赋予关于人类社会的研究以科学的性质。这样,从达尔文的生物进化论到马克思的社会形态演进论,再加上孔德的实证主义和涂尔干的社会分工论,就使社会学获得了某种成熟的形态。换言之,在自然科学诞生近两百年后,社会科学作为一种科学也宣告诞生了。

自然科学和社会科学的形成,意味着两门学科从此走向独立,却不等于说彼此从此就分道扬镳,它们之间的相互影响是非常复杂的。文科对理科的影响可以从三个方面来看:从大的时代背景看,文艺复兴之于17世纪的科学革命,理性主义之于18世纪的工业革命,实证主义之于19世纪科学的"黄金时代",系统论、控制论、信息论之于20世纪的高科技革命,都有明显的内在联系;从个人研究经历来看,绝大多数的科学家都兼具哲学、宗教、文学、艺术的头脑,并从中不断获得发明和发现的灵感,而不是单纯的所谓"自然科学家"。达·芬奇研究过数学、力学和解剖学,同时又是一位著名的画家,相信"经验才是真正的教师"。经典力学的创立者牛顿"在他的哲学中确认上帝的庄严,并在他的举止中表现了福音的纯朴"。1750年发明了避雷针的本杰明·富兰克林,原本是新大陆第一位启蒙思想家,因为他不相信《神学大全》上的话:"妖魔鬼怪能呼风唤雨,制造电火。"1755年提出星云假说的康德首先是一位哲学家,他的四大理性批判著作,涉及认识、伦理、美学、历史等广泛的知识领域,他因此才敢于大胆地宣布:"给我物质,我就用它造出一个宇宙来!"从研究方法论上说,一个科学的发明和发现,既需要归纳、演绎、分析、综合等逻辑思维形式,但也需要直觉、联想、灵感等非逻辑思维,有时甚至还需要天马行空般的想象,正如维尔斯特拉斯所说:"没有诗人气质的数学家,不是一个完整的数学家。"开创了20世纪伟大科学革命的爱因斯坦,在他提出著名的相对论的过程中,在很大程度上就受益于声称"物是要素的复合"的马赫对牛顿机械论时空观的怀疑和批判,他相信"马赫的伟大在于他的坚定的怀疑主义"。

但并不是只有文科会影响理科,理科也日益深刻地影响着文科的发展。如前所说,社会科学的兴起在很大程度上本来就是自然科学的延伸,19世纪后期兰克史学的创立也可以看作是科学实证主义的产物。兰克强调"如实地"研究历史,对"具有某种第一手性质"的史料要"页页核定",进而要求"在精确之上求整体理解",字里行间就充满了"求真"的科学精神。自然科学发展影响人文科学的另一个范例,是20世纪五六十年代计量史学(Cliometrics)的兴起:一是在历史研究中引入经济理论和数学模式;二是在数据处理中使用现代电子计算机,并在方法论上采用罕见的"间接度量"和"反事实度量"的论证方式,因而无论在理论上还是在方法上均大大突破了传统史学,尤其是叙事史学和定性学派的框架。20世纪分子生物学对人类起源研究的影响,可以看作自然科学影响社会科学的第三大范例,因为在此之前关于人类起源的研究是建立在达尔文生物进化论之上的,强调的是环境对生物体变异的作用,而未能很好地说明遗传和变异的内在机理。但分子生物学却告诉我们,生物遗传的本质是DNA(遗传物质)的作用,而变异的本质则是DNA碱基序列的突变,且这种分子突变是随机的。这就对人类起源的研究提出了重大挑战:如何使生物进化论与分子生物学统一起来呢?

以上所说为文理之相互影响,但形成这种关系的根本原因何在呢?笔者以为,二者应当根源于人与自然的统一。人类原本是由类人猿演变而来的,也就是说他们原本是自然的一部分。考古学告诉我们,自能人在世界上诞生以来,人类总共已存在了约250万年,其中99.6%的时间都花在了自身的进化上,而进入文明的历史才不过几千年。而文化人类学又告诉我们,即使进入文明社会以后,人类仍处于不同的"生物圈"之内,一旦有人忽视这个"生物圈"的作用,他们的生存就依然要受到威胁。因此,无论是自然科学还是社会科学,其出发点无非是人类探索自然或社会奥秘、寻求自身自由和解放的需要,在这里目的和手段也始终是统一的,在这里浸透了人们常说的所谓"人文精神"。不要忘记:人类的自由、平等和人权,恰恰是"人文精神的永恒价值观"的核心。

写于2004年1月30日

资本主义史

资本主义

关于"资本主义"的定义

李伯重先生在《读书》杂志上发表的《资本主义萌芽情结》一文中指出:"'资本主义'一词,尽管是当代世界政治语汇中最重要和最常用的术语之一,但含义却一向不很明确。"并说:"最令人惊诧的是,马克思本人从未使用过这个词。一直到 20 世纪初,这个词才忽然流行起来。"①许清江先生不同意这一看法,他在该杂志 1997 年第 1 期上撰文提出:"马克思本人不仅使用过'资本主义'一词,而且还是其著作中使用频率相当高的一个词。仅仅《资本论》中就出现过几百次之多。"②我猜,李文所指应是有关"资本主义"的名词而不是它的形容词,《资本论》虽然"几百次"使用了"资本主义的"一词,但确实始终未使用过作为名词的"资本主义",说它在《资本论》中"出现过几百次之多",恐怕是有误的。

其实,有关马克思的这类争论由来已久。在《15 至 18 世纪的物质文明、经济和资本主义》这一名著中,F. 布劳代尔就说过,在"资本"、"资本家"和"资本主义"这三个词汇中,资本主义是"最值得讨论的一词,但它也是最抽象的词",它只是在本世纪初才作为社会主义的天然反义词在政治论争中"猛然冒出来的","马克思自己从未使用过"③。号称"新马克思主义"的经济学家杰弗·霍奇森,在其代表作

---

① 《读书》1996 年第 8 期,第 66 页。
② 《读书》1997 年第 1 期,第 155 页。
③ F. 布罗代尔:《15 至 18 世纪的物质文明、经济和资本主义》第 2 卷,三联书店 1993 年版,第 242 页。

《资本主义、价值和剥削》一书中也认为,"马克思本人并没有直接写下这样一个定义,在马克思主义文献中最好的定义,是由曼德尔等人作出的"①。可见,这类论争并非始自今日,也并非毫无根据,大可不必大惊小怪。由此,我倒想到一个问题,"对古典社会学的形成起过极为重要作用"②的马克思,写了三大卷《资本论》巨著的马克思,为什么竟然没有用过"资本主义"一语?他本人究竟是怎样理解"资本主义"的?人们可以越过马克思来谈论"资本主义"吗?我觉得,弄清这些问题,或许可以消除对马克思的某些误解,于争论不无裨益。

关于这个问题,似乎不能只看现象,而不看实质。马克思本人虽然[可能]③未[正式]使用过"资本主义"一词,也没有在什么地方宣布说哪个论断就是自己关于"资本主义"的定义,但他实际上对资本主义提供了自己明确的界定,这就是他提出的关于"资本主义生产方式"的概念和定义。这是因为,在马克思看来,资本主义作为一种"社会经济形态",其决定的因素和标志正是"资本主义生产方式",而这种生产方式的运行规律所遵循的便是"资本"运行的规律。他的这一

---

① 杰弗·霍奇森:《资本主义、价值和剥削——一种激进理论》,商务印书馆1990年版,第28页。
② 艾伦·斯温杰伍德:《社会学思想简史》,社会科学文献出版社1988年版,第3页。
③ "可能"和"正式"两词是此次修订时补上的,所以用方括号括上。但这并不是现在才有的想法,而是原来写此文时就有的,有原文最后一句话为证。在那里,已谈到"他虽然可能没有正式使用过'资本主义'一语",既使用了"可能"两个字也使用了"正式"两个字。当时之所以这样讲,是因为当时已注意到马克思曾在《评阿·瓦格纳的"政治经济学教科书"》(1879—1880年)一文中提到"谢夫莱先生在'资本主义等等'中认为,这是'慷慨行为'或诸如此类等等",但当时认为这并不算"正式"使用,因为是顺便提到且又对它作说明。不过,当时已对马克思"从未使用过"该词的说法有了怀疑,所以才有了本文最后一句话的上述提法。此后,我注意到,又有人查到马克思在《哥达纲领批判》(1875年)中另一次提到"资本主义"一词的情况,那句话是:"不同的文明国度中的不同的国家,不管它们的形式如何纷繁,却有一个共同点:它们都建筑在资本主义多少已经发展了的现代资产阶级社会的基础上。"但仍然没有对它做定义或解释,因此似乎很难说马克思已"正式"使用了该词。"capitalism"一词,至少在1850年已经出现,马克思提到它应是正常的。参见《马克思恩格斯全集》第19卷,第402、30页。——作者补注

观点,充分体现在由如下各论断所构成的逻辑中:(1)"资本只有一种生活本能,这就是增殖自身"①;(2)"资本主义生产方式的存在即资本的存在"②;(3)"大体说来,亚细亚的、古代的、封建的和现代资产阶级的生产方式可以看作是社会经济形态演进的几个时代。"③从中不难看出,在马克思本人的思想中,资本主义的"社会经济形态"、"资本主义生产方式"和"资本"三位一体,有着不可分割的内在联系。正因为如此,在为《资本论》第一版所写序言中,马克思就以这样明白无误的语言宣布:"我要在本书研究的,是资本主义生产方式,以及和它相适应的生产关系和交换关系。"④我理解,马克思关于"资本主义生产方式"的理论,就是他关于整个"资本主义"及其社会经济形态的理论,其核心乃是他对于"资本"的本质的独到见解。如果这种理解不错的话,那么马克思未使用"资本主义"一语,亦未单独给"资本主义"下定义这件事,就是很自然的,其意味更深长。

"资本"(capital)一词,源于拉丁语的 Caput 一语,最初的含义与"头"有关⑤。恩格斯曾在《反杜林论》中指出,近代经济意义上的"资本"一词,是在15、16 世纪由意大利人首先采用的。而拉法格在《财产及其起源》中则认为,在法国的古语词典中,"资本"一词最初是当作形容词使用的,"把它当作名词的最早记载是 16 世纪的事"⑥。他还说,在 1728 年里舍莱的词典里,这个词还基本上属于形容词,只是在两三个场合才当名词使用,在 1771 年特勒乌的词典中也有类似的

---

① 马克思:《资本论》第1卷,第295页。
② 马克思:《剩余价值理论》第3卷,人民出版社1975年版,第463页。
③ 马克思:《政治经济学批判》序言,载《马克思恩格斯选集》第2卷,第195页。
④ 马克思:《资本论》第1卷,第8页。
⑤ 约瑟夫·T.希普利(Joseph T. Shiplex):《英语词源词典》(*Dictionary of Word Origins*),美国,1957年版,第7页。
⑥ 拉法格:《财产及其起源》,三联书店1962年版,第36页。

情形。大约在狄德罗的《百科全书》(1751—1772年)中,它才带上了经济的意义:"'资本'一词意指为取得利息而贷出的资金额。公司的资金亦称为资本。"①但据F.布罗代尔考证,此词在12至13世纪已具有了"资金"、"存款"、"款项"或"生息资本"的含义。他举例说,1399年2月20日,弗朗西斯科·达蒂尼从普拉托写给一客户的信提出:"当然,如果您愿买些天鹅绒或呢绒,望您先将资本和利润作出担保,其余则悉听尊便。"②他还举例说,1380年至1444年间,在锡耶纳的圣贝纳迪诺布道词中,已对"资本"一词作了今天看来相当明确的定义:"这种繁衍不息的赚钱手段,我们通常称之为资本。"③但在笔者看来,所有这些已发现的基本定义,都未超出"资本"一词最初的定义,即使在魁奈关于"任何资本都是生产工具"的论断中也是如此,它充其量只把"资本"的涵盖性从货币资本扩大到生产资料。而马克思则不同,在别人看到现象时他却在寻找它的本质,在别人看到物的地方他却总是看到人,在别人仅仅谈论资本可以"赚钱"时,他却在思考资本"怎样"赚钱的问题。其结果,使他得出了一个完全不同于前人的结论:资本不是物,而是"一定的社会的、属于一定历史社会形态的生产关系,它体现在一个物上,并赋予这个物以特有的社会性质"。④换言之,资本家如果要赚钱,即要使自己手中的货币增值,有一个由货币转化为资本的过程,而要完成这个转变,其必要的和决定的因素是工资雇佣劳动的采用,以在"自由"的基础上形成"劳动对资

---

① 拉法格:《财产及其起源》,第36页。
② F.布罗代尔(F. Braudel):《15至18世纪的物质文明、经济和资本主义》(*Civilization and Capitalism*)第2卷,纽约,1982年版,第233页。
③ 同上书,第236页。此定义的英译文为:"that prolific cause of wealth we commonly call capital",故而也可译为:"这种繁衍不息的致富手段,我们通常称之为资本。"(见F. Braudel, *Civilization and Capitalism*, p. 233.)
④ 转引自M.N.沃尔科夫主编:《政治经济学词典》,北京师范大学出版社1984年版,第358页。

本的从属"关系。这一结论,构成了马克思整个资本主义研究的基础,或者说是其全部资本主义理论的核心,以致他把自己的研究和理论概括为三个字:"资本论"。

马克思对"资本"的深刻认识,可以从以下几方面得到说明:首先,他指出了资本的流通($G—W—G'$)和简单商品流通($W—G—W$)的区别:后者只是为了占有使用价值,是为买而卖;而前者则是为使资本赢利即增值,因而货币"流通本身就是目的"[①]。其次,他发现,如果资本要使自己不断增值即"使自己永存",首先必须设法保存自己即保值,但又只有使自己增值才能"使资本作为资本保存下去"[②]。第三,他还发现,资本必须在流通中并通过流通才能保存自己并使自己永存,因为在流通之外商品所有者只能同自己的商品发生关系,而商品生产者可以用自己的劳动去创造价值,却又不能同时创造出超过商品价值的余额。第四,因此,作为资本的货币,为要在流通中使自己永存,就必须在流通中购买到一种特殊的商品,其特殊性就在于它的使用价值本身就具有成为价值的源泉这种属性。第五,马克思最终找到了这种具有特殊属性的商品,它就是资本家用"工资"购买的工人的"劳动力",因为这种表面"公平"的交易实际上是不平等的:他的劳动即劳动力的支付所创造的价值,在量上远远超过了资本家原先垫付的价值(工资)。第六,他考察了整个资本的流通过程,即资本与劳动之间的交换过程,发现它实际上包括了两个不仅在形式上而且在性质上不同的过程:第一个过程是资本家以工资购买工人劳动力的过程,买卖双方完全是在简单流通领域进行的;第二个过程则是消费劳动力创造剩余价值的过程,它却是在流通背后即生产领域

---

① 马克思:《资本论》第 1 卷,第 173 页。
② 马克思:《经济学手稿》(1857—1858 年),载《马克思恩格斯全集》第 46 卷(上),第 217 页。

中发生的。第七,他指出,劳动在生产过程表现出二重性:一方面,作为具体劳动,它创造使用价值,在改变原料存在形式的同时,转移生产资料的旧价值;另一方面,作为抽象劳动,不仅补偿劳动力自身的价值,而且创造了新的价值。第八,通过资本主义生产过程,资本家无偿地得到了两样东西:其一,是得到了劳动者活劳动的质,它使物化在资本的各组成部分的旧价值得以保存;其二,是得到了超过维持工人生存需要的剩余劳动,正是它创造了资本家梦寐以求的剩余价值。总之,马克思发现,资本的存在和衍生都离不开雇佣劳动,否则便不能生儿育女。

关于雇佣劳动对于资本以及整个资本主义的意义,马克思在许多场合都作了引申、发挥和强调。人们或许已经注意到,在《经济学手稿》(1857—1858年)中,马克思第一次对"劳动"和"劳动力"作了区别①,从而为其"劳动力商品"学说的确立准备了条件②,雇佣劳动从此成为马克思经济学研究的重要内容,此后他在不到两年的时间内两次提到这一问题,就是明证。在1859年11月7日致恩格斯的信中,马克思在向自己的战友介绍了《政治经济学批判》第二分册的写作情况后,写道:"我认为这个分册具有决定性的意义,实际上,这是全部资产阶级污垢的核心。"③此处所说"全部资产阶级污垢"即整个资本主义,而"第二分册"则是指《政治经济学批判》的"资本"的部分。另一次见于1858年4月2日马克思致恩格斯的信,这次在介绍

---

① 马克思说:"劳动能力不等于它能实现的活劳动,不等于它能完成的劳动量——这是它的使用价值。劳动能力等于它必须用来生产自己和能再生产自己的那个劳动量。"见《马克思恩格斯全集》第46卷(上),第265页。

② 马克思认为,劳动并不向来就是商品,劳动也不向来就是雇佣劳动即自由劳动。在奴隶制下,奴隶本身是商品,但劳动却不是他的商品;因为奴隶自身是连同他的劳动一次永远卖给主人的。农奴的劳动也不是商品,因为他只出卖自己的一部分劳动。工人因为在人身上是自由的,他才有可能把自己的劳动力当商品出卖。

③ 马克思、恩格斯:《〈资本论〉书信集》,第152页。着重点为引者所加。

了由资本、地产、雇佣劳动、国家、国际贸易和世界市场六部分组成的《政治经济学批判》写作计划后,他写下了这样一段极为重要的话:"地产向雇佣劳动的转化不仅是辩证的转化,而且也是历史的转化,因为现代地产的最后产物就是雇佣劳动的普遍建立,而这种雇佣劳动就是这一堆讨厌的东西的基础。"①从中不难看出,马克思认为"资本"是整个资本主义经济学的"核心",而"雇佣劳动"则是它的"基础"。一个"核心",一个"基础",清楚地点明了雇佣劳动之于资本及整个资本主义的必要性。

有了这种认识,人们或许就不难发现,早在1861—1863年《经济学手稿》中,马克思已为"资本主义"下过一个相当完善的定义,即他关于"资本主义生产"的科学表述:"资本主义的生产是这样一种社会生产方式,这种生产方式下,生产过程从属于资本,或者说,这种生产方式以资本和雇佣劳动的关系为基础,而且这种关系是起决定作用的、占支配地位的生产方式。"②这个定义看起来很简单,但其内涵却是非常丰富的:首先,马克思认为,与一切前资本主义生产不一样,资本主义生产的目的即"生产本身的性质"就是"剩余价值的生产",而在此之前的一切形式的生产都还主要是使用价值的生产。第二,为了达到这种"目的",或者说从这种"生产本身的性质"出发,必须使生产建立在"资本和雇佣劳动的关系"的基础上,非如此则不能从劳动者那里获得"剩余劳动"及其创造的剩余价值,因为只有这种自由劳动形式才能把劳动力作为"商品"来加以使用。第三,这种生产方式的最终形式,又必须以劳动者与劳动条件(主要是土地)的分离为前

---

① 马克思、恩格斯:《〈资本论〉书信集》,第131页。着重点为引者所加。
② 马克思:《经济学手稿》(1861—1863年),《马克思恩格斯全集》第47卷,人民出版社1979年版,第151页。

提,因为"只有当劳动条件以(资本)这种形式同劳动对立的时候,劳动才是雇佣劳动"。① 第四,由于资本主义萌芽是在封建社会内部孕育出来的,它要成长壮大以致发展为一种独立的社会经济形态,只能在这种生产关系在整个经济生活中处于"支配地位"的时候,这个时代才会到来。一言以蔽之,这个定义告诉我们,在考察剩余价值时,必须从流通领域转到生产领域,即不是简单地从商品同商品的交换中,而且从劳动条件的所有者和工人之间在生产范围内进行的交换中,引出剩余价值。马克思说:"可见,资本显然是关系,而且只能是生产关系。"②

事实上,马克思关于"资本主义生产方式"的定义,在国际上为不少深刻的思想家所接受,至少是某种程度上的接受。后马克思时期西方社会学的"最大代表"马克斯·韦伯,在其颇有影响的《世界经济通史》一书中,把资本主义解释成为一种合理的经济组织形式,并同时指出合理的资本主义测算"只有在自由劳动的基础上方有可能","由于存在形式上自愿而事实上迫于饥饿的鞭策而出卖劳动的工人,方有可能在事前通过协议明确规定产品的成本"③,从而明确地把它同先前的各种社会经济形态区别开来。与韦伯同时代的著名经济学家韦·桑巴特在《现代资本主义》一书中把资本主义定义为"一定的经济制度,这种制度可以由下列特征表示:它是在交换的基础上组织起来的,而且在这种制度中两个不同的阶级是合作的;生产资料的所有者作为这个制度的主体直接从事经营,而失去了财产的劳动者作为客体则一贫如洗,受经营原则和经济合理主义的制约"。④上文曾

---

① 马克思:《剩余价值理论》第3卷,第533页。
② 马克思:《资本主义生产以前的各种形式》,《马克思恩格斯全集》第46卷(上),第518页。着重点为引者所加。
③ 马克斯·维伯尔:《世界经济通史》,上海译文出版社1981年版,第235页。
④ 转引自 H. 罗伯特逊(H. M. Robertson):《经济个人主义的兴起》(*Aspects of the Rise of Economic Individualism*),新泽西,1973年版,第35页。

提到,杰弗·霍奇森认为,曼德尔关于"资本主义"的定义是最好的,这个定义是什么呢?就是:"资本主义是'普遍化'的商品生产。"①对此,杰弗·霍奇森有个解释:"'普遍化'这个词,在定义中是指这样一个事实,即在资本主义条件下,劳动力,也就是工作的能力,变成了商品。人们在'自由地'与雇主签订契约之后,为工资或薪金而工作。"②这不禁令人想起马克思《资本论》的一条注释:"资本主义的特点是,对工人本身来说,劳动力是归他所有的一种商品的形式,他的劳动因而具有雇佣劳动的形式。另一方面,正是从这时起,劳动产品的商品形式才普遍化。"③换言之,马克思原本就认为,雇佣劳动是以劳动力的商品化为条件的。正如当代美国学者弗雷德里克·C.莱恩所说:"对于许多作者(包括卡尔·马克思)来说,通过资本投资而进行财富积累的基本条件是工资劳动和劳动力市场,人们的劳动力在市场上才能变成商品。"④

毫无疑问,在这个问题上,并不是所有人都赞成马克思。例如,H.皮雷纳就主张:"资本主义的一切基本特征,即个人企业、信贷发展、商业利润、投机事业等等,自12世纪以来就已存在了。"⑤他实际上是把商品和商人阶级的兴起看作资本主义产生的标志,圣哥德里克(St. Godrich)是其心目中由"流浪汉"到资本家的典范,他属于史学界所常说的"商业学派",当是可以肯定的。值得注意的是,持这种观点的人在国际学术界并非绝无仅有,甚至还得到国际上一些权威

---

① 引自杰弗·霍奇森:《资本主义、价值和剥削——一种激进理论》,第28页。
② 同上书,第28—29页。
③ 马克思:《资本论》第1卷,第193页,注㊶。
④ 弗雷德里克·C.莱恩(Frederiek C. Lane):《资本主义的含义》("Meaning of Capitalism"),载《经济史杂志》(*Journal of Economic History*)1969年第1期,第7页。
⑤ H.皮雷纳(Henri Pirenne):《资本主义社会史的几个阶段》("The Stages in the Social History of Capitalism"),载《美国历史评论》(*American Historical Review*),1914年第3期,第495—496页。

出版物的支持。《美国大百科全书》对"资本主义"这一词条的诠释就是:"资本主义是一种资本为私人所拥有的经济形态,拥有者可以自由支配其资本以期自经济企业中获利,这种经济形态亦称资本主义制度。"①释文只谈"企业"不提生产。在《国际社会科学百科全书》中,有关"资本主义"这一词条的释文也说:"其'早期'或商业资本主义的有限形态,在古代世界就已经出现,在 13 和 14 世纪的意大利和 14 世纪的低地国家已有发展。这种商业形态在 16 世纪的英国已发展并开始演化成工业资本主义,而其时封建主义的因素和基尔特制度还依然存在。"②显然,也是把"商业"看成了资本主义的"形态"。不仅如此,近来在国内出版的某些著作中,这类观点也不时有所反映,提出"流通也是增殖财富的一种手段",甚至说"简单的商业就可以创造财富",认为"商业活动创造财富并非全然由劳动时间来决定",等等。

这里提出的问题是,资本家获得的剩余价值究竟是从哪里来的?因为"增殖财富"也好,"创造财富"也好,都属于超出原有价值的东西,在经济学上都有其严格的含义。如前所述,马克思认为,剩余价值是工人在生产过程中创造的,商品在流通过程中虽然发生了形态变化,但这种变化本身同价值创造毫无关系。"如果商品按照它们的价值出售,价值量在买者和卖者手里都不发生变化","如果商品不是按照它们的价值出售,转化了的价值的总额仍旧不变。"③流通对于获得剩余价值的意义在于,它是"实现"剩余价值的必要手段,如果说生产的商品在出售时实现了剩余价值,那是因为剩余价值已经存在

---

① 《美国大百科全书》(*The Encyclopedia Americana*)第 5 卷,大美百科全书出版公司 1988 年版,第 599 页。

② 戴维·L. 西尔斯主编(David L. Shills, ed.):《国际社会科学百科全书》(*International Encyclopedia of Social Sciences*)第 2 卷,麦克米兰公司 1968 年版,第 294 页。

③ 马克思:《资本论》第 2 卷,第 146 页。

于该商品中了。当然,商品在流通中免不了要进行储备和运输,也要投入必要的劳动并支付相应的费用,并因此会引起商品价值的提高,因而也创造"剩余价值",但由此而追加的劳动和价值,一般被看作生产过程在流通内的继续。至于有人通过贱买贵卖发财,其价值并不属于"创造财富"的范畴,只不过是一种商业上的"让渡利润",二者在性质上是不同的。

主张"流通也是增殖财富的手段"的学者,企图以"商业活动创造财富并非全然由劳动时间来决定"为由,对雇佣劳动作为创造剩余价值源泉的原理进行质疑。其实,马克思虽然认为雇佣劳动是创造剩余价值的源泉,但并不认为实现财富的创造只能靠直接劳动,即仅仅取决于劳动时间和所消费的劳动量。他指出:"随着大工业的发展,实现财富的创造较多地取决于劳动时间和已耗费的劳动量,较多地取决于劳动时间内所运用的动因的力量。而这种动因自身——它们的巨大效率——又和生产它们所花费的直接劳动不成比例,相反却取决于一般科学水平和技术水平,或者说取决于科学在生产上的运用。"他进一步指出:"一旦直接形式的劳动不再是巨大财富的源泉,劳动时间就不再而且必然不再是财富的尺度。"[①]但是否可因此而否认雇佣劳动的必要性,否定这种劳动在价值增值中的作用呢?当然不能,因为任何科学技术,哪怕是再先进的科学技术要变成现实的社会生产力,进而转化为社会的财富,还是要通过人的劳动。正如马克思指出的:"很容易设想,机器本身似乎能创造价值,因为它起着劳动生产力的作用。不过,……机器创造价值,不是因为它代替活劳动,而是因为它是增加剩余劳动的手段,并且只有剩余劳动本身(一般地

---

① 马克思:《经济学手稿》(1857—1858 年),载《马克思恩格斯全集》第 46 卷(下),第 217—218 页。着重点为引者所加。

说,就是劳动)才是借助于机器创造出来的剩余价值的尺度和实体。"道理很清楚,机器本身只不过是"人类劳动的产物","是物化的知识量"[①];而为了使科学技术转化为现实的生产力,劳动者本身还需掌握相关的知识。在这种情况下,需要解决的问题是,在判断和估计劳动者的劳动量时,应使复杂劳动与简单劳动相区别;注意到"劳动质量"而不仅仅是"劳动数量",但它并不改变等量劳动交换是价值关系的实质内容。

还有人举出 G—W—G' 这个公式,企图用以说明流通可以增值的观点。但是:第一,此公式并不是简单商品流通公式,简单商品流通是"为买而卖",其公式是 W—G—W,而 G—W—G' 表示的是"为卖而买",在这个公式中,它的两极虽然都是货币,但它们之间有量的不同,最后从流通中取出的货币多于起初投入的货币,即货币通过流通产生了剩余价值,最初的货币一开始就是作为资本进入流通的,因而实际上是资本循环的一般公式[②]。第二,马克思指出:"为卖而买,或者说得更完整些,为了贵卖而买,即 G—W—G',似乎只是一种资本即商人资本所特有的形式。但产业资本也是这样一种货币,它转化为商品,然后通过商品的出售再转化为更多的货币。在买和卖的间歇,即在流通领域以外发生的行为,丝毫不会改变这种运动形式。"[③]此处所谓"在流通领域以外发生的行为"指的是什么呢?还不就是指商品的生产过程,以及相应投入的雇佣劳动吗?这不就又回到马克思关于"资本"的定义上去了吗?它表明,如果人们要谈论资本主义及其赢利之类的问题,无论如何回避不了马克思关于"资本"

---

① 马克思:《经济学手稿》(1857—1858 年),载《马克思恩格斯全集》第 46 卷(下),第 289—290 页。
② M. N. 沃尔科夫:《政治经济学词典》,第 358 页。
③ 马克思:《资本论》第 1 卷,第 177 页。

及其生产方式的定义。

还有些人并不完全否认雇佣劳动之于资本的必要性,但又在理论和观点上对马克思持保留态度,J.贝奇尔就是他们中的一个。他表示:"在资本主义制度和自由劳动之间并没有必然的联系","以我之见,自由劳动是一种形式,但只是诸多形式中的一种",因为"在这里存在着许多建立在奴隶劳动基础上的[资本主义]企业的例子",如劳里乌姆(laurium)的银矿、罗马共和国的大农场、某些集中营中的工厂,等等。① 应该说,利用奴隶劳动进行资本主义经营的例子是有的,那就是内战前美国南部的奴隶制棉花种植园,以及美洲其他地方的某些类似的奴隶种植园。但是:第一,这类种植园的产品(如棉花等)完全是为世界市场而生产;第二,它虽以奴隶劳动为主但并不完全排斥自由劳动;第三,这些种植园的"剩余价值"生产主要还是由直接劳动从事的绝对剩余价值的生产;第四,它是特殊的历史条件即资本主义已经产生、资本主义世界市场初步形成时的产物,是从属于大洋西岸已经存在的资本主义生产方式的。而古代的,例如罗马的由奴隶从事劳动的大农场及其他类似作坊,则完全是建立在自然经济的基础上的,其产品主要是供奴隶主直接消费服务的,有的奴隶种植场则是罗马的农业进贡地。因此,这类种植园和作坊,虽然也有人称之为"资本主义经济",②在商品和货币对自身的冲击越来越大时,结果"不是导致工业的发展,而是导致乡村对城市的统治"。③这一点,

---

① 琼·贝奇尔(Jean Beachler):《资本主义的起源》(*The Origins of Capitalism*),牛津,1975年版,第57—58页。
② M.罗斯托夫采夫:《罗马帝国社会经济史》,商务印书馆1986年版,第60、278页。
③ 马克思:《经济学手稿》(1857—1858年),载《马克思恩格斯全集》第46卷(上),第509页。

甚至M.罗斯托夫采夫也是承认的。①

　　总之,我想说明的是,马克思关于"资本主义生产方式"的定义,实际上就是他关于"资本主义"的定义,因为他按照其对"资本"的独特理解,把资本主义看作历史上一种独特的社会经济形态,而把资本主义生产方式看作这种社会经济形态的标志。因此,他虽然可能没有正式使用过"资本主义"一语,却不能简单地说他没有过关于资本主义的定义。马克思的深刻之处,正隐藏在他关于"资本"、"资本主义生产方式"和"资本主义社会经济形态"这三个概念及其相互关系的解释之中。当然,我们说资本主义生产方式"实际上"就是他关于资本主义的定义,并不认为这二者是相等的;毋宁说,它是马克思关于"资本主义"定义的核心。

　　最后,此处还须申明,这里的讨论主要是在马克思思想的范围内进行的,因为我们讨论的问题本来就是有关马克思本身的问题,或者说是其资本理论的内在逻辑问题。

(原载《世界历史》1997年第5期)

---

① 他说:在罗马帝国,"工业成长相当迟缓,工业技术不向前发展;作坊没有进一步变成真正的工厂。作坊一直是主要的生产方法,而且,即使有同一种行业的若干店坊属于同一个人这种现象,也不曾使这些作坊转变成具有近代意义的工厂。"见《罗马帝国社会经济史》,第60页。

马克思"资本原始形成"理论研究
——重读《资本主义生产以前的各种形式》

一

近年来,关于资本主义起源问题,得到了不少学者的关注,一些著作和文章相继问世。但总的感觉是,这些著述从微观上考察较多,而在宏观上把握则不够,因而虽然在具体问题上取得了一些进展,但一些根本性的大问题却得不到解决。例如,资本主义产生的标志是什么?"起源"是一种突变还是一种过程?应如何认识"起源"这一课题本身的任务?导致资本主义产生的因素有哪些?其中决定性的因素究竟是什么?这些问题的解决,显然不能通过个案研究的形式,而必须从理论上加以把握。

笔者认为,为了解决这些问题,有必要重读马克思的《资本主义生产以前的各种形式》(以下简称《形式》),因在该文中马克思第一次系统而深刻地分析了上面提到的种种问题,从而在理论上为正确解决资本主义起源问题提供了线索。遗憾的是,迄今为止,我们对马克思关于此问题的理论的了解,主要还是通过《资本论》第1卷第24章,即《所谓原始积累》获得的。其实,马克思关于资本主义起源的经典理论,主要不在《资本论》第1卷第24章,而在《形式》一文。前者虽然也涉及这一主题的重要问题,但主要是围绕英国这个典型展开论证的,有关这一主题的一些根本性问题并未谈到。而《形式》一文,通篇充满了哲理,体现着他特有的思辨的缜密,是一篇难得的文献。

从《形式》的结构看,此文总共只有两部分,先讲公社的各种形式和个体占有问题,后讲资本主义生产关系产生的历史过程,但前一部分显然是为后一部分服务的,其主题就是所谓"资本的原始形成"(第504页),即资本主义起源问题。商德文先生认为:"在《草稿》中,对前资本主义形态的研究涉及的面和范围十分广泛,但如果把它归结到一点,那就是研究财产的起源、私有制的起源,以及它与资本主义起源的关系。"[1]此论极是。正因为如此,此文在《经济学手稿》(1857—1858年)中,被列在第3章,即《资本章》之下,由此也可以看出作者写作此文的真实意图。但由于在1939年,它以《资本主义生产以前各形态》为标题,由苏联马列研究院单独编辑出版,读者的注意力一下子被引导到"社会形态"问题的研究上了,马克思所阐述的资本主义起源这一主题,反而被不应有地忽视了。

为什么说马克思所说的"资本的原始形成"就是他关于资本主义起源的理论呢?这是因为,在马克思看来,"资本"并不仅仅是钱和物,它所体现的乃是现实生活中的生产关系,"而且只能是生产关系"即资本主义生产方式。因此,所谓"资本的原始形成",用马克思在《形式》一文中的话来说,就是指"资本主义生产关系产生的历史过程"[2],即资本主义的起源。关于这一点,他在《形式》一文中讲得很清楚,说他在此处研究的资本主义生产关系是"正在历史地形成的关系",而不是"已经成为决定性的、支配整个生产的关系",其任务是

---

[1] 引自赵洪主编:《〈资本论〉第一稿研究》,山东人民出版社1991年版,第341页。
[2] 《形式》一文第二部分的标题即"资本主义生产关系产生的历史过程"。

"考察货币向资本的最初转化"过程。(第506页)

下面,我们就以《形式》一文为主,同时参阅他的有关文献和资料,探索一下马克思关于资本主义起源的理论。为节省篇幅起见,凡出自《形式》的引文,均依据《马克思恩格斯全集》第46卷(上),只在该引文后标出它在第46卷(上)的页码,不再另作脚注。

二

在《形式》一文中,马克思在指出资本主义生产关系的产生,须以一切前资本主义生产关系的解体为前提后,他写道:"在所有这些解体的过程中,只要更详尽地考察便可发现,在发生解体的生产关系中占优势的是使用价值,是以直接使用为目的的生产。交换价值及其生产,是以另一种形式占优势为前提的;因此,在所有这些关系中,实物贡赋和劳役比货币支付和货币税占优势。但这只是顺便提一下而已。"(第505页)在此处,马克思以其点睛之笔,清楚地点明了资本主义生产与一切前资本主义生产的主要区别,即前者从事的是"交换价值"的生产,而后者从事的则是"使用价值"的生产。从资本主义起源研究角度看,认识和了解这一根本区别是一个重要出发点,虽然他说"只是顺便提一下",却不能不提。

这一结论的得出,从马克思的研究方法看,有两点非同寻常:(一)是他对起源问题的研究,并不局限于资本主义范畴之内,而是把它放到整个人类历史发展之中,与以往的各种生产方式做对比和考察。为此,他在《经济学手稿》(1857—1858年)中,以罕见的方式写下了《形式》这一著名篇章,专门考察了生产关系的原生形态及其各种派生形式,以及它们与资本主义的区别。(二)为了在资本主义与一切前资本主义之间进行比较,他提出了一个很重要的概念,这就是

"生产本身的目的"(第496页)即"生产本身的性质"①,以说明"一定生产关系下社会生产必然要服从的根本任务"②,这就避开了附着在经济之上的政治、思想和文化等因素对研究的干扰,易于看清资本主义生产与一切前资本主义生产的主要区别。

马克思认为,之所以说一切前资本主义生产都是"使用价值"的生产,是因为"这种劳动的目的不是为了创造价值",而是"为了保证各个所有者及其家庭以及整个共同体的生存",虽然他们也可能生产剩余产品,但那是为了"为自己换取他人的产品,即[其他人的]剩余产品"(第470—471页)。而为所有这些生产方式提供基础的,就是"劳动者把自己的客观条件看作自己的财产;这就是劳动同劳动的物质条件的天然统一",或称"原始统一"(第471页)。这就对一切前资本主义生产本身的性质作了唯物的解释,显示了马克思思想独具的彻底性和说服力。

马克思发现,由于都是从事"使用价值"的生产,前资本主义的各种生产形式都不可避免地具有如下特征:(一)在这类生产使用价值的生产方式中,"土地财产和农业构成经济制度的基础";(二)对劳动的自然条件的占有,"不是通过劳动进行的,而是劳动的前提";(三)人们必须依赖于一定的共同体,并以共同体成员身份为媒介而占有土地,由此决定了当时的"人的依赖关系";(四)由于这种"人的依赖关系",社会的剥削形式都是超经济的,剩余劳动表现为直接的强迫劳动。总之,一切前资本主义生产,都还属于自然经济的范畴。

这里,有一点尚须说明,马克思所说的"资本主义生产以前的各

---

① 马克思:《资本论》第1卷,第263页。
② 曹之虎:"社会生产目的是指一定生产关系下社会生产必然要服从的根本任务,它反映了这种生产的实质。"见《论所有制》,上海人民出版社1993年版,第131页。"生产本身的性质"这一概念,由于不在生产力和生产关系体系之内,因而亦不在现有唯物史观理论体系之内,常常不为研究者注意。

种形式",主要是指西方的"自由的小土地所有制"和"以东方公社为基础的公共土地所有制",具体来说是四种类型:(一)亚细亚的所有制形式;(二)古代的所有制形式;(三)日耳曼人的所有制形式;(四)斯拉夫人的所有制形式。它们都是原始公社所有制的派生形式,而游牧才是人类"生存方式的最初形式"(第472页)。马克思认为,由于奴隶主把奴隶看作自己的"财产"即物,农奴在人身上被主人占有而成为"土地的附属品",在这两种情况下,"劳动者自身属于客观的劳动条件",因而实际上也是劳动者与生产资料的"天然统一"①。

三

由于确定了资本主义"生产本身的性质",即断定它所从事的是"交换价值"的生产,而与从事"使用价值"为目的的一切前资本主义生产相区别,这就产生了一个重要问题:为了进行"交换价值"或剩余价值的生产,它所采用的生产方式应当是怎样的?这样的生产方式与以往的生产方式有什么不同?

显然,在马克思看来,从事这种生产的主人,即资本家,不能采用任何现存的生产方式,包括原始的、奴隶制的和农奴制的生产方式,因为它们的一个共同点就是其生产目的是为了满足人们生存的需要,并且主要是通过"直接劳动"来实现的。而资本主义制度下的"交换价值"生产,意味着通过交换来获取超出成本的利润,"以便再生产

---

① 马克思:《剩余价值理论》第3册,第465页。这里顺便指出,在《形式》一文中,由于马克思研究的主题是"资本的原始形成"问题,强调资本主义生产方式与一切前资本主义所有制形式的区别,因而并没有对所有前资本主义的所有制形式的区别和特点展开论述,这突出表现在他对奴隶制和农奴制的分析上,给后人留下了一个难解之谜。有人不了解这一点,以为马克思认为在资本主义之前只存在亚细亚的、古代的和日耳曼的三种所有制形式,其实是对马克思的误解,应当予以澄清。

货币并增殖其价值"(第470页)。而要做到这一点,就必须事先对生产成本进行合理的测算,必须设法使劳动者感到他的劳动对自己是有利的,同时又要尽可能多地从他的劳动中获取最大的好处,并在他们不愿干时可在别处找到同样的劳动力。为此,马克思指出,新的生产方式应该是一种工资雇佣关系,而劳动应当是自由的。与前资本主义生产方式比较,这种雇佣劳动方式具有以下三个特点:(一)它是间接的强制性劳动,而不是直接的强制性劳动;(二)工资支付给人以"平等"的假象,可以掩盖对剩余劳动的榨取;(三)对物的依赖关系代替了对人的依赖关系。

马克思在深入考察现代资本主义生产方式的起源时,发现"资本的原始形成"即资本主义生产关系的形成,在本质上不过是"资本与劳动之间的交换过程",或者说是"在可能性上存在的资本"与"在可能性上存在的自由工人之间的交换过程"(第506页)。而且,他还以非凡的洞察力注意到,这种交换并不是一次完成的,实际上包含着两个互相联系,而在性质上又完全不同的过程:"(一)工人拿自己的商品,即作为使用价值的劳动(它作为商品和其他一切商品一样也有价值),同资本出让给他的一定数额的交换价值,即一定数额的货币相交换。(二)资本家换来劳动本身,这种劳动是创造价值的活动,是生产劳动;也就是说,资本家换来这样一种生产力,这种生产力使资本得以保存和增殖,从而变成了资本的生产力和再生产力"[①]。简言之,第一种交换只表示对劳动力的购买,而第二种交换则是活劳动直接转化为资本。这就不仅深刻地揭示了资本主义生产关系的性质和特点,也同时揭示了由前资本主义经济关系向资本主义转变的实质

[①] 马克思:《经济学手稿》(1857—1858年),《马克思恩格斯全集》第46卷(上),第231页。

及其内在联系,因为只有第二个交换过程才充分体现着资本主义生产方式的性质,而从第一个交换过程中又不难找到它和前资本主义的联系。正因为如此,从马克思所揭示的可能性上存在的资本与可能性上存在的劳动之间的两个不同性质的"交换过程"中,不难发现在这种严密的理论逻辑中所包含的有关"资本的原始形成"的强大的实践逻辑。因为:

第一,既然资本主义生产关系的形成、产生或起源是可能性上的资本和可能性上的劳动之间的"交换过程",那么在交换过程中的"主体"无疑应是资本家而被雇佣的工人则是客体,因为资本家乃是"人格化的资本",因而在马克思的"资本"概念中必然包含着资本家。正如马克思所指出的:"既然在这个过程中,物化的劳动同时又表现为工人的非对象性,表现为与工人对立的一个主体的对象性,表现为工人之外的异己意志的财产,所以资本就必然地同时是资本家。"(第517页)此处所谓"与工人对立的一个主体"即资本家。由此便产生了一个新的问题,即作为人格化的资本的资本家最初来自哪些人?从上面的分析中不难看出,为了回答这个问题即确定他们的社会经济来源并不难,只要弄清在可能性上的资本是怎样历史地形成的,以及构成它们的主要成分即可。这个问题,在马克思的文献中,被称为"货币财富本身在转化为资本之前的形成问题"。

第二,在资本和劳动的交换中,按照通常的"公平交易"的游戏规则,被雇佣的工人应当把自己的劳动力作为"商品"来出售,而为了做到这一点,劳动力的出售者必须拥有"双重意义"(第510页)上的自由:其一,他必须在人身上是自由的,否则他就不能作为自己劳动力的所有者,以平等的身份出现在劳动力的市场上;其二,他必须"自由得一无所有",即既丧失了生产资料又没有了生活资料,劳动力因而变成了自己唯一的所有物,否则他就不必把自己的劳动力作为商品去出卖。而我们知道,"劳动并不向来就是商品",劳动也"并不向来就是雇佣劳动";在奴隶制下,奴隶是连同他的劳动"一次而永远地卖给自己的主人"的,因此"奴隶本身是商品,但劳动却不是他的商品";在农奴制下,农奴的劳动也不是商品,因为"农奴只出卖自己的一部分劳动",他是作为土地的附属品为土地所有者劳动,后者从前者那里收取贡赋①。这就产生了另一个新问题:具有人身自由并必须把自己的劳动力作为"商品"加以出卖的劳动者是怎样形成的?或者说,劳动者的劳动力是怎样商品化的?由于这个问题牵涉到"所有制形式"问题,而所有制形式又有其自身演变的历史,它实际上就是资本主义起源的历史过程问题。

第三,既然资本主义起源的"历史过程"与所有制形式自身的演变交织在一起,那么资本主义起源的历史过程便必然是社会经济结构不断"解体"的过程,因为任何一种现存的社会经济结构都是由多种所有制形式构成的,即使在一种所有制形式内部也包括生产、分配、交换和消费等不同领域。这样,就提出了与"起源"有关的第三个重大问题:一个民族和国家的传统社会经济结构解体的速度是由什么决定的?十分清楚,这个问题涉及这些结构内部和外部多种因素,对它的回答不仅与本研究的主题关系极大,而且难度很大。

这样,从资本主义起源的角度观之,马克思在《形式》一文中通过对"交换过程"中主体与客体及其相互关系的分析,实际上把"资本的原始形成"的内容分解并具体化,从而使我们就有了把对这一主题的研究从理性认识转入历史探讨的可能,其理论上的意义是不言而喻的。

---

① 马克思:《雇佣劳动与资本》,载《马克思恩格斯选集》第1卷,第336—337页。

四

如前所述,在资本主义生产关系的形成中,处于主导地位的是资本而不是劳动,因为劳动者本是被雇佣的对象。因此,按逻辑,找出最容易转化为产业资本的资本,无疑是资本主义起源研究的首要任务,而那些在各种资本中最容易转化为产业资本的资本,必将在历史上率先扮演资本主义生产关系创立者的角色,成为最终导致新经济产生的主要推动者。

作为准资本的货币财富,即可能转化为资本的货币财富,在历史上有各种各样的来源,有的来自高利贷、商业、城市,也有的来自租佃者、小农和雇工,还有的来自小行会师傅和独立手工业者,甚至一些雇佣劳动者也可能变成小资本家。那么,在众多货币财富的积累中,究竟哪些来源最容易转化为产业资本,即可以在历史上率先导致资本主义生产关系的建立呢?不是别的,就是商业资本和高利贷资本。关于这一点,马克思以清晰的语言写道:

> 在实际生产者和剥削者之间形式上占统治地位的是买者和卖者的关系(或债务人和债主的变相关系),总之,双方之间的交易内容不受奴隶和主人关系的制约,而他们彼此作为形式上自由的人互相对立着。资本在其中出现的两种形式,在资本控制直接生产关系以前便成了这种意义上的生产资本,因此表现为统治生产的关系,——这便是商业资本和高利贷资本(生息资本)。这两种资本在资本主义生产范围内表现为特殊的和派生的资本形式,而另一方面,在较早的生产形式中则作为唯一的和原始的资本形式发挥职能,这两种资本可能同实际生产者发生

下述的关系：它们或是表现为资本的洪水期前的形式，或是——在资本主义生产方式本身的条件下——表现为过渡形式。①

这里有几点值得注意：第一，马克思认为，商业资本和高利贷资本，在资本控制直接生产以前便成了"生产资本"；第二，在较早的生产形式中，这两种资本是"作为唯一的和原始的资本形式"发挥职能的，因而是最重要的"向资本主义生产过渡的两种形式"；第三，这是因为，在商人和实际生产者之间，或债务人和债权人之间，"交易内容不受奴隶和主人关系的制约"，他们彼此可"作为形式上自由的人互相对立着"。因而，它们之间的关系，最接近于近代"劳动对资本的从属"关系，在历史上也最容易转化为产业资本。正因为如此，在《形式》一文中，马克思指出："正是高利贷（特别是对土地财产的高利贷）和由商人的利润积累起来的动产，正是这种货币财富，才转化为本来意义的资本，即产业资本。"（第507页）又说："资本的形成不是来自土地的财产（在这种场合，至多是来自作为农产品商人的租地农民），也不是来自行会（虽然在这种场合有这种可能），而是来自商人的和高利贷的财富。"（第508页）②

但问题并不那么简单。因为无论是商人资本还是高利贷资本都有着自己悠久的历史，在历史上在某些地方甚至达到相当发达的程度，例如在罗马和拜占庭的历史上就可见到，但在这些地方都没有导致某些西方学者所说的"资本主义经济"。可见，"仅仅有了货币财

---

① 马克思：《经济学手稿》（1861—1863年），载《马克思恩格斯全集》第48卷，人民出版社1985年版，第30—31页。

② 马克思在《形式》一文中还写道："货币转化为资本的方式，在历史上往往非常明显地表现成这样：例如一个商人委托许多以前以农村副业的形式从事纺织的织工和纺工为他劳动，把他们的副业变成他们的本业。"（第514页）在这里，马克思用了"往往"一词，说明他确实把"商人资本"看成最早转化为产业资本的主要过渡形式。

富,甚至它取得某种统治地位,还不足以使它转化为资本。"马克思认为,为了使货币能够转化为资本,还需要满足以下两个客观条件:一是货币能买到劳动的客观条件即生产资料,一是货币能从已自由的工人那里换到活劳动本身。而为了满足这两个条件,需要有一个漫长而复杂的历史准备过程,其实质是一切前资本主义所有制形式的解体。马克思强调说:"资本的原始形成只不过是这样发生的:作为货币财富而存在的价值,由于先前的生产方式解体的历史过程,一方面能买到劳动的客观条件,另一方面也能用货币从已经自由的工人那里换到活劳动本身。"(第510页)一个"只不过",一个"由于",表达了这样一个思想:比较而言,传统生产关系的解体比之货币积累,对于资本主义生产关系的形成来说更具决定性,是属于"前提"[①]性的条件。

但这个"过程"究竟从什么地方算起大有学问。一般把小农作为起源研究的起点和重点,但马克思显然是把封建农奴制作为资本关系孕育的直接母体,认为必须解体的前资本主义关系首先应是封建农奴制。而小农所有制之所以被列入应当解体的传统所有制之列,是因为它在农奴制解体后反成了它"最发达"[②]的形态,但在本质上仍是劳动者与生产资料的"天然统一"。其解体之于资本主义起源的意义,一方面固然在于为资本准备劳动力市场,另一方面则有利于生产资料即资本的积聚。所以,马克思在《资本论》中,把为资本起源做准备的"历史过程"概括为两个破坏:首先是破坏封建的农奴制,其次是破坏小农的私有制[③]。在这里,如果说小农私有制的破坏是资本关系形成的直接起点的话,那么它只是一个更漫长的历史准备过程

[①] 马克思说:"这个历史过程不是资本的结果,而是资本的前提。"(第508页)
[②] 中村哲:《奴隶制和农奴制的理论》,武汉大学出版社1994年版,第4页。
[③] 马克思:《资本论》第1卷,第783页。

的末点,因而只是上述两个互相联系着的过程中间的一个过渡点。不仅如此,若读一下《形式》便可发现,其中涉及为货币转化为资本的历史准备过程,要比《资本论》第1卷第24章的有关论述复杂得多。在这里,马克思认为必须解体的前资本主义关系并不仅仅指农奴制关系,还包括只拥有生产工具的行会工人、为个人服务的侍从,以及历史上存在过的"各种所有制形式",其目光所及几乎包括了以往全部的人类史,意味是深长的。

至于传统社会经济结构解体的速度,或者说,资本主义生产关系在历史上产生的迟早,究竟是由哪些因素决定的呢?马克思并未在某个地方对某一点做绝对的肯定或否定,但根据其散见于各处的论述之意向或倾向,这些因素可否大致概括为以下四点:(一)是看这种生产方式内部结构本身在不同民族或国家表现出的"坚固性"①怎样;(二)是看在这种社会经济结构内部是否已有"新的生产力"②产生和发展;(三)是看国家在结构解体(其另一面就是资本积累)过程中是否采取"强制的手段"③;(四)是看能对这种结构起"解体作用"的商业发达到何种程度。旧的经济结构解体的快慢,新的资本关系形成的迟早,实际上就是由这四种因素所构成的合力决定的。如果我们把"坚固性"视作一种社会经济结构本身的属性和特点,那么"新的生产力"就是导致其解体的直接动力,而国家的强制手段和"商业"

---

① 马克思说:"商业对各种已有的、以不同形式主要生产使用价值的生产组织,都或多或少地起着解体作用。但是它对旧生产方式究竟在多大程度上起着解体作用,这首先取决于这些生产方式的坚固性和内部结构。"见《资本论》第3卷,第371页。

② 马克思说:"只要更仔细地考察,同样可以发现,所有这些关系的解体,只有在物质的(因而还有精神的)生产力发展到一定水平时才有可能。"见《马克思恩格斯全集》第46卷(上),第505页。

③ 马克思说:"由封建农业社会到工业社会的转变,以及各国在世界市场上进行的与此相应的工业战争,却取决于资本的加速发展,这种发展并不是沿着所谓的自然的道路,而是靠强制的手段来达到的。"见《资本论》第3卷,第884页。

的发达程度,则是其解体的催化剂。

五

从以上的分析可以看出,在《形式》这一著名文献中,马克思关于资本主义起源的理论,包括它的主体、条件、过程和本质诸问题,在"资本原始形成"这一主题之下,均有系统而深刻的阐述,其思路和论点可归纳如下。

首先,在马克思看来,资本主义对于传统农业社会来说虽是一种质变,但它的起源并非某种突然的爆发即突变,而是一种缓慢的渐变过程,这个过程的实质乃是社会经济生活的商品化,或者说是走向商品化的趋势。显然,离开了这种商品化过程,传统农业社会就不可能演变为工业社会,以生产"使用价值"为主的经济就不可能被以生产"交换价值"为主的经济所取代,当然也就不可能有劳动力的商品化。这一点,在马克斯·韦伯的名著《世界经济通史》中,被视作资本主义产生的六大条件之一。[①]

其次,在马克思看来,在资本主义生产关系形成过程中,起主导作用的应是资本,而商业资本和高利贷资本是最容易转化为产业资本的两种"过渡形式",因而最初的资本家最有可能是来自商业资本和高利贷资本,首先是商业资本。但对这种新的生产关系的形成起决定性作用的,并不是商业资本以及其他任何形式的资本,而是传统的社会经济结构解体的进程和程度,因为只有这种解体才能为生产资料的集中和劳动力市场的形成创造必要的历史条件。在历史上,商业资本和高利贷资本早已存在,财富积累的形式多种多样,为什么

---

① 参见马克斯·维贝尔:《世界经济通史》,第 235 页。

没有导致资本主义生产方式的统治,其原因就是缺乏这些历史条件。

再者,那么,资本主义究竟将首先产生于何处?在《形式》一文中马克思虽然并未点明,但从逻辑上说应是资本的形成和劳动力的供应配合较好的地方,而以传统社会经济结构解体的快慢为转移。但由于这种结构解体的快慢本身,是由传统生产方式内部结构的"坚固性"、旧的经济结构内部新的生产力发展的状况以及对这种结构起"解体作用"的商业发达的程度等因素的合力决定的,其中任何一个因素的状况都可能促进或延缓资本主义的产生。

笔者认为,理解马克思关于"资本原始形成"的理论,以及由这个理论引出的上述几点结论,关键是必须把"资本"看成是"生产关系",从而把历史上资本主义生产关系的形成看成是可能性上的资本和可能性上的自由工人之间的"交换过程",不能离开"雇佣劳动"来探讨资本主义起源。这应是马克思有关思想的精髓。这里,记住马克思如下的话是十分重要的:

> 靠资本生活的劳动者和靠收入生活的劳动者之间的区别,同劳动的形式有关。资本主义生产方式与非资本主义生产方式的全部区别就在这里。[①]

(原载《史学理论研究》1998年第3期)

[①] 马克思:《剩余价值理论》第3册,第476页。着重点为引者所加。

关于资本主义起源问题的三大学派

19世纪中叶至20世纪中叶,在资本主义起源问题研究方面,除科学地揭示了资本主义起源的马克思主义创始人而外,在西方学术界探讨过这个问题的还有两个重要学派:定性学派和商业学派。为了进一步探讨有关资本主义的起源问题,不仅应该认真研究马克思主义有关的基本理论和观点,同时也需要了解西方学术界其他有关的理论和观点,尤其是这两个重要流派的理论和观点。

一、卡尔·马克思的理论

在资本主义起源问题的研究中,马克思及其战友恩格斯无疑占据着极为重要的地位,因为他们第一次以严密的逻辑揭示了资本主义的本质及其产生的条件。他们在这方面所做的工作,无论是其前辈还是后人,都是无人能够取代的。

从总体上看,马克思关于资本主义起源问题的研究,是放在"生产方式"的历史演进中进行的。他的一个中心论点就是,资本主义产生并取代封建主义的过程乃是新旧生产方式更替的过程,但"资本主义社会的经济结构是从封建社会的经济结构中产生的",只有后者的解体才能使前者的要素得到解放。① 也就是说,资本主义最初是作

---

① 马克思:《资本论》第1卷,第783页。

为某种"要素"或因素,首先孕育和萌芽于封建社会这个母体之内,在一定条件下并通过一定途径才成长和发展起来的。因此,资本主义起源的研究,重要的是要找出这些"要素"及其转化的条件。

为此,马克思首先确定了资本主义产生的"主要标志",这就是"雇佣劳动"在生产中的采用,①因为它"包含着全部资本主义生产方式的萌芽"。不过,正如恩格斯所指出的:"包含着全部资本主义生产方式的萌芽于其中的雇佣劳动,是从古代就存在的。在偶发的分散的形式之下,雇佣劳动曾经在好几个世纪内,与奴隶制度相并存,但是只在它所必需的历史条件已经成熟之时,这一隐藏着的萌芽,方能发展为资本主义生产方式。"②怎样才算历史条件"已经成熟"呢?根据马克思的意见,那就是商品经济已发展到这样的程度,以致劳动力也变成了商品,因为资本主义下的"雇佣劳动"在本质上乃是资本与劳动的交换。

但这种交换并不是一次完成的。马克思进一步指出,如果深入考察资本与劳动的交换,就可以发现它可以分解为两个不仅在形式上而且在性质上不同(甚至是相互对立)的过程:"(1)工人拿自己的商品,即作为使用价值的劳动(它作为商品同其他一切商品一样也有价格),同资本出让给他的一定数额的交换价值,即一定数额的货币交换。(2)资本家换来劳动本身,这种劳动是创造价值的活动,是生产劳动;也就是说,资本家换来这样一种生产力,这种生产力使资本得以保存和增殖,从而变成了资本的生产力和再生产力。"③前者是资本家以工资购买工人劳动的过程,它完全是由买卖双方在简单流

---

① 《列宁全集》第 19 卷,人民出版社 1958 年版,第 365 页。
② 马克思:《反杜林论》,人民出版社 1960 年版,第 283 页注①。
③ 马克思:《政治经济学批判》(1857—1858 年),载《马克思恩格斯全集》第 46 卷(上),第 231 页。

通领域中进行的,而后者则是工人使用其劳动力创造剩余价值的过程,它却是在流通背后即在生产过程中发生的。马克思认为,二者可以在时间上分开而完全不必同时发生,第一个过程可以在第二个过程刚开始以前就已完成。他写道:"工资不能等到产品完成时才支付这一点,甚至是〔工人和资本家之间的〕关系的本质规定。"①

由此可见,把资本主义与其他生产方式区别开来的乃是"工资劳动",而工资劳动正是工人和资本家之间关系的本质的体现。这种本质就是:一些人能够购买的不是另一些人的劳动成果,而是他们的劳动力。这种交换显然是不平等的,因为资本家所支付的仅仅是劳动者可以保存和再生产的必要劳动的价值,而劳动者所使用的则是除了必要劳动而外的劳动力,因此,对生产的劳动支付的价值大于简单再生产的必要劳动的价值。于是,关于资本主义起源问题的研究,就可以进一步被分解为这样两个问题:(1)资本家手中用于雇佣工人的资本是怎样来的?(2)在市场上出卖自己劳动力的自由工人是怎样造成的?

关于资本的来源,马克思这样写道:"资本的概念,资本的发生,包含着这样的意思:资本是以货币,从而以货币形式存在的财富为起点的。"②因此,为要形成资本主义生产,资本家手中首先必须积累起大量的"货币财富"。那么,大量的"货币财富"又是怎样积累起来的呢?马克思认为,在理论和实际上存在着三种途径:(1)"单纯通过等价物交换的途径";(2)通过发放高利贷(特别是对土地财产贷放的高利贷);(3)"由商人的利润所积累起来的动产"。但马克思认为,货币财富的第一种来源是"微不足道的",这种来源

---

① 马克思:《政治经济学批判》(1857—1858年),载《马克思恩格斯全集》第46卷(上),第231页。
② 同上书,第507页。

在历史上甚至不值一提,虽然租佃者、农民的积蓄也起过作用;只有高利贷和商人的利润所积累起来的货币财富,"才能转化为本来意义的资本,即产业资本"。①因为在这两种形式下"双方之间的交易内容不受奴隶和主人关系的制约,而他们彼此作为形式上自由的人互相对立着"②。

然而,在马克思看来,"资本的原始形成"和"货币财富的形成"并不是同一个概念,前者指的是货币财富转化为资本的过程,而后者则是"属于资产阶级经济的史前时期的问题"。正如马克思所指出的:"仅仅有了货币财富,甚至它取得某种统治地位,还不足以使它转化为资本。"③货币怎样才能转化为资本或者说"资本的原始形成"怎样才发生呢?马克思说:"资本的原始形成只不过是这样发生的:作为货币财富而存在的价值,由于先前的生产方式解体的历史过程,一方面能买到劳动的客观条件,另一方面也能用货币从已经自由的工人那里换到活劳动本身。"④这就是说,"资本的原始形成"是以生产资料和劳动力的自由买卖为前提的,而这种自由买卖又是以"先前的生产方式解体"为前提的。这样一来,"资本的原始形成"问题,又与"自由劳动力的来源"联系在一起了。

关于自由劳动力的来源,马克思认为首先必须具备如下前提:(1)"劳动者把土地当作生产的自然条件的那种关系(这种关系原来产生于部落或公社时期。——引者注)的解体";(2)"劳动者是工具

---

① 马克思:《政治经济学批判》(1857—1858 年),载《马克思恩格斯全集》第 46 卷(上),第 507 页。
② 马克思:《经济学手稿》(1861—1863 年),载《马克思恩格斯全集》第 48 卷,人民出版社 1985 年版,第 30 页。
③ 马克思:《政治经济学批判》(1857—1858 年),载《马克思恩格斯全集》第 46 卷(上),第 509 页。
④ 同上书,第 509—510 页。

所有者(如中世纪的手工艺人。——引者注)的那种关系的解体";(3)"在以上两种情况下,劳动者在生产开始以前都具有了作为生产者来生活——也就是在生产期间即在完成生产以前维持生活——所必需的消费品";(4)"还有一种关系也同样发生解体,在这种关系中,劳动者本身、活的劳动能力的体现者本身,还直接属于生产的客观条件,而且他们作为这种客观条件被人占有,因而成为奴隶或农奴。"①马克思认为,在资本主义关系发生之前,这四种生产关系或财产形式之所以必须首先解体,是因为它们都是前资本主义的生产关系或财产形式,其共同点就是在它们之中"占优势的是使用价值,是以直接使用为目的的生产"②。

然而,这些前资本主义的生产关系或财产形式的解体,并不意味着生产者转化为雇佣工人的历史运动的结束。马克思指出:"生产者转化为雇佣工人的历史运动,一方面表现为生产者从隶属地位和行会束缚下解放出来;对于我们的资产阶级历史学家来说,只有这一方面是存在的。但是另一方面,新被解放的人只有在他们被剥夺了一切生产资料和旧封建制度给予他们的一切生存的保障之后,才能成为自身的出卖者。"③这就是说,自由劳动力的产生实际上包括了两个破坏:破坏封建的人身占有制,破坏新旧个体所有制。马克思把这后一个破坏即生产者与生产资料(主要是土地)分离的过程,称为"资本的原始积累"即资本的历史起源,并认为在这一过程中"暴力起着巨大的作用"。他还写道:"掠夺教会地产,欺骗性地出让国有土地,盗窃公有地,用剥夺方法、用残暴的恐怖手段把封建财产和氏族财产

---

① 马克思:《政治经济学批判》(1857—1858年),载《马克思恩格斯全集》第46卷(上),第498—499页。
② 同上书,第505页。
③ 马克思:《资本论》第1卷,第783页。

变为现代私有财产——这就是原始积累的各种田园诗式的方法。"①

马克思指出:"资本只不过是把它找到的大批人手和大量工具结合起来。资本只是把它们聚集在自己的统治之下,这就是资本的真正积累。"②然而,从上面的分析可以看到,货币财富的积累和自由劳动者队伍的形成,在现实生活中并不是在同一过程中完成的。这就提出了一个问题:是什么力量使手中握有货币的人能在市场上找到劳动力并在一定点上把工人连同他们的工具聚集在一起,从而最终形成以雇佣劳动为基础的资本主义生产方式? 在马克思看来,这个力量就是作为交换媒介的商业和商业资本,因为只有商业和商业资本的发展才有可能给二者的结合提供日益增多的机会;但这种作用只有在商业资本有了"一定程度的"发展,并且只有在封建经济结构解体之后才能发挥出来。从这个意义上说,商业的"存在及一定程度的发展,对于资本主义生产方式的发展,就是历史的前提"③。

当然,商业资本的发展就它本身来说,并不足以促成和说明一个生产方式到另一个生产方式的过渡。因为商业资本可能存在于各种社会经济形态之中,并对不同形式的以生产使用价值为主的生产组织起着不同程度的解体作用;但这个解体过程会导向何处即产生什么样的新的生产方式,这不取决于商业而取决于旧生产方式的性质,因此关键要看它的出发点是什么。换句话说,如果商业资本的出发点是封建的社会经济结构,那么它就会对封建的社会经济结构发生重大的瓦解作用,并在其瓦解后使其导向资本主义生产方式。但商业和商业资本的这种作用,是以整个社会分工的发展为基础的,而其

---

① 马克思:《资本论》第 1 卷,第 801 页。
② 马克思:《政治经济学批判》(1857—1858 年),载《马克思恩格斯全集》第 46 卷(上),第 511 页。
③ 马克思:《资本论》第 2 卷,人民出版社 1975 年版,第 403 页。

中以商人和手工业者为主体的城市的发展,又是这种社会分工发展水平的重要标志。为此,马克思在《德意志意识形态》和《资本论》中,特地考察了商业资本的起源及其历史发展,并在此基础上指出了由商业资本向产业资本转化的条件和途径,从而揭示了资本主义起源的历史过程。

马克思指出,商业是城乡分离的产物,因为"城市工业本身一旦和农业分离,它的产品一开始就是商品,因而它的产品的出售就需要商业作为媒介"①。随着社会分工的进一步发展,商业就和生产发生分离并由此带来多方面的结果:(1)专门的商人阶级的出现;(2)建立社会治安及与附近地区以外建立贸易联系之必要;(3)地区内由相应的文明程度所决定的需求和资源的增长;(4)各城市之间的劳动分工:"最初的地域局限性开始逐渐消失";(5)"从各个城市的许多地方性居民团体中,逐渐地、非常缓慢地产生出市民阶级"。② 显然,专门的商人阶级的出现是这次社会分工的最重要结果,而另一个结果即各城市之间的分工又为新的发展准备了条件,这就是工场手工业的形成。马克思指出:"不同城市之间的分工的直接后果就是工场手工业的产生。"

马克思认为,工场手工业在生产和组织上有许多特点:首先,它意味着一种新的"超出行会制度范围的生产部门"③的出现,因为其中首先繁荣起来的行业是与农民生活关系密切的织布业;第二,它在手工技术的基础上实行了企业内部的分工,这种分工有两种类型:或者按部件,或者按工序;第三,它的生产是建立在大量采用雇佣劳动的基础上的,因为只有采用大量雇佣劳动才有实行内部分工的可能;

---

① 马克思:《资本论》第 3 卷,第 371 页。
② 马克思:《德意志意识形态》,载《马克思恩格斯选集》第 1 卷,第 55—58 页。
③ 同上书,第 58 页。

第四,它将商业资本与工业资本紧密结合,因为它需要依靠商业资本活动以包工或加工订货的方式与大批小生产者在场外进行协作;第五,工场中工人与雇主之间的关系变成了纯粹的"金钱关系",而雇主也逐渐失去了劳动者兼剥削者的双重身份。马克思指出:"较多数劳动者在同时,在同地(或在同一工作场所),在同一资本家的命令下,生产同种商品,在历史上和概念上,都是资本主义生产的出发点。"① 可见,工场手工业已经作为一种新的经济结构即资本主义的生产方式,在封建社会的经济结构内形成。

至于这种资本主义企业形成的途径,根据马克思的意见主要有两种:(1)生产者变为商人和资本家,从而同农村的自然经济和城市的行会手工业相对立;(2)商人直接支配小商品生产,使其为资本家的利益服务。马克思认为,只有前一种途径是革命的,而后一种则不会引起生产方式的变革。当商人把小商品生产者即小老板变为自己的"居间人"时,便有相当多的小生产者会演变为只不过在形式上稍异于未来的无产者,而他们自己也就演变为实际上的资本家。因此,在现实的历史过程中实际上存在三重过渡:(1)商人直接演变为企业家;(2)商人把小老板变为"居间人",而使自己变为实际上的资本家;(3)企业家变为商人并直接为商业进行大规模生产②。不过,马克思认为,虽然商业资本在由封建主义向资本主义生产方式的过渡中起了巨大作用,但新兴的资本主义企业家并不都是来自中世纪欧洲都市中心的高利贷者和商人阶级。他说:"毫无疑问,有些小行会师傅和更多的独立小手工业者,甚至雇佣工人,变成了小资本家,并且由于逐渐扩大对雇佣劳动的剥削和相应的积累,成为不折不扣的资本家。"③

---

① 马克思:《资本论》第 1 卷,第 358 页。
② 马克思:《资本论》第 3 卷,第 373—375 页。
③ 马克思:《资本论》第 1 卷,第 818 页。

最后,马克思指出:"在 14 和 15 世纪,在地中海沿岸的某些城市,已稀疏地出现了资本主义生产关系的萌芽,但是资本主义时代是从 16 世纪才开始的。"①在这里,他从整个世界历史发展的高度,在理论与实际的结合上明确了关于资本主义起源的两个重要问题:一是判定 16 世纪为资本主义正式产生的时代;二是判定意大利为最早产生资本主义的地区。他所依据的事实是:"在意大利,资本主义生产发展得最早,农奴制关系也瓦解得最早。在这里,农奴在获得某种土地时效权之前,就已得到解放。因此,解放立即使他们变成不受法律保护的无产者,这些无产者又在大部分还是罗马时代保留下来的城市中找到了现存的新主人。"②不难看出,这个分析和上述马克思关于资本主义产生于封建社会经济结构内部的观点,是完全一致的。

二、定性学派的理论

19 世纪末和 20 世纪初,西方学术界对资本主义起源问题的讨论,产生了一个重要学派,一般认为它属于经济史学上的"定性学派"(The Qualitative School)。

这个学派的主要代表人物是德国的 W. 桑巴特(W. Sombart,1863—1942 年)和 M. 韦伯(Max Weber,1864—1920 年)。前者无疑是一位典型的经济史家,其代表作有《现代资本主义》(1902 年);而后者则集经济学、历史学和社会学于一身,他的名著《新教伦理与资本主义精神》(1904—1905 年)早已被誉为这一学派的经典。这个

---

① 马克思:《资本论》第 2 卷,第 784 页。
② 马克思:《资本论》第 1 卷,第 784 页注⑯。

学派的一个主要论点是,认为现代资本主义产生和发展中的一个至关重要的因素是人们精神和观念的变化①,从而形成了与马克思主义相对立的关于资本主义的所谓"精神起源说",并被认为"给整个经济史的基本问题的现代思想指出了新的方向"。但对于究竟什么才是"资本主义精神",这种精神又是怎样产生和形成的,以及它在资本主义产生过程中起何等作用,桑巴特和韦伯的回答却存在着某些原则性分歧。

桑巴特认为,"资本主义精神"是由两个部分构成的:一个是所谓"企业的精神",另一个是所谓"市民的精神"。虽然这两部分都可以统属于"资本主义精神",但"企业的精神"是更为原始的。由此他把这种精神看成是给政治、哲学、宗教和知识带来变化的整个文化史的一部分。在桑巴特看来,"企业的精神"表现在"对金块的贪婪"和"对货币的热心"这种获取行为中;这种"贪欲"通过"对冒险的希望"和"对探险的热爱",而被传导给一种勇敢和侵略的态度,形成所谓"征服的精神"。这就是说,"企业的精神"可以被看成是某种"生活热情"的表达,并可以通过暴力、阴谋、发明和组织等体现出来,而它的历史来源似乎就是战争②。这种精神可以在"海盗"、"投机商"及"征服者"身上找到。

然而,桑巴特又认为,"企业的精神"本身并不能单独产生"资本主义"。因为资本主义产生的必要条件之一,是要把货币和交换价值原则注入商业和服务业中去;而这就需要有前面所说的"市民的精神"的配合,因为只有这种精神才能提供货币和交换方式所需要的准确的计算。"市民的精神"的一般特点,是经济的合理性、个人的节

---

① L.施皮茨:《文艺复兴和宗教改革运动》,芝加哥,1971年版,第119页。
② R.霍尔顿:《从封建主义向资本主义的过渡》,麦克米兰公司1985年版,第106页。

俭、准确的计算,以及为着某种特殊目的而对所有可利用资料进行仔细的调整,它存在于一种能够想象出各种数字概念的普遍性,并能够把这些数字转变成收入和消费的统一制度的能力之中。桑巴特认为,精于计算的"市民的精神"是与中世晚期和近世初期中等阶级的城市居民相联系的。最后,他得出结论:"我们对于那由企业的精神和市民的精神组成的一个统一的心情称为资本主义的精神,这种精神创造了资本主义。"[1]从这个结论看,桑巴特应属于典型的"精神起源论"者。

为什么"资本主义的精神"能够创造出资本主义?桑巴特首先提出了"需求经济"和"营利经济"两个概念,并在理论上对二者做了严格的区分。他认为,在前资本主义制度下,占统治地位的是一种"需求经济",因为当时人的生存即人对物品的自然需求是"一切事物的标准",一切经济活动的目的都是"在满足这种需要";而在资本主义下,"处于支配地位的经济原则是营利的原则和经济的合理主义"。因此"经济的直接目的不复是一个生存的人的满足需要,专在增殖货币的数额"[2]。"资本主义的精神"之所以能创造出资本主义,就是因为它作为一种经济观包含着适合发展资本主义的成分,这种经济观是由以下三个思想构成的:营利、竞争和合理性,其中"营利"是第一位的[3]。但是当营利和获取货币成为经济活动的唯一目的时,获取过程中显示出来的态度就构成了竞争的思想。这种态度被描述为"获取的自由",也就是说获取在这里是没有绝对界限的,活动不再由个人或团体在数量和质量上的有限需求来决定,因为利润再大也不能达到满足经纪人的要求的程度,当经济事务的方向仅仅倾向于获取

---

[1] W.桑巴特:《现代资本主义》第1卷,商务印书馆1936年版,第215页。
[2] 同上书,第24、206页。
[3] W.桑巴特:《资本主义》,《社会科学百科全书》1930年版,第196—197页。

货币和利润时,被采用的经济活动的方式便倾向于合理化,因为资本主义企业的管理是以某种计划为基础的,而它的执行又是附有可用一定的参数作为考核的手段的。

桑巴特认为,这种"资本主义的精神"不仅具有破坏旧的自然形态、旧的束缚和旧的限制的巨大力量,而且也具有重建新的生活形态、极美的文化和艺术形态的巨大力量。但它破坏旧的经济形态并创造资本主义的过程,主要是通过改变人们的精神和观点从而形成新型的"企业家"来实现的。他写道:这种资本主义精神,"最初是在这个或那个强健的人中安下根基,将他从爱安逸和习于安乐的人群中拖出来;以后所灌输的、鼓励的并推动的人的范围总是愈来愈广"[1]。那些接受了这种精神的人,把这种精神转化为行动,便会创造出新的经济生活以致新的经济组织,最终导致资本主义的产生。而最初的"企业家"主要来自三种人:(1)异教徒,即不属于国教的市民;(2)外国人,以16世纪以来受宗教迫害的基督徒最重要;(3)犹太人[2]。当然,其中也包括一些地主、小生产者、小商人和农民。

然而,桑巴特并不把其他因素排斥于资本主义起源问题之外。他认为国家、技术和贵金属的生产都是资本主义产生的条件,并特别强调贵金属的流入对资本主义起源的重要意义。他说:"现代军队为第一种最重要的工具,新精神形成这种工具,以便完成它的工作。国家是由军队帮助创造出来的,这是新精神第一次完成的图形,这种精神在国家里面并通过国家尤其发生作用。此精神为宰制自然力起见努力改造技术,它所固有的对货币和权力的冲动,又使它注重于贵金属矿而予以开采。"[3]这里所说的"国家"指的是君主专制国家。在他

---

[1] W.桑巴特:《现代资本主义》第1卷,第213页。
[2] 同上书,第558页。
[3] 同上书,第216页。

看来,专制君主的势力主要是建筑在两种机构即雇佣的军队和专业的官僚之上的,而这两种机构又是建立在货币经济的基础之上的。他认为,对资本主义兴起起了重要作用的重商主义最初并非别的东西,不过是城邦时期的城市政策在较大领域中的扩大罢了。换言之,君主专制国家的货币供给政策,是由城邦的货币供给政策演变而来的。

在这里,桑巴特实际上涉及了马克思所说的"货币财富的积累"问题。与马克思把高利贷和商业资本视作走向资本主义的两种"过渡形式"的观点相反,桑巴特认为是君主专制国家中的高级教士、官僚及收取地租的贵族而不是商人,才是对资本和财富的积累起了主要作用的社会力量。他认为犹太人在其中扮演了独特的角色,因为犹太人有着"半外国人"、"半市民"及"货币借贷者"的身份,这种外部生活条件更有利于资本企业家的形成[1];还因为传统的基督教会禁止从事高利贷活动,基督徒们便把大量的财政活动留给了犹太人。此外,桑巴特还探讨了"奢侈"和"财富"的关系,认为"财富的途径在历史上是由奢侈发展同样多的阶段指明的",因为奢侈乃是"超出必需以上的花费"[2]。当奢侈逐渐家庭化、实物化和精美化的时候,这些倾向便促使奢侈由宫廷转向社会、由定期的转向常备的、由不生产的转向生产的,从而成为由需求经济转向营利经济的动力之一。

与桑巴特一样,韦伯也认为现代资本主义产生于"资本主义精神",他说"凡是资本主义精神出现,并且能够发挥作用的地方,它就能生产自己的资本"[3]。与桑巴特不同的是,虽然韦伯也把"资本主义精神"看成整个文化史的一部分,但他主要的是把它与某种独特的宗教即基督教新教伦理(特别是加尔文教派)相联系。他认为,资本

---

[1] W.桑巴特:《现代资本主义》第1卷,第607页。
[2] 同上书,第488页。
[3] M.韦伯:《新教伦理与资本主义精神》,四川人民出版社1986年版,第42页。

主义产生的根源及背景,从总体上应当到"西方文化特有的和独特的合理主义"中去寻找,而"资本主义精神的发展似乎最好理解为合理主义整体发展的一部分,并且似应能够从合理主义对生活基本问题的原则立场中推演出来"①。

从上述基本观点出发,韦伯给"资本主义精神"下的定义是:资本主义精神乃是"以合理而系统的方式追求利润的态度"②。它包括两个要点:一是与传统观点相反的合理的观念;二是连续地追求利润的希望。在这个定义中,韦伯强调了封建主义和资本主义冲突中传统的与合理的社会价值之间的区别。对韦伯来说,经济行为中的传统主义意味着固定在具体选择的标准上,而合理性则要求不断估量这些选择,按照获得每一个东西的相应的代价进行选择③。从这个定义中不难看出,在究竟什么才是"资本主义精神"的本质的问题上,韦伯与桑巴特之间有着明显的差别:桑巴特视"企业的精神"为一种古老的精神,认为它的部分表现和特征在于经济上的"贪婪"和对金钱的追求,并把这种"企业的精神"看作整个资本主义精神的一部分;而韦伯虽然把这种经济上的贪婪视作一种古老的精神,并指出这种精神包含着一种对获取的冲动及对尽可能多的货币的追求,但他却不把这种"金钱欲"视作"资本主义精神"。韦伯坚决认为:"谋利、获取、赚钱,尽可能地赚钱,这类冲动本身与资本主义毫无关系。"④并以某种嘲笑的口吻写道:"'金钱欲'的历史与人类历史一样古老","中国封建显宦、古罗马贵族或现代农民的贪婪,与谁相比都不逊色"⑤。

---

① M.韦伯:《新教伦理与资本主义精神》,第50页。
② 同上书,第38页。
③ 参见 N.伯恩鲍姆:《马克思和韦伯关于资本主义的冲突解释》,见《英国社会学杂志》(1953年)第4卷第2期,第127页。
④ M.韦伯:《新教伦理与资本主义精神》,第15页。
⑤ 同上书,第31、30页。

这里,韦伯显然表现了更为深刻的历史眼光和理论思维,而桑巴特的观点却不免有些粗俗。

既然"资本主义精神"不是来自古老的"金钱欲",那么这种精神究竟来自何处呢?在韦伯看来,它是在比较晚近的时期内才形成的,确切地说它是16世纪宗教改革的产物。他说:"现代资本主义精神,以及全部现代文化的一个根本要素,即以天职思想为基础的合理行为,产生于基督教禁欲主义。"[①]但韦伯并不认为应该把"新教伦理"的这种作用理解为与"思想"在社会理论中的作用一样,而是把自己的主要兴趣集中于新教在实践活动中的态度和倾向,并用以解释资本主义精神产生的某种手段,也就是说他主要是从方法论的角度来考虑问题的。因此,韦伯所寻求的不是论证新教伦理与资本主义精神之间的严格的因果关系,而是力求在这两者之间找出一种"亲和力";他所感兴趣的也不是新教的神学问题,而是新教(主要是加尔文教)牧师戒律的实际影响。

韦伯认为,加尔文教的伦理之所以与"资本主义精神"之间存在某种"亲和力",是因为在加尔文教的伦理戒律中包含着一些行为准则,这些行为准则有助于以天职思想为基础的合理行为的养成。这里的关键在于,加尔文教对人们如何获得恩宠地位的方法作了不同于天主教的解释:旧教认为这种地位的获得必须通过神秘的圣事、忏悔产生的宽慰及个人的善行,而加尔文教却认为这种地位的获得只有通过采用完全不同于自然人的生活方式的某种特殊行为。因为按照加尔文教的"命定论",只有上帝先定的"选民"才能得救,只有当选民意识到这种情况时他才能与上帝成为一体,而辨别这种"意识"或"信仰"的真假又必须用它的客观结果来证明,这种结果就是增加上

---

① M.韦伯:《新教伦理与资本主义精神》,第170页。

帝荣耀的基督教行为。韦伯称这种确定某个人在日常生活中是否被选择和是否得到证明而应尽某种义务的观念为"天职观",它产生于新教。由于这种"天职观",结果在加尔文教的新教徒中,关于"职业"、"劳动"、"时间"和"财富"的观念都随之发生了变化,并自觉地根据上帝的意志合理地计划一个人的全部生活,在自己的行为中监督他自己的恩宠地位。韦伯认为,这种"以天职思想为基础的合理行为",就是资本主义精神的根本要素,或核心内容。

韦伯不仅把"资本主义精神"与一般的新教伦理相区别,而且把"资本主义"与"资本主义精神"相区别。由此形成了韦伯与某些马克思主义者在理论上的两个重要差异,第一,他拒绝把"资本主义精神"同化于资本主义结构形式之中;第二,他仅仅把资本主义看作是近代西方社会更普遍的特征的一种表现①。正如 J. 贝奇尔所指出的:"事实上,对韦伯来说,资本主义并不是一个单一的事物,而是一个复合体。"②这是因为,从根本上来说,韦伯反对任何旨在把一种因素看作另一因素的始终如一的首要原因的社会理论,也反对那种认为在资本主义发展的核心问题中存在着"最初的动因"的观点,因此也反对把宗教的观念孤立于广泛的社会联系包括政治和经济等形式的倾向。他认为,"在物质基础、社会与政治组织形式,以及宗教改革时代流行的思想之间存在着极其复杂的相互影响"③。他写道:"我们只是力图澄清,在无数不同历史因素的复杂相互作用中,宗教力量对于形成特殊的世俗文化所起的作用。"④

据 R. 霍尔顿的概括,韦伯认为资本主义产生的原因,可以包括

---

① R. 霍尔顿:《从封建主义向资本主义的过渡》,第 126—127 页。
② J. 贝奇尔:《资本主义的起源》,牛津,1975 年版,第 27 页。
③ M. 韦伯:《新教伦理与资本主义精神》,第 68 页。
④ 同上书,第 67 页。

在以下多种因素之中:(1)经营活动与家庭的分离;(2)罗马帝国灭亡后留下的罗马法的遗产;(3)12世纪以来西方城市的兴起;(4)由官僚行使的法理型"民族国家"的产生;(5)与犹太—基督教有关的新教伦理;(6)造成自由工资劳动力的生产者与土地的分离①。很明显,这里韦伯只是把"新教伦理"看成是促使资本主义产生的因素之一,从而避免了那种关于资本主义起源问题中的单因素论。而且,他还特别强调直接劳动者与土地分离在资本主义产生中的重要性,认为"合理的资本主义测算,只有在自由劳动的基础上方有可能",因为只有在这种场合"方有可能在事前通过协议明确规定产品的成本"②,从而使他的某些观点与马克思接近起来。此外,与桑巴特不一样,韦伯强调经济生活商品化的倾向,而不是奢侈的社会化的倾向,是资本主义产生的先决条件之一。

由此可见,只有桑巴特才可以称得上是关于资本主义起源问题的"精神起源论者",而韦伯则只能算是不彻底的"精神起源论者",尽管他们都强调人们精神和观点的变化在资本主义产生和发展中的重要作用。应该说,他们两人的理论和观点虽可统属于一个学派,但都有不可摆脱的内在矛盾,只要他们一接触到资本主义生产问题,这种矛盾就会暴露出来。

三、商业学派的理论

在资本主义起源问题的研究中,于20世纪20—30年代兴起的另一个重要学派,由于主张从商业发展的角度来解释资本主义起源,

---

① R.霍尔顿:《从封建主义向资本主义的过渡》,第130—131页。
② 马克斯·维贝尔:《世界经济通史》,第235页。

因而在国际学术界被称为"商业学派"(The Merchant Enterprise School)。其主要代表人物是比利时著名历史学家 H. 皮雷纳(Henri Pirenne, 1862—1935年),他的两本重要著作《中世纪的城市》(1925年)和《中世纪欧洲经济社会史》均已译为中文,其理论和观点在西方史学界有广泛的影响,尽管他研究的重点不是资本主义起源问题。此外,英国历史学家 H. 罗伯逊也可看成是这个学派的代表人物之一。

这个学派既反对马克思的结构演变论,也反对定性学派的精神起源论。他们提出:"如果现代资本主义真是宗教改革引入的新的资本主义精神的产物,那么随之而来的结论就是在此之前不存在资本主义"①,并反驳说:"资本主义,即使不是一般意义上的,在中世纪也并不是非普遍性的。因此,很难把它看作是宗教改革的产物。"②罗伯逊在1933年出版的《经济个人主义兴起的状况》一书第1章所定的标题就是,"宗教改革前的资本主义"。这个学派的基本论点,可以用皮雷纳的一个著名论断来概括:"资本主义的一切基本特征,即个人企业、信贷发展、商业利润、投机事业等等,自12世纪以来就已存在了。"③该学派认为,建立在货币和其他因素基础上的、东西罗马帝国之间的某些商业贸易,在日耳曼人入侵的"黑暗时代"仍然得以继续;即使有从7世纪开始的穆斯林的入侵,以及阿拉伯人对地中海大部分地区的统治,这种贸易和非农业性经济活动也未能被完全打断。以此估计为基础,皮雷纳进一步提出了"中世纪早期商业扩张和贸易自由、中世纪晚期商业停滞、贸易受管制"的假说④,并得出资本主义

---

① H. 罗伯逊:《经济个人主义兴起的状况》,剑桥大学出版社1933年版,第33页。
② 同上书,第34页。
③ H. 皮雷纳:《资本主义社会史诸阶段》,《美国历史评论》(1914年10月)第19卷第3期,第495—496页。
④ 参见 M. 波斯坦:《中古社会的经济基础》,《世界历史译丛》1980年第4期,第49页。

的产生乃是这种"商业扩张"的结果的结论。

把商人阶级的兴起作为资本主义产生的标志,是皮雷纳的基本观点,而这一基本观点又是以其关于资本主义发展诸阶段的分析为依据的,因此在进一步讨论这个学派的观点之前有必要先介绍一下他对资本主义发展阶段的分析。皮雷纳的这个分析见于1914年10月《美国历史评论》第3期所载以"资本主义社会史诸阶段"为题的文章。按作者的说法,发表此文目的是要"指出经济史上各个时期的特点,探索资本主义的性质和它的起源"①。他在该文中提出:"至今的经济史可以分为不同的时期,各个时期都有一个特殊的和不同的资本家阶级。换句话说,一个既定的时期的资本家群体,并不发源于前一个时期的资本家群体。在经济组织的每一次变化中,我们都可以找到连续的一个裂口","简言之,不能断言资产阶级几个世纪的连续性是连续不断的发展并不断改变自己使其适应变化着的环境的结果。相反,在经济上有多少个时期就有多少个资本家阶级"。② 最后,他得出结论说:"应当承认,资本主义比我们通常想象的要古老得多。现代资本主义经营无疑比中世纪时要更吸引人得多,但那仅仅是量的不同而不是质的不同,是强度的不同而不是性质的差别。"③

为何蛮族的入侵未能打断罗马帝国商品经济的传统?皮雷纳在做了详细考察后指出:首先,"入侵者的目的不是消灭罗马帝国,而是想在那里安居乐业"④,因此罗马文明中许多东西得以保存,并通过教会、语言、制度和法律使征服者接受;其次,地中海作为罗马帝国的基本特性,即"帝国的海的特性"在入侵后并未失去其重要性,这种特

---

① H.皮雷纳:《资本主义社会史诸阶段》,《美国历史评论》(1914年10月)第19卷第3期,第494页。
② 同上书,第495页。
③ 同上书,第497页。
④ H.皮雷纳:《中世纪的城市》,商务印书馆1985年版,第4页。

性一直保持到8世纪;第三,从493至526年,狄奥多里克统治下的意大利拥有对日耳曼诸王国的霸权,使罗马的传统力量通过这个霸权得以持续,以致在查士丁尼时期"地中海又成为一个罗马的湖";第四,在意大利,由于它是古代旧文化和教会新文化汇合之地,教会"具有能够发动伟大事业的组织和精神力量"①,使基督教文明得以从意大利传播到盎格鲁-撒克逊人中间;第五,尽管在帝国的边远地区,某些城市遭蛮族抢劫、焚毁和破坏,然而绝大多数城市无可否认地得以幸存,由于教会组织在入侵时期几乎一点没有改变,以往的城市制度便通过教会被保留下来;最后,由于地中海贸易在入侵时还在继续,作为商业中心的城市和商业工具的商人也得以保存,特别是在拜占庭的东部和蛮族统治的西部之间,"呈现出一幅不曾间断的互相交往的图景"②。总之,蛮族入侵并没有深刻地改变地中海沿岸的古代世界的统一性。

从7世纪开始,阿拉伯人逐渐兴起。他们先是推翻波斯帝国,后又从拜占庭手中夺取叙利亚、埃及、北非,进而占领伊比利亚半岛,直到8世纪初,扩张才停止。由于伊斯兰教的迅速扩张打断了传统的南北、东西之间的联系,"日耳曼人入侵以后得以幸存的世界秩序,在伊斯兰教的入侵中却难免于难"③。罗马帝国灭亡前后存在的那个专门的商人阶级消灭了,西欧退回到一种纯粹的农业状态,有财产的土地组织成了经济活动的主要形式。然而,正如皮雷纳的研究所证明的,阿拉伯人的占领和统治也不是绝对的。尽管第勒尼安海变成了伊斯兰教徒的湖泊,但在意大利南部诸海、亚得里亚海和爱琴海,拜占庭的舰队却成功地抵御了阿拉伯人的袭击。威尼斯商人的进取

---

① H.皮雷纳:《中世纪的城市》,第6页。
② 同上书,第9页。
③ 同上书,第14页;有人认为,他在此处过高估计了伊斯兰教徒对这一地区的影响。

精神和谋利欲望,驱使他们在9世纪末恢复了往日与非洲及叙利亚之间的贸易联系。此后他们又逐渐击败了诺曼底及那不勒斯等对手的竞争,并占领了君士坦丁堡与东方的市场。与此同时,从9世纪中叶到11世纪末叶,由于诺曼人在北海和波罗的海的扩张,这些地区的经济生活出现了与威尼斯在形式上相异而实质上相同的情形。因为诺曼人的海盗行为在9世纪末一经停息,其中一些人就逐渐作为商人成了北欧和欧陆内地的"中间人",并在北海和波罗的海沿岸建起了他们的贸易站。皮雷纳认为,在这"两个策源地"的影响下,自11世纪起,欧洲终于冲破了日耳曼人和阿拉伯人的入侵,而进入了"商业的复兴"时期。

在蛮族入侵中残存下来的罗马帝国时代的旧城堡,随着"商业的复兴迅速地改变了它们的性质"[①]。当小贵族把劫掠当作谋生手段的时候,商人们遭受的各种危险促使他们寻求城堡的保护,被迫在这些城堡外定居并在那里建造新的城堡。这样,在原有的教会城市或封建城堡附近,便兴起了商人的居住地或"商埠",而这些商埠人就逐渐获得了"市民"身份。皮雷纳认为,这就是中世纪新兴城市及市民阶级的起源,而所谓"城市"不过是由暴发户、行商和商人围绕设防地点的聚居地。由于商业一般是首先在沿海地区,然后在河流和其他自然中心的汇合处发展起来的,城市也总是沿着商业传播所经过的一切天然道路出现的。开始时城市仅仅出现在海边和河岸,而后才有另一些城市随着商业渗透面的扩大,沿着联系这些最初的商业中心的横断道路建立起来。12世纪期间,当这些都市中心和小手工业在威尼斯、布鲁日和根特这样的地方获得巩固时,欧洲的贸易和工业

[①] H.皮朗(即皮雷纳——作者注,下同):《中世纪欧洲经济社会史》,上海人民出版社1964年版,第38页。

便带来了一个"繁荣时期"。

在欧洲商业由"复兴"到"繁荣"的过程中,南欧尤其是意大利沿岸各城市得到了迅速的发展,因为它们成功地利用了从11世纪兴起的十字军远征,并把它转化成动力注入到自己的经济活动中。为把西欧的基督教徒运送到近东的圣地,威尼斯等城市的商人组成了庞大的舰队,由此而使意大利的航运恢复了生机与活力。随着十字军的不断胜利,西欧人逐渐从伊斯兰教徒手中夺回了地中海的控制权,整个地中海得以重新对西方航运开放。当意大利人在十字军远征中的作用得到加强时,他们在利凡特及整个东地中海建立了一个又一个殖民地,并把它变为从事以商业为目的经济活动的基地。"十字军诸役的一个持久的、主要的结果,就是使意大利诸城市,并在较小的程度上使普罗凡斯与卡塔尼亚诸城市握有地中海的统治权","他们不仅使西欧垄断了从博斯普鲁斯、叙利亚到直布罗陀海峡的整个贸易,并且在那里发展了严密的资本主义的经济活动"①。皮雷纳认为,当这种经济活动逐渐传播到阿尔卑斯山以北以后,对整个西欧资本主义的兴起都是一种推动。

那么,新兴的自由商人和工匠最初来自何处呢?皮雷纳认为,由于当时教会和庄园的道德标准都与营利精神(即商业精神)不能相容,商业和工业最初无疑是从无地的人们中获得发展的,那些商业的开拓者在那个以土地为唯一基础的社会里处于"社会的边缘":穷苦人、冒险者和流浪汉。此后,只是随着商业贸易和城市中心的进一步扩大,才有大批农民纷纷从农村迁往城市,以便寻找工资工作同时获得更多的个人自由。皮雷纳写道:"这些无地者失去了一切,也就再也没有什么可以失去,他们成了一些仅仅依靠他们自己的冒险者",

---

① H.皮朗:《中世纪欧洲经济社会史》,第30页。

"他们到过许多的国家,能讲多种的语言,熟悉不同的风俗","当商业决定性地变成为一种特殊的生活方式时,他们便变成了商人"①。他认为,这些人是以一种不同于以往的"新人"(New Men)姿态出现于历史舞台的,"他们使他们的出现成为新的财富的创造者,并逐步地成为旧的领地财富的拥有者"②。那么,这些"新人"新在什么地方呢?皮雷纳说:"有一点我们是可以绝对有把握的,这些人受某种贪婪的谋利精神的鼓舞,他们的目标是财富的积累并长于计算和投机。从这个意义上可以说,他们是由资本主义精神所催生的。"③最后,他得出这样一个结论:"那些创立、指挥并扩大欧洲商业的人,就是一个商人冒险者阶级(a class of merchant adventurers),这个阶级是造成竞争的都市生活之因。正是在这个意义上,我们必须把资产阶级的起源归因于这个阶级,正如我们把现代无产阶级归因于大工业一样。"④

为了证明这一观点,皮雷纳引证圣·哥德里克(St. Godrich)作为由"流浪汉"到资本家的范例。此人 11 世纪末生于林肯郡某贫苦农家,在被迫离开父母的土地后成了埠头上的流浪汉,以寻找遇难船只的漂泊物等为生。一次偶然机会使他意外地发了一笔横财,置备了一套商贩的行头和货物而成为专门的商人,之后他加入了别人的一支商队并与之共同装备了一只商船,在英格兰、苏格兰、法兰德斯和丹麦沿岸从事贸易,靠贱买贵卖成为一位名副其实的商业资本家。皮雷纳认为这个例子典型地说明了有关资本主义起源的历史问题,因为推动圣·哥德里克的是"真正的资本主义精神",他把利润的积

---

① H.皮雷纳:《从蛮族入侵至 16 世纪欧洲史》,纽约,1939 年版,第 211—212 页。
② 同上书,第 210 页。
③ 同上书,第 213 页。
④ 同上书,第 214 页。

累作为他的商业活动的"唯一目的",而"利润毕竟是资本主义的主要特征"①。只是与韦伯不同,他不把这种"资本主义精神"看成是宗教改革的产物,而认为它"存在于各个时代",至少12世纪以前就有了②。皮雷纳还认为,圣·哥德里克的成功除了上述基本原因外,另一个重要原因不在于环境、机会或经商的技巧而在于"依靠联合",因为太多的危险威胁着商人的漫游生涯,不能不使他们感到需要联合起来进行自卫,他注意到圣·哥德里克与流动商队合伙之日起,他的生意就突飞猛进了。从联合对商业经营成功的必要性和重要性出发,皮雷纳还进一步探讨了商业组织,如基尔特、互济会、商人协会和商业法的产生和形成问题,认为它们都与商业活动的自由和利益的保护有关。

在皮雷纳看来,和圣·哥德里克类似,在商业资本主义兴起时期,大多数商人都是通过受雇为水手、码头工人或商队助手的途径来创立最初的资本的。也有一些商人求助于信用即向邻近某些寺院或地主借得小笔资金,更有一些商人以充当雇佣兵并利用劫掠来的钱财从事商业,还有一些商人的资本是成功的海盗远征或同业公会、商业公会提供的。这些商人中的某些暴发户,由于投资于土地而使自己的财富找到了安全的场所,或者通过向新兴城市贷款和出售自己的产品而获得扩大经营的更大的利润。当然,在商人资本兴起之时,少数土地所有者有时也偶然把收入的一部分投入海上贸易,因而分享了沿海各港口出售货物所得的利润,在这种场合,土地资本无疑有助于流通资本的形成,但它们在整个资本的积累中处于次要的地位。皮雷纳认为,这些因素的相互影响和加强,在历史上都促进了资本主义的兴起。他说:"如果说,商业资本主义的起源部分地为我们所忽

---

①② H.皮朗:《中世纪欧洲经济社会史》,第146页。

视,可是追踪商业资本主义在12世纪所经历的演变则是比较容易的事。"①

必须指出,关于资本主义产生的时间,虽然罗伯逊和皮雷纳一样都把它大大提前,甚至认为在5世纪初的罗马帝国的某些地方就已存在,但他并不认为现代资本主义应该由"追求利润"的原则来判别,因为"追求利润并不是现代的发明,我们生活于一个获利的社会已经几千年"②。与此相反,罗伯逊认为,与中世纪的生活原则完全相反的个人主义才是"资本主义的全部基础",因为它允许个人运用他的全部智慧为着他的自由的尽可能的发展以实现社会的进步;而为了实现这一目标,个人主义认为建立下面两种制度是必要的:经济自由(即企业自由)和私人财产。资本主义所以在中世纪就已存在,是因为"中世纪也不是完全意义上的中世纪,中世纪的情况和思想具有变化的因素,这些因素在发展并变得越来越重要,直至最终改变中世纪的生活"③。

显然,从总体上看,皮雷纳及整个商业学派的理论和观点,和马克思关于资本主义起源的理论是对立的,但如果仅就商人资本和商人阶级的兴起而言,他们之间的观点又未必是完全对立的。相反,二者之间倒是有许多一致的东西。

(原载《历史研究》1990年第3期,
发表时原标题为《关于资本主义
起源问题》)

---

① H.皮朗:《中世纪欧洲经济社会史》,第43—44页。
② H.罗伯逊:《经济个人主义兴起的状况》,第35页。
③ 同上书,第34页。

市场在西欧的兴起及其
历史意义

在西欧,商品和货币关系的发展有其深远的传统,这种传统几乎可以追溯到西欧文明的起源时期,而且只有与它的文明起源的特点联系起来,才能得到科学的说明。

一

西欧文明起源中的一个重要特点是其"海洋性"。因为它的发祥地是在爱琴海地区,而爱琴文化最突出的考古资料是在克里特和迈锡尼发现的①。不久以前,有人研究发现,伴随着西欧文明起源而产生的希腊城邦,其发源地最初是由移民建立的"海外殖民城市"②,英国经济学家约翰·希克斯指出:"欧洲文明经历了一个城邦阶段,这一事实是欧洲历史与亚洲历史迥异的重要关键。"③如果把城邦看作一个贸易实体,那么它的核心就是一批专门从事对外贸易的商人,而拥有主权的各城邦之间的交往便较早地具有了"国际分工"的性质;城邦在经济上的这种开放性,作为一种制度已为西欧商品和货币关

---

① T.兹拉特科夫斯卡雅:《欧洲文化的起源》,三联书店1984年版,第1页。
② 顾准:《希腊城邦制度》,中国社会科学出版社1986年版,第43页。
③ 约翰·希克斯(J. Hicks):《经济史理论》(*A Theory of Economic History*),牛津大学出版社1982年版,第38页。

系的传统奠定了基础,并使西欧的传统农业很早就掺杂了较大的商品经济成分,从而带上了不同于东方的色彩。例如,在雅典的社会经济中,"日益发达的货币经济,就像腐蚀性的酸类一样,渗入了农村公社的以自然经济为基础的传统的生活方式",以致在它的奴隶制繁盛时代,"货币和高利贷已成为压制人民自由的主要手段"①。

西欧传统经济中的商品经济成分,在罗马帝国时期不是被削弱而是更加强了。因为这个兴起于古罗马的帝国,既是一个地跨欧、亚、非三洲的大帝国,又是"一个由城邦组成的大联盟"②。皇室和军队的庞大开支,首都和其他地方城市的巨大消费,以及诸行省之间在经济上的互补关系,决定了帝国内部及各行省之间的商品生产和交换的必要性,并赋予它以一种世界历史上从未有过的"世界性"。罗马帝国的商路因此而经海路通到埃及、叙利亚、印度和锡兰,并由陆路向东抵达希腊、波斯,以致中国和东亚;向北到达南德意志、荷兰、比利时以至英格兰③。事实上,"商业,特别是对外的和省际的海上商业,乃是罗马帝国主要的财源"④。为此,这个帝国建立了以罗马为中心的四通八达的交通运输体系,以采取共和形式的各城市为单位的帝国行政体制,以及在奴隶制基础上确保自由民"公民权"为目标的完整法律体系。在帝国时期,原始的公司、银行和票据等交换组织和手段被广泛采用,商业资本"在古代形式范围内"发展到历史的"最高点";在某些以出口为目标的对罗马的农业进贡地(如西西里岛),甚至"可以找到现代意义上的租地农场主"⑤,他们懂得如何使

---

① 恩格斯:《家庭、私有制和国家的起源》,《马克思恩格斯选集》第4卷,人民出版社1972年版,第107页。
② M.罗斯托夫采夫:《罗马帝国社会经济史》,商务印书馆1986年版,第196页。
③ M.查尔斯沃思(M. Charlesworth):《罗马帝国的商路和商业》(*Trade-Routes and Commerce of the Roman Empire*),剑桥大学出版社1924年版,第1—5页。
④ M.罗斯托夫采夫:《罗马帝国社会经济史》,第250页。
⑤ 马克思:《资本论》第3卷,第887页。

"花出去的钱得到利润",或"最大可能的利润"①。

诚然,西欧商品和货币关系的这种发展,曾由于5世纪开始的蛮族入侵而在一段时期内受到了重大挫折。据《日耳曼尼亚志》记载,日耳曼人当时尚处于"逐水泉、草地或森林而居"的阶段,"没有一个部落是居住在城郭内的","仍然保持着淳朴的以物易物的古风",只有"住在帝国边境上的那些部落,由于通商的缘故,比较重视金钱"②。但这种入侵在西欧历史上的意义究竟如何?学术界历来存在着两种不同的估计:一种意见认为,由于日耳曼人入侵,西欧从此堕入了所谓的"黑暗时代",随之而来的是历史的大倒退,如启蒙时代的某些学者即持此种观点;另一种意见则认为,蛮族入侵实际上"并未能打断"罗马帝国时期形成的商品和货币交换的传统,入侵对西欧的未来而言仍包含着巨大的机会,如亨利·皮雷纳的意见便是如此。为了证明这一观点,皮雷纳以西欧特别是意大利和佛兰德尔城市发展的历史档案为依据,对蛮族入侵后西欧的商业复兴及城市起源进行了考察。他发现,地中海作为罗马帝国的基本特征在入侵后并没有丧失其重要性,它在查士丁尼时期几乎"又成为一个罗马的湖";虽然帝国西部的某些城市遭到了蛮族的抢劫、焚毁和破坏,但帝国东部的许多城市仍不同程度地被保存下来;而在拜占庭的东部和蛮族统治的西部之间的贸易联系,从来就"不曾间断"③过。尽管皮雷纳在中世西欧城市起源问题上的观点不无偏颇,但他关于西欧新兴城市和罗马帝国城市之间的历史渊源关系的探讨仍有可取之处。马克思在《资本论》第24章就提到,在有关资本主义萌芽的意大利城市中,

---

① M.T.瓦罗:《论农业》,商务印书馆1982年版,第98页。
② 塔西佗:《日耳曼尼亚志》,商务印书馆1959年版,第63、57、58页。
③ 亨利·皮雷纳:《中世纪的城市》,商务印书馆1985年版,第4页。

"大部分还是罗马时代保留下来的"①。大多数学者都同意,罗马帝国给后世留下了两大遗产:"城市和罗马法"。

这后一种意见很值得重视。这不仅是因为它认真地探讨了中世纪城市与古罗马城市之间的渊源关系,还在于它包含了更多的历史辩证法因素,有利于人们冷静地去考察西欧历史上那场"大灾变"的后果及其影响:一方面,经过日耳曼人几个世纪的反复进攻和冲击,统治地中海和欧、亚、非广大领域的罗马帝国终于瓦解了,这一事件因此成为西欧古代文明衰落的标志,西欧一度确曾堕入了"黑暗时代";另一方面,这个大帝国瓦解后,西欧在一个相当长的时期内出现了所谓"权力真空",并由此形成了一种"遍及全欧的缺乏政治秩序的局面",这种情况既是造成诸侯割据、关卡林立的封建西欧之因,也为西欧社会经济的转型埋下了"种子"。对此,J.贝奇尔写道:"H.皮雷纳是对的,西欧社会的秘密必须在造成古代世界和中世纪之间转变的几个世纪中去寻找,某些反常的东西就发生在5至10世纪之间。"②在这里,他撇开个别国家和个别事件不谈,而从世界历史演变的角度来观察所谓"蛮族入侵"问题,并把近代西欧社会的形成与之联系起来,使研究者们颇受启迪。但在造成古代世界和中世纪之间转变的几个世纪中,究竟隐藏了未来"西方社会"即近代社会什么样的"秘密"? 由于研究者观察问题的角度不同,回答很难一致。约翰·希克斯似乎认为这个"秘密"就是"市场"在西欧的兴起,并把它看作是一种介于乡村农业和城市手工业之间的经济"组织形式"③。进而,他以此观点为基础提出:"有一个转变是马克思主义的

---

① 马克思:《资本论》第1卷,第784页注⑱。
② J.贝奇尔(J. Baechler):《资本主义的起源》(*The Origins of Capitalism*),牛津1975年版,第63页。
③ 约翰·希克斯:《经济史理论》,第101页。

资本主义兴起的经济前提。按照现代经济学的看法,这一转变似乎更加重要。这就是市场经济的兴起,交换经济的兴起。"①用"市场经济"这个概念来概括这一转变的性质和特点或许不太准确,但"市场"在西欧的兴起以及与之相联系的交换经济的发展,无论如何是西欧沉沉农耕世界中的一件大事,它不仅以新的形式和新的内容把商品和货币关系推进到一个新的阶段,而且为西欧新的社会转型即资本主义萌芽准备了条件,因为"商业是行会手工业、农村家庭手工业和封建农业转化为资本主义经营的前提"②。希克斯这一论断的可取之处在于,它为解决商业学派与马克思学说之间在资本主义起源问题上的矛盾提供了线索,从而把这个问题的研究向前推进了一步。如果承认这个论断是可取的话,那么在此唯一需要补充的便是:"市场"在西欧的兴起和扩大,在某种意义上可以说"正是遍及全欧的缺乏政治秩序的结果"③。因为交换经济的发展在本质上要求有一个宽松的社会和政治环境,以便在进行经济活动时有更多的自由。

不过,市场在中世西欧的兴起还需要有它自身的基础,这首先是开始于"黑暗时代"的新土地的开发。这个土地开发运动主要是通过以下三种形式来进行的:(1)旧村落的农民逐步侵蚀其耕地周围的森林,以扩大已有的耕地面积;(2)一些缺少土地的人被迫移居到高原或山区,在那里将森林开辟成零散的耕地;(3)由领主、寺院、富有的创办人或投机家有计划地在城堡或寺院外建立村镇,以增加收入④。据研究,在高卢地区,由寺院建立的从事开发土地的"大企业",从7世纪初的28个增加到10世纪的1108个⑤。P. 布瓦松纳认为:"农

---

① 约翰·希克斯:《经济史理论》,第7页。
② 马克思:《资本论》第3卷,第376页。
③ J. 贝奇尔:《资本主义的起源》,第73页。
④ 杰弗里·巴勒克拉夫主编:《泰晤士世界历史地图集》,三联书店1985年版,第120页。
⑤ P. 布瓦松纳:《中世纪欧洲生活和劳动》,商务印书馆1985年版,第70页。

业拓殖应当列为黑暗时代最后4个世纪的历史中最大的事件之一。"①其次,是从8世纪开始的"农业革命",包括土地使用中三圃轮作制的实行,农业经营制度的多样化,畜牧业及经济作物(葡萄)在农业中比例的提高,都深刻地影响着西欧社会经济的发展。由于"三圃制"代替"两圃制",可以在不扩大已有耕地面积的情况下增加播种面积,从而使可耕地得到更好的利用。以一个包括1800英亩可耕地的庄园为例,在"两圃制"下其播种面积不过900英亩,而在"三圃制"下播种面积却可达到1200英亩②。与此同时,谷物产量也出现了缓慢增长的趋势,如果说9世纪时平均收获比例(即收获量与种子量之比)很少超过2∶1的话,那么到12和13世纪时西欧的平均收获比例一般可达3∶1或4∶1。例如,据J.Z.泰托对英国曼彻斯特地区的专题研究,1200至1249年该地区农作物的平均收获比例为:小麦,3.8∶1;大麦,4.4∶1;燕麦,2.6∶1;谷子,3.9∶1③。对中世西欧经济的发展来说,谷物产量的缓慢增长,其意义是不可低估的,它意味着农民可以拿出更多的剩余粮食去换取所需要的现款。事实上,正是这种新土地的拓殖及农业革命所造成的农产品剩余,首先被用于贸易而促进了中世经济生活缓慢的商业化的趋势,并最终导致了市场在西欧的兴起。不过,在造成中世经济生活走向缓慢的商业化方面,除上述原因外还受到另外三大因素的刺激:

（一）"行商"的出现。在历史上,最初参加市场交易活动的人,绝大多数都是本地的农民和手工业者,其中许多人可能还集生产者

---

① P.布瓦松纳:《中世纪欧洲生活和劳动》,第67页。
② N.格拉斯(N. Gras):《农业史》(*A History of Agriculture*),纽约,1925年版,第22—48页。
③ J.Z.泰托(J. Z. Titow):《温彻斯特的产量:中世纪农业生产率的一个研究》(*Winchester Yields: A Study in Medieval Agricultural Productivity*),剑桥大学出版社1972年版,第4页。

与买卖人于一身,即所谓"自行生产的赶市场的人";而在较高一级的区域性或全国性(国际性)的市集中,起主导作用的商人就不再是本地人而是专门性的了,这种职业性商人的前身不少就是来自"行商"。"行商"大约出现于 8—9 世纪之间,它在 12 世纪的英语中被称为"pie-powders",此称谓源于拉丁语"pieds poudreux"一词,原意为"满是灰尘的脚",这形象地说明了"行商"的起源。行商具有以下特点:(1)他们的生活地位低下[①],或者来自偶尔变得较为独立的地主的代理人,或者来自农奴之子,甚至逃亡农奴本身;(2)他们由于失去了土地而变成冒险者,因为他们既没有合法的身份,还必须承担社会和业务方面的风险;(3)在欧洲大庄园的严密的辖区内,根本没有这些人的立足之地。但是,正是由于"行商"的出现,才在城镇和乡村、区域和区域、国家和国家之间架起交往的桥梁,从而给西欧商品和货币关系的复兴和发展提供最初的推动力。据一本早期的账簿记载,到法国福卡尔基尔镇一家商店办理业务的行商,仅仅在 1331 年 5 月的一个月内就达 35 人;这些人同时联系着附近 1000 个左右的孤立的社区,并逐步地把它们纳入一个互相依存的商业网[②]。到 14 和 15 世纪,当商业已被有效地组织起来之后,行商就开始从西欧经济生活中消失了,因为这时已不再需要这些人了。不过,当市场在西欧刚刚兴起,商业网还未建立起来的时候,行商对它们来说是绝对必要的。

(二)城市的兴起。这是中世西欧从乡村生活转向"都市化"的漫长过程的开端。它开始于 9 世纪时的意大利,10 世纪时拉丁西部各地出现了普遍的城市复兴,11 和 12 世纪呈现迅速扩大之势。虽然从总体上看这个过程是非常缓慢的,从 1086 至 1279 年的大约两

[①] R.L.海尔布隆纳(Robert L. Heilbroner):《经济社会的形成》(*The Making of Economic Society*),新泽西,1980 年版,第 48 页。

[②] 同上书,第 49 页。

百年间,剑桥市平均每年只增加一幢房子①,但中世近千年之内西欧新兴的城市仍不下几千座。1100 至 1300 年仅英国就增加了 140 座,而德意志的新兴城市还要多。城市的复兴之所以成为刺激市场在西欧兴起和扩大的一大因素,是因为大多数新兴城市的经济结构是建立在行会手工业的基础上的,而行会手工业又是以劳动者对工具的所有权为基础的;由于劳动者不可能直接占有生产资料和生活资料,必须以对工具的所有权为媒介或者说"借助于"这种所有权通过交换来获得,这种财产形式实质上是"以劳动和交换为基础的"②,它"已经成为一种与土地财产并存并且存在于土地财产之外的独立形式"③,所以,这些城市的工业产品一开始就是商品,它的出售就必须以商业为媒介。正因为如此,"许多城镇都建立了它们自己的市集和市场",并且从国王的特许中获得了"市场权"。以此为基础,许多商人便以城市为中心,逐步把商业活动推向乡村以及其他城市和地区,使商品和货币关系得以深入发展。例如,普拉托的商人就曾"和 200 个城市进行商业交易"。

(三)十字军远征。它发生于 12 和 13 世纪。这个运动本是中世西欧上层宗教界的冒险活动,是对阿拉伯世界的"侵略"行动。然而,如果我们不是从宗教冲动的角度而是从经济的观点来看待这场运动,那么十字军远征就是一个重大的探险和殖民运动,其经济影响就是不言而喻的。这是因为被卷入这个运动和冲突的是两个非常不同的世界:一个是依然沉睡的封建欧洲,它带有一切农业社会常有的惯性,以及它对商业的反感和天真的商业观念;另一个是拜占庭和威

---

① G. 库尔顿(G. Coulton):《中世纪概观》(*Medieval Panorama*),纽约,1955 年版,第 285 页。这里所说的"都市化",即一系列新的城镇和村落的建立,是它的早期阶段。
② 马克思:《意识形态的现实基础》,《马克思恩格斯选集》第 1 卷,第 57 页。
③ 马克思:《政治经济学批判》(1857—1858年),《马克思恩格斯全集》第 46 卷(上),第 500—501 页。

尼斯正在走向开化的社会,它具有都市的活力和灵活的经商之道,从不惧怕采用必要的赚钱手段。那些来自较为开放的城堡的十字军战士,原以为他们在东方只会找到一个没有教养的异教徒的世界,但他们最终却惊奇地发现这个被征服的民族远比他们自己更文明、繁华、奢侈,也更熟悉货币的价值。这种反差,不能不反过来对征服者本身发生影响,直接或间接地对西欧商业和货币关系的发展起着促进作用:首先,由于教会决定十字军战士可以以其土地和其他财产向教会抵押借款,一方面使教会趁机兼并了大量农民土地,另一方面也使得一些十字军战士通过抵押而获得一定的货币积累[1];其次,为了通过海路把十字军从大陆转运到东方,一些意大利城市商人由于承担这种转运任务而获得大量运费,如转运第一次十字军的运费高达85000银马克;第三,一些十字军战士通过对东方的抢劫或因功受奖而获得大量财富,如1101年袭击巴勒斯坦港口卡萨雷亚的8000名热那亚战士和水手,每人获得了大约48索里得奖金和其他奖品[2];最后,在十字军远征中,意大利和南欧人不仅在各地扩大了航运和商业关系,而且在东地中海建立起第一批海外殖民地,并通过在这些殖民地从事的商业性经营(如种植甘蔗)而获得财富。总之,在推动西欧经济生活缓慢商业化方面,十字军远征曾起过非常重要的作用。

二

在中世西欧,市场究竟起源于何时很难考证,但市集可以追溯到

---

[1] 见教皇尤金三世(1145—1153年)于1146年12月1日给参加十字军者的特权书。郭守田主编:《世界通史资料选辑》(中古部分),商务印书馆1964年版,第160—161页。

[2] R.L.海尔布隆纳:《经济社会的形成》,第50—51页;M.波斯坦主编(M. Postan, ed.):《剑桥欧洲经济史》(*The Cambridge Economic History of Europe*)第2卷,剑桥,1952年版,第306页。

7世纪。据说,"最古老的市集"就是由达哥伯一世于630年在巴黎建立的①。不过,市场和市集的较大发展当在9世纪之后,这正是西欧普遍发生"农业革命"时期②。市场和市集的鼎盛时期是在13世纪前后,在J.W.汤普逊的名著《中世纪经济社会史》中,就列举了12和13世纪西欧各国"最重要的"市集,其中法国所占比例最大(共59个),其次是意大利(16个)、德意志(10个)、英格兰(10个)、佛兰德尔(7个)、西班牙(7个)。编定于13世纪的《萨克森法典》曾规定,市场和市场之间的距离不得少于一德意志哩③。可见市场的分布在13世纪前后的德意志已相当密集。然而,13世纪前后市场获得显著发展的地区还要数英格兰,这一点可以从以下事实中得到证明:在1086年由威廉一世下令制定的英格兰最初的土地清册中,只记载和提到了42个市场和2个市集;而从1199至1483年,英格兰所颁布的市场权的授予共计2800起,其中有一半授予是在这个时期的头74年作出的。市场和市集,作为"中世纪商业机构的两种普遍形式"④,在商品交换关系中的功能和作用的差别起初是很小的。正如J.芒迪所指出的:"在村庄市场和市镇市集之间很难找出绝对的不同,除了前者是地方性的,后者是区际之间的外,它们的基本功能是一样的。"⑤然而,差异仍然是存在的。根据詹姆斯·W.汤普逊的意见,二者之间的主要区别有三:(1)市集比起市场来,是在较高级封建管辖权之下;(2)市集不是属于庄园范围的,而是为更广大的公众服务的;(3)市集是按季举行的,而非按周或双周举行的。不过,汤普逊在这里忽视了一个最重要的区别:一般地说,前者是地方居民交易农

---

① 汤普逊:《中世纪经济社会史》下册,商务印书馆1984年版,第189页。
② 据记载,9世纪时英格兰已有4个市场对外国商人开放。
③ 汤普逊:《中世纪经济社会史》下册,第184—185页。
④ W.尼利(Wayne C. Neely):《农业定期市集》(*The Agricultural Fair*),纽约,1967年版,第8—12页。
⑤ J.芒迪(John H. Mundy):《中世纪的城市》(*The Medieval Town*),普林斯顿,1958年版,第36页。

副产品的场所,后者则主要是供职业商人定期聚会的地点①。正因为如此,市场开市的时间短而频繁,除个别市场每周开市两次(甚至三次)外,绝大多数市场每周只开市一次(周六或周日);市集开市的时间长而集中,一次市集会期至少需要几个星期,且集中于一年中最合适的季节举行。市集的举办,不仅需要建立必要的会所、摊位、库房等,而且参加交易活动的商人在开市前还要有专门准备的时间。投入交换的商品,在品种和数量方面也更加丰富,大多数商品可能仍是当地的农副产品,但不少商品是来自外地或东方国家。因此,由市场到市集的发展和转变,在一定意义上正是西欧商品和货币关系扩大的表现。

当然,作为一种有组织的交换经济形式,市场和市集的起源及促成其起源的因素是多方面的。在其初兴阶段,市场和市集很有可能是作为宗教机构,而不是作为商业机构出现于西欧历史舞台的,确切些说是起源于教徒们的宗教集会。因为当时"不存在没有市集的宗教节日,也不存在没有宗教节日的市集"②。据考证,英语"fair"一词,就是来自拉丁语"feriae"(节日),并且与"festus"(节日的)有关③;而德语中相当于英语"fair"的"messe"④一词,则是来自拉丁语"missa"(弥撒),显然也与宗教节日有关。事实上,中世纪很多市集的名称,如圣代尼斯、圣杰门等,就是取自某个圣日。只是到了后来,随着生产特别是乡村和城镇交往的日益频繁,商业的动机才显得更为重要并成为市场与市集发展的主要动因。至于市场权,即举办和管理市场和市集之权,其授予最初本属王室的特权范围,在性质上是

---

① H. 皮朗:《中世纪欧洲经济社会史》,第 88 页。
② 转引自 W. 尼利:《农业定期市集》,第 4—5 页。
③ W. 史密斯编(W. Smith, ed.):《拉英辞典》(*Latin-english Dictionary*),伦敦,1976 年版,第 268、271 页。
④ "messe"一词有三个含义:弥撒,集市,集会所。

一种封建权利。到了9至10世纪,才经常发生侯爵们僭夺这项王室特权的事情,并在这些地方演变成为一种属于地方主权的权利而加以利用。与此同时,也有少数寺院或主教,通过王室的授予而享有这项权利。当那些大封建主逐渐把建立市集的权利控制在自己手中时,便把管理地方性市场的权利保留给那些一般的领主。因此,一般地说,"市场权"最终是分属于以下三个方面的:个人、教会和市镇①。控制市场等于控制税收:例如,1282年曼彻斯特的领主从税收中抽取了6英镑13先令4便士;1311年布雷福德的市场和市集收费为6英镑,而利物浦市场和市集的摆摊税是10英镑②。可见,隐藏在市场权背后的主要还是利益分配问题。尽管市场和市集在西欧的兴起有很深的封建性,但这一事实并不能改变市场和市集本身作为一种经济组织方式在交换关系中的地位和作用。因为在市集和市场上,交易完全自由,并不理会他是本地人还是外地人、买者还是卖者。它是一种自由贸易政策和门户开放政策,这种政策吸引了许多买卖人,并使商业力量有充分发挥的余地。从这个意义上说,"市场作为一种组织形式,并不是(或并非完全是)农民或手艺人的产物,而是商人和后来是金融家的产物"③。

虽然市场权是分别授予个人、教会和市镇的,但在不同时期,这三种市场的比例并不平衡。毫无疑问,各个时期都有许多市场和市集掌握在私人手中。如在英格兰,贝尔顿的市场属于一个骑士,伯克利伯爵一人则拥有三个市集:两个在新港市,一个在伯克利。不过,在城市大量兴起之前,接受市场权授予最多的大概还是教会,它们实

---

① E.利普逊(E. Lipson):《英国经济史》(*The Economic History of England*)第1卷,伦敦,1945年版,第227页。
② 同上书,第228页。
③ 约翰·希克斯:《经济史理论》,第101页。

际上控制了当时所有大的市集,这不仅是由于市场和市集最初是发源于宗教集会,还由于教会在中世纪是一种无处不在的力量。然而,在12世纪城市大量兴起之后,在市集发展方面,城市便逐渐具有了对教会的优势。因为:第一,从11世纪始,大多数新兴城市都从国王手中获得了自由市(或自治市)的地位。有人估计,这些城市人口"大约占西方全部人口的1/10"①,由于受"自由"或"自治"特权的保护,城市市集可少受封建贵族的干预,因而发展较快。第二,随着城市人口和经济的增长,许多新兴城市逐渐发展为真正的工商业中心。以比利时的根特为例,它原本是一个极不重要的伯爵城堡,最初所占面积不过25英亩,1194年建新城墙时才扩大到200英亩;但到1356至1358年时它已拥有6万人口,其中从事手工业和商业的人分别占全部劳动力的76.9%和12.5%②。第三,由于地中海沿岸城市的发展和"汉萨同盟"的成立(1241年),以这两个"策源地"为基地的"国际贸易"得以形成。这个"国际贸易"使一些城镇市集由区际交易中心发展为全国性交易中心,然后又由全国性交易中心发展为国际性交易中心,其突出的例子就是香槟市集的繁荣。在香槟地区,除了散布着50个市场之外,还由4个城市建立了以6个市集轮流循环的集会制度,成为南来北往的西欧各国商人的著名汇集地③。由于这些原因,一些教会所属的市集在城市市集的竞争之下出现了衰落的迹象,以致教皇尤金三世在给英王亨利二世(1154—1189年)的信中抗议说,巴叶主教的市场由于英王所批准的新的城市市场而陷于破产。又如在1335年,"外国人已不再像往常那样到圣波托尔市集来了",

---

① P.布瓦松纳:《中世纪欧洲生活和劳动》,第200页。
② D.尼古拉斯(D. Nicholas):《中世纪一个城市的变化》(*The Metamorphosis of a Medieval City:Ghent in the Age of the Arteveldes, 1302—1390*),莱顿,1987年版,第21页。
③ J.芒迪:《中世纪的城市》,第36页;汤普逊:《中世纪经济社会史》下册,第193页。

至1416年该市集就完全停止举办了①。

必须指出,市场作为社会分工和交换的产物,并不仅仅指买卖双方进行交易的场所,也是指在一定时间、地点和条件下商品生产者和消费者商品交换关系的总和。因此,市场和市集在西欧的大量兴起,不能不在西欧的商品交换关系中引起重大变化,并对西欧的整个历史发生深远的影响。具体地说,变化可概括为以下三个方面:

其一,是在商业制度方面。伴随着市场和市集的兴起,借助于以国王的"特许状"为主要来源的城市法,初步形成了一套有关调节西欧商品交换关系的原则和方法。以各种法令、条例和判例为表现形式的城市法,在性质上还是中世纪西欧整个封建法律体系的一部分,并不是专以调节市场和交换关系为目标的。但城市法所包含的许多原则和措施,对维护和促进已经或正在西欧各地兴起的市场的发展,以及与之相联系的各种交换活动的正常进行,不仅是重要的,而且是必要的。例如,由于城市法以自由和平等的观念排斥了封建的特权法,当市民被赋予自由权时,也就确认了市民身份在法律上的平等地位;由于城市法确立了市民对商业的管理权,包括诸如铸币、征税以及市集管理等权利,市民便有可能成为城市经济的真正主人,领主的封建特权也受到相应的限制;由于城市被允许设立特别的司法和行政区,市民有权建立自己的法庭并推选自己的官员,城市公民就有可能得到本城市法律的保护,而不必接受该城市以外的法庭的传讯;由于城市法规定了度量衡的标准、交易的时间和场所以及市场上的商品不受侵犯等等,各种交易活动的进行便有章可循。实际上,城市法所包含的这些原则和措施,已为建立市场和交易活动的新秩序提供了必要的法律基础,并为西欧商品和货币关系的发展提供了重要保

---

① E.利普逊:《英国经济史》第1卷,第260页。

证。不应忘记,形成这种新秩序的关键是"市场权",而"市场或市集的授予基本上是国王的特权,并且一般来说是通过正式的特许状或信函来体现的"①。

其二,是在商业组织方面。14 和 15 世纪,是中世西欧商业机构日趋成熟的时期,也是后来的近代商业组织开始形成的时期,这一趋势直接或间接导源于或受制于市场的兴起,以及与之相联系的商品交换关系发展的状况,因为在中世西欧(至少在 15 世纪之前)市场是整个(或大部分)商品交换的主要媒介或"根据地"②。首先,当"行商"在城市取得居住权而变成"坐商"后,起初是以城市为点定期去外地出售产品或从外地贩运回产品,然后是雇佣少量雇员、仆役或合伙人代替本人外出从事一些业务,最后索性在外地建起商站、货栈和栈房,由此便形成了所谓"商馆"和"商馆制度"③。与此同时,商业活动和业务开始越出家庭的范围,形成一种家庭成员之外的贸易组合即合伙公司,并在其发起人和他的合伙人之间形成一种委托或受托制度,而那些旅行商人便在这一委托制度下变成了承包人或代理商。由于每一次独立的冒险事业都必须结算,而受托又往往只关系到家庭的某一成员,因此一种称作"复式簿记"(最早可能采用于 1336 年)④的会计制度,便随着受托组织的普遍化而确立起来,它最初的目的是为了把私人支出与企业支出区别开来。在市场交易初兴之时,在西欧用于各种交易场所的货币极不统一,如 10 至 12 世纪初仅英国处于流通的货币就不下几十种,因此商品交换过程中货币兑换就成了一个大问题。"钱兑商"就是为了解决这个问题于 13 世纪前

---

① E. 利普逊:《英国经济史》第 1 卷,第 226 页。
② P. 布瓦松纳:《中世纪欧洲生活和劳动》,第 165 页。
③ 马克斯·维贝尔:《世界经济通史》,第 185 页。
④ 卡洛·M. 奇波拉主编:《欧洲经济史》第 1 卷,商务印书馆 1988 年版,第 266 页。

后应运而生的。作为早期的金融家也承担着收受存款、放款取息等业务。但是当商业规模扩大、银钱交易频繁时，"钱兑商"对他们的业务就显得力所不及了。于是在那些多种货币流通和商业发达的地方，大商行便取代了昔日的"钱兑商"，并把兑换货币作为自己初期的主要业务，这是近代银行产生的重要原因。随着"国际贸易"的发展，与信用和货币业务有关的机构，从当铺、投资所到证券交易所逐渐建立起来，各种票据和支付手段也开始被广泛采用，银行业在西欧也随之发展到相当的规模，并在各地建立了自己的分支机构或办事处，享誉欧洲的佩鲁齐银行1310年时的资本有近15万镑[①]。

其三，在商业管理方面。随着商品交换关系在西欧的扩展，市场和市集的管理业务有了相应的发展，并在某些地区达到了"高度专业化"的水平。以香槟地区为例，在这里不仅形成一种由6个市集轮流循环的集市制度，而且还建立了一套层次分明的市集管理机构。这种管理机构的主要官员被称为"集市监督"，最早出现于1174年的有关文献中。市集监督一般由二至三人组成并领取工资，其职务包括司法、警务和公布管理法令等。至13世纪后半叶，又在集市监督之下增加了一种"集市书记"的编制，其职务在有关文献中常被称为"监督助理"；但由于他们掌握着市场管理的实权，便逐渐取代了"集市监督"的职权，变成集市的真正指导者。在监督和书记之下，一般还设有"秘书"即市集"监印官"之职，他们的权限是在所达成的商务契约上加盖伯爵印章，以示契约生效。此外，除上述行政管理人员之外，还在各市集配备了人数不等的警卫及警察长。在香槟市集鼎盛时期其人数达140人，其中包括120名步兵和20名骑兵。市集管理的

[①] 卡洛·M.奇波拉主编：《欧洲经济史》第1卷，第350页。这里的镑指佛罗伦萨的货币单位。

周到之处,莫过于庞大的"代书"人员的配置,其人数一度曾达到40人,专门负责商务谈判记录并为双方起草契约①。这一安排体现了当时市场管理中所遵循的一个原则,市场交易中不承认以往的以宣誓遵守契约的惯例,而强调文字契约的法律效力以及当事人双方的权利与义务。为了解决交易中可能发生的商务纠纷,各有关市镇还在集市地点建立了"市场法院"或其他类似的司法机关。香槟市集的管理之所以达到如此"高度专业化",在很大程度上是由于"从1010至1284年香槟的伯爵们对市集的管理不曾间断,并把它们作为增加其岁入和扩大其权力的手段"②。虽然在西欧其他地方的市集管理方面还没有达到像香槟这样的"高度专业化",但类似的管理机构的存在则是普遍的。香槟绝不是一个仅有的例子。

三

市场的大量兴起,以及它在交换关系中引起的变化,在西欧历史上的意义究竟何在?这必须从大处着眼进行一些宏观探索,才能做出适当的回答。首先,它使商业真正成为独立于乡村农业和城市手工业的一大行业,并以建立起来的有关商业制度、组织和机构为桥梁,把交换关系渗透到广大的乡村及城镇。在9世纪之前,西欧的商业实际上还处于非常落后的状态,因为封建割据和地方分权妨碍着商业的发展。然而在9世纪以后,随着市场或市集在各地的兴起,一个由这些市场和市集联结而成的商业网,便逐步扩大到差不多整个西欧。到12和13世纪之交,由于地处南来北往、东西交通要冲的香

---

① 参阅汤普逊:《中世纪经济社会史》第1册,第201—202页。
② W.尼利:《农业定期市集》,第10—11页。

槟市集的繁荣,一条明显的商业中轴线已基本形成。这条中轴线就是以著名的香槟市集为轴心,一端通往佛兰德尔并与北方的"汉萨同盟"及北欧各国相接,另一端则经过莱茵河和罗纳河流域直达利古里亚和伦巴底,然后经比萨、热那亚和威尼斯再与东地中海相连。据1328年一位斯德哥尔摩商人的账簿记载,他卖给一位德意志贵族的商品来源之广简直令人难以置信,这些商品中包括1.5磅来自意大利的香红花,90磅来自地中海的扁桃或杏仁,4.75磅来自印度的生姜,0.5磅来自西非的谷物,6磅来自马拉巴尔的胡椒,105磅来自西班牙的大米,以及许多来自其他地方的物品①。这一资料典型地说明,在扩大西欧的交换关系和推动西欧经济生活商业化方面,这条中轴线和商业网在14世纪已在有效地发挥着它们的作用。以致有人估计,到15世纪西方全部贸易的15%—40%都是用现金成交的,而流通货币的总量已达10亿法郎②。这应该说是西欧经济生活中的一个重大进展。

其次,当商品交换关系渗透到广大的乡村和城镇之后,日益发达的货币经济不可避免地会对现存的生产方式和财产形式发生直接或间接的影响,并在不同的社会阶层中引起人们经济地位的改变。流通领域中货币量的增加,一方面引起了人们对货币需求的增加,另一方面又造成市场物价的上涨。这两种情况对于那些主要靠出售农产品来换取现金,或主要以固定收入获得现金的封建主来说,都是难于应付的。于是,他们之中的不少人,便不可避免地陷入了入不敷出的境地,甚至日益贫困而走向破产。据统计,在法国杰沃丹地区,1530年时121个领主的总收入仅21400利佛尔,其中只有一个领主的收

---

① J.芒迪:《中世纪的城市》,第33—34页。
② P.布瓦松纳:《中世纪欧洲生活和劳动》,第293页。

入达到5000利佛尔,另一个领主的收入达到2000利佛尔,其余的领主每人收入平均不过129利佛尔。甚至神圣罗马帝国的皇帝马克西米连一世(1493—1519年),亦无力支付跟随他外出的随从在外过夜需付的房租,其孙子与一位匈牙利人结婚时所花的2000利佛尔婚礼费,还是从商人手中借来的。与此形成鲜明对照的是,许多市民特别是商人利用市场提供的机会,适时地把自己经营的业务转入以赚取利润为目的的轨道,使自己在竞争中发财致富而上升到"中产阶级"的地位。仍以杰沃丹地区为例,在那里最富裕的一个领主的收入也不过5000利佛尔,而最富裕的城市商人的收入却高达65000利佛尔,后者是前者的13倍[①]。同样,在德意志,当马克西米连一世由于财政拮据而四处举债时,他统治下的奥格斯堡的大银行家却控制着比皇室全部岁入还要大的财富。这两个阶级的一盛一衰,当然不是自15、16世纪才发生的事情,而是13世纪前后市场在西欧大量兴起,以及与之相联系的商品交换关系不断扩大的必然结果。

最后,伴随着上述两种发展趋势,西欧经济生活中的一个新现象产生了,这就是"封建义务缓慢的货币化"。消费水平的提高,对外关系的展开,流动财产的发达,收入和支出的失平,迫使那些旧的领地财产的持有人,不得不慢慢地改变自己的生活和经营方式,以适应新的环境和条件。这种改变的一个突出表现,就是把领地分别出租给昔日的农奴耕种,并以货币代替过去的劳役地租,从而在西欧开始了"封建义务缓慢的货币化"过程。这一过程,大约开始于12和13世纪之交,13世纪后期在西欧领主与农民的关系中渐成主流,到14世纪末便在一些国家和地区基本完成,其中以英格兰最为典型。据研究,13世纪后期,货币地租在地租总量中的比重,在英格兰各地区大

[①] M.波斯坦主编:《剑桥欧洲经济史》第1卷,第557—558页。

约分别是:东部61%,南部76%,西部79%,北部52%[①]。这一改变,虽然使领主有了固定的收入来源,但却因此而造成了日益扩大的需求与固定不变的收入之间的矛盾。领主们不得不向农民出租更多的土地,甚至变卖自己部分或全部领地以换取现款。在这种情况下,继续保持以往农奴对领主的人身依附关系,就变得不再必要也不可能了。因此,这种封建的人身依附关系,随着农奴封建义务的逐步货币化,从13世纪起在西欧各处都出现了松动的迹象,到14世纪末,这种关系在英格兰等地便基本被废除了。虽然农奴制的彻底瓦解在西欧还要走一段漫长的道路,货币地租由封建性的转变为资本主义的也还要有一段很长的时间;但农奴制的基本废除毕竟是西欧经济结构演变中的一大转折,具有深刻的社会经济意义。资本主义生产关系在西欧的发生,正是以封建农奴制的解体为历史前提的。

由此可见,早在15、16世纪之前很久,随着市场在西欧的大量兴起,以及与之相联系的商品交换关系在城乡的扩展,已为西欧资本主义的产生做了必要和重要的准备。我们在探索西欧资本主义之源时,还应当把目光从15、16世纪向前推得更远一些。

(原载《历史研究》1991年第3期)

[①] E.A.科斯敏斯基:《13世纪英国农业史研究》,牛津,1956年版,第194—195页。

资本主义萌芽及其历史命运

一

在国内外学术界,长期以来流行着一种观点,以为资本主义是首先发生于西方某一国之内,然后才逐渐地传播于世界的。换言之,在这些人看来,发展资本主义的能力和条件只存在于个别西方国家,而世界上其余绝大多数国家都与此无缘。它给人一种很强的经济宿命论的印象。

但从学术上看,资本主义萌芽究竟是仅西欧某国才有的历史事实,还是有着某种普遍性的历史现象?仍然是一个有待进一步讨论的问题。因为从世界历史的角度就这个问题展开讨论,在我国学术界尚未认真进行过。而对这个问题的回答,仅以某个国家的事实为根据,显然是难以令人信服的。笔者以为,此问题之所以长期得不到解决,其根本原因恰恰就在于,人们过分估量了"萌芽"的"成熟性"和"连续性",并进而将"资本主义萌芽"与"资本主义形成"及"资本主义确立"混为一谈,以为有了"萌芽",资本主义就一定会发展起来,或者资本主义未能发展起来,"萌芽"就肯定不曾发生过,以致把本来复杂的问题过于简单化。

其实,"确立"是以资本主义制度在整个国家社会经济生活中所占的主导地位为标志的,而"形成"虽然说资本主义生产关系已经成熟并在某些行业显示出优势,但显然还未在整体上突破旧的社会结构的外壳,至于"萌芽"只不过是封建社会经济结构内刚产生的一种"胚胎"、一粒种子,尽管它意味着新的生产关系已作为一种"经济实体"而存在,但还带有明显的有限性和脆弱点。最早提出"资本主义萌芽"这一概念的马克思,在《资本论》第1卷第24章中对此做过一个著名论断:"在十四和十五世纪,在地中海沿岸的某些城市已经稀疏地出现了资本主义生产的最初萌芽。"①他在此论断中所说的"资本主义萌芽"是何含义呢?查核德文原文,"萌芽"一词原本用的是"Anfänge"(复数)一词,②该词的原型"Anfäng"在德语词典中基本含义有三:(1)开始、开端;(2)起源、来源;(3)初步(尝试)③。而在《资本主义生产以前的各种形式》一文中,马克思在讲到"资本的原始形成"即资本主义起源时,明确地说明它是指"正在历史地形成的"资本主义生产关系,而不是指"已经成为决定的、支配整个生产的"④资本主义生产关系。由此可见,在马克思著作和思想中,"资本主义萌芽"和"资本主义起源"这两个概念是相通的,都是指"正在历史地形成的"资本主义生产关系,因而还不是成熟的处于"支配"作用的生产关系,更不是在整个国家社会经济中占主导地位的关系。

有人对马克思"起支配作用"一语做过专门研究,以为它就是指资本主义发展过程中的"手工工场"或"工场手工业"阶段,因为马克思说过,"作为资本主义生产的特殊形式,在真正手工工场时期占据统治地位"⑤,工场手工业是"资本主义生产方式的统治形式"⑥。这

---

① 马克思:《资本论》第1卷,第748页。
② Karl Marx, Friedrich Engels, *Werke*, Band 23, Berlin, 1973. p. 743.
③ 《德汉词典》,上海译文出版社1983年版,第48页。
④ 马克思:《资本主义生产以前的各种形式》,《马克思恩格斯全集》第46卷(上),人民出版社1979年版,第506页。
⑤⑥ 马克思:《资本论》第1卷,第373、406页。

是因为,在工场手工业的生产形式中,雇佣劳动已经具有决定性的意义,雇工人数已经达到可以进行分工协作,即每一个工人都可以专门化为只从事某一道固定的生产工序的程度。因此,对照上文的分析,我们大致可以推断,马克思所说的"资本主义萌芽",就资本主义生产的形式而言,还处于前工场手工业即手工作坊时期,至多是工场手工业初期,不会比这更晚。由此可知,那种把"萌芽"看得过于成熟,以致把工场手工业及其发达形态也看成是"萌芽"的观点,是不符合马克思原意的。

对"萌芽"作这样一种辨析,在理论上是必要和重要的。首先,通过这一辨析,我们更加清楚地了解到,"萌芽"大体处于资本主义手工作坊阶段,或者说可以以资本主义手工作坊的出现为标志。而在此阶段,"萌芽"带有明显的双重性:一方面,它已包含着"资本主义生产"的因素,因为它以交换价值的生产为主,并采用了雇佣劳动即工资劳动的形式;另一方面,它又带有许多旧的生产方式的痕迹,作为资本家的作坊主还不是典型的产业资本家,而作为劳动者的雇佣工人也还没有完全脱离农民的身份,在某些特殊的条件下,甚至还需利用农奴或奴隶劳动,来为资本服务,而与自由劳动并存。第二,我们知道,处于手工作坊阶段的"资本家",虽然也有从行会主人、小生产者及其他身份转变而来的,但大多数都是由包买商充当的,或者说是由商人资本或高利贷资本转化而来的。因为正如马克思所指出的,在各种可能性上存在着的资本中,只有商业资本和高利贷资本最容易转化为"本来意义的资本"[①],即产业资本。因此,只要在哪里存在着较为发达的商业和商业资本,进而存在着社会经济生活商品化的趋势,以及由此引起的旧的社会经济结构解体的事实,哪里就有了产

---

① 《马克思恩格斯全集》第46卷(上),第507页。

生"资本主义萌芽"的可能性。"萌芽"不大可能是仅西欧,甚至西欧某一国才有的现象。

二

其实,资本主义虽然最早萌芽于意大利,但资本主义萌芽在西欧就不限于意大利一地,它先后出现于西班牙、尼德兰和英格兰等国家和地区,以致人们很难判断说:"萌芽"是先出现于意大利还是英格兰或尼德兰,只能在时间上大体排出个先后次序。

在意大利,资本主义萌芽出现于14世纪,其标志是资本雇佣劳动关系的产生,在这方面威尼斯虽然发生最早,但佛罗伦萨却是它的光辉代表。据研究,14世纪初佛罗伦萨的呢绒产量就在7万匹以上[①],堪称意大利最重要的工业中心,1338年时全城从事此行业的雇工已达3万。到14世纪末,该城的毛织业作坊在200家左右,其中绝大多数由两个以上作坊主合伙经营。如由尼可罗·地·诺弗里·斯特罗齐和乔凡尼·地·克雷迪合伙,于1386年10月至1390年1月开设的毛织厂每年至少生产呢绒200匹,年均用于劳力、羊毛和其他生产费用的经费超过9000佛罗琳,其中很大一部分属于支付雇佣工人的工资。[②]为了确定当时企业的规模,雷蒙德·德·鲁维尔曾对阿尔伯蒂公司留下的"秘册"做过仔细研究,发现该公司1304年9月20日至1307年1月1日用于工资支付的款项为4198佛罗琳,其中,据朱龙华推算,真正支付作坊雇工工资为2200—2300佛罗琳,按当时雇工年工资10—20佛罗琳的标准计,该公司实际雇佣工人数约

[①] Harry A. Miskimin, *The Economy of Later Renaissance Europe*, Cambridge University Press, 1977, p. 120.

[②] 坚尼·布鲁克尔:《文艺复兴时期的佛罗伦萨》,三联书店1985年版,第61页。

五六十名。① 这些研究在史论结合的基础上揭示了该企业的资本主义性质,都是可靠的。据马克思的解释,意大利之所以成为资本主义的发祥地,是因为那里"农奴制关系也瓦解得最早"。值得注意的是他在同一地方作的补充说明:"在这里,农奴在获得某种土地时效权之前,就已得到解放。因此,解放立即使他们变成不受法律保护的无产者,这些无产者又在大部分还是罗马时代保留下来的城市中找到了现成的新主人。"②换言之,罗马时代遗留下来的城市商人和作坊主成了孕育新生产关系的"现成的"代表,从而把意大利资本主义产生的历史渊源追溯到古老的罗马帝国时代。

西班牙给人们留下一种奇怪的印象,似乎它就是专制、保守和落后的典型,但不应忘记,它在十五六世纪曾是地理大发现的推动者和"大西洋时代"的开拓者,对现代社会的创立建立过不朽的业绩。试问:是什么原因令它得以扮演世界历史的这一"英雄"角色?这一切都是偶然的历史巧合吗?当然不是。研究表明,1504年西班牙的统一曾给这个民族带来巨大的活力,在斐迪南和伊萨贝拉统治时期仅塞维利亚颁布的法律就达119件,以便统一和维护卡斯蒂腊呢绒业共同的质量标准③。在15、16世纪之交,实际上西班牙的工商业已发展到相当水平,并产生了一个虽不能说十分强大但人数不少的市民阶级,我们在名为"圣厄尔曼达德"兄弟会的城市联盟中可发现它的身影,"正是这些人而不是西班牙的君主,促成了对美洲的发现"④。据统计,哥伦布第一次探险的费用计200万马拉维迪,除由

---

① Raymond de Roover, *Business, Banking, and Economic Thought in Late Medieval and Early Modern Europe*, The University of Chicago Press, 1974, p. 76;朱龙华:《文艺复兴时期的佛罗伦萨企业》,《北京大学学报》1986年第2期。
② 马克思:《资本论》第1卷,第784页注⑱。
③ Harry A. Miskimin, op. cit. p. 107.
④ 保罗·维尔纳·朗格:《哥伦布传》,新华出版社1986年版,第53页。

路易斯·桑坦海尔提供了140万国家贷款外,其余都是由哥伦布和他的朋友及商人提供的。① 美洲的发现,给西班牙带来巨大财富,1521—1544年间每年从美洲输入西班牙的黄金和白银,估计分别达3900公斤和30700公斤。② 尽管这些财富大多以不同渠道流往国外,但仍有相当数量的财富在国内转化为资本,否则很难对16世纪西班牙工场手工业的繁荣作出令人满意的解释。据统计,16世纪20年代和50年代,塞维利亚已成为西班牙乃至西欧巨大的呢绒业中心之一,该城拥有的纺织业作坊将近16000家,这些作坊使用的雇佣工人人数达130000名。16世纪中叶,丝织业在西班牙也达到新的高度,仅托列多城生产丝织品的作坊就有3000家,从业雇佣工人达30000名。③ 显然,在西班牙已有资本主义萌芽,应属不争的事实。④

低地国家,包括今日之比利时、荷兰和卢森堡,是西欧孕育资本主义的又一重要地区,而以荷兰为主要中心。人们通常把荷兰称作"海上马车夫",其实它也是十六七世纪资本主义的典型,而资本主义萌芽在十五六世纪业已出现。据记载,早在1436年,莱顿市政当局颁布的一部有关呢绒业的法规,除了限令市内一律使用经加来市场转输的英国羊毛为织呢原料外,还附有禁止市民擅自增加织机及雇佣乡村劳动力的条款。它表明,15世纪初资本主义已在荷兰有了萌芽,否则没有必要对雇佣劳动力加以限制,限制本身体现着新旧生产关系的矛盾。进一步的研究证明,直到16世纪中叶,荷兰的资本主义仍处于萌芽阶段,并没有发生太大的变化。这可从以下事实看出来:1450—1530年,莱顿市号称"呢布商"的成员约400人,但可列为

---

① 保罗·维尔纳·朗格:《哥伦布传》,第56页。
②③ Ф. Я. 波梁斯基:《外国经济史》(封建主义时代),三联书店1958年版,第448、455—456页。
④ 马克思在《剩余价值理论》附录中,曾提到"意大利、西班牙等国工场手工业发达的个别分散的点"。《剩余价值理论》第1册,人民出版社1975年版,第520页。

大呢布商的人不过 50 至 100 名,其余 3/4 实际上都还属于小工匠,他们一般只拥有两台织机,雇工人数在 3—6 名之间,雇主本人还需直接参加劳动。[1] 不过,荷兰的资本主义萌芽,在 16 和 17 世纪之交,由于以下两方面的原因获得长足的进步:(1)1609 年,荷兰国会与西班牙签订休战协定,尼德兰北部得以摆脱西班牙的专制统治而获事实上的独立,这为其经济发展提供了政治保证;(2)一种新的制呢技术即被称为"塞斯呢"的制呢技术在荷兰各地传播,由于这种新呢只需采用荷兰本地产普通羊毛为原料,使荷兰的制呢业不再依赖英国和西班牙的原料供应。结果,为适应这种大众化商品生产迅速扩大的需要,一些以大批发商为总委托人,而以呢布商为委托代理人和生产组织者的生产组织形式应运而生,雇佣劳动力的数量也显著增长了。[2] 据统计,1670 年莱顿市人口共 7 万,其中从事呢绒制造业的就有 4.5 万,占了 64%。[3]

毫无疑问,英格兰是西欧"萌芽"最早的国家之一,但"萌芽"究竟最早产生于工业还是农业,一直是一个有争议的问题。马克思在《资本论》中曾提到,"与工人为敌的关于雇佣劳动的立法,在英国开始于 1349 年爱德华三世的劳工法"[4]。农业中资本主义发生的条件,是由实物地租向货币地租的转变,而按 E.A.科斯敏斯基的意见,"13 世纪英格兰在数量上占优势的地租形式已是货币地租"[5],因此在英国

---

[1] P.S. DU Plessis and M. C. Howell, "Reconsidering the Early Modern Urban Economy:The Cases of Leiden and Lile", *Past and Present*, No. 94, 1982. p. 54.

[2] 陈勇:《商品经济与荷兰近代化》,武汉大学出版社 1990 年版,第 63—71 页。这是国内第一部关于本主题的专著,从广度和深度上揭示了辉煌时代的荷兰史,可供参改。

[3] F. Braudel, *Civilization and Capitalism*. vol. 2, New York, 1982, p. 500.

[4] 马克思:《资本论》第 1 卷,第 806—807 页。

[5] E. A. Kosminsky, *Studies in the Agrarian History of England in the Thirteenth Century*. Oxford, 1956, p. 191. 据他研究,13 世纪后期,货币地租在地租总量中的比重,在英格兰各地区大约分别是:东部 61%,南部 76%,西部 79%,北部 52%。(E. A. Kosminsky, ib, pp. 194—195.)

农业中很可能在13世纪以后也会有资本主义萌芽。不过,无论是在别的地方还是在英格兰,发生资本主义萌芽的重要阵地恐怕还是工业领域,特别是与民众生活息息相关的轻纺业,因为商业资本向产业资本的转化在这里比较容易。事实正是如此。在英国,从14世纪中叶起,城市商业资本开始逐渐向乡村羊毛工业渗透,并在呢绒业中催生出资本主义幼芽,显示出强劲的势头和气象。萌芽的典型形式,是所谓"外放加工制度"(putting out system),它虽然原创于威尼斯,但在英格兰才得到充分展示。它以两种形式出现:一些商人为了把乡村毛纺工人纳入自己控制之下,对其原料和产品都实行"包买",但并不关心和介入他们具体的生产过程,从而形成分散的"家内制"呢绒业;而另一些商人则以不同方式直接投资于乡村工业,并逐渐把分散的家庭工人集中于他控制的作坊之内,从而形成早期的工场手工业。其结果,便是乡村呢绒工业的普遍兴起,以致被史家们称为英国的"民族工业"。据研究,在1561—1562年伦敦出口的呢绒,来自格洛斯特郡的26个生产中心中,只有几个称得上是城市,大部分是乡镇[1],到17世纪初,在格洛斯特郡,从事毛织业者有2637人,其中乡村工人占95%。[2]

三

而在西欧之外,在大凡商业贸易和商业资本的发展达到相当程度,而旧的社会经济结构又有所松动的地区和国家,也都涌现过资本

---

[1] G. Ramsay, The Distribution of the Cloth Industry in 1561—1562. *English Historical Review*, v. 57, No. 227, 1942.

[2] A. J. Tawney, "An Ocell Pational Census of the Seventeenth Century", *Economic Historical Review*, v. 5, 1934—1935.

主义的萌芽,如我们在奥斯曼、中国和日本所看到的那样,所不同者只是早晚和程度而已。

奥斯曼这个地跨欧、亚、非的大帝国,在 14 至 16 世纪曾有过自己辉煌的历史,很可能是西欧之外最早产生过资本主义萌芽的地区,而不为国际学术界所注意。作为东西方交通的必经之地,在以西欧为中心的世界资本主义体系形成的初期,奥斯曼地位的优越是不言而喻的,这一点使之成为当时仅次于西欧的最大的商业区,巴格达、开罗、伊斯坦布尔和布尔萨(Bursa)①先后成为伊斯兰世界重要的商业中心。而伊斯兰主义不仅不反对发展商业和贸易,从某种意义上说正是它为所谓"伊斯兰资本主义"(Capitalism in Islam)提供了精神支柱,因为《古兰经》不仅不反对财产的不平等更不反对获取大量的财富和"报酬":"你看我怎样使他们中一部分人超越另一部分人"(17:21);"我将他们在今世生活中的生计分配给他们"(17:21);"使他们彼此相差若干级"(43:32);"安拉曾准许贸易"(2:275),但商人们应"禁戒重利"并使用"公平的秤"(11:85)②。正因为如此,在伊斯兰世界财富的积累曾达到很高的水平,如有人对 1467—1468 年间布尔萨的 319 名个人财产统计研究后发现,其中拥有 10000 阿克(akches)财产者占 84.1%,财产在 10000—50000 阿克者为 12.6%,但有 3.3% 的人其财产在 50000 阿克以上。③ 但伊斯兰资本主义并不都是"商业和消费者借贷资本主义"(a commercial and consumer-

---

① 布尔萨(Bursa),位于东经 29°04′、北纬 40°11′,地处马尔马拉海的南岸,与北岸的伊斯坦布尔遥遥相对,1326 年始纳入奥斯曼帝国版图。G. Barraclough ed., *The Times Concise Atlas of World History*, New Jersey, 1992. p.49。

② 引自约·阿·克雷维也夫:《宗教史》(下卷),中国社会科学出版社 1984 年版,第 143—144 页;朱寰等主编:《世界上古中世纪教学参考手册》,北京大学出版社 1990 年版,第 283 页。

③ H. Inalcik, "Capital Formation in the Ottoman Empire", *Journal of Economic History*, v.29, No.1(1969), pp.108—109.

Credit Capitalism)①,也从中孕育和培植了大批"商业和工业资本家",他们从事的是真正的"资本主义生产"②,即马克思所说的"资本主义生产的最初萌芽"。据统计,在1586年布尔萨的丝织业中,仅25家作坊主就拥有织机(looms)483台,其中7人共拥有织机41台(每人4—9台),10人共拥有织机136台(每人10—20台),6人共拥有织机200台(每人21—40台)。研究表明,在这些人中,最大的两位作坊主,分别拥有织机46和60台,花于劳工工资的费用至少5000杜卡特(ducats)。③ H.艾拉尔塞克在研究了这里的资本主义萌芽后写道:"此种工业的劳动落入三类人之手:奴隶(kul)、徒工(shagid)和承诺按公开的市场标准支付工资的工人。每星期六,作坊主和第三类工人在城内指定的地方集合,由6个叫做ehl-i hibre中的两位有经验的成员,在那里为主人挑选所需要的合适的工人。工资按编织的原料为价值的一定比例确定,提前一周支付。"④我们认为,此处所说的"第三类工人"在性质上应是早期自由雇佣劳动者,虽然是每周在市场上招募,却不一定是临时的。

至于中国,早在1936年时,吕振羽就在《中国政治思想史》中首次提出,在中国曾有"布尔乔亚工场手工业"⑤的萌芽,但这一观点遭到一些人的反对,至今在史学界仍争论不休。据说,根据马克斯·韦伯的意见,西欧资本主义的产生得益于"新教伦理"所激发的"资本主义精神",而中国没有这种"资本主义精神",因而便产生不了资本主义。其实,资本主义萌芽的温床,是社会经济生活的商品化,而不是

---

① S. Labib,"Capitalism in Medieval Islam",*Journal of Economic History*,v. 29. No.1(1969),p. 93.
② H. Inalcik,op. cit. ,p. 108,116.
③ H. Inalcik,op. cit. ,p. 144.
④ H. Inalcik,op. cit. ,p. 155.
⑤ 吕振羽:《中国政治思想史》,黎明书局1937年版,第491—492页。

什么"新教伦理",凡是在社会经济商品化程度较高的地方,商业资本就可能转化为产业资本,催生出资本主义幼芽来。据外国专家研究,宋元丰时铁产量已达12.5万吨,相当于欧洲17世纪末的水平。①元末明初以后,棉花、蚕桑、甘蔗、烟草、茶叶等经济作物种植扩大,在江浙、珠江、太湖、湖广、蜀中等地形成各具特色的种植区,成为民族工业发展的基础。以北京、南京、徽州为中心形成大小商路不下200条,②并带动了大批市镇和市墟在全国的兴起,以贩商、牙商、铺商、钱庄、票号为主要成分,以江浙、湖广、山西、安徽商人为主要代表,有浓厚中国特色的商业资本应运而生。到鸦片战争前,有可靠的证据显示,全国商品的总流量已在白银3.9亿两以上,其中来自棉花的价值约占1/4。③吴承明等发现,在36个传统手工业中,资本主义萌芽在明清之际已遍及20个行业,包括纺织、采矿、铸铁、造纸、制瓷等等,而在江南某些丝织业中尤为明显。④据史书记载,明朝中、后期,苏州丝织业分化日益扩大,有的已拥有织机20—40余张、雇工数十人,其主人已被认为是"以机杼起家"、"室至数万金"甚至"百万金"的作坊主了;⑤在这类产业中,雇工们自己没有织机,专以出卖劳动力为生,属于"得业则生,失业则死"、"计日受值"者之列,⑥显然已初具自由劳动者身份。在这种情况下,无论从资本方面还是从劳动方面来看,要否认其资本主义萌芽性质,恐怕是很难的。

---

① R. Hartwell,"Markets,Technology and the Structure of Enterprise in the Development of the Eleven Century Chinese Iron and Steel Industry",*Journal of Economic History*,vol. 26. 1,1966.
② 杨正泰:《明代驿站考》,上海古籍出版社1994年版。
③ 吴承明:《论清代前期我国国内市场》,《历史研究》1983年第1期。
④ 吴承明:《中国资本主义与国内市场》,中国社会科学出版社1985年版,第168页。
⑤ 张瀚:《松窗梦语》卷六,沈德符:《野获编》卷二八。
⑥ 《明神宗万历实录》卷三六一,万历二十九年七月。参见翦伯赞主编:《中国史纲要》下册,人民出版社1988年版,第231页。

最后,再来说日本。日本被称为亚洲唯一"脱亚入欧"的国家,在经济上不会没有资本主义萌芽。如果说日本资本主义萌芽于"江户时代"后期(1716—1845年),那么为其萌芽准备温床的工作在此之前就开始了。① 从1582年开始的"太阁检地"到1588年的《刀狩令》,不仅使兵农分离并使之固定化,也使武士从此脱离农村而居于城市,由此引出以确定农民年贡、杂役负担量为主要目的的石高制,以适应兵农分离后对粮食的巨大需求。农民先把用石数表示的米谷作为年贡上缴领主,领主再将其在城下町和以三都为中心的中央市场出售,由此造成了一种普遍性的"消费和商品经济"②。德川幕府建立后,禁止人身买卖和使用家奴,③重新调整大名领地并把它们分配给"三百大名"④,同时,为了增加年贡来源,又通过代官、村吏等招募农民包垦荒地,从而强化了日本农业商品化的趋势。德川中期以后,商品经济显著发展,以大阪、江户、京都为中心,形成了全国性商业网。例如,秋田藩的棉纺业,原棉由大阪沿西行航路运来,在秋田纺纱织布后再运往藩外出售。正是在这种商品经济的涌动中,18世纪中叶以后资本主义的幼芽开始在日本萌生,商人通过"问屋"包买农村手工业品进行贩卖,他们预付定金到期收购;或贷给农民原料令其加工,然后付给微薄加工费(实物)收买成品。往后,除原料之外,

---

① 日本学者南亮进认为,日本农业"在工业化以前就已有了很大的发展",从1600年到1872年,其年增长率为0.3%。南亮进:《日本的经济发展》,经济管理出版社1992年版,第56—57页。
② 竹内理三等:《日本历史辞典》,天津人民出版社1988年版,第101—102页。
③ 吴廷璆:《日本史》,南开大学出版社1994年版,第249页。
④ Takao Tsuchiya, *An Economic History of Japan*, Porcupine Press, Inc. 1977. p.148. 作者还说:"这一措施促进了城市商业和借贷的发展,因为从农民那里征收来的大多数年贡都是卖给城市商人的,这些商人从中获得大量利润而变成资本家和高利贷者。"(p.149)"三百大名"只是一个大致的数目,实际是二百六十七十名(见竹内理三等:《日本历史辞典》,第111页);约翰·惠特尼·霍尔说,17世纪初为295个,到中期减为245个,统治末期是276个,见作者著:《日本——从史前到现代》中译本,商务印书馆1997年版,第132页。

还预借生产工具给农民,如在棉织业中由商人借棉纱、织机等,生产者只出卖劳力而不必使用自己的工具,加工费也改用货币工资形式。这种被称为"前贷制"的包买制度,其实就是西欧资本主义萌芽时期流行的"外放加工制度"的翻版,因而是日本封建社会内资本主义生产关系的最初形态。再往后,有的商人开始招集农民进行集中生产,在此形式下生丝、织机、机房皆为商人所有,"机织下女"即女工在生产中已有所分工,这就造成了一种更为成熟的资本主义生产形式,在历史上被称为"机屋"。据研究,18世纪中后期,此种工场手工业已存在于绢织、造纸、酿酒等行业,遍及桐生、足利、甲府、福井等地,乃至全国许多地方。到1867年,即明治维新前夕,日本各生产部门的这类工场手工业已达420个,其中至少有1/4是建立于1854—1867年间[1]。由此可见,在日本,不仅在1868年明治维新前就已有了周一良先生所说的"资本主义关系"[2]的萌芽,而且完全是靠自己的力量从封建社会内部孕育出来的。关于这一点,周先生35年前所作出的结论,至今看来仍是不可动摇的。

从以上的考察不难看出,资本主义萌芽作为封建社会内部的一种新的经济因素,即使按严格的定义即把它看作一种采用工资雇佣劳动从事剩余价值生产的生产方式,它也既不是西欧某国才有的现象,就是在亚洲也不限于一国的范围。总之,资本主义萌芽是一种具有某种普遍性的历史现象。

四

有一种意见以为,在西欧以外的国家,譬如中国这样的国家,未

---

[1][2] 参见周一良《关于明治维新的几个问题》,《北京大学学报》1962年第4期,《周一良学术论著自选集》,首都师大出版社1995年版,第525、521页。

发现像西欧那样的"外放分工制度"(putting-out system),因而不能说它有资本主义萌芽。这种看法恐怕不妥。

这只是形式问题,而不是本质问题。判断是否存在资本主义"萌芽",主要应看是否有新的生产关系产生:(1)看它的生产是否以利润的追求或以出售为主;(2)看它是否采用了工资雇佣劳动形式;(3)看劳动者是否摆脱了依附关系而拥有人身自由。离开了这些标准,即避开争论的本质问题,来谈是否存在"萌芽"问题,在学术上是没有意义的。我们说在西欧之外在历史上存在着资本主义萌芽,认为这在奥斯曼、中国和日本都不存在问题,正是根据这些标准。

讲到形式,还必须指出:第一,"外放分工制度"的采用,并非仅在西欧国家发现过,在东方某些国家或地区也存在过,如日本的"前贷制度"即是。在中国也有类似的例子。第二,在西欧各国,在所有已发现有资本主义萌芽的地方,也不一定主要采用这种所谓"外放分工制度",如在佛罗伦萨的毛织业中,虽然也采用过"外放分工制度",但"合伙制"似乎更流行。第三,"萌芽"并非限于纺织业,在航海业和采矿业中或许出现更早,在这样的情况下自然谈不上什么"外放分工制度",对此马克思曾有过明确的论断。因此,不能以此为标准来否认西欧之外的资本主义萌芽。

其实,如前所述,资本主义萌芽并非什么神秘的"天外来客",它乃是社会经济生活走向商品化的必然产物,无论什么地方只要社会经济的发展有了这种趋势,也就有了产生资本主义萌芽的可能性,因为它是孕育资本主义的温床:第一,它培植了商业资本家;第二,它刺激了对商品的社会需求;第三,使封闭的农本社会发生结构性解体,所有这些都为一种新的生产关系的形成必不可少。正如马克斯·韦伯所指出的:"走向资本主义的决定性作用,只能出自一个来源,即广大群众的市场需求",或叫做"需求的大众化"①。

　　当然,就"萌芽"本身而言,从全球的角度观之,有几点尚需在此说明:第一,就"萌芽"的时间来看,虽然东方和西方都先后发生了"萌芽",但比起西方来东方显然来得要晚,至少要晚大约二三百年。第二,其发展过程前途很不一样,大致可分为如下三种类型:(1)持续发展型(如英国);(2)中间断裂型(如意大利);(3)藕断丝连型(如中国)。第三,从总的趋势看,西欧各国虽然有些曲折,但最终基本上确立了资本主义体制,但只有英国堪称成功的"典型";而东方各国虽有所发展,但最终基本上都失败了,而未发展成独立的资本主义形态,只有日本是个"例外"。从而在东西方之间显示出巨大的差异来,这其中包含的丰富的历史内涵,是难以用三言两语来说明的,当专文论述。

　　但尽管如此,我们终不能武断地说,资本主义萌芽仅是西欧某一国才有的历史现象,而它以外的任何国家和地区都与此无缘,根本无产生资本主义的可能性。这既不符合商品经济发展的客观规律,也不符合已发现的历史事实,乃是一个应当抛弃的观念。

(原载《北京大学学报》1998年第3期,发表时原题为《资本主义萌芽问题新论》)

---

① 马克斯·维贝尔:《世界经济通史》,第263页。

资本主义首先产生于农业领域还是工业领域
——兼论资本主义生产方式的本质特征

一、有关此问题的论争

众所周知,在18世纪中叶以前,在经济学中占统治地位的是重商主义,因此关于资本主义起源的解释,主要是由这个学派提供的。重商主义者认为,财富本是来源于流通领域,资本的财富就是商人的"让渡利润",因而在有商业和利润存在的地方,也就有了资本家和资本主义。换言之,这个学派是把商业视作资本主义之源的。

18世纪中叶后,重商主义日趋衰微,重农学派和古典学派先后兴起,关于资本主义起源的解释也随之发生变化,争论的焦点已转到这样一个问题上:资本主义是首先产生于农业还是工业?以A.杜阁为代表的重农学派认为,是"农业的利润调节其他利润率",实际上是主张资本主义首先产生于农业,因这派人认为生产领域而不是流通领域才是财富的源泉,而农业又是"唯一的"[1]生产领域。而以亚当·斯密为代表的古典学派,却把"工业利润"看成剩余价值"最初"为资本占有的形式,从而把它看成剩余价值的最新的一般形式[2],显

---

[1] A.杜阁:《关于财富的形成和分配的考察》,商务印书馆1991年版,第21页。
[2] 马克思:《剩余价值理论》第1册,第21页。

然认为资本主义是起源于工业。不过,这两派都没有正面提出这一问题,其观点是在讨论剩余价值时,附带提出来的。

第一个正面提出这一问题的是卡尔·马克思。他在《剩余价值理论》一书中一再声明:从历史上看,"资本主义是在工业中,而不是在农业中开始的,而且是逐渐支配农业的"。① 不过,在马克思的思想中,这个"开始"的含义是什么呢? 或者说,"开始"的标志究竟是什么呢? 在 1857—1858 年《政治经济学批判》中,他有一段颇为耐人寻味的话:"另一方面,又有租地农场主的出现和农业工人向自由短工的转化。虽然这种转化在农村中彻底完成并达到它的最纯粹形式为期最晚,但它在那里开始的时间是最早的。"②以我的理解,他在这里表达了两层意思:其一,他认为,资本主义的"产生"不是指它的萌芽形式,而是指它的"纯粹形式";其二,他认为,这种纯粹形式的"彻底完成",即资本主义生产方式的正式产生,在农业中比在工业中来得晚,这和他上面的论断是一致的。不过,马克思虽然正面提出了这一问题,却没有对自己的观点系统地给予说明,从而给后人留下了讨论的余地。

马克思之后,关于这个问题的争论连绵不绝,但大多数论者仍停留于旁敲侧击的状态,比较明显的对立发生于罗伯特·布伦纳和 E. 霍布斯鲍姆之间:布伦纳虽未说资本主义首先起源于农业,但很强调土地产权状况在从封建主义向资本主义过渡中的重要性,他于 1976 年在《过去与现在》2 月号上发表的文章中指出:在英国,由于农民未能确保自己的财产权,才有可能把土地集中于地主和资本家之手,"促进了经济发展的开端";而在法国,由于农民在确立完全自由方面

---

① 马克思:《剩余价值理论》第 3 册,第 104 页。参阅 M. 多布(M. Dobb):《资本主义发展研究》(*Studies in the Development of Capitalism*),伦敦,1946 年。
② 马克思:《政治经济学批判》,《马克思恩格斯全集》第 46 卷(上),第 515 页。

取得成功,反成为经济进步的不可逾越的障碍,造成"贫穷和落后的自我持续的循环"。①而 E.霍布斯鲍姆则坚决主张资本主义首先起源于工业,他在为马克思所著《资本主义生产以前的各种形式》所写导言中说:"不过,从封建主义过渡到资本主义,是封建社会演变的结果。这首先是从城市开始的。因为城乡的划分是基本的,也是从文明诞生开始直到 19 世纪形成劳动社会分工的恒定因素和表现。在中世纪再次振兴的城市中,古代不曾流传下来的生产和贸易之间的分工又得到了发展,这就为远地贸易和继之而来的城市分工(生产专业化)提供了基础。"②二者之间的分歧不言而喻。

不过,近年来在我国学术界,对这个问题的兴趣似乎突然有了高涨。这是因为,20 世纪 70 年代末和 80 年代初,在我国计划经济中引入了"市场调节"的因素,此后又明确地把"社会主义市场经济"确立为今后经济发展的方向,这自然使我国学术界对资本主义问题的兴趣倍增,因为"市场经济"毕竟是从西方首先搞起来的。但历史学毕竟离现实有些距离,所以历史家所关心的主要还是"资本主义起源"之类的问题。正因为如此,这些年来我们陆陆续续读到一些著作和文章,并发现了人们在这个问题上的分歧。1985 年,吴于廑主编的《十五十六世纪东西方历史初学集》,其中有张云鹤先生关于英国的一篇专论,已谈及"1381—1489 年英国富裕农民经济中资本主义萌芽"③问题。而 1988 年出版的《中国大百科全书》,径直把"资本主义生产方式"定义为"以社会化的机器大生产为物质条件"的社会经

---

① 罗伯特·布伦纳:《前工业欧洲农村的阶级结构和经济发展》,《世界历史译丛》1980 年第 5 期,第 3 页。
② E.霍布斯鲍姆:《马克思〈资本主义生产以前各形态〉导言》,转引自郝镇华编:《外国学者论亚细亚生产方式》(上),第 7 页。
③ 吴于廑主编:《十五十六世纪东西方历史初学集》,武汉大学出版社 1985 年版,第 138 页。

济制度①,无疑又暗含着资本主义首先产生于工业之意。但侯建新在《现代化第一基石》一书中却认为:"从时间顺序上讲,资本主义在农业中扎根并使农业经济有一个相对突破性的发展,应在商业之前。"②此后,1994年刘景华的《城市转型与英国的勃兴》,似乎再次表达了一种与此不同的观点:"史学界早已肯定,中世纪工商业城市的发展,加速了封建农本经济的解体,加快了商品经济化的过程,孕育和扶持了资本主义生产方式的产生和成长。"明确否定资本主义首先产生于农业的意见,该书第一章的标题便是:"资本主义在城市的生长。"③可以说,在资本主义起源于农业还是工业这个问题上,分歧从来没有像今天这样明显,这样深刻。此处,笔者无意对各家意见妄加评论,因为它们都各有所据、各有所长、各有所取,但面对我国学界这一少见的争鸣局面却又兴奋不已,不能不有所思考与求索。

当然,马克思之后有关资本主义起源的争论,并不限于首先产生于农业领域还是工业领域的问题,商业学派的观点也一再见诸于有关著述。亨利·皮雷纳的主张就是典型:"资本主义的一切基本特征,即个人企业、信贷发展、商业利润、投机事业等等,自12世纪以来就已存在了。"④有人将此派观点概括为"贸易根源论",其实它不仅认为商业是导致资本主义产生的"根源",而且还认为商业是资本主义的一个"阶段"⑤,并非仅仅把它看作一种"根源"。在《关于"资本主义"的定义》一文中,笔者曾证明资本主义是一种"生产方式",实际

---

① 《中国大百科全书》经济学Ⅲ,中国大百科全书出版社1988年版,第1439页。
② 侯建新:《现代化第一基石——农民个人力量与中世纪晚期社会变迁》,天津社会科学出版社1991年版,第23—24页。
③ 刘景华:《城市转型与英国的勃兴》,中国纺织出版社1994年版,第9、1页。
④ H.皮雷纳(Henri Pirenne):"资本主义社会史的诸阶段"(Stages in the Social History of Capitalism),《美国历史评论》(American Historial Review)1914年第3期,第495—496页。
⑤ 例如,H.皮雷纳认为:"迄今为止的经济史可分为不同的时期,各个时期都有一个特殊的和不同的资本家阶级。"参见《历史研究》1990年第3期,第188页。

上已排除了它在流通领域里产生的可能性,因此此种意见本文不再讨论,此处只讨论起源于农业还是工业的问题。

二、一点理论上的探索

资本主义究竟产生于什么领域?是首先产生于农业领域还是工业领域?笔者以为,从理论上讲,资本主义生产方式最早应产生于工业而不是农业,因为资本主义生产方式在本质上或者说按"资本"的本性的要求应该是产业化的,而最适合于产业化的部门是工业而不是农业。为此,还必须从"资本"的本性谈起。

什么是"资本"呢?在很长一个时期内,人们只把它视作物或钱,至多只把它视作"获利"的手段。据考证,"资本"一词源自拉丁语 Caput(头部)一语[1],当它在十二三世纪出现于欧洲时,最初作"资金"、"存款"、"款项"等讲,只偶尔也作"生息资金"解[2],这实际上就是把"资本"看作物或钱,可以说几乎还完全不了解它的本质。后来,人们对"资本"的认识有了进步,开始把"利润"与"资本"挂钩,正如14世纪法国一个著名的布道词所说的:"这种繁衍不息的赚钱手段,我们通常称之为资本。"[3] 其进步性就在于,它不仅看到资本是物或钱,还看到它可以产生新的"财富",用安·杜阁的话来说是:资本是事先"积累的可动的财富"[4]。但在马克思之前,几乎所有的经济学家,包括安·杜阁、大卫·李嘉图及亚当·斯密等著名学者在内,都不了解"剩余价值"的性质及其真正来源,因而"他们不是就剩余价值

---

[1] 约瑟夫·T.希普利(Joseph T. Shiplex):《英语词源词典》(*Dictionary of Word Origins*),美国1957年版,第7页。

[2][3] 费尔南·布罗代尔:《15至18世纪的物质文明、经济和资本主义》第2卷,第236页。

[4] A.杜阁:《关于财富的形成和分配的考察》,第47页。

的纯粹形式,不是就剩余价值本身,而是就利润和地租这些特殊形式来考察"①这一范畴。而马克思却认为,资本乃是"自行增殖的价值"②,并指出:这种"增殖"不是别的,就是所谓"剩余价值",即在生产中所创造的超过原价值的余额,它是由雇佣劳动在生产过程中创造的。"剩余价值"的德文 mehrwert,其含义原本就是"更多的价值"。③ 他一针见血地指出:"资本只有一种生活本能,这就是增殖自身。"④关于这一点,笔者在《关于"资本主义"的定义》一文中已经论及,此处只略加补充,不再赘述。这里重提这一问题,是因为在笔者看来,不了解"资本"的本质,就不可能了解资本主义生产方式的本质及其特征,因为资本主义经济运行所遵循的,只能是资本运行的规律。

那么,"资本"的这种本性怎样决定并影响了资本主义生产方式,并赋予它以不同于一切前资本主义生产方式的特征呢? 首先,一切前资本主义生产方式都是为"使用价值"而生产,它们有时不得不卷入流通也完全是为买而卖,用一个公式来表示就是:$W—G—W$;而资本主义生产方式则不同,由于资本只有一种生活本能即增殖自身,"交换价值"便成了资本家从事生产的唯一目的,结果就产生了一个全新的公式:$G—W—G'$。因此,资本一旦进入它的生命旅程,就注定了它不得不时刻考虑自己的"保值"与"增殖"问题,并由此形成了它"无限扩张"⑤的能力与精神,即 W.桑巴特所说的"企业精神"(en-

---

① 马克思:《剩余价值理论》第 1 册,第 7 页。
② 马克思:《资本论》第 2 卷,第 122 页。
③ 德语 Mehrwert 是一个复合词,Mehr 是"更多的"、"较多的"、"更重要"的意思,wert 是"价值"、"值得"、"尊重"的意思,合起来就是"更多的价值"。
④ 马克思:《资本论》第 1 卷,第 260 页。
⑤ 马克思认为,"生产的无限扩张"是"每个厂主必须遵守的强制性的竞争规律"。见《马克思恩格斯选集》第 3 卷,人民出版社 1966 年版,第 490 页。

terprising spirit)①。第二,为了使资本"增殖",资本必须建立起一种与传统小生产不同的"规模经济",亦即超出家庭范围的经济。因为按经济学的常识,企业主的薪金与资本的大小成反比,"资本活动的规模越大,生产方式越是资本主义的,产生利润中可归结为'薪金'的组成部分就越小,产生利润就越清楚地表现出它的真正性质:它是'超额利润',即剩余价值。"②如 W. 桑巴特所说:"在不同时期,人类对于经济生活所抱的态度也就不同,企业创建精神为它自身创造了适当的方式,并从而形成经济组织。"③第三,由于超出传统小生产的"规模经济"的建立,管理第一次作为一种实际的需要被提到资本家面前,因为"较多的工人在同一时间、同一空间(或者说同一劳动场所),为了生产同种商品,在同一资本家的指挥下工作,这在历史上和逻辑上都是资本主义生产的起点"④。于是,出于生产管理的实际需要,先是"领班"后是"经理"相继出现在资本家与雇佣劳动者之间,而更晚些时候形成的生产管理的"科层化",那只不过是这一发展趋势的必然结果。虽然,在企业初创时期,管理的职能往往还是由资本家本人兼任的,但所有权和管理权分离的动因,从资本主义生产方式开始形成之时起,实际上已存在了。第四,为了适应生产管理的需要,仅仅有所有权和经营权的分离,以及管理的"科层化"还是不够的,最根本的还要有制度的合理化,即用所谓"企业方法"来管理企业,其中最重要的是实行严格的会计制度。因为,在马克斯·韦伯看来,没有复式簿记会计制度,就不能保证对生产及其成本进行严格的"预测"。

---

① W. 桑巴特(W. Sombart):"经济理论和经济史"(Economic Theory and Economic History),《经济史评论》(*Economic History Review*)1929 年第 1 期,第 1—9 页。
② 马克思:《剩余价值理论》第 3 册,第 395 页。
③ W. 桑巴特:《现代资本主义》(*Der Moderne Kapitalismus*),转引自张培刚:《农业与工业化》,华中工学院出版社 1984 年版,第 87 页。
④ 马克思:《资本论》第 1 卷,第 358 页。

正如他们所指出的:"一个合理的资本主义企业就是一个附有资本会计制度的企业",以便"根据现代簿记和结算的方法来确定它的收益能力"①。第五,最后,为了追求利润的最大化,科学和技术的使用越来越重要,因为劳动生产率的提高最终只有通过科学技术的运用才能实现,以致马克思说:只有当"科学在工艺上的应用的时候,只有到这个时候,资本才获得了充分的发展,或者说,资本才造成了与自己相适应的生产方式"②。在这里,马克思实际上把科学技术的应用,放到了资本主义生产方式形成中的关键性地位。这是因为,剩余价值的获取,主要是靠相对剩余价值而不是绝对剩余价值,而相对剩余价值的实现有赖于科学技术的运用,以便生产率的提高。当然,在上述资本主义生产诸特征中,最重要的特征一般认为只有三个,这就是它的企业精神(enterprising spirit)、组织方式(form)和技术方法(technical methods),它们被 W. 桑巴特视作"构成现代资本主义本质的三个基本特征"。③ 笔者认为,之所以说它们是资本主义的"基本特征",是因为它们反映了资本主义生产方式与传统的小生产方式的根本区别,即资本主义生产方式的革命化、系统化和合理化趋势,可以称之为"生产的产业化"。这些基本特征的成熟虽然有一个过程,但它们都是由资本的本性和功能所决定和制约的,因而其趋势可以说从一开始就具备了。

其实,关于资本主义生产方式的本质特征,一直是严肃的经济学家和历史学家所关注的问题,在大师们的笔下也不乏精彩的论述。

---

① 马克斯·维贝尔:《世界经济通史》,第 233 页;参见弗兰克·帕金:《马克斯·韦伯》,四川人民出版社 1987 年版,第 47 页。
② 马克思:《经济学手稿》(1857—1858 年),《马克思恩格斯全集》第 46 卷(下),第 211 页。
③ 张培刚:《农业与工业化》,第 87 页。W. 桑巴特:《经济理论和经济史》,《经济史评论》1929 年 1 月号,第 1—19 页。

早在1776年,亚当·斯密就注意到"分工"对生产力发展的影响,并敏锐地观察到投在每件产品上的"各种劳动"之间的"帮助和合作",①实际上已发现了资本主义生产"产业化"的倾向,并注意到这种产业化是建立在"分工"的基础上的。关于资本主义生产方式下发展生产力的重要性,可能再没有比弗里德里希·李斯特的这句话讲得更清楚:"财富的生产力比之财富本身,不晓得要重要到多少倍。"②而他的"生产力"概念是一个包括体力、脑力、管理和组织在内的完整体系,他对资本主义生产的产业化的认识显然比亚当·斯密来得深刻,是他首次向我们指出了"社会与个人力量及条件之间起着交互作用的这种动人过程"③。不过,理查·琼斯对资本主义生产产业化特征的认识,似乎又比弗里德里希·李斯特进了一步,他在《国民经济学教程》中提出了决定"人的劳动效率"的三大要素:"(1)劳动的连续性;(2)劳动用来实现生产者的目的所具备的知识和技能;(3)帮助劳动的机械力。"在此,他清楚地点明了资本主义生产的"连续性",并指出"劳动的连续性"要由资本预付工资来促进,因为资本只有通过"预付"才能获得"对工人进行监督"的权利④,而"连续性"正是"产业化"的直接表现。但对这种产业化趋势认识最深的还是卡尔·马克思,是他第一个概括了"[提高劳动生产力的]主要形式是:协作、分工和机器或科学的力量的应用等等",并深刻地指出:"劳动的连续性是资本主义生产固有的。"⑤换言之,他认为,连续性或产业

---

① 亚当·斯密:《国民财富的性质和原因的研究》(上卷),商务印书馆1983年版,第5、12页。
②③ 弗里德里希·李斯特:《政治经济学的国民体系》,商务印书馆1987年版,第118、98页。
④ 理查·琼斯:《国民经济学教程》,转引自马克思:《剩余价值理论》第3册,第462、477页。
⑤ 《马克思恩格斯全集》第47卷,人民出版社1979年版,第290、296页。

化乃是资本主义生产的内在规律和本质特征,作为这种"生产方式的不断变革"①性质的体现,而为传统小生产方式所不具备,"固有"一语语意不凡,耐人寻味。关于资本主义生产的这种本质特征的认识,在卡尔·马克思之后恐怕就只有马克斯·韦伯值得一提了,他的名言是:"对财富的贪欲,根本就不等同于资本主义,更不是资本主义的精神。倒不如说,资本主义更多的是对这种非理性欲望的一种抑制或至少是一种理性的缓解。不过,资本主义确实等同于靠持续的、理性的、资本主义方式的企业活动来追求利润并且是不断再生的利润。"②他的另一名言是:"哪里有用企业方法来供应人类集团所需要的工业,哪里就有资本主义存在,而不管需要的内容是什么。"③在笔者看来,他所谓的"企业方法",就是生产和经营的产业化。由此可知,上面我们对资本主义生产方式本质特征的理性分析,不仅有我们对"资本"本性的理解为依据,也为上述各位大家对这一生产方式的深刻论述所证明。

因此,关于资本主义究竟是首先产生于农业领域还是工业领域的问题,从理论上讲实际上就是二者孰更有利于经济活动"产业化"的问题,而我们觉得对此问题的回答是不难作出的。拿农业与工业比较,究竟哪个部门更易于采用和发展资本主义生产方式呢?只要对前资本主义和转型时期的农业和工业④稍作比较和分析就不难发现,显然是工业而不是农业更有利于分工的发展,更有利于经济活动

---

① 马克思指出:"资本主义生产的特征是,资本和劳动的灵活性,生产方式的不断变革。"《剩余价值理论》第3册,第490页。
② 马克斯·韦伯:《新教伦理与资本主义精神》,第8页。着重点为引用者所加。
③ 马克斯·维贝尔:《世界经济通史》,第233页。
④ 此处所比较的"农业"和"工业",都是指传统农业和工业而言的,当然也包括了转型时期的农业和工业。当时的工业是手工业,大多尚未和农业分离,常常被称作农业的副业,但随着生产力和分工的发展及城市的兴起,这些传统的手工业也渐渐具有了独立的性格。并不是所有的传统工业都是家庭的副业,如航运业、采矿业便是如此。

的规模化和组织化,更有利于有效率的持续运作,更有利于整个经济活动的产业化,因为两者在生产上确有很大差异:(1)农业以土地为基本生产资料,经营活动有较大的稳定性;而工业是对原料进行加工、再加工的生产部门,其经营活动有较大的灵活性。(2)农业多属生长性产业,其生产活动要受季节变化的影响;而工业则属非生长性产业,较少受季节变化的影响。(3)农业对技术的要求较低,基本上可称为劳力密集型产业;而工业对技术的要求较高,基本上可称为技术密集型产业。(4)农业主要以家庭为单位从事经营,有很强的自给性;而工业一般以个体或作坊生产为主,并不一定完全为满足自身需要。(5)在农业中各种劳动区别不大,因而极不易实行内部分工;而在工业中各个工种通常截然分开,因而比较容易实行内部分工。如此等等。关于这个问题,亚当·斯密有一段精辟的论述,过去很少引起人们的注意:"农业由于它的性质,不能像制造业那样的分工,各种工作,不能像制造业那样判然分立。木匠的职业与铁匠的职业,通常是截然分开的,但畜牧者的业务与种稻者的业务,不能像前者那样完全分开。纺工和职工,几乎都是分别的两个人,但锄耕、耙掘、播种和收割,却常由一人兼任。农业上种种劳动,随季节推移而巡回,要指定一个人只从事一种劳动,事实上绝不可能。所以,农业上劳动生产力的增进,总跟不上制造业上劳动生产力的增进的主要原因,也许就是农业不能采用完全的分工制度。"[①]这段论述,从性质上说明了农业与工业的行业差别,回答了农业还是工业更有利于产业化的问题,至今读来仍觉颇具针对性。此外,K.考茨基在名著《土地问题》中也发表过类似的看法,此处不能不提:"工业与农业间的一个最重要的

---

① 亚当·斯密:《国民财富的性质和原因的研究》(上卷),商务印书馆1983年版,第7页。

差异,就是在农村经济内私有的生产与家庭经济彼此间总是有紧密的联系,构成不可分割的整体,而在工业内除了某些残存的以外,它们彼此是完全不相依赖的。没有一个农业企业可以没有和它相联系的家庭经济。反过来说,在农村中没有一个独立的家庭经济不是同时从事农业的",农民的生产制度"其特征就在于它具有极大的力量及稳固性"。① 亚当·斯密是工业资本主义的呼唤者,而 K.考茨基则是马克思主义土地问题理论的奠基人,两人生活的时代及面对的问题全然不同,但在工业与农业的差异问题上的看法却惊人的一致,当然是有其道理的。正因为如此,马克思虽然偶尔也说在英国资本主义在工业和农业中是"同时"开始的,但他最终还是相信"资本主义生产是在工业中,而不是农业中开始的"②,并断言:"在农业中,手工劳动相对地说还占优势,而使工业的发展快于农业则是资本主义生产方式所固有的。"③K.考茨基也持相同的观点。④ 换言之,资本主义之所以首先产生于工业而不是农业,是因为工业更有利于资本主义生产方式产业化的趋势和要求,这是由工业的行业性质即"固有"特点决定的。

不过,这里有一问题尚须弄清,就是:此处所说的"产生"究竟是什么意思?或者说,资本主义生产方式"产生"的正式标志究竟是什么?笔者以为,根据上文所述马克思的意见,资本主义在历史上产生的正式标志,不是农业或工业中出现的资本主义萌芽,而应是指"工场手工业"的建立和发展。这是因为:第一,在工场手工业建立之前,一切形式的处于"萌芽"状态的资本主义,包括农业中的租佃农、半租

---

① K.考茨基:《土地问题》,三联书店1955年版,第117、27页。
② 马克思:《剩余价值理论》第3册,第104页。
③ 马克思:《剩余价值理论》第2册,第96页。
④ K.考茨基说:"资本主义生产方式通常(某些殖民地除外)首先在城市内,首先在工业内发展起来。农业大部分长期地仍为非资本主义的。"见《土地问题》,第17页。

佃农及工业中的简单协作等在内,都还是由农业社会向工业社会转变的过渡形态,因为在那里劳动对资本的从属都还是形式上的,因而都还不是成熟的资本主义生产方式,也容易被摧毁;第二,只有工场手工业,由于其生产是建立在分工的基础上的,由于劳动力已被应用于生产那些进入工人的消费从而会缩短再生产劳动能力所必要的劳动时间的使用价值,才使劳动对资本的从属不仅在形式上而且在实际上得以实现,从而使资本主义生产方式成为生产中的"支配形式",即独立形态或纯粹形式①;第三,工场手工业作为与分工相适的特殊的产业形式,它的建立和发展又不仅仅反映着工业中资本主义发展的应有水平,同时也反映着包括农业在内的整个社会经济结构演变的进程,因为如果没有作为旧的社会经济结构解体的结果而出现的劳动力市场的形成,真正的资本主义生产方式是建立不起来的。

在弄清此问题后,再回过头来看马克思在1857—1858年《经济学手稿》中的那段话,即他关于资本主义萌芽在农业中"最早",而它的"最纯粹形式"在农业中形成"最晚"的话,便觉确是经过深思熟虑的。其言外之意就是,资本主义生产方式的真正产生,在工业中比农业中早。

三、对一个史实的考辨

细心的读者或许已注意到,农业起源论者在论证其观点时,常常援引的一个重要的历史依据,即英国早期资本主义发展中的"乡镇工业"。

---

① 马克思认为,可以"把分工理解为特殊的、别具一格的、标志着资本主义生产方式的特征的形式",因为分工"不仅在形式上改变了劳动,而且由于把劳动从属于资本而在实际上使劳动发生了变化","工场手工业(与机械工场或工厂不同),是一种特殊的与分工相适应的生产方式或者说是一种工业形式。它作为资本主义生产方式最发达的形式(对于一定的历史时期来说),独立地存在于机器体系的发明以前"。参见《马克思恩格斯全集》第47卷,第309、331、338页。

为了替自己的观点寻找理论依据,论者往往还不加分析地征引马克思如下的一段名言:"工场手工业最初并没有侵入所谓城市工商业,而是侵入农村副业,如纺和织,即最少需要行会技巧、技艺训练的那种劳动。"①似乎马克思也是持此论的。但英国早期资本主义发展中的这类"乡镇工业",能否作为资本主义起源于农业的例子来加以征引呢?

首先,从经济学上讲,农业是"以动物、植物和微生物为劳动对象,以土地为基本生产资料,通过人工培养和饲养,以取得满足人们需要的产品的物质生产部门","狭义的农业仅指种植业";而工业是"从自然界取得物质资源和对原材料进行加工的社会物质生产部门"。在古代社会,"手工业只是农业的副业"②。由此可知,很难把15、16世纪英国这类"乡镇工业"作为资本主义起源于农业的例子,因为这类"乡镇工业"虽然建在城郊或乡村,但它们是羊绒加工业而非生长性产业,就其产业性质而言仍属狭义上的"工业",而不是属于"农业"。事实上,在英语著作中,如在E.利普逊所著《英国经济史》一书中,就是把它放到"The Woollen Industry"即羊绒工业这一章内来考察的。在1857—1858年《经济学手稿》中,马克思曾明确指出"家庭工业即作为农业的附属物的工业",③认为它虽然"附属"于农业但并不等于农业,因此上面所引马克思所说的"侵入农业副业"的话,显然并不意味着他认为资本主义起源于农业。这样看来,把英国的这类"乡镇工业"看作农业起源的证据,乃是对"工业"和"农业"这两个概念的混淆。

不错,在14、15世纪之交,这类"乡镇工业"的普遍兴起,确曾是

---

① 马克思:《经济学手稿》(1857—1858年),《马克思恩格斯全集》第46卷(上),第515页。

② 《中国大百科全书·经济学Ⅲ》,第678、195页。

③ 马克思:《经济学手稿》(1857—1858年),《马克思恩格斯全集》第46卷(上),第508页。

英国资本主义发展的重要表现。正如著名经济史家 E. 利普逊所指出的,由于对外经济联系中呢布贸易的扩张,这个时期在英国工业组织中出现了两大变化:一是引起了英国织工对外国人所建行会的仇视,因为这些外国人在1352年曾从英王手中获得组建独立基尔特的授权,从而威胁到本地织工的经济利益;二是在英国社会中引起了"资本家阶级的兴起",因为大规模的"工资劳动制度"(wage work system)在这个时期有了明显的进展。这位经济史家在1394至1398年呢布检察官留下的账册中发现,萨福克郡所交的733匹呢布是由120名呢布制造者分别提供的,科吉舍尔郡所交的1200匹呢布是由9名呢布制造者分别提供的,布雷特利郡所交的2400匹呢布则是由8名呢布制造者分别提供的,而索尔兹伯里城登记的660匹宽呢则是158人交验的,说明分散的资本主义工场手工业当时在英国已广泛存在。为此,E. 利普逊在1945年出版的《英国经济史》一书中,在谈及14、15世纪之交英国的"羊绒工业"时,在其边注中明确地称之为"industrial capitalism"(工业资本主义),并断言:"这些有价值的资料表明,资本主义在呢布贸易中,已建立了稳定的基础。"①

但很少有人注意到,就在同一本《英国经济史》中,在 E. 利普逊谈及"资本家阶级的兴起"的地方,有一段在我看来是有关英国资本主义起源的重要论述:"We cannot assert that cloth-making was the oldest industry to be conducted on a capitalist basis; the wage system, as we shall see, appeared in the tin-mining industry from early times."②其意思是说:"我们不能断言,呢布业就是最早的建立在资本主义基础上的工业,正如我们将要看到的那样,工资劳动制度早在

---

①② E. 利普逊(E. Lipson):《英国经济史》(*The Economic History of England*)第1卷,伦敦,1945年版,第469、468页。

这个时代之初,就已在锡矿业中出现了。"关于在锡矿业中采用工资制度的具体情况,是在该书同一章的后面谈到的,所以作者说是"将要看到的"。不过,我们注意到,他不仅在该书同一章中详细考察了锡矿业中采用工资劳动的历史,而且在其 24 年前所著另一专著《羊毛和绒线工业史》(1921 年)中早就提出过类似的观点:"We cannot assert that cloth-making was the earliest industry to be run on capitalist lines; in the tin-making industry, for example, the wage system existed from very early times."①(我们不能断言,呢布制造是按资本主义路线运营的最早的产业,例如工资制度早在 14 世纪之初,就已经在锡矿采掘业中存在了)时间相隔二十多年,而作者的观点以致文字前后如此一贯,可见 E. 利普逊对这一问题的看法多么坚定。那么,E. 利普逊的论断是有根据的吗?按作者提供的历史线索,笔者特地查阅了 1906 年出版的与上述论断有关的《康沃尔郡志》,在该志所收由 G. R. 刘易斯撰写的《锡矿开采业》一文中,发现确实记载着:可断定在 1342 年,大批锡矿开采者"夺取了工场,并强迫采矿者在那里为一天一便士而劳动,而他们一天生产的锡其价值在 20 便士以上,结果这些矿工先后都离开了他们的矿场"。在同一个地方,该文作者还写道:"我们得知,矿主亚伯拉罕(Abraham the tinner)拥有六个采矿流水线,在那里他雇佣的矿工在 300 名以上,"并实行工资劳动制度②。我们还注意到,这一重要史实,在 L. F. 萨尔兹曼所著《中世纪英国的工业》一书中,也有十分详细的记载和说明,该书还补充说:"甚至早在 1237 年,就已存在仆人为锡矿主开矿

---

① E. 利普逊:《羊毛和绒线工业史》(*The History of the English Woollen and Worsted Industries*),伦敦 1921 年版,第 42 页。
② G. R. 刘易斯(G. R. Louis):《锡矿采掘业》(*Tin Mining*),引自 W. 佩奇编:《康沃尔郡志》(William Page, ed., *A History of the County of Cornwall*),第 1 卷,伦敦,1921 年版,第 559 页。

的证据。"①由此可知,E. 利普逊关于英国资本主义的兴起在锡矿采掘业中比在羊绒纺织业中为早的论断和说明,不仅是十分重要的,而且是有历史依据的。其实,在《资本论》一书中,马克思就曾论及,欧洲产业资本萌芽的经济形式,主要集中于航海业、采矿业和纺织业等领域,其中航运业和采矿业中的资本主义萌芽很可能是最早的,但常常不为我们的研究者所注意,因为这些领域中的雇佣关系"可能被参加分红的组合形式所掩盖"②,不易被人们察觉。质言之,即使在各工业部门中,14、15 世纪之交发展起来的"乡镇工业",也不是英国最早产生资本主义因素的部门。它还说明,那种以为资本主义产生于工业即产生于城市的观念,是错误的。

此外,这里还须指出,这类资本主义工业虽然遍及英国"乡镇",但其资本则主要是由城市商人和资本家提供的,而农民则多半是作为劳动力提供者的身份,出现于这种新兴的生产关系之中,因而这类"乡镇工业"的主体即人格化的资本,仍是城镇商人和资本家。正因为如此,14、15 世纪兴起于英国毛纺织业中典型的"乡镇工业",在历史上一般被称为"putting-out system"(外放加工制度)③,在这种生产组织形式中,对生产和销售起决定作用的是居住在城镇的商人资本家,由他们把羊绒(及棉麻等原料)分发给乡村的雇工进行加工生产,然后再由本人及其代理人把产品搜集起来拿到市场去出售,体现了当时资本主义由城市向农村、由工业向农业转移和渗透的趋势。在这种情况下,"发放人"(putter-out)一般由以下三种人构成:一是住在城镇的商人本人,二是由商人以契约形式雇佣的"代理人",三是

---

① L. F. 萨尔兹曼(L. F. Salzmann):《中世纪英国的工业》(*English Industries of Middle Ages*),伦敦 1974 年版,第 70 页。
② 马克思:《资本论》第 3 卷,第 1024 页。
③ 黄仁宇:《资本主义与二十一世纪》,三联书店 1997 年版,第 21 页。

由乡村纺织工人兼任,但其中多数显然还是前两类人,这在历史上应是不争的事实,亦为近来的专门研究所证实[①]。不难看出,在所谓"外放加工制度"下,整个生产和组织的中心,显然仍然是处于先进地位的城市,其内外、主次之别是不言而喻的。

总之,长期以来在国内外学术界流行的,把14、15世纪之际兴起于英国毛纺织业中的"乡镇工业"视作资本主义起源于农业的历史证据,在学术上乃是一种误解,应予以澄清。

(原载《北京大学学报》1999年第1期)

[①] 关于这个问题,参见刘景华:《城市转型与英国的勃兴》,第26—55页。

关于美洲奴隶种植园经济
的性质问题
——释马克思的"接种"论

一

长期以来,在国内外一些著述中,常常把美国南部的种植园与奴隶制混为一谈,同时又将近代的蓄奴制与古代的奴隶制等而视之,造成对美洲奴隶种植园经济的性质认识不清。

其实,在它们之间存在着许多重要的差别:第一,在古代,奴隶制是占主导地位的生产方式,它全面地决定并影响着奴隶社会的经济和社会性质;而在近代,尽管奴隶劳动在美洲许多地方都是主要的劳动形式,但从整体上看它在社会经济结构中始终处于某种从属的地位,那里的社会经济性质主要是由宗主国决定的。第二,在古代,奴隶劳动主要是为奴隶主的生活和消费服务的,专门的商品生产只有在少数情况下(如在某些农业进贡地)才可看到;而在近代美国南部及其他一些殖民地的奴隶种植园,奴隶劳动的产品几乎完全是为了在世界市场上出售,也就是说他们从事的是交换价值的生产。总之,既不能把近代的蓄奴制等同于古代的奴隶制,也不能把美国南部的种植园经济归结为奴隶制。

关于这个问题,早在一百多年以前,卡尔·马克思就做过极为深入的研究,并在理论上发表过许多精辟的见解。[①] 在其经典名著《剩余价值理论》中,马克思不仅明确地指出在美洲的奴隶种植园经济中"存在着资本主义生产",而且为此提出了著名的"接种"论或"嫁接"论,全面地和历史地考察了这种生产方式在美洲形成的背景、途径和特点,以及它在整个资本主义兴起和确立过程中的地位和作用,从而论证了他关于在美洲奴隶种植园经济中"存在着资本主义生产"的论断,使之成为毋庸置疑的论点。马克思的"接种"论及其有关的论述,见于《剩余价值理论》第2卷中译本,常被我们的一些著作和文章引用,但引文往往都不完整,进行系统研究者更少。现全文照录如下:

> 在第二种殖民地(种植园)中,一开始就是为了做买卖,为了世界市场而生产,这里存在着资本主义生产,虽然只是形式上的,因为黑人奴隶制排除了自由雇佣劳动,即排除了资本主义生产的基础本身。但是在这里我们看到的是把自己的经济建立在黑人奴隶劳动上的资本家。他们采用的生产方式不是从奴隶制产生的,而是接种在奴隶制上面的。在这种场合,资本家和土地所有者是同一个人。土地对资本和劳动来说作为自然要素而存在,并不对投资进行任何抵抗,因而也不对资本竞争进行任何抵抗。这里也没有形成与土地所有者不同的租地农场主阶级。[②]

这段文字言简意赅,是马克思有关思想和观点的集中反映,尤其是他为论证在美洲奴隶种植园中"存在着资本主义生产"这一中心论

[①] R. 卡赛姆和 R. 萨特奇(R. Kansom and R. Sutch)说:"在美国历史家之前很久,卡尔·马克思认识了美国奴隶制的资本主义性质。"引自《没有资本的资本家:奴隶的负担和解放的作用》,载杂志《农业史》("Capitalists Without Capital: The Burden of Slavery and the Impact of Emancipation," *Agricultural History*)第 62 卷,1988 年第 3 期,第 133 页。
[②] 马克思:《剩余价值理论》第 2 卷,第 339—340 页。

点而提出的"接种"论及与之有关的一系列论点,在这里均有周全而准确的表述,在科学上有重要的价值,很有认真研究之必要。为了准确地理解马克思的思想和观点,我们特地查对了这段引文的德文原文,以及中译文所依据的主要版本俄译本,发现两种译文均与德文原文有明显不尽一致之处,需要做一些必要的辨析,以恢复马克思原文的权威。此外,我们还注意到,马克思关于这一论题的思想和观点并非仅见于此,许多论述散见于他的其他著作、文章、书信和手稿中,《资本论》一至三卷涉及这一论题的地方尤多,它们与上段引文交相辉映、相得益彰,同样具有重要的学术价值。

二

上述引文中马克思所阐述的主要内容之一,是关于美洲奴隶种植园所采用的"生产方式"的历史起源问题。他有关这一问题的思想和观点,主要见于以下由两句话组成的文字:"但是我们在这里看到的是把自己的经济建立在黑人奴隶劳动上的资本家。他们所采用的生产方式不是从奴隶制产生的,而是接种在奴隶制上面的。"在查对德文原文之时,我们发现这段至关重要的文字的中译文与德文原文出入较大,其中几个关键性用语的翻译不无舛误,而未能准确表达马克思的原意。这段引文的德文原文是:"Es sind aber Kapitalisten, die das Geschäft mit Negersklaven treiben. Die Produktionsweise, die sie einführen, ist nicht aus der Sklaverei entsprungen, sondern wird auf sie gepfropft."[1]

---

[1] 《马克思恩格斯全集》(Karl Marx, Friedrich Engels, *Werke*)第 26 卷第 2 分册,柏林,1974 年版,第 299 页。

将中译文与德文原文对照,有这样几点值得提出来加以讨论:(1)原文使用的"Es"(它们,他们)是人称代词,所代表的应是前面提到的殖民地的种植园主,马克思说他们是"资本家",也就是说这些种植园主是"资本家",这一点中译者注意到了。(2)在这里,马克思以"aber"(但是)一词强调了一个重要思想,认为尽管这些种植园主采用了奴隶劳动,"但他们是资本家",这一点中译者也注意到了。(3)然而,原文却不是说这些资本家"把自己的经济建立在黑人奴隶劳动上",而是说"他们是从事黑奴贸易的资本家",并且说他们是以"资本家"身份去从事奴隶买卖的。(4)中译文中的"采用"一词,原文用的是动词"einführen",主要作"插入"、"输入"、"进口"、"引入"、"导入"、"介绍"解,①因此该句似应译为"他们引进的生产方式"。(5)"不是从奴隶制产生的"这句译文,德文原文本有一个关键性用语"entsprungen"②(出泉,发源),因此改译为"并非起源于奴隶制",或许更符合马克思的原意。(6)在这段引文的后头,马克思用了一个很重要的概念"gepfropft",中译文已将其准确地译为"接种",则应肯定。

通过以上辨析可以看出,这段文字应是马克思提出的"接种"论的核心,具有丰富的思想和深刻的内涵。首先,在此处马克思明确指出,美洲奴隶种植园所采用的生产方式,"并非起源于奴隶制"。既然其生产方式不是起源于奴隶制,那么这种生产方式究竟来自何处?在这段引文中,马克思同时使用了两个重要概念:一个是"引进",一个是"接种",说明其生产方式是从外部"引进",然后"接种"或"嫁接"在奴隶制之上的,这就彻底解决了美洲奴隶种植园所采用的生产方式的历史起源问题。由于解决了它的历史起源问题,也就为解决这

---

① 《德汉词典》,上海译文出版社1983年版,第318页。
② 同上书,第355页。该词典说,"entsprungen"的第一个释义是"发源于"、"来源于"和"发生"是它的转义。

些奴隶种植园经济的性质问题提供了前提,因为既然其生产方式不是起源于奴隶制,其性质自然也就不应由奴隶制来决定,或者说与奴隶制无关。何谓"接种"?由商务印书馆出版的,我国最流行的《新华字典》,对"嫁接"一词所做的诠释就是:"把不同品种的两种植物用芽或用枝接在一起。"①可见,马克思在选择这一用语之前,已将其"生产方式"与奴隶制区别开来了。

不过,公正地说,这段中译文无论是对是错,其实都与中译者无关。查中译文所依据的《马克思恩格斯全集》俄文版,马克思这段文字的俄译文就是:"Но здесь, перед нами капиталисты, строящие свое хозяйство на рабском труде негров. Способ производства, вводимый ими, не возник из рабства, прививается ему."②只要将中译文与俄译文稍加对照,不难发现中译文与俄译文几乎完全一致,但都与德文原文有很大不同。俄译文将马克思说的"他们是从事黑奴贸易的资本家",译成了"在这里我们看到的是把自己的经济建立在黑人奴隶劳动上的资本家",同时将"他们引进的生产方式并非起源于奴隶制"一句中的后半句译成"не возник из рабства."。此处使用的"возник"一词只有"出现"、"发生"的含义③,与马克思原用的"entsprungen"(发源、起源)一语的意义仍有差距,中译文只是借用了俄文版的译法。但是,马克思原用的两个关键性词汇"einführen"(引进)和"gepfropft"(嫁接),在俄译版中已被分别译为"вводимый"和"прививается",都没有错。"вводимый"的原形是"вводить",该词在俄语辞典中有两个基本释义:引进、采用,可惜中译文选择了后者而

---

① 《新华字典》,商务印书馆1994年版,第210页。
② 《马克思恩格斯全集》(К. Маркс и Ф. Энгельс. Сочинения.)第26卷第2分册,莫斯科1963年版,第329页。
③ 刘泽荣主编:《俄汉大辞典》,商务印书馆1963年版,第97页。

舍弃了前者。

三

关于美洲奴隶种植园经济的性质问题,是上述引文中马克思要阐述的又一重要内容。在这个问题上,以往的史学家不约而同地陷入了某种盲目性,直接把美洲的奴隶种植园经济与古代的奴隶制联系了起来,以为其性质应该由奴隶制来决定。与此相反,马克思则把它放到近代世界市场这一环境中去考察,以这些奴隶种植园"从一开始就是为了做买卖",即"为了世界市场而生产"这一重要事实为依据,断定其性质为"资本主义生产"。他着重指出,在这些奴隶种植园,尤其是像美国南部那样的棉花种植园里,实际上"资本主义观念占统治地位",从而"全部剩余价值被看成是利润"。[①] 当然,马克思同时又指出,这些奴隶种植园的资本主义生产还只是形式上的,"因为黑人奴隶制排除了自由雇佣劳动,即排除了资本主义生产的基础本身"。

乍一读来,这似乎是矛盾的,其实不然。因为在马克思看来,只有产业资本主义即工业资本主义,才是"真正的资本主义"即成熟的资本主义,而成熟的资本主义生产必须建立在自由雇佣劳动的基础上。[②] 从这个意义上可以说,美洲的各类奴隶种植园经济,包括内战前美国南部那样高度发达的商品棉种棉园经济,都不可能是真正的资本主义形态,因为它们采用的是奴隶劳动而不是自由劳动,"资本

[①] 马克思:《资本论》第3卷,第906页。
[②] 马克思说:"资本主义生产方式只有随同大工业一起才得到充分的发展。"马克思:《经济学手稿》(1861—1863年),《马克思恩格斯全集》第48卷,人民出版社1985年版,第120页。

主义生产方式毕竟应当在没有奴隶制的情况下产生"。① 然而,任何一个新生事物的产生都有一个过程,资本主义生产方式的产生自然也不例外。在1861—1863年《经济学手稿》中,马克思指出,在资本主义生产方式产生和发展过程中,"劳动对资本的从属"存在着两种形式:一种是以绝对剩余价值为基础的生产形式,在此形式下,主人对剩余价值的追求,主要依靠直接劳动而不是依靠提高劳动生产率,因而劳动对资本的从属还是"形式上"的;另一种是以相对剩余价值为基础的生产形式,在这种形式下,主人对剩余价值的追求,主要是通过不断提高劳动生产率,直接劳动已"降到次要的地位",因而劳动对资本的从属已变为"实际上"的,"其中第一种形式总是第二种形式的先驱"。同时,马克思还特别强调说,"绝对剩余价值的单纯存在,无非以那样一种自然的生产力为前提",因此对劳动者来说不可避免地"存在着外部强制"。② 可见,奴隶劳动作为这类"外部强制"的极端形式,被利用来从事剩余价值生产,可能是少见的,但却是自然的。③

以笔者之见,在上述引文中,马克思说在美洲奴隶种植园经济中在形式上"存在着资本主义生产",这里"生产"所指就是奴隶劳动或

---

① 《马克思恩格斯全集》第48卷,第121页。

② 马克思写道:"在所有的场合,和两种剩余价值形式——绝对剩余价值和相对剩余价值,如果就其本身单独来考察,绝对剩余价值总是先于相对剩余价值——相适应的,是劳动从属于资本的两种单独的形式,或者说是资本主义生产的两种单独的形式,其中第一种形式总是第二种形式的先驱。"他还说:"绝对剩余价值的单纯存在,无非以那样一种自然的生产力为前提,以那样一种自然产生的劳动生产率为前提,即一个人无须把全部(可能的)(每日的)劳动时间都用来维持他自己的生存,或用来再生产他自己的劳动能力。其次,对这件事还只应当再补充一点,即他被迫——对他来说存在着外部强制——超过必要劳动时间进行劳动,强制进行剩余劳动。"《马克思恩格斯全集》第48卷,第5、16、4页。

③ 马克思曾谈到,迦太基人曾"发展了商业资本形式上的资本,因而甚至使交换价值本身成为生产的直接目的";"在罗马人那里,通过把财富更地产集中在少数人手里,生产必然已经不是被用来满足本身的需要,而是用来创造交换价值,从而掌握了资本主义生产的这一方面"。而在这两种情况下,都是采用奴隶劳动。见马克思:《经济学手稿》(1861—1863年),《马克思恩格斯全集》第48卷,第9页。

奴隶生产,而"形式"讲的则是劳动对资本的从属问题。① 此论断有两层含义:第一,他认为,这种奴隶生产之所以是"资本主义生产",是因为它从一开始就是为了做买卖,即"为了世界市场而生产",因而是一种剩余价值的生产;第二,他又认为,这种剩余价值生产主要还是绝对剩余价值的生产,因为它对剩余价值的追求主要还是通过强迫劳动来实现的,在这里劳动对资本的从属还是"形式上"的。因此,它还只是一种过渡形态的、不成熟的资本主义生产形式,在这种形式下奴隶作为"主人的财产"这一奴隶制的基本特征并没有改变,因而奴隶的社会性质也没有改变,改变的只是奴隶生产本身的性质。我们在研究这类种植园经济时,如果看不到它所从事的是剩余价值生产这一点就会否认它的资本主义性质,但若忽视马克思所说的第二层含义又可能夸大它的资本主义成分。20世纪开始以来,国际史学界关于这个问题的多次论争,可以说或多或少都与片面理解马克思这一论断有关。

上述我们对马克思论断的理解与分析,有他的一段重要论述为依据,在这段论述中他围绕着"生产本身的性质"问题,全面讨论了近代黑奴制与古代奴隶制的关系,以及近代黑奴制与资本主义的关系。他说:"如果在一个社会经济形态中占优势的不是产品的交换价值,而是产品的使用价值,剩余劳动就受到或大或小的需求范围的限制;而生产本身的性质,就不会造成对剩余劳动的无限制的需求。因此在古代,只有在谋取具有独立的货币形式的交换价值的地方,即在金和银的生产上,才有骇人听闻的过度劳动。在那里,累死人的过度劳动,是过度劳动的公开形式。这只要读一读西西里的狄奥多洛斯的

---

① 近读日本学者中村哲的《近代东亚经济的发展和世界市场》(商务印书馆1994年版,第165页),发现其所持观点与本文近似,但该书虽然注意到了奴隶种植园经济的性质问题,却未对马克思所说的"形式"作出令人满意的解释。

记载就可以知道。但是在古代,这只是一种例外。不过,那些还在奴隶劳动或徭役劳动等较低级形式上从事生产的民族,一旦卷入资本主义生产方式所统治的世界市场,而这个市场又使它们的产品的外销成为首要利益,那就会在奴隶制、农奴制等等野蛮灾祸之上,再加上一层过度劳动的文明灾祸。因此,在美国南部各州,当生产的目的主要是直接满足本地需要时,黑人劳动还带有一种温和的家长制的性质。但是随着棉花出口变成这些州的切身利益,黑人所从事的有时只要七年就把生命耗尽的过度劳动,就成为事事都要加以盘算的那个制度的一个因素。问题已经不再是从黑人身上榨取一定量的有用产品。现在的问题是要生产剩余价值本身了。徭役劳动,例如多瑙河各公国的徭役劳动,也有类似的情形。"①这里有三点极为重要:第一,马克思认为,就"生产本身的性质"而言,近代美洲的黑奴制与古代奴隶制的主要区别在于,前者从事的是"剩余价值"的生产,而后者只是使用价值的生产;第二,马克思认为,由于美洲奴隶劳动从事的是"剩余价值"的生产,现在的奴隶制已改变了过去的地位而成为资本主义制度的"一个因素";第三,马克思认为,东欧的"徭役劳动"即再版农奴制,与美洲殖民地的黑人奴隶制,二者在性质上"类似"。换言之,由于世界资本市场的形成,奴隶生产本身的性质与作用,均已发生了变化。

在弄清了近代美洲奴隶生产的性质之后,再回过头来重读马克思关于种植园主"是从事黑奴贸易的资本家"的论断,便觉有了新意。因为他们本不仅是"资本家",而且还是架在美洲与非洲、殖民地与宗主国、种植园与资本主义之间的桥梁,在其身上体现着诸种关系之间的本质联系。马克思说,"奴隶买卖,按其形式来说,也是商品的买

---

① 马克思:《资本论》第1卷,第263—264页。着重点为引者所加。

卖",但若要证明美洲奴隶种植园"存在着资本主义生产",即存在着剩余价值的生产,就不能把视线局限于奴隶贸易即流通领域,而必须把它放到资本循环的总过程 $G—W \cdots P \cdots W'—G'$ 中去考察,因为只有它才是资本循环的当然公式。然而,马克思又说,"只有在已经发展的资本主义生产的基础上,货币循环的公式 $G—W \cdots P \cdots W'—G'$ 才是资本循环的公式,因为它是以雇佣工人阶级的社会规模的存在作为前提的"。① 这就提出了一个问题:大西洋的黑奴贸易能否被看成资本循环总过程的一部分?仅仅孤立地考察奴隶贸易显然是难以回答的,但若把它放到以西欧为核心的三大洲有机经济结构中考察,则这个问题便可迎刃而解,因为当时只有在英国和西欧存在着"已经发展的资本主义生产",也只有它才有能力把美洲的种植园和非洲的黑奴等等,统一在一个有机的经济过程中。在上述引文中,马克思在作出了美洲奴隶种植园主是"资本家"这一论断之后,紧接着又列举他们"从事黑奴贸易"、"引进"资本主义、把它"接种"在奴隶制之上等三项活动,这就不仅揭示了大西洋经济体系的本质,而且也给作为"资本家"的奴隶种植园主,做了历史的定位。

这里,还应指出,当奴隶制与资本主义生产方式"接种",商品作物种植业在美洲逐步兴起之际,随着奴隶生产本身性质的改变,除了奴隶作为"主人的财产"这一基本特征没有改变而外,古老的奴隶制本身实际上也发生了相应的变化。首先,与古代的奴隶主不一样,近代美洲特别是内战前美国南部的奴隶主是"地主兼资本家",实际上是一身而三任,已不是昔日单纯的奴隶主。其次,奴隶虽然依然是"主人的财产",但由于获得奴隶的方式已不像古代那样主要通过征服或战争,而是通过奴贸市场并随着需求的扩大而扩大,一些地方甚

---

① 马克思:《资本论》第2卷,第41页。

至为了赚钱而发展了专门的"蓄奴制",①奴隶本身已完全商品化。②第三,为了使奴隶制适应"剩余价值"生产的需要,对奴隶进行管理而实行的"监工制"也逐渐近代化;③以往由主人兼任的监督任务越来越多地由专门的监工取代,与此相联系工资制度也由实物工资过渡到货币工资。④ 第四,在古代,奴隶制本身是一个两极的结构,而在近代美洲的黑奴隶制下,由于资本主义生产和管理方式的渗透,产生了为数不少的实行自由雇佣工资劳动制的监工和技工,⑤实际上在昔日的奴隶和主人之间加上了一个新的阶层,从而形成一种三层式结构。第五,在美国南部,及美洲其他的殖民地,一种被称为"奴隶经济"(slave's economy)的经济形式逐步形成,一些奴隶不仅利用宅旁园地生产粮食和食品,还生产某些供出售的现金作物(如棉花等),越来越多地卷入市场经济的领域。总之,从某种意义上说,奴隶制已然被打上资本主义的烙印。

四

在上述引文中,马克思所要阐述的第三个主要内容,是美洲种植

---

① 专门的"蓄奴制",即为了出售而饲养和繁殖奴隶,这种制度在美国的上南部尤为盛行。

② 奴隶的商品化表现在两个方面:(1)美洲的奴隶是主人从奴隶市场上买来的;(2)奴隶来到主人手中后仍常常被主人卖掉。据 H. 古特曼和 R. 萨特奇估计,在一个有35岁生命期的奴隶的一生中,至少有 70.8% 的机会被出售一次。见 P. 戴维(Paul A. David):《奴隶制审核》(Reckoning with Slavery),纽约,1976 年版,第 110 页。

③ J. 海沃德(James B. Heyward)在 1861 年 11 月 12 日的一封信中说:"监工制度是能发明的最文明的警察制度。"引自美国杂志《农业史》第 38 卷,1964 年 1 月。

④ U. 菲利普斯在《美国的黑奴制度》(1918 年)一书中写道:"为了要消除把奴隶驱使得太过度,殖民地时期盛行的用收获成分去支付监工工资的方法 19 世纪时为支付固定工资的方法所代替。"引自福克纳:《美国经济史》(上卷),商务印书馆 1964 年版,第 408 页。

⑤ 以美国乔治亚汉考克县为例,据研究 1860 年时该县有监工 139 人和农业工人 198 人,约占白人农业人口的 57% 以上。参见《美国历史评论》(American Historical Review)第 49 卷,1944 年 7 月,第 670 页。

资本主义的前资本主义遗迹,即美洲奴隶种植园经济的历史特点。有关的思想和观点,主要体现在如下的文字中:"在这种场合,资本家和土地所有者是同一个人。土地对资本和劳动来说作为自然要素而存在,并不对投资进行任何抵抗,因而也不对资本竞争进行任何抵抗。这里也没有形成与土地所有者不同的租地农场主阶级。"它包含着多层含义。

首先,马克思指出,这些从事奴隶种植园经营的人是"资本家",也就是说他们是以"资本家"身份开始其经营活动的。如前所述,能反映其身份和性质的主要有两点:(1)是他们的经营活动,从一开始就是为了做买卖,即"为了世界市场而生产";(2)是在其活动中,处于支配地位的是"资本主义观念",因而"全部剩余价值被看成是利润"。在这种情况下,其一切经营活动,在他们自己看来都是为了获取"利润",因而他们为购买土地和奴隶所支付的价格,在他们看来也都成了赚取利润的"投资"。正因为如此,在1857—1858年《经济学手稿》中,马克思以一种明白无误的语言写道:"我们现在不仅称美国的种植园主为资本家,而且他们确实是这样的人。"①

自然,实际情况并非完全如此。以种植园主在土地和奴隶上的"投资"为例,从纯粹政治经济学的观点来看,"土地价格不外是资本化的因而是提前支付的地租",它对土地购买者来说"虽然也是生息的投资,但与投在农业本身上的资本毫无关系",因为这些资本一旦支付给土地出售人,便"不再作为买者的资本存在";同理,"为购买奴隶而支付的价格,不过是提前支付的、资本化的,将从奴隶身上榨出的剩余价值或利润。但是购买奴隶付出的资本,不属于用来从奴隶身上榨出利润或剩余价值的资本",因为它是奴隶主已经放弃的资

---

① 《马克思恩格斯全集》第46卷(上),第517页。

本,也不复存在了。①但这些奴隶种植园仍然是"资本家":第一,当他们把土地或奴隶卖掉的时候,其中一些已被奴隶主放弃的资本;还会"重新出现在他们手里";②第二,他们不仅购买土地和奴隶,还必须购置农具、工具、机械、设备、牲畜,并支付恢复地力所需肥料的费用;第三,为了解决资金短缺或经营不善造成的亏损,奴隶种植园主不得不向银行和高利贷者举债,因而日益深深地卷入资本市场。所以,上述马克思关于这些人是"资本家"的论断,仍然是可以成立的。

不过,尽管马克思称这些奴隶种植园主为"资本家",但在他看来他们活动的地盘和赖以生存的基础,即奴隶种植园主能够面对的土地关系,其实还是前资本主义的。关于这一点,在此段引文中,没有作详细的论证,在这样简短的文字中也不可能作详细的论证,但他关于在美洲殖民地"并没有形成与土地所有者不同的租地农场主阶级"的论断,其内涵之丰富与深刻可以说并不亚于一部宏篇巨著。我们知道,在英国,自16世纪以来,资本主义生产方式越来越占优势,逐步把妨碍资本主义的一切条件都加以"同化",把历史造成的各种历史前提都彻底铲除,以保证资本家"最有效"的投资。结果,在英国农业中,便形成了三个典型的社会阶级:一个是拥有土地所有权的大地主,另一个是租借地主土地从事资本主义经营的租地农场主,第三个是失去了生产资料不得不受雇于人的农业工人。由是,马克思说:"在像英国这样发达的资本主义生产中,资本主义租地农场主和土地所有者是分离的。"③可见,马克思关于在美洲殖民地"并没有形成与土地所有者不同的租地农场主阶级"的论断无非是要表明,在美国南部及其他美洲殖民地,当种植园主企图按资本主义方式建立其商品

---

① 马克思:《资本论》第3卷,第911—912页。
② 同上书,第912页。
③ 马克思:《剩余价值理论》第2卷,第172页。

种植业时,他并不拥有像英国那样的经济和社会的环境和条件。因为这里还未形成这样一种社会和经济力量,足以使土地所有者与他的生产资料(土地)相分离,而这是直接按资本主义方式经营农业的前提。这是一个巨大的矛盾。

这种情况,不可能不对美洲的"种植资本主义"以深刻影响:首先,这种种植园主虽然被称为"资本家",但他们又不是真正的农业资本家即英式"租地农场主",只能以"地主兼资本家"双重身份出现;其次,由于土地所有者尚未与他们的生产资料(土地)分离,在这些殖民地与种植园区尚未形成一个劳动力市场,种植园主只能从非洲"引进"黑人奴隶制,以替代本应由自由人充当的劳动力;第三,由于土地丰富而便宜,土地对资本和劳动来说还只能"作为自然要素而存在",因而既不能对投资也不能对资本竞争进行任何抵抗,其生产很难按市场的需要即按既定的市场价值来调节;①第四,从劳动者身上榨取的,包括地租和利润在内的剩余价值,在租地农场主与土地所有者已发生分离的情况下地租部分须交付给地主,而在美洲的奴隶种植园却全部被主人当作"利润"加以占有,因为这里"地租和利润尚未分开"。② 总之,美洲的"种植资本主义"还不是真正的资本主义生产形式,还带有浓厚的前资本主义色彩。

这是因为,在美洲殖民地,包括内战前美国南部在内,社会经济发展的进程尚未达到应有的水准,其资本主义生产方式本是从母国

---

① 参见马克思:《剩余价值理论》第 2 卷,第 338—339 页。
② 马克思:《资本论》第 3 卷,第 886 页注㊷。在真正的资本主义经营中,地租、利润、利息等等是分流的。而在美国南部和其他某些地区,由于种植园主是"地主兼资本家",土地的所有者和生产工具的所有者,从而和包括在这种生产要素里的劳动者的直接剥削者,是合而为一的。在这种情况下,地租和地润也是合而为一的,剩余价值的不同形式的分离是不存在的,这是其前资本主义性质的一种表现。参见马克思:《资本论》第 3 卷,第 906 页。

移植而来的,用马克思的话来说是从外部"引进"之后"接种"在奴隶制上面的,从这种意义上可以说是强加于它的。因此,这类奴隶种植园经济,这种经济所存在的"资本主义生产",带有某些前资本主义的特点,是不奇怪的。

五

从上面的分析可以看出,马克思关于美洲奴隶种植园经济的观点,既是历史的又是辩证的,而理解其全部论点的关键是他提出的"接种"论。显然,离开了"接种"论,就不能了解这类种植资本主义的历史起源,就不能准确地判断这类种植资本主义的经济性质,也就不能说明它的过渡性。其结果,在判断其性质时,不是把它和现代资本主义相提并论,而忽视其作为"过渡形式"的不成熟性,就是把它和古代的奴隶制等同起来,而抹杀它与现代资本主义的联系。

"接种"论的精髓,在强调美洲奴隶商品种植业的历史起源即欧洲背景,并以此为出发点来判断这类奴隶种植经济的性质和特点。实际上,由于这种种植园主所采用的生产方式,是由"从事黑奴贸易的资本家"从外部"引进",然后"接种"在奴隶制上面的,最终形成的生产方式会不可避免地带有某些因"接种"而产生的变态,可能既不完全像引进前的西欧资本主义,也不是本来意义上的奴隶制。在这种情况下,在判断其性质和特点时,任何机械论都是站不住脚的。

这里,必须进一步指出的是,马克思提出的"接种"论,以及由此而引申出来的关于美洲奴隶种植园经济的性质和特点的分析,从更大的视角来看是建立在他的"中心—外围"观之上的。根据这种世界观,资本主义在其形成过程中,就已建立了一个分工不同的世界体系,作为资本主义发祥地的西欧是这个体系的"中心"或核心,而它的殖民地和附属国构成了它的外围：这个体系的动力来自资本的"无限扩张"的能力，建立这个体系的手段是各国采取的殖民主义或殖民制度，这个体系的本质是资本主义"世界市场"。弗·恩格斯在谈到这个体系时，把西欧中心比作"太阳"，而把它的外围比作"卫星"，形象地说明了它们各自在这个世界体系中的地位和作用。他写道："英国应当成为'世界工厂'；其他一切国家对于英国应当同爱尔兰一样，成为英国工业品的销售市场，同时又供给它原料和粮食。英国是农业世界的伟大的工业中心，是工业太阳，日益增多的生产谷物和棉花的卫星都围着它运转。"①因此，在这个资本主义世界体系中，只有西欧的资本主义才应被视作"原生的生产关系"，而殖民地和附属国的资本主义生产关系则是"派生的转移来的"，只不过是"第二级的和第三级的东西"②。在这里，恩格斯特意点到"生产谷物和棉花"的殖民地和附属国，是很值得注意的。

马克思的"接种"论，把美洲的奴隶种植园放到"世界市场"这一大环境中进行考察，认为它所采用的生产方式本是西欧资本主义与奴隶制度"接种"后的某种变种，很明显正是上述"中心—外围"观在此问题研究中的运用。我们在前文曾提及，在1857—1858年《经济学手稿》中，马克思做过一个重要论断："我们现在不仅称美国的种植园主为资本家，而且他们确实是这样的人。"这里，应当提请注意的是，在这一论断后面马克思还有一个重要补充："这是由于，他们是作为以自由劳动的基础的世界市场条件的畸形物而存在的。"③在这里，"以自由劳动为基础"，当然就是以西欧的资本主义为基础，而所

---

① 恩格斯：《英国工人阶级状况》1892年德文第二版序言"，《马克思恩格斯选集》第4卷，人民出版社1966年版，第258页。
② 马克思：《〈政治经济学批判〉导言》，《马克思恩格斯选集》第2卷，第223页。
③ 《马克思恩格斯全集》第46卷（上），第517页。

谓"畸形物"不就是说他们是因"接种"而产生的变种吗？

由是，我们可以说，美洲的奴隶种植园经济，特别是战前美国南部的奴隶种植园经济，乃是利用奴隶劳动从事剩余价值主要是绝对剩余价值生产的，尚处于过渡状态的不成熟的资本主义生产形式，即马克思在1861—1863年《经济学手稿》中所说的"形式上的资本主义"①，它是当时以英国和西欧为中心的世界资本主义体系的组成部分，从属于这个中心并服务于这个中心。

[原载《世界历史》1996年第1期，
译载于 Social Science in China,
Vol. XLX, No. 3(1998)]

---

① 《马克思恩格斯全集》第48卷，第31页。

东欧"再版农奴制"庄园经济的性质问题
——与美洲奴隶种植园经济比较

在西欧资本主义兴起之际,较早被纳入该"核心"地区影响下的"边缘"地区有两个:一个是美洲,另一个是东欧。这两个地区作为受资本主义扩张影响而被"边缘化"的产物,在经济上为"核心"地区"效劳"之时却采取了十分不同的劳动制度:在美洲,主要采用的是奴隶制;而在东欧,主要采用的则是农奴制。它们的性质,前者本人曾证明它是"形式上的"资本主义[①],因为在那里存在着"劳动对资本的从属",尽管这种"从属"是通过强迫来实现的,那么东欧"再版农奴制"[②]庄园经济的性质又是什么呢?

马克思曾说它们是"类似"[③]的,但毕竟没有明确地断言二者相等,于是便引出了许多不同的理解和解释,虽然这些理解和解释并非

---

① 参见何顺果《美国"棉花王国"史》,中国社会科学出版社1996年版;《关于美洲奴隶种植园经济的性质问题》,载《世界历史》1997年第1期。

② 16世纪以来,易北河以东地区出现了农奴制复活、加强和新生的情况。一些地区(如东德意志)是"复活"了,一些地区(如波兰)是"加强"了,一些地区(如俄罗斯)是"新生"了。对这一现象,马克思和恩格斯在1882年首次称为"再版农奴制",即国际学术界目前流行的所谓"第二次农奴制"(second serfdom)或"新农奴制"(neo-serfdom)。这个概念对易北河以东一些地方的情况是符合的,但对东欧大多数地方并不一定适合,因为这些地方的农奴制是从16世纪才真正形成起来的。但如果把16世纪以前西欧的农奴制称为它的"初版",而把16世纪才在东欧形成的农奴制称为"再版",也未尝不可。因此,本文仍用它来称呼东欧的农奴制。

③ 《资本论》第1卷,人民出版社1975年版,第263—264页。

全都源自马克思。迄今为止,关于这个问题的理解和解释虽然多种多样,但大致可将它们归于两大派别:一派认为,东欧的"再版农奴制"庄园经济已具有"资本主义"特征;另一派则认为,它仍属"封建"的范畴。这种分歧几乎弥漫于整个国际学术界。在东欧,匈牙利学者 П. Ж. 巴赫认为,东欧的劳役制庄园经济已具有"资本主义特征"[①];而波兰学者 W. 库拉则认为,"再版农奴制"庄园经济并没有改变其"封建"性质[②]。在东欧之外,前西德学者 L. 尼希特维希也认为,东欧的"再版农奴制"庄园经济已具有"资本主义特征"[③];而费尔兰·布罗代尔则认为,当时波兰的地方经济仍是"封建的"[④]。中国学者的看法也不一样,如朱孝远认为,东欧的"再版农奴制"庄园经济已包含着"资本主义商品生产"[⑤];而刘祖熙却认为,它使东欧"倒退到自然经济"[⑥]。这两派观点完全相左,显然不是出于一般的分歧,而是出于大不相同的理念,有着难以拉近的距离。它们孰是孰非姑且不论,但究竟应当如何看待东欧"再版农奴制"庄园经济的性质?这显然还是一个并没完全解决的问题。鉴于这个问题不仅是东欧历史转型期研究中的一大难题,也涉及东欧"再版农奴制"在东西欧资本主义起源中的历史作用问题,有必要进一步加以仔细考察。

不过,在进行这一考察之前,有一个问题必须首先提出来并加以明确,这就是所要考察的对象究竟是什么,是东欧的"再版农奴制"本身?还是东欧的"再版农奴制"庄园经济?因为这二者虽然有联系,

---

① П. Ж. Пах, Об особеностях первоначального накопления капитала в Венгрии, *Вопросы истории*, 1995, No. 2, c. 69—75.
② Wifold Kula, *An Economic Theory of the Feudal System*, London, 1976, p. 28.
③ С. Д. Сказки, Основные проблемы так называемого 《Второго издания крепостничества》в средней восточной Европе. *Вопросы истории*, 1958, No. 2, c. 104.
④ Wifold Kula, *An Economic Theory of the Feudal System*, pp. 7—8.
⑤ 朱孝远:《近代欧洲的兴起》,学林出版社 1997 年版,第 28 页。
⑥ 刘祖熙:《关于东欧"再版农奴制"的几个问题》,《史学集刊》1983 年第 3 期。

但它们所强调的对象和重点显然不同。前者指的是与"再版农奴制"有关的社会关系,而后者指的是与"再版农奴制"相联系的生产及其目的,并不能混为一谈。就前者而言,东欧的"再版农奴制"的本质,即农奴被主人不完全占有,并以一定的"劳役"为主人效劳,与中世纪西欧农奴制并没有什么不同,农奴制就是农奴制,并不需要太多的讨论,或作为讨论的重点,说"再版农奴制"是"封建"的,只不过是同义反复。在这里,需要着重讨论的是这种劳动制度下的庄园经济的性质,即利用"再版农奴制"劳动所进行的"生产本身的性质"[①]。在马克思看来,弄清"生产目的"对于弄清生产性质至关重要,因为生产目的与性质和生产关系与方式有关但并不相等,同一目的与性质的生产可以采用完全不同的生产关系与方式;生产目的不同,比如是完全为自己的使用而生产,还是完全为市场而生产,这正是资本主义生产与一切前资本主义生产之根本区别,因而也是判断有关生产即经济性质的重要指标[②]。笔者以为,只有弄清了这一点,才有可能着手讨论上面提出的问题。

从概念上说,东欧的"再版农奴制"庄园经济,不会是真正的"资本主义",或者说是成熟的"资本主义",因为真正的即成熟的资本主义,总是与自由的工资雇佣劳动联系在一起的,或者说是建立在自由的雇佣劳动基础之上的。正如马克思所指出的:"资本主义生产方式毕竟应当在没有奴隶制的情况下产生",并且"只有随同大工业一起才得到充分的发展"。[③] 这是因为成熟的资本主义生产以利润的最大化为目的,如果不采用纯粹的自由的雇佣劳动制度,劳动就不可能

[①] 马克思:《资本论》第 1 卷,第 263 页。
[②] 参见马克思:《资本主义生产以前的各种形式》,《马克思恩格斯全集》第 30 卷,人民出版社 1995 年版,第 465—510 页。
[③] 马克思:《资本论》第 1 卷,第 906 页;《经济学手稿》(1861—1863 年),《马克思恩格斯全集》第 48 卷,人民出版社 1985 年版,第 120 页。

成为真正的社会劳动而任由资本家调遣和使用;而在资本方面,就不可能在生产过程开始之前合理地估算其成本,因而也就难以实现其利润的最大化。马克斯·韦伯说得好:"当代资本主义存在的最起码的先决条件,就是把合理资本会计制度作为一切供应日常需要的大工业企业的标准",而"合理的资本主义的测算,只有在自由劳动的基础上才有可能"。① 东欧的"再版农奴制"庄园经济使用的是强迫劳动而不是自由劳动,因而不管它在其他方面看起来多么像"资本主义",都不可能是真正的资本主义或成熟的资本主义。现在可以进一步提出的问题是,如果东欧的"再版农奴制"庄园经济不是真正的成熟的资本主义,它有没有可能是一种过渡形式的不成熟的资本主义形态,譬如美洲(主要指北美)奴隶种植园那样的"形式上的"资本主义呢?马克思说二者"类似",就是说这个问题是可以讨论的,有某种可比性。不过,在进行这种讨论或比较之前,我们对"形式上的"资本主义还必须在概念上有一个大致的了解:第一,它肯定不是真正的或成熟的资本主义;第二,但也不能说它是绝对的非资本主义;第三,在这里事先必须有资本家,即人格化的资本存在;第四,在这里必须有资本主义生产,即以市场为目的的生产存在;第五,尽管如此,在这里劳动对资本的从属还是通过强迫来实现的。

应该说,东欧(主要是指普鲁士、波兰)的"再版农奴制"庄园经济,与美洲(主要是指美国内战前的南部)的奴隶种植园经济,确有某些共同之处:首先,它们产生的时间都在 16 世纪左右,虽然后者产生的时间略晚于前者,但仍在史学家所说的"扩大的 16 世纪"范围之内;第二。它们产生的背景在很大程度上都与西欧资本主义的兴起有关,因而都在某种程度上受西欧"核心"地区的制约和影响;第三,

---

① 马克斯·维贝尔:《世界经济通史》,第 234—235 页。

它们都与西欧当时的"殖民运动"有关:一个是"条顿骑士团"等对东欧的军事入侵和殖民,一个是"新大陆"发现后出现的越洋大移民[①];第四,由于受西欧"核心"地区的制约和影响,二者在生产上都呈现出某种"出口导向"的特点,为西欧资本市场提供粮食和原料[②];第五,两地区先后采用的主要劳动形式,无论是种族奴隶制还是"再版农奴制"都属于强迫劳动,劳动者人身都在很大程度上处于对主人的依附地位;第六,它们都对各自所在地区的经济和社会产生了很大影响:在美国,南部的棉花种植园经济,曾是该国东北部"进口替代"工业兴起的必要条件;在俄国,农奴曾是1721年以后彼得大帝推动的工场手工业所需劳动力的主要来源,其作用亦并不限于农业领域;第七,二者都在英国工业革命后获得了充分的发展,然后又在这场工业革命浪潮向大西洋两岸传播的情况下,在19世纪中叶逐渐被各自的国家废除,且在废除的过程中经历了剧烈的震荡;最后,在这类强迫劳动制度被废除后,无论是在实行过种族奴隶制的美国南部,还是在实行过"再版农奴制"的东欧,都缓慢但坚定地走上了工业化的道路,其发展方向并未发生逆转。因此,说两种劳动和经济形式有某些"类似",当是可以的。然而,尽管有这样多的"类似",但若对二者仔细加以考察和比较,就会发现它们在许多地方存在着巨大的差异,不可大而化之。那么,东欧的"再版农奴制"庄园经济与美洲的奴隶种植园经济究竟有何不同呢?我认为不同之处可归结为五点,现分述如下。

(一)这两种经济形式的创立者原来的身份根本不一样:在美

---

① "条顿骑士团"(Teutonic Order)是12世纪建立的天主教骑士的军事组织,进行向东欧的军事入侵和移民活动,于1525年消失。西欧向美洲的移民开始于1492年"新大陆"发现之后,15—17世纪移民运动逐渐扩大。

② 美洲奴隶种植园向西欧提供的商品先后有烟草、棉花、蔗糖等等;而东欧向西欧市场出口的商品则包括谷物、亚麻等。

洲,奴隶种植园主本是"地主兼资本家"①,而东欧劳役制庄园的创立者却是清一色的旧式贵族。这是因为,二者产生的历史背景完全不同:美洲的奴隶种植园是西欧资本主义扩张的直接产物,在历史上一般被称为"殖民资本主义"(settler capitalism),奴隶种植园主不少原本是来自英国或西欧的商人或乡绅。这类种植园的形式多种多样,资本化的程度在各殖民地也不一样,而以美国南部即原英属北美殖民地最为典型。那里的奴隶种植园创建于1619年,地点就在英属北美第一个永久殖民地詹姆斯敦,而这个殖民地的开拓者伦敦弗吉尼亚公司,是由一批伦敦商人于1606年组建的,其成员不少原是东印度公司的股东,在弗吉尼亚投资不下5万英镑,公司活动完全以赢利为目的。值得注意的是,该殖民地最初只是公司商业活动的一种形式,本身并不是一个行政单位,因而甚至还根本不能说是"殖民地"②;烟草种植园所使用的劳动力,最初也不是黑奴而是"契约奴"(indentured servants)。他们曾以"佃农"身份租佃土地耕种③,奴隶制在1640—1660年间才逐渐形成;即使经营者中有些人是来自英国的"乡绅",但第一,在英国乃至整个西欧,农奴制早在14世纪和15世纪之交已被废除,因而昔日的庄园主已演变成地主;第二,即使他们在阶级关系中还保留着一些封建色彩,若一旦决定将其积累投资于以赢利为目的的商品作物种植业并亲自从事经营,他们也就开始

---

① 这是马克思如下说法的另一种译文:"在这种场合,资本家和土地所有者是同一个人。"见马克思:《剩余价值理论》第2册,第340页。

② 加里·B.纳什认为:"英国人在新世界的第一个永久定居地,1607年建立于弗吉尼亚的詹姆斯敦,但公正地说它根本不是一个殖民地,至少在作为一个政治单位这个意义上是受母国统治的;毋宁说它是一个商业企业,是伦敦弗吉尼亚公司的财产。"(参见 Gary B. Nash, *Red, White, and Black: The Peoples of Early America*. Prenfice-Hall, Inc., Englewood Cliffs, New Jersey, 1982, p. 45.)

③ Herbert L. Osgood, *The American Colonies in the Seventeenth Century*, Columbia University Press, 1957, p. 29.

了封建地主资本化的过程。这是由当时正在形成的以西欧为"核心"的大西洋经济体系——这一大环境所决定的。而在东欧,在"再版农奴制"发生的地方,无论是勃兰登堡——普鲁士,还是波兰、捷克、匈牙利和俄罗斯,社会发展的进程大都还处于封建社会形成和发展的阶段,一些地广人稀的地方甚至还保留着奴隶制的某些残余,在16世纪"再版农奴制"发生之前,这些地方的农民不是自由人就是承租人或奴隶。"斯美尔德"("смерд")即自由农民构成了俄罗斯农民的主体,虽然他们的土地越来越多地被贵族地主蚕食而变为其世袭领地;普鲁士还未建立起自己的王国,俄罗斯刚刚建立起统一的国家,波兰虽然早就是一个国家,但由无数个小贵族专政。因此,这里所有从事商品生产的劳役制庄园,且先不说其生产商品化的规模和程度如何,这类劳役制庄园的主人都是来自旧式贵族和地主:在普鲁士,主要是"容克"地主;在波兰,主要是传统中小贵族;而在俄罗斯,则增加了大批"服役贵族"。"junker"是他们中的典型代表,他们是11世纪以后东侵的"条顿骑士团"的主要成分,在德语中源自"young lord"一语,原意为"年轻的爵士",是德意志贵族的儿子[①]。恩格斯曾经指出,"很难设想,从封建制度内部出来的贵族庄园的所有者——贵族或乡绅——什么时候能学会像资产者那样从事经营,并像后者那样在各种情况下每年把他们获得的一部分剩余价值资本化当作自己的首要任务;这同过去所有的封建主义国家的整个经验是矛盾的。"[②]他在这里点出了旧式贵族地主与新兴的资产者在观念和经营上的根本区别。这就告诉我们,不能把封建的贵族地主,至少不能把没有发生演化前的传统的贵族地主,例如,16世纪和17世纪发生

---

① 参见《大美百科全书》第16卷,台北:光复书局1990年版,第156页。
② 恩格斯:《致鲁·迈耶尔的信》(1893年7月19日),《马克思恩格斯全集》第39卷,人民出版社1974年版,第101页。

"再版农奴制"时期东欧的那些劳役制庄园的主人们,与美国内战以前作为"地主兼资本家"的奴隶种植园主混为一谈。俄国学者整理过许多此类贵族地主遗留下来的庄园账目,其目的是试图从其支出项目中来了解这些贵族地主的经营观念,以及他们所从事的经营活动的经济性质,可以作为上述区分的佐证。他们所考察的对象之一是俄国大贵族 Б. И. 莫罗卓夫的庄园的账目,时间范围从 1662 年 10 月 30 日至 1663 年 6 月 16 日。考察结果见下表。

Б. И. 莫罗卓夫庄园支出账目

支 出	总额(以卢布计算)	占总支出百分比(%)
慈善事业	18 664	65.5
建筑与修缮	3 127	10.8
购置家庭常用的手工制品	3 826	13.3
购置食品和畜粮	1 304	4.5
发放贷款	1 471	5.4
发放工匠酬劳	195	
缴纳国税	35	0.5
支付琐碎杂务以及其他用途不明之开支	121	
总 计	28 473	100

资料来源:П. Ф. 巴卡诺夫:《17 世纪封建世袭领地的商品生产》,载尚钺编:《封建社会译文集》,三联书店 1955 年版,第 182 页。

从上表可以看出,在这位俄国贵族的庄园账目中,直接与市场有关的支出只占总支出的 28.6%,真正用于生产方面的开支极少,其经营的自给自足性质不言而喻。由此可见东欧劳役制庄园的主人们之一斑。

(二)导致采用两种强迫劳动形式的原因和动力也不一样。在美洲,特别是在北美的烟草和棉花种植园,世界市场对烟草和棉花的需求,是组织生产、实行奴隶制的主要的甚至唯一的原因和动力,因而奴隶种植园主得以一开始就把"赢利"作为主要目标,在那里,在

19世纪上半叶,海外对棉花的需求每年以5%的速度增长[1]。而在东欧,导致"再版农奴制"发生的原因和动力,在历史学家中历来就存在着争议。尽管德国历史学家F.拉赫法尔(F. Rachfal)早在20世纪初就强调了向西欧输出粮食对东欧"再版农奴制"发展的意义,他的这一观点也得到德国的H.梅色姆、波兰的鲁特柯夫斯基等许多学者的支持,但这种观点仍然受到来自各方面学者的质疑:苏联学者D.格列柯夫斯基发现,国外市场对俄国"再版农奴制"的形成影响很小,真正起决定性作用的反倒是国内市场。而俄国学者申塔拉则认为,劳役制庄园经济的发展,就其经济实质而言,是同国内市场的发展相矛盾的,俄国的例子也不适用于整个东欧的情况。即使在承认粮食输出对"再版农奴制"的产生起决定作用的历史学家中,大多数人也认为"再版农奴制"的产生还需要第二个条件:贵族阶级在国家中的优势地位。因为只有"有了这种地位,贵族才能够不断加强对农民的压榨,强迫农民承担越来越重的赋税,强迫他们接受各种日益沉重的农奴依附关系"[2]。美国学者J.布卢姆认为,导致东欧农奴制兴起的原因,可归结为"这样四个方面的发展:第一,是贵族政治权力的增强,特别是小贵族政治权力的增长;第二,是对生活于庄园上的农民的领主裁判权的增长;第三,是领主由地租征收者到为市场而生产的生产者的转变;第四,是城市和都市中等阶级力量的衰落"[3]。但在С. Д. 斯卡兹金看来,所有这些解释都未能找出东欧农奴制再版的全部原因和动力,因为"东欧贵族在自己的经济转向徭役庄园制以

---

[1] Lou Ferleger(ed.), *Agricultural and National Development: Views on the Nineteenth Century*, Iowa State University Press, 1990, p. 21.
[2] С. Д. 斯卡兹金:《关于中欧和东欧的所谓"再版农奴制"的主要问题》,收入《资本主义起源的研究译文集》,科学出版社1961年版,第102页。
[3] Jerome Blum, "The Rise of Serfdom in Eastern Europe," *The American Historical Review*, No. 2, 1957, p. 822.

前很久,就已经靠出售以实物地租形式取得的农产原料而发财致富了"[1]。德国历史学家奥宾发现,尼德兰从波罗的海沿岸输入粮食的时间,可追溯到13世纪末[2]。但无论如何,贵族政治权力的增强,在导致"再版农奴制"的诸因素中至关重要,因为它给贵族以较自由的手段处理与农民的关系提供了可能,为领主以强制手段解决劳动力问题开辟了道路,这一点在东欧各地都可找到证据。在普鲁士,在"条顿骑士团"发起殖民运动之初,就把领主裁判权赋予了私人地主(特别是教会),殖民运动停止后中央权力的削弱导致了领主裁判权的增长[3]。1525年骑士团解散后的宗教改革中,霍亨索伦的艾伯特作为最后一位大主教,成了普鲁士的第一位公爵和波兰国王的下臣(liegeman),从前的条顿骑士变成了地主,并加入了当地贵族的行列,这导致了一个有着同样的政治和经济利益的同种的上层阶级的产生,而农民在"条顿骑士团"之下原来享有的有限保护权却消失了。另一方面,公爵在地位下降之后,他们必须与贵族密切合作并设法促进贵族的意愿,才能从领地那里获得货币收入。于是,在1526年颁布的普鲁士条令中,便不再提及农民可携带其土地所有权令状自由离开领主之事,而没有原领主的成文许可状,任何领主或容克不得收留农民或他们的儿子,农民的孩子接手别的劳役之前必须向主人报告,农民本人如果要到领地外从事劳动也必须得到许可。到1540年条例颁布时,普鲁士自由民遗留给他们的农民的许多权利,也分别被削减了。在波兰,由于实行贵族共和制,国王由小贵族参加的特别会议选出,而国家的大事是由各地方代表所组成的"大使院"决定,而这个"大使院"又从1589年起实行"自由否决权",中小贵族在这个国家

---

[1] 转引自《资本主义起源的研究译文集》,第107页。
[2] 同上。
[3] *The American Historical Review*, No. 2, 1957, p. 824.

的政治和经济生活中本来就一直占据优势。据估计,在14世纪和15世纪的波兰,80%的可耕地为中小贵族所有①;胡斯战争(1419—1436年)后,波兰贵族利用自己的有利地位,首先成功地迫使皇家城市放弃其在商业(包括酿造和对外贸易)上的垄断。当西欧市场对波兰的谷物要求增加之时,波兰的地方小贵族立即于1496年在贵族议会上通过了《彼得罗科夫条例》,规定:农民每年只有两个劳动日可离开村庄,私自离开者作逃亡农奴处理,城市如果接纳逃亡农奴则要受到处分。16世纪初,国王甚至命令王室法庭不再聆听领主与农民之间的事情,以后又颁布许多法令重申上述原则②。1543年法令规定,逃亡农奴被追捕回来后,其家属和财产均一并归还地主。1573年法令又说,农奴的劳役可"随地主的便"。在俄罗斯,农民农奴化的原因和过程,与普鲁士和波兰又有所不同。在1391年之前,俄罗斯的农民主要由自由农民和奴隶构成,大多数农民还是被称为"斯美尔德"的自由农民。他们的农奴化,虽然有西欧市场对俄国谷物需求增加这一因素,但从各方面来看,主要还是由国内因素决定的。第一,据研究,16世纪期间,俄国粮价上涨了4.5倍,但牲畜、肉类、动物油的价格也分别上涨了2.5倍、2倍和3倍,可见国内市场的扩大是重要的因素;第二,16世纪俄国耕地面积的扩大,是地主用劳役地租取代实物地租的重要原因,而这种现象不仅发生在与西欧市场相联系的西部,也发生在与西欧市场联系不多的俄国中部:16世纪中期与初期相比,这里的农民耕地减少了40%;第三,俄国农民农奴化在法律上的主要标志,是1497、1550年和1581年几个与"尤里日"(俄历11月26日)有关的法令,其主要内容是限定农民外出做工的时间,而这

---

① Andrze J. Kamiński,"New-Serfdom in Poland-Lithuama", *Slavic Review*, No. 2, 1957, p. 258.

② *The Rise of Serfdom in Eatern Europe*, No. 2, 1957, p. 824.

些法令在很大程度上与正在取代世袭领地而成为主要领地形式的"封地"有关,而这些"封地"是带着农民由国王封给"服役贵族"的,这些"封地"上的农民原比"世袭领地"上的农民更自由。而"服役贵族"是15世纪至16世纪俄罗斯中央集权国家形成过程中,伊凡三世和四世与大领主进行斗争时所依靠的基本力量。可见,俄国农民的农奴化是与统一国家的形成交织在一起的,并非纯粹由经济因素使然。

(三)与美洲奴隶种植园经济不同,东欧"再版农奴制"下的劳役制庄园经济,其生产并非完全以世界市场为目标。美洲的奴隶种植园经济,完全是或几乎完全是以世界市场为目标,以美国内战前南部的奴隶制棉花种植园为例,其运往英国和欧陆的产品占了南部整个棉花产量的60%—85%,以下数据可以说明一切[①]:1800年为6.5%,1824年为69.9%,1830年为85.7%,1840年为85.4%,1850年为56.8%,1860年为67.7%;但东欧劳役制庄园的生产是否完全以世界市场为目标呢?则很难这样说。诚然,自16世纪以来,东欧的劳役制庄园,其谷物生产与西欧市场有着日益密切的联系,大量来自东欧的谷物通过波罗的海沿岸各港口销往西欧。据估计,在1565年至1585年间,从波兰海运出口的商品价值年平均达115.8万塔利尔[②],其目的地便是西方市场;而西欧从波兰进口的谷物,仅1596年10月至1597年5月就达18845吨,且仅限于英国东地公司一家的贸易记录[③]。据说,当时仅囤积于阿姆斯特丹的波兰谷物,就可供50万至100万居民一年之食用[④],以致著名经济史家M.M.波斯坦断

---

① Thomas P. Kettell, *Southern Wealth and Northern Profits*, University of Alabama Press,1965,p.21.
② 塔利尔(thaler)为中世纪欧洲通用货币单位,1塔利尔约相当于3银马克。参见斯塔夫里亚诺斯:《全球分裂》,商务印书馆1993年版,第42页。
③ 杨美艳:《16世纪后期英国的外贸公司及其历史作用》,《史学月刊》2000年第2期,第73页。
④ 刘祖熙:《关于东欧"再版农奴制"的几个问题》,《史学集刊》1983年第3期,第60页。

言:东西欧之间的这种贸易使"东方经济的一切财产,经济组织和社会结构全部都服从于西欧市场的要求"①。然而,这并不等于说,在"再版农奴制"下,东欧所有的劳役制庄园的所有生产,都是为西欧市场而组织和进行的,其中很大一部分还是为贵族自己消费。这里,且不说俄国在同西方的贸易中,俄国进口的是五金器皿、军火、奢侈品,出口的是原料,如大麻索具、亚麻、沥青、钾碱、毛皮、鬃毛、腌肉。它的"谷物很少出口,因为出口谷物须经沙皇批准,但往往不能获准"。它甚至不允许西方商人左右其国内贸易,西方商人被禁止零售商品,也不得直接与生产者打交道。俄国1667年法典明文规定:外国人不准进入集市,不准携带货物或款项进入任何城镇,不准委派推销人员②。这种情况不仅会影响俄国和西方的经济,也会影响国内市场(包括粮食市场)的发展。即使是东欧与西欧联系较紧密的国家和地区,如普鲁士、波兰和俄罗斯西部,大部分地区农产品主要还是供当地自给自足③。正如罗伯特·密尔沃德所指出的:"在16世纪的大波兰和小波兰,75%的土地仍然为中等贵族所有,这些贵族继续大量使用其小领地,以满足他们自己的亲属和奴仆的需要。"④同样,在白俄罗斯东部,在1645年时的45个塞克洛人(Szklow)的村庄中,由中等贵族租借的领地约占整个土地面积的19%,庄园主要生产供自己消费的食品⑤。此外,也不能说,16世纪和17世纪东欧日益增加的谷物出售,唯一与此有关的因素就是劳役制庄园。事实上,劳役制庄园在这方面并不一定占优势,据记载,具体地说,是马索维亚·布洛

---

① 转引自斯塔夫里亚诺斯:《全球分裂》,第42页。
② 参见斯塔夫里亚诺斯:《全球分裂》,第47页。
③ Rondo Cameron, *A Concise Economic History of the World*, Oxford University Press, 1989, p. 108.
④ Robert Millward, An Economic Analysis of the Organization of Serfdom in Eastern Europe, *The Journal of Economic History*, No. 3, 1982, p. 544.
⑤ *The Journal of Economic History*, No. 3, 1982, p. 544.

克(Masovia Plock)大主教留下的账单显示,1585年和1650年间其庄园的谷物收获,只有24%用于出售而不是消费,而同一时期用于出售的农民土地上的收获占30%,市场上出售的粮食总量中的85%是与农民的土地有关的,即是来自农民的土地。1595年至1650年,据上述同一账单留下的资料,用于商业贸易的出口粮食(如谷物、黑麦等),其比例数庄园才超过农民;而与此同时,农民用于出口生产的土地比例,也由60%提高到70%。① 又据记载,到16世纪末叶,皇家普鲁士用于出售的粮食生产的比例约为50%,仍要高于其他波兰的王室领地,而这时的皇家普鲁士却是这样一个地区:在这里拥有最高的自由农民比例,被庄园控制的农民比例最低。然而,在16世纪和17世纪,无论是在出口总量上,还是在农民出口的增长方面,都不是只与庄园生产相联系的。皇家普鲁士出口增长的重要部分,是来自农民的垦荒和农民的谷物出售。但农民出售的粮食常常被领主或商人购买走了,并不能在出口中直接反映出来。据估计,在16世纪下半叶,商人从农民手中购买的谷物,在维斯杜拉河流域的粮食贸易中占10%,在莱茵河和伏尔海尼亚(Volhynia)占16%,在波兰马索维亚占33%②。由此可见,易北河以东的劳役制庄园的生产,以及东欧地区的整个农业经济,呈现出非常复杂的情况,既有庄园经济商品化的趋势,也有农民个体经济商品化的因素。很难说劳役制庄园的生产就是以西欧市场为目标的,就是以赢利为导向的,不能夸大东欧"再版农奴制"庄园经济的"外向性"。这样看来,M.M.波斯坦的上述论断,可能是太过了。

(四)与美洲奴隶种植园经济不同,东欧"再版农奴制"下的劳役

---

① *The Journal of Economic History*, No.3, 1982, p.544.
② *Ibid.*

制庄园经济的效率并不完全受市场的支配,而要受国内相关因素的影响。这是因为,在美洲的奴隶种植园,种植园主从一开始就是把它作为为了"赢利"的企业来建立,除了平时需要经常补充工具、肥料和聘用技工、零工而外,土地和奴隶作为生产的两项基本要素,均是花钱购买而来,因而都是主要投入成本;其产品又是以世界市场为导向,因而其经营的成败要以世界市场的状况为转移。而易北河以东的劳役制庄园,由于其生产目的并不一定就是为了"赢利",其土地和劳动力又主要是通过侵占、兼并、继承或封赐的手段而获得,因而影响东欧劳役制庄园这类"企业"成败的变量主要有四个:(1)人口增长对农奴制的影响;(2)粮食价格涨落的影响;(3)对农奴劳动义务的限制;(4)以工资形式对农奴劳动的补偿。这与考察美洲奴隶种植园经营成败的指标和方法是有差别的,因为"不能用分析资本主义企业的方法来分析封建企业"①,当然也不能完全用分析资本主义企业的方法来分析美洲奴隶种植园的经济。这里,可以用波兰学者 W. 库拉对波兰 3 个劳役制庄园经营情况所进行的考察做一说明:这 3 个庄园分别叫"伊茨德布基"(Icdebki)、"霍克策维"(Hoczew)和"马埃策拉迪"(Maezerady)。它们作为典型的案例选自波兰不同的地区,因而很具代表性。据 W. 库拉研究,这 3 个企业的生产总成本为 35823 兹罗提,而领主们的货币收入只有 28194 兹罗提,即 3 个领主共损失了 7639 兹罗提。仅从这些数据来看,3 个庄园的经营似乎是失败的,但实际上领主们仍获得了 16428 兹罗提的利润。之所以会给人以亏本的印象,是因为在生产成本中加入了付给农民服务的补偿费,仅其中一个庄园该费有 12703 兹罗提。② 详见下表。

---

① Wifold Kula, *An Economic Theory of the Feudal System*, London, 1976, p. 30.
② Wifold Kula, *ibid.*, p. 29.

波兰三大劳役制庄园地产经营状况　　单位：兹罗提（zloty）

	伊茨德布基	霍克策维	马埃策拉迪
货币收入	13 826	7 388	6 980
货币花费	3 988	3 354	4 373
货币利润	9 838	4 034	2 606
以工作日回报的服务（劳力地租）	12 703	7 223	4 180
其他由农民所做的服务	3 533	1 290	330
农民服务总计	16 236	8 514	4 511
地产的估价	160 000	？	61 000
利润在地产估价中的比重	6.2%	？	4.3%
货币的利率	24%	32%	51%
所花费的每个兹罗提的年利率	2.5%	1.2%	0.6%
领主的货币支出	3 988	3 354	4 373
农民所作的贡献（劳动义务）	12 703	7 223	4 180
总的生产成本（最小值）	16 691	10 578	8 554
领主的货币收入	13 826	7 388	6 980
损失	2 065	3 189	1 573

资料来源：Wifold Kula, *An Economic Theory of the Feudal System*, p. 29. 此表省略了原著中"兹罗提"以下的小数。"兹罗提"（zloty）为波兰货币单位，1兹罗提等于30格罗申（grosza）。

W. 库拉认为，波兰的这类劳役制庄园虽然进行商品生产，但它们在经济性质上仍是"封建"的，因为其生产和再生产的目的主要是为了满足封建主本身的需要，而不是为了"赢利"；由于它几乎不进行扩大再生产，也不考虑提高生产率这样的问题，因而它从来不会亏损。[①] 虽然这些论断可能有些绝对，但其基本论点是正确的和可信的。波兰是16世纪至18世纪向西欧提供商品粮的主要东欧国家，也是当时东欧实行"再版农奴制"的典型国家，因而 W. 库拉对它的研究结论，对东欧来说具有普遍性。这一点也得到俄罗斯方面的研

---

① Wifold Kula, *An Economic Theory of the Feudal System*, pp. 28—35, 44—61. 参阅马克垚：《论地主经济》，载《世界历史》2002年第1期，第5页。

究的证实。关于俄国农奴制的效率问题,苏联历史学家 M. V. 波克罗夫斯基曾提出,在俄国,1861年"农奴的解放是由于农奴制已经变得无利可图了"①。对此,E. D. 多马和 M. J. 马舍拉在《经济史杂志》1984年第4期发表文章,根据上述四个变量或理论模式对其生产率进行考察,其中对农奴主的债务与其财产总值之比的考察尤为详细,因为它在很大程度上反映着劳役制庄园经营的成败。结果发现,一般情况下,农奴劳动的利润率是以主人对农奴如何管理为转移的,而在农奴劳工的义务和土地都受法律和习惯所固定的情况下,农奴劳动的利润率则要受许多因素,如人口增长和价格上涨的影响。在1797年保罗法典限定农奴的劳役为每周3天之后,投资者将以下列方式影响主人和农奴的收入,这几种方式都与庄园农奴的数目有关,因为对农奴劳动的支付是用土地而不是货币,使用农奴劳动就有一个成本问题:(1)如果一个庄园的农奴少于64个,那么投资者将完全没有效益;(2)如果农奴人数刚好达到64个,那么投资者将变得有效益;(3)如果农奴人数多达128个,那么庄园主的投入和收入将不变;(4)如果农奴的数目达到278个,那么投资者原来的无效益将消失。作者还发现,俄国农奴主的债务与其财产总值之比只有27.1%,即他们的债务不到财产的1/3。他们由此得出结论:"我们没有发现俄国农奴制在1861年之前的赢利性受到了粮食价格上涨、人口的增长、保罗法或使用免役租制(obrok system)的威胁。"②换言之,在多马等人看来,到俄国农奴制改革之时,俄国农奴制仍然具有"赢利性"。至于普鲁士,由于在东欧发生"再版农奴制"的三大国中,"容克"的地位和处境本是最优越的,在三者之中又是最早开始资本化进

---

① Evsey D. Dorner & Mark J. Machina, "On the Profitability of Russian Serfdom," *The Journal of Economic History*, No. 4, 1984, p. 919.

② *The Journal of Economic History*, No. 4, 1984, pp. 948—949. "obrok system" 即"quitrent system"(免役租制)。

程的,因此,上述结论对"容克"地主经济来说,也是应当适用的。

(五)最后,必须指出,东欧的劳役制庄园和美洲的奴隶种植园所采用的生产方式也不一样。在美洲的奴隶种植园里,由于种植园主是"地主兼资本家",从而一开始就把"赢利"作为自己的目标,因而其经营必须讲求效率和效益;又由于新大陆是地广人稀的"自由殖民地",移民可以占领土地为自己致富而劳动又不妨碍后来者同样这样做,开发和经营的最大问题是劳动力的缺乏。由此而"引进"的黑人劳动力不得不采取在白人监工强迫和监督下进行集体劳动的形式,这就在那里造成了两种生产方式:一是自由的工资劳动方式,它是对自由白人监工、技工和零工而言的,他们和主人订有正式或非正式的契约,实行近代平等交易的原则;一是强制性的奴隶制生产方式,这是针对从奴隶市场购买来的黑奴而做出的安排,因为黑人原是从遥远的非洲和美洲奴隶市场抢来的或买来的,经常离开主人逃跑。这种似乎矛盾的现象的产生,皆源于这类种植园经济的商品性质。而东欧的劳役制庄园则不同,其主人均是旧式的贵族地主,他们从事商品生产是为了"适应"国内外市场对粮食的需求,日益扩大的劳役制庄园是通过封赐和兼并而建立起来的,他们面对的是大量拥有自己的土地和生产工具并具有一定的人身自由的个体农民。于是,人们在东欧各地都发现了拥有大批村落的大贵族,冯·俾斯麦拥有14个村庄,冯·罗科拥有20个村庄,莱宁拥有31个村庄,伊万·彼·费奥多罗夫拥有38个村庄,等等[①]。自然,这些村庄的大小并非一致,以笔者查到的东普鲁士的资料来看,这里14、15世纪的村庄,小的只有十几胡符,而大的超过几千胡符,一般在100胡符左右,因为当时

---

① F. L. Carsten, *The Origins of Prussia*, Oxford University Press, 1954, pp. 52—57.

庄园主们获得的土地授予"很少有超过100胡符的"①。这种"再版农奴制"的实质在于,封建领主以奴役性的条件给农民份地,从而将农民束缚在土地上,使他们失去人身自由,变成其主人的"农奴"。正如L.麦凯伊所指出的:"这种新农奴制的特征是,农民对自己乡村土地的所有权利被侵蚀或完全消失,农民从此被束缚于土地之上并被迫服役,甚至其孩子也要做家仆。"②从东欧各地的情况来看,农民丧失权利的过程,一般是通过以下三种形式完成:首先,农民被剥夺土地所有权(如匈牙利1514年《土地法》);接着,农民的土地转让权被剥夺(如1487年在捷克,1495年在波兰,1514年在匈牙利,1526年在普鲁士,1528年在西里西亚和勃兰登堡,1539年在上奥地利,1561年在利沃尼亚,1616年在波美拉尼亚,1617年在施莱斯维格和霍尔斯坦,1654年在麦克伦堡所见);最后便是农民迁徙和移民权的丧失(如沙俄在1479年,匈牙利在1530年),以及家庭奴仆制的建立(如1527年在勃兰登堡,17世纪中叶以后在普鲁士、波美拉尼亚、西里西亚和捷克所见)。其结果是农民的自由移民、土地继承和义务赎买三个特权均不复存在。但从生产方式上看,由于农民拥有自己的份地和生产工具,只是定期(每周3—6天)为主人耕种并服其他非农劳役,这种"再版农奴制"下的劳役制庄园的生产活动因而呈现出两重性:一方面,在庄园主所有的土地上存在着"大规模"农业生产,而另一方面,在农奴自家的份地上采用的却是分散的个体劳动;一方面,庄园的生产在面积上和劳动上"规模"都很大,但另一方面,农奴的劳动却不能像北美的奴隶种植园那样有严密的组织,因而也不能像北

---

① 1 胡符(Hufen)约等于40英亩(acres)。参见 F. L. Carsten, *The Origins of Prussia*, pp. 53, 55.

② L. Makkai, "Neo-Serfdom: Its Origins and Nature in East Central Europe", *Slavic Review*, No. 2, 1975, p. 232.

美的奴隶种植园那样采取类似"工厂式"管理。换言之,在"再版农奴制"下,劳役制庄园采取的生产方式,从根本上来说是非效率型的。

通过以上的比较和分析,我们可以得出怎样的结论呢?第一,在"再版农奴制"下,东欧的劳役制庄园是由传统的贵族地主建立的,其生产目的并非完全是为了出口,因而在经济上并不完全是为了"赢利",而在生产方式上又是采用强迫劳动的方式。因此,东欧的"再版农奴制"经济不仅不是真正的资本主义,甚至在其形成之时连"形式上"的资本主义也不是。因为在这里,农奴依附或从属的主人是贵族地主,即使在"形式上"也不存在劳动对资本的从属,如同内战前美国南部的奴隶种植园那样。第二,但是,自16世纪以来,由劳役制庄园提供的出口产品(主要是粮食、原料),在东欧对西欧市场的出口中所占比重愈来愈大。这说明东欧封建劳役制庄园的主人们,正在努力地使其自身的经营"适应"西欧市场对谷物的日益增长的需求,从而在某种程度上使东欧逐步成为与西欧"核心"地区相联系的"边缘"部分,但这种联系还不是一种有机的联系,因为东欧劳役制庄园的商品生产,不是资本主义的,而是封建性质的。第三,由于农奴制在东欧的再版,从农民的地位和生产方式上看,它存在着倒退现象,但这并不意味着整个东欧经济"倒退到自然经济",而是相反。因为在这里存在着两种趋势,一是劳役制庄园经济的商品化趋势,一是农民个体经济的商品化趋势。这种情况表明,整个封建经济是在逐步走向商品化,即逐步地减少"自然经济"的比重和成分,尽管它们在很长时期内以及在很大程度上并未脱离"自然经济"的范畴。因此,我们在阐述"再版农奴制"庄园经济的性质的时候,就不能简单地说它是"封建"的,还必须考虑到它在国内外市场的影响下,逐渐加强的"封建经济商品化"或"企业化"[①]的明显趋势,以及它作为一种独特的历史现

---

① William E. Wright, "Neo-Serfdom in Bohemia," *Slavic Review*, No. 2, 1975, p. 243.

象所反映的时代特点。在弄清了"再版农奴制"庄园经济的性质以后,以下几个国际学术界长期争论的、与之相关的问题也就可以"迎刃而解"。

第一个问题,东欧"再版农奴制"时期发生的"驱农运动",是不是类似英国"圈地运动"那样的"资本原始积累"?关于这个问题,苏联学者早在1953年所著的《新编近代史》一书中,在阐述普鲁士的"再版农奴制"一事时,就指出:就其结果而论,它使人想到英国的"圈地"。之后,匈牙利学者 П. Ж. 巴赫在苏联《历史问题》杂志1955年第2期发表《关于匈牙利资本原始积累的特征》一文,提出东欧"再版农奴制"下的"驱农运动"是与英国资本原始积累过程类似的现象[1]。由此引发的争论绵延了半个世纪,至今尚不能说已完全弄清和平息。以笔者之见,根据上文对东欧"再版农奴制"庄园经济性质的分析,此问题的答案应该是明确的,即它不可能是一种"资本原始积累",因为16—18世纪发生于东欧的所谓的"驱农运动",并没有成为东欧资本主义产生的直接前提。与同时期在英国和西欧一些地方发生的"圈地运动"不同,在"再版农奴制"发生和推行的过程中,东欧的新、旧农奴主把大批的村落并入自己的庄园,把众多的农户从他们世代生息的土地上赶走,此类现象在东欧各地都不罕见。但无论是全部,还是部分由"驱农运动"而被剥夺了土地的农民,并没有因此成为"自由劳动力"的来源并进而促成"劳动力市场"在东欧的建立。相反,他们在"再版农奴制"下,被牢牢地束缚在土地上,而他们被剥夺的土地也因当时还不存在真正意义上的"资本主义生产"而未成为主人的资本。其实,对农民土地的剥夺,在世界历史上可谓"屡见不鲜",但并不是

---

[1] П. Ж. Пах, Обособленностях первоначального накопления капитала в Венгрии. *Bonpocbl Ucmopuu*, 1955, No. 2, c. 69—75.

每一次掠夺都能成为产生资本主义的前提和条件,这要视该社会的发展处于何种进程而定,不能离开具体的历史条件来谈"资本原始积累"问题。

第二个问题,既然"驱农运动"未能成为东欧的"资本原始积累",那么"再版农奴制"在东欧历史上是否就意味着"反动"[①]?从封建剥削的形式上看,东欧的"再版农奴制"在当时的确是一种倒退,因为封建制度下地租形式的演变一般要经历三个阶段:徭役地租;实物地租;货币地租。16世纪"再版农奴制"实行之前,东欧主要流行的地租形式是实物地租,而"再版农奴制"采用的主要地租形式是劳役地租,结果大批原本自由或半自由的农民,因此丧失了自由。不仅如此,与14世纪以前西欧的农奴制度相比,无论是农奴的社会地位,还是徭役的劳动强度,东欧的"再版农奴制"都要糟糕得多;西欧农奴的劳役一般是每周1—3天,而东欧农奴的劳役后来则长达5—6天[②];在俄国,农奴的地位尤其低下,常常被主人转让、出卖或杀死,类似于奴隶的遭遇。以至于启蒙思想家亚历山大·尼·拉吉舍夫发出过这样的感叹:在俄国,农民什么都被剥夺了,地主和国家给他们留下的,只有空气!但我们不能仅仅从剥削形式上看问题,还要注意以下三点:(1)东欧的"再版农奴制"与中世纪西欧的农奴制不同,这种徭役劳动并非纯粹为贵族地主的消费而生产,在某些地方甚至在很大程度上是为西欧市场而生产。这就通过国际贸易的交往形式,在经济上把东欧的劳役制庄园经济与西欧的资本主义生产联系起来,使之

[①] 科斯敏斯基在研究13世纪英国农村中的"封建反动"即局部恢复徭役制时,把它的出现比作16—17世纪东欧许多国家农民的第二次农奴化;而斯卡兹金则把"再版农奴制"时东欧出现的"驱农运动"看作"外表上类似"16—18世纪英国的"圈地运动"。(参见B. M. 拉弗罗夫斯:《关于原始积累的几个问题》,收入《资本主义起源的研究译文集》,第114—115页)

[②] Rondo Cameron, *A Concise Economic History of the World*, p. 107.

成为以西欧为中心的资本主义体系的组成部分,尽管当时它还不是有机的组成部分。(2)无论在何处,特别是自16世纪资本主义诞生以后,国内市场与国外市场总是难以分开的。因为就其空间结构和组织结构而言,世界市场是由民族市场和区域市场、地方市场三级构成的,大多数出口商品都要先通过地方和区域市场才能转运出去,因此对外贸易的发展必然会反过来加快国内市场的形成和发展,并进而加快国内生产和生活的商品化进程。这在俄国表现得尤为突出,如果把17世纪称为俄国"贵族的世纪",那么18世纪则可说是俄国"贵族和商人"的世纪。(3)"再版农奴制"下的商品生产,不仅仅加强了东西欧之间的经济联系,促进了东欧各国国内市场的扩大和发展,而且加快了东欧各国贵族地主的财富积累,引发了这个阶级经济观念和经营观念的转变,从而反过来缓慢地和不同程度地改变着这个阶级本身的性质,即促成了贵族的资产阶级化。普鲁士"容克"地主的演变,是这方面的典型。

第三个问题,东欧的"再版农奴制",既不是"资本原始积累",又比西欧的农奴制还落后,那么它在东欧资本主义起源的过程中就什么作用也没起过吗?答案是否定的。首先必须指出的是,在16世纪以来的东欧社会生活中,"再版农奴制"本就不是唯一的农业制度,与之并存的至少还有三种劳动形式:自耕农,代役租制,雇佣型。据估计,至18世纪,在东普鲁士,在全部地主农场中,采用雇佣劳动的占18%,采用劳役租制的占17%—70%,但还有13%—30%实行代役租制①。还必须指出的是,东欧的经济结构并不仅限于农业一个部门,它包括农业、工业、商业三个部门,且资本主义萌芽总是首先在工业领域中发生,而在"形式上的资本主义"发展阶段,从不拒绝强迫劳

---

① 波尔什涅夫等编:《新编近代史》第1卷,人民出版社1955年版,第379页。

动。例如,在沙皇俄国,据 B. K. 雅林斯基研究,"俄国资本主义的萌芽最早出现于 17 世纪的工业生产范围内"[①],因而 1721 年彼得大帝关于允许工场主可以连人带地购买一个村庄的法令,显然是为发展资本主义而解决劳动力问题服务的,这就使农奴制成为早期俄国资本主义的有机组成部分。再者,如前所述,商品经济的发展,在一定的历史条件下,就会反过来促使封建地主发生变化,这在普鲁士表现得尤为突出。在这里,虽然实行"再版农奴制"的"容克"原本是来自普鲁士西部的封建贵族,但随着东欧劳役制庄园与西欧市场的联系日益密切,普鲁士的这类贵族逐步把自己经营的庄园变成类似于西欧"租地农场式"的"企业",从而使"容克"地主在 1750 年以后逐步资产阶级化,开始以资本主义观念,即以最大利润的追求为目标来指导自己的经营。这样,就在东欧开辟了一条不同于英法的农业资本主义发展道路,即"普鲁士道路"。可见,"再版农奴制"在东欧资本主义起源的过程中,并不是无所作为的。

以上所谈问题,由于与"再版农奴制"庄园经济的性质问题有关,在此不能不顺便提及并略做必要的说明和交待,但由于它们不是本文阐述的重点,故此处不必赘述。

(原载《历史研究》2003 年第 4 期)

[①] B. K. 雅林斯基:《俄国资本主义发生的主要阶段》,收入《资本主义起源的研究译文集》,第 44 页。

"自由殖民地"
——一种独特的资本主义起源和发展的历史模式

一个偶然机会,翻阅于1978年出版的,由简·O. M. 布罗克和约翰·W. 韦伯所著的《人类地理学》,在第294页发现在被列为当时除欧洲之外的"发达国家"的国家和地区中,除了日本和以色列这两个特殊国家而外,只有两个国家和地区:一个是北美的美国和加拿大,另一个就是澳大利亚及新西兰。[1] 这使我立即将现实与历史联系起来,想到并进一步提出这样一个问题:为什么除欧洲之外最早进入发达国家行列的国家和地区,恰恰就是这两个国家和地区?而我们知道它们又偏偏都是原英帝国的海外殖民地或"自由殖民地"?难道这些"自由殖民地"与它们以后的迅速发展有某种必然的联系吗?

通过研究,我们的答案是:这些以往的英属"自由殖民地",作为一种独特的资本主义起源和发展的历史模式,由于种种政治、经济、社会和历史的独特原因,确曾在很大程度上为这些地区和国家以后的迅速崛起准备和创造了条件。但这一历史课题,在我国史学界,虽然偶有提及和研究,但至今未见系统的论证。鉴于这一模式和课题在资本主义兴起和发展,以及整个世界近现代史上的重要地位,现将这些原因探讨和分析如下。

---

[1] Jan O. M. Broek and John W. Webb, *A Geography of Mankind*, MeGraw-Hill Book Company, New York, 1978, p. 294.

但在进行这一探讨和分析之前,我首先想到的一个问题是,究竟什么是"自由殖民地"？"自由殖民地"这个概念,是马克思正式提出来的。早在1861—1863年,在马克思所著《剩余价值理论》第2卷中,他就敏锐地注意到两种"殖民地"的区别:一种是所谓"本来意义上的殖民地",它指的是北美和澳大利亚这样的殖民地,即主要由欧洲白种移民建立的殖民地;另一种是被称为"种植园"(Plantation)的殖民地,它指的是那些在新大陆边疆或荒野地带开拓的种植场,是专门为了赢利而从事的农业兼商业活动。① 这前一种"本来意义上的殖民地",马克思在《资本论》第1卷第25章中,即把它正式称呼为"自由殖民地"。② 其实,这类殖民地在马克思之前和之后,都有人提及并不同程度地作过研究,在马克思之前有亚当·斯密,他在《国民财富的性质和原因的研究》下册中就区分了古代和现代的"两种殖民地":一种被他称为"移民垦殖殖民地",以欧洲人在西印度建立的殖民地为代表;另一种被他称为"奴役土著殖民地",以英国人在东印度建立的殖民地为代表。③ 在马克思之后,许多经济史学家和历史学家也都涉及过这一主题,如英国诺贝尔奖得主约翰·希克斯就在其名著《经济史理论》中,认真地研究了殖民地的种类并区分了"移民的殖民地"和"贸易的殖民地",前者指的是历史上各种伴随着领土扩张建立的殖民地,而后者则是指那些"商业扩张"的产物:贸易站。④ 有意思的是,他们对"殖民地"的界定和分类虽然不尽相同,但有一种殖民地即"移民殖民地"都是他们共同关注的对象,并均有过仔细地考察和评述。然而,对"移民殖民地"的认识,只要仔细读一读他们各具

---

① 马克思:《剩余价值理论》第2卷,第339—340页。
② 马克思:《资本论》第1卷,第837页。
③ 亚当·斯密:《国民财富的性质和原因的研究》下册,商务印书馆1972年版,第128—129页。
④ 约翰·希克斯:《经济史理论》,商务印书馆1987年版,第40—45页。

风格的著述,就会发现他们之中没有一个人超过马克思,因为马克思以一个定语"自由的"一词,不仅明确地划清了这类殖民地与其他各种殖民地的界限,也深刻地揭示了这类殖民地的性质及其内涵,真可谓"意味深长"。

为什么这样说呢?有关的历史文献中"自由"有两重含义:(1)是移民占领和定居的"自由"①;(2)是土地在市场上转让的"自由"。②占领和定居的"自由",以当地土著落后和人烟稀少为前提;而土地在市场上转让的"自由",则要以土地是否彻底摆脱封建制残余的束缚为条件。就第一层含义而言,整个美洲和大洋洲甚至俄国的西伯利亚都可以称作"自由殖民地",因为无论是美洲的印第安人还是大洋洲的矮黑人和西伯利亚的通古斯人,当时都还处于原始社会的不同阶段,其社会至多也只发展到部落联盟或酋邦阶段。只有玛雅人、阿兹特克人和印加人建立了自己的"帝国",把人分成不同的等级从而跨入了奴隶制社会的门槛,但她们都在欧洲人入侵前后由于病毒的流行和暴力的征服而迅速瓦解以致灭亡,使入侵者得以畅行无阻,任意蹂躏。但马克思和F.特纳对这种"自由"的理解并不一样:F.特纳在其名文《边疆在美国历史上的意义》③中所说的"自由土地",只是在第一层含义上说的"自由土地"即可以自由占领的土地,因为他在该文中把北美的土地分为相互联系的三大部分:自由土地——边疆——定居地,其中"定居地"是指已被白人填满的土地,"边疆"是指已开始被白人占领但尚未住满人的土地,而"自由土地"则是指尚未被白人染指而由印第安人占据或根本无人居住的土地,因此F.特纳

---

① 马克思说:"这里说的是真正的殖民地,即自由移民所开拓的处女地。"马克思:《资本论》第1卷,第833页注㉕。
② 列宁:《十九世纪末俄国的土地问题》,《列宁全集》第15卷,第114页。
③ F. Turner, *The Frontier in American History*, New York, 1920, p. 3.

的"自由土地"概念,是以忽视、蔑视和否认土著主权为前提的。① 而马克思所说"自由殖民地"中的"自由"概念,或许并不排除"文明"在所有"新大陆"扩张的内容,因为他认为,在那些杳无人烟的地方,进行拓殖和开发,特别是以资本主义方式去进行拓殖和开发乃是一种社会的进步。但他的"自由"的主要含义还是土地转让的"自由",并认为只有这种"自由"才能为殖民地的迅速发展提供必要的前提和条件,因为它使每个移民"都能够把一部分土地变为自己的私有财产和个人的生产资料,而又不妨碍后来的移民这样做"。② 由此可见,马克思所说的"自由殖民地",主要是指北美和大洋洲的英属殖民地,而不包括拉丁美洲和俄国的西伯利亚这些地方,皆因只有这些英属殖民地才具有上述双重意义的"自由"。

为了说明这一点,我们不妨对这两种殖民地建立的过程及其社会经济历史背景,作一简要的回顾。英国最早的殖民地是爱尔兰,而不是北美洲和澳大利亚、新西兰,它对爱尔兰的入侵早在 12 世纪就开始了。但英国在海外的扩张来得并不比葡萄牙、西班牙更早,因为英国在发生革命前无论军事上还是在经济上都还是一个小国,那时英国是无常备军的。葡萄牙人早在 1415 年就在北非占有了休达,然后沿非洲西海岸南下直到几内亚湾,并重新发现和占领了亚速尔、佛得角和马德拉三大群岛。自 1492 年哥伦布发现新大陆后,西班牙就以 Espaniola 为基地沿西、南、北三个方向向整个美洲大陆挺进,最终建立起以今日的墨西哥为中心的"新西班牙"。法国虽然在 1608 年才在五大湖区建立起第一个永久殖民地:魁北克,但它在北美的殖民活动以商业为动力,迅速地把它的"新法兰西"(New France)的领

---

① 参见拙著:《美国边疆史》,北京大学出版社 2000 年版,第 351—353 页。
② 马克思:《资本论》第 1 卷,第 837 页。

地经五大湖、密西西比河扩张创新奥尔良,其版图几乎囊括了整个北美大陆的心脏地区。然而,无论是葡萄牙、西班牙还是法兰西,当它们开始其殖民扩张的时候,均处于君主专制的巅峰时期而国内的社会经济改革都未提上日程,又是以贵金属或皮革的掠夺为主要目标,十分注意政治和军事的占领,却很少注意殖民地的实际拓殖与发展,因而带去了大量的封建制因素。如西班牙在新西班牙推行的专制统治,葡萄牙在巴西推行的大庄园制,法国人在魁北克推行的领主制,均是来自本国的地地道道的封建制。而英国在北美及澳洲的殖民,则是在另一种背景下进行的:第一,它的大部分殖民活动都是在1640年资产阶级革命开始之后发生的;第二,虽然北美殖民活动开始于革命前30多年,但这时英国的资本主义也早已深入农业;第三,当1788年英国开始把澳洲当作犯人流放地时,其本土已开始进入轰轰烈烈的工业革命阶段。所有这一切,使英国的殖民政策,少了不少西班牙、法国等老牌殖民国家那样的专制色彩,允许殖民地人享有对自己事务的实际"治理权",而且在土地关系中基本没有移植什么大土地所有制及其他封建制。① 即使在英属北美殖民地进入稳定发展的18世纪,西班牙和法兰西也还未发生资产阶级革命。那么,作为一种资本主义起源和发展的历史模式,马克思所说的这些"自由殖民地"的独特性究竟体现在何处?这些特性又如何决定并规范了这些地区以后的发展及其路线呢?这里,试解读与分析如下,共四点。

其一,在所有这些"自由殖民地",无论是在美利坚还是在澳大利亚和加拿大,殖民模式的选择都很快由商业殖民转为农业殖民或农业兼商业殖民,只有在澳大利亚有点特殊。在这一点上以美国最为典型。合众国的直接母体是1774年建立的"联合殖民地"(United

---

① 参阅拙文:《美利坚文明的历史起源》,《世界历史》2002年第5期。

Colonies),"联合殖民地"以 13 个殖民地的代表组成的"大陆会议"（Continental Congress）为其载体，而它们的先驱和前身是 1607 年建立的詹姆士顿。之所以说它最初是一种商业殖民模式，其理由有三：(1)这个殖民地的创立者弗吉尼亚公司原是一个地地道道的商业公司，它不仅主要由伦敦商人组成且其中许多人是著名的东印度公司(1600 年成立)的成员，而且实行当时典型的股份集资与分红制度；(2)其雇员即随公司带到北美殖民地的移民，最初实行典型的"土地共耕制"（joint land system），因为他们都是为公司利益而劳动，其产品也要交由公司处理；(3)在 1606 年英王给公司颁发的特许状中明文规定，在殖民地找到的金矿或其他贵金属，黄金收入的 1/5 必须上缴给英王，这是当时西欧各国重商主义在殖民政策上的典型表现。[1] 但由于在北美未能找到他们希望找到的贵金属，也由于"土地共耕制"不利于调动和发挥劳动者的积极性，还由于大量移民本身带来的严重的生存压力，以及公司在移民活动中耗费的大量成本而造成的亏本，弗吉尼亚公司不得不从 1614 年起把部分土地分发给个体移民自行耕种，并进而于 1618 年在移民中实行"人头权"制度。这就不仅改变了经营方式，也改变了经营主体和经营目的，从而使原来的以赢利为目的的商业殖民模式演变为以生存为目的的农业殖民模式，虽然后来新建立的"特殊种植园"即烟草种植园带有明显的商业性质。这种模式后来在英属北美殖民地，被广泛模仿和采纳，成为一种基本趋势。在加拿大，在正式开始殖民活动之前首先兴起的是捕鱼业，这是一种典型的商业活动，1578 年时各国在这里从事渔业的船只：英国 30—50 艘，西班牙 200 艘，比斯开（Biscay）20 艘，但七年后

---

[1] Henry S. Commager, ed., *Documents of American History*, New York, 1963, v. 1, pp. 8—10. 并参见拙文：《美利坚文明的历史起源》，《世界历史》2002 年第 5 期。

这个数目增加到300艘,它们分别来自西班牙、法兰西、英吉利和尼德兰。① 1607年法国人在魁北克建立第一个永久定居地,当时最活跃的商业公司是"新法兰西公司",②在1763年之前曾将近209.6万英亩的土地授予马罗天主教教会,此外还有大量土地被授给基督教教会及一些封建领主,但法国在这个殖民地的目标依然以商业和贵金属的追求为主,在实在在当地找不到黄金的情况下便以海狸作为其替代物而被当作了"金矿"(a mine of gold)。③ 所以,法国人后来虽然在北美占领了庞大的地盘,并且把"新法兰西"(后改名为"路易斯安那")的重心由魁北克移至新奥尔良,始终只控制着那里的一些要塞和据点,未见大规模的垦殖活动。加拿大由商业殖民向农业殖民的转变始于英法七年战争(1756—1763年),战争中英军于1759年攻占魁北克,1763年《巴黎和约》将整个新法兰西割让给英国,从此加拿大的殖民活动纳入整个英属北美殖民制度统筹范围。此时英属北美殖民地的农业殖民模式已达于成熟,所以新来的英国殖民者也是以垦殖为主的,甚至定居下来的英军人士也都分得了土地。至美国革命爆发,约4—5万效忠派逃往加拿大各地,由于这些人大部分来自宾夕法尼亚至马萨诸塞等地,多半也领取土地从事农耕,从而带来了农业殖民制度。1763年英王发表"皇家公告"时,英国在加拿大的领地只有四个:魁北克、纽芬兰、鲁珀特、新斯科舍,1774年的《魁北克法案》把魁北克管辖的范围扩大至纽芬兰的部分领地以及俄亥俄河以北的地区④,1784年又把原由新斯科舍管辖但移民稀少的

---

① Gustavus Myers, *A History of Canadian Wealth*, Toronto: James Lewts & Samuel Pubishers, 1972, v. 1, p. 17.

② "新法兰西公司"(New France Company)存在于1627年至1663年,是法国人在加拿大进行殖民活动时期最重要的商业殖民公司,但到1643年也只移民了4000来人。

③ Gustavus Myers, *A History of Canadian Wealth*, p. 23, 13.

④ Roger Duhamel, *British North America Acts and Selected Statutes*: 1867—1962, Ottawa.

部分地区划出建立一个新省:新不伦瑞克,因这里新到了因革命从美国逃亡来的几万人士,其中军官和户主领得土地 2000—3000 英亩,子女 200 英亩。此后,随着大量移民从美国西部边疆和英国本土的到来,加拿大的拓殖运动便从魁北克向西推至尼亚加拉半岛、安大略湖地以及圣劳伦斯河上游,以致英议会通过的《1791 年宪法法案》不得不新增加一个省份:上加拿大,到 1867 年 7 月 1 日组建"加拿大自治领"时,加拿大的农业垦殖已有了坚实的基础,已完全改变了法国人原有的以商业为主的殖民模式。① 至于澳大利亚,那里的情况更为特殊:此地最初既不是农业殖民地也不是商业殖民地,而是英国的罪犯流放地,其启用年代为 1788 年,这一政策一直持续到 1868 年。但:第一,澳大利亚远离英伦三岛,为维持犯人生存所需之粮食、食品和其他生活必需品,不能像当初那样永远从遥远的英国用船队运去,必须在当地逐步解决,解决之道就是开荒种地。第二,从英国流放到澳大利亚的犯人数量很大,且日渐增多。据统计,从 1788 年至 1830 年其数目总数不下 3.2 万人,以致这类人在当地已形成一种独特的被称为"犯民社会"的社会,而一个社会的存在是离不开基本的供求关系的。第三,我们注意到,在为英国犯人制定的流放政策中,英国政府似乎从一开始就不完全是为了惩戒,其中多少也包含着带有社会进步意义的"教化"内容。这一政策的建议者约瑟夫·班克斯(Joseph Banks)在其建议中就提出"犯民移送该地后,能否寻出肥沃可耕之地?令其努力生产,自给自足"②的问题。正是从这一目的出发,早在 1789 年就在流放地实行犯人"分配制度"(Assignment system),允许私人雇佣在押犯人为其做工,后又在 1802 年允许犯人以

---

① 参阅张红菊:《加拿大的开发与崛起》,见何顺果主编:《比较开发史》,世界图书出版公司 2002 年版,第 193—211 页。
② 骆介子:《澳洲建国史》,商务印书馆 1944 年版,第 11—12 页。

为政府服务换取"缓刑证"(ticket-of-Leave)。由于这种垦殖活动是由从前的犯人来进行的，在澳洲殖民史上称为"前罪犯农业殖民制度"(system of ex-convict agriculture)。① 第四，事实上，不可能单纯地把澳大利亚当作犯人的流放地，因为对犯人的管理需要大量官员、职员及军人，这些管理人还会带去大批家属和子女，而随着这些人的到达又会把大量当地的信息传递给他们的亲戚、朋友以及其他冒险者，从而不可避免地吸引去大批非犯人移民。据统计，非犯人移民在整个澳洲人口中的比重是在不断增长：1790年为26%，1800年为68%，1810年为52%。② 第三，英犯人在澳的最初流放地一般在沿海狭小地带，然而，1813年以G.布拉克斯兰德为首的三人，为寻找水草而从新南威尔士翻越蓝山山脉，突然发现被海岸山脉包围的适合定居开发与放牧的澳洲内陆，从而为成千上万拓荒者的到来打开了一扇窗口。所有这一切，都为英人在澳洲的殖民政策的转变，即由犯人流放地向农业垦殖地的转变准备了条件。换言之，在英属澳大利亚，在大约一代人的时间内，就发生了由犯民流放地向农业殖民模式的演变。

其二，在所有这些"自由殖民地"，在其定居和拓殖活动之初，几乎都是按产生于英国的资本主义方式从事经营的，虽然不同程度地引入了来自母国的某些封建制残余，但都不很重。其中，比较重的是美国的前身英属北美十三个殖民，但最初也只是引进了英国肯特郡东格林威治庄园实行的"自由永佃权"，(free and common Soccage)，对国王只附象征性的义务（如两个箭头和几张海狸皮之类的地租）。③ 后来，当

---

① Jan Kociumbas, *The Oxford History of Australia*. v. 2, Oxford University Press, 1992, p. 21, 40, 104.

② Gordon Greenwood, *Australia: A Social and Political History*, Angus & Robertson Pubishers, Australia, 1977, p. 13.

③ Henry S. Commager, ed., *Documents of American History*, p. 10.

"共耕制"无法继续维持下去,公司被迫将土地转包给移民个体经营之时,才在实践中引入了"代役租"之类的封建制残余,包括长子继承制和限定嗣续法,等等,这已是1618年之后的事情。这是因为,经过10多年的殖民实践,英王发现光靠政府和公司的投资是很难维持其殖民事业的,还必须想法从日益增多的移民中获取回报。此外,殖民活动最初主要是大商人、冒险家、政府官吏乃至皇室的事业,对他们自然应当宽厚一些;而现在不同了,它几乎成了一个公众的事业,越来越多的中下层民众卷入其中,就不能像对待当初那些人一样优惠了。所以,此后的大多数特许状中,以及殖民当局和业主在对土地进再分封或再转让过程中,就附加了"代役租"之类的封建义务。如1632年英王给马里兰卡尔弗特业主的特许状,就明确规定业主有权在出租土地时要收适当的"劳役、佣金和地租"。① 而此后在给宾夕法尼亚、卡罗来纳、缅因和佐治亚的特许状中,也都附有同样的内容。不过,在英王颁发的特许状中,所定代役租一般都不高,在多数情况下都是象征性的。但在实行"人头权"制度之后,由于许多新老移民取得了业主的地位,"代役租"的数额就无法作统一的限制了,虽然这时一般每100英亩之地租大多在2—4先令之间,但也有少数业主把租金提到数英镑。美国革命前,在英属北美殖民地发生过"封建义务复活"的过程,一度出现大幅度地提高代役租征收的情况,但并不能因此否定殖民地封建制残余的基本趋势。在加拿大,由于第一个永久殖民地是由法国人建立的,又由于当时资本主义在法国发展的程度远远低于英国,法国殖民当局在魁北克等地引入了比较典型的封建制度:(1)在政治上,其主要表现就是法国政府对殖民地事务的专权。本来,在殖民地曾于1647年建立有"魁北克参事会"(Council of

---

① Hery S. Commager, ed. , *Documents of American History*, p. 21.

Quebec),作为新法兰西最高权力机关,并有若干理事由民选产生,但参事会在1663年改为"主权参事会"(Sovereign Council)后,不仅主持殖民地事务之权逐渐集中于总督或省督或主教,民选参事乃至整个参事会渐渐形同虚设,实际上殖民地的一切法律法令的制定及一切重大事务的最后决定权,均由母国中央政府及国王操办,又于1665年起派出正规军长驻新法兰西,以强化对殖民地的统治和控制。(2)在经济上,其主要的表现就是在殖民地推行"土地占有领主制"(Seigriorial system of hoding land)。这一制度完全源于法国本土,其基本原则可概括为如下几点:领主从法王那里领取土地并承担多种封建义务,然后领主将土地划分为小块,再分封给下一级领主或佃农,并向他们征收相应的租税。其中,封建义务主要指劳役(corvee),一般年服役3—6天,亦可用货币代交。地租则分为两种形式:一是货币地租(或年贡),一是实物地租(亦可以货币折算)。[①] 有人认为,这种领主制是"半封建性"的,但从存在并实劳役制来看,[②]更像欧洲(包括法兰西)14、15世纪农奴制废除前的制度,应该说完全是属于封建制的,至少在性质上是如此。1763年后英国人取代法兰西人统治加拿大,本可以较为宽松的方式来处理那里的事务,但鉴于当时13个殖民地与英帝国的矛盾日益严重,亦害怕原殖民地的法兰西人对新的统治者不满,不仅未能废除法国人建立的封建领主制,并保留与此有关的劳役租和什一税,而且对魁北克实行了4年的军事管制,即使在1774年《魁北克法案》中,依然保留

[①] R. Douglas Francis and Donald B. Smith, *Readings in Canadian History*, Harcourt Brace & Company, Canada, 1994, p. 261.

[②] 除劳役(Corvee)而外,在法属北美还授予领主贵族头衔,赋予领主和僧侣"高等法官"的权利,向移民收取什一税,等等。参见 Gustavus Mayers, *A History of Canadian Wealth*, pp. 16—23.

了法国人原有的领主制。① 不过,在新的英国移民比较集中的新斯科舍和上加拿大,则采纳了英国的语言、立法及政治制度,并建立了类似英国众议院的代议制,在土地占有方面也以独立的个体小农为主。② 如前所述,澳大利亚最初是作为英国的"犯人流放地"而启用的。当时在主观上并无将它开发为一个"正式殖民地"的计划,因此,它在那里实行的政策是以军事管治为特征的:第一,它原是一种强制性移民运动,因为移民主体是罪犯而不是自由人,这些人不享有人身自由和公民权利;第二,这个移民运动是由政府而不是公司或私人出资运作的,因此它最初并不存在赢利与否的问题,成败系于英政府之决策;第三,这种移民运动的组织和管理采用军事方式,被任命为驻澳第一任总督的菲利普(Captain Phillip)原是一名海军上尉,随罪犯抵澳的海军官兵在登陆后立即被改编为"保安队";第四,更为重要的是,对罪犯移民的管理充满了暴力色彩,"鞭笞"是对犯民最常采用的惩罚措施,并因此常常引发犯民的聚众暴动,这种暴动有时还得到管理人员的支持。所有这些,都谈不上是封建的还是非封建的问题。但当初,在任命菲利普舰长为驻澳首任总督时,曾对其职权有若干明确的规定,赋予他以"司法裁判权"和"偿赐人民土地权",这显然带封建特权的性质。据统计,1788 年至 1830 年期间,在澳英国自由人据此获得的土地授予,总计 560 万英亩左右。③ 有时总督在授予这类土地时,只需在"便条"上写明:"某君得余核准,可在此居留,并由其自择适当之土地若干亩,以资生产而维生活。"④正因为如此,当时

---

① 见 The Quebee Act,1774. *British North America Acts and Selected Statutes*,1867—1962. pp. 17—18。

② 七年战争后,许多土地渴求者从新英格兰来到新斯科舍。1775 年此地人口约 2 万居民,其中 3/4 是有强大经济与文化的新英格兰人。(见 George A. Rawlyk,The American Revolution and Nova Scotia Reconsidered.)

③ 骆介子:《澳洲建国史》,第 24 页。

④ 同上书,第 24 页。

能获得此种"赐地"者,大多属有权有势之辈。不过,比起英属北美殖民地(包括美国和加拿大地区)来,澳大利亚殖民地在土地问题上的封建制残余,无疑应是最少的一个。

其三,在所有这些"自由殖民地",最终都实行了类似于后来美国的"公共土地"(public lands)政策,并向普通移民开放以便他们得以私人身份购买其土地,从而建立了广泛的自耕农的所有制,只是各具特色及程度不同而已。在英属北美 13 个殖民地,自 1618 年弗吉尼亚开始实行"人头权"后,所有新建立的殖民地几乎均先后仿效,"人头权"即按已有或新来的移民的人头数从殖民当局领取耕地,一般每人 100 英亩左右,可多可少。换言之,在美国革命前,英属北美 13 个殖民地居民的绝大多数已经是享有土地私有权的独立个体经营者,或称"农场主"(farmers)。进而,当反英独立战争正如火如荼进行之际,革命领导机关大陆会议又在 1780 年 10 月 10 日,对有关西部的"公共土地"的所有权、控制权和管理权作出如下决议:(1)这些土地是指由各州割让或转让给合众国的土地;(2)对这些土地的处理今后要考虑到合众国的公共利益(common benefit);(3)这些公地将由移民定居并组成若干"共和州"(republican states);(4)这些州将加入并成为联邦的成员并享有与原有诸州一样的"主权、自由和独立";(5)在正式加入联邦之前它们将组建成"领地"(territory),即准州;(6)这些土地的定居和授予要在 9 个或 9 个以上州参加的情况下由国会规范和同意。① 这就为此后"公共土地"的处理提供了基本的指导原则,从 1784 年土地条例的制定到 1862 年林肯《宅地法》的出台,无论其中在出售面积还是土地价格和优惠条件方面如何变动,均没

---

① 见 Resolution of Congress on Public lands (October 10,1780), Henry S. Commager, edu., *Documents of American History*, p. 120.

有越出上述原则所确立的精神。这些具体土地条例所涉及的变动是:(1)在土地出售的单位面积方面,由最初的640英亩逐步减少到40英亩;(2)在所售土地的定价方面,由最高时的每英亩2美元降至后来的1.25美元或只交10美元手续费;(3)为了吸引贫困者和照顾占地者,国会还在土地条例中附加了贷款购地、分期付款和允许占地者"先购"的条款。① 由于"公共土地"涉及总面积达14亿英亩以上的土地,又分布于阿巴拉契亚山脉以西30多个州,这一政策的实施不仅彻底扫除了殖民时期从母国引入的"代役租"之类的封建制残余,而且使免除了绝对地租负担的成千上万的独立的自耕农得以形成,并最终成为美国农业的主体或"唯一代表"。在加拿大,最初法国殖民当局实行领主制,但实际耕作者多数还是佃耕农。在英国移民区情况则不一样,特别是1763年七年战争结束后,在新英格兰人大量涌入的新斯科舍,以及从五大湖以南涌入的上加拿大,移民一般采取自由占领、垦殖的方式,英国殖民当局当时并不收取费用。直到1827年对土地使用方采出售加贷款的方式,这时移民既可从英国皇家土地局获取土地,亦可以从私人土地经纪人和投机商手中获取,其地价高者达每英亩4—8英镑,低者不过每英亩2—3先令。其间,于1823年成立的大土地投机公司加拿大公司,和1835年成立的英美土地公司,它们分别从英国殖民当局手中购得大量公地,然后向新来的移民出售,不仅从中大获其利,也促进了独立农户的发展。1867年,英属上、下加拿大、新斯科舍和新不伦瑞克四省组成联邦式"加拿大自治领",1870年自治领又以30万英镑从英王手中取得加拿大西部和西北部,得以使联邦成员增加三省两区:马尼托巴省、萨斯喀彻温省、艾伯塔省及西北领土和育空领地,紧接着又于1871年建立了

---

① 参阅拙著:《美国边疆史》,第112—118页,335—350页。

不列颠哥伦比亚省。随着加拿大"从海洋到海洋"之梦想的实现,约翰·麦克唐纳总理于1872年和1878年两度提出以铁路、移民和关税为支柱的雄心勃勃的"国家政策",其中向西部大规模移民以开发大西部可视为这一"国家政策"或民族理想的核心。为此,联邦政府于1872年特制定了著名的《自治领土地法案》,这个法案明显地"吸收了合众国近一个世纪内的[开发西部]的经验",①具有两个最为显著的特点:一是实行正规的土地勘测制度,二是按简便方式统一授予土地。其具体办法是:和美国一样,出售土地的基本单位是一个镇区,每个镇区由一平方英里土地构成,每个镇区又划分为36个分区,对移民实行"负责授予制度",每个移民可以申请到160英亩,条件是在三年内必须在该土地上定居并进行垦殖,并交纳10美元的专利费(patent fee)。② 这一自由宅地制度运作,实际上比美国的"公共土地"政策来得还要快,因为在美国为达到这一目标整整花了80年时间(1780—1862年),它在几十年内吸引到西部开发中的移民真可谓"成千上万"。据统计,仅1901—1911年的十年内,就有100余万移民定居加拿大西部,其中82万余人是定居在大草原地区。③ 关键在于,这些人是以完全独立的自耕农身份出现在辽阔的大西部的,他们也是当时加拿大农民的主体。如果说,这一"公共土地"政策,在英属北美是在联邦政府建立以后才提出和实行的话,那么,在英属澳大利亚,在1901年建立联邦政府之前就已实行了。如前所述,在那里,由于最初实行犯民移民制度,对移民的土地分配问题当时并不占有重要地位,必要的土地分配采用的是"恩赐"制度。但这种情况势难持久:第一,土地"恩赐"制度并无效益,对殖民地的发展起的作用有限,

---

① Edgar McInnis, *Canada: A Political & Social History*, Toronto, 1982, p.395.
② ibid, p.395.
③ 张红菊:《加拿大的开发与崛起》,何顺果主编:《比较开发史》,第233页。

并加剧了普遍的移民与少数特权人物的矛盾;第二,随着时间的推移,自由移民的数量日益增多,他们要求在澳大利亚通过拓殖自食其力;第三,陆续被遣送来澳的罪犯,通过"分配制度"和"缓刑制度",逐步由犯人变为自由人,他们的生存也要求以适当的制度来保证。所有这些都说明,改变原来的土地"恩赐"制,实行更具现实性的土地制度已刻不容缓,而转折就是1829年由爱德华·吉本·威克菲尔德提出的"系统殖民理论"(Systematic Colonization)。威克菲尔德(E. G. Wakefield 1796—1862),于1796年出生于伦敦,年轻时曾攻读过法律,后供职于英驻意都灵公使馆,一度因骗婚入狱。他的"系统殖民理论"见于1829年伦敦《纪事晨报》刊登的《悉尼来信》[①],也见于他的《关于澳大利亚殖民化建议草案》(1830年)、[②]《英国和美国》(1833年)[③]和《开拓殖民地的艺术》(1849年)[④]等著作。其殖民理论的核心,是要为英国在澳大利亚的殖民事业提供充分的自由雇佣劳动力,并找到一种最佳的解决劳动力供应的方法,其基本思路和论点可归纳如下:(1)拥有货币、生活资料、机器及其他生产资料,而没有雇佣工人这个补充物,没有被迫自愿出卖自己的人,还不能使一个人成为资本家;(2)在英属北美,雇佣劳动的供应"不仅总是过少,而且没有保证",因为从母国带去的雇佣工人"很快就变成了独立的农民";(3)因此,澳洲殖民地的开发是否成功取决于能否提供足够数量的自由雇佣劳动力,这个数量应当与资本家所占土地的面积成正比;(4)为了给土地资本家提供充足的劳动力,除了采取方法(如降低运输成本)鼓励母国的贫苦劳动者大量移往澳洲外,还要考虑"殖民地

[①] E. G. Wakefield, "A Letter from Sydney"(1829).

[②] Ev. Of E. G. Wakefield to select Committee on Disposal of lands in British Colonies(1836).

[③] E. G. Wakefield, *England and America*(1833).

[④] E. G. Wakefield, *The Art of Colonisation*(1849).

的工资与生活成本的比率"问题,以确定劳动力的"适当的价格";(5)为了防止雇佣工人过快成为北美那样的独立农民,并保证人口集中而避免散居于荒野从事拓殖,土地的售价应保持适当的价格(sufficient price),即适当的高价,以使资本家愿意购买,而普通移民则买不起;(6)为此,必须废除多年来实行的"土地恩赐制度",土地不论好坏及所处什么位置,它们都应被视作"土地基金"由殖民当局按固定划一的价格公开出售,但不得使用拍卖方式以防止地价高低不齐;(7)出售土地获得的全部收入,应完全用于资助从本土前往澳洲的移民的旅费及其他费用,以保持土地、工人和资本三者之间的平衡;(8)为了防止殖民地人口男女比例失调,选择移民的重点应"只限于青年人,特别是包括两性的年轻夫妇"。[1] 威氏的殖民理论获英政府赞赏,乃着手对澳土地制度进行改革,由殖民大臣戈德里奇颁布首部《1831年土地条例》,条例共23条,主要内容是:已被占用和准备出售的土地,以640英亩为最小单位进行出售,地价每英亩不少于5先令,购地者须一次交清地价的10%,其余在一个月内交清即可,但要支付6英镑2英令手续费;皇家土地以"出租"方式处理,最小出租单位亦是640英亩,租金每年最低为20先令,一年过后可重租或出售;[2]这个条例和美国的1785年土地条例一样,确立了以低价位将公共土地私有化的方针,在澳洲自由土地开发史上有划时代意义。这一政策先在1834年设立的"南澳殖民地"进行实验,后又组成以威克菲尔德为首的"澳洲垦殖移民委员会",主持在澳洲内陆及其他殖民地推广的工作,尽管地价后来在1840年提升为每英亩12先令,

---

[1] 马克思:《资本论》第1卷第24章。C. M. H. Clark, *Select Documents in Australian History*, *1788—1850*,. Angus & Roertson Lid, Sydney, 1969. pp. 175—181. 参见聂义峰:《澳大利亚大陆的开发》,何顺果主编:《比较开发史》,第285页。

[2] C. M. H. Clark, *Select Documents in Australian History*, p. 114.

1842年又提升为每英亩1英镑,①但这一基本趋势却不可逆转。

其四,在所有这些"自由殖民地",无论是在美国、加拿大还是在澳大利亚,最终都在互不相属的各殖民地的基础上建立了以"地方分权"为主要特点的联邦制,由于调动了中央和地方两个积极性,确保了这些国家以后的迅速发展。在英属北美,在殖民时期先后建立过16个殖民地,它们是弗吉尼亚(1607年)、普利茅斯(1620年)、马萨诸塞(1628年)、马里兰(1634年)、罗得岛(1636年)、康涅狄格(1636年)、纽黑文(1638年)、缅因(1634年)、南卡罗来纳(1663年)、北卡罗来纳(1663年)、纽约(1664年)、新罕布什尔(1639年)、新泽西(1664年)、宾夕法尼亚(1681年)、特拉华(1638年)和乔治亚(1732年),后缅因与马萨诸塞于1677年合并,普利茅斯与马萨诸塞于1691年合并,纽黑文与康涅狄格于1662年合并,剩下13个殖民地。这些殖民地,由于建立之时均分别由英王特许,其权力的来源是垂直的,彼此之间互不相属而独立,由于它们的移民主体都是英国人并讲英语,又由于各殖民地随着交通运输的发展、经济文化联系的日益增多,特别是由于共同面对印第安人威胁的必要,遂滋生了联合起来并与英帝国分离的思想和行动,乃于1789年确立了联邦制的美利坚合众国。这一过程经历了四个阶段或步骤:(1)建立"联合殖民地"(1774年);(2)各殖民地分别宣布独立并建立政府(1780年起);(3)建立各州拥有"主权"的邦联(1781年);(4)建立将主权收归中央的联邦。根据1787年合众国宪法,这个联邦式国家在体制上有什么特点呢?首先,它确立了"共和"原则在整个国家体制中的基础地位,因为它规定各级主要官吏包括总统、州长在内均由选举产生;第二,它同时又实行"州权平等"的原则,令各州在参议院均拥有两个席位

---

① 骆介子:《澳洲建国史》,第25页。

和投票权,从而在共和原则之上建立了联邦制;第三,它赋予总统以极大的权力,令其集国家元首和内阁总理大权于一身,因它根本未设置总理这一职位,从而形成所谓"总统制";第四,它将立法、行政和司法之权分别授予国会、总统和最高法院,又让这些部门同时承担除本身之外的其他部门的某些职能,并令其在宪法范围内各自独立行使其权力,从而达到互相"制衡"的目的;第五,它将"主权"收归中央,从而克服了"邦联"时期"尾大不掉"的局面,但又把凡未明确列举给中央的所有权力保留给地方和人民,从而形成"两级权力"结构,或"地方分权"制度。① 总之,在美国的政治、经济生活中,从某种意义上可以这样说,中央政府的权力是"有限的",而地方和人民的权力则是"无限的",这为群众性的创造性活动提供了广泛的可能性。当加拿大建立联邦制国家的时候,已经到了1867年,但仍是英国的一个"自治领"。这个联邦是由4个成员组成的:上加拿大、下加拿大、新斯科舍和新不伦瑞克,其中主要部分是原法国的殖民地——魁北克(下加拿大),其他部分则主要由英美移民构成。1867年之前,加拿大各殖民地,都在当地移民要求下,经英国议会批准,从1840年起实行《加拿大地方自治法》,②在各殖民地设立地方代表议会和责任政府。1867年以后,加拿大自治领不断扩大,最终包括了10个省和3个领地,但这个国家的基本制度是由1867年宪法,即《1867年英属北美法案》③确立的。这个法案为加拿大保留了君主制,也就是说它仍然是英王的领地,其立法也须经英国议会批准。加拿大的真正独立经过了一个漫长的过程:1926年帝国会议决定,英国与各自治领之地位平等,不相隶属,内政、外交各自为政,但自治领之立法仍需英国会

---

① John. A. Garraty, *The American Nation*, New York, 1998, pp. 102—159.
② 《加拿大地方自治法》(The Union Act, 1840)。
③ 《1867年英属北美法案》(The British North America Act, 1867)。

批准;1931年英国会又通过威斯敏斯特法,再次提高加拿大及各自治领之立法权,不再受"殖民地法律效力法"之限制,使之完全独立自主,唯总督仍须在英王室亲属或贵族军人中提名;到1952年,总督人选也改由加拿大总理在加人士中提名,英王之任命权只剩形式而已。那么,1867年的《英属北美法案》怎样奠定了加拿大联邦制国家的基础呢?此法除简短的序言外,第二章的标题就是"联邦",然后才讲立法、行政、地方事务,可见联邦制确是该法的重心。按此法案,加拿大实行行政(归英王)、立法(归国会)和司法(归一般控诉法院)分立原则,但英王的行政权实由加拿大总督代为执行,总督"为女王并以女王名义执行加拿大政府之其他首席执行官",但还须在加政府内设一女王枢密院"以辅佐并奏请女王"。法案将立法权交给英王与国会,国会由参议院和众议院共同组成,其中众议院议员必须由民众直接选举产生,而名额或议席之分配则视人口变化而定。法案第22条涉及参议院之组织原则,明定由安大略、魁北克及沿海两省构成之,三者在参议院席位均为24名,其做法颇似美国参议院所采"州权平等"之原则,从而在法律上落实了联邦制。与美国1787年宪法类似,1867年英属北美法案为国会列举了29种权力,同时也为各省议会设置了一系列"专属权",其中包括地方工程企业、地方公司法人及一切地方性和私人性质的事项,特别是有关教育之法律的制定。[①] 加拿大联邦制之确立,与该地区历史背景有关,因为它最初的移民主要来自两个国家,一个是法兰西,一个是英格兰,其人数当时相差不大,而且各殖民地互不相属。据统计,直至1951年,英人也仅670万,而法人也达430万,形成匹敌之势。不过,在美、加、澳三者之中,在国家体制之建构上,最与合众国接近的,还应当是澳大利亚。如前所

---

① 《世界各国宪法大全》,台北:中华大典编印会,1966年,第607—620页。

述,英国在澳洲最早的殖民地新南威尔士建于1788年,以后先后又建立过5个独立的殖民地:范·迪门地区(1825年)、西澳大利亚(1829年)、南澳大利亚(1834年)、维多利亚(1850年)、昆士兰(1859年)。值得注意的是,这6个英属澳洲殖民地中,除昆士兰一开始就获英政府批准建立自治政府外,其他殖民地都经历了由英王直辖殖民地到自治殖民地的演变过程,因而也都有过一个自治运动和实行地方自治的过程。澳大利亚的地方自治运动,受1840年加拿大地方自治运动之影响,因而也采用加拿大地方代表议会和责任政府之模式。但在1842年英国颁布的澳大利亚自治法大纲中,只提及地方议会而未提及责任政府,作为地方行政长官的总督有事只咨询英殖民部外派官员,使地方议会形同虚设,所以成立责任政府反成了各殖民地重要诉求,并在艰苦奋斗之后均通制宪加以解决。这一自治运动为以后联邦之建立有多方贡献:(1)是宣传了"自由"的精神;(2)是确立了"代议"的原则;(3)是建立了"责任"之政府;(4)是加强了各殖民地之间的联系。但1900年澳大利亚联邦制国家的建立,还得益三个方面的发展:首先是澳洲羊毛对于英国工业革命的重要性之加强,和与此有关的各殖民地之间的贸易竞争和联系的加强;其次是1851年在澳洲发现新金矿后,不仅增强了澳洲殖民地在经济上的地位和影响,也吸引了成千上万自由移民的到来;第三是1846年新南威尔士总督菲茨若伊(Filgroy)上书引发的统一运动,在澳洲各殖民地得到了广泛的回应,1852年丁·兰格博士提出了建立"澳大利亚合众国"的主张,1856年E.汤姆逊提出了召集"全澳联合会"的必要。所以,1891年全澳联合会之在悉尼举行,1897年国民大会之在阿德莱德和悉尼召开,以及联邦宪法草案之通过,均是水到渠成的事情。[①] 那

---

① 参阅郑寅达、费佩君:《澳大利亚史》,华东师大出版社1991年版,第148—160页。骆介子:《澳大利亚建国史》,商务印书馆1991年版,第56—140页。

么,由英国政府在1900年正式批准的澳大利亚联邦制有什么特点呢?首先,其联邦议会亦采两院制,即由参议院和众议院组成,且两院议员均由各州"人民直接选举之",这一点美国和加拿大最初都未做到;其次,与美国类似,澳洲联邦宪法特别强调"维持各原始州之平等代表权,并不得使各原始州之参议员名额少于六人",以落实联邦制原则;再次,与美国类似,澳大利亚联邦宪法也赋予地方各州以相当之权力,规定它们在"加入联邦或建立州之时,未经[联邦宪法]特别授予联邦议会或未撤销州议会该项权力者,仍为州议会所有"。最后,与美国类似,澳大利亚联邦宪法,亦附有专门的修宪之条款,只要"在半数州内有每州半数选民投票赞成修改案,及选民总数过半数役票赞成者,应将修改案移送总督申请女王批准"。① 必须指出的是,无论是在加拿大还是在澳大利亚,在它们建立联邦制国家之前,各殖民地都只经历了"自治"过程,而未如美国那样各州曾享有"主权、独立自由"之阶段,因此其地方分权皆不如合众国各州那么大。所以,在澳大利亚宪法中,出现了诸如"原始州"和非原始州这样的划分,就不奇怪了。

上述四点,系统地体现了马克思所说的"自由殖民地"之间的共性,也是这类"自由殖民地"区别于其他类型的殖民地的主要特征所在。但这种"自由殖民地"的最主要特点是什么呢?这个最主要特点又是由什么因素造成的呢?笔者以为,这类"自由殖民地"的最主要特征,就是成千上万独立的自耕农(或自由牧民)的形成并发展壮大为当地农牧民中的主体,其动力主要来自于英国殖民当局实行的"公共土地"出售政策。从各方面来看,成千上万独立的自耕农(或自由牧民)的形成意义重大:首先,在这类"自由殖民地",由于实行类似于

---

① 《世界各国宪法大全》,第1116—1120页。

美国的"公共土地"政策,这就逐步地最终是彻底地清除了殖民时代初期引入的土地关系中的封建制残余,使这些地区和国家的社会经济结构得以建立在自由的基础之上,令这些地区和国家以后的起飞和发展少了许多束缚;第二,由于自耕农(或自由牧民)已成为农牧民中的主体,而农牧民也是这些农业拓殖区的主要社会成分,这就决定了在这些自由殖民地基础上发展起来的国家的社会性质的自由性;第三,由于这类国家公民中的主体原是来自自由移民和独立农民,这就为以后这些地区和国家的社会、经济和政治改革提供了强大的动力,因为他们的自由殖民经历为他们塑造了良好的自由传统和意识;第四,尽管这类独立的自耕农还是前资本主义的,因为这些土地所有者是"靠自己的劳动使自己变富,而不是使资本家变富",但由于他们的农场(或牧场)是通过土地购买而建立起来的,从一开始就引入了商品和市场机制,这就为以后资本主义的发展提供了直接或间接的前提和条件。换言之,成千上万独立的自由农民(或牧民)的形成,并逐步发展壮大成为当地农牧民中的主体,不仅对"自由殖民地"本身而且对在这类殖民地上建立起来的各个国家,均有广泛而深远的影响,这种影响是整体性的。

马克思在谈到这类殖民地的时候,以敏锐和深邃的语言精粹地指出:"自由殖民地的本质在于,大量土地仍然是人民的财产,因此每个移民都能够把一部分土地变为自己的私有财产和个人的生产资料,而又不妨碍后来的移民这样做。这就是殖民地繁荣的秘密。"[①]应该说,根据我们在上面的分析和论证,它也在很大程度上是在这类殖民地基础上发展起来的各个国家,即合众国、加拿大和澳大利亚在建国之后迅速崛起为发达国家的秘密,而其中最典型的代表就是美

---

① 马克思:《现代殖民理论》,《资本论》第1卷,第837页。

国。这是因为,由于"自由土地"政策的实施和成千上万独立的自由农民的形成,并逐步地发展壮大成为该社会的主体,这类在"自由殖民地"基础上发育起来的国家,便可以绕过旧世界欧洲大多数国家曾经经历过的由农奴制到资本主义转变的那样一个漫长的过渡时期,而直接把自己的发展建立在一种"自由土地"为核心的社会的基础之上,或者说把它作为自己发展的出发点。

最后,我还想对"自由殖民地"这一概念中的"自由"一词的含义作一点补充。我以为,此处"自由"一词的含义,除了前面已经提到的移民占领和定居的"自由"和土地在市场上转让的"自由"这两层外,还应加上这样一层含义:这类殖民地居民的主体最终是由独立的自耕农构成的。

人类正面临从未有过的变化

——论高科技革命的世界历史意义

自本世纪开始以来,特别是第二次世界大战以后,人类社会发生了巨大而深刻的变化,但到目前为止这种变化只不过刚刚开始。现在,21世纪正在向我们走来,处于世纪之交的人们,如何认识人类正在和将要发生的变化,这种变化的本质究竟是什么,它将给人类带来怎样的启迪与教训,这些都是国内外广泛关注的重大课题,社会科学不能不给予回答。

一、马克思的伟大预言

人类文明自诞生以来,不仅走过了几百万年的历程,而且已遍及全部新旧大陆,历史久远而形态万千。不过,从生产力发展的角度观之,迄今为止人类获取财富的源泉,主要还是依靠人们的"直接形式"的劳动,即人的活劳动或体力劳动。因为迄今为止已经出现的生产力,不外乎这样三大形态:(1)原始生产力,即自然形态的生产力;(2)农业生产力,即半人工半自然形态的生产力;(3)工业生产力,即完全人工形态的生产力[①]。与此相联系,我们可以以此为标准,将人类社会的演进划分为三大时代:采集渔猎时代,农业文明时代,工业

---

① 罗荣渠:《一元多线历史发展观与东亚现代化进程》,《现代化新论续篇》,北京大学出版社1997年版,第54—55页。

文明时代。换言之,在人类社会经济的发展中,迄今为止只发生过两次大的生产力的革命:一次是新石器革命,另一次便是工业革命。虽然与同一性质和水平的生产力相适应的可能有几种不同的生产关系,在大致相同的经济基础上也可能构筑完全不同的上层建筑和文化形态,但透过所有这些生产关系和以这些关系为核心构建起来的社会经济形态的帷幕,人们不难发现它们的一个共同点就是,人们的生存须臾离不开人类自身的"直接劳动",人类财富的主要源泉也来自他们的"直接劳动"。即使在资本主义制度下,虽然采用了大机器生产,但雇佣劳动仍是整个经济运行的基础,资本一方面要求尽量否定工人的必要劳动,另一方面受利益的驱使又要尽量延长工作日,以便增加工人的剩余劳动。总之,在此以前的所有时代,正如本杰明·富兰克林所说:"致富之路就像通往市场的道路一样平坦,主要靠两个词:勤劳、节俭。"[1]

然而,自16世纪以后,随着资本主义生产方式的产生,以及工业革命的展开和大机器的采用,人类获得财富的方式也开始悄悄发生变化。这是因为,资本主义生产是剩余价值的生产,而剩余价值总是超过等价物的价值:"在资本方面表现为剩余价值的东西,成为在工人方面表现为超过他作为工人的需要,即超过他维持生命力的直接需要而形成的剩余劳动。"[2]但剩余价值的生产实际上有两种方法:绝对剩余价值生产和相对剩余价值生产,前者是指在必要劳动时间不变的情况下,绝对延长剩余劳动时间而增加的剩余价值生产。但工人工作日的延长并不是无限的,因为它要受生理因素和道德因素

---

[1] 本杰明·富兰克林:《富兰克林文集》,西南财经大学出版社1997年版,第205页。
[2] 马克思:《经济学手稿》(1857—1858年),《马克思恩格斯全集》第46卷(下),第287页。

的制约。因此,资本家一方面要千方百计地迫使工人超出"必要劳动"来做剩余劳动,另一方面又要想方设法尽可能地缩短"工作日的必要劳动部分",即所谓"最大限度否定必要劳动",这就使科学技术在工艺上的采用成了必要。因为采用了科学技术,才能达到既最大限度地提高劳动生产率,又最大限度地否定必要劳动的目的,而这个目的的实现正是"资本的必然趋势"。正是在这个意义上,马克思说:"只有到这个时候,资本才获得了充分的发展,或者说,资本才造成了与自己相适应的生产方式。"①

那么,从生产力发展的角度看,随着资本主义生产方式的产生和大机器的采用,人类获得财富的方式发生了怎样的变化呢?这种变化就是:在采用大机器生产以前,人类进行财富生产的决定性因素,是人们直接从事劳动的时间,即劳动者直接耗费的劳动量;而在此后,财富的获得就越来越多地取决于科学技术的进步,即科学在生产上的运用。正因为如此,马克思在谈到只有科学在工艺上得到应用的时候,资本才建立了与自己相适应的生产方式之后,深刻地指出:"可见,资本的趋势是赋予生产以科学的性质,而直接劳动则被贬低为只是生产过程的一个要素。"②既然由于科学技术在生产上的运用,"直接劳动"即体力劳动已被"贬低"到次要的地位,而资本主义生产则被赋予了"科学的性质",这不等于说科学在这里正在相应地被提升到首要生产力的地位吗?因为从哲学上讲,事物的性质是由主要矛盾的主要方面决定的,既然资本主义生产的性质已由科学所"赋予"或决定,这不就意味着科学已成为资本主义生产中的主要的或第

---

① 《马克思恩格斯全集》第 46 卷(下),第 211 页。
② 同上。长期以来,在一些人看来,马克思·韦伯关于"合理资本主义"的命题,是讲资本主义剥削的"合理性",因而是为资本主义制度辩护的,但从马克思关于"资本的趋势是赋予生产以科学的性质"的论断来看,韦伯的命题还是有道理和价值的,因为"科学性"无疑包含着"合理性"。这并非全属题外话。

一位的因素了吗？尽管当时它还只是一种趋势。正是基于这一重要发现，早在19世纪中叶，当工业革命刚刚在英国完成、大工业正在欧陆和北美起飞、从全球角度看大机器的采用还远非普遍的时候，马克思就在其著名的《经济学手稿》（1857—1858年）中预言：随着新的科学技术的采用和生产力的发展，人类必将迎来这样一个新时代，在这个时代"直接形式的劳动"将"不再是财富的巨大源泉"，劳动时间也将不再是"而且必然"不再是"财富的尺度"①。同时，马克思还预言，一旦这个新时代到来，那么：

>   群众的剩余劳动不再是发展一般财富的条件，同样，少数人的非劳动不再是发展人类头脑的一般能力的条件。于是，以交换价值为基础的生产便会崩溃，直接的物质生产过程本身也就摆脱了贫困和对抗的形式。个性得到自由发展，因此，并不是为了获得剩余劳动而缩减必要劳动时间，而是直接把社会必要劳动缩减到最低限度，那时，与此相适应，由于给所有的人腾出了时间和创造了手段，个人会在艺术、科学等等方面得到发展。②

当然，在马克思去世之际，还只有英国完成了工业化，无论是欧陆还是北美都还处于工业化的过程中，至于亚洲、非洲、拉丁美洲的

---

① 马克思说："在这个转变中，表现为生产和财富的宏大基石的，既不是人本身完成的直接劳动，也不是人从事劳动的时间，而是对人本身的一般生产力的占有，是人对自然界的了解和通过人作为社会体的存在来对自然界的统治，总之，是社会个人的发展。现今财富的基础是盗窃他人的劳动时间，这同新发展起来的由大工业本身创造的基础相比，显得太可怜了。一旦直接形式的劳动不再是财富的巨大源泉，劳动时间就不再是，而且必然不再是财富的尺度，因而交换价值也不再是使用价值的尺度。"马克思：《经济学手稿》（1857—1858年），《马克思恩格斯全集》第46卷（下），第218页。

② 《马克思恩格斯全集》第46卷（下），第218—219页。

广大地区,绝大多数国家工业化还没有真正起步;就科学而言,它要转化为直接的生产力,必须经过"科学—技术—生产"这样一个转化过程,即经过一个复杂的中间环节,而当时实现这种转化的条件还极不充分,因而科学技术还"属于一般社会生产力",即"潜在的或间接的生产力"[1]。因而离他所预言的那个"直接形式的劳动不再是财富的巨大源泉"的时代,还相去甚远,这是不言而喻的。但是,马克思的预言毕竟揭示了一个真理,即资本主义生产方式的产生确实给人类带来了一种从未有过的机遇,这就是它在把新的剥削和压迫强加于无产者之时,也开辟了人类在某种程度上摆脱"直接劳动"的新时代之路,尽管这种"直接劳动"可能永远是必要的。因为导致工业革命的科学革命及其有关的发明创造,虽然不一定都直接导源于资本对技术的需求,但正如马克思所指出的:

"资本不创造科学,但是它为了生产过程的需要,利用科学、占有科学。这样一来,*科学作为应用于生产的科学同时就和直接劳动相分离*","只有资本主义生产方式才第一次使自然科学为直接的生产过程服务","科学获得的使命是:成为生产财富的手段,成为致富的手段。"[2]

关于这个问题,甚至连把自己的著作称为"非共产党宣言"的W. W. 罗斯托,也通过自己对"现代经济的起源"的独立和卓越研究,得出了与对手马克思几乎完全一致的结论,这只要读一读其所著《这

---

[1] 哈贝马斯:《作为意识形态的技术与科学》,参见陈学明:《哈贝马斯的"晚期资本主义"论述评》,重庆出版社1993年版,第214—215页。
[2] 《马克思恩格斯全集》第47卷,人民出版社1979年版,第570页。着重点为引者所加。

一切是怎么开始的》,就可明白。在此书中,W.W.罗斯托阐述了这样一个中心论点,作为"现代经济"产生标志的工业革命,既不是直接导源于商业学派所说的"商业革命",也不是由于制度学派所谓"所有权"改变的直接结果,在很大程度上是由"科学革命"所决定的。因为只有"科学、发明和企业三方面的持续努力结合在一起",才"能够把经济提高到新的发展阶段"即"持续发展"阶段,"促使新的报酬递增的事例和许多新的先导部门复合体的出现"[1]。他的结论是:

> 科学革命,从其全部结果来看,是历史方程式中的一个要素,它把早期现代欧洲同所有过去的经济发展阶段区别开来了。[2]

二、本世纪发生的巨变

马克思的伟大预言虽然在他有生之年无法实现,但本世纪发生的一系列巨变足以证明,他所预言的那个新时代正迈着巨人的步伐向人们走来,尽管这个时代的序幕才刚刚拉开。

本世纪发生的头一件大事,是在19世纪下半叶发生的所谓"第二次工业革命"的推动下,欧陆和北美继英国之后相继实现了工业化,并因此而推出了四个新的世界性大国或准大国:首先是欧陆的德国和俄国,其次是北美的美国和东亚的日本。对于英法等老牌资本主义国家而言,除了俄国而外这几个新兴大国可以说都是"暴发式"

---

[1] W.W.罗斯托:《这一切是怎么开始的:现代经济的起源》,商务印书馆1997年版,第117页。

[2] 同上书,第108页。

的,而以美国尤甚。德国人深谋远虑,统一集中了它的智慧和力量;俄国人集东西方文化之精华,农奴制改革使它获得了难得的发展机会;美国人借天时与地利之便,内战之后有30年的和平建设;日本人以明治维新确立了新的发展方向,得以既保留传统又"脱亚入欧"。这一事实表明,工业革命已使资本主义世界的整体力量增强,并在上世纪末和本世纪初就越出了西欧的范围,即使在欧洲的落后部分也发生了令人震惊的变化。令人难以置信的是,工业革命起步较晚的俄国,1890年至1914年工业生产的年增长率,竟超过了包括美国在内的任何强国。所以,杰弗里·巴勒克拉夫把"19世纪90年代",即所谓"第二次工业革命"开始的年代当作"当代史研究的出发点"[1],是有道理的。

但这几个大国的崛起,既给世界带来了一线光明,也包含着某种不祥之兆,因为除美国之外它们内部都保留了相当浓厚的帝国传统,这种传统只有在俄国被后来的"十月革命"所打断,因而经济的起飞只不过使那几个国家"如虎添翼",结果导致了两次世界大战,这是本世纪发生的又一件大事。虽说是"世界大战",其实主要战场两次都在欧洲,并多少带有东西欧对抗的色彩[2],只不过德国有日本作为它的帮凶而英法则获得了美国的支持。但这种空前规模的战争并不都是"灾难",世界由此而引发的变迁是深远而多重的:第一,战争使成打的王冠落地而再也无人去拾取;第二,抵抗团结和锻炼了以美国为首的西方民主力量;第三,社会主义得以在资本主义的薄弱环节进行"试验";第四,旧殖民体系在东西方民主力

---

[1] 杰弗里·巴勒克拉夫:《当代史导论》,上海社会科学院出版社1996年版,第43页。

[2] 德意志帝国的建立以普鲁士王国为基础,普鲁士王国的建立又以勃兰登堡为基础,无论是普鲁士王国还是德意志帝国都以柏林为其政治、经济和文化中心,而这个中心正位于东西欧分界线的易北河以东。

量的共同打击下迅速瓦解。民族独立、人民解放、经济发展,成为本世纪不可抗拒的世界性潮流,这和 19 世纪的情况形成了鲜明的对照。所有这些都表明,人类在经历了空前的灾难和考验之后,在新的政治和经济格局的基础上获得了普遍的进步,各国人民有足够的智慧和能力,来解决本身面临的困难和问题,尽管还会有这样那样的挫折和曲折。

本世纪发生的第三件大事,应是"第三世界"的兴起和世界格局的改变。所谓"第三世界",并不是制度性概念,它包括亚非拉社会制度各异的广大地区。早已有人指出,第三世界的兴起乃是西方新兴工业世界向原来广大的农业世界进行扩张的产物,是后者逐步被前者控制并形成依附地位的结果,其历史起源可以追溯到 16、17 世纪第一个被西欧"边缘化"的东欧[①]。18 世纪工业革命发生后,西欧资本主义核心地区的力量空前加强,其势力迅速扩及过去资本主义势力很少涉足的亚非拉广大地区,结果除俄国和美国等少数国家而外都被迫边缘化,成为西方列强的殖民地、半殖民地和附属国。由于不是原生形态,而是边缘化、半边缘化的产物,因而第三世界各国在经济上总是以某种形式与资本主义核心地区保持着联系而获得"依附性发展",与发达国家相比它们还"欠发达"(underdevelopment),但并非根本"不发达"(undevelopment)。但是,第三世界的真正兴起还是在二战结束以后,因为这些国家和地区的大多数是在旧殖民体系瓦解之后,才获得了政治上摆脱其过去的依附地位、清除殖民主义和帝国主义的旧有影响、发展其民族经济的勃勃生机。拉美、东亚"四小龙"和东南亚三大新兴工业带的形成,以及中国在东方的重新崛起,就是第三世界兴起的有力证明。而今,广大第三世界国家和地

[①] 参阅 L. S. 斯塔夫里亚诺斯:《全球分裂:第三世界的历史进程》,第 42—54 页。

区,在国际经济关系乃至联合国的讲坛上,正在取得日益增多甚至举足轻重的发言权,这种情景在第二次世界大战之前是难以想象的。至于与"第三世界"对应的第二世界,原本属于资本主义的发达世界,只因美国和苏联在战后以不同道路和方式,抓住了"高科技"这一关键因素,迅速上升为世界上的"超级大国",它们才屈居第二位的。因此,三个世界的划分是相对的,只有发展是绝对的。

然而,本世纪发生的最大事件,可能既不是两次世界大战也不是第三世界的兴起,而是由二战引发的第三次产业革命。之所以说它是"二战引发的",是因为:第一,作为这次产业革命的关键技术——电子计算技术是直接为了计算弹道而发明的;第二,电子计算技术及其产业一直是这次产业革命的龙头产业;第三,被称为"电脑"的电子计算机集中体现了第三次产业革命的本质特征。其实,作为这次产业革命先导的新的科学革命在二战前已经开始,爱因斯坦揭示原子能的奥秘是在1905年,T.H.摩尔根提出系统的"基因论"是在1926年。与历次科学革命不一样,这次科学革命有一个显著特点,就是在几乎每一个尖端科学领域都取得了关键性的突破,并直接导致了一系列"高技术"(high technology)产业的兴起,形成所谓"高科技体系"(见下图)。到目前为止,这种高科技产业体系,主要包括六大群落:(1)电子信息技术产业;(2)新材料技术产业;(3)新能源技术产业;(4)生物技术产业;(5)海洋技术产业;(6)空间技术产业,而以电子计算机、生物工程和原子能利用为核心产业,或支柱产业。马克思认为:"各种经济时代区别,不在于生产什么,而在于怎样生产,用什么劳动资料生产。"①换言之,划分"不同的生产时代"的标志不是别

---

① 马克思:《资本论》,《马克思恩格斯全集》第23卷,人民出版社1975年版,第204页。

高 技 术 体 系①

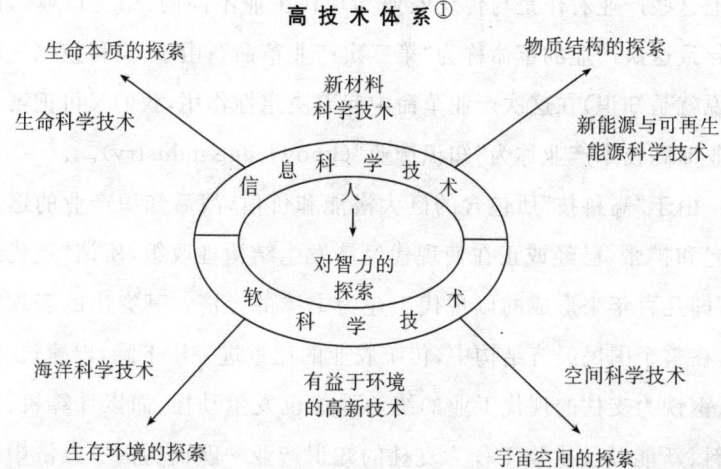

- 生命本质的探索 — 生命科学技术
- 新材料科学技术
- 物质结构的探索 — 新能源与可再生能源科学技术
- 信息科学技术
- 人 → 对智力的探索
- 软科学技术
- 海洋科学技术 — 生存环境的探索
- 有益于环境的高新技术
- 空间科学技术 — 宇宙空间的探索

的,而是"工艺"或技术。那么,从"工艺"或技术的角度看,这次高技术产业的特征是什么呢?笔者以为,如果说传统农业是以"种植技术"为特征,现代工业是以"加工技术"为特征的话,那么这次高技术产业则是以"创新技术"②为特征的,因为"高技术"之所以"高"首先当然是因为它们涉及了一系列尖端领域,其次就是因为它们是创新的,没有创新就不会有新材料、新能源,也就不可能通过"基因工程"复制生物,"复制"在这里也是创新。值得注意的是,与以往的任何一次科学革命不一样,这次科学革命很好地解决了技术问题,即科学由潜在生产力向现实生产力转化的中间环节问题,所以被称为"高科技革命"③,科学、技术和生产"一体化"趋势十分突出。正因为如此,我

---

① 资料来源:吴季松:《知识经济》,北京科学技术出版社1998年版,第67页。
② "创新"这一概念是约瑟夫·熊彼特发明的,他强调技术革新的重要性,强调创新是生产要素的新组合,认为创新是经济发展的"内在的因素"。但以后发生的"高科技"革命,不仅强调创新在一个企业和经济组织内部发展中的重要性,还要求以新的原理和新的技术来创造新的能源、新的材料直至新的生命,从而给"创新"这一概念注入了新的内容。所以,本文使用的"创新"概念,超出了原有的内涵。
③ 哈贝马斯:《作为意识形态的技术与科学》,参见陈学明:《哈贝马斯的"晚期资本主义"论述评》,第214—215页。

们把这些产业看作是与传统农业和现代工业不同的"第三产业",而把导致这次产业的革命称为"第三次产业革命";由于"高科技"(一般地说就是知识)在这次产业革命中起着决定性作用,我们又可把第三产业即高技术产业称为"知识产业"(knowledge industry)。

由于"高科技"所包含的巨大潜能和价值,战后知识产业的迅速崛起和扩张,已经或正在使现代经济发生结构性改组,所谓"现代经济"即几百年来形成的以现代工业为主体的经济。其突出的表现就是,在整个国民经济结构中,传统农业的比重进一步下降,以建筑、汽车、钢铁为支柱的现代工业的统治地位也发生动摇,而以计算机、新材料、新能源及生物工程为支柱的知识产业一跃而为国民经济中的"首要产业",从而开创一个崭新的经济时代,由于它是以"知识产业"为主导的,因而被称为"知识经济时代"(Knowledge Economy Age),"知识经济"即科学技术在其中起决定作用的经济。这种转变首先发生于1957年的美国,据说这一年美国从事"第三产业"的人数,首次超过了第一产业(农业)和第二产业(工业)的人数,成为历史上"第一个大多数人既不从事农业生产,也不从事工业生产的国家"[①]。但这一说法是否可靠很值得怀疑,因为他们的研究者历来是把"知识产业"放在所谓"服务行业"之内来考察的,这就夸大了知识产业在整个经济中的比重,其做法和结论并不很科学,只能说明某种发展趋势。据美国学者马克鲁普测算,"知识产业"在美国国民生产总值中的比重,1958年时大约只占30%,但10年之后的1969年,包括知识产业在内的整个所谓"服务业",已占美国国民生产总值的60.4%,而农业和工业所占比重则分别降至3%和36.6%[②]。值得注意的是,这

---

① 丹尼尔·贝尔:《后工业社会的来临》,商务印书馆1986年版,第21页。
② 同上书,第22页。

种结构性改组虽然最早发生在美国,但也相继发生于西欧大多数国家和地区,很快成为西方资本主义世界的主潮。据统计,1969年时,已有三个欧洲国家,即英国(51.0%)、荷兰(51.6%)、意大利(51.7%),其服务业在国民生产总值中的比重超过一半,而在西德(46.2%)、法国(45.3%)、瑞典(48.9%),此比重也已接近一半①。尽管这些数字还很不精确,但足以说明现代工业社会经济的结构性改变,其方向已不可逆转,不能不说是具有世界意义的大事。这一点,如果把它和现代工业社会和传统农业社会的经济结构作一比较,就会看得更加清楚(见下图)。

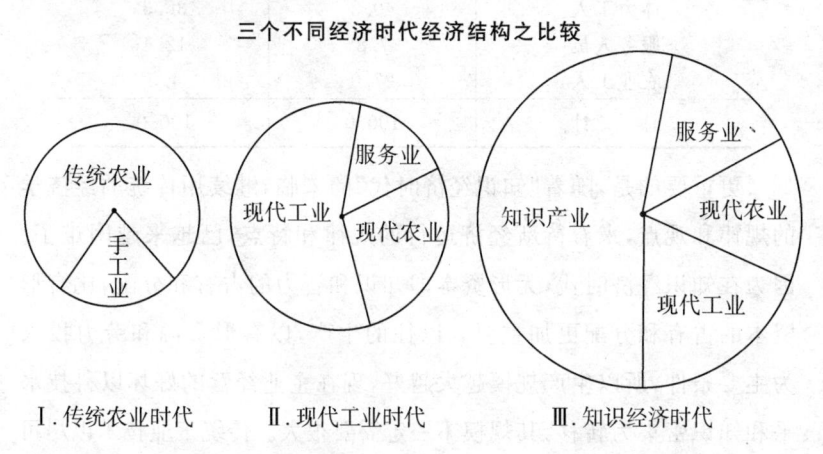

三个不同经济时代经济结构之比较

Ⅰ.传统农业时代　　Ⅱ.现代工业时代　　Ⅲ.知识经济时代

任何社会,其社会结构都是建立在生产关系的基础上的,并要随着生产关系的变化而变化,但两者的变化都要以生产力的发展为转移。由于二战前后发生新的科学革命,人类从此拥有了新的强大的生产力,即以"高科技"为标志的知识生产力,并由此建立起一大批与此相关的新兴产业。因此,二战以后社会变迁的一个突出事实,就是一个拥有高科技知识、资源和资本的"专业人员"群体的崛起,这些人

---

① 丹尼尔·贝尔:《后工业社会的来临》,第22页。

以信息、能源、材料、生物等新兴产业为基础不断向生产的广度和深度进军,正在取代传统的产业资本家而成为社会的新富。与此同时,一个拥有一定高科技知识和技能,主要从事于知识产业劳动和服务的新的工人阶层正在逐步形成和扩大,并取代传统的以体力劳动为主的产业工人阶级成为主要的劳动阶层。总之,20世纪中叶,现代工业社会的结构发生了实质性的改变(见下表)。

20世纪中叶美国职业分布的变化　　(百分比)[1]

主要职业群体	1920年	1968年
白领工人	24.9	46.7
体力工人	40.2	36.3
服务人员	7.8	12.4
农业工人	27.0	4.6
总　　计	100.0	100.0

更重要的是,随着"知识经济时代"的来临,继续用传统的经济学的规律和观点,来看待新经济运行的规律和特点,已越来越困难了。因为在知识经济时代,无形资本即知识和智力的占有和分配,比有形资本的占有和分配更加重要。以往的生产,以有形资源和劳力投入为主要条件,所以生产规模越大越好,现在企业经营的好坏以科技水平和知识密集为转移,其规模不一定需要很大。传统工业技术以尽可能地利用自然资源为目标,因而造成人与生态环境的失衡和资源的枯竭,而高科技则以科学、合理和综合利用现有资源为目标,得以实现经济的可持续发展。知识产品与物质产品也不一样,物质产品会变成商品,但知识产品却不单单是商品,并不因出售者而发生异化。因而在知识经济的条件下,便产生了这样一种可能性:劳动者与所有权的统一,防止或限制劳动的异化,从而深刻地改变资本运行的规律和特点。

---

[1] 资料来源:丹尼尔·贝尔:《后工业社会的来临》,第151—152页。

三、邓小平的科学论断

关于本世纪发生的上述变迁,在国际学术舆论界众说纷纭之中,有一种主要的颇为流行的说法,就是所谓"信息革命"论。按这些人的意见,似乎二战前后发生的并不是科学革命而只是"信息革命";在科学革命基础上建立起来的"高技术"产业,也不是一种与传统农业和现代工业并存而独立的产业,而只能把它们与以往的交通、运输、商业和服务等行业一起称为"服务业";由此形成的"后工业社会"也不是建立在一定生产力和生产关系基础上的社会经济形态,而是什么"信息社会"(information society)。它让人如坠五里云雾,似乎看不见也摸不着。

我们知道,对人类这个主体来说,"信息"只不过是"我们对外界进行调节并使我们的调节为外界所了解而与外界交换来的东西"[①],至于这种被交换的"东西"本身究竟为何物则要视具体内容而定。虽然一般认为信息交换是由"信源"、"信道"、"信宿"这三个要素组成的,但信息本身对人类来说永远只是一种被接收的"代码",从这个意义上说,维纳的话是完全正确的:"信息就是信息,不是物质也不是能量。"[②]因此,把"二战"前后发生的高科技革命归结为"信息革命",不仅缩小了这场科学革命的广度和深度,也不利于揭示这场科学革命与第三次产业革命的内在联系,当然也就难于弄清这场革命所产生的实际后果和社会影响了。其实,任何真正的科学革命,都直接或间接导源于人类发展生产的实际需要,并最终必将引起当时社会生产

[①] 诺伯特·维纳:《人有人的用处》,商务印书馆1978年版,第9页。
[②] 诺伯特·维纳:《控制论》,科学出版社1963年版,第133页。

力的变革,发生于二战前后的高科技革命也不例外。同时,自人类诞生以来,无论人类处于社会发展的何种阶段,都不能离开物质资料的生产而孤立地存在,而任何物质资料的生产过程在本质上都是"人和自然之间的物质交换"①。很难设想,生活在地球上的人们,有朝一日可以离开物质资料的生产,而仅仅靠所谓"信息"就能生存。把"信息"不恰当地抬到决定一切的高度,只会有意无意地掩盖社会和经济生活的真相。人们会问,就算如君所说,"信息"是如此的重要,但这信息是怎样制造出来的?又是谁来制造和提供的?信息的传布是要有一定手段的,这传布信息的工具是谁制造的?又是怎样制造出来的?接收信息并不是最终目的,人们拿这些信息又去干什么?其答案是不言而喻的。

笔者认为,从社会变迁的角度看,在发生于本世纪的诸多变化中,最大的变化是发生于"二战"后的新的产业革命,由此而形成的一系列新兴产业,包括计算机产业、发酵工程、细胞工程、基因工程、复合材料制造、核能开发、可再生能源开发、海洋资源开发、航天飞机制造、运载火箭和人造卫星研制,直至模拟人脑思维原理和机制的人工智能机的研制,甚至"克隆"牛羊及其他生物的工程,等等,都带有很强的创新色彩,涉及诸多深奥的科学理论,需要采用大量尖端技术,并因此具有很高含金量。由于高科技知识在这些产业的建立和发展中起着决定性作用,这类新兴产业可称为"知识产业",以它们为主导的经济可称为"知识经济",成为人类经济发展史上与传统农业和现代工业完全不同的经济时代,即所谓"知识经济时代",而为这次产业革命提供强大动力的,既不是发生农业革命时的半人工半自然形态的生产力,也不是引发工业革命的完全人工形态的生产力,而是具有

---

① 马克思:《资本论》,《马克思恩格斯全集》第 23 卷,第 201—202 页。

极高创新能力的知识生产力,即发生于二战前后的"高科技"。所有这一切都说明,正如邓小平在他的一个论断中所指出的,科学技术已由一般生产力上升为"第一生产力",几千年来以"直接形式的劳动"即体力劳动作为人类财富的主要源泉的时代正在缓慢地悄然逝去,前文提到的马克思所预言的那个新时代正在悄然向我们走来,对此人类必须有所准备。我们不能借口自己的落后而忽视高科技革命提出的挑战。

邓小平关于"科学技术是第一生产力"的论断,向人们揭示了一个十分重要但又常常被忽视了的真理,且具有鲜明的时代背景和强烈的时代特征。它实际上是关于当代已经发生和正在展开的"高科技"革命,以及由此引发的第三次产业革命,和由它们开辟的一个新的经济时代,即"知识经济时代"的动力、过程、本质和特点的科学概括,具有毋庸置疑的科学性和针对性。他第一次讲科学技术是"生产力",是为了重申马克思的一个基本原理,那是在"四人帮"肆虐的1975年。在事隔13年后的1988年,他才郑重地提出"科学技术是第一生产力"[①],前后经过了十几年的观察和思考。可见这一论断的提出是经过了深思熟虑的,这有1988年9月5日和12日他与胡萨克等人的谈话为证。当时他说:"马克思说过,科学技术是生产力,事实证明这话讲得很对","现在看来(着重号为引者加。——引者)这样说可能不够,恐怕是第一生产力。"[②]为什么要把"生产力"的提法改为"第一生产力"呢?谈话中的"现在看来"一语,道出了小平思想变化和发展的奥秘。它告诉我们,导致这一改变的决定性因素,就是"现在",即当代世界发生的高科技革命及由此引发的新的产业革命,此论断是他对这次革命的性质和特点的认真观察和及时概括。邓小

[①] 《邓小平文选》第三卷,人民出版社1993年版,第274页。
[②] 同上书,第274—275页。

平的这一论断意义何在？它意味着，根据马克思的原理，在高科技的条件下，科学技术不仅在理论上而且在实际上变成了最强大的生产力，并不可避免地会在经济上引发出三大变化：(1)构成主要生产力的要素发生改变，知识生产力即高科技将取代人工和半人工的生产力，成为主要生产力；(2)获取财富的主要形式发生改变，非直接劳动即脑力劳动将取代"直接形式"的劳动即体力劳动，成为财富的巨大源泉；(3)判断价值的尺度发生改变，劳动时间将不再是也不可能是判断价值的尺度。由于此三点涉及了人类生产、生活方式的核心问题，它们的改变必将导致人类生产、生活方式乃至观念的改变，其影响将是广泛而深远的。这里所说的"科学技术"当然不是指一般的科学技术，而是指正在兴起和发展的"高科技"。正因为如此，邓小平在作出这一论断之前说："世界在变化，我们的思想和行动也要随之而变。"而在作出这一论断之后，紧接着又说："将来农业问题的出路，最终要由生物工程来解决，要靠尖端的技术。"[1]总之，人类主要靠"直接形式"的劳动即体力劳动作为财富的巨大源泉的时代正在成为过去，一个新的以非"直接形式"的劳动主要是以"高科技"为动力的时代正在到来，从而科学地揭示了当代世界正在发生的巨变的本质，同时也证明了马克思预言的正确。尽管这一巨大变迁才刚刚在世界的一角拉开帷幕，离全人类真正"全面进入"这个新时代还相去甚远，但这一根本认识是不会错的。

其实，已有许多人，包括上面所说的"信息革命"论者，对这场正在发生的巨变的动因、本质和特点，发表过大量值得重视的意见，其中不乏真知灼见。例如，彼得·德鲁克虽然把正在发生的科技革命，看成是"发明蒸汽机以来的第四次变革"，但认为"它是由信息和生物

---

[1] 《邓小平文选》第三卷，第274—275页。

学引发的"①。《大趋势》的作者约翰·奈斯比特,虽然不恰当地把正在形成的社会称为"信息社会",但他相信"信息经济是真实的",并力图"证明信息经济的存在",认为为此就必须制定判断这种经济的"标准"②。事实上,早在20世纪60年代初,已有人对"知识产业"作过测算。1977年5月,马克·波拉特著文谈论测定这类经济的"定义和度量方法",并对201种行业中的440种职业进行了考察,得出了知识产业1967年在美国国民生产总值中占46%的结论③。彼得·德鲁克明确地指出:"知识的生产力已经成为生产力、竞争力和经济成就的关键。知识已成为首要的产业。"④他还提出了"知识资本"的概念⑤。丹尼尔·贝尔虽然认为"后工业社会是以服务行业为基础的",但他同时也警觉地注意到"'服务行业'一词掩盖着不同的事物",并不把新经济仅仅看作是排除了"实业"的纯粹的"服务业"⑥。与那些仅仅谈论"信息"及其意义的作者不同,丹尼尔·贝尔强调知识作为"生产力"的革命作用,以及由它引发的社会变迁的巨大后果,尽管他企图以"理论"为"中轴"来构建后工业社会的"阶级结构"。他认为,由于这场高科技革命,以往的工业社会已发生了"三大变化":(1)由于经理成为组织的控制者而出现了工业企业的变化;(2)由于产业无产者的缩小和新的技术、专业阶层的扩大而出现职业结构的变化;(3)由于国家官僚政治的发展和政治上专家官员的兴起而出现的政治制度的变化。由于这些变化,在后工业社会里,"专业人员"将成为社会的"主要人物"。日本学者林勇次郎在《信息社会》一书中深

---

① 彼得·德鲁克:《新现实》,中国经济出版社1993年版,第208页。
② 约翰·奈斯比特:《大趋势》,新华出版社1984年版,第25—26页。
③ 同上书,第27页。
④ 转引自约翰·奈斯比特:《大趋势》,第21页。
⑤ 彼得·德鲁克:《新现实》,第142页。
⑥ 丹尼尔·贝尔:《后工业社会的来临》,第143页。

刻地指出:"我们现在正处于完成具有伟大历史意义的新转变的前沿——从工业社会向后工业社会的转变。这一转变带来的社会变化将远远超过工业革命时所经历过的巨大变化。"①1980年,阿尔文·托夫勒就在这样的意义上提出过"第三次浪潮"的论点,可惜当时却未能准确地把握这次浪潮的本质和特点,只停留在"信息革命"的一般议论上。在西方学术界,如果说有人准确地把握了这次产业革命的本质的话,这个人就是法兰克福学派的哈贝马斯,他认为由于这次产业革命解决了技术即由潜在生产力到现实生产力转化的中间环节问题,"科学技术成了第一位的生产力"②(leading productive force),已不再是一般的社会生产力。所有这些,对我们正确分析和评价当前人类正在发生的巨变的性质和特点,都不无参考价值。

总之,我们可以"高科技"革命为界标,把人类的社会生产力即人类获得财富的能力的发展过程划分为两个阶段:在此之前,人类获得财富的源泉主要靠"直接形式"的劳动,即体力劳动;在此之后,人类获得财富的源泉则主要靠"非直接形式"的劳动,即知识生产力。正因为如此,发生于本世纪中的新的产业即"高科技"革命,就不应再被看作现代工业社会内部的第三次或第四次结构性调整,而应被看作整个人类社会演进中的、与农业革命和工业革命并列的第三次产业革命。但无论农业革命还是工业革命,由于都没有从根本上改变人类几千年来主要靠"直接形式"的劳动即体力劳动获取财富的方式,这次"高科技"革命所包含的意义就远远超过了前两次产业革命。正是在这个意义上,我们可以确切地判断说:人类正面临从未有过的变化。

至于这个新时代的详情究竟怎样,未来社会和经济将如何运行,

---

① 阿尔温·托夫勒编:《未来学家谈未来》,浙江人民出版社1987年版,第247页。
② 哈贝马斯:《作为意识形态的技术与科学》;J. 哈贝马斯(Jürgen Habermas):《通向合理社会》(*Toward a Ratianal Society*),波士顿比肯出版社1970年版,第104页。

现实生活会呈现出什么样的新特点,它将在多大程度上实现马克思的预言,对此我们还只能知道个大概,要真正弄清这些问题,还要等待实践的回答,并呼唤新的理论。在这个问题上,既不能拘泥于马克思的《资本论》,也不能依靠目前流行的现代化理论。因为,马克思把"资本"定义为"生产关系",认为资本主义是建立在"雇佣劳动"基础上的,在那里劳动时间始终是价值的尺度,《资本论》显然是关于古典资本主义的理论。而目前流行的现代化理论,把"工业化"视作世界现代化进程的"核心",虽然也涉及新旧两个时代交替中的某些问题,但所关注的重点显然还是本文所说的"正在悄然逝去的"那个时代。然而,新时代正在无可阻挡地向我们走来,一切关心我们民族和整个人类未来命运的人们,有义务以自己艰苦卓绝的研究和探索,对这些问题作出正确的回答,在这里,理论上的创新无疑是绝对必要的。

(原载《世界历史》1999年第3期,转载于《新华文摘》1999年第10期)

附:

劳动时间不再决定价值
——大转变的一千年

从社会经济发展的角度看,人类几千年来都是在农业社会中度过的,在这种社会里,直接劳动一直是人们获取财富的巨大源泉。从生产力角度讲,过去1000年发生的最大事件,就是由传统农业社会向现代工业社会的转变,这一转变的实质就是逐步改变了人类获取财富的主要形式,其转折点可定在1500年。

为这一巨大转变提供原动力的,是社会经济生活走向商品化的趋势,而上一个千年之交城市的兴起则是形成这种趋势的原因。新兴城市的经济结构以手工业为基础,也就是以劳动和交换为基础,是一种存在于土地财产之外的独立形式。城市的兴起必然引起城乡之间的交换,导致货币使用的增加,当商品货币关系渗入传统社会经济结构内部时,社会经济生活商品化的趋势就形成了。

1000年来,伴随着社会经济生活的商品化,人类社会和经济发生了多重变化:首先是12世纪后农奴制在西欧逐渐解体,因为当商品货币关系渗入农奴制体制之内时,货币地租便取代了劳役和实物地租,农奴对主人的人身依附便失去了依据;在15、16世纪,一种新的以雇佣劳动为基础的生产方式随即在封建经济结构内部孕育并诞生,因为农奴制的解体已为之准备了劳动力市场;由于资本以利润的最大化为目标,以尽可能高的劳动生产率为手段,使科学技术的采用成为必要,这就导致了18世纪的"工业革命",其趋势是"赋予生产以科学的性质",而逐步把直接劳动降到次要的地位;一旦英国和西欧变成"世界的工厂",资本的海外活动的目的和方式也随之发生变化:建立稳定的原料产地和销售市场取代了对金银和财富的直接掠夺,为此就必须对亚非拉传统社会进行改造,即使之边缘化和半边缘化,从而赋予殖民主义以"双重使命":破坏旧式的传统社会,为西方式社会创造基础。与西方殖民主义者的主观愿望相反,随着西方观念、制度、技术和文化的渗入,民族资本主义作为一种新的经济和社会力量,本世纪初起在亚非拉广大地区发展壮大,并最终成为与西方列强抗衡的力量,斗争中以不同于西方的道路和方式,探寻边缘化和半边缘化地区的现代化之路。

据统计,在过去的1000年中,世界人均国内生产总值的年增长率,头500年仅为0.05%,而此后的320年也只有0.07%,但是近180年一下子提高到1.17%,是头500年年增长率的23.4倍。推动世界经济加速发展的原动力无疑来自西方,因为此间以蒸汽机、电动机和自动化为标志的三次工业革命,都以西欧和北美为策源地。但广大第三世界国家和地区,利用过去边缘化或半边缘化过程中形成的与资本主义核心地区的联系,推进中央统治下的强制性赶超型工业化战略,实现了由"进口替代"向"出口导向"型经济的转变,也创造了西方内源型现代化不曾有过的高速度,显示了"后发展优势"。当然,从总体上看,各地区发展并不平衡,1000年来世界人均收入增长了7倍,而西方的增长却高达49倍。

值得注意的是,当一些人预言西方正走向衰落之际,一场在二战后兴起的以计算技术、生物技术、原子核能等为标志,涵盖了生命、能源、海洋、空间、材料、环境各技术领域的新的科学革命,却使西方经济峰回路转,已在美国创造了96个月的持续增长。人们惊奇地发现,一种新型经济即以高科技为主导的"知识经济",已悄然问世。更重要的是,这次科学革命,由于很好地解决了科学由潜在生产力转变为现实生产力的中间环节问题,已把科学技术由一般生产力提升为"第一生产力",脑力劳动正在取代体力劳动成为获取财富的巨大源泉,劳动时间已不再是并且必然不再是衡量价值的尺度。这就向世人宣示:几千年来人类主要以直接劳动作为财富的巨大源泉的时代正在悄然逝去,一个新的以知识生产力为伟大动力的时代正在到来。

这样看来,刚刚开始的"高科技革命",就不仅是要对过去1000年的发展作出总结,也是要与以往的整个历史揖别,以便踏上新的征程。

(原载《人民日报》1999年12月10日)

"经济殖民地"概念问题
——读陈其人著《南北经济关系研究》

"二战"以后,特别是旧殖民体系瓦解以后,世界上还存不存在殖民地?又如何看当今所谓"南北关系"的性质问题?今天的"南北关系"与旧殖民体系有何联系?这不仅是当代国际经济秩序研究中的核心问题,也是当代世界史研究中的重大问题。

陈其人教授的《南北经济关系研究》篇幅并不大,总共只有十四五万字,但我以为它从理论上回答了上面我们提到的种种问题,为正确解决这些问题作出了重要贡献,是一本难得的好书。

作者认为,根据概念的界定必须具有"同质性"的原理,目前社会上流行的关于"南北关系"的概念并不科学,因为它们往往把三个世界的划分同南北的划分相联系,认为第三世界是"南",第一、二世界都属"北",而三个世界的划分是不问社会制度的,既有资本主义,又有社会主义。为使这一概念科学化,"有必要将南北关系限定为资本主义经济制度内两种经济发展水平不同的国家",而将社会主义国家排除在外。

据此,作者提出,在南北关系中,所谓"南"只应包括由过去的殖民地发展而来的独立国家,而"北"则只应包括那些发达的垄断资本主义国家;它们之间的关系,乃是"世界性的发达资本主义国家和经济殖民地主权国家的关系",是从战前垄断资本主义国家或帝国主义国家和政治殖民地或殖民地国家的关系演变而来的,"殖民地国家恢复主权,是南北关系形成的契机";这种关系的实质,仍是"发达国家对民族独立国家的剥削",因为这两大类型国家经济发展不一样,使"发达国家以小量劳动换取落后国家大量劳动"。

在这里,在讲到"北"的时候,作者不提帝国主义国家,而改为"发达资本主义国家";在讲到"南"的时候,作者也不提殖民地国家,而改提"经济殖民地主权国家",都是由于原来的国家已经独立,成为主权国家。由是:一方面,殖民帝国不在政治上表现出来,虽仍保存帝国主义原有的经济内容,但在政治上不表现为帝国主义;另一方面,经济殖民地而又是主权国家,它就不属于哪一国,它和发达资本主义国家的关系,就不是国别性的,而是世界性的。

值得注意的是,在分析和揭示当代"南北关系"的时候,作者使用了一个十分重要的概念即"经济殖民地"的概念,并把它作为考察这种关系的经济实质的工具。作者认为,在考察这种关系的实质时,不能一般地谈论"殖民主义的形式",无论它是老殖民主义还是新殖民主义,因为:第一,"新老殖民主义事实上是同时存在的,并且同时存在于战前和战后";第二,目前的南北关系,同以前垄断资本主义国家和殖民地国家的关系,除了政治关系不同外,经济关系已发生了变化。因此,"单纯根据殖民主义的形式,是不能说明问题的本质的"。为此,作者才引入了"经济殖民地"这一概念。

这就提出了一个重要理论问题:什么是"经济殖民地"? 当今南北关系中的"南"方是"北"方的"经济殖民地"吗? 根据作者解释,所谓"经济殖民地",乃是由产业革命所造成的国际分工的产物,在这种分工中农业国成了工业国剥削的对象,农业国对于工业国、农业区对于工业区,就是"经济殖民地"。作者指出,"经济殖民地"这一概念源于马克思,马克思虽从未正式使用过这一概念,但其思想已散见于三卷《资本论》和《剩余价值理论》等著作中。它集中体现在马克思的如下论述中:"一个像(美国)密歇根这样的地方,在开始的时候,几乎全部人口都从事农业,特别是从事大宗农产品的生产,他们只能用这种产品来交换工业品和各种热带产品。所以,他们的剩余产品全都是谷物。这一点,从一开始就把以现代世界市场为基础的殖民地国家,同以前的特别是古代的殖民地国家区别开来。"(《马克思恩格斯全集》第 25 卷,第 755 页)作者认为,马克思在这里说的"以现代世界市场为基础的殖民地",正是上面所说的作为工业国或工业区剥削对象的"经济殖民地",因此它同国家疆界是无关的,既可以是国外的也可以是国内的,只要它是工业国或工业区剥削的农业国或农业区,它就是前者的"经济殖民地"。

自然,这一分析是可以成立的。我们知道,美国曾是英国和欧洲的殖民地,并且在 1775 年至 1783 年的反英战争中获得了独立。然而,直到 1866 年马克思仍然认为:"目前的美国仍然应当看作是欧洲的殖民地",因为它在经济上仍然是一个农业国,并且充当英国和欧洲的原料产地,特别是小麦和棉花的供应地。由此,在马克思的"殖民地"理论中,确实存在着"经济殖民地"的概念,尽管他本人未曾使用过这一概念。

在作者看来,之所以说战后"南北关系"中的"南"方是"北"方的"经济殖民地",就是因为这两类国家经济发展不平衡,后者已实现工业化而前者仍是落后的农业国,得以使发达国家"以小量劳动换取落后国家大量劳动",即前者受后者的剥削,尽管它们已获得了独立。

这样,陈其人教授的这部著作,由于重新提出和引入马克思关于"经济殖民地"的概念和思想,并以此为武器对战后"南北关系"的有关问题进行了透彻和全面的分析,就不仅为正确解决"南北关系"的性质这一当代国际关系中的重大问题提供了科学的依据,同时也恢复了马克思殖民地理论的活力,值得一读。

(原载《读书》1996 年第 6 期)

美国史研究

美国历史概论[*]

美国全称美利坚合众国。国土主要部分位于北美洲中央,包括本土和阿拉斯加、夏威夷共50个州及一个哥伦比亚特区,面积937.2万平方公里,居世界第四位。2000年全国人口281 421 906,以白人为主。1999年黑人约3500万(占13%),讲西班牙语的人约3100万(占12%),亚洲和太平洋地区的人约1100万(占4%),印第安人约220万(占1%)。大部分美国人信仰基督教,以新教各派为主。1999年天主教徒约6100万,犹太教徒占总人口的2.5%,穆斯林占1%—2%。英语为通用语。首都华盛顿。

史前—殖民地时期

美洲最早的居民是印第安人,他们是冰川时代(40000—45000年以前)穿过白令海峡到来的移民及其后裔。他们远离史前文明中心,物质文明较为原始,因狩猎、采集而散居。他们对人类的主要贡献是发明了甘薯、南瓜、豆类、玉米等农作物的栽培技术。

1492年哥伦布发现新大陆后,欧洲探险家开始进入北美。西班牙人占据了佛罗里达、得克萨斯和北美西南部。法国人则先后控制了渥太华河、五大湖区和密西西比河沿岸。英国人到北美殖民,晚于

---

[*] 本文是作者为《中国大百科全书》第2版所写的"美国历史"条目的样稿。——编者

西班牙人但早于法国人，1607年弗吉尼亚公司所建詹姆士顿是其第一个永久据点。此后，一批又一批英国移民涌入北美大西洋沿岸，由商业殖民转入农业兼商业殖民，比西班牙和法国人都有成效。其中，最著名的是1620年在普利茅斯上岸的一批清教徒，他们以"五月花公约"为契约，决心创建一民主与法制之公民社会。英国人先后建立过16个殖民地，按起源方式可分为三种模式：(1)公司式，如弗吉尼亚、马萨诸塞、缅因和新罕布什尔；(2)业主式，如马里兰、南北卡罗来纳、纽约、新泽西、宾夕法尼亚、特拉华和佐治亚；(3)契约式，如普利茅斯、罗得岛和普洛维登斯、纽黑文及康涅狄格，后经调整、合并而成13个殖民地。17世纪上半叶，欧洲各国在北美洲进行了长期的殖民争夺。英国通过三次英荷战争（1652—1674年）夺回内战时被荷兰夺走的殖民地贸易，于1764年取得新荷兰并更名为纽约。1689—1763年，英法进行了四次战争。根据《巴黎条约》，英国获得加拿大和密西西比河以东地区。

英属北美殖民地的移民主体是欧洲贫苦人民，他们往往典身为契约奴以换取船票，合同期满后获得份地和自由，很快形成了以盎格鲁-撒克逊人为主的多元社会。当时英国实行重商主义，以殖民地为原料产地和市场，故实行贸易垄断（1651年和1660年《航海条令》、1663年《贸易法》、1733年《糖税法》），扶植母国制造业而限制殖民地生产（1699年《羊毛法》、1732年《呢帽制造限制法》、1750年《制铁法》）。这些政策严重损害了殖民地利益。随着自治的发展，殖民地议会已经成为真正的权力中心。议会与代表英王的总督经常发生冲突，以拒绝提供兵源和金钱相要挟，要求更多的自治权。为此，英王把许多自治、业主殖民地转变为皇家殖民地。到革命前夕，13个殖民地大多变为皇家殖民地，只剩下3个业主殖民地（马里兰、宾夕法尼亚、特拉华）和2个自治殖民地（康涅狄格、罗得岛）。

独立战争和建国

七年战争(1756—1763年)后,英国加强对殖民地的控制:1763年王家公告禁止向阿巴拉契亚山脉以西移殖;1764年《纸币法》禁止发行纸币;同年又派英国海关特使团执行《糖税法》;1765年《印花税法》导致殖民地召开反印花税大会,与会者宣告"无代表不纳税",达成不进口英货协议;1767年英国为执行《汤森法》而派驻军队;1770年3月波士顿人与英军冲突,数人遭枪杀,酿成"波士顿惨案"。1773年茶税法让东印度公司在殖民地低价倾销茶叶。12月16日波士顿茶社成员伪装成印第安人,把运抵的茶叶倒入港口,酿成"倾茶事件"。英国立即颁布四个"不可容忍的法令"(1774年):关闭波士顿港;削减马萨诸塞自治权;允许殖民地案件移交英国审理;英军可进驻民宅。同时颁布魁北克法将俄亥俄地区划归魁北克管辖。

殖民地纷纷建立"自由之子"和通讯委员会,并在费城召集大陆会议(1774年),决定断绝与英国的贸易关系。1775年4月19日,英军抢夺康科德的武器库,在莱克星顿与民兵发生战斗,由此打响独立战争第一枪。5月,第二届大陆会议召开,成为殖民地的指挥中心,成立以华盛顿为总司令的大陆军。殖民地人装备落后,又面临保皇派和印第安人威胁,但争取自由的情绪高涨。T.潘恩的《常识》响亮喊出"独立"口号;1776年《独立宣言》宣告殖民地脱离英国成为自由独立之邦,军民士气大振。1777年,H.盖茨将军赢得萨拉托加大捷,再加B.富兰克林的成功外交,秘密提供军火的法国公开承认美国独立,并作为盟军参战(1778年)。1781年,英军总司令康华利在约克镇投降。英国在《巴黎和约》(1783年)中承认美国独立。

1781年生效的《邦联条例》将美国正式定名为"美利坚合众国",

赋予中央以外交和军事等权力,但将主权保留给各州,使之成为一松散联盟。邦联政府最大的成就在西部:自1780年国会决定西部土地国有化,原依据特许状将疆界延伸到密西西比河的各州放弃西部土地权益。1784、1785、1787年的3个土地法令规定西部土地向移民公开标卖,并实行领地制,人口满额后可作为州加入联邦,这不仅奠定了美国作为一个大国的版图及其重心,也确定了西部土地的美国化。但邦联政府无权征税,故无法偿还外债、协调州际关税,更难以对付印第安人、谢斯起义(1786年)这类挑战。

1787年,制宪会议通过确立联邦制的《合众国宪法》,将主权收归中央,授予中央政府征税、管理贸易的权力。立法、行政、司法权分属国会、总统和最高法院。经大小州妥协,国会中参议员每州两名,众议员名额以州人口为基础,奴隶算3/5人。麦迪逊等"联邦党人"发文宣传新宪法,后形成《联邦党人文集》。反对派主张由各州保障人民权利,要求在宪法中补充"权利法案",获允后宪法方被各州批准。

1789年联邦政府成立,G.华盛顿被选为首任总统。国务卿T.杰斐逊主张农业立国、自由贸易,认为应严格解释宪法,宪法未规定的权力保留给各州。财政部长A.汉密尔顿则主张工商立国、足额偿付公债,建立国家金融和税收体系,保护关税,主张宽泛解释宪法,以增强国会权力。他建立造币厂和第一联邦银行,偿付州债,征收威士忌酒税,并亲自镇压了"威士忌起义"(1794年)。联邦财政体制遂逐步建立。其间,美国从西班牙获得密西西比河的航行权和在新奥尔良的仓储权(1794年);又从印第安人手中夺取俄亥俄地区。1791—1803年,佛蒙特等4州加入联邦。

1789—1801年是联邦派执政时期。反联邦派则以"共和主义势力"的名义活动,逐渐形成了以麦迪逊为中心的民主共和党,所提总统候选人杰斐逊在1800年选举中获胜,联邦党从此一蹶不振,史称"1800年革命"。因选举中出现党内候选人杰斐逊和伯尔票数相等的争端,宪法第12条修正案(1804年)乃规定此后总统和副总统分开投票选举。杰斐逊主张"节俭政府",大幅削减财政支出和政府机构,废除外侨叛乱法、威士忌酒税等法令。他坚持以农立国,只以关税为联邦的主要收入,拒绝续签联邦银行特许状(1811年)。他从法国手中购买了路易斯安那(1803年),使美国版图增加一倍,并派刘易斯和克拉克探险队直达太平洋沿岸。拿破仑战争(1799—1815年)时,美国实行《禁运法》(1807年),影响了航海业和捕渔业,却推动了制造业,这促使杰斐逊重返"工业立国"方针。但民主共和党未控制联邦最高法院,首席大法官马歇尔通过"马伯里诉麦迪逊案"判决确立司法复审原则(1803年),从此联邦最高法院成为解释宪法的最高权威,有权宣布国会法令是否"违宪"。

1793年起英法交战,美国保持中立。《杰伊条约》(1794年)以美国在中立贸易上的让步换取英国在五大湖区的皮货贸易站。法国公使在美装备私掠船,美法互相召回公使,不久又传出法国官员索贿的"XYZ事件",反法情绪促使亚当斯政府成立海军部,并通过侵害人权的《外侨和叛乱法》(1798年)。1800年《美法和约》取消1778年的同盟关系。1809年"断绝贸易条例"取代《禁运法》。由于"鹰派"的施压,1812年美国对英宣战,由此开始第二次美英战争。英军一度侵入美国本土,攻陷首都,焚烧白宫和国会(1814年)。得利于中立贸易的新英格兰反对禁运和参战:其银行拒绝向政府提供贷款,有的州还拒不提供民兵。哈特福德会议(1814年)甚至要求修改宪法扩大州权,威胁退出联邦。但A.杰克逊在南部和西南部的胜利扭转战局。1814年《根特条约》恢复战前状况。战争肃清了五大湖区印第安人联邦,又使西班牙割让东佛罗里达(1819年)。1817年《卢—巴协定》确定美加边界。

区域对峙和内战

战后到门罗时期(1817—1825年),是民主共和党执政的"和睦时期",但实际上,1824年的竞选使党内分为H.克莱和A.杰克逊两派,后者被杰克逊总统改组为民主党。曾一蹶不振的联邦党在30年代被辉格党取代。1840年,废奴主义的自由党建立,1848年转变成自由土壤党,主张在西部建立自由州,但力量尚弱。内战之前,民主党和辉格党一直轮流执政。

1812—1820年,6个新州加入联邦。波尔克政府积极夺取俄勒冈,并通过美墨战争(1846—1848年)获得得克萨斯、新墨西哥和加利福尼亚。为阻止法国远征中南美洲、遏制俄国向俄勒冈扩张,1823年总统J.门罗提出咨文宣布:欧洲国家不得在美洲开拓殖民地;对美洲的任何干涉都是对美国的威胁;美国不会干涉欧洲殖民地,也不参与欧洲战争。"门罗主义"成为美国外交的重要原则。

杰克逊上台后进行了一些带有"直接民主"性质的改革:更多官员直选,确立男子普选权;加强州政府权力,削减州议会权力;在他任期内否决的法案超过前几任总统的总和。工会和地方劳工联盟也纷纷建立,社会主义、女权、禁酒、和平运动广为传播,史称"杰克逊民主"。

19世纪30—50年代,北部、南部和西部成三足鼎立之势。在新英格兰地区,工业革命在第二次英美战争以后从纺织业扩展到采矿、钢铁和交通业,新兴的工业资产阶级形成。在南部,工业革命使棉花取代烟草成为最重要的经济作物,奴隶制种植园迅速繁荣,形成"棉花王国",种植园主阶级占据中心地位。在西部,土地投机者、农场主和奴隶主从联邦购得土地,由于免除了绝对地租,形成了大量个体农民。1825年伊利运河通航,标志着连接三大区域的国内"三角贸易"体系形成。

三大区域在关税、银行和铁路建设上都存在不同程度的分歧。为保护东北部制造业发展,1816年《关税法》第一次确立20%的保护关税率,此后税率数次提高。南方棉花种植园主依赖国际市场,主张自由贸易,反对关税保护。南卡罗来纳甚至成立"州权党",威胁退出联邦(1832年),杰克逊被迫降低关税率,到内战前已接近自由贸易水平。1817年第二联邦银行及其分行建立,导致各州特许银行纷纷倒闭。针对州与中央在金融管制上的矛盾,马歇尔以"麦卡洛克诉马里兰州"(1819年)一案判决肯定"国家主权",抑制"州权",将建立联邦银行归为宪法授予联邦政府的"默许权力"。但西部人反对联邦银行,不满它抵押没收西部土地。杰克逊上台后支持州银行,1836年第二联邦银行破产,各地方银行迅速发展,"野猫银行"在西部泛滥,造成1837、1857年经济恐慌。但自19世纪40年代起,铁路网在全国大发展,又受到1848年"淘金热"的刺激,铺设太平洋铁路势在必行。于是,纽约"联合太平洋铁路公司"和萨克拉门托"中央太平洋铁路公司"联手承建第一条横贯大陆的铁路。南部企图以新奥尔良而非芝加哥作为铁路起点。1853年,为获得横跨大陆的南方铁路筑路权,美驻墨公使J.加兹登从墨西哥高价购入亚利桑那南部和新墨西哥南部的小块土地,却因此确立了美墨边界,史称"加兹登购买"。

区域分歧的焦点是奴隶制。1820年之前,自由州和蓄奴州数目相等,因而在政治上相对平衡。1820年"密苏里妥协案"取消了划分奴隶州与自由州的梅松—狄克线(1804年),密苏里成为蓄奴州,不得不从马萨诸塞划出缅因组成新自由州,以维持平衡。1846年《威尔莫但书》禁止从墨西哥获得的土地实行奴隶制。1850年加利福尼亚成为自由州，但允许犹他和新墨西哥领地自主决定奴隶制存废，从而破坏了《威尔莫但书》。1854年道格拉斯提出堪萨斯—内布拉斯加法，以"居住者主权"为据，允许两地人民决定奴隶制存废，实际上废除了密苏里妥协案。次年堪萨斯发生暴乱，亲奴隶制政府和自由土壤党政府并立。1857年联邦最高法院在"德雷德·斯科特案"中宣布国会无权禁止领地奴隶制。奴隶制在堪萨斯和内布拉斯加领地合法化。少数民主党人因此退党，并与部分自由土壤党和原辉格党人于1854年组成共和党。

第二次英美战争后，《解放者》等报纸出现，废奴运动兴起。斯托夫人的《汤姆叔叔的小屋》反响巨大。1833年W.L.加里森组织全国性反奴隶制协会，废奴运动走向激进。1859年布朗起义一度占领哈帕斯渡口军火库。1858年发生了著名的林肯—道格拉斯辩论，林肯的激进态度为他在北方赢得了威望，却触怒了南方奴隶主。

1860年由于民主党分裂，主张废奴的林肯当选总统。12个南方州于是先后脱离联邦，组成独立的南部同盟。1861年4月21日，南部同盟总统戴维斯以武力进攻萨姆特要塞，开始了长达4年的南北战争。北方有人口和经济优势，但南方有英国的援助。前两年，李将军指挥的南部同盟军多次获胜。1862年林肯发布《解放黑奴宣言》，赋予内战以正义性质；同年又颁布争论了10年的《宅地法》，争取到西部农民的支持。1863年7月，联邦军队在葛底斯堡和维克斯堡取胜，战局发生转折。英国转向中立，不再援助南方。1864年7月，谢尔曼将军在亚特兰大战役中给南部军队以决定性打击。1864年4月9日，南部军队投降。翌年4月14日林肯遇刺身亡。1865年通过的宪法第13条修正案，在法律上完成摧毁奴隶制的任务。

重建和工业化的深入

约翰逊总统主张温和重建南方。但激进派很快占据国会,于1866年颁布民权法和宪法第14条修正案,禁止各州剥夺黑人民权。1867年,激进派通过新的重建法令,撤销已建立的南方文人政府,分5个军区对南方实行军管,其代表只有保障黑人选举权才可进入国会。共和党因此控制了南部,北方实业家、退伍军人和南方投机者占据要职。1865年建立的"自由民局"安置解放后的奴隶,形成一批黑人自耕农;另有许多黑人奴隶变成分成农,租佃制取代奴隶制。由于政府贪污频繁,负债严重,三K党等组织出现,对黑人和支持黑人的白人实施私刑。1872年联邦大赦,许多南方白人重获政治权力。1876年海斯总统撤走联邦军队,重建时期结束。共和党从南部退却,民主党逐渐摆脱黑人,重新控制各州议会。1883年,最高法院在民权案例中支持公共场所的种族隔离,使1875年《民权法案》无效。1890年代又认可铁路、公立学校实行"隔离但平等"的原则。黑人回到二等公民的位置。

内战期间政府重新提高关税,达到战后47%的税率,许多工业品国产税被豁免。1863年《国民银行法》通过,旨在管理市场,稳定金融体系。国会贷款或拨出土地资助铁路修建,1869年第一条横贯大陆的铁路即联合太平洋铁路建成,到1890年全国性铁路网基本形成。重建后美国工业空前发展:1890年制造业生产总值第一次超过农业,1894年工业产值跃居世界首位。制造业内部也发生变化,优势产业从60年代的面粉和粮食加工、棉织品、木材、皮革等,变为1919年的屠宰加工、钢铁、汽车、机械制造、棉织品、面粉等。资本主义也在农业中扩展,耕地面积和经营规模迅速扩大,大型独自经营农场形成,耕作日益科学化、机械化、集约化。工业化还推动了城市发展,1920年人口都市化比例超过50%,但都市化也导致贫民窟的增加和市政管理的困难。

技术进步使这一时期发明层出不穷,专利数量逐年激增。1893年汽油内燃机的应用为汽车制造业的发展奠定基础。1903年莱特兄弟驾驶飞机试飞,预告了航空时代的到来。1880年爱迪生发明电灯,开启电气时代。电话(1876年)和无线电(1890年)的发明导致了通信方式的巨大革新。

移民为工业化提供了充足的劳动力:1865—1917年2500多万移民到达美国,1910年移民工人已占工人总数的4/5。工会和种族主义者对此不满。1882年起,阻止移民的立法增加,亚洲移民尤其受歧视,乃有1902年的排华法案和1907年的排日法案。这类法案直到1943年才被废止。

工业化的深入改变了自由竞争环境,经济组织开始从独资向集资发展。洛克菲勒、卡内基、摩根等垄断企业纷纷产生,它们合并生产、垄断原料和市场,甚至支配政府。1882年美孚石油公司建立托拉斯,1901年美国钢铁公司产量占全国总产量的70%。为反对垄断,1890年《谢尔曼反托拉斯法》出台,宣布限制贸易的契约为非法。19世纪末,美国从自由资本主义演变为垄断资本主义。

19世纪末20世纪初,社会改革运动兴起。农民反对高利贷、高关税和政治上的无权,掀起许多抗议运动:如19世纪60年代的互济会"格兰奇"运动,70年代反对通货紧缩的"绿背纸币党",80年代的"农民联盟"和90年代的"人民党"。随着产业工人的形成,以工会为基础的工人运动规模扩大。1866年全国劳工同盟成立,1869年劳动骑士团建立,1886年龚伯斯领导的美国劳工联合会成立。1877年7月,西弗吉尼亚和宾夕法尼亚铁路工人罢工,不久波及全国铁路,成为第一次全国性罢工。1886年5月1日,35万工人为争取八小时工作制游行,3日晚发生芝加哥"秣市惨案",后第二国际将5月1日定为"国际劳动节"。1869年在美国成立第一国际北美支部,弗·左尔格任书记,活动近10年。1876年成立美国工人党,由左尔格、魏德迈领导,翌年改名为社会主义劳工党,推动了工人运动。该党内部分裂后,一派于1901年成立美国社会党。

19世纪末,西进运动到达"最后的边疆"(堪萨斯中部和内华达山之间),为把印第安人安置在保留地,美国进行了最后的印第安战争(70—80年代)。1890年,俄克拉荷马领地向移民开放,印第安人最终失去了永久性领地。1887年,《道斯法》废除印第安土地公有制,将保留地分配给各部落个人,印第安人自此开始融入美国社会。1889—1912年,剩余的西部土地先后建立了10个州。

T.罗斯福时期到"一战"期间是美国的"进步主义时代"。T.罗斯福大力反对垄断组织,如1904年根据《谢尔曼反托拉斯法》,解散大托拉斯北方证券公司。他还扩大政府调控权,曾作为第三方干涉劳资谈判,在1902年对无烟煤矿工人罢工进行强制性调解。政府权力的延伸还表现为立法检验食品、药物和肉类,建立国有森林,加强水土保持。威尔逊政府以"新自由"为号召,将进步主义推至高潮,1913年新税法降低10%的税率。为弥补低关税带来的财政损失,宪法第16条修正案规定实行累进所得税法。宪法第17条修正案实行参议员直选。《联邦储备法案》设立储备银行,稳定了金融体系。1914年《联邦贸易委员会法》和《克莱顿法》加强政府监制,打击不正当竞争,并使罢工、游行合法化。1916年《联邦农业贷款法》增加农业贷款。进步主义还从政府改革扩大为社会运动,揭露企业和政府黑幕的杂志和文学作品不断涌现,形成影响很大的"黑幕揭发运动"。由于《丛林》描绘了肉类加工场的悲惨状况,立即导致《肉类检查法》

通过（1906年）。在E.C.斯坦顿等领导的女权主义运动推动下，宪法第19条修正案（1920年）决定给予妇女选举权。

两次大战之间的美国

1890年海军上将马汉"海权论"的提出是美国的扩张由大陆转向海外的舆论准备。1898年美国兼并夏威夷群岛，又发动美西战争，夺取了古巴、波多黎各、关岛和菲律宾，海外殖民体系基本形成。以此为基础，美国展开了对中国和拉丁美洲的扩张：为加入列强对中国的争夺，国务卿约翰·海提出"门户开放"（1899年）。1900年派兵参加八国联军，侵略中国。义和团被镇压后，美国劝说欧洲接受赔款而不占领中国，以保证其平等贸易利益。1917年美日《兰辛—石井协定》承认日本在华利益，条件是日本同意利益均沾。在拉美事务上，罗斯福和塔夫脱交替使用"大棒政策"和"金元外交"。1903年美国煽动巴拿马政变，获得巴拿马运河的管制权，1915—1917年又干涉委内瑞拉、多米尼加共和国、海地和尼加拉瓜。

1914年，第一次世界大战爆发。美国宣布中立，向交战双方提供军火，并贷款给协约国。1917年德国无限制潜艇战促使美国对德宣战。战争使美国海军跃居世界第一，首次从债务国变成债权国，黄金储备占世界40%，成为世界经济大国。1918年"一战"结束，协约国胜利。年初威尔逊提出"十四点和平计划"，要求取消秘密条约、主张民族自决、倡导建立国联，企图建立美国霸权。但在次年巴黎和会上，列强仍通过《凡尔赛和约》瓜分战果，而国会则阻止美国加入国联。这表明美国尚无法打破现有欧洲列强主导的国际格局。

1921年哈定打出"恢复常态"的保守主义口号，此后几届政府都实行"自由放任"政策，企业合并出现第二次高潮，控股公司遍及银行业、水电煤气业和零售业。哈定降低财产税和所得税,调高关税,偏袒了富人,损害了对外贸易;其政府贪污事件众多,工会衰落,大量工人失业,童工法和妇女最低工资限额被最高法院宣判无效;农民备受农产品价格过低、生产过剩的困扰。但 1920 年代的繁荣掩盖了矛盾。1913 年出现福特制流水线后,汽车业带动橡胶、石油等各行业迅速发展;收音机等家电的普及也促进了繁荣。分期付款诱使盲目消费,爵士乐和性解放构成了"爵士时代"的标志。

垄断的发展和所得税的削减使大量资金投资于股市,联邦的宽松信用政策更鼓励了股价飙升;与此同时,工人、农民却因贫困而缺乏购买力。1929 年,纽约股市崩溃,银行倒闭,企业面临巨额负债,工人失业,农产品价格骤跌,个人被抵押和分期付款击垮。经济大萧条迅速扩展到全球,美国的海外投资枯竭。但此时的胡佛政府仍奉行自由放任政策,不愿直接干预商业、帮助个人。1930 年代初危机向纵深发展,社会激烈动荡。1919 年成立的美国共产党在 30 年代积极推动工人、青年、妇女和黑人运动,组织反法西斯统一战线。至"二战"前夕,党员达到 10 万人。

1933 年 F. 罗斯福上台,首次设置非政府官员组成的"智囊团",推出"新政"。他通过《紧急银行救济法》,迫使银行停业整顿以恢复信用。《国家工业复兴法》和此后 500 多条法规处理了工时、工资、价格等问题。1933 和 1938 年《农业调整法》决定成立农业调整局,给予农民现金补贴以减少耕作面积和产量。《联邦农业贷款法》为农业抵押提供了大量资金。公共工程署和公共资源保卫队安排了 300 万人就业,并完成大量公共建设。联邦紧急救济署拨款 40 亿美元用于直接救济。《证券法》保证了对证券发行的监督。为刺激消费,宪法第 21 条修正案对第 18 条修正案进行再修正,废除禁酒令。1934 年《白银购买法》确立以白银为通货发行基础,废除金本位制,物价上涨随之而来。1935年《瓦格纳—康奈利法》授权劳资委员会处理劳资纠纷,提高了劳工地位,工会复兴。1935年后,F.罗斯福又进行了一系列社会经济改革:《社会安全法》为失业和老年保险提供法律支持;《财产税法》打击富人和大企业;《银行法》确立国家对货币和信贷的管理;《公用事业控股公司法》取消了凌驾于营业公司两层以上的控股公司;1938年《公平劳动标准法》确定工时和工资水平,禁止雇用童工。F.罗斯福更注意水土和自然环境的保护,建立了著名的田纳西河流域管理局。"新政"摆脱了大萧条,也扩大了政府权力,国家资本主义成分大为增加。

1932年日本占领中国东北,美国从"门户开放"政策出发,不承认日本的占领。"二战"全面爆发后,美国发表中立法案,但更倾向于同盟国,1940年租界法案允许与同盟国贸易。不久美国销售军火给英国,并以50艘驱逐舰交换西半球的英国军事基地。8月英美首脑发表《大西洋宪章》,罗斯福提出建立"普遍安全体制",加快了美国夺取世界霸权的步伐。日本的侵略活动使美日关系逐步瓦解。1941年日本特遣队突袭珍珠港美军基地,美国对日宣战。英美联军以及苏联部队进行了成功的军事合作,1944年6月艾森豪威尔将军率领联军登陆诺曼底,开辟"第二战场"。1945年5月7日德国投降。8月6日和9日,美国在日本广岛和长崎各投下一枚原子弹。8月15日,日本投降,"二战"结束。

战时美国海陆空军已称霸世界,还在许多战略据点建立军事基地。军备生产使其成为"民主国家的兵工厂",农业机械化程度也大为提高,战后出现大萧条后首次繁荣。在1943年德黑兰会议上,美国支持其盟友中国作为四强之一参加联合国,同年"联合国救济总署"总部在华盛顿建立,表明美国开始发挥一个大国的作用。1944年"联合国货币金融会议"在新罕布什尔的布雷顿森林召开,确立了以美元为中心的国际货币体系,即"布雷顿森林体系",会后建立的国际货币基金组织和世界银行亦被美国控制。1945年联合国在旧金山成立,美国以其拥有大国否决权,终于登上世界霸主的地位。

冷战与当代美国

　　1947年杜鲁门发表咨文,将遏制共产主义苏联作为外交的首要目标,标志着"冷战"的开始,并决定了国内外形势的走向。马歇尔计划利用美国经济刺激欧洲的复兴。1949年作为冷战工具的北大西洋公约组织建立。1950年以美国为首的联合国军介入朝鲜战争,同时美国派出第七舰队封锁台湾海峡。与此同时,美国本土出现反共浪潮,好莱坞明星、国务院官员和高校学者都受到怀疑和迫害,1954年电视听证会揭露了"麦卡锡主义"的阴谋,但国会仍宣告美国共产党非法。1965年约翰逊将越战"美国化":轰炸北越,向"南越"增扩地面部队。但反战运动和越共的抵抗,迫使3年后约翰逊宣布减少轰炸,退出竞选连任。尼克松政府不得不承认国际现实而达成停战协议(1973年),并开始与中国接触,1972年访问中国。

　　"二战"以来,黑人运动、反文化运动和女性主义运动此起彼伏。40—50年代全国有色人种协进会在立法方面取得许多成果:如"布朗诉教育委员会案"(1954年)判定公立学校种族隔离违法。1955年马丁·路德·金博士倡导抵制公车运动,此后种族平等委员会、南方基督教领袖会议和学生非暴力联合委员会等领导了一系列非暴力行动,最终迫使公共场所废除种族隔离。1968年金博士遇刺身亡后,激进派控制运动。自1950年代末起,以大学生为主的青年知识分子开始反对越战、反主流文化、批评种族歧视、性别歧视和分配不公,形成"新左派"。一些人赞美直觉和本能,组成实行财产和性爱公有的群居村，最后变成"垮掉的一代"。1960年代末女性主义运动兴起，要求工作中的性别平等、合法堕胎和成立育幼中心。1964年民权法案全面禁止种族歧视，标志着美国社会改革的新进展。

与此同时，政府也进行了改革。杜鲁门延续"新政"精神，实行所谓"公平施政"，1949年《住宅法》为低收入家庭提供公共住房。艾森豪威尔上台后经济复苏，自由放任复兴，许多企业私有化；为与苏联争霸，国民经济被军事化，政府取消原子能垄断，将其用于工业。从此，重视和发展高科技逐渐成为"二战"后美国的基本国策。1959年阿拉斯加和夏威夷作为新州加入美国，美国版图越出了大陆。1962年的"古巴导弹危机"和重新出现的经济停滞，促使肯尼迪提出以征服太空为目标的"新边疆"计划，同时推动全面减税、区域发展、改造住宅。1963年肯尼迪遇刺后，新上台的L.约翰逊面临越战和国内社会运动，提出消除贫困、特权和歧视的"伟大社会"计划，资助教育、补贴住房、改善对老人的医疗照顾，并通过新的民权法案。1974年"水门事件"迫使尼克松辞职，领导危机使继任的福特、卡特政府面临困难。1973年阿以战争爆发，受石油输出国组织控制，美国出现能源危机、通货膨胀和高失业率。1980年，美国解救因伊朗革命被扣押的人质失败，凸显了政府的软弱。

里根上台后，实行新保守主义，提出供应经济学，用减税来刺激生产和投资，增加政府收入。为平衡预算，他减税25%，并大幅削减社会改革的经费，对银行、航空等部门减少管制。在劳资纠纷中他采取极端反工会的态度：为对付1981年空中交通管制员罢工，他使1.3万工人被解雇。但在他任期内美国经济复兴，年失业率回落，美元重新坚挺。里根政府一反尼克松的"缓和"政策，把苏联称为"邪恶的帝国"。他致力于扩大核武器计划，提出建立"太空"防御的"星球大战计划"。1981年美国制裁波兰军政府，又力图颠覆受墨西哥支持的尼加拉瓜政权。1983年为报复恐怖分子袭击，美国对叙利亚驻黎巴嫩的军队进行轰炸。同年又侵入加勒比海小岛格林纳达，解散其亲古巴的政府。1986年为报复利比亚支持的恐怖活动，下令对利比亚实施空中打击。同时，美国暗中与扣押其人质的伊朗秘密交易军火，并将收入用于支持尼加拉瓜反政府武装，造成"伊朗门事件"。但里根在离任前与戈尔巴乔夫关于武器裁减的对话为其挽回名声。老布什继承里根之外交政策，1989年派美军入侵巴拿马，并罢黜、流放其总统。1990年，借伊拉克攻占科威特之机，以美国为首的盟军对巴格达实行空中打击。

　　1989年发生的东欧剧变和随之而来的苏联解体，标志着"冷战"的结束，美国也因此成为唯一的超级大国。新上台的克林顿总统面临十分有利的国内环境，他对内增加税收、节约开支、发展高科技，经济开始逐渐恢复，出现了连续100多个月的增长，财政由赤字变剩余，对外则提出"冷战结束后，国家之间的竞争，已从军事转向了经济"，加强了与日本和欧盟的竞争。以航天技术、信息技术和生物技术为代表的高科技革命，使知识产业上升到国民经济的首位，社会开始进入"新经济"时代。为了与日本和欧盟竞争，美国于1992年与墨西哥和加拿大签署北美自由贸易协定，加速了本地区的一体化。但这时国内问题也不少。总统与共和党控制的国会在联邦预算方面长期矛盾，在7个月的僵持以后方才和解(1996年)。1995年，俄克拉何马市发生恐怖主义爆炸，169人死亡。1998年克林顿卷入性丑闻，由于经济繁荣使美国民众对总统宽容，1999年弹劾案才以宣告总统无罪告终。2000年G.W.布什刚刚当选总统，下半年一度飞涨的IT业纳斯达克指数就迅速跌落。次年3月经济萧条终于出现，失业率增加，联邦储备银行不得不再一次下调利率，同时推行小布什的减税计划，以缓解危机。

世纪之交,美国在国际事务中既发挥着前所未有的影响,也面临着空前复杂的挑战:它主导中东和北爱尔兰和平进程,发动科索沃战争并派维和部队进入巴尔干地区。但美国由于不愿支付联合国经费,几乎失去联合国大会的表决权(1999年);拒签对付全球变暖的《京都协议》和《反弹道导弹条约》,使美国在国际上失去同盟。2001年,美军侦察机与中国战机在中国南海空域相撞,中美关系一度恶化。2001年发生恐怖分子劫机撞击纽约世界贸易中心大楼和五角大楼的"9·11事件",3000多人死亡。不久炭疽热病毒又通过邮件等传递,造成新恐慌。10月美国组织多国部队攻打阿富汗,推翻塔利班统治。2003年小布什又发动第二次海湾战争,推翻萨达姆政权。但其面临的麻烦反增不减。

(本文参考了 Howard Zinn, *A People's History of the United States*, Harper Perennial, New York, 1995;杨生茂、刘绪贻主编:《美国通史》六卷本,人民出版社2002年版;埃里克·方纳:《美国自由的故事》,商务印书馆2002年版)

美利坚文明的历史起源

这里所谈的是美利坚文明的历史起源,即美利坚文明在历史上的实际起点,而不是导致这个文明兴起的一般背景,也不是有关这个文明兴起的全部过程。因为决定一个文明能否兴起的,往往只是一些有着巨大和深远影响的事件,而以后整个文明的发展都不能不以这些事件为出发点,或者说都可以找到它们与这些事件之间的联系。我们把这样的事件,称之为该文明的"历史起源"。

我以为,美利坚文明的历史起源,就是发生于1614年至1624年的弗吉尼亚公司的土地分割,以及一系列与此类似或相关的事件。所谓"类似的事件",就是普利茅斯和马萨诸塞公司土地的私有化;而"相关的事件",则是指与这两个事件有关的横向和纵向的发展。但在这个历史起源发生之前,还有一个重要的文件不能避而不谈,它就是1606年英王詹姆士一世颁发给弗吉尼亚公司的"特许状"。因为这个文件不仅是英属北美第一个永久殖民地赖以建立的根据,而且在一般意义上决定了英属北美殖民地初期土地制度的性质,并为以后各殖民地土地关系的改变提供了可能,所以它应是美利坚文明的历史起源之源,其重要性不言而喻。

1606年,一批以理查德·哈克吕特爵士为首的伦敦商人和一批以雷利·吉尔伯特为首的普利茅斯商人[①],分别组成弗吉尼亚公司

[①] 这些公司的股东实际包括三种人:商人、皇室政治人物和其他投资者。弗吉尼亚公司的股东达一百几十人,每股为12英镑10先令。

和普利茅斯公司,向英王申请到北美洲进行商业殖民,4月10日获英王詹姆士一世特许,此特许状的实际起草人为约翰·波帕姆(John Popham)爵士①。由于此特许状是建立英属北美第一个永久殖民地的法律依据和操作规程,有必要对它的内容作一概括性介绍:第一,这个特许状虽然通常称"弗吉尼亚特许状",但它实际上是颁给伦敦公司和普利茅斯公司的。这可以从该特许状所列名单包括上述两公司的主要发起人得到证明,只不过两个公司的名称未在特许状中正式出现,但有"第一殖民地"与"第二殖民地"之别。第二,该特许状明确阐述了颁发它的目的,是批准两公司在"既非专属于朕,亦未被任何基督教的王侯、平民所占据的,在美洲通常被称为弗吉尼亚,以及美洲的其他地方建立定居地,开拓殖民地,从而建立一个由朕的各类属民组成的殖民地"。其具体目标是:(1)给上帝"带来荣耀";(2)给野蛮"带来文明"。第三,它严格地划分了两公司的殖民范围:前者只能在北纬34°—41°之间殖民,后者只能在北纬38°—45°之间殖民,在二者交错重叠的地带(38°—41°)双方不得在对方领地的100英里范围内设定居点,以免互相干扰。第四,它规定,在美洲发现和建立的殖民地和其他领地均属英王所有,但殖民地政府对本殖民地的"一切事务和过程拥有治理和管理之权"(govern and order all matters),这个殖民地政府由13人组成的参事会(council)负责,其成员由英王"任命、认可并同意",但可随时调换。第五,在各殖民地定居的所有移民及其后裔,将如他们在英王统治下的英格兰和其他任何领地出生的人一样"享有全部的自由权、豁免权和免税权",并可按英格兰肯特郡东格林威治采邑的传统,对其占有和使用的土地享有"自由永佃

---

① 马库斯·W. 杰尼根(Marcus W. Jernegan):《美洲殖民地,1492—1750年》(*The American Colonies, 1492—1750*),纽约,1964年版,第126页。

权"(free and common socage),并且"只能"(only)实行这种自由永佃权。第六,在各殖民地的任何区域内,在同一殖民地内的大陆地区,殖民者可以开采各种各样的金矿、银矿和铜矿,为了该殖民地的利益而加以享用,但殖民地参事会要无条件地向英王及其继承者和继任者上交所得到的金、银的 1/5 和铜的 1/15。第七,为了减轻殖民地的负担,移民从英国和其他英属领地进口货物,10 年内不必交纳进口税、津贴和其他关税,但对违反规定的其他殖民地的商人和外国人,每 100 磅货物要处以 2.5 英镑或 5 英镑的罚款,这些款项在 21 年内用于各殖民地的商业往来,21 年后上交英王。值得注意的是,"Virginia"这一命名,在 22 年前由沃尔特·雷利作出时,本是指当时已发现的佛罗里达以北的整个北美地域,但在 1606 年英王特许状中却一再将"Virginia"和"America"相提并用,在这样相提并用时,其连词时而用"and",时而又用"or",暗含着二者可以互换之意①。可见,詹姆士一世在 1606 年弗吉尼亚特许状中所阐述的殖民原则和精神,具有某种普遍指导的意义,不限于弗吉尼亚这一具体案例。

这个特许状的主要内容,是在根本上确立了英国在美洲殖民的制度,而这种殖民制度的特点集中到一点,就是对殖民地的管理相对放手,其主要体现为"自由永佃权",因为土地问题是当时全部殖民制度的核心问题。关于这个自由永佃权,迄今不为我们所看到的国内甚至美国学者的有关著述所注意,笔者和王荣军第一次在《论美国农场主阶级的形成》②一文中提及这一制度,但缺点是未能点题,直到

---

① 以上内容见亨利·S. 康马杰编(Henry S. Commager, ed.):《美国历史文献》(*Documents of American History*)第 1 卷,纽约,1963 年版,第 8—10 页。
② 南开大学历史所美国史研究室:《美国历史问题新探》,中国社会科学出版社 1996 年版,第 60 页。

2001年在笔者出版的《美国史通论》中才明确指出："'自由永佃权'可视为英属北美殖民地土地制度之源。"①这一论断对笔者来说是有关英属北美殖民地土地制度认识的一大突破，因为由此我才找到了英属北美殖民地土地制度和英国本土土地制度的真正联系及其性质。最近，我在查阅《大不列颠百科全书》时又才为这一认识最终找到了证据，因为它认为"自由永佃权"不仅是"封建时代英国财产法中的一种土地租佣形式"，而且"在美国早期英国殖民地的土地都采用了这种形式"②。那么，什么是"自由永佃权"？这一土地制度的本质和特点是什么？查《牛津法律大辞典》，其中对"永佃权"词条的释文是："永佃权是罗马法上为农业目的而长期或永久租用土地的权利。其中包括大部分所有权权能，但必须每年向所有人定期缴纳租金。永佃权最初出现于罗马帝国早期，最初只能由国家授予，但很快也可以由私人土地所有权给予。永佃权可以继承、转让，得到法律上的确认和保护。"③又据《韦氏第三版英语国际辞典》，"永佃权"也可以称为"free and common socage(or soccage)"④，而1606年弗吉尼亚特许状中提到的那种"永佃权"，正是韦氏辞典所说的"free and common soccage"。可见，自由永佃权的实质，在于租佃人对土地的实际的占有权和使用权以及"大部分所有权之权能"，以致租佃人"可以继承、转让"其土地。1606年特许状赋予殖民公司及其移民以"自由永佃权"，一方面表明英王对殖民的土地所有权是"名义上的"，另一方

---

① 何顺果：《美国史通论》，学林出版社2001年版，第11—12页。
② 《大不列颠百科全书》（国际中文版）（*Encycloppeadia Britannica International Chinese Edition*）第15卷，中国大百科全书出版社1999年版，第448页。
③ 戴维·M.沃克：《牛津法律大辞典》，光明日报出版社1988年版，第287页。
④ 菲利普·B.戈夫编(Philip B. Gove, ed.)：《第三版韦不斯特新国际英语辞典全本》(*Webster's Third New International Dictionary of the English Language Unabridged*)，马萨诸塞，1981年版，第907、216页。

面也为以后殖民地土地制度的改变埋下了伏笔。

从殖民公司的角度来看,当时公司的殖民活动,带有明显的两重性:一方面,公司与英王的关系带有封建依附的性质,因殖民地是英王给公司的"封地"(Manor),公司只拥有对这些土地的"自由永佃权",公司及其移民都被特许状称为英王的"臣民"(subjects);另一方面,移民与公司的关系,又带有近代契约的色彩,因他们与殖民公司正式或非正式订有具有约束力的合同,称为"indentured servants",他们将为公司劳动3至7年。不仅如此,在殖民公司内部,雇员与公司的关系也带有明显的两重性:一方面,雇员与公司订有正式或非正式的合同,其中一些人还可从公司领取一定的劳动报酬即工资,从而维持着某种表面上的"平等",所以其雇员被称为"indentured servants";另一方面,公司对其雇员的管理又带有某种强制性,契约奴在合同期间实际上丧失了人身自由,甚至有被"出卖"或"转让"的危险①。如果公司内部不存在这种二重性,"契约奴"在合同期满后所获得的"自由费"(free dues)又从何谈起? 除此而外,殖民公司在劳动和产品分配上也带有两重性:一方面,正如西格蒙德·戴蒙德所指出的,由弗吉尼亚公司在詹姆士顿建立的殖民地是一种私人产业(a private estate),因为"这种殖民活动被理解成一种私人的商业冒险,最初征收的财产税都是股东投资的利得"②;另一方面,公司作为一种企业,其内部经营采取的是所谓"共耕制"(joint land system),根据托马斯·盖茨所作《弗吉尼亚公司记录》(1609年5月),其具体做法是:(1)劳动按一定的数目为单位分成劳动队;(2)公司将为各队指

---

① S.迪亚曼德(S. Diamand):《从组织到社会:17世纪的弗吉尼亚》("From Organization to Society:Virginia in the Seventeenth Century"),斯坦尼·N.卡茨编(Stanley N. Katz, ed.):《殖民时期的美国:政治和社会发展论文集》(*Colonial America:Essays in Political and Social Development*),波士顿,1976年版,第21页。

② 斯坦尼·N.卡茨编:《殖民时期的美国:政治和社会发展论文集》,第6—7页。

定若干名监工;(3)监工的任务是监督劳动和逐日统计劳动;(4)劳工在吃饭时要集中进餐①。总之,从公司的目标、组织和劳动方式看,这种两重性和矛盾性几乎无处不在。正如 H. 奥斯古德所指出的:"1606 年体制是一种混合型,一方面,它是私人性质的或所有人性质的;另一方面,它又是公共的或皇家性质的。"②

这种矛盾的体制,既不符合北美地广人稀的环境,也难以适应殖民地被移民迅速占领的形势,移民的劳动积极性难以发挥。1610 年底发行的一本小册子说,当时公司"所安排的劳动时间是:早晨 6 点至 10 点,下午 2 点至 4 点,不要求更多的了"③。威廉·斯特雷奇在谈到 1610 年时的安排也说:"这样的劳动并不那么吃力,总是在 10 点钟就轻易地做完上午的工;那时给他们准备好定量食物,到 3 点钟时他们又自由娱乐。"④1612 年约翰·史密斯也记载说,当时"公司分成 10 人一组,15 人一组,或按工作需要进行分组,每天 4 小时劳动,其余时间为消遣和游乐之用"⑤。一般认为,詹姆士顿殖民地的劳动,由于是采用由公司主导的"半军事"性的"共耕制",劳动时间夏季在每天 5 至 8 小时左右,冬季则缩短到 3 至 6 小时左右,以致在当时殖民地"存在着大量的失业或大量的不充分就业现象"。"在这些移民中有太多的游手好闲无所事事的人"和太多的"从来不知道一天该干些什么活的绅士"⑥。结果,弗吉尼亚公司虽在北美殖民投资达几

---

① 苏珊·M. 金斯伯格编(Susan M. Kingsbury, ed.):《弗吉尼亚公司记录》(*Records of the Virginia Company*)第 3 卷,华盛顿 1906—1935 年版,第 21 页。

② 赫伯特·L. 奥斯古德(Herbert L. Osgood):《17 世纪的美洲殖民地》(*The American Colonies in the Seventeenth Century*),哥伦比亚大学出版社 1957 年版,第 29 页。

③ 埃德蒙·S. 摩尔根(Edmund S. Morgan):《詹姆士顿的劳动力问题,1607—1618》("The Labor Problem at Jamestawn, 1607—1618"),《美国历史评论》(*American Historical Review*)1971 年第 3 期,第 596 页。

④⑤ 《美国历史评论》1971 年第 3 期,第 596 页。

⑥ 同上书,第 597 页。

万英镑,但几年下来不仅没有赚下什么利润,反而亏损约20万英镑之巨,不得不在1624年宣布解散公司。与此类似,在新英格兰,支持清教徒的金融家投资的7000英镑,只收回约1800英镑。在这样的情况下,对1606年特许状所制定的规则,以及殖民地的相关措施进行改革,看来已势在必行。约翰·史密斯爵士于1608年、托马斯·盖茨爵士于1610年、托马斯·戴尔于1611年,先后抵达该殖民地并履行总督职责。这些人都是在发现殖民地出现了"危机"后,才从英国到美洲走马上任的,对问题的解决都有一定思想准备。正是这些人的到来,使改革得以实现。

早在1610年,在发现原来的管理体制造成的弊病后,托马斯·盖茨总督就制定了一套新的法律,企图以一种"绝对的统治形式"促使每人劳动。1611年,新抵达殖民地的托马斯·戴尔,发现移民"经常干的事情就是在街上闲逛"之后,扩充和加强了《神圣、道德和军事管理法》。但由于这些法典和改革主要是以集中管制和强调纪律为目标,并未从根本上调动移民的积极性,可以说只能治标而不能治本。1614年开始的托马斯·戴尔的改革则令人耳目一新,它以两种土地授予形式的出台取得了突破性进展:一是"自由租佃制"(free tenancy)的引入,其办法是允许移民以租用者身份从公司所辖领地内租用土地3英亩自行耕种;二是所谓"私人种植园"(private plantation)的开发,即允许个人(或团体)以私人身份用自己的经费,在詹姆士顿周边地区开发新的种植园。这后一种土地授予形式,是由几名贵族于1618年主动提出而由殖民当局特别批准的,故在历史上称"particular plantation"(特殊种植园),亦称"independent adventurer"(独立冒险者)[①]。第一份这类土地授予建立于南安普顿(South

---

① 赫伯特·L.奥斯古德:《17世纪的美洲殖民地》,第83—84页。

Ampton),它位于奇卡霍米尼河(Chickahominy)河口,该种植园最初接纳了300名租地人①。自由租地者虽只获得了3英亩土地,但只要经营得当,足以供应一年之需。这两种土地授予形式的实行,在由商业殖民制度向农业殖民制度的转变过程中具有重要的地位和作用,因为它们是由"共耕制"转向个体经营的标志。

但正如赫伯特 L.奥斯古德指出的:"大的私人种植园专利的颁发,还只是从合股制向私人所有制转型的第一步,另一个更重要的步骤是未占领的土地在移民和管理者中间分割。"②他所说的"另一个更重要的步骤",即从1619年开始的以实行"人头权"(head rights)为标志的改革,这次改革是由弗吉尼亚公司总部本身决定的。其主要内容包括:(1)凡1616年之前自费移居弗吉尼亚的"老移民"(ancient planters)可获得每份100英亩的土地,并永远免除其代役租(rent);(2)这类"老移民"若花的是公司的经费,在7年服役期满后也可获土地100英亩,但每年要缴纳2先令代役租;(3)所有1616年以后自费移居弗吉尼亚的移民,每个人获得份地50英亩,但每年只缴纳代役租1先令;(4)1616年以后由公司移居来的移民,在公司土地上完成7年服役之后也可获得土地50英亩,但其间所有产品要在他和公司之间对半分;(5)所有商人,只要他们继续从事商业贸易活动,可获得一幢房屋及4英亩土地;(6)所有支付了运输费用的移民,每人可获得土地50英亩;(7)公司官员不仅可按规定领取授予他的土地,而且还将得到租佃者的劳力支援,其土地是由公司专门为其保留的;(8)那些由公司或私人投资团体支付移置费用的契约奴,以及那些后来被卖给种植园主的契约奴,将领取一定的"自由费"

---

① 赫伯特·L.奥斯古德:《17世纪的美洲殖民地》,第84页。
② 同上书,第86页。

(freedom dues)①。

普利茅斯殖民地比弗吉尼亚建立得晚,但这个"香客"(pilgrims)殖民地发现的时间并不晚(1610年),在1614年就正式划入当年约翰·史密斯绘制的"新英格兰"地图之中,最初的土地制度也与弗吉尼亚类似,实行典型的土地共耕制(joint land system),即实行集体劳动和产品交公的办法,因而遇到的问题和困难,也与弗吉尼亚相似。据1623年W.布雷福德总督记载:"有时两三个月,他们既没有面包也没有玉米……他们(不得不)分成几伙,即由6人或7人组成一个团体,外出采集和打鱼。"②结果,这种共同劳动的模式和土地耕作制度到1623年夏便走向破产。1624年,W.布雷福德总督不得不部分改变原先的操作办法,分给每位男子土地1英亩供其永久私人耕作③。很快,原来不愿参加劳动的人都变得勤劳了,玉米的种植也越来越多,甚至妇女也走进田间种起玉米来。至1627年,普利茅斯的移民更与英国投资者达成协议,干脆购买了对方与殖民地有关的财产和权益,随后移民们又自己组建了新的殖民公司,并让所有男子都拥有该公司的股权。按规定,单身男子每人一股,家长则可拥有与家庭人数相等的股份,众人共同承担原公司遗留下来的债务④。同年,普利茅斯移民大会还进一步作出两项决定:(1)1624年的上述首次土地划分继续有效,移民及其后裔当永远拥有其已获得的土地;(2)立即以抽签方式进行第二次土地分配,每位移民的份地由1英亩增加到20英亩⑤。由此,普利茅斯紧随弗吉尼亚之后,放弃共耕制,

---

① 参见斯坦尼·N.卡茨编:《殖民时期的美国:政治和社会发展论文集》,第21页。
② 转引自马库斯·W.杰尼根:《美洲殖民地:1492—1750年》,第121页。
③ 斯坦尼·N.卡茨编:《殖民时期的美国:政治和社会发展论文集》,第21页。
④ 赫伯特·L.奥斯古德:《17世纪的美洲殖民地》,第117—118页。
⑤ 威廉·布雷德福(William Bradford):《普利茅斯殖民地史》(*History of Plymouth Plantation*)第2卷,纽约,1968年版,第10—11页。

亦开始了土地私有化的进程,但它并没有与弗吉尼亚一样引入"代役租"这类封建制残余,而是采取了"无偿分配"的方式,仍带有清教理想主义的某种色彩。

与普利茅斯有关的马萨诸塞殖民地,最初发源于1623年建立在安角(Cape Ann)的渔站,此站由英国多切斯特的几位商人所建,其中一个叫雷弗·约翰·怀特。1628年3月,这些"多切斯特冒险者"从"新英格兰理事会"手中获一专利,被允许在位于梅里马克河以北3英里至查尔斯河(Charles)之间的地带建一殖民地,第一位总督叫约翰·恩迪科特(John Endicott)。与此同时,当时在英国组建了一个叫"The Company of Adventurers for New England in America"的公司,来指导和控制该殖民地的事宜,1628—1629年3月以"新英格兰马萨诸塞公司"名义获英王特许,从此公司由一家私人公司改为股份公司,成员也由6人扩大到26人[①]。1630年,由于部分清教徒股东将特许状的马萨诸塞公司的管理机构迁往殖民地,公司利益和殖民地利益从此得以合为一体。出于安全和信仰方面的考虑,这个主要由清教徒组成的殖民地,继承并发展了普利茅斯的土地分配方式,实行所谓"市镇授地制度"(township system),即两级土地授予制度。其做法是:人数达20人以上的移民团体,就可以"市镇"(township)名义向公司申请建立一个新的市镇(town)的土地,一旦获准,土地即可转交给该镇,申请人即成为该镇的业主;然后,视财产及家庭人口多少在"业主"中分配,同时另留出部分土地作公用地和公有地[②]。之所以说这种土地授予方式与安全和宗教信仰有关,是因为该公司的特许状规定所有股东都是自由民(freeman),非清教徒

---

① 马库斯·W.杰尼根:《美洲殖民地,1492—1750年》,第126页。
② J.T.施莱贝克尔:《美国农业史,1607—1972》,农业出版社1981年版,第10页。

不得参与政府事务,但他们只要不反对殖民地当局,不反对清教及其布道,即可在殖民地居住。而在土地继承和转让方面,马萨诸塞采取的则是英国肯特郡的特殊做法,在 1641 年马萨诸塞《权利法案》中宣布,"我们所有的土地和继承的遗产,应永远免除转让时的所有罚金和登记费","长子在划分全部动产和不动产时应获双份"①。

从 1614 年在弗吉尼亚,以及 10 年后在普利茅斯开始的土地私有化进程,在英属北美殖民地历史发展中意义重大,被 C. 内特尔斯称为"转向新经济的第一步"②,其实质是"在公司范围内创建一个新的其地位区别于以往的集团"③。由于它反映了殖民地社会经济发展的客观要求,有很强的示范作用。不久,除罗得岛外,康涅狄格(1636 年)、纽黑文(1636)、马里兰(1638 年)、卡罗来纳(1630 年)均先后效法弗吉尼亚和普利茅斯直接采用了类似"人头权"的制度,只不过具体做法南北之间略有差别而已:在南部,像马里兰、特拉华、卡罗来纳和宾夕法尼亚等原都是英王给业主的封地,按当时的特许状,这些殖民地的业主们均有建立封建庄园、收取代役租和实行长子继承制的特权。而弗吉尼亚虽不是业主殖民地,但在土地私有化过程中一开始就采取了比较保守的做法,正好适应了南部普遍存在的较浓厚的贵族色彩。以宾夕法尼亚为例,按 1681 年威廉·宾的规定,其土地售价每 5000 英亩虽仅收 100 英镑,但从 1684 年起每 100 英亩要交 1 先令代役租④。在北方的新英格兰,一方面在土地分割时

---

① W. 卡文拉编(W. Kavenagh, ed.):《美洲殖民地的建立:文献史》(*Foundation of Colonial America: Documentary History*),纽约,1973 年版,第 640 页。
② 柯蒂斯·P. 内特尔斯(Curtis P. Nettels):《美利坚文明的起源》(*The Roots of American Civilization*),纽约,1981 年版,第 223—229 页。
③ 斯坦尼·N. 卡茨编:《殖民时期的美国:政治和社会发展论文集》,第 21 页。
④ 杰克·P. 格林编(Jack P. Greene, ed.):《从定居地到社会,1607—1763 年:美洲殖民地文献史》(*From Settlement to Society, 1607—1763: Documentary History of Colonial America*),纽约,1975 年版,第 166 页。

一开始就未引进代役租之类的封建制残余,但另一方面农民对土地的自由处置权也不完全,两级土地授予制下的市镇授地制度,导致宗教色彩很深的集团式移民和授地,土地经营仍带有某种共有性质,个人对土地的处置受到非经济因素限制。例如,1638年沃特镇规定土地不准卖给非卫理公会教徒,纽黑文不准陌生人在当地定居,普罗维登斯规定售给外地人土地要经市镇当局允许①。

那么,究竟什么是"新经济"呢? 从表面上看,上述改变即各殖民地土地制度的私有化,并没有改变原1606年英国在给弗吉尼亚公司的特许状中的规定,对以后整个英属北美殖民地都具有普遍指导意义的"自由永佃权",甚至直到1614—1629年后,由于引入"代役租"这种"自由永佃权"才真正得到落实。所改变的,与其说是土地所有权,不如说是公司在殖民地实行的土地经营方式,即当初普遍实行的公司土地"共耕制",因为即使在实行"人头权"之后,殖民地"在名义上"仍属英王所有。但是,第一,由于土地划分不仅改变了土地经营方式也改变了经营主体,经营"主体"已由移民个人取代了原来的公司;第二,土地租用过去是殖民公司向英王租用,而现在则是移民个人向殖民当局或其他业主租用;第三,过去的土地经营主要是为了保证公司的商业利益,而现在考虑的则主要是殖民地和移民本身的生存;第四,随着土地的分割和经营方式的改变,移民所关心的主要不再是公司和集体的利益,而是他们切身的利益,这使移民个人积极性的发挥有了可能。弗吉尼亚著名种植园主,后来曾充当该殖民地第一届代议制会议发言人的约翰·波赖(John Pory),在1619年9月30日给某人的一封信件中谈到了这种改变带来的好处。他说:"我

---

① W. B. 威登(W. Bweeden):《新英格兰经济和社会史,1620—1789年》(*Economic and Social History of New England, 1620—1789*),波士顿,1981年版,第56—57页。

们所有财富都是由烟草构成的,在这里一个人靠自己的劳动,一年可为自己增加 200 英镑;此外,由于 6 个契约奴的劳动,还生产了粮食 1000 磅。"[1]这和 10 年前詹姆士顿的情况相比,真可谓"天壤之别"。总之,1614—1624 年以前英国在北美实行的商业殖民地制度,已经或正在被一种新的殖民制度所取代,这个新的殖民制度可称之为"农业殖民制度"(agricultural system),或"农业兼商业殖民制度",其影响是深远的。这种影响涉及方方面面,可主要从以下三个方面来观察。

其一,是土地供应的日趋紧张。当白人冒险者和殖民者初次来到新大陆,并与土著印第安人接触的时候,土著人给他们留下的印象并不太差,因此对其评价也总是好坏参半。据乔纳森·卡弗观察,印第安人有一种"凶残和温顺的性格",对敌人毫不留情,但对朋友则"友善和人道"[2],他们并非完全处于野蛮状态。因此,一般地说,当白人刚刚踏上北美大陆的时候,土著印第安人对远道而来的这些陌生人是十分友好的。1607 年秋,当詹姆士顿食品供应短缺之时,是波哈坦族人(Powhatan)送来充足的食品拯救了殖民地,直至白人的救援船到达和危机过去为止。在殖民者与土著印第安人的冲突中,约翰·史密斯不幸被土著人俘获后,是酋长的女儿波卡荷斯特亲自搭救了她,甚至与之联姻。当殖民地面临根本性生存危机时,是印第安人教白人学会种植玉米以自食其力,后来,又教会他们种植烟草以赚取现金。但随着土地制度的改变,印白关系不可避免地发生了分化:首先,由于殖民土地私有化,已定居于殖民地的白人获得生存的

---

[1] 杰克·P. 格林编:《从定居地到社会,1607—1763 年:美洲殖民地文献史》,第 45 页。
[2] 诺曼·盖尔布编(Norman Gelb, ed.):《乔纳森·卡弗美洲旅行记,1766—1768 年》(Jonathan Carvers's Travels Through America, 1766—1768),纽约,1993 年版,第 209—210 页。

机会,人口自然增长与殖民地的扩张互为因果,相互促进,以致殖民地家庭的平均人口数与欧洲家庭的比例达到 8∶4;其次,当殖民地成功的消息传到欧洲后,"新大陆"被旧大陆普遍视为人类的"避难所",从而把成千上万移民吸引到北美,这使英属北美殖民地人口急剧增长:1630 年时 5000 人,30 年后增加到 89000 人,再过 30 年就达到 209000 人。结果,农业定居地由大西洋沿岸的潮水带,逐渐沿各河流流域向内地推进,直至阿巴拉契亚山脉的东山麓,即所谓"彼特蒙特"地区。由于土地占有是实施农业殖民制度的关键,随着白人定居地的不断向内陆推进,土地供应问题必然成为印白关系的核心问题,因为印第安人是这些土地的主人。最初殖民者以怀柔和武力两手对付印第安人,1608 年约翰·史密斯曾以英王名义封波哈坦酋长为王,但旋即将 100 平方米里的猎场占为耕地。从 1622 年起印白冲突不断,1664 年波哈坦族酋长(Opechanckeno)被害,詹姆士河和约克河之间的土地被迫割让。在马萨诸塞,对土著人的进攻在 1633 年也已开始,1675 年至 1678 年新英格兰人联合进攻由菲利普王组成的印第安人联盟,几百殖民地民兵和几千印第安人被杀,20 多个新英格兰城镇被烧毁,菲利普王战死。此后 100 多年间,大西洋沿岸 12 个部落,在白人的挤压和进攻下,地盘和人口急剧萎缩和减少,几千人的部落到 1770 年还不足 200 人[1]。正如 S. 李和 P. 帕赛尔所指出的:"当大量人口在新英格兰中部和南部沿岸低地和流域内地作为农场主劳动,当农场主的数量增长时,他们便侵入印第安人的领地,最后导致了流血冲突。"[2] 从殖民地发展的角度看,印白冲突的扩大

---

[1] 如,康涅狄格的莫西干族,1600 年大概有 2000 到 2500 人,到独立战争时仅剩下约 200 人。罗得岛德纳拉干西特人,从 1600 年到 19 世纪由 4000 人减至不足 150 人。约 9000 人分布于 200 个村落的波哈坦族,到 1770 年已全部被赶出弗吉尼亚。

[2] S. 李和 P. 帕赛尔(S. Lee and P. Passell):《美国历史的新经济观》(*A New Economic View of American History*),纽约,1979 年版,第 18 页。

产生了哪些后果呢？首先是民兵（militia）作为一种地方的武装的诞生，其次是导致了殖民地联合如新英格兰联盟（1643年）的形成，再就是"保留地"制度即种族隔离制度的产生。第一和第三种后果直接与印、白关系有关比较清楚。殖民地的联合是否也是如此呢？查《新英格兰联盟条例》，其中第二条在谈到组成联盟的目的时，就载明是为了殖民地的"安全和幸福"①。总之，它使这个正在形成的新的社会成为一个完全排斥了土著的纯粹的移民社会。

其二，是对劳动力的巨大需求。由于公司土地的私有化和农业殖民制度的实施，以及对土著印第安人的不断掠夺，尤其是南部烟草种植园经济的发展，对劳动力的巨大需求出现了。就殖民地地广人稀的情况看，这种对劳动的巨大需求是不言而喻的。问题在于，这种对劳动力的巨大需求，并不仅仅在于数量还在于劳动力的成分，因为"最新的劳动力来源主要有两大特点：（1）是乡绅的比例很高；（2）是缺乏建立一个已定居的农业社区所需要的各类职业劳动力"②。据统计，在1608年抵达詹姆士顿的120名移民中，有73人可确定其真实身份，其中乡绅与劳动者比为28∶21③。换言之，殖民地真正缺乏的，不是各种自由雇佣者，因为当时大多数移民都是"乡绅"，而不是大量能够从事拓殖活动的粗工和技工。为了解决殖民地拓殖所需要的劳动力问题，英国殖民者曾企图强迫土著印第安人为奴，令其为白人服役。但由于印第安人反抗意识极强，加之他们大都还处于原始部落阶段，过的是半农半牧甚至全牧的生活方式，并不能适应白人已近代化的农耕生活，终致失败。取而代之的除了自由劳动制度外，是两种普遍采用的劳动制度：一是契约奴制度。"契约奴"，英文写作

---

① 亨利·C.康马杰编：《美国历史文献》第1卷，第18页。
②③ 斯坦尼·N.卡茨编：《殖民时期的美国：政治和社会发展论文集》，第11页。

"indentured servants",直译为"契约仆"或"合同工"。契约奴主要来自英国和欧陆,一般与主人订有正式或非正式的合同,主人答应承担其往美洲的旅费和生活费。而契约奴则答应承担为主人劳动3—7年的义务。这些人在服役期间所受待遇具有两重性:一方面,作为契约工,在合同期满后将"享受自由人的全部权利和自由",并领到50英亩左右的土地作"自由费";另一方面,在服役期间在人身上并不自由,有时甚至还可能被主人"转卖"。据估计,在独立之前,契约奴在殖民地人口中约占60%—77%,在弗吉尼亚、马里兰、宾夕法尼亚这类老殖民地,则几乎占了3/4。二是黑人奴隶制。首批进入北美殖民地的黑人只有20名,是1619年由荷兰人从几内亚输入詹姆士顿的。此后,1628年在康涅狄格,1634年在马里兰,1636年后在特拉华等殖民地,也相继采用黑人劳动。黑人在英属北美殖民地地位的演变,可划分为三个明显不同的阶段:1619—1640年为第一阶段,在此阶段,这些黑人不论来自何处,当他们被主人从市场上购买时,就是连同自己的劳动力一起,一次而永远卖给主人的,但他们在1640年之前在当地受到的待遇却类似于"契约奴",这可从一些黑人在几年后获释变成"自由人"得到证明;1640—1660年为第二阶段,在此阶段黑人的地位开始下降,开始是延长其服役期限,接着是被迫变成终生服役,这种演变以1640年弗吉尼亚普通法院对两个白人和一个黑人逃跑事件的判决为标志:在这个判决中,两个白人仅因逃跑被延长了服役年份,而那位叫约翰·庞奇(John Punch)的黑人却被要求"终生服役"(Serving for life);1660—1700年为第三阶段,在此阶段各殖民地议会开始制定自己的"奴隶法典",把前一阶段还是按个案处理的判例加以制度化,使早已存在的"终身奴仆"定位为名副其实的"奴隶",而第一个制定这种"奴隶法典"的便是弗吉尼亚,时间是在1662年①。黑人地位发生这种转变的根本原因,在于种植园经济在17世纪中叶有了根本性的变化,烟草成为南部殖民地主要的现金作物,对劳动力的需求急剧增长,并把大批黑人由家庭奴仆驱赶到田间。这种趋势也同样发生在新英格兰,只是工种和程度不同而已。总之,是土地和经营制度的"转型产生了南部的劳动制度"②。

其三,是管理问题的日益突出。公司土地的私有化,使原来作为公司雇员的移民,逐渐上升为拥有一定不动产的,具有独立地位和人格的私有者。这种转变,虽然在弗吉尼亚和普利茅斯其途径有所不同,前者是通过特许和租借方式,而后者则是通过"无偿分配"方式,但其结果可以说是相似的,都提高了移民的独立和权利意识。特别是在弗吉尼亚,在实行特许证制度的同时,1617年公司又作出新的规定:"任何支付250人移民费用的个人或团体,均可在公司管辖区范围内且无人定居的地区另获一片250英亩的土地"③,一些原公司的成员获得在定居地的边缘地带拓殖的权利,从而建立起一批所谓"特殊种植园",其中不少是种植烟草的。当这些种植园主富裕起来后,便要求获得与其经济实力相应的一些政治权力,参与对殖民地的管理。1619年6月30日在弗吉尼亚召开的代议制会议,就是为了解决和满足公司土地私有化和独立的个体所有者形成,以及随之而来的市镇和特殊种植园发展所出现的问题和要求,所谓"市民代表"

---

① 各殖民地使奴隶制合法化的时间是:弗吉尼亚1662年、卡罗来纳1650年、新泽西1675年、纽约1706年、康涅狄格1708年、佐治亚1749年。
② 奥斯卡和玛丽·F.汉德林(Oscar and Mary F. Handlin):《南部土地制度之起源》("Origins of the Southern Labor System"),斯坦尼·N.卡茨编:《殖民时期的美国:政治和社会发展论文集》,第216页。
③ 约翰·C.米勒(John C. Miller):《这些新人、美利坚人:美利坚民族之起源》(*This New Man, the Americans: The Beginnings of the American People*),纽约,1974年版,第41页。

就是由4个"市镇"和7个"特殊种植园"各选2名代表组成的。尽管召开这次会议的决定是由公司股东大会本身作出的,不一定是殖民地居民斗争的结果,也不一定是公司内部两派斗争的结果,但被称为《大特许状》的决议中关于为把殖民地建成"繁荣之邦",必须使居民获得"有益的引导和管理"的条文①,以及后来新任总督乔治·耶德利为召开代议制会议所发文告,称殖民地居民本"应在自行管理中享有一份管理权"②的诉求,均体现了土地私有化后管理问题日益突出,并在殖民当局政治事务中直接反映出来。与此类似,在新英格兰,在普利茅斯废止"共耕制",马萨诸塞推行"市镇授地制度"以后,随着十几个定居点和8个市镇的正式形成建制,各市镇"自治"的政府形式便与殖民当局的集权管理形式发生了矛盾,以致在1632年爆发了因为坎布里奇修建围栏而向各镇征税60英镑引发的抗议。为解决这些矛盾,不得不先在1632年5月9日由公司股东大会通过一个恢复总督由股东大会选举,并组建由各镇代表组成的咨询委员会的决议,后又在1634年5月14日的股东大会上决议:"各镇应合法地在每届议会之前选出两名或三名代表,集于一处商讨和准备认为应在下次大议会上商议之公共事务。此等由各镇自由民选派之代表,理应享有自由民全体所拥有之一切权力。"③可见,由直接民主制向代议制的转变,也是由管理问题引起的。上述弗吉尼亚和马萨诸塞代议制的建立的意义是那样大,以至由于它们从根本上反映了英

---

① 杰克·P.格林编:《从定居地到社会,1607—1763年:美洲殖民地文献史》,第44页。
② 亚历山大·布朗(Alexander Brown):《美洲的第一个共和国》(*The First Republic in America*),波士顿,1898年版,第312页。
③ 查尔斯·安德鲁斯(Charles Andrews):《美国历史上的殖民时期》(*The Colonial Period of American History*),纽黑文,1934年版,第44页,参见《历史研究》1992年第5期。

属北美社会经济内容和结构的变化而变成了各殖民地仿效的榜样，不论这个殖民地是公司式的、业主式的还是自治式的，也不论它在管辖方式上发生了怎样的变化。其他一些殖民地采用代议制的时间分别是：马里兰，1637年；康涅狄克，1639年；罗得岛，1640年；纽黑文，1643年；宾夕法尼亚，1682年；纽约，1683年，等等。

那么，由于公司土地的私有化和农业殖民制度的确立，以及由此引发的上述三个问题的产生和它们分别引起的变迁，从美利坚文明的历史起源的角度来看，这意味着什么呢？首先，我们从公司到社会转变的这一史实，可推断美利坚文明的商业起源。一切变化都发源于一个东西、一个母体，这就是1606年组建的伦敦弗吉尼亚公司，1607年建立的詹姆士顿是它的直接产儿，而普利茅斯的建立则是它的一个专利，是它的间接的产儿。西格蒙德·戴蒙德指出，"当时他们所建立的是一种商业组织，虽然这种组织形式在公司历史上的不同时期有所改变，这种改变完全视赚取商业利润而定"[1]，用公司的伟大领导人之一 E.桑兹爵士的话来说，商业利润是"所有人的目光集中之所在"[2]。加里·纳什讲得更为清楚："英国人在新世界的第一个永久定居地（Settlement），1607年建立于弗吉尼亚的詹姆士顿，但公正地说它根本不是一个殖民地（colony），至少在作为一个政治单位这个意义上是受母国统治的；毋宁说它是一个商业企业（a business enterprise），是伦敦弗吉尼亚公司的财产。而该公司是由股东们组建，并直接听命于詹姆士一世的董事会治理的。它在其创立者眼中的最初目标，是向它的股东——商人、皇室政治人物以及其他投资者提供回报，英国人希望通过它来加倍复制西班牙人和葡萄牙

---

[1] 转引自斯坦尼·N.卡茨编：《殖民时期的美国：政治和社会发展论文集》，第8页。
[2] 同上书，第8页。

人在墨西哥、秘鲁和巴西的显著成功。"[1]它之所以成为美利坚文明之源,是因为通过公司土地的私有化和耕作制度的改变,实现了对美利坚文明具有奠基意义的三重转变:

首先,一种崭新的社会逐步产生和形成。在此过程中发生多重变化:一是从商业组织中孵化出一种"定居地";二是由"定居地"演变成"殖民地";三是将公司的董事会改变成殖民地政府;四是将专制之殖民政府改变为代议制政权;五是在这些演变过程中将公司的雇员改变成为一个殖民地社会的公民;六是通过不同的劳动制度把这些社会成员组织在一个具有不同等级和职业划分的结构中;七是通过制定不同的法律和法令对这个社会的等级划分和结构加以规范。从这些具体的演变过程中,读者不难发现一个新的社会产生和形成的轨迹,由共耕制向土地私有化的转变确立了这个新社会的基本性质和发展方向,三种劳动制度铸造了这个新社会的具体的经济结构,而"代议制"的确立则为这个新社会提供了政治框架和保证。这个新的社会产生和形成的轨迹可以图示如下:

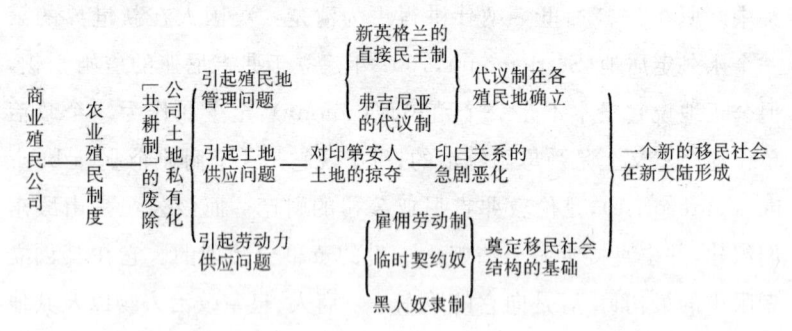

其次,各类移民在移民社会形成过程中发生角色的转换。作为

---

[1] 加里·B.纳什(Gary B. Nash):《红种人、白种人和黑种人:早期美国各民族》(*Red, White, and Black: The Peoples of Early America*),新泽西,1982年版,第45页。

一个"移民社会",前往英属北美的移民,在种族上可划分为白种人和黑种人。白种人又划分为英国人、爱尔兰人、苏爱人和欧陆人。欧陆人又可分为荷兰人、法兰西人、德意志人、瑞典人等等。在社会分层上可划分为教士、贵族、平民、总督、官吏和职员。若从职业上看,移民的成分就更为复杂,但当时没有完整的记载和统计,很难说得十分确切,这里查到的,是一份从布里斯托尔和伦敦移往切萨比克的男性契约奴的职业状况及其比例,大致可以说明当时移民的职业背景,而时限正好是美利坚文明的起源时期。现列表如下:

布里斯托尔和伦敦移至切萨比克的男性
契约奴的职业状况和比例(1654—1686年)

职业类别	布里斯托尔的契约奴 1654—1696 切萨比克 人数	%	所有殖民地 人数	%	伦敦的契约奴 1683—1684 切萨比克 人数	%	所有殖民地 人数	%
农业	252	46.9	910	48.0	31	23.7	59	23.2
食品饮料和供应	15	2.8	55	2.9	3	2.3	10	3.9
制衣/纺织和相关的贸易	78	14.5	282	14.9	19	14.5	36	14.2
皮革贸易	26	4.8	101	5.3	10	7.6	14	5.5
建筑/木工	29	5.4	125	6.6	10	7.6	22	8.7
金工	14	2.6	62	3.3	2	7.5	17	6.7
绅士和专业的	9	1.7	44	2.3	16	12.2	28	11.0
半熟练和非熟练的	112	20.9	310	16.4	37	28.2	59	23.2
混杂的	2	0.4	6	0.3	3	2.3	9	3.5
总计	537	100.0	1895	100.0	131	99.9	254	99.9

资料来源:撒特·W. 塔特和戴维·安默曼编(Thad W. Tate and David Ammerman eds.):《17世纪的切萨比克》(*The Chesapeake in the Seventeenth Century*),北卡罗来纳大学出版社1979年版,第58页。

从上表统计可知,正如罗伯特·E. 布朗所指出的,"从欧洲来到新世界的移民,并没有简单地把故国的阶级结构转移到新世界"[①]。

[①] 詹姆斯·K. 马丁编(James K. Martin, ed.):《殖民时期美国史解释》(*Interpreting Colonial America*),哈珀和罗出版公司1978年版,第246页。

因为既然有那么多的人,那么多不同职业的人,到殖民地后都成了一种人,即"契约奴",那么就还会有别的职业和身份的移民在殖民地改变其身份和职业。事实上,不论移民原来是什么身份、地位和职业,到了殖民地后都要根据当地的环境和条件进行重新选择、站队、改组,而分别被组织和定位于一定的生产方式中去。温斯罗普·乔丹认为,"在美洲社会和经济制度的相互作用中有三种主要劳动制度"①:(1)雇佣劳动制;(2)动产奴隶制;(3)临时契约奴。换言之,移民及其后裔,主要就是通过这三种劳动制度,被重新安排、定位和整合进一个新的社会结构中去的。

第三,再来看殖民地的社会分层与组合。英属北美殖民地,以商业殖民为主转为以农业殖民为主,在很长一个时期内仍不脱离传统农业社会的基本模式,因为其基本的社会成分与划分仍与旧世界类似:士、农、工、商。但这里的"农"则大有讲究,与当时的英国和欧陆有很大的不同:首先,在英国随着资本主义向农村的深入,农奴制早在 14 和 15 世纪之交就基本废除了,最后一个处理维兰的案例的时间是 1618 年,但英属北美殖民地的建立由于都必须获准英王的特许才合法,而君主制即使在英国革命后仍属英国社会最保守的部分,因而英王的特许制度中不免包括了即使在当时的英国看来也属保守的内容,其中最明显的是它引入"永佃权",这成了后来各殖民地引入"代役租"的法律依据。其次,如前所述,当时的殖民活动从一开始就带有两重性:一方面,殖民公司与英王的关系保留了封建的依附性;另一方面,移民与公司的关系又带有近代契约色彩,这导致了"契约奴"制度的采用。"契约奴"制度,本来在法律上是一种平等的商业合同制度,但由于殖民地劳动力的缺乏和环境的恶劣,而迫使主人加强

---

① 斯坦尼·N.卡茨编:《殖民时期的美国:政治和社会发展论文集》,第 232 页。

了对契约奴的监控,从而使"契约仆"的实际地位大大下降,以致在许多情况下竟类似于"奴"。再次,由于烟草种植业的明显的商业利益,种植园制度在殖民地获得了空前的发展,又在原来的契约奴制度下引入了黑人奴隶制,虽然黑人最初由于主人使用于家庭,其所受待遇类似于"契约奴",但最终由于烟草种植业在南部的扩大,而被驱赶到田间,并被定位在奴隶的地位上,在社会关系中其地位与古代奴隶制无别。这样,英属北美殖民地社会,就可以划分成这样六种类别三大群体:(1)商人和作坊主;(2)农场主和种植园主;(3)契约奴与黑奴。

这六种类别中,最容易确定其社会地位的,是契约奴和黑奴这两类,二者处于整个殖民社会的底层,且契约奴的地位高于黑奴。商人和作坊主的地位也比较容易确定,因为他们的财富积累主要不是靠经营土地,可以在流通领域靠投机获得,其中商人的积累尤为迅速,如皮货在欧洲市场的利率为美洲的上百倍。比较难于确定的是作坊主、种植园主和农场主这三者的关系。在人们的印象中,种植园主是殖民地的富人,这一看法在殖民时代晚期可能是正确的,但在殖民时代的初期即这个新社会形成时期,却很难说。在初期,不少种植园主,通过烟草种植致富,是可以找到证据的。例如,如前所述,约翰·波赖在1619年曾谈到,他一年之内可靠自己的劳动为自己增加财富200英镑[①]。但现在查明,在奴隶制种植园经济形成时期,即使在当时奴隶制种植园经济的主要产区,即切萨比克湾烟草中心种植区,农业劳动对财富的积累仍远远低于技工的积累。据对马里兰4个县的考察,这4个县是圣玛丽、卡尔沃特、查尔斯、王子乔治县,它们均位于当时切萨比克湾烟草种植园最发达的地区,技工和农工的平均财富积累,在1658—

[①] 杰克·P.格林编:《从定居地到社会,1607—1763年:美洲殖民地文献史》,第45页。

1680年期间差别不大,但是在1680年以后前者的财富积累明显高于后者,这可从下表看出:

技术工人和农业劳动者的平均财富积累（1658—1705年）　（单位:英镑）

年　份	技术工人 人数	技术工人 平均	农业劳动者 人数	农业劳动者 平均
1658—1670	3	9.36	12	14.83
1671—1680	11	19.82	31	21.34
1681—1687	10	20.48	16	13.78
1688—1696	5	14.99	15	14.93
1697—1705	10	24.99	20	13.18
总　计	39	19.89	94	16.29

资料来源:撒特·W.塔特和戴维·安默曼编:《17世纪的切萨比克》,第216页。

当然,技术工人和农业劳动者都是被雇佣者,而雇主不是作坊主就是农场主,因此技术工人和农业劳动者的财富积累并不等于作坊主和农场主的积累。但由于这些财富都是来自他们的工资,而工资支付是作坊主和农场主从事经营的成本的重要组成部分,因而通过其工资支付状况可以间接了解作坊主、农场主的经济和财富积累状况。不过,工资支付一般都有记载,因而可以较方便地进行计量分析,而主人的财产及财富积累却不一定有详细记录,往往只能从其死后的遗产中得知一些信息。我们知道,殖民地时期最大的富翁中,一个是波士顿的托马斯·汉考克,另一个是查尔斯顿的加布里埃尔·马尼高尔特,前者临终时留下的遗产计达近10万英镑,而后者留下的遗产则高达16.9万英镑[①],由此可见殖民地作坊主和商人之一斑。农场主的情况就差一些,南部农场主在变成种植园主之后财富积累方式已兼有农业和商业二重性,不能作为殖民时期纯粹农场主阶级的代表,我们可以

① G.C.菲特和J.E.里斯:《美国经济史》,辽宁人民出版社1981年版,第132页。

马萨诸塞的农场主作为殖民时期农场主的代表。据《马萨诸塞殖民史》作者托马斯·哈钦森记载,当地的"一笔大财产"是一位名叫阿普索普(Apthorp)的人的财产,大约也只有 2 万至 3 万英镑之间,而其余人的财产都比他的少:安德鲁·奥利弗的约值 9121 英镑,托马斯·格里的约值 7919 英镑,而大多数农场主仅拥有 75 至 150 英亩土地,其价值在 300 至 1200 英镑不等①。一般农场主财富的积累不如奴隶种植园主,更不如城市中从事工商业的作坊主和商人,但他们在人数上是有产者乃至整个人口的最大多数:"除了少数市镇居民而外,从新斯科舍到西佛罗里达,人们都是农场主",他们占人口的 90％以上②。因此,17 世纪在英属北美殖民地正在形成的这个新的社会,实际上是一个两头小中间大的呈菱形的结构,与当时尚处于由传统农业社会向现代工业社会过渡中的欧洲有很大的不同,因为当时的欧洲乃至整个旧世界的社会结构是金字塔形的。这种差异亦可图示如下:

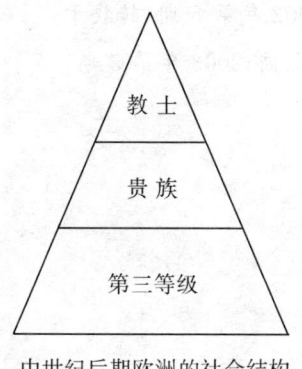

中世纪后期欧洲的社会结构(教士/贵族/第三等级)

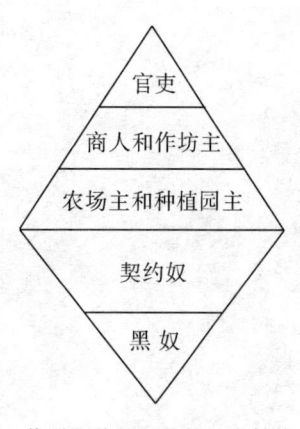

英属北美殖民地的社会结构(官吏/商人和作坊主/农场主和种植园主/契约奴/黑奴)

---

① 詹姆斯·K.马丁编:《殖民时期美国史解释》,第 253 页。
② 同上书,第 246 页。

最后,"这些移居于殖民地的人也比他们原生活的地方发生了很多的变化"①。首先,和殖民初期,即商业公司主导的时代不一样,这个社会的构成不再纯粹是移民,而是逐步由本地即殖民地出身的人为主。这一转变过程,在新英格兰大约只花了30年时间,而在切萨比克湾地区到17—18世纪之交也基本完成,这是因为南部殖民地死亡率高而寿命短,而新英格兰死亡率低而寿命高,但美洲化(Americanization)并不仅表现在人口本地化上,也表现在人的体格、思想过程、生活方式和生活目标等方面。因为美洲殖民地的环境与英国和欧陆有很大的不同,它虽然没有历史的沉重包袱,但却因变幻莫测,它要求移民及其后裔按新的方式思考和行动。总之,久而久之,这些"迁移来的英国人和欧洲人便逐渐地变成了美利坚人(Americans)"②。

(原载《世界历史》2002 年第 5 期,转载于
《中国社会科学文摘》2003 年第 3 期)

---

① 劳伦斯·H.莱德(Lawrence H. Leder):《1603—1789 年的美国:通向民族的序曲》(*America: 1603—1789: Prelude to a Nation*),伯吉斯出版公司 1972 年版,第 101 页。
② 同上书,第 101 页。

略论美国农场主阶级的形成

众所周知,资本主义在美国农业中的发展,所走的是一条独特的道路,而这条道路的首要特征,就是农场主(farmer,即拥有或经营一个农场的独立农民[1])在农业中逐渐上升到居统治的地位,以致成为农业中"独一无二"的代表。[2] 在北美这个移民社会里,由于自始就不存在根深蒂固的封建制度,只有代役租等封建制残余,农民从一开始就享有人身自由。从法制上看,美国农场主形成的真正关键在于封建制残余的废除,而这一历史任务是在独立革命期间完成的。为此,在本文中,我们在探讨美国农场主阶级形成的原因和过程时,将把土地问题作为美国革命的一个基本问题来考察,并联系独立前后土地制度的变化来进行。

一

农场主阶级在美国形成的过程,可以而且应该追溯到这个国家的殖民时代。因为,虽然英王将北美殖民地看成他的私产,殖民地土地的占有和使用状况,却早已在实际上对这种所有权形成挑战,并使

---

[1] 本定义包含三个要点:(1)他们已摆脱农奴制的束缚,人身是自由的;(2)他们对土地已拥有完全的所有权和经营权,因而可以任意处置自己的土地;(3)由于上述两项条件,他们因而不再有代役租之类的负担,与18世纪以后英语中"yeomanry"(自耕农)一词的含义相近。

[2] 参见《列宁全集》第16卷,人民出版社1988年版,第206页。

它首先在新英格兰发生崩溃,从而催生了美国第一批独立农民。

其实,在1606年詹姆斯一世给"弗吉尼亚公司"的第一个特许状中,已埋下了后来一系列变化的种子,因为它明确规定殖民公司是以"自由永佃权"(free and common socage)[①]的形式持有殖民地土地。这包括两方面的含义:一方面,它意味着北美殖民地土地在原则上仍属英王,而这些殖民地的"受托管理人"(trustees),不论是公司还是业主,都是英王的佃户;另一方面,这些"受托管理人"又对殖民地土地拥有大部分所有权能,可以继承、转让。而按特许状的规定,公司每年交给英王的只是印第安人箭头之类的象征性租税。可见,公司乃是殖民地土地的实际所有者,而英王的最高所有权只不过是"名义上的"。这一点,不仅决定着殖民地早期的土地占有状况,而且不可避免地会对殖民地土地制度以后的演变发生影响,因为它为殖民公司改变其土地制度提供了机会。由于同时获得此授权的有两家公司,即伦敦公司和普利茅斯公司,而特许状中使用的"弗吉尼亚"(Virginia)这一概念与"美洲"(America)这一概念又可互换,[②]这就赋予该授权以某种普遍的意义。

作为北美两个最早的英属殖民地,弗吉尼亚是在伦敦公司主持下建立的,普利茅斯是一些曾获伦敦公司正式"许可证"的清教徒在伦敦商人的资助下建立的。[③] 由于股东大都是投资于莫斯科公司、

[①] Henry S. Commager, ed., *Documents of American History* (New Jersey, 1988), vol.1, p.10;关于"free socage"一词,还有"索克领"、"农役租佃制"、"非兵役租佃制"等译法,本文采杰拉尔德·豪厄特主编《世界历史词典》(商务印书馆1988年版)的译法。

[②] Henry S. Commager, op. cit., p.9.

[③] 此殖民地的建立者,不是1606年组建的"普利茅斯公司",而是1620年新组建的"新英格兰理事会",其成员是原普利茅斯公司剩下的人员,他们在伦敦获得由20名商人提供的7000英镑资助。参见 M. Jernegan, *The American Colonies*, 1492—1750, New York, 1964, pp.118—121.

利凡特公司和东印度公司的商人资本家,殖民公司的活动显然具有纯粹商业殖民的性质,其土地制度也就打上了商业资本主义的烙印:殖民地土地为公司所有,移民作为公司的"合同劳工"在公司官员监督下共同劳动;除维持移民生活必需的那部分产品而外,其余产品悉归公司,由公司处置;如果产品太少,甚至不足以维持移民衣食之需时,公司将提供救济;七年合同期满后,殖民地财产(包括土地在内)将在持股者中按股分配。① 显然,公司的殖民活动带有明显的双重性:一方面,公司与英王的关系带有封建依附的痕迹,因殖民地是英王给公司的"封地",公司只拥有"自由永佃权";另一方面,移民与公司的关系又带有现代契约色彩,因他们与公司订有具约束力的合同,并为公司的利益而劳动,二者是矛盾的。它既不适合北美地广人稀的环境,也难以适应殖民地被移民迅速拓殖的形势,移民的劳动积极性很有限,公司根本无法靠它赢利。

弗吉尼亚殖民地首先陷入这一困境。为了克服这种困难,弗吉尼亚公司决定利用土地这一丰富而廉价的资源来吸引资金和劳力,并刺激移民劳动积极性。从 1614 年起,公司采取了一系列措施,将土地所有权逐渐转给移民个人,从而引起殖民地土地关系的变化:(1)原来建立种植园的英国投资者或团体,可获大块土地,并发给特许证。② (2)1616 年前自费来的移民,其所持公司股每股可获免税地 100 英亩;由公司资助来的移民,在为公司工作七年后也可领取 100 英亩土地,但每年应交代役租 2 先令。(3)1616 年后自费来的移民,每人可获年租 1 先令的土地 50 英亩,由公司代付旅费者七年后也可

---

① Curtis P. Nettles, *The Roots of American Civilization: A History of American Colonial Life*, New York, 1981, pp. 222—223. 此时,凡男性成年移民均持有股份。

② Herbert L. Osgood, *American Colonies in the Seventeenth Century*, New York, 1957, vol. 1, p. 84.

获地50英亩,但这七年中其产品之一半应交公司。(4)凡资助移民旅费者,每资助一人可获地50英亩;契约奴服役期满后都有权获得包括土地在内的"自由费"(freedom dues)。(5)公司官员由公司保留地供养,这类土地由上述分成农耕种。① 随着这些措施的实行,到1624年,该殖民地的开垦地已基本私有化。

普利茅斯殖民地的建立比弗吉尼亚晚,最初的土地制度却与之类似,因而此后遇到的问题也相似。到1624年,因无利可图,原投资者拒绝继续资助公司的殖民活动。经讨论,W.布雷德福总督宣布部分放弃最初的"土地共有制"(joint land system),分给每位成年男子1英亩土地供私人永久耕种。② 1627年,移民又与英国投资者达成协议,购买了对方与殖民地有关的财产和权益。随后,移民自己组成了新的殖民公司,所有成年男子都拥有公司股权。按规定,单身男子每人一股,家长则可拥有与家庭人数相等的股份。众人共同承担公司债务。③ 同年,移民大会决议:(1)1624年首次土地划分继续有效,移民及其后裔当永远拥有所获土地;(2)立即以抽签方式进行第二次土地分配,每位移民可获地20英亩。④ 这样,普利茅斯也开始了土地私有化进程。不过,普利茅斯在移民中间无偿分配土地的做法,却与弗吉尼亚殖民地明显不同。

上述两个殖民地土地的私有化,在美国历史发展中意义重大,被C.内特尔斯称为"转向新经济的第一步"。⑤ 由于土地从公司转归于

---

① Stanley N. Katz, ed., *Colonial America: Essays in Political and Social Development*, New York, 1926, p. 21.
② Herbert L. Osgood, *American Colonies in the Seventeenth Century*, p. 114.
③ *Ibid.*, pp. 117—118.
④ William Bradford, *History of Plymouth Plantation*, New York, 1968, vol. 2, pp. 10—11.
⑤ Curtis P. Nettles, *The Roots of American Civilization*, pp. 223—229.

生产者、经营者个人之手,它在殖民地社会和经济生活中的作用便发生了根本性变化。作为摆脱旧殖民制度的重要步骤,一种新的发展模式正孕育其中:由当初纯粹的商业殖民制度,演变成一种农业殖民与商业殖民并重的制度,从而也为美国农场主的形成确立了基本方向和路线。不过,由于上述两家公司的股东成分不同、社会背景各异,在摆脱原有土地制度束缚时,两者的做法极不相同:在弗吉尼亚,由于移民中贵族势力影响较大,移植了较多的封建制残余;而在普利茅斯,由于移民以城乡平民为主,因而几乎不允许任何封建制残余的存在。必须指出,上述两个殖民地的不同做法,既不是来自英王的直接授权,也没有改变殖民公司与英王在土地上的关系,实际上只是公司和殖民地在经营方式上的改变,而这种改变又不是毫无根据的,因特许状已赋予公司以"治理"殖民地的全部权力。[①] 但二者在土地私有化时采取的不同做法,此后便成了主导殖民地南、北两种土地制度的主要因素。

新英格兰以南的其他各殖民地,仿效的是弗吉尼亚的土地制度。其原因有二:(1)马里兰、特拉华、卡罗来纳、宾夕法尼亚等均是英王封赐的业主殖民地。根据特许状,业主有建立封建庄园、收取代役租之类的特权。(2)弗吉尼亚虽不是业主殖民地,但在土地私有化过程中采用了比较保守的做法,正好适应南部普遍存在的贵族色彩,既能有效地吸引移民和资本,又能为业主保留较多的特权,对业主们颇具吸引力。弗吉尼亚的土地特许证和"人头权"制度,成了南部土地制度的源头。在这一背景下,新英格兰以南各殖民地形成了大、小土地所有制并存的局面,而土地所有者无论大小,原则上均须向业主或皇室交纳代役租。例如,1681 年,威廉·佩恩规定,他的土地售价为每

[①] Henry S. Commager, ed., *Documents of American History*, vol. 1, p. 9.

5000英亩100英镑,购者须从1684年起付代役租,每100英亩每年1先令。① 代役租的数额各地不同,同一地区不同时期也有差别,但其征收在南部是普遍的,而且数额相对稳定,通常是每100英亩2至4先令。数额虽不大,但却是领地所有权的象征。与此相联系,在土地继承和转让方面,南部各地普遍存在长子继承制和限嗣继承制,继承人必须承担原转让者承担的封建义务(如代役租等),领主有权对他们认为不合法的土地转让实行处罚,罚金有时相当于该地产一年的租金额。② 换言之,当时南部的大多数土地占有者和经营者,还不是真正的或完全的独立农民。

新英格兰各殖民地的土地制度,则奠基于普利茅斯的"无偿分配"制度。1629年,部分清教徒股东将马萨诸塞公司特许状迁至殖民地,公司利益和殖民地利益从此合为一体。出于安全以及宗教信仰等因素的考虑,马萨诸塞继承并发展了普利茅斯的土地分配方式,形成了"市镇授地制度"(Township System)。其做法是:20人以上的移民团体可申请建立新"市镇",一旦获准,地契转给该镇,申请人即成为该镇"业主";土地视财产及家庭人口多少在"业主"中分配;同时,另留出公用地和公有地。③ 随着马萨诸塞殖民地的发展壮大,以及康涅狄格(1636年)和罗得岛(1636年)等清教殖民地的建立,它的这套做法和它的移民一起向四处扩散,很快在整个新英格兰占据了统治地位。在此种土地制度下,原"业主"移民通过无偿取得土地所有权而成为土地的主人,新来的移民只要能被"业主"们接受,也大都能从镇区公地中无偿获得份地。个人拥有的土地面积最初都不大,

---

① Jack P. Greene, ed., *From Settlement to Society*, 1607—1763: *Documentary History of Colonial America*, New York,1975,p. 166.
② James T. Adams, *Provincial Society*, 1690—1763, New York,1941,pp. 12—13.
③ J. T. 施莱贝克尔:《美国农业史,1607—1972》,第10页。

大多在50至200英亩之间,①且实际上不存在代役租之类的负担。因作为新英格兰土地制度源头的普利茅斯和马萨诸塞殖民地,由于已和原殖民公司合为一体,从未认真进行过代役租的征收。② 此外,在土地继承和转让方面,马萨诸塞采用的是英国肯特郡的特殊做法,即"多子分割继承制"(长子取双份),且土地可以出售。1641年马萨诸塞《权利法案》称:"我们所有的土地和继承的遗产,应永远免除转让时的所有罚金和登记费","长子在划分全部动产和不动产时应获双份"。③和它的土地分配制度一样,其继承法也被新英格兰其他殖民地接受,只有罗得岛是个例外。允许土地自由转让并承认年幼子女的权利,使长子继承和限嗣继承制难以立足,在某种程度上防止了土地的集中,有助于小土地所有制在新英格兰的巩固和发展。换言之,在新英格兰,在殖民时期已形成了美国历史上第一批独立农民。

然而,新英格兰农民对土地的自由处置权,最初并不完全。"市镇授地制度"导致宗教色彩很浓的集团式移民和授地,土地因而仍有某种共有性质,个人对土地的处理常受非经济因素限制。例如,1638年,沃特镇规定土地不得出售给非卫理公会教徒;纽黑文不准陌生人在取得法院批准之前购地;普罗维登斯则规定未经市镇当局允许,不得将土地出售给外地人。④ 不过,随着人口的增加和公地的减少,土地价格上涨和投机之风渐盛,原来的市镇授地方式渐渐难以维持。1725年后,马萨诸塞、新罕布什尔和康涅狄格都不再以镇区

---

① Marcus W. Jernegan, *American Colonies, 1492—1750: A Study of Their Political, Economic and Social Development*, New York, 1959, p. 170.
② Beverly Bond, Jr., "Quitrent System of the American Colonies", *American Historical Review*, XVII (1912), p. 498.
③ W. Kavenagh, ed., *Foundations of Colonial America: Documentary History*, New York, 1973, p. 640.
④ W. B. Weeden, *Economic and Social History of New England, 1620—1789*, Boston, 1981, vol. 1, pp. 56—57.

形式授地,而是转而将土地置于市场公开出售。如,1737年,康涅狄格拍卖了6个镇区;1762年,马萨诸塞以380镑至3200镑的价格出售了10大块土地。① 土地的出售,消灭了市镇授地方式所带来的共有色彩,使土地完全成为一种可自由处置的商品,新英格兰农民的土地因而彻底私有化。对此,C.罗西特写道:"由于占有和转让制度进一步放宽,到1750年,新英格兰农民成了他自己土地的主人。"②

二

然而,农场主阶级在美国的形成和发展,还有待于封建制残余的废除。因为只要农民还背着代役租之类的负担,他就不能算是真正和完全的独立农民。推动废除封建制残余的基本力量,乃是商品和货币经济的扩展,而这种力量是在殖民时代准备好的。

随着欧洲市场对烟草需求的迅速扩大,南部的烟草种植业兴起并急剧发展,烟草出口飞速增长。1620年到1700年,烟草出口量从119 000磅增至近36 000 000磅,增加302倍。③ 由于这一行业急剧发展,对资本、土地和劳动力的需求迅速扩大,种植园制开始在南部盛行起来。在这种情况下,总督和参事会常常通过滥发土地特许证来培植大地产,利用"人头权"建立大地产的现象也日益普遍,以致有的官员以每份1至5先令的价格出售"人头权"。④ 这迫使某些殖民

---

① Curtis P. Nettles, *The Roots of American Civilization*, p. 529.
② Clinton Rossiter, *The First American Revolution: American Colonies on the Eve of Independence*, New York, 1956, p. 49.
③ Glenn S. Porter, ed., *Encyclopedia of American Economic History*, New York, 1980, vol. 1, p. 37.
④ Anna Rochester, *American Copitalism*, New York, 1949, p. 20.

地,如马里兰在1683年、弗吉尼亚在1705年,不得不停止"人头权"制度的实行,转而采取公开出售土地的方式。至于支付地价的办法,最初常用实物,如马里兰出售的内陆土地价格当时是每50英亩100磅烟草,但进入18世纪后一般都改为货币。① 这样,购买便成为移民在南部获得土地的主要方式,并最终成为对现存封建制残余的严重挑战。当然,要从根本上废除封建制残余,仅有上述经济上的变动是不够的,还须从政治上进行改革,因为这类封建制残余本属法律范畴,没有政治层面上的干预是难以解决的。

在废除封建残余的斗争中,小农是一支不可忽视的力量,其斗争最初主要是以"占地"和抗租形式表现出来的。从1725年左右开始,纽约以南的各皇家或业主殖民地,普遍经历了欧洲学者称之为"封建义务复兴"(Feudal Revival)的过程。当时,一些业主利用手中掌握的政治特权,以严厉的手段追讨佃农所欠的代役租。例如,卡特赖特勋爵对殖民当局征收代役租的工作成效不满,于1745年向英王申请将其地权折合成一块大地产即格伦维尔地产,它包括了当时北卡罗来纳一半以上的土地和大约2/3的人口,仅1760年一年的固定地租,就给他带来5000镑的收入。又如,费尔法克斯勋爵的"北瓶颈地",其面积遍及弗吉尼亚21县共520万英亩,到1768年仅代役租一项收入就达4000镑。② 面对"封建义务复活",处于困境中的广大小农,原本把"到西部去"作为他们的出路。但在这个关键时刻,英王对殖民地的控制却变本加厉:一是把大多数业主殖民地和自治殖民地变为"皇家殖民地";二是颁布"1763年宣告令",禁止人们到西部

---

① Herbert L. Osgood., *American Colonies in the Seventeenth Century*, vol. II, p.35.

② Stephen G. Kurtz and James H. Huston,eds., *Essays on the American Revolution*, New York, 1973, pp.266—269;另参见拙著:《美国边疆史》,第21页。

去定居和购地。这就打破了广大小农的希望，迫使他们走上武装反抗的道路。

18世纪中期，较大的农民武装反抗就有三次：1763年宾夕法尼亚"帕克斯顿健儿"事件，1765年纽约"平等派"运动，1768年北卡罗来纳"自订约章者之战"。这些冲突爆发的原因都很相似，无非是土地贫瘠、生活困苦、租税繁重、官吏腐化、地权不保，而大土地所有者却完全漠视农民的要求。因而这些反抗的目标也几乎是一致的，这就是推行民主的纳税制度，废除反映封建特权的固定地租，农民有权获得土地。"自订约章者"在其请愿书中提出的要求，便是当时农民运动这一基本目标的集中反映。例如，其中第2条提出，征税方法应改革，各人应按地产获利的多少纳税；第12条谴责总督和参事会滥发土地特许证，使大量土地集中于少数人之手，破坏"人头权"制度；第14条则表示，在业主土地上进行的开垦和改良应得到承认，在其出售时"占地者"应享有优惠购买300英亩的权利，①等等。虽然这些要求当时很难被殖民当局接受，但农民们坚信："是我们的父辈将这原本荒芜的土地变成了可爱的农场，作为回报我们获得了我们全部的权利；我们的社会地位、我们的自由、我们作为公民的权利，都是建立在这个基础上的。"②

封建义务的"复活"，英国殖民控制的加强，也引起了资产阶级民主派对农民问题的重视。这不仅因为他们在反对封建制残余方面与农民存在一致性，也由于他们已意识到农民可能成为他们反对英国殖民压迫的盟友。例如，托马斯·杰斐逊认为，共和秩序的基础是小

---

① Samuel E. Morison, ed., *Sources and Documents Illustrating the American Revolution and the Formation of the Federal Constitution*, 1763—1788, Oxford, 1929, pp. 85—87.

② Clinton Rossiter, *The First American Revolution*, p. 53.

而独立的广大农民,"小土地所有者是这个国家最宝贵的组成部分"。① 他在《美洲权利综观》中指出,移民们为开拓、征服北美付出了血汗和财富,才使北美的拓殖成为现实。因此,"他们为自己而战,为自己进行征服,也只有他们自己,才有权拥有(这些土地)。"移民从他们的撒克逊祖先那里已继承了自由占有土地的权利,因此所谓"所有土地原属国王"的原则是"虚幻的",国王"无权擅自授地"。② 独立革命爆发后,他在州议会和国会中都极力反对封建制残余,力图使土地制度民主化。在其草拟的"弗吉尼亚宪法"中,数稿均规定给予所有无地者以每人50英亩土地。又如,塞缪尔·亚当斯,和他领导下的波士顿"自由之子",也向农民表示了同情和支持,认为苛重的土地税及失去地产的危险,是与英国的殖民统治相联系的。1772年底,在为波士顿一群众集会撰写的决议中,亚当斯开列了当时英国侵犯殖民地权利的一份"清单",在最末一项中声称:"我们蒙受的另一项苦难,是国王和议会经常变更殖民地的边界",这就影响了移民"对土地的权利",而这些土地是由于"现在的耕种者及其祖先的劳动才变得有价值的"。③

1774年2月,英王颁布新的土地申请法,对在殖民地获取土地做出苛刻规定,强调购地者必须交代役租。紧接着,又传来了对波士顿实行封港的惩罚性决定。这两件事已极大地激怒了殖民地民众。而随即颁布的"魁北克条例"却干脆将俄亥俄河以北、宾夕法尼亚以西的土地划归魁北克,农民对英国政府绝望了。于是,农民争取土地

---

① Herbert Aptheker, *The American Revolution*, 1763—1783, New York, 1960, p. 269.

② Julian P. Boyd, ed., *The Papers of Thomas Jefferson* (Princeton, 1950), vol. 1, pp. 122—132.

③ Samuel E. Morison, ed., *Sources and Documents Illstrating the American Revolution and the Formation of the Federal Constitution*, 1763—1788, p. 96.

的斗争与殖民地独立运动开始结合起来,与资产阶级民主派也有了新的共同点:双方都认识到,废除封建制残余、解决土地问题,与推翻英国统治是紧密相关的。独立革命的爆发,为双方提供了达到共同目标的机会,农民、资产阶级民主派和其他民主力量一起,向各种封建制残余发起了进攻。战争一爆发,各地便停止了代役租的交纳,估计仅此一项年额即达10万英镑。① 随即各州又相继通过立法来废除代役租制度。杰斐逊领导民主派克服了以埃德蒙德·彭德尔顿为首的保守派议员的阻挠,使弗吉尼亚议会和宾夕法尼亚议会一起,率先于1779年废除了这一制度。其他各州纷纷效法,行动最迟的纽约州,也于1786年完成了这一任务。对限嗣继承制的攻击始于南卡罗来纳,1775年,它第一个废除这种制度;次年弗吉尼亚议会也通过了杰斐逊起草的有关保护土地自由转让的法律。到1786年其余各州也都相继完成了这一程序。至于长子继承制的废除,佐治亚州在1777年最早完成,而在其余各州进展都不太顺利。以弗吉尼亚为例,早在1776年杰斐逊就已在州宪草稿中提出了财产在合法继承人中平均分配的原则,但这一条款在宪法通过时却被议会删去。此后,有关议案多次被提出,但均导致了激烈的争论。彭德尔顿认为,对长子继承制应有所保留,主张在财产划分时让长子获得"双份"。② 而杰斐逊则认为,废除长子继承制,平等地分配遗产,可改变原继承法中"使家庭中一人富而余人俱穷的封建的、不自然的特征",应是最好的方法。③ 经过长期、反复的辩论之后,弗吉尼亚议会终于在1784年通过了废除长子继承制的议案,而南部其余各州也在1784—1790年间相继完成这一法律程序。除此而外,在革命浪潮冲击下被废除

---

① Curtis P. Nettles, *The Roots of American Civilization*, p. 680.
② Merrill Peterson, *Thomas Jefferson and the New Nation*, Oxford, 1978, p. 115.
③ Herbert Aptheker, *The American Revolution*, 1763—1783, p. 261.

的封建制残余,还包括自荷兰统治以来就存在的哈得孙河谷的"巴特龙"们享有的领主特权,以及新英格兰继承法中有关"长子双份"的规定。

革命不仅仅是对封建制残余的摧毁,它也着手创造一种新制度。在土地制度方面,各州在农民和其他民主力量推动下采取的一些措施,就具有破与立的双重意义。这类措施主要有以下几项:

1. 没收并处理原王室、业主及效忠派大地产。1777年11月,"大陆会议"建议各州夺取并出售所有效忠派的地产,然后投资于"大陆债券",其处理权均由各州立法机构掌握。新英格兰各州没收的土地面积都不大,因而从中获得的收入也不多,南部各州则由于没收地产数量多、面积大而所获甚丰。纽约没收的土地总值达315万西班牙银元,马里兰在没收地产方面所获也超过45万英镑;佐治亚州仅詹姆斯·赖特爵士被没收的地产就值16万西班牙银元。纽约在出售没收地产时,地块面积一般不超过500英亩,该州詹姆斯·德兰西的地产被分售给275人。① 北卡罗来纳的这类土地,出售时以100英亩为基准,效忠派亨利·麦柯洛克的大地产被分别售给约80户人家。② 各州对效忠派地产的处理,增加了小土地所有者的数量,在一定程度上促进了土地占有状况的民主化。

2. 在一定程度上承认"占地者"的权利。在这方面进展较大的,主要是占地者数量较多的中部和南部某些州。例如,1776年,弗吉尼亚议会规定,给所有私营土地公司土地上的"占地者"以"先购权";③1779年,该州又规定,1778年之前已占有土地但未获所有权

---

① J. F. Jameson, *The American Revolution Considered as a Social Movement* (Princeton, 1926), pp. 51—53.
② Herbert Aptheker, *The American Revolution*, *1763—1783*, p. 264.
③ Jonathon Hughes, *American Economic History*, New York, 1983, p. 17.

的移民,每户可凭"先购权"购买 400 英亩土地,条件是此人在该地已居住一年以上,并须进行耕种;1781 年,它允许本州的"占地者"以每百英亩 20 先令的价格购地,并允许分两年半的时间付款。① 另外一些中部和南部州,如宾夕法尼亚和南、北卡罗来纳,也对本州的"占地者"采取宽容政策。例如,当时北卡罗来纳曾规定,"占地者"可凭"先购权"购地 640 英亩。②

3. 以土地作为吸引和酬报军人的工具。这一政策本源于殖民时期的一些惯例,但各州和大陆会议在新形势下赋予它以新的内容,即用以激励民众和将士为独立而战。有关军功授地的具体规定,各州和大陆会议大同小异。仍以弗吉尼亚为例。1779 年它率先通过授地法案,规定上校每人 500 英亩,其他各级军官依次递减,士兵则每人 100 英亩。这类军功授地主要集中在肯塔基和俄亥俄。③ 以后,授地的数目又有所提高,到 1780 年弗吉尼亚已授出军功地近 500 万英亩。④ 军功授地政策创造出一批小土地所有者,但同时也间接地为投机商和土地市场提供了一批廉价土地,因受地者常常无力去耕种而将地权转让和出售。不过,作为以后提出的免费宅地的先例,其意义不容忽视。

4. 廉价出售州有荒地。当时,各州对自己掌握的土地,主要是位于西部"边疆"的荒地,除部分用于军功授地而外,其余都抛向市场出售。当时各州所定地价均不高,西部荒地尤为便宜。如,1779 年 10 月,弗吉尼亚一项法令规定,每 100 英亩土地的价格仅为 40 镑。尽管如此,移民实际所付款项还比这一价格少,因为按规定移民可用

---

① Curtis P. Nettles, *The Roots of American Civilization*, p. 684.
② L. B. Schmidt and E. D. Ross, eds., *Readings in the Economic History of American Agriculture*, New York, 1925, p. 125.
③ J. T. 施莱贝克尔:《美国农业史,1607—1972》,第 20—21 页。
④ Jonathan Hughes, *American Economic History*, p. 48.

当时已大大贬值的纸币如"大陆券"支付。当时肯塔基地价尤为低廉,每100英亩售价仅10先令。① 同期纽约的地价是每英亩20美分至1美元并可延期付款,马萨诸塞则将缅因地区的土地以每英亩50美分的价格出售,而佐治亚和卡罗来纳在田纳西的土地价格更为低廉,近乎白送。② 各州争相廉价处理这些土地的做法,一方面为移民获取土地提供了重要来源,另一方面也为以后联邦政府"公共土地政策"的确立提供了参考。封建制残余的废除,以及在土地问题上所采取的措施,不仅在法制上打碎了以往束缚农民的枷锁,而且在经济上提高了他们的地位,从而培植并壮大了美国独立农民的队伍。据统计,在革命时期,美国的小私有者大约已发展到白人人口的70%,而小农场主则是其中人数最多的群体,占当时白人人口的40%,或总人口的1/3;如果将虽非大地主但较富裕的农场主也计算在内的话,其比例将接近白人人口的一半或总人口的2/5。这些农场主一般拥有100至200英亩土地。③ 总之,独立革命开创了一种"慷慨"的土地分配制度,同时又推动了渴望土地的东部人和大批欧洲移民不断西进。正如一位美国学者所指出的:"即使不是完全免费、相对来说也十分廉价,并不断向西延伸的土地的存在,在美国历史上的意义是巨大的,而美国革命的基本成果之一,就是保证和鼓励了这种存在。"④

---

① 比林顿:《向西部扩张》(上),第257页。
② Roy M. Robins, *Our Londed Heritage: The Public Domain, 1776—1936*, Princeton, 1942, p. 9.
③ Jackson T. Maine, *The Social Structure of Revolutionary America*, Princeton, 1987, pp. 273—274.
④ Herbert Aptheker, *The American Revolution, 1763—1783*, p. 365.

三

从美国农场主阶级形成的角度来看，如果说废除封建制残余是独立革命的一大贡献，那么它的另一大贡献就是"公共土地政策"的确立。研究者常常忽视这两者之间的联系，以为它们只是分别针对东部和西部土地关系的。其实不然，废除封建制残余不仅解除了东部农民所受的束缚，也有利于西部自由农场主的形成。而"公共土地政策"的确立，不仅反映着东部各阶层在西部的利益和要求，也最终打消了在西部恢复封建制残余的任何企图。

关于西部土地的处置问题，自1763年英法七年战争前后起，就一直是北美13个殖民地各阶层民众关注的焦点之一。早在革命爆发前，一些拥有西部土地的殖民地政府已开始将其土地向移民和土地投机家开放。如宾夕法尼亚和弗吉尼亚，在18世纪60年代已开始出售俄亥俄河岔口的土地，前者还于1769年在匹兹堡设立了土地事务所。革命爆发后，英国的殖民控制被打破，移民和土地投机家纷纷涌向西部，而当时各州的优惠政策只不过起了推波助澜的作用。值得注意的是，虽然各州民主势力都努力把革命成果推向西部，但将殖民时代某些封建残余移植到西部的企图并没有完全打消，理查德·亨德森就是一例。此人通过与切罗基人交易，得到了肯塔基的大片土地，并在那里建成了一个名叫"特兰西瓦尼亚"的殖民地。为把自己变成该殖民地的业主，他在1775年5月为该殖民地制定"宪法"，规定移民购买该殖民地每100英亩土地，须另付代役租2先令；而他本人则有权否决民选议会的决定。这在移民中激起了强烈不满。亨德森本希望把他的领地变成美国第14州，并曾派人赴大陆会议游说，但在帕特里克·亨利和杰斐逊带头抵制下，大陆会议拒绝了他的要求并通过决议,以后永不确立私人领地。1778年,弗吉尼亚将肯塔基变为本州的一县,在宣布亨德森法令无效的同时,承认移民们已获得的地权。① 对此事件的处理,不仅打击了在西部复活封建制残余的努力,也为政府出面管理西部土地提供了经验。

邦联成立后,在土地投机商、农民和其他民主力量的共同推动下,各州先后把自己对西部土地的权利转让给合众国,国会因而掌握了实际处理权。土地投机商主张转让,是因为他们希望摆脱地方政府辖制,利用自己在国会中的影响谋取更多的土地;而以杰斐逊为代表的一派人主张土地国有,则是要以此制止土地投机的蔓延,使农民有更多获得土地的机会。双方目标相左,却一致主张西部土地国有化。但土地转让一旦实现,如何处理的问题也随之产生,因不同利益集团对此各有打算:移民们希望有机会在西部建立自己的家园,前大陆军官兵要求国会兑现当初以西部土地作为军功奖励的许诺,土地投机商则希望政府为大规模土地买卖提供方便。而对于政府来说,利用西部土地来增加国库收入、缓解财政困难是当务之急,但在处理西部土地时,既不能损害各州利益,又要考虑如何稳住西部居民以防止分裂的出现。② 于是,出于不同目的考虑的各利益集团,在西部土地的处理上却有了一个共同要求:西部土地私有化。

1780年,国会通过决议,规定:对各州转让地的处理,必须符合"公共利益";对其处理,应经九州以上同意后由国会进行;应在这些土地上建立新州;等等。③ 正如B.希巴德教授指出的,这些规定"预示着一种土地政策的形成"。④ 所谓"公共利益"的确切含义何在?

---

① J.T.施莱贝克尔:《美国农业史,1607—1972》,第19页。
② Benjamin A. Hibbard, *A History of the Public Land Policies*, New York, 1924, pp.32—35.
③ Henry S. Commager. ed., *Documents of American History*, vol.I, p.89.
④ Benjamin A. Hibbard, *A History of the Public Land Policies*, p.37.

究竟怎样处理才算符合"公共利益"？当时人们就众说纷纭，但有一点得到各方的认同：公共土地不能被随意授给某些"宠儿"。在具体处理方法上，有两大派意见：一派强调公共土地应成为国库的收入来源，另一派则更注重促进拓殖的必要。正是在这种背景下，杰斐逊奉国会之命于1784年草拟了有关西部土地的两个报告，即"关于西部领地临时政府的报告"和"关于建立土地局的法令"。它们成为国会讨论西部土地问题的基础，以后又分别成为1787年"西北法令"及"1785年土地法"的前身。迫于各利益集团对开放西部土地的强烈要求，国会不得不优先考虑土地处理的具体方式问题，而这一问题也更直接地牵涉东部和西部各阶层的利益。于是，围绕后一报告，在国会中发生了激烈争论。该报告的主要内容是：(1)由国会或"诸州委员会"任命土地登记员和测量员，以把该地区测量为方形的"百户地"，单位面积为10"地理平方英里"(geographical mile square)，并将其再划分为以1"地理平方英里"即850又4/10英亩为单位的地段，用1至100的数字编号。(2)测量后进行出售，购地者将获得产权证书。测量结果应绘成地图，出售的土地应精确标明地点。(3)土地出售所得收入必须用于偿还国债，不得用于其他目的。(4)前大陆军官兵按职衔高低可分别获得100至1100英亩土地，等等。[1] 这些规定，既包含了殖民时期新英格兰土地制度的特征，又容纳了南部制度的某些做法；既主张出售土地以充实国库和偿还国债，又通过对测量、发证、镇区划分等规定来保证真正的拓殖，从而折衷了"收入来源派"和"促进拓殖派"的观点。不过，这并不意味着杰斐逊在报告中放弃了他的原则，这些原则在休斯教授看来就是：(1)西部土地可以作

---

[1] Julian P. Boyd, ed., *The Papers of Thomas Jefferson*, Princeton, 1953, vol. Ⅶ, pp. 140—147.

为政府一次性收入来源;(2)它的处理应利于建立共和制政府和民主制度的基础;(3)土地所有者的权利应得到保证。①

由于这一报告的现实精神符合大多数人的利益,因而其基本原则在杰斐逊离开之后仍得以保留,国会只是在一些具体问题上对它进行了修改和补充。1785年初,W. 格雷逊等人提出了修改后的新报告,对原报告中某些规定做了如下修改:(1)"百户地"改称"镇区",单位面积减为7平方英里,地段面积减为1平方英里(640英亩);(2)出售时以镇区为单位并采用公开拍卖方式,最低起价为每英亩1美元;(3)留出学校等公益用地,并将1/3的金、银、铝矿区保留给国会。② 国会就此报告进行了辩论,争论的焦点是土地出售基准单位的大小。以7平方英里的镇区为出售基准的规定在国会中招致不少反对者。他们认为,这种规定只能方便土地投机商而不是移民,因此出售基准必须再减小。经过激烈辩论,双方终于达成妥协:镇区面积减为6平方英里;出售时分两种:一种以整个镇区为单位出售,一种以640英亩为基准出售,两种方式交替进行;而且,只有在第一个镇区土地出售完之后,第二个镇区才能开放出售。③ 这样,1785年5月,西部土地法获得通过,它体现了杰斐逊报告中包含的"土地国有"和"向移民开放"两大精神,并在此基础上第一次规定了实现"公共土地私有化"的方式:公开拍卖。土地国有和私有化这两大原则,从此成为美国公共土地政策的基准,为以后历次国会土地法令所遵循。

不过,这一法令的颁布并非处理西部土地的结束。因为,如果西部领地的政治地位得不到确定,它就难以被视为保障私有产权的地

---

① Jonathan T. Hughes, *American Economic History*, p. 99.
② 佩森·特瑞特:《邦联时期国家土地制度的起源》,见 Vernon Cartenson, ed., *The Public Lands: Studies in the History of the Public Domain*, Wisconsin, 1963, p. 11.
③ Benjamin A. Hibbard, *A History of the Public Land Policies*, pp. 38—39.

区。于是在1787年,以1784年杰斐逊另一报告所提出的政治和组织原则为基础,国会又制定并颁布了一个新的法令即著名的"西北法令"。其主要目的,是确定西部领地未来的地位和政治制度,但它也涉及土地和财产制度,从而对1785年法令做了重要补充。它规定,西部各新州的宪法均须附有"人权法案",其中自然包含保护私有财产权的内容;另外,它还禁止在该地区实行奴隶制或强迫劳役,禁止长子继承制和限嗣继承制。这些规定在诸多方面为西部拓殖提供了保证,从而鼓励了移民西迁和独立农民的发展。

上述两个法令并不是立法者凭空臆想的产物。公共土地政策史研究的先驱者P.特瑞特认为,1785年法令是"一群目光敏锐的政治家在诸州经验的基础上形成的一种全国性制度"。[1] 这一评价当然也适用于1787年法令。

无论从两个法令形成的过程,还是从它们包含的内容看,它们都是殖民时期,特别是革命时期各州土地制度和政策的延续和发展。1785年法令规定的土地测量和移民方式,是殖民时期以北方为主的南北两种做法的综合,而它所规定的由国会管理和出售土地的方法,显然又与革命时期各州处理西部土地的经验有关。1787年法令关于禁止奴隶制和两种旧财产继承制的规定,更是美国革命成果在西部的体现。因此可以说,这两个法令都是独立革命的产物,具有毋庸置疑的历史进步性:第一,这两个法令确立了完善的资本主义土地私有制;第二,在它们规定的框架下产生出的农民以独立农民为主。换言之,从法制的角度看,美国农场主阶级的形成,由于上述土地法的通过和实施,其过程已告完成。

必须指出的是,奠基于上述两法令的联邦公共土地政策并非完

---

[1] Vernon Cartenson, ed., *The Public Lands*, p.13.

美无缺。由于最初规定的出售基准地段仍然太大,以此为基础形成的官方市场得利者显然是投机商而非小农。然而,投机的存在虽增加了农民获地的成本和费用,却并不以阻碍他们获地为目的。投机商从政府手中获取土地时所付价格极低,他们所定地价因而并非农民完全不能承受。例如,在1790年代,投机商手中大约持有1000万英亩土地,而售价仅为每英亩10美分至2/3美元,①这远低于当时的官价,农民从非官方市场购买小块土地仍是可能的。可见,投机的存在,除了加重农民负担而外,主要是改变了他们获得土地的途径,②并不能阻止他们拥有土地。况且,向土地投机公司大量售地,并非公共土地政策的主要组成部分,而是政府为缓解财政窘困而采取的一种临时措施。至于"占地者",本是一个不稳定的分化中的阶层,除一部分上升为独立农外,其余的将被迫再向西迁移,重复拓荒过程以待机会降临,他们虽非合法的所有者但也非依附农,其存在并不能改变以独立农民为主的格局。此外,还应指出的是,独立农民的形成和发展并不以土地是否"免费"为先决条件,因为阻碍农民向政府直接购地的主要原因,在于基准地段面积太大而非地价太高。正如C.丹霍夫教授指出的,当时购地费在建立农场的费用中只占小部分,并不构成农场主获得所有权的障碍。③ 即使在《宅地法》颁布之后,购买也依然是农民获地最普遍的方式。④

正因为如此,早期土地政策中弊病的存在,并不能阻碍独立农民队伍的壮大。据统计,1815年前出售的公共土地,大部分集中于俄

---

① Benjamin A. Hibbard, *A History of the Public Land Policies*, p. 210.
② 关于公共土地政策执行的不同时期农民获地的主要方式及来源的变化,可参见何顺果:《美国西部拓荒农场主的形成和演变》,《世界历史》1986年第10期。
③ Susan Lee and Peter Passel, eds., *A New Economic View of American History*, New York, 1979, p. 138.
④ G. C. Fite, *The Farmer's Frontier, 1865—1890*, Albuquerque, 1974, p. 17.

亥俄地区,其售出的土地总面积已达 4824375 英亩,其中大部分是被"真正的移民"购买的。① 而且,随着政府将土地出售的最小单位减至 80 英亩(1820 年)或 40 英亩(1832 年),小土地所有者已发展成一个庞大的阶层。② 中西部是早期公共土地政策的主要推行地区,1860 年时该地区大多数农场的面积为 100 至 499 英亩,而同年全国农场的平均面积是 203 英亩。③ 这说明,中小农场主已成为美国"自我雇佣"的独立农民的主体。

总之,早在殖民时代,已有大批独立农民存在;而如果说革命期间代役租之类的封建制残余的废除,使农民成为完全自由和独立的私有者的话,那么革命后"公共土地政策"的确立,则巩固了农民的这种地位并使之迅速发展壮大,二者最终都促成了美国农场主阶级的形成。这就是我们的结论。

(原载南开大学美国史研究室:《美国历史问题新探》,中国社会科学出版社 1996 年版。文章原署名:何顺果,王荣军)

---

① Paul W. Gates, *The Farmer's Age*, 1815—1860, New York, 1960, p. 57.
② E. L. Bogart and D. L. Kemerer, *Economic History of American People*, Longman, 1942, p. 261.
③ Jonathan T. Hughes, *American Economic History*, p. 197.

关于早期美国黑人的
地位及其演变

黑奴制在美国存在了两百多年,17世纪可算是它的早期发展阶段。但早期美国黑人的社会地位究竟如何？应当怎样认识早期美国黑人地位中某些矛盾现象？其地位后来又发生了什么样的演变？在美国奴隶制起源研究中,这是经常碰到但又并未完全弄清的问题,这些问题在美国虽然已有许多研究,但在我国迄今尚无专文论及。因此,在这里特做一些简略的探讨和说明,以求得对此问题研究的深入。

其实,还在17世纪中叶,黑人已几乎遍及当时的整个英属北美殖民地。早在1619年8月,"第一批黑人"就由荷兰人从几内亚运抵弗吉尼亚。[①] 大约在1628年,在康涅狄格住宅和城堡建设中,也已有了使用黑人的事实。据历史记载,首批黑人来到马里兰的时间,不迟于1634年。在德拉瓦尔河右岸,1636年左右就开始采用黑人劳动。虽然到1638年马萨诸塞才首次输入黑人,而在新尼德兰(即纽约)拥有大批黑人劳工的已不乏其人。总之,17世纪上半叶结束之时,从南卡罗来纳到新英格兰的大西洋沿岸,已到处可见到黑人的踪迹。

[①] E. Arber and A. Bradley, ed., *Travels and Works of Captain John Smith*(《约翰·史密斯船长的旅行和著作》),Edinburgh. 1910,vol. 2,p. 541.

不过，从黑人在各殖民地人口中的比重看，这一时期较之18和19世纪来还是微不足道的。第一批由荷兰人运抵詹姆士顿的黑人只有20名。弗吉尼亚黑人的数目，在英属北美各殖民地是增长最快的，但到1625年才达到23名，到1649年也只有300名，而当时该殖民地的白人有15 000人。据估计，整个英属北美殖民地的黑人，1663年时不超过1500名。造成北美殖民地黑人人数增长缓慢的原因何在？一个主要的原因就是，当时对这些殖民地的黑人贸易，还操在荷兰人和西班牙人的手里，由于这些老牌殖民帝国的垄断和排斥，英国的黑人贸易实际上尚未形成规模。此外，当时奴隶价格昂贵，一个白种契约奴的花费一年大约仅2至4美元（衣食除外），而买一个黑人却要18至30美元，对许多人来说还难以负担，这也是一个重要的原因。

在19世纪，美国史学界一般都认为，第一批黑人是作为"奴隶"（slave）来到弗吉尼亚的。第一位研究早期美国奴隶制问题的专家菲利普·A.布鲁斯在1896年出版的两卷本著作《十七世纪弗吉尼亚经济史》中，也基本上采用了这一传统观点，尽管他同时又指出"白奴"和"黑人"之间的原始差别，在于黑人是"终生服役"的。① 但是，在布鲁斯的著作出版6年后，在《约翰·霍普金斯大学历史和政治学研究》杂志上，发表了一篇题为"弗吉尼亚奴隶制度史"的重要论文。在这篇文章中，作者詹姆斯·C.巴拉指出，第一批黑人最初仅仅是作为"奴仆"（servants）从事劳动的，而且直到1660年他们也还未开始演变为奴隶。② 这可以说是对美国史学界传统观点的一个大胆的

---

① Philip A. Bruce, *Economic History of Virginia in the Seventeenth Century*（《十七世纪弗吉尼亚经济史》），New York, 1896, vol. 2, pp. 57—130.

② James C. Ballagh, *A History of Slavery in Virginia*（《弗吉尼亚奴隶制度史》），Baltimore, 1902, pp. 28—35.

修正。

尽管詹姆斯·C.巴拉的观点引起了长期的争论,但他的观点实际上得到了许多学者包括不少美国进步史家的普遍承认,例如,塞缪尔·莫里森等人在其所著《美利坚共和国的成长》中就认为:"第一批黑人都是契约佣工。"①美国著名马克思主义史学家威廉·福斯特也说:"黑奴最初得到像契约奴隶的待遇。"②关于这方面的史料,虽然我们掌握的还不多,但已有的证据可以说明,在1623至1624年弗吉尼亚户籍簿上,黑人和白奴一样的确是被当作"仆役"(servants)登记的。③ 著名经济史家F.香农在《美国人民经济史》中写道:在1656年以前,"一些奴隶在期满后确实获得了解放,而少数黑人变成了土地所有者,至少有一个〔黑〕人自己拥有一个奴隶。"④此一论断自然也是以承认黑人契约奴仆的存在为前提的。据有的美国历史学家的考证,这个自己拥有奴隶的自由黑人,就是一个名叫安东尼·约翰逊(Anthony Johnson)的人。⑤ 因此,早期美国黑人在习俗上享有类似"契约奴"的待遇,应该是可信的。

不过,白种"契约奴"本身的地位也相当复杂。一方面,契约奴的实际地位"类似于"奴隶,因为契约奴的服役期(一般2至7年)是有限的,贪婪的老板为了在有限的时间内榨取更多的利润,总是千方百计加重对他们的剥削,而"契约奴"又分为两类:一类是"自愿的",另

---

① S.莫里森等:《美利坚共和国的成长》(上册),天津人民出版社1980年版,第61页。

② 威廉·福斯特:《美国历史中的黑人》,三联书店1961年版,第28页。

③ D. Mannix, Black Cargoes, *A History of the Atlantic Slave Trade*, 1518—1865(《黑色货物:1518—1865年大西洋奴隶贸易史》),London,1963, p.58.

④ F. Shannon, *Economic History of the People of the United States* (《美国人民经济史》),New York,1938,p.82.

⑤ J. Russell, "Colored Freemen As Slave Owners in Virginia"(《弗吉尼亚作为奴隶所有者的自由有色人》),*Journal of Negro History*(《黑人历史杂志》),vol. 7, 1916, pp. 234—237.

一类是"强迫的"。后一类的地位又较前一类低,因其中不少人原是罪犯,是从旧世界流放到殖民地的,这种身份使他们难以获得更好的待遇。尤其是在殖民时代初期,契约奴的服役期特别长,大约7至10年,甚至10年以上,不少人就死于服役期而抱终天之恨。而且,契约奴常常也有被主人当作财产加以转卖,甚至被主人借故杀死的;但另一方面,契约奴又"不完全等于"奴隶,这是因为:第一,契约奴只是在"一定时期"内为主人服役,而不是"终生"为主人服役,期满后不仅可以获得自由,而且还可分得一份土地。据统计,在弗吉尼亚代表议会中,过去当过"契约奴"的代表,在1629年占代表总数的16％,在1662年这一比重提高到43％。① 这一事实说明,契约奴在获得自由后,与其他自由人完全平等。第二,比起黑人来,契约奴得到较多的法律保护,法律禁止主人残酷虐待其奴仆。例如,1657年马里兰有一个主人,就因任意杀死奴仆被处以绞刑。正因为如此,在英语著作中谈到"契约奴"时,一般使用的是"servant"一词,而不是使用的"slave"一词。这说明,"奴仆"和"奴隶"这两类人的实际地位显然不同。

这就提出了一个问题:黑人在奴隶市场上被出卖时本是"连同自己的劳动一次而永远卖给自己的主人"的,为什么在殖民时代初期他们却可以像白种"契约奴"那样获得自由呢?马克思指出:"黑人就是黑人。只有在一定的关系下,他才成为奴隶。"我们以为,这种似乎矛盾的现象,只能以当时殖民地的生产关系,即经济发展的状况和程度来解释,因为任何社会关系都是建立在一定生产关系的基础上的。其时,英属北美殖民地刚刚建立,种植园经济尚未发展起来,唯一使用较多劳动力的烟草栽培,直到1675年还主要是白种契约奴承担

---

① 赫·摩里斯:《为美国的自由而斗争》,三联书店1957年版,第23页。

的。而其他两项重要农作物开始种植的时间都很晚,水稻是在1694年,蓝靛是在1734年。如果我们把奴隶制看作后来美国社会结构的有机组成部分,早期黑人的地位及所受待遇说明这种社会经济结构还远未完全形成。而且,在16世纪末和17世纪初,英政府是反对在本土及殖民地发展烟草种植的。据记载,直到1614年,伦敦的烟草商店(shops)也只有大约7000个。在价格方面,1619年每磅烟草只卖3先令,10年后才涨到3镑;但此后将近百年内,弗吉尼亚烟草的平均价格仅2镑而已。在烟草价格和销路均极不稳定的情况下,种植者往往不得不采用多种经营方式。在马里兰最初就有法令规定,每种一英亩烟草必须种两英亩粮食。而当时几乎所有殖民地的黑人,不仅被雇来从事农业生产,也被雇来从事伐木、捕鱼、狩猎,等等。尤其在北部各殖民地,大部分黑人都集中在城镇干粗活,当手艺人和家庭奴仆。总之,无论是北部还是南部,黑人最初主要用于家务,只部分用于生产劳动。正如马克思所指出的:"当生产的目的主要还是直接满足本地需要时,黑人劳动还带有一种温和的家长制的性质。"①

再说,由于当时殖民地正处于初创阶段,这里的一切事情都可能具有试验的特点,究竟采用何种劳动制度有利当时并无定论。有一个历史情况,很值得我们注意,就是:在美国黑奴制兴起过程中起过决定性作用的烟草种植园,也并不是从一开始就是采用黑人劳动的,其实白种契约奴曾是这类种植园所采用的最早的劳动制度,有的烟草种植园主甚至还试用过"自由劳动"制,只是在经营者遭到贫穷和破产之后才将其放弃。② 那么,又应当怎样来解释这种现象呢?只

---

① 马克思:《资本论》第1卷,第264页。
② F. Shannon, op. cit., p.80.

能这样来解释：由于当时北美大陆地广人稀，移民们可以很容易地找到定居之地，并非一定要受雇于人，因此某种强制性劳动就有了客观的必然性。但当时种植园经济不发达的状况，决定了奴隶主势力本身的相对薄弱，而在其势力还未强大到一定程度时，自然也无力把对黑人的压迫上升到法律的高度，用法律正式将它固定下来。所以，白种契约奴作为殖民地初期的主要劳动制度，就成了剥削黑人的一种暂时借用的形式。由于当时黑人在殖民地劳动队伍中数量不多，而黑人和白奴的劳动工种上又无多大差别，这种"暂时借用"也才有可能。这种状况的改变，只有在种植园经济多少有些发展的情况下，才会慢慢发生。

还应当指出，在黑人和他们的主人之间，其实从来就不存在什么真正的"契约"，二者之间也不可能订立什么正式的"契约"，因为种植园主在获得这些黑人商品时，与之打交道的是贩子而不是黑人本身。所以，尽管黑人和白奴都是主人的"奴仆"，但从根本上说黑人的地位要比白奴低得多，因黑人要受阶级和种族双重压迫。正如一位美国历史学家指出的："可以说，黑人早已被'Negroes'一词把他们与白人分开了。"[1]例如，据研究，在最早的弗吉尼亚人口调查中，黑人和白人就是被明显地加以区别的，有的地方甚至根本不给黑人取名。正因如此，在英国的殖民地，也和在法国和西班牙的殖民地一样，"黑人"（negro）一词常常成为"奴隶"（slave）的同义词。在塞缪尔·罗彻斯和托马斯·霍布斯的著作中，"奴仆"（servant）一词则几乎属于完全意义上的"奴隶"。[2] 由此可以得出结论，在早期阶段的英属北美殖民地，黑人所受到的"契约奴"待遇，并不能从根本上改变其受主人

---

[1] Allen Weinsten and Frank Gatell, ed., *American Negro Slavery*（《美国的黑奴制》），Cambridge，1968，p.17.
[2] Ibid., p.26.

奴役的地位，只是在实际待遇上较为温和一些罢了。

尽管英属北美殖民地经济最初发展缓慢，但是各殖民地对宗主国的明显益处，促使英政府采取措施以加快殖民地的发展，尤其是那些获利较大的经济部门。詹姆士一世曾撰写《清烟运动》一书，指责说"吸烟是一种不良的嗜好"，极力反对将烟草引入英格兰本土；但当他发现烟草能增加弗吉尼亚的财富时，便决定改变以往对烟草种植的僵硬态度，转而采取从殖民地烟草种植中牟利的政策，并为此亲自创立了烟草进口的垄断措施。1619—1653年间，英政府颁布一系列法律，一面阻止在英格兰本土栽培烟草，另一面又鼓励按保护关税从弗吉尼亚进口烟草，这就为烟草种植在北美殖民地的扩大创造了条件。据统计，詹姆士一世从烟草进口垄断中，每年至少可获利16000英镑。① 任何经济的发展，都必然因人们实际生活的需要，而不断为自己开辟道路，奴隶制种植园也不例外。当英格兰市场为烟草输入敞开之后，南部殖民地烟草种植便迅速发展成一种规模经济，烟草种植场成为当地第一个获利最大的奴隶种植物。据统计，英国的烟草进口，从1616—1638年增加了124倍，其中绝大部分来自北美。与此同时，黑人的输入和黑人劳动的采用也迅速增加，到1712年弗吉尼亚已有三个县黑人数目超过白人，少数种植园主拥有的黑人已在100名以上。到1690年，北美殖民地的烟草出口，总计达2000万磅之多。烟草种植园经济的发展，将大批黑人从家庭驱赶到田间，不可避免地会引起黑人地位的变化。

17世纪三四十年代之交，殖民地黑人的地位就开始有了明显的变化，而这种变化的总趋势是其地位下降。表明这种变化的第一批证据，出现于1640年的弗吉尼亚。据记载，当年弗吉尼亚有3个奴

---

① F. Shannon, op. cit., p.64.

仆,逃到马里兰后又被主人抓回,并受到该殖民地初级法院的惩罚:其中两个白人(一个是荷兰人,另一个是苏格兰人)被判"为其原主人增加一年的服役,然后再为这个殖民地服役三年以上";而第三个叫约翰·庞奇的黑人,则"将在任何地方为他的主人或他的转让人服役终生,直至生命自然停息为止"。① 这个判决是无先例的。此后不久,该殖民地又另有7个奴仆,受到了类似于上述的判决:其中6个白奴被判增加一个时期的转让,而另1个黑人则受到"终生服役"的处罚。这是我们所知通过法院干预殖民地"主仆关系"的最初的一批证据,其后果是使少数黑人开始由"契约奴"的地位降到"终生奴仆"的地位,从而使黑人和白奴的地位有了明显的差异。

至17世纪四五十年代,在英国的殖民地上黑人的地位日益恶化,更多的黑人(包括妇女和儿童)沦为"终生奴仆",这在当时许多法院的记录中"都以明白无误的语言予以记载"。例如,1646年,一个黑人妇女和一个黑人小孩,被弗朗西斯·波特卖给史蒂芬·卡尔顿,并将"永远"归她们的主人使用。几年后,威尔扬·惠廷顿向约翰·波特出售了"一个大约10岁的名叫约万的黑人女孩以及她的(未来的)子女";并规定不仅她们本人将终生为其主人服役,且其继承人也将永远为其主人服役。约克郡一财产遗嘱执行人,在1647年将8个黑人(4名男人、2名妇女、2个小孩),转让给一位名叫约翰·奇思曼的人,同时也允许此人"永远占有"这些黑人。罗拉德·波哈姆在1657年遗嘱中,将相当大一批黑人和白奴作了分配,并明确表示那些黑人将"永远"为新主人服役,等等②。这些事实说明,在17世纪四五十年代,黑人奴仆沦为"终生奴仆"在殖民地已不再是个别现象,

---

① *Virginia Magazine of History and Biography*(《弗吉尼亚历史和传记杂志》),January,1898,p. 236.

② Allen Weinsten and Frank Gatell. ed. , op. cit. , p. 18.

而是普遍的事实。

一般认为,奴隶制的一个最突出的特征就是,奴隶是可被买卖的,其奴隶地位是"终生的"和"世袭的"。上述大量黑人被卖为"终生奴仆"的事实证明:"在1640和1660年间,奴隶制正在迅速地成为现实。"①正因为如此,在这二十年内,各殖民政府相继通过法律,将黑人的奴隶身份及其所受待遇正式固定下来,使经济和社会生活中已成为既存事实的奴隶制逐步合法化。据记载,美国的"第一个奴隶法典",1641年实行于马萨诸塞。接着,康涅狄格在1650年,罗得岛在1652年,弗吉尼亚在1661年,纽约在1665年,也先后通过了类似的法律,分别承认了该殖民地的奴隶制。而且,正是在这个奴隶制度合法化的过程中,在1656年弗吉尼亚法令中首次使用了"奴隶"(slave)这一概念②,正式把黑人的地位定位在"奴隶"的位置上,这应是黑奴制在英属北美殖民地形成的标志。根据有关法令的规定,奴隶的公民的、司法的和婚姻的权利均被剥夺,主人可以任意鞭打他的奴隶,逃亡者必须送回原主,造反者则要处以死刑。甚至,正如威·杜波依斯所指出的:"钉十字架、火焚和饿死都是惩罚奴隶的合法方式。"③

在各殖民地奴隶法典中,弗吉尼亚奴隶法典特别具有典型性,这不仅是因为该殖民地在英属北美各殖民地中使用黑奴劳动最早,而且还因为它的奴隶法典最系统。据文献记载,在17世纪60年代,弗吉尼亚至少颁布过5个法令,对奴隶的所谓"犯罪行为"的惩罚,作了一系列明确的规定。其中最重要的几条规定是:(1)"任何英籍仆人与任何到期不能偿还债务的黑人结伴逃亡","那么和黑人结伴逃亡

---

① John Russell, *The Free Negro in Virginia*(《弗吉尼亚的自由黑人》),Baltimore,1913,p. 29.
② F. Shannon, op. cit., p. 82.
③ 引自威廉·福斯特:《美国历史中的黑人》,第29页。

的这个英籍仆人,在其按正式法律为自己的义务服役时,还将为补偿上述黑人逃亡造成的时间损失而服役"(1660年法令)。(2)"所有在这个国家出生的孩子是奴隶还是自由人,仅仅依据母亲的情况而定;如果任何一个基督徒与一个黑种男人或黑种妇女私通,那么犯罪的他或者她将支付按正式法律征收罚款的两倍"(1667年法令)。(3)"无论在什么地方,为惩罚不听话的、反对其主人、太太或监工的白奴的有效法律不适用于黑人","如果任何奴隶反对他们的主人,或按主人指令惩罚他的其他人,但由于惩罚过分而造成了意外死亡,那么打死他这件事不应被看作重罪,而且主人应被宣布免刑"(1669年法令)。① 这些规定对各殖民地奴隶制的形成,无疑产生了很大的作用和影响,因为正如一位美国历史家指出的:"1660和1669年间通过的弗吉尼亚法典,清楚地表明了白奴(white servants)和黑奴(negro slaves)之间的区别。"②

但这并不是说,在17世纪四五十年代,所有英属北美殖民地的黑人,都一下子变成了"终生"奴隶,实际情况远非如此。在这些年代里,黑人实际上是处在一个不断分化的过程中,其中大多数变成了"终生"奴隶,少部分则保留了原先"奴仆"的地位,也有一些黑人获得了人身自由。当然,黑奴获得自由并非按什么契约的规定,往往是由于他在主人的威逼和利诱下,告发了他的同胞的密谋和不满。据威廉·福斯特说:"到1650年,弗吉尼亚还只有300个黑人,而且他们并不全是奴隶。"③到1715年也只有1/3处于"终生"奴隶的地位。从奴隶所受实际待遇看也不尽然,甚至在17世纪中叶还有法令规定,故意杀死奴隶是要犯法的,犯法者应被处以死刑。在一些殖民地

---

① *The Annals of America*(《美国编年文献史》),1968,vol.1,pp.225—226.
② Ibid., p.225.
③ 威廉·福斯特:《美国历史中的黑人》,第26页。

法律中，奴隶还被允许向议会报告主人滥用处罚的情况，并禁止主人强迫奴隶为犯罪而去乞讨罚款，如此等等。当然，这些规定并不表明殖民当局"宽大"和"仁慈"，而是因为在当时劳动力极端缺乏，而奴隶的供应很不充足的情况下，他们需要采取适当的措施来"保护"珍贵的劳动力，以避免主人遭致不必要的财产损失。

事实上，奴隶制当时还处于发展过程中，到17世纪下半叶才最终成熟起来，并真正成为北美殖民社会的重要特征。这里有三方面的原因：其一，1635年以后，灾难性的烟草跌价使大批小农破产，只有那些有钱购进廉价而又可再生产劳动力的人才能获利。这促使一些种植园主扩大奴隶贸易，增加了购买奴隶的数量。其二，从1660年起，英政府采取了一项新的移民政策，禁止熟练工匠离开英格兰前往殖民地，因为有人认为"陛下的力量和光荣以及陛下的王国的财富全靠陛下臣民众多"。其三，1672年，由英国王室投资创立了"皇家非洲公司"，专门从事向美洲贩运黑奴的活动，并在1713年以后垄断这一贸易达30年之久。为了增加奴隶贸易的利润，该公司还注意改善贩运黑奴的业务，结果殖民地黑奴人数急剧增加。据统计，自17世纪70年代起，输入北美殖民地的黑奴人数，每年多达1000多人。

与此同时，北美殖民地奴隶的地位进一步恶化，首先是奴隶制所涉及的范围的扩大。如果说1667年弗吉尼亚的那个法令是把奴隶制由黑人扩大到混血儿的话，那么1692年马里兰的法令则把这个制度由混血儿扩大到少数自由白人。因为该法令规定，嫁给黑人的白人妇女也要做七年奴仆，而那个黑人则要终生为奴。制定此法的目的，本是要禁止自由白人和自由黑人通婚，但实际上它不仅不能禁止此类情况发生，反而使奴隶制的压迫更加加深了。此外，黑奴的某些宗教权利也被取消了。例如，按照以往的一些法令，如1643年新英格兰联盟的法令，契约奴是受《旧约》保护的，但在1682年法令中黑人信仰基督教的自由却没有了。又如,在1692年以前奴隶被允许受陪审团审判,但此后则只能受总督任命的人直接审理,而且黑人在刑事诉讼中不能充当白人的证人。还有,对黑奴的处罚也更加严厉了,按过去的法令逃亡奴隶才处以死刑,现在任何5个或5个以上黑奴在一起活动,都将被处以死刑。这些情况表明,17世纪下半叶,黑奴制在美国最终确立起来了。

当然,黑奴制在北美各殖民地的发展并不是平衡的,黑奴在各殖民地所受待遇也并非完全一样。实际上,从一开始,北部和南部的奴隶制就有明显的差别。正如威·杜波伊斯所指出的,在诸如新英格兰和纽约这样的殖民地,黑人所受的待遇大致相当于白人契约劳工;而在其他南部殖民地,"奴隶制的做法则有所变通,从宾夕法尼亚和新泽西的温和奴隶制度,到马里兰和弗吉尼亚的贵族等级制,各不相同"。这是因为,在北部各殖民地,由于土壤贫瘠和气候寒冷,没有条件进行供世界市场需要的单一作物种植,而黑奴劳动又尚未在工业部门中大量采用,因此那里不可能形成大规模生产的种植园经济;而在南部各殖民地,由于气候温暖、雨量充足、土壤肥沃,主要从事供世界市场需要的单一大宗商品作物种植,先是烟草、蓝靛、水稻,后是甘蔗等的生产,奴隶主为了赚取尽可能多的超额利润,对黑奴进行最残酷和野蛮的强制性剥削。不过,从总体上看,早期美国的黑人奴隶制还是比较温和的,因为正如威廉·福斯特所指出的,"在殖民地时期奴隶制基本上是家长制的"。只是在18世纪末,随英国工业革命的展开,以及随之而来的世界市场对棉花需求的扩大,在南部逐渐成为美国的"棉花王国"之后,才"促使过去多带有家长制性质的奴隶制经济转变为商业性的剥削制度"。[①]

[①] 马克思:《资本论》第1卷,第828页。

最后，我想引用 H.阿普特克的话来结束本文。H.阿普特克说："在1660年以前，黑人在法律上还没有沦为奴隶，而在1640年以前，他们习俗上还没有沦为奴隶。"[1]早期美国黑人的地位及其演变的历史情况，大致就是如此。它说明：在新大陆这片土地上，奴隶制度作为一个正在形成的新的社会经济制度的重要组成部分，是和整个生产关系的形成和发展相一致的，也有一个自然的历史过程。

（原载《北大史学》1993年第1期）

---

[1] H.阿普特克：《美国黑奴的起义，1526—1860年》，三联书店1958年版，第14页。

略论美国的"立国精神"

一般认为,所谓美国的"立国精神",就是《独立宣言》所表达的精神。这在很大程度上说是不错的。但该宣言虽然宣布了美国的独立,并没有完成"立国"的历史任务。从宣言发表到国家建成,中间还有一段漫长而艰难的道路,其中包括了几个不同的发展阶段,经历了一系列政治和思想的激烈斗争。其间,虽然激进和保守、革命和反动、前进和倒退交织在一起,但主流还是进步的,《权利法案》[①]的通过就是明证。从总体看,这些斗争不仅继承了宣言的精神,也丰富了宣言所提出和阐述的原则,给它增添了新的内容。因此,笔者以为,美国的"立国精神",应包括美国整个建国过程中赖以立国的各项主要原则以及贯穿于这些原则中的哲学思想,而不应将此局限于宣言的范围之内。这些原则和哲学,在约翰·亚当斯的《何谓美国革命》一文中,被称为"原则和情感"[②]。

一

要了解美国的"立国精神",须先了解美国立国的背景。因为与西方大多数资产阶级国家不一样,美国不是从封建专制国家演变而

[①] 《权利法案》,即宪法头十条修正案。
[②] 赵一凡编:《美国的历史文献》,三联书店1989年版,第106页。

来的,而是在殖民地的基础上成长起来的。这一背景为美利坚人的立国活动构成了多方面的影响:首先,直到合众国诞生之前,在北美大陆上不曾存在过任何形式的国家,美利坚人的任务是从无到有缔造一个全新的国家;其次,从旧世界来的以新教徒为主体的移民,在摆脱了传统的封建社会经济关系后,大都建立了以小土地私有制为基础的自由经济,即使在南部奴隶制种植园区也是以自由小农居多,因此美利坚人建国之时已有了一个新的经济和社会基础,小农乃是其立国之本①;其三,无论是以团体还是以个人名义到达北美的移民,为了追求宗教及政治自由,都利用英王的"特许状"所赋予的权利,在各殖民地建立了不同形式的自治制度,因此美利坚人又积累了相当丰富的"自治"的经验,以作为立国时的借鉴;其四,处于英王统治下的13个殖民地,虽然在法理上互不相属,但在和宗主国的斗争中为着某些共同的利益又不得不谋求一定程度的联合,以协调它们之间的利益和关系以及斗争的目标,这就在各殖民地之间形成了一种既彼此独立又相互依存的历史格局。正是这几方面的情况合在一起,决定了美国立国经验的独特性。

  合众国形成的过程极为复杂,大致可分为四个阶段或步骤:第一步,是把互不相属②的各殖民地变为"联合殖民地",其标志是1774年9月"大陆会议"的召开。虽然这一步并不意味着殖民地地位的改变,但它为各殖民地之间的联系提供了舞台。随着《权利和决心宣

---

① 柯蒂斯·P. 内特尔斯认为,"土地私有的采用是美国历史上的一个主要界标,因为它决定了美国经济发展的过程",而"转向新经济的第一步是把土地从各〔殖民〕公司转到各个移民之手",这一过程在弗吉尼亚和普利茅斯分别于1624年和1629年完成,1629年以后建立的各殖民地,如马萨诸塞、马里兰、宾夕法尼亚等,"都直接引用了私人土地所有制"。见该作者(Curtis P. Nettels):《美国文明的起源》(*The Roots of American Civilization*),纽约,1981年版,第223—229页。
② 因各殖民地是根据"特许状"分别建立的,其权力是直接来自英王的特许,所以它们之间在法律上没有横的联系。

言》的发表,以华盛顿为总司令的大陆军的创建,"大陆会议"成为美利坚人实现民族团结和凝聚力的象征。"联合殖民地"以"大陆会议"为实体,所以在英文文件中采用了专名:The United Colonies[①]。对于形成中的"合众国"来说,"大陆会议"具有双重意义:(1)作为民意代表机构,它是未来国家立法机构的雏形;(2)作为"联合殖民地"的载体,它又为"合众国"提供了组织形式。第二步,是把"联合殖民地"变为"自由独立之邦",实现这一转变的动力来自1776年5月10日大陆会议的决议。在这个决议推动下,各殖民地先后制定了"宪法"并建立了"主权、自由和独立"的新政府[②]。在《宣言》草稿中,杰斐逊将"自由独立之邦"写成"Free and Independent States",说明这次转变无疑带有真正实质性的内容。正因为如此,出席大陆会议的各邦的代表才敢于在《独立宣言》中庄严地宣布:"这些联合殖民地从此成为、而且理应成为自由独立之邦;它们解除对于英王的一切隶属关系。"[③]只是由于客观条件的限制,各殖民地当时还不能单独赢得真正的独立,这些自称享有"主权"的邦至多只具有"半国家"的性质。第三步,是把"自由独立之邦"变为"邦联",实现这一转变的标志是1777年大陆会议通过的《邦联条例》。如果说《独立宣言》还"基本上是一种道义和法律上对革命的辩护和脱离大不列颠统治的政治行动"[④],那么《邦联条例》的实施则意味着各"自由独立之邦"已上升为

[①] 见《独立宣言》原文。
[②] 在此之前,马萨诸塞已于1774年10月宣告独立,而其他各殖民地的独立直到1784年6月才先后完成。
[③] 弗兰克·莫纳汉(Frank Monaghan):《自由之遗产》(*Heritage of Freedom*),普林斯顿大学出版社1948年版,第20页。
[④] A.贝茨格(A. Beitzinger):《美国政治思想史》(*A History of American Political Thought*),纽约,1972年版,第161页。

一个国家,而《邦联条例》便是这个国家"头一部不成熟的宪法"①。虽然邦联由于各州保留了"主权、自由和独立"而有些松散,但条例中"永久联合"的规定已为国家的组成和稳定提供了法律上的依据。它不仅第一次被正式命名为"美利坚合众国",而且建立了自己的立法机构(邦联国会)和行政机构(诸州委员会),以及相当于国家元首的职位(国务主席)。自然,由于各州保留了"主权",致使"国会缺乏影响政府的三个基本手段:征收个人税、调节州际关系和对外贸易、强迫服从其决策与要求"②。第四步,便是把松散的"邦联"变为统一的"联邦",它是通过制定和批准1787年《合众国宪法》来实现的。从形式上看,这只是一种国家形式即国家的组织和结构的改变:第一,既然制宪工作是在"合众国"中进行的,说明全部活动是以已有的"合众国"为基础的;第二,既然制宪的目标是"建立一坚强之全国政府"③,说明这一步骤主要在于"完善"国家机器。但由于中央收回了由各州保留的"主权",并在中央政府内建立了完整的"三权分立"的权力结构,使美国成为马克思所说的"最完善的"④现代国家,从而最终完成了缔造"美利坚合众国"的任务。

从"合众国"形成的背景和过程看,美国的立国经验具有以下独特性:其一,与西方大多数国家不一样,"合众国"的建立不是自上而下,而是自下而上完成的,国家体系的形成是先有州府后有国家,这就使国家在做出某些重大决策时不得不把"地方利益"作为优先考虑的因素;其二,州的地位的演变一直是这个国家形成过程中的关键,

---

① 波尔(J. R. Pole):《美国独立之基础》(1763—1815年)(Foundations of American Independence, 1763—1815),印第安纳波利斯,1972年版,第178页。
② 同上书,第178页。
③ 见1787年2月21日美国国会关于召开联邦制宪会议的决议。
④ 马克思说:"现代国家的最完善的例子就是北美。"见《马克思恩格斯选集》第1卷,人民出版社1966年版,第69页。

州先由殖民地上升为独立邦后又降格为从属于联邦的成员,不管其地位如何演变,但始终都保持着相当大的独立性,因此"州权"的处理成为美国立国过程中的一大难题;其三,这个国家的形成过程是以各殖民地的联合开始的,因此这种联合的程度和方式作为一种标志,不仅划分了这个国家形成过程中的不同阶段,也在一定程度上决定了这个国家组织和结构的形式,因为合众国乃是直接脱胎于"联合殖民地"的。事实上,在世界历史上,美国是少数几个在自己的国名中,保留了"联合"字样的国家之一。显然,不了解美国形成过程中的上述背景和特点,就不能真正了解美国"立国精神"的真谛,因为它的精神深埋在处理与此有关的各类问题的原则中。

以笔者之见,合众国的缔造者们,在为这个正在形成中的国家确立其原则时,至少必须面对以下三个相互关联的问题:(1)关于殖民地与母国的关系问题,即要不要进行反英革命并建立独立国家的问题;(2)在独立后建立一个什么样的国家的问题,即如何使这个国家的"权力结构"配置合理和运转正常的问题;(3)如何对待民间私营经济活动的问题,即准备怎样发展其经济的问题。上述诸问题中居于中心地位的,应是关于国家"权力结构"的配置和运转问题。这个中心问题又包括三个层次:第一个层次是国家与国民的关系,其实质是关于国家权力的来源问题,它在国家权力结构中涉及的层面最广,因而对立国问题带有根本性;第二个层次是中央与地方的关系,其实质是如何处理"州权"问题,它在国家权力结构中涉及的层面比前一个小,但却是立国问题中的关键;第三个层次是中央内部行政、司法和立法部门的关系,由于它有关国家最高权力的配置与运作,应该说是整个立国问题的核心。为了解决这些关系,合众国的缔造者们在《合众国宪法》中做了精心安排,从而为美国的建立定下了一些最重要的原则,成为美国立国经验中最富创造性的部分。下面就以这些原则为重点,分别讨论一下美国赖以立国的各项主要原则,然后再谈与之有关的哲学思想。

二

为了解决殖民地与母国即英国的关系问题,合众国的缔造者们首创了"民族独立"原则。此原则见诸于《宣言》:"当一个政府恶贯满盈、倒行逆施、一贯奉行着那样一个目标,显然是企图把人民压在绝对专制主义的淫威之下时,人民就有这样的权利,人民就有这样的义务,来推翻那样的政府,而为他们未来的安全设立新的保障。"[①]在此处,表面上谈的是"人民"在什么情况下可以推翻一个"政府"的条件,实际上谈的是"一个民族"在什么情况下可以摆脱"另一个民族"的统治而独立的原则,因为美利坚人当时还被视作英王陛下的"臣民"。不过,英王陛下的这些"臣民"认为,他们已由过去的"臣民"成长为新大陆上的"自由民族"[②],并且已有了一个由派出代表出席大陆会议的13个"自由独立之邦"组成的实体。这个新兴的民族已强烈地意识到实行"自决"的必要,正如它的代言人托马斯·潘恩在著名小册子《常识》中所论证的:第一,英国的君主立宪制不尽符合"人民主权"原则,因为在这个政体中国王体现了"暴政的残余",上议院体现了"贵族政治的残余",下议院对国王没有牵制作用;第二,大不列颠远离北美大陆,殖民地为了一件事情或一项申请,经常要奔波三四千英里,为了得到批复还得等四五个月,英王很难对殖民地实行有效治理;第三,13个英属北美殖民地并非单纯由英国移民组成的共同体,

---

[①] 谢德风等译:《一七六五——九一七年的美国》,商务印书馆1962年版,第4—5页。

[②] "自由民族"(free people),见《独立宣言》原文。

而是一个几乎包括了所有欧洲民族成分的大家庭,且已由"大陆会议"维持着本大陆的秩序。在此情况下,一个大陆怎能永远忍受一个岛国的统治?正是在这本小册子中,潘恩科学地揭示了美利坚民族由"自治"经"分离"到"独立"的过程,并在理论和实践结合的意义上给"独立"下了一个明确的定义:"独立即联合殖民地的政权形式。"[1]在《独立宣言》中,杰斐逊用"one people"[2](一个民族)这一概念,不仅对北美大陆正在发生的事变做了及时的概括,而且对这个新的"自由民族"的要求做了准确的表述,从而完成了民族意识的升华。尽管它缺乏19世纪使用的关于民族的标准概念"Nation"所具有的涵盖性[3],但已包括了《宣言》所暗含的民族"自决"的意义[4]。因为这个概念既反映了那些把美利坚人结合成"联合殖民地"的利益、经验和目标的共同性和一致性,也为他们在新的以"美利坚合众国"命名的政治实体中的活动做了辩护。

在美国各项立国原则中,第二项重要原则是"共和"原则。它所涉及的是国家与公民的关系,也就是要不要大多数人参与和以什么方式参与国家管理的问题。当时在美国存在两种倾向:一些人企图在这个国家确立英国式君主立宪制,也想把王冠戴到一位美国领导者头上;另一些人则力主各州保持绝对"主权",使业已出现的"自行

---

[1] 托马斯·潘恩:《常识》,商务印书馆1961年版,第50页。
[2] 见《独立宣言》原文。弗兰克·莫纳汉:《自由之遗产》,第20页。
[3] 在俄文中,与"people"俄文对应的是"народность",而与"Nation"对应的是"нация",前者所具有的"民族"含义是由"部族"这一概念演化来的,后者才是近代民族的概念,二者是有区别的。
[4] 关于宣言所暗含的民族"自决"的含义,实际上已包括在宣言第一段文字中:第一,它认为,在世界各国中,各民族按"自然法"理应是"平等的";第二,它认为,既然各民族是平等的,就应该解除"一个民族"受"另一个民族"统治的"政治联系";第三,它认为,在解除这种政治联系后,这个民族应享有"独立的地位"。在这里,宣言在表达其"独立"思想时,一次使用了"separate"一词,另一次使用了"separation"一词,其基本含义都是"分离"的意思。"自决"的含义已经很充分。

其是"的状况继续下去,二者都与体制问题有关。如何才能防止这两种偏向而又能弥补邦联之不足呢?参与缔造合众国的大多数代表认为,"共和"应是其唯一选择。因为,"根据共和理论,权利和权力都是属于大多数人的"[①],而唯其权力操于大多数人之手,方可防止个别人的独裁和少数人的侵害,使民众享受自由而又不流于"过度民主"。为此,合众国的缔造者们将这一选择以"根本大法"的形式确定下来,并在宪法中对"代议制"这一体现共和原则的主要措施作了仔细安排,以便"让人民通过代表或代理人组织和管理政府"。在近代西方,最早确立"代议制"的是英国而不是美国,但英国是"世袭贵族政治与民主政体的结合体",根本不是共和国,代议制残缺不全。在美国,"代议制"的实施要全面得多:第一,除了众院议员及国家主要官员由民选外,宪法还根据共和原则和标准对他们的任期作了明确限制,并赋予议会以弹劾包括总统在内的一切文官的权力;第二,除了中央联邦政府外,作为中层政权的各州政府,以及最基层的市和乡镇政权,绝大多数也都是由民选代表或代理人组成的。因此,"美国的全部国家制度,实际上都是共和的"[②],这就为"共和"原则的实施,提供了当时看来较为全面的保障。美国革命以后,不少西方国家在政治上确立了君主立宪制,其民主程度比起美国来反倒不如了。

第三项重要原则是"联邦主义"。它所涉及的是中央与地方的关系,关键是如何处理美国史上占有特殊地位的"州权"问题。这不仅是由于"州"在整个国家体系中是承上启下的"中间环节",而且还由于它在此以前曾拥有一个独立邦的"主权"。为此,宪法规定,不仅参

[①] 詹姆斯·麦迪逊(James Madison):《麦迪逊政治思想史料》(The Mind of the Founder: Sourses of the Political Thought of James Madison),新英格兰大学出版社1981年版,第76页。

[②] 托克维尔:《论美国的民主》上卷,商务印书馆1988年版,第462页。

议院由各州选派两名代表组成,以体现州权平等的原则,而且联邦宪法本身也须经法定数目的州批准方能生效,也就是承认州在批准宪法时是一个主权实体。与邦联时期相比,中央和地方的关系在联邦制下发生了重大变化:(1)在邦联制下,各邦为独立主权之国家,邦联只是各自由独立之邦的联盟;而在联邦制下,联邦才是真正的主权国家,主权属于中央而不属于各州。(2)在邦联制下,各邦的权力直接来自本邦人民,中央权力却是由各邦授予的;而在联邦制下,中央及各州的权力均直接来自人民,因此中央可对各州人民直接行使权力。(3)在邦联制下,中央与各邦间权力的范围和变更,均须经各邦议会一致同意;而在联邦制下,中央与各州的权力范围是由宪法规定的,它们的变更也是通过修宪而不是通过各州。总之,在宪法范围内,中央和地方均可独立行使其权力而不受另一方的侵犯。麦迪逊曾指出,单纯的联邦制有一个重要特点,即"联邦政府不是直接由人民而是由各州任命的"[①]。但在美国的联邦制中,只有部分权力(参院)是直接来自各州,而主要权力(众院)却是来自全体公民,且联邦可越过各州直接对该州人民行使权力。可见,美国的联邦制并不是单纯的联邦制,就像这个共和国不是单一共和国而是"复合共和国"一样,它是以共和制为基础的联邦制,即联邦共和制[②]。由于联邦制的确立,一方面扩大了中央的权力,联邦宪法及中央制定的法律和法令为全国"最高法律",各州既受联邦的限制又受其保护;另一方面也为地方首先是各州保留了相当大一部分权力,使各州在失去了昔日的"主权"后仍拥有一定的自主权。这样,在美国就形成了"两极权力结构"或曰"地方分权制度",从而照顾了各州因历史原因自然形成的特殊

---

① 詹姆斯·麦迪逊:《麦迪逊政治思想史料》,第72—73页。
② B.波因维莱编(B. Boinville ed.):《国会的起源与发展》(Origins and Development of Congress),国会图书馆1982年版,第45页。

地位。这种权力结构虽然可能使地方权力过大,常常形成所谓"尾大不掉"的局面,但正如托克维尔所说:"一个中央政府,不管它如何精明强干,也不能明察秋毫,不能依靠自己去了解一个大国生活的一切细节。"[①]可见,容许"地方分权",实属明智之举。

第四项重要原则是"制衡"原则。据说,这条原则最初是由主张中央集权的A.汉密尔顿提出来的,其初衷与防止众院的所谓"多数的暴政"有关。但既然"制衡"被确立为一项立国原则,其作用和意义就不会仅限于此。所谓"制衡",即中央各权力部门之间的平衡与制约,是通过"三权分立"来实现的。为此,宪法将立法、司法和行政权分别交由国会、最高法院和总统三个独立部门去执掌,令其在行使职能时由于相互关系而各守本分又相互牵制。例如,国会虽掌握着立法大权,行政部门不得向议会提出议案,各部的部长也不能出席议会,但法案须由两院分别通过才能成立,不仅总统对已通过的法案有否决权,最高法院也可判其"违宪"。又如,掌握司法权的最高法院,拥有裁决中央和各州及政府部门之间纠纷的权能,并有权裁决联邦宪法之下所发生的"一切案件",它的法官"如无行为不当"即可终身任职,但其法官要由总统任命并经参院同意,国会则有权规定法院的管辖权。再如,总统在美国拥有很大权力,他既是国家元首又是行政首脑,被认为类似于君主立宪制下的"君主",但他的行政权受到限制也最多,其作出的否决还可由国会以2/3多数票再否决,甚至行政经费的使用也须遵守国会有关的法案。结果,联邦各部门分别行使的权力通过给它规定的范围在实际上被限制,而分掌某一权力的该部门同时又混合了不同的职能。正如塞缪尔·P.亨廷顿所指出的:"欧洲发展的是职能的区分和权力的集中,而美国使之永久化的却是

---

① 托克维尔:《论美国的民主》上卷,第100页。

职能的融合和权力的分立。"①然而,在笔者看来,与其说美国宪法强调的是分权,不如说它强调的是权力间的制衡,因为分权只是手段而制衡才是目的。实行分权和制衡原则,有可能出现两种情况:或者是"政出多门",或者是互相掣肘。但正如麦迪逊所指出的,宪法关于分权的精心安排,无非是为了保证"在我们的政府中,真正的权力〔掌握〕在这个集体的大多数人手中"②。此处所说的"大多数人",即中央政府的大多数,也就是最高统治者中的大多数。可见,在"分权"的幌子下,确又隐藏着集权的本质。

此外,在美国各项立国原则中,还有一项十分重要但又往往不为人们所重视的原则,这就是"自由放任"原则。它之所以不为人们所重视,主要是因为在联邦宪法中并无明文规定。其实不然,它不仅是美国赖以立国的一项重要原则,而且与这个新兴国家的性质及以后经济的发展有关。在独立战争爆发前,在包括工业、矿业、渔业及贸易的一切经济领域里,"自由的"私营企业实际都有了相当发展,但都不同程度地受着母国贸易垄断政策的限制,因为母国害怕殖民地经济的强大给它造成可怕的竞争局面,因此把"自由放任"作为美国立国的原则是很自然的。笔者以为,"自由放任"原则包含两个不可分割的方面:(1)它是以对私有产权的承认为前提的;(2)它主张对民间的私营经济活动尽量不予干预。关于第一点,虽然宪法甚至未曾采用"财产权"一词,但对私有财产权的承认和保护,却是合众国的缔造者们一贯的思想和政策。《独立宣言》中所列"追求幸福的权利",实际上已暗含着对"财产权"的承认,因为它是生命、自由和幸福的必要前提。到1791年,在第五条宪法修正案中更是明文规定:"未经正当

---

① 塞缪尔·亨廷顿:《变动社会的政治秩序》,上海译文出版社1989年版,第121页。
② 詹姆斯·麦迪逊:《麦迪逊政治思想史料》,第157页。

法律程序,不得剥夺任何人的生命、自由或财产。"①那么,对民间私营经济尽量"不予干预"的原则又体现在何处呢? 第十条宪法修正案有一项重要规定:"宪法未授予合众国,也未禁止各州行使的各项权利,分别由各州或人民予以保留。"②。仔细进行推敲,此乃美国立国时就确立的一项"大政策",它给美国公民的个人权利,包括民间一切合法经济活动留下了很大余地,从而奠定了"自由放任"原则的基础。正如麦迪逊在《联邦党人文集》第 45 篇中指出的:"保留给各州的权力,将按一般的办事程序,扩充到同人民的生命、自由和财产,以及州的治安、改良和繁荣等方面有关的一切对象上。"③实际上,《独立宣言》在抗议英王的贸易垄断政策,《邦联条例》在保护州际之间的财产自由转移之权,以及联邦宪法在确立整个美国为自由贸易区时,都直接或间接地涉及了这种"不干预政策"。总之,"自由放任"原则,不仅是当时反抗英国和欧陆贸易垄断的有力武器,也是保护美国私营企业及整个资本主义的重要政策,"自由放任"乃是早期美国经济发展的基本特点。由此可知,经济学家和历史学家,把 1776 年美国《独立宣言》的发表与英国亚当·斯密的名著《国富论》一起,作为"自由资本主义时代"的起点和标志,绝不是偶然的。

三

那么,美国赖以立国的上述原则,是建立在什么样的哲学基础之

---

① 汉密尔顿等:《联邦党人文集》,商务印书馆 1982 年版,第 466 页。
② 同上书,第 467 页。除第五条宪法修正案外,《权利法案》还有四条"直接或间接涉及财产私有的保护问题",它们是修正案第二条、第三条、第四条、第八条。参见菲利普·N. 特鲁勒克(Philip N. Truluck)编:《私权与公共土地》(*Private Rights & Public Lands*),华盛顿,1983 年版,第 13 页。
③ 汉密尔顿等:《联邦党人文集》,第 238 页。

上的呢？1840年,在《论美国的民主》一书中,托克维尔曾做过一个重要的论断:"美国人没有自己的哲学学派。"①换言之,当时美国还尚未形成自己独立的哲学体系。这是不是说美国赖以立国的那些原则是没有哲学基础的呢？当然不是。恰恰相反,美国赖以立国的各项原则贯穿着一种明确的哲学思想,这就是当时流行于大洋两岸的"自然法"哲学,并以十分清晰的语言写在杰斐逊执笔的《独立宣言》中。正如美国政治思想史研究专家卡尔·贝克尔指出的,"自然权利哲学"是独立"宣言的历史前提"②。而杰斐逊在1825年致亨利·李的信中说得更加明确而具体:宣言"既没有发现新的原则,也没有发现新的观点",只是企图表达"辉格党"的思想③。

《宣言》开宗明义写道:"在有关人类事务的发展过程中,当一个民族必须解除其与另一个民族之间的政治联系,并在世界各国之间接受'自然法则'和'自然神明'赋予他们的独立和平等的地位时,就有一种真诚的尊重人类公意的心理,要求他们把那些迫使他们独立的原因宣布出来。"④这里所说的"自然法则",乃是一种时代精神,包括人类性质和社会关系的自然过程和原则,以及有关人类权利和正义的表达,是自文艺复兴以来激荡于整个西方的启蒙运动的思想武装,是人类摆脱封建桎梏转向理性时代的桥梁,也是《独立宣言》及整个美国革命借以发微的哲学依据。正是根据这一哲学,杰斐逊才敢于在《宣言》中宣布:"我们认为下面这些真理是不言而喻的:人人生

---

① 托克维尔:《论美国的民主》下卷,第518页。亨利·范戴克(H. Van Dyke)说:"独立宣言的语言是承认的语言。"见其《美国的精神》(*The Spirit of America*),纽约,1910年版,第18页。

② 卡尔·贝克尔(Carl L. Becker):《独立宣言:美国政治思想史研究》(*The Declaration of Independence: A Study in the History of Political Ideas*),纽约1942年版,第24页。

③ 同上书,第25页。

④ 弗兰克·莫纳汉:《自由之遗产》,第19页。

而平等,造物主赋予他们若干不可转让的权利,其中包括生命权、自由权和追求幸福的权利。"①

这段简略的文字,具有丰富的内涵。"不言而喻的真理",即人人平等、自然权利,确保自然权利作为政府之目的,确保被统治者的同意作为政治合理的原则,以及当自然权利被剥夺时进行反叛的道义权。"人人生而平等",尽管人们中间事实上的不平等是不可否认的,但在拥有某些共同的人性和辨别道德法的原则方面,所有人都有道义上的平等;人们平等地拥有自然权利,平等地在法制下表达意志,平等地参与决定政府和法律形式,以及享受劳动成果的平等②。"不可转让的权利",即按人的本性是合理的道义上的权利;在形成和控制政治社会时,这些权利在法律上不得被否认或取消;这种人性被认为是处于自然法下的人们任何时候都具有的。"生命、自由和追求幸福的权利",是宣言中特别提到的自然权利,它对约翰·洛克讲的"生命、自由和财产权"作了一个重要改动,但这一改动并不意味着否认"财产权"属于人的自然权利,因为财产权通常被视为实现上述三项权利的必要手段。一般地说,追求幸福以自由和生命为前提,而自由又以生命为前提,生命又以其他条件为前提。"追求幸福",又有个人的和公共的幸福之别,因宣言同时谈到了"人们"(all men)和"民族"(one people),就是说,个人的自然权利是与独立和安全中存在的"民族"权利平行的或一致的;在公共事务方面,它意味着建立人民信任的政府,这个政府应为个人的自然权利提供保障和条件。按约定俗成的解释,"追求"(pursuit)一词包含着"寻求"、"要求"的含义。此外,正如阿瑟·施莱辛格所指出的,这个词还含有"实践"和"实行"之

---

① 弗兰克·莫纳汉:《自由之遗产》,第19页。
② 见 B. 贝林(Bernad Bailyn):《美国革命的意识形态起源》(*The Ideological Origins of the American Revolution*),哈佛大学出版社1971年版,第307页。

意。根据这层含义,人们既有"追求"幸福之权,也有"实践"幸福之权。最后,宣言认为,这些真理都是"不言而喻的",按杰斐逊对这一概念的解释,是因为它们都是"常识性原则",因而使用这些原则是无需证明的[①]。然而,这些有关"人的自然权利"的常识,以往只写在宣传和政论小册子中,而美利坚人却在世界历史上第一次把它写在正式文件上,被确定为美国立国的哲学基础。正是在这个意义上,马克思把《独立宣言》称为人类历史上"第一个人权宣言",尽管其内容远远超出了"人权"的范围。

但是,仅凭这些尚不能直接把"自然法"哲学与美国赖以立国的那些政治原则联系起来,因为这中间还有一道理论上的桥梁,这就是"主权在民"论。它的倡导者是英国的利尔本(1618—1657年),而完成者是法国的卢梭(1712—1778年),其理论在17—18世纪为各国民主派所赞同并加以利用,它直接导源于"自然法"哲学。这一理论认为,一个国家和政府的产生应当取得人民的同意,并以维护被统治者的自然权利为目的;如果一个国家和政府违背了成立时的初衷,它就失去了继续存在和行使政权的基础;而要使一个国家和政权永不违背它创立时所确定的目标,就必须按"主权在民"理论来管理国家;"主权在民",即国家之最高权力在于每一公民之手,每个公民应享有相等的权力,排斥特权之存在。它具有强烈的反对君主专制的时代特点。所以,《宣言》在宣布了"生命、自由和追求幸福"等自然权利后,按逻辑紧接着便把它引向"主权在民"论,以杰斐逊那有力的笔触简明地阐述了这一理论,并把它视为美国立国的依据。《宣言》写道:"为了保障这些权利,才在人民中间建立政府,而政府之正当权力,系得自被统治者的同意。当任何形式的政府变成有损于这些目的时,

---

① 参阅 A.J.贝茨格:《美国政治思想史》,第161—165页。

人民便有权改变它或废除它,以致建立新的政府。这新的政府,其赖以奠基的原则,其组织权力的形式,对人民来说应是最能促进其安全和幸福的。"①这是对"主权在民"论的高度概括和巧妙运用,其要点有三:一曰"被统治者的同意",讲的是国家权力的来源;二曰"促进其安全和幸福",讲的是组织政府的目的;三曰"改变、废除以致建立新政府之权",讲的是人民的革命权。其中,关键是"被统治者的同意",因为它把自然法哲学与美国立国的政治原则联系了起来:一方面,之所以必须取得"被统治者的同意",是因为统治者的权力是由被统治者"转让"的,它们原本是人民的自然权利;另一方面,为要取得"被统治者的同意",统治者就必须使政府成为"促进其安全和幸福"的权力机关,否则就失去了存在的理由。正因为如此,我们说"主权在民"是二者之间的桥梁,换言之,为判断上述美国赖以立国的那些原则是否符合"自然法",只需看其是否遵循了"主权在民"就行了。

联邦宪法宣布"合众国的人民"是立法的主体,把"保障国内安宁"和"增进全民福利"载入宪法的序言②,并在宪法中按"共和"原则精心安排了"代议制",在那些合众国的缔造者看来,这个国家正是按"主权在民"原理来构建的,因为它和《宣言》所阐述的政治原理是一致的。关于这个国家的权力结构,谙熟美国立国过程,又了解宪法真谛的麦迪逊,在《联邦党人文集》第51篇中,写过这样一段言简意赅的话:"在一个单一的共和国里,人民交出的一切权力是交给一个政府执行的,而且把政权划分为不同的部门以防篡夺。在美国的复合共和国里,人民交出的权力首先分给两种不同的政府,然后把政府分得的权力再分给几个分立的部门。因此,人民的权力就有了双重的

---

① 弗兰克·莫纳汉:《自由之遗产》,第19页。
② 见《合众国宪法》序言。

保障。这两种政府将互相控制,同时各政府又自己控制自己。"①在这里,麦迪逊用一个"复合共和国"的概念,不仅概括了美国国家权力结构和体系的特点,也说明了这些权力与其国民的关系。此处所说的"两种不同的政府",指的是中央联邦政府和地方各州政府,而"几个分立的部门"则是指两级政府中的立法、司法和行政部门。在麦迪逊及其同事们看来,无论是中央政府,还是地方各州政府,由于均实行分权都是"自己控制自己",而中央政府和地方政府之间的关系,则是按联邦制实行"互相控制",由于各级政府都是建立在"共和"制基础上的,因而又"都是依靠合众国全体公民的"②。这就揭示了美国国家权力结构中的三个层次,即中央政府各部门、中央政府与地方政府以及国家与它的全体公民之间的内在联系。

事实上,这个国家的缔造者们,在设计和构建美国国家权力结构时,虽以"三权分立"的理论为指南,以英国的模式为借鉴,但显然并未拘泥于这些理论和模式而是有所创新,从而在其权力结构中注入了较多的"民主"因素。例如,英国虽实行"立宪"但保留了君主,而美国却以民选的总统取代了君主,确立了"共和"体制。在英国名曰"三权分立",实际上是"议会主权",行政机关产生于立法机关,且上议院与民主选举制无缘。而在美国,除了众议院是选举产生外,参议院成员也由各州立法机关选派,这里三权由"分立"而发展为"鼎立"。在英国没有"州权"一说,但在美国不仅存在"两极权力"结构,且容许各州在宪法范围内独立行使其权力。总之,美国在完善资产阶级民主与法制方面做了许多工作,给西方现代化的进程以极大推动,而所有这一切都是在"主权在民"的口号下进行的,因而也就是以"自然法"

---

① 汉密尔顿等:《联邦党人文集》,第265—266页。
② 同上书,第240页。

为哲学依据的。

四

如果说"自然法"是美国立国的理论依据,那么其历史依据则是它的"民治"传统。正是这种"民治"传统,在一步一步把英属北美殖民地引向独立的同时,在民主方面铸造了独具特色的美利坚模式。美国的"民治"传统既深且厚,是在新大陆这个独特的环境中形成的,这里有必要作点简略的探源工作。

首先是成文宪法。如前所述,在美国是先有州而后有国,州在独立战争期间曾享有"独立邦"的地位,并分别制定了相当于一个国家的最高法令的"宪法"。"在仅仅几年内,一些州甚至经历过一系列'修宪'过程"[①]。一般地说,这些"宪法"源于英王颁布给各殖民地的特许状,对有关人权的保障,立法、司法和行政部门的权责,邦属地方政府的权限与地位,邦宪法修改的程序和方法,都有较明确的规定。例如,佐治亚宪法就明文规定:"立法、行政和司法部门应该分立,使任何部门不得行使适当地属于另一部门的权力。"[②]一位美国历史学家指出:"革命时期宪法的特点有两个发展,一是它们主张人民是主权的来源,二是政治生活有了更具体的关系。"[③]实际上,这些宪法的内容已涉及了美国立国的核心问题,因而成为《合众国宪法》的直接起源。值得注意的是,各邦在成为联邦之一员后,不仅"宪法"这种形式继续保存下来,而且其基本内容和精神也没有大的变动。处于地

[①] 乔治·达戈(George Dargo):《新共和国的法律》(Law in the New Republic),纽约,1983年版,第10页。
[②] 汉密尔顿等:《联邦党人文集》,第251页。
[③] J.R.波尔:《美国独立之基础》(1763—1815年),第88—89页。

方政权地位而又拥有类似于国家根本大法的州"宪法",这在世界各国中是罕见的,如果不与美国独特的立国经验联系起来,就很难对它的意义作出正确的估计。所以,可以说,成文宪法应是美国民治传统的首要内容。

其次是代议制度。由于成文宪法是产生于独立战争时期,而"代议制度"早在17世纪初就形成了,因此在逻辑上它应是形成"成文宪法"之因。1619年第一届弗吉尼亚议会的召开,通常被视作美国代议制的起源,但当时民选的代表是和总督的参事会一起开会的,并未能摆脱英国模式的影响,又带有烟草贵族民主制的色彩。至1630年,马萨诸塞殖民地将它的公司从英伦三岛转移到新英格兰,从而在实际上造成了独立于英国的局面,并逐渐形成了一种既不同于英国也不同于弗吉尼亚的"代议制":不仅总督、立法议会和司法官员都是民选的,而且行政、司法和立法机构是分立的,它是美洲的各种制度与英国分道扬镳的标志。1774年第一届"大陆会议"的召开,把殖民地的代议制推进到一个新阶段,其特点是"代议制"由单个殖民地的权力机构发展成跨殖民地的机构。更重要的是,从总体上看,各殖民地在代表名额的分配,选民在总人口中所占的比例等方面,都比当时英国广泛、民主,从而奠定了美国民治传统的基础。

然而,美国民治传统的更深厚基础,则是来自所谓"乡镇精神"。因为"乡镇"是殖民地最基层的地方机构,是自然界中只要有人集聚就能自行组织起来的唯一联合体,因而成为培养美利坚人民治精神的摇篮。"乡镇精神"最早的发祥地本是新英格兰,1620年11月弗吉尼亚的一批清教徒移民,意外地来到该公司属地之外的科德角海岸,伦敦授予的特许状因此无效。移民们于是在登陆前特制定《五月花公约》,一致约定成立公民组织,共同制定法律并表示愿意自觉遵守法律;登岸后,为实施他们事前的宗教誓约,于是成立了"市镇大会",并由全体居民选出总督及助理,来管理全镇的公共事务,形成以"自治"为核心的"乡镇精神"。此后,新英格兰的这种"乡镇精神",先是传到相邻各殖民地,接着又扩散到更远的殖民地,最后席卷了整个英属北美地区,从而成为美国民治传统最广泛而深厚的基础。正是在这个意义上,丹尼尔·布尔斯廷认为:"现代美国的民主起源于新英格兰的乡镇会议,而不是弗吉尼亚的烟草贵族制①。"而梁启超在《新大陆游记》中则说得更具体:"村落思想者,实美国人建国之渊源②。"

自然,美国的立国原则和精神,作为当时的时代精神和美国民治传统汇合的产物,是不可能没有局限性的,其局限性就集中反映在对"民"这一概念的理解和运用上。"主权在民"论本来源于"自然法",而"自然法"崇尚的是初民的权利,"民"这一概念具有最大的涵盖性,所谓"人人生而平等"的主张,就是以此为根据提出来的。然而,在近代美国及整个西方的"代议制"下,由于人民的意志是通过民选的代表来表达的,无形之中"人民"这个概念便由"公民"概念取代,而"公民"的身份通常是有条件限制的。以美国而论,即使在其立国时期,对"公民"的限制也是极严的:(1)作为美洲大陆主人的印第安人,被完全排斥于美国社会之外,由于他们"未被课税"而根本不计入美国人口;(2)在合众国宪法中,由于容忍了黑奴制的存在,黑人虽被称为"某种人"(Such persons)③,但在计算人口时只按 3/5 的比例计算,更谈不上享受什么"公民权",他们实际上被看做"兼有人和财产的特性"④;(3)白人也不是都享有选举权,在立国时期及以后相当长一个

---

① 丹尼尔·布尔斯廷(Daniel Boorstin):《美利坚人:殖民经历》(*The Americans: The Colonial Experience*),纽约,1958 年版,第 140 页。
② 《新大陆游记》,湖南人民出版社 1981 年版,第 158 页。
③ 见《合众国宪法》原文。
④ 汉密尔顿等:《联邦党人文集》,第 278 页。

时期内,选举权实际上只给白人成年男性,不给白人妇女;(4)按宪法规定,选举资格是由地方立法机构决定的,一般来说各地选举权都附加了财产资格的限制,因此也不是所有白人成年男子都能获得选举权的。据统计,到1840年,实际参加总统选举的人数,还不足美国总人口的16%①,由此可见"公民权"实施之一斑。它说明,还在美国立国之际,"主权在民"的原则和精神,就由于"代议制"或通过"代议制",一方面在某种程度上被变成现实,另一方面也已开始发生"嬗变":具有广泛意义的"民"这一概念,偷偷地被以资产阶级为主体的"公民"这一概念所取代。

尽管如此,这并不意味着可以否定美国赖以立国的那些原则及其哲学的历史进步性,也不意味着可以抹杀它们在美国历史上起过的巨大作用。因为一个社会未能有效地实行某种原则或理想,并不等于这种原则或理想本身无效。清末维新派大将梁启超当年在对新大陆实地考察后,在一首诗中写道:"成功自是人权贵,创业终由道力强"②,乃是对其立国精神与立国事业的关系的精辟说明。不仅如此,只要社会上还存在着压迫和不平等,其立国精神中所包含的进步思想和原则,就会在历史上一再表现出来,转化成推动社会和历史前进的强大动力。"人人生而平等"这一口号在美国历史上三次激烈斗争中被提出和运用,就是明证:第一次是在18世纪末的独立革命中,由托马斯·杰斐逊在《独立宣言》中提出,成为反抗英国统治、争取民族独立的武器;第二次是在19世纪中的南北战争中,由亚伯拉罕·林肯在一次辩论中提出③,成为废除奴隶制、争取黑人解放的武器;第三次是在20世纪60年代民权运动中,由马丁·路德·金在林肯

---

① 塞缪尔·P.亨廷顿:《变动社会的政治秩序》,第102页。
② 梁启超:《新大陆游记》,第99页。
③ 卡尔·桑德堡:《林肯传》,三联书店1978年版,第82—83页。

纪念堂的讲演中提出①,成为反对种族歧视、争取种族平等的武器。

总之,美国赖以立国的那些原则和精神,已作为这个民族传统和精神的核心部分,写在美利坚文明的历史上。

[原载《历史研究》1993年第2期,译载于 *Social Science in China*, vol. XVI, No.2(1995)]

---

① 见1963年8月28日马丁·路德·金在林肯纪念堂群众集会上所作的题为《我有一个梦》的讲演。

关于美国国内市场形成问题
——兼谈三大区域之间的关系及其演变

一

在殖民时代,英属北美十三个殖民地的经济,以自给自足为其基本特征。据经济史学家罗伯特·利普西估计,18世纪运往国外的产品大约只占殖民地总产品的15%—20%,而其余65%—80%的产品从未离开过原产地①。也就是说,当时殖民地的产品主要还是用于维持殖民地人本身的生存,而不是用于交换。在这种情况下,不仅殖民地的绝大多数人口必须以农耕为主,而且家庭手工业也还和农业紧紧结合在一起。因此,在整个殖民时代,殖民地内部市场的发展是有限的。

但是,殖民者需要土著居民的某些产品,尤其需要印第安人所拥有的珍贵皮货。移民们最初在沿海和河口建立的定居点,许多已经发展成人丁兴旺的城镇和港口,他们对内地产品的需求随着人口的增长在逐渐扩大。与此同时,生活在"偏僻地区"的人们,也希望用其有限的剩余产品,去换取自己不能生产但又急需的工业品。由于北部和南部自然条件的明显差异,各区域之间经营的种类和方向越来

---

① 黛安娜·林斯特龙(Diane Lindstrom):《国内贸易和地区专业化》(Domestic Trade and Regional Specialization),见格伦·波特编(Glenn Porter ed.):《美国经济史百科全书》(*Encyclopedia of American Economic History*)第1卷,纽约,1980年版,第266页。

越不一样,各殖民地之间产品的交换就变得更加必要。因此,即使在殖民时代,美国国内市场也开始在英属殖民地内慢慢形成。从以下三方面的贸易可看出美国国内市场早期发展的状况:1.各殖民地港口城镇与该殖民地内地之间的贸易;2.北部殖民地与南部殖民地之间的区际贸易;3.殖民地人与边境印第安人之间的贸易。

殖民者和印第安人之间的皮货贸易,可说是殖民地贸易的最早形式。北美第一个英属殖民地詹姆士敦的建立者约翰·史密斯对此就有过明确记载①。殖民者可从印第安人手中获得的皮货种类很多,有兔皮、狼皮、野猫皮、狐狸皮、浣熊皮、麋鹿皮之类,但主要的是海狸皮和鹿皮。皮货贸易是一种获利很高的买卖,在新英格兰一般一蒲式耳小麦换一磅海狸皮,但一蒲式耳小麦当时仅值三至六先令,而一磅海狸皮平均值二十先令。莫霍克河流域的一些商人,常常用滑膛枪去换印第安人的皮货,一支枪就能换二十张海狸皮。因此,印第安人的皮货成为殖民者发财致富的头号商品,运到外地或欧洲一下子就可获利几百倍,这使得"皮货贸易成为大陆上第一个大规模的经济活动"②。北部的商人以阿尔巴尼为贸易站,通过易洛魁人获得大量珍贵皮货,仅1699年就从纽约出口毛皮15000张。在南部,很多年内兽皮和皮革都是南卡罗来纳出口之大宗,如1731—1765年从查尔斯顿出口的鹿皮,每年能给它的商业公司带来15万镑的收入。可见,皮货贸易从一开始就是一种"不等价交易",或欺诈性贸易。

殖民时代英属北美殖民地贸易的最重要形式,还是各殖民地港口城镇与它们的内地之间的贸易。因为,当时无论是在城镇还是在

---

① J.R.穆尔(J. R. Moore):《美国人民工业史》(*An Industrial History of the American People*),纽约,1921年版,第65页。

② 罗伯特·V.海因(Robert V. Hine):《美国西部史解释》(*The American West: A Interpretive History*),波士顿,1973年版,第44页。

偏僻的乡村,虽然一些最富的家庭能生产部分日常消费品,但大多数家庭都不能真正做到自给自足,必须用相当数量的产品(粮食、烟草之类)去换取他们所需要的物品。因此,这种贸易在本质上是"城乡之间"的贸易,而"乡村商人"则是它们之间的"中间人",其发展水平反映着殖民地商品经济及劳动分工发展的程度。由于这种贸易不像对外贸易那样有完整的记载,史学家很难对它的规模作出准确的估计。而且,各殖民地港口城市与内地所交换的商品并不一定是殖民地本身的产品,在一些地方甚至主要不是该殖民地本地的产品,因为从国外进口的商品也是通过这些港口输往内地的。各商港,特别是北部各港,如波士顿、新港、纽约、费城等,一方面努力为增加出口搜集地方产品,另一方面也努力为外国及其他殖民地的产品寻找国内消费对象。正是在这种努力中,一批工商业中心才得以在殖民地最终形成,诚如美国历史家柯蒂斯·P.内特尔斯所说的,"既然进口在很大程度上形成了国内商业,海港就成为活跃的中心"[①]。据研究,在1773年费城的全部纳税人中,从事贸易、运输和财政工作的达34%,这说明了商业在殖民地经济生活中的重要地位。

至于"区际贸易",大约是在1631年才开始的,当年马萨诸塞人首次获得了来自弗吉尼亚的一船玉米和烟草。从此这种贸易在17世纪连绵不断,到18世纪已达到相当的规模。据统计,1772年从波士顿港开出的商船共845艘,其中有443艘是开往13个殖民地;从纽约港开出的商船700艘,其中有324艘是开往13个殖民地;从查尔斯顿港开出的商船485艘,其中有166艘是开往13个殖民地。同一年,从13个殖民地进入波士顿港的船只为427艘,进入纽约港的

[①] 柯蒂斯·P.内特尔斯(Curtis P. Nettels):《全国性经济的形成》(*The Emergence of a National Economy*,1775—1815),纽约,1962年版,第32页。

船只352艘,进入费城港的船只287艘,进入查尔斯顿港的船只138艘①。这些数字虽不能直接说明殖民时代"区际贸易"的实际水平,但人们不难从中间接看出当时"区际贸易"的规模。所谓"区际贸易",当时就是南北间的贸易,是以新英格兰为中心展开的,因为新英格兰已逐渐在工商业方面形成了自己的优势,但需要从中部和南部进口一定数量的粮食和食品。不过,新英格兰为了进口粮食和食品,常常要通过出口甜酒和糖蜜来补助,而这类出口货物大部分又是由中部和南部提供的。当时"区际贸易"的实际水平并不高(包括各地区内的和地区之间的),大约只占殖民地总产值的3%—3.5%。因为在整个殖民时代,粮食贸易还未达到相应于殖民地进出口经济的水平。例如,据戴维·克林加曼估计,作为中部和南部重要粮食市场的新英格兰,直到殖民时代末期所需食品的89%仍是本地生产的。又如,粮食出口在1740年至1770年是弗吉尼亚经济中很有生气的项目,但这些出口也只有20%是在13个殖民地内销售的。

总的看来,殖民时代北美13个殖民地的市场虽有一定发展,但由于还没有一个可以保护这种市场的国家机器,各殖民地(除北部有新英格兰联盟外)又彼此独立,所以,还未能在各殖民地之间形成一个统一的市场。另一方面,由于重商主义对英国殖民政策的影响,殖民地只不过被当做英国经济的"前哨站",而英国及整个西欧才是这个资本——殖民体系的"核心"。这使北美殖民地的经济带着严重的依附性,而不得不把自己相当比重的产品运往母国和欧洲,造成殖民地对外贸易与对内贸易的极端不平衡。据统计,1768—1772年间13个殖民地之间的贸易额(71.5万英镑)大约只等于它们对海外贸易

---

① 美国商业部人口调查局(U. S. Bureau of the Census):《美国历史统计:从殖民时代到一九五七年》(*Historical Statistics of the U. S., Colonial Times to 1957*),华盛顿,1961年版,第279页。

额(280.1万英镑)的1/4(见下表)。其中,新英格兰的沿海贸易大约为对外贸易的64%,而大西洋中部各州、下南部和上南部则分别只有39%、17%和8%,南部殖民地显然比北部对母国有更大的依附性。这是因为,南部殖民地的主要经济作物烟草,是以英国和欧洲为主要市场的,无法在殖民地内销售。

各地区年平均出口,1768—1772①

地　　　　区	对外出口(英镑)*	沿海出口(英镑)**
新　英　格　兰	477000	304000
大　西　洋　中　部	559000	220000
上　　南　　部	1162000	88000
下　　南　　部	603000	103000

* 不包括对英属北美殖民地的贸易。
** 包括对所有英属北美殖民地的贸易。

1775—1783年的反英战争使北美13个殖民地获得了政治独立,但这个刚刚独立的国家在经济上依然处于欧洲殖民地的地位,这在南部表现得尤为明显。南部的烟草、大米和蓝靛在独立后衰落了,但棉花种植却由于英国日益增长的需求而不断扩大,并且又是以英国为主要市场。据统计,1805—1815年期间,美国北部的棉花消费量增加了九倍,然而这以后的年代北部所消费来自南部的棉花还不到其产量的1/4,南部生产的棉花除自身消费外仍主要销往欧洲。但棉花这种新出口经济作物在南部种植的专业化,并未能从根本上改变整个南部自给自足的农业结构,工商业和都市化在南部进展都很缓慢,到1815年城市居民还不到南部人口的4%。更重要的是,

---

① 黛安娜·林斯特龙:《国内贸易和地区专业化》,见格伦·波特编:《美国经济史百科全书》,第267页。

南部商业历来操于外人之手,因而未能成为南部经济的有机组成部分和动力。由于这一时期南部大部分家庭手工业开始形成,这一区域自给自足能力不是削弱,反而进一步加强,甚至在典型的植棉区农场和种植园的基本食品也由本地生产。从政治上看,由于联邦只是各州之间的"友好的联盟",各州依然保留着独立战争时期得到的"主权、自由和独立"[1],有些州为了本州商人阶级的利益和要求,反而在独立后实行新的特惠税、惩罚性的吨位税和报复性的过境税。这种情况不仅不利于建立统一的国内市场,也不利于在经济上摆脱对欧洲的依附地位。

但从发展趋势看,正如柯蒂斯·P.内特尔斯所指出的,1775—1815年在美国是"全国性经济的形成"时期,这个时期"美国人抛弃了一个既成的政府,同时组成了另一个政府,设计出一种新的国家政治制度"[2],即1787年由宪法确立的联邦制度。在这种制度下,原来由各州所掌握的"主权"转到了联邦之手,从而大大加强了全国经济的统一。1787年宪法明文规定,任何一州"不得在商业或税收方面有任何规定,使某些港口享有特惠而歧视他州港口;对开往某州或从某州开出的船舶,不得强令在他州报关、办出港手续或纳税"[3]。由于把统制各州之间的贸易以及美国与外国之间的贸易的权力保留给中央,并禁止各州在没有国会同意的情况下取消商品、劳力和资本的自由流动,这就使美国真正成为"自由贸易区",从而根本改变了美国商业的地位。1789年7月4日,美国政府又专门制定了一部《吨位

---

[1] 谢德风等译:《一七六五——一九一七年的美国》,第9页。
[2] 柯蒂斯·P.内特尔斯:《全国性经济的形成》,第6页。
[3] 约翰·M.布鲁姆等著(John M. Blum and Others):《民族的经历》(*The National Experience*)第1卷,纽约,1977年版,第854页。

法》，规定凡以美国船输入美国的货物，其征税额较外国船运来的货物低 10％[①]，从而使美国船只在征税方面享有优先权。除此而外，在以后的立法中美国还制定了一系列法律和法令，来保障美国商业活动的安全、自由以及美国国内市场免受外国的损害，如禁止外国船只从事国内贸易即是一例。毫无疑问，这些措施为建立统一的国内市场提供了必要的条件。

由于新英格兰在大西洋贸易中所处的有利地位，从转运贸易和农产品出口中获得的利润，都流进了美国北部的一些主要港口城市。纽约和费城的人口在 1815 年超过了 10 万，巴尔的摩和波士顿的人口也超过了 3.5 万人，因而正在成为推动美国经济发展的新的力量。18 世纪末和 19 世纪初，由于对内地的食品及皮货的需求日益增加，这些城市的商人开始热心地支持修筑通往内地的"税道"；而把山区城镇和国内市场连结在一起的交通运输业的发展，又反过来鼓励内地人把自己的经营转向市场。在此期间，拿破仑的"大陆封锁"和英美各国的反封锁，戏剧性地打破了长期存在的大西洋两岸的贸易格局。为应付美国市场上工业品短缺以及伴随而来的商品价格上涨的局面，美国人不得不更多地把商业资本投入国内工业生产。于是，在拿破仑战争和第二次英美战争后，美国便正式走上了工业革命的道路，新英格兰的纺织业和费城的造船业都因此而繁荣起来。另一方面，随着 1803 年"路易斯安那购买"的成功，美国人占领西部及其他地区的欲望重新荡起，一个向西部推进的大规模的移民运动迅速兴起，结果，从 1790 年到 1815 年密西西比河流域的人口增加了 10 倍。在匹兹堡、辛辛那提、路易斯维尔等重要移民通道，一系列新的贸易

[①] 加尔文·D.林顿主编：《美国两百年大事记》，上海译文出版社 1984 年版，第 42 页。

站或工商业中心逐渐形成，以便为迅速占领西部的移民提供必要的农具和商业服务。但由于从东海岸到内地的交通运输还十分困难，如从费城经阿利根尼山脉到西部贸易站有350英里艰难的行程，从而使这些边疆商站向移民出售的商品还非常昂贵。

1775至1815年间美国的国内贸易活动，大部分仍集中于中心城镇与它们的内地之间，只有沿海贸易具有明显的"非地方性"。据统计，沿海的商品贸易量从1790年的10.4万吨提高到1815年的47.6万吨，而且其中大部分商品是从北部运往南部的。因为在棉花"三角贸易"中北方商人再次成功地打入欧洲工业家和南部种植园主之间，他们把欧洲的纺织品、铁制品及少量北方产品运往南部，同时带着伦敦的兑换券和某些南部产品返回北部。在这个时期的国内贸易中，处于第二位的商品包括北部的日用品、中部的食品和其他某些外国产品，这些物品在新英格兰可与鱼、甜酒、林产品和手工业品交换。当时西部与其他地区的贸易还处于第三位，只有少量牲畜、毛皮、人参和威士忌通过陆路运往东部，80％的西部产品（1812年）都是沿密西西比河运往新奥尔良的。新奥尔良是一个正在兴起的"临时区际交易市场"。

二

第二次英美战争（1812—1814年）后，美国真正走上了独立自主发展民族经济的道路，大约到1860年已建立起独立的工业体系。因此，美国与欧洲的关系在经济上开始发生根本性转变，过去处于欧洲依附地位的美国，现在变得日益强大起来。在此期间，两方面的发展深刻地改变了美国国内市场的面貌：一是继杰斐逊总统的"禁运令"（1807年）之后，1816年联邦政府第一次采取保护关税政策；二是继

"坎伯兰公路"(第一条穿过阿巴拉契亚山脉的公路)1818年修抵俄亥俄河岸的惠林后,连接哈得孙河和五大湖的伊利运河于1825年正式通航。前者有力地保护了美国的国内市场,后者使一个完整的商品循环系统得以形成。在此之前,北部与南部、西部与南部的贸易虽已畅通,但西部与东北部的贸易却困难重重。

这一商品循环系统呈"三角形",大致可把大西洋沿岸、五大湖和密西西比河看作这个贸易三角的各边,而把纽约、新奥尔良和芝加哥看作三角的顶点。这种"三角贸易"实际上是北部、南部和西部之间的贸易,在美国经济史著作中被称为"区际贸易"。商品循环在贸易中是按两个方向进行的:一方面,俄亥俄流域的粮食和食品经密西西比河运往南部,这些物品在新奥尔良变换成棉花和蔗糖,再将棉花和蔗糖运往北部卖给新英格兰人(或外国人),在新英格兰又转换成纺织品之类运往西部;另一方面,新英格兰的手工业品用船经海路运往南部,在新奥尔良被换成蔗糖、咖啡等等,然后运往俄亥俄河和密西比河上游交换粮食和食品,西部的粮食和食品则经伊利运河运到东北部各市场[①]。"区际贸易"在殖民时代就已存在,不过当时实际上仅仅是南北间的贸易,而且主要是在沿海进行的,现在它已由南北贸易变成南部、北部和西部三方之间的贸易。这种"区际贸易"以区域的自然分工为基础,在交通运输业改进的条件下得以迅速扩大,反过来又给地区的专业化以巨大影响,成为推动整个美国经济发展的重要因素。19世纪上半叶"区际贸易"的发达,无疑是美国统一的国内市场形成过程中的重要步骤,也是这一时期美国国内市场发展的主要特点,它标志着美国区域经济关系的新进展。当然,这一商品循

---

① F. 默克(F. Merk):《西进运动史》(*History of the Westward Movement*),纽约,1980年版,第215页。

环系统也有一个发展过程,它的真正形成当在 1840 年左右,因为"东西之间贸易的大发展,只是由于 1825 年伊利运河打开西部地区才能成为可能,但直到 1832 年俄亥俄运河完成才真正开始"①。

在 1840 年之前,各区域内部的贸易实际上比区际之间的贸易更为重要。因为这个时期国内市场发展的主要动力是运河及早期铁路,而当时运河和铁路的建筑主要是由各州政府或私人资助和承办的,不仅路程很短,而且极不标准。因此,早期运河和铁路所促进的,主要是各区域内部城乡之间的交换,而不是区际之间的交换。纽约、费城和边区的贸易,可看作这一时期区域内部贸易的典型。据估计,19 世纪 30 年代后期,从内地进入费城的商品,总计约值 4000 万美元(以 1821—1825 年美元计),等于甚至超过了 30 年代高峰时期整个费城周围地区输入费城的商品量。值得注意的是,其中从西部地区到费城的货物的 3/4,以及该城区内部商品的 1/2,都是经运河运输的。事实上,无论是南部还是西部,在 19 世纪最初二三十年,其商业活动也主要是在地区内部进行的,因为当时各区域都还未实现地区专业化,它们所消费的粮食和食品主要是靠内部提供的。据艾伯特·费什洛估计,1840 年南部从西部进口的玉米、小麦、牛肉和猪肉不到本地区同类产品的 5%,南部在 1839 年只消费了该年内北部工业产品的 6%—16%;而阿巴拉契亚山脉以西对民族市场来说大部分还处于孤立的状态,1839 年西部 1/2 的出口产品是运往国外市场,而它所消费的北部的工业产品还不到北部工业产品总量的 5%。当时,南部和北部仍继续在家庭手工业中生产它们各自需要的工业品,即使是北部也还是它所需要的绝大部分食品的产地。但在三个

---

① 罗斯·M. 罗伯特逊(Ross M. Robertson):《美国经济史》(*History of the American Economy*),纽约,1973 年版,第 249 页。

区域中,北部内部的贸易要比南部和西部更活跃。

1840年以后,在二三十年代发展的基础上,东北部进入工业革命的决定性阶段,逐渐成为美国资本主义的"核心地区",即美国工商业的集中地区。这里有全国最大的城市(纽约)和最集中的人口,有在全国占优势的工商业,1860年它所产的工业品,占全国工业产品的一半。从工业革命初期最重要的纺织厂的分布来看,1860年东北部有910家,而南部只有159家,西部不过32家[①]。东北部之所以能发展成为美国资本主义的"核心地区",有许多历史的和现实的原因。早在殖民时代它就是与外国进行贸易的门户,因而积累了较为雄厚的商业资本作为发展经济的基础。由于发展农业不利,而相对来说工业资源较为丰富,这个地区集中了当时美国最多的工场手工业。多样化的经济使北部在商业上占据优势,北部的出口大约相当于全国总商品量的一半,等于其他两区商品量之和。北部虽然是对外贸易的最大获利者,但又不过分地依赖对外贸易(如南部那样),它的出口并不以变化不定的国际市场为转移。更重要的是,北部有舟楫之利,在水路和陆路运输方面均走在其他区域的前面,因而区域经济(特别是商业)起步较快。据研究,北部的主要运输线伊利运河,在1847年欧洲发生粮荒之前,从纽约州界以东获得的商品量,一直大于它从西部各州获得的商品量。

在东北部"核心地区"形成过程中,地区专业化也以不同方式影响着它与内地的关系。有组织的交通运输把城市和内地的联系推进到一个新的阶段,东北部和以提供资源为主的"边区"之间的贸易获

[①] 猪谷善一:《美国社会经济史》,商务印书馆1935年版,第191页;1960年,美国东北部各类工厂有74058家,南部20631家,西部36785家,太平洋各州8777家。见R.B.莫里斯主编(R. B. Morris, ed.):《美国历史百科全书》(*Encyclopedia of American History*),1976年版,第722页。

得了新的发展。据艾伯特·费什洛估计,国产货的区际贸易量在1839年就超过了对外出口量,在以后二十年内这种差额进一步扩大:美国国产货的对外出口额由1.02亿美元增加到3.16亿美元,而同时期在区际贸易中交换的美国产品从1.09亿美元提高到4.8亿美元[①]。这说明美国的国内市场已发生根本性的转变。正是在这一转变过程中,纽约迅速发展成为美国国内贸易的中心。早在伊利运河开放前,它已比任何其他港口更多地夺得了来自国外的商品,并作为美国的主要港口统治了东北部内部的贸易及南北之间的沿海贸易。伊利运河开放后,纽约又凭借与西部贸易的有利地位大获其利,到1860年它已成为美国的商业和财政中心。同时,它还是美国最大的工业中心,仅内战期间就生产了价值1.6亿美元的产品,约占当时全国工业产量的8%。

大西洋沿岸的贸易,作为美国区际贸易的发源地,独立后有了进一步的扩大。到陆路运输进入早期铁路阶段后,汽船开始和帆船一起被选作大西洋沿岸贸易的工具。1830年后受雇于沿海贸易的船只的吨位,实际上已超过了受雇于对外贸易船只的吨位。这一时期南部与北部在经济上的关系,类似于以往殖民地对宗主国的关系,南部主要是作为原料提供者的身份出现的,因此当时北部工厂所需全部棉花几乎都是经海上从南部运去的。沿海贸易的另一种主要商品是煤,它为北部工业的发展提供动力,但其主要产地在中部地区的阿巴拉契亚山脉。煤必须先通过运河和铁路运往纽约或德拉瓦尔,然后再转运到海岸各地或其他河流的上游。南部所提供的商品,除棉花外还有大米、烟草和造船材料等。此外,

---

① 黛安娜·林斯特龙:《国内贸易和地区专业化》,见格伦·波特编:《美国经济史百科全书》第1卷,第273页。

密西西比河流域的多数剩余产品（如小麦、面粉），以及新南部生产的蔗糖和糖蜜，则首先集中到新奥尔良港，然后再绕道佛罗里达转运北方消费者之手。

密西西比河流域的贸易，最初是作为大西洋沿岸贸易的补充而出现的，新奥尔良在很长时间内只是一个"临时区际交易市场"。这个港口城市由于南部植棉区的扩大，在1830年后得到迅速的发展，1860年有一条铁路和东部及北部相连，并且是另一条通往西部的铁路线的起点，从而使它成为日益繁荣的密西西比河河口的重镇。据统计，从1840年到1860年，新奥尔良港的贸易量增长了五倍，1860年时其商品价值额达1.8521亿美元。新奥尔良港的繁华还可从以下的事实得到证明：截止于1860年8月31日的一年内，抵达新奥尔良港的汽船总计达3540艘次。其中，来自路易斯安那州的汽船为1835次，密西西比州388次，阿拉巴马州6次，得克萨斯州48次，阿肯色州140次，印第安领地8次，田纳西州186次，密苏里州472次，肯塔基州176次，伊利诺伊州12次，俄亥俄州206次，西弗吉尼亚州9次，宾夕法尼亚州54次①。这一统计数字说明，19世纪中叶密西西比河流域的商业和贸易已达到空前的规模；新奥尔良港的繁华不仅得益于密西西比三角洲种植园经济的发展，也得益于俄亥俄流域和密苏里河流域的开发。

在四五十年代"区际贸易"发展中，最突出的是西部和东北部之间贸易的变化（见下表）②。随着经济的日益增长和交通运输的改进，美国国内出现了贸易的新形式、大湖地区的都市化和粮食作物种

---

① 克莱夫·戴（Clive Day）：《美国商业史》（*History of Commerce of the United States*），芝加哥—波士顿，1925年版，第204页。

② 艾伯特·费什洛（Albert Fishlow）：《战前区际贸易的重新估计》（*Antebellum Interregional Trade Reconsidered*），见安德列诺编：《关于美国经济发展的新观点》（R. L. Andreaned. , *New View on American Economic Development*），剑桥，1965年版，第196页。

国内商品贸易流量　　　　（单位：100万美元）

年　代	来自地	北　部	西　部	南　部
1839	北　部	—	19.7	85.6
	西　部	11.8	—	14.9
		7.1	—	5.5
	南　部	39.7	6.3	—
		15.1	2.2	
1860	北　部	—	164.3	213.8
	西　部	146.5	—	42.8
		107.6	—	36.4
	南　部	69.4	20.3	—
		44.6	13.6	

植区的扩大。伊利运河、俄亥俄运河以及西部其他运河和铁路的建成，促使移民进入印第安纳和伊利诺伊北部，四五十年代又进入密执根和威斯康辛及更广大的中西部。据道格拉斯·诺斯研究，布法罗获得的来自西部的小麦和面粉，1836年为120万蒲式耳，1850年为1200万蒲式耳，1860年为3710万蒲式耳[①]。克利夫兰、多伦多、芝加哥、底特律和密尔沃基，先后成为粮食、畜产品和木材加工中心。当大湖—伊利运河系统揭开新的贸易时代时，宾夕法尼亚州的巴尔的摩和俄亥俄铁路也已经和西部建立了商业和贸易联系。到1860年，俄亥俄河各港已集中了阿巴拉契亚山脉以西水系货物出口量的3/4。据F.默克研究，新奥尔良港承受的密西西比河上游的贸易，已由1812年的80％下降到1860年的23％[②]。也就是说，绝大多数西

[①] 见格伦·波特编：《美国经济史百科全书》第1卷，第272页。
[②] F.默克：《西进运动史》，第222页。

部产品不再经过新奥尔良而直接运往东部了,西部已比过去越来越多的依靠东北部的市场。这是西部与北部、西部与南部经济关系中的重大变化。不仅如此,西部与北部在自由劳动制基础上的结合,也成为内战中北部战胜南部的根本保证;而内战对南部奴隶制种植园经济的毁灭性打击,又是统一的国内市场形成的重要步骤。

当然,西部对南部输出的下降是相对而言的。在1815至1860年的大部分时间内,新奥尔良仍是内地产品的重要出口港。早在19世纪20年代,它获得的棉花、烟草、蔗糖的数量就超过了该港进口总数的一半,到19世纪50年代这类产品就构成了进口总数的四分之三。尽管如此,晚至1849年,运往新奥尔良的产品在西部各类出口品中的比重仍很高:玉米为2/5,面粉为1/3,腌肉为3/4,威士忌为2/3[1]。然而,这类商品真正留在南部消费的为数极少,大部分都转运到北部城市或外国港口。因为在粮食和食品消费方面,南部在很大程度上仍是自给自足的。据统计,南部进口的小麦,1842年为96万蒲式耳,1850年为260万蒲式耳,1860年为425万蒲式耳;而南部本身的小麦产量,1839年为2500万蒲式耳,1849年为2000万蒲式耳,1859年为3800万蒲式耳。由此可知,即使在粮食歉收的1849年,进口的小麦也只占南部本身小麦产量的13%[2]。50和60年代进口是增加了,但南部本身的粮食产量在此期间也增长了。另外,西部和南部之间的贸易,从密西西比河进入新奥尔良并不是唯一通道,正如著名经济史家罗伯特·W.福格尔所指出的,这里还有几种可能常常被人们忽视:一是大批的牛和生猪可能经陆路从西部进入南部;二是西北部大量粮食和食品可能经纽约、费城和巴尔的摩进入南部;三是西部大批牛可能从得克萨

---

[1] 见安德列诺编:《关于美国经济发展的新观点》,第188页。
[2] 同上书,第192页。

斯直接进入东南部①。因此,经新奥尔良港进入南部的西部产品,并不能完全反映西部和南部贸易的实际水平。

1815年后国内市场的发展,突出地表现为"三角贸易"系统的形成。但即使在这一时期,远西部也开始被纳入美国国内市场的范围,1822年打通和圣菲贸易的道路,1823年阿什利雇佣的捕兽者进入落基山,标志着美国人开拓远西部市场的开始。圣菲当时属墨西哥领土,40年代才为美国所兼并,因此严格讲还不属于美国国内市场的范围。和加利福尼亚的关系也有类似的情形,早在18世纪末美国商船就绕道合恩角与西北海岸印第安人发生贸易联系,然后用从印第安人那里弄来的皮货去换取中国的茶、餐具和丝织品。1822年加利福尼亚脱离西班牙成为墨西哥领土后,美国从那里带回大量皮革以供应马萨诸塞州的制鞋厂。但二三十年代美国人和远西部的贸易与以后的贸易比起来还微乎其微,以致罗斯·M.罗伯特逊说:"1848年以前东部和远西部的贸易几乎还不存在。"②1848年美国兼并加利福尼亚,不久即出现了震撼世界的"淘金热",与加州的贸易才作为美国国内贸易的一部分迅速发展起来。由于加利福尼亚的经济开始迅速超过当地人口的需求,大约到1851年左右它的粮食生产开始过剩。据报道,1856年从圣弗朗西斯科出口到东部或外国的小麦达33088蒲式耳,面粉达114572桶。这些商品或者绕过合恩角运往美国东海岸,或者经山区小道运入科罗拉多等地③。

不过,总的看来,1860年以前在美国国内市场的发展中,尽管有

---

① 罗伯特·W.福格尔(R. W. Fogel):《十九世纪美国的区际贸易》(*American Interregional Trade in the Nineteenth Century*),见安德列诺编:《关于美国经济发展的新观点》,第217页。

② 罗斯·M.罗伯特逊:《美国经济史》,第250页。

③ G.C.菲特(Gilbert C. Fite):《农场主的边疆》(*The Farmers' Frontier, 1865—1900*),新墨西哥大学出版社1977年版,第156页。

以"三角贸易"或"区际贸易"为形式的国内商品流通系统的形成,但建立统一的国内市场的任务在美国并未最后完成:第一,密西西比河以西大部分地区当时还未进入美国经济的范围,只与东部有少量贸易联系;第二,密西西比河以东的铁路线虽然不少,但各线的轨距规格还不统一;第三,和远西部的交通还处于小道、公路和马车时代,没有一条铁路线穿过大平原和落基山。但是,即使还存在这样一些问题,美国的国内市场也已发生革命性变化,即国内贸易超过了对外贸易。财政部长罗伯特·J.沃克在1847年美国财政年度报告中谈到:"在30亿美元产品中,出口只有1.5亿美元,28.5亿美元留在国内,其中每年至少有5亿美元在合众国各州之间进行交换。"①这和殖民时代的情况形成了鲜明的对照。1860年以前美国国内贸易特别是"区际贸易"的发展在经济上具有重要意义,正是这种"区际贸易"的发展成为地区专业化的主要推动力。诚如一位美国经济史家所指出的:"1815年后国内贸易的发展使联邦三大区域(西部、南部和北部)之间的劳动大分工成为可能。"②因为国内贸易的发达使地方特产有市场可以出售,而它所需要的产品又有地方及时给予补充,以往自给自足的经济结构才有可能转到商品化和专业化的轨道。

三

内战后,大约经过二十五年,这个国家通过两种方式实现了国内市场的统一:一方面是大湖地区迅速地被纳入美国工商业"核心地区";另一方面是把基础资源的范围逐步扩大到太平洋沿岸。这是美

---

① G.C.菲特和J.E.里斯:《美国经济史》,第292页。
② 转引自格伦·波特编:《美国经济史百科全书》第1卷,第269页。

国国内市场形成的最后阶段,它标志着美国民族经济的统一。推动美国国内市场最后形成的决定性因素,是铁路网在全国范围内的建立。

内战后,美国经济发展中的一个突出之点,就是铁路走在整个经济发展的前面。1860年至1890年间,全国铁路线从31246英里增加到166703英里,比1890年整个欧洲的铁路线(13.9万英里)还长。其中,密西西比河以西的铁路发展尤为显著,由1860年的2906英里增加到1890年的72213英里,几乎占全国铁路总长度的43%[①]。内战前美国只有一条铁路抵达密苏里河,三十年后横贯大陆的铁路已在美国建成,一个庞大的铁路网不仅出现于密西西比河流域,而且进入了得克萨斯、山区各州及太平洋沿岸,每个州都有铁路线通过。甚至在密西西比河以东的旧区和五大湖地区,铁路也在继续增长。更重要的是,新增加的铁路线大部是横贯大陆的路线,它们与内战前建立的铁路线不一样,不再是为了狭隘的地方利益即为都市之间的竞争服务,而是从国家经济发展战略考虑、为把商品输往内地市场而建筑的。

自1860年以后,在铁路建设中有关线路、路基、动力和车辆方面的技术,也都相应地取得了重大进展。内战期间美国铁路线第一次使用钢轨,取代了大量不能令人满意的铁轨,这使重型机械和车辆的使用成为可能。1860年货运车厢的标准运货量大约只有10吨,到80年代初已增加到20吨,同时少数更大的车厢也开始投入使用。就火车头而言,1860年时还很少有重量在30吨以上的,到1890年时已达85吨。内战开始前,铁路的轨距规格不一,据统计,1861年1月1日,美国(包括加拿大)有5.3%的铁路(1777英里,属14家铁路

[①] 爱德华·C. 柯克兰(Edward C. Kirkland):《美国经济生活史》(*A History of American Economic Life*),纽约,1951年版,第345页。

公司)的轨距为 6 英尺,8.7% 的铁路(2896 英里,属 21 家公司)的轨距为 5 英尺 6 英寸,0.1% 的铁路(182 英里,属两家公司)的轨距为 5 英尺 4 英寸,21.8% 的铁路(7267 英里,属 63 家公司)的轨距为 5 英尺,9.9% 的铁路(3294 英里,属 39 家公司)的轨距为 4 英尺 10 英寸,53.3% 的铁路(17712 英里,属 210 家公司)的轨距为 4 英尺 8½ 英寸,此外,还有 0.1% 的铁路(120 英里,属 1 家公司)的轨距为 4 英尺 9½ 英寸[1]。内战中,由于大规模运送军队和给养的需要,以及西部和东部之间粮食贸易的扩大,迫切需要统一全国的铁路轨距并使之标准化。1863 年 1 月根据衣阿华参议员詹姆斯·哈伦的提议,国会决定以 4 英尺 8¼ 英寸作为建立太平洋铁路轨距的规格,并以此为标准把密苏里以西的铁路作为全国系统的一部分来建设。这一决定迫使与之相连的所有路线都要作相应的变动,从而在 60 和 70 年代便出现了统一铁路规格的趋势,许多铁路公司相继采取 4 英尺 8½ 英寸的标准规格[2]。90 年代,美国对全国铁路网的建设采取了决定性步骤,1896 年 10 月,美国铁道协会标准车轮及轨道规格委员会提出,全国所有铁路的轨距都应采用 4 英尺 8½ 英寸的标准规格。到 19 世纪末,全国就有 87% 的铁路线都采用了这一规格,这和同时采用的一系列"一体化"措施一起,成为全国铁路网最后形成的主要标志。由于铁路采用标准轨距,从西部来的货物中途即可通过互换车皮直达东部,从而大大加速了商品流动的速度。

全国铁路网的形成,根本改变了美国交通运输的结构,以及水路、运河和铁路运输在全国运输量中的比重。据统计,到 1890 年全

---

[1] 乔治·R. 泰罗、艾琳·D. 诺伊(G. R. Taylor and I. D. Neu):《美国铁路网(1861—1890)》(*The American Railroad Network, 1861—1890*),哈佛大学出版社 1956 年版,第 14 页。

[2] 同上书,第 81、82 页。

国铁路完成的运输量,等于由其他运输形式所完成的运输量的两倍。与此相反,水路(即河道)运输的重要性却不断下降,在1850年时水路完成的运输量占全国运输量的3/4,到1920年时就下降为不足1/4。这期间,虽然密西西比水系在美国商业中依然具有重要意义,但与迅速发展的铁路运输相比也下降了,我们从圣路易城商业的变化可清楚地看出这一趋势。据统计,从1871年到1887年,圣路易城的进出口商品由490万吨增加到1440万吨,而其中通过河流运输的商品量却由原来的34%下降到10%①。至于运河的衰落在内战后更加明显,到19世纪末全国4000英里长的运河中,已有半数以上(约2500英里)由于各种原因不再用于货物运输。甚至在美国国内运输业中起过重大作用的伊利运河,其运输量也由1960年的300万吨下降到1910年的200万吨②。人们或许会注意到,运河的运费比铁路还低,货主们为何宁愿选择铁路而不通过运河运送自己的货物呢?原因在于,铁路全年都能够为货主提供服务,而运河因冬天结冰却做不到这一点;而且,铁路运输快,一般来说也更可靠。

这一时期美国经济领域中的重大变化之一,是东北部"核心地区"的加强和扩大。五大湖地区从过去"殖民地"的地位加入到高度发达的东北部领域,从而形成了一个"东北部—五大湖"工业带,或者叫做"制造业带"。据统计,1870年和1910年全国制造工人有77%和67.5%受雇于这个地带③;这个地带在1870年新增加的全国产值中占了87%,1910年占77%。与此同时,在这个工业带内部也开始明显地表明出劳动分工的扩大,新英格兰各州主要从事纺织品和皮革的生产,大西洋中部各州主要从事石油精炼及钢制品、服装和烟草加工,而

---

① 克莱夫·戴:《美国商业史》,第225页。
② 同上书,第228页。
③ 罗伯特·埃斯塔尔:《美国现代地理》,人民出版社1976年版,第243页。

五大湖地区则主要从事食品、木材和钢铁的生产。这时芝加哥已作为全国第二大城市,和纽约一起在美国资本主义经济中起着核心作用,它的人口由1860年的10万猛增到1910年的200万。当然,这一重大进展是由多方面的因素促成的,但其中最重要的因素无疑是交通运输业的发展,加速了该工业带对原料的需求与地方资源结合的过程。宾夕法尼亚、西弗吉尼亚北部和五大湖地区,是煤、铁等发展近代工业最急需的资源的主要产地。在交通运输条件改善的条件下,这些地方的资源就可能迅速地得到开采,源源不断地投入生产过程。研究表明,1890年旧西北部拥有铁路36976英里,居各地区拥有的铁路长度之首①。1880年,芝加哥有七条铁路线通往东部,六条铁路线通往西部,三条铁路线通往南部。在1910年东北部和五大湖地区(在下表中称为"东部")铁路运输的全部货物中,矿产品所占比重高达62%,其次是工业产品占19%,林产品占5%,农产品占4%,畜产品占2%,其他占8%(见下表)。这一事实无可辩驳地证明,在"东北部—五大湖"工业带形成过程中,铁路加速了生产与资源的结合。

各类产品在铁路运输量中的百分比(1910年)②

产品种类	东 部	南 部	西 部	全美国
矿 产 品	62	54	50	56
林 产 品	5	21	17	12
农 产 品	4	7	14	8
畜 产 品	2	1	3	2
工 业 品	19	11	9	14
商品及杂货	8	6	7	7

---

① 爱德华·G.柯克兰:《美国经济生活史》,第345页。
② 克莱夫·戴:《美国商业史》,第302页。

铁路的发展,不仅加速了五大湖地区纳入东北部资本主义"核心地区"的步伐,而且把为工业化提供粮食和资源的范围扩大到太平洋沿岸。1860年以后,美国铁路建设的主要特点之一,"是密西西比河以东的建筑进展缓慢,比较而言西部扩张很快"。据统计,1890年密西西比河以西已建成的铁路,比1860年该地区铁路的长度增加了23.8倍。1860年密苏里河以西地区(除大盐湖地区和加利福尼亚外)几乎还无人定居,1860年后成千上万移民乘着大车或火车,从东部或中西部来到大平原和落基山区,拓荒农场逐渐地布满了昔日那些野牛出没之地。据统计,1860至1900年间,美国的农地增加了一倍,其中四亿英亩是耕地,而且大部分是在西部。二三十年内这些地方不仅被移民完全占领,而且某种经济专业化的稳定形式也已建立起来,采用机器耕作的小麦农场、拥有成千上万头牛的牧场和专门的葡萄种植园,开始显示出美国大农业的气派。随着大平原和太平洋沿岸农业的繁荣,到19世纪末这些地区生产的小麦和肉类,比其他任何地区都要多。当小麦带由大平原西部伸展到远西部的时候,玉米和生猪生产带仍集中于大湖地区和大平原东部。1910年西部提供的农产品,只占该年西部铁路运输量的14%,而当年东部和南部分别只占4%和7%[①],西部的农产品主要是通过芝加哥方向流入东部市场的。如果我们把"东北部—五大湖"看作美国的"核心地区",而把西部和南部看作它的"边缘地区",那么芝加哥就是二者之间的连结点。这种特殊的地位,很自然地使这个城市成为重要的交通枢纽和东西间贸易的转运站。据统计,早在1875年之前每天进入芝加哥的火车已达750列,一年流入该市的产品价值额700万美元。芝加哥商业贸易的突出特点是农产品贸易,在1875年该城价值

---

① 克莱夫·戴:《美国商业史》,第302页。

2.15亿美元的运输货物中,粮食、牲口、肉类和杂货四种货物的价值几乎相等①。

与大平原不一样,山区各州、西南部和远西部大部分地区,主要是以其森林和矿产资源加入全国经济的。金、银、铜、锡、铅等矿藏,早在内战前已多处发现并在一些地方投入开采,但直到70年代之前西部的矿产品很少能运到东部,因为当时交通运输条件还太差。太平洋铁路等几条横贯大陆的铁路建成后,这个千年沉睡的偏僻山区沸腾了,东部及欧洲的商人和企业家争先恐后地开始了在西部采矿业中的投资,使该地区的采矿业、农业和畜牧业都发展起来。据统计,到1910年密西西比河以西地区提供的矿产品,占该年西部铁路运输量的50%,仅次于东北部和五大湖地区②。这一事实说明,内战后西部(尤其是远西部)确实已发展成为"东北部—五大湖"工业带所需资源的重要供给地。与此同时,整个太平洋沿岸和大西洋沿岸之间的贸易也发生了相应的变化。由于太平洋铁路建成,极大地降低了东、西两岸之间通过巴拿马地峡和绕过合恩角的贸易的重要性。据统计,纽约港和圣弗朗西斯科之间通过巴拿马地峡的贸易,从1870年的1800万美元降为1880年的500万美元。这是因为,许多远西部或东部的货物的运输,不再绕道巴拿马地峡而直接由横贯大陆的铁路承担了。估计在这个时期结束时(1914年),美国太平洋沿岸和大西洋沿岸之间9/10的货运量,都是由铁路承担的③。G.菲特写道:"到19世纪80年代中叶,大量加利福尼亚的水果运抵中西部、东部和外国市场。1887年奥马哈收到89车来自加州的水果,同时

---

① 克莱夫·戴:《美国商业史》,第317页。
② 同上书,第302页。
③ 同上书,第365页。

有 59 车小麦、92 车水果运抵堪萨斯和圣路易市。"①显然,这些货物都是用火车或马车由陆路运去的。重要的是,它说明了远西部过去那种与东部孤立或半孤立的状况,至此已经完全结束。

19 世纪末,由于统一的国内市场已经形成,国内贸易比以往任何时候都更为活跃。有人估计,19 世纪末和 20 世纪初,美国的国内贸易大约等于对外贸易的 20 倍,甚至"超过了世界各国对外贸易的总和"②。我们看到,在世界上,无论是东方还是西方、美洲还是欧洲,当时没有一个国家能够像美国那样,其国内市场达到如此发达的程度。对此,应当如何解释呢?美国有辽阔的地域和丰富的资源,它们为美国经济的发展提供了基本的前提和条件,此其一;西进运动以其巨大的规模,迅速地改变着美国的人口和劳动力的布局,从而加速了劳动者与生产资料结合的过程,促进了生产的发展,此其二;由于美国地域差别很大,各地区在经济上起飞的时间又先后不一,从而形成了一种独特的区域经济关系,使"区际贸易"比别的国家更为活跃,此其三。最后,更重要的是,大规模开发西部的需要推动了交通运输业的飞速发展,尤其是运河和铁路的飞速发展,它不仅最终促进了统一的国内市场在美国的形成,而且大大促进了地区专业化及整个经济的商品化。交通运输的发达促进国内贸易的发达,国内贸易的发达导致地区经济专业化,这就是 19 世纪美国史向我们揭示的逻辑。

总之,统一的国内市场形成问题,是近代美国经济乃至整个近代美国历史发展的基本问题之一。它与美国历史发展的主要进程、各区域之间的矛盾和斗争、经济上专业化和商品化的程度,以及交通运输条件的改善紧密联系在一起。通过这个问题的探索,我们可以从

---

① G.C.菲特:《农场主的边疆,1865—1900》,第 170 页。
② 克莱夫·戴:《美国商业史》,第 286 页。

一个重要侧面,纵观美国经济发展的脉络,而横观各区域之间的相互关系,其意味是深长的。

(原载《历史研究》1986年第6期,原标题为《关于美国国内市场形成问题》,副标题是此次加的)

解读"暴发式"发展之谜
——西进在美国经济发展中的作用

一

19世纪美国的经济革命带有全面爆发的性质,它以东北部兴起的工业革命为起点,迅速扩及其他各个经济领域,显示了巨大的威力和速度。

为什么美国在19世纪能够在经济上实现以工业革命为中心的全面变革?我以为,其主要原因就是,美国在进行工业革命及全面经济改造的过程中,同时掀起了一个大规模的持久的"西进运动"①。这个大规模的群众性的拓殖运动,兴起于北美独立战争之后,19世纪中叶进入高潮,19世纪末和20世纪初基本结束,几乎贯穿美国近代化的全部进程。成千上万的美国人(包括大批新从欧洲到来的移民)从东部涌向西部,投入开发大西部处女地的行列,即进入"蛮荒之境",从表面上看似乎是一种历史的"倒退",其实却为19世纪美国经济的全面变革和发展准备了条件,并最终导致了一个现代美国的诞生。正是这个西进的运动,给美国近代化的内容和形式、广度和深度,以巨大和强烈的影响并赋予它以力量和特色,以致可以说整个19世纪的美国史,都是在"西进"的标志下度过的。因此,要研究美

---

① 本文所使用的"西部"这一概念,系指美国阿巴拉契亚山脉以西的整个地域。

国近代化的历史和现代美国成长的过程,就不能不研究西进在其中的作用。这应当是美国边疆史以及整个美国史研究中的重大课题之一。

不过,这一课题并不是现在才提出来的。自 19 世纪开始以来,一些资产阶级学者,从德国的黑格尔到英国的亚当·斯密,从意大利的 A.罗利亚到法国的 A.维克托尔,都对西进运动和边疆开拓在美国历史发展中的作用,发表过许多重要的意见。应当指出,对西进运动和边疆历史感兴趣的,并非只是那些资产阶级学者,还有马克思主义经典作家。马克思和恩格斯不止一次地谈到过这一主题,特别是"自由土地"在美国历史中的作用。1878 年 11 月 25 日,恩格斯在给尼·弗·丹尼尔逊的信中写道:"现在,经济学研究者最感兴趣的对象当然是美国,特别是从 1873(从九月恐慌)到 1878 年这一时期,即持续危机的时期。在英国需要整整数百年才能实现的那些变化,在这里只有几年就发生了。"[①]接着,他用比任何资产阶级学者都更明确的语言提出:"但是研究者的注意力不应当放在比较老的大西洋沿岸的各州上,而应当放在比较新的(俄亥俄是最显著的例子)和最新的(例如加利福尼亚)各州上。"他在这里提出了一个重要问题:边疆与美国迅速发展的经济究竟是什么关系?这就点出了边疆史研究的重点所在。所以说,从科学的意义上研究边疆史的任务,倒是由马克思和恩格斯提出来的。

其后不久,即 1893 年,美国历史学家特纳发表了重要论文《边疆在美国历史上的重要性》,开始了对西进运动和边疆历史的系统探讨。他由于强调边疆在美国历史发展中的决定性作用,强调边疆生活在美利坚民族性格形成中的影响,从而开创了美国民族史学发展

[①] 《马克思恩格斯全集》第 34 卷,第 333—334 页。

的新阶段。该文发表以后,有关西进和边疆这一主题的论著和文章在美国"车载斗量",整个美国史研究取得了长足的进展。然而,美国的边疆史研究也带有明显的缺点和不足,学者们较多地注意了边疆对美国社会和民主的影响,而对它在美国经济发展中的作用却重视不够。正如美国研究边疆史的著名学者毕林顿所说:"关于边疆对美国和世界经济的刺激作用,无论是历史学家还是经济学家,都未作出适当的研究。"①这种状况只是近十几年才有所改变。作为马克思主义的世界史工作者,有必要认真地研究这一重要课题,以阐明现代美国成长的道路和特点。

其实,经典作家不仅提出了科学地研究美国边疆史的任务,还对正确估价西进在美国经济发展中的作用发表过许多有益的见解。在1882年《共产党宣言》俄文版序言中,马克思和恩格斯写过一段很重要的话:"正是欧洲移民,使北美能够进行大规模的农业生产,这种农业生产的竞争震撼着欧洲大小土地所有制的根基。此外,这种移民还使美国能够以巨大的力量和规模开发其丰富的工业资源,以至于很快就会摧毁西欧特别是英国迄今为止的工业垄断地位。这两种情况,对美国本身也起着革命作用。作为整个政治制度基础的农场主的中小型地产,正逐渐被大农场的竞争所征服;同时,在各工业区,人数众多的无产阶级和神话般的资本积聚开始发展起来。"②有意思的是,如果我们把"欧洲移民"换成"西进运动"来读,马克思和恩格斯的上述论断同样是正确的。因为如果没有欧洲移民的卷入,西进就不可能有那样大的群众性,西部大草原上"大规模的农业生产"也就无从谈起。正如恩格斯在《美国的食品和土地问题》一文中所说:"美国

---

① 毕林顿(Ray Allen Billington):《美国边疆的遗产》(America's Frontier Heritage),新墨西哥大学出版社1974年版,第300页。
② 《马克思恩格斯选集》第1卷,人民出版社1972年版,第230页。

西部大草原的处女地——目前正在开垦,不是一小片、一小片,而是几千、几千平方英里地开垦","而开垦所需要的农业工人的大军,是我们自己从欧洲送去的移民。"①这就把欧洲移民和西进运动联系起来了。因此,两位导师对欧洲移民的作用所作的评价,也适用于对西进运动的评价。

当然,经典作家的理论只能成为我们研究的指南,而不能代替我们的具体研究。为了正确阐述西进在美国经济发展中的作用,还有许多艰苦细致的工作要做。

二

西进首要和直接的后果,当然是美国领土的猛烈扩张。1776年,当十三州宣布脱离英国而独立时,它的面积只不过369000平方英里,而到1853年已扩大到3026798平方英里。美国由一个偏居大西洋沿岸的小国,一变而成为一个横跨整个北美大陆的大国,美国历史学家把这一巨大变化称之为"地理革命"。虽然这种说法有掩盖美国向西侵略和掠夺的一面,但仅从地理上的变化来看却也并非言过其实。在80年内美国把领土增加了七倍半,连续跨越了阿巴拉契亚山脉、密西西比河和落基山脉三个"自然疆界",并且占有了北美大陆的心脏地带密西西比河流域,还不足以称之为"地理革命"吗?

问题是,在美国经济发展史的研究中,能否避开"地理革命"?历史唯物论否认地理环境是一个国家历史发展的决定性因素,但承认它是社会和经济发展经常和必要的条件。世界历史的经验表明,地

---

① 《马克思恩格斯全集》第19卷,第296—297页。

理环境对社会经济发展的作用和影响,是随人类征服自然的能力的增加而逐渐缩小的;换句话说,时间越往前推移,其影响就越要大。因此,要研究美国历史,特别是美国经济史,就不能不注意上述地理条件的变化带来的影响。

"地理革命"在美国经济发展中的最大意义在于它为美国的经济发展找到了取之不尽的天然资源:首先是肥沃的土地资源。据统计,美国有 40% 的可耕地①,其中绝大部分集中在密西西比河流域,东起阿巴拉契亚山脉,西至落基山脉,绵亘着面积达 260 多万平方公里的农业区,不论从面积还是从质量来说,地球上任何地区都不能与之相比。因此,这个地区的耕地在土地面积中的比例一直是最高的。例如,1959 年美国耕地占全国土地总面积的 19.7%,而密西西比河流域的耕地达 30%—40%,其上游和大湖平原某些地区甚至在 75% 以上②。其次,是丰富的矿产资源。美国最大的煤矿分布于阿巴拉契亚山脉,最大的铁矿分布于苏必利尔湖一带。它们都是发展近代工业最重要的资源。此外,在墨西哥湾、密西西比河流域、大平原区、落基山区和太平洋沿岸地区,也埋藏有大量煤、铁、金、银、铜、铝、锌和石油,等等,凡是工业生产所需要的原料,这里几乎应有尽有。总之,"美国拥有任何一个欧洲国家所没有的大量资源和优越条件"③。再次,是丰富的水利资源。别的不谈,仅密西西比河就全长 6020 公里,是世界最大河流之一。它有 40 多条大大小小的支流,遍及从阿巴拉契亚山到落基山之间的 21 个州,整个流域面积约 322 万平方公里,占美国本土面积约十分

---

① 福克讷:《美国经济史》上卷,商务印书馆 1964 年版,第 17 页。
② 广东哲学社会科学研究所编:《美国农业经济概况》,人民出版社 1975 年版,第 50 页。
③ 恩格斯:《保护关税制度和自由贸易》,《马克思恩格斯全集》第 21 卷,第 418 页。

之四以上,可航水路总长达25000公里①;其排水量3倍于圣劳伦斯河,25倍于莱茵河,380倍于泰晤士河。无论从灌溉还是从航运来看,密西西比河都是"举世无双"的。最后,还有极为重要的森林和草原资源。据研究,当欧洲人入侵美洲时,在现今美国大陆上,从大西洋到太平洋大部分覆盖着森林和灌木,原始森林面积共达8.2亿英亩,占全部土地面积40%以上,其中四分之一在落基山脉和太平洋沿岸。到美国独立时,东部的原始森林已被砍伐得差不多,西部成了木材的主要供应地。而密西西比河以西的大草原,遍地生长着可供牛羊食用的高草和矮草,更是世界著名的天然牧场。所有这些,构成了美国经济发展的巨大潜力。

然而,更重要的是,美国获得这些领土的时机,以及为利用其资源所采取的政策。西部辽阔和富饶的土地,是在美国独立之后不久、资本主义已经发展、工业革命正在兴起之际成为美国领土的。这就在很大程度上及时地满足了美国开展工业革命和发展民族经济所必备的各项条件,为这个年轻的资产阶级国家提供了比欧洲国家的海外殖民地更为有利的"国内殖民地"。西部那样辽阔,土地那样肥沃,资源那样丰富,以致美国在占领这些领土之后,尚嫌自己的国力不足以适应大规模开发的需要,还要从欧洲(主要是英国)引进大量资本,更不愁美国资本无用武之地。而且,它建国伊始就采取了一个重大措施,宣布西部土地国有化并向移民开放,这就为按纯粹资本主义方式开发和利用西部资源提供了前提。因为在资本主义条件下,"国有化可以彻底消灭土地占有制方面的一切中世纪关系,可以消灭在土地上的一切人为的壁障,使土地变成真正自由的土地。"②

---

① 参阅毛泽英等编:《世界地名词典》,上海辞书出版社1980年版,第1189页。
② 列宁:《十九世纪末俄国的土地问题》,《列宁全集》第15卷,第113页。

结果,它很快就把千千万万移民和大量商业资本吸引到西部,在西部造成了一个自由迁徙和定居、土地投机空前活跃、探矿和开矿同时并进的繁忙局面。移民们首先占领和开拓了俄亥俄河流域和墨西哥湾平原,进一步开发了密西西比河流域,然后越过落基山开发了加利福尼亚,最后征服了西经100度和落基山之间的大草原,以及所有干旱和半干旱地带。美国人口的中心在1860年就越过了阿巴拉契亚山脉,1900年便到了印第安纳州的哥伦布附近[①]。随着人口中心的不断西移,美国经济发展的重心也必将发生相应的变化。

三

西进在美国经济发展中的另一个作用,突出地表现在交通运输业的变化上。这是因为向西部拓殖的运动客观上对交通运输业的发展提出了新的课题和新的要求。

在西部开拓初期,由于那里实际上只有一个行业即"拓荒业",西部各种生活日用品和生产资料均十分缺乏。为了满足西部开发对劳力和资本的需要,要求尽快把东部的人员及物资运往西部;另一方面,当西部逐渐发展起来后,它的剩余农产品、粮食加工品和畜产品日渐增多,而这些东西又为东部发展工业所必不可少,须尽快地把它们运往东部。因此,迅速打通东部和西部之间的联系,就成为加速西部开发和发展整个经济的关键。美国经济史家福克纳写道:"虽然美国国内一般具有设备良好的全国性水道,只要一看地图便可以知道,这些河流一般是从北部流向南部的。相反地,人口通常是由东部移

[①] 埃思塔尔(R. Estall):《美国现代地理》(*A Modern Geography of the United States*),纽约,1974年版,第14页。

向西部，因此，运输方面的真正需要乃是要从东部到西部而不是从北部到南部的便利。"①可算说到了点子上。

美国的交通运输，过去一直主要靠水路和公路，在运输工具方面则主要靠马车和帆船。这种情况到18世纪末和19世纪初也没有多大改变，它给美国的经济发展和其他许多方面带来了困难。例如，在第二次英美战争期间，大西洋沿岸每蒲式耳燕麦购价仅30—40美分，而运到西部边疆却要花60美元。直到1817年，从费城到匹兹堡的运费仍高达每100磅7—10美元，从巴尔的摩到俄亥俄中部，运送商品的马车要走一个月。因此，美国交通运输革命的任务，不仅有个解决道路的问题，而且还有个解决交通工具的问题。正因为如此，1807年的"富尔顿航行"，由于成功地把蒸汽机运用于商业航行，成了引起19世纪美国交通运输革命的第一件大事。富尔顿建造的"克莱尔蒙特"号汽船，只花了32小时就从纽约抵达阿尔巴尼，从此结束了美国交通运输业史上的所谓"税道时代"，而进入了"汽船时代"。此后，汽船在东部各河流上便被迅速采用。

然而，汽船业只是在西部河流上才"真正兴盛起来"，因为西部有以密西西比河为主干的美国最大的内河航运体系，而且受着迅速扩大的移民运动的有力刺激。据记载，仅1811年后的十年中，俄亥俄河各造船厂就建造了近100艘汽船，截至1827年已达233艘②。1860年，西部水域中使用的汽船总共不下817艘③，甚至位于密苏里河上游的本顿要塞，1867年抵达该港的汽船也达39艘。自从有了汽船，密西西比河上的航运业就大为改观。从路易斯维尔到新奥尔

---

① 福克讷：《美国经济史》上卷，第340页。
② 布朗：《美国历史地理》，商务印书馆1973年版，第206—207页。
③ 波特编（Glen Porter, ed.）：《美国经济史百科全书》(*Encyclopedia of American Economic History*)第1卷，纽约，1980年版，第75页。另一说法是，至1860年使用于密西西比河流域的汽船为1200艘。

良,过去坐龙骨船要走 30—40 天,到 1822 年汽船已将下水缩短为 7 天,上水 16 天。与此同时,运费也大幅度下降,上水 1860 年只是 1815 年的 6%,而下水 1860 年只为 1815 年的四分之一①。19 世纪三四十年代,密西西比河已"真正成为整个内陆平原的主动脉"②。

交通运输业的第二个革命性变化,是由伊利运河的开凿引起的。该运河挖掘于 1818 至 1825 年,是连结东部和西部的第一条人工河道。由于有了这条运河,布法罗到纽约的运费从每吨 100 美元降为 15 美元,时间从 20 天减到 7 天。伊利运河开放后的第一年收入 75 万美元,几年之内就收回全部投资,显示了巨大的经济效益③。为了和纽约港争夺西部贸易的控制权,宾夕法尼亚州开始抢修通往西部的运河;其他东部各州也从伊利运河的成功中看到了优越性,纷纷用运河将内地和沿海连结起来;中西部各州则赶修从内地到五大湖的运河,以便利用伊利运河给它们带来的机会。于是,1825 年后在全国形成了一个开凿运河的热潮,仅 1816 至 1840 年全国用于这方面的费用不下 12500 万美元,到 1850 年全国已建成运河 3700 英里。在此期间挖掘的运河中最重要的一条,是 1833 年建成的"俄亥俄—伊利运河",它提供了第一条从伊利湖到俄亥俄河的水上通道,这等于把伊利湖与密西西比河连结了起来。如果说汽船的发明与西进并无什么直接关系的话,那么这次挖掘运河的热潮却是由西进直接推动的结果。正如美国历史学家所指出的:"由于国家在地理上的扩张,移民区往往建立在没有水上航道线或远程绕道才能得到水运的地区。在铁路发展之前,为了解决运输问题,显然要修筑运河网作为

---

① 波特编:《美国经济史百科全书》第 75—76 页。
② 哈克:《美国资本主义之胜利》,商务印书馆 1946 年版,第 179 页。
③ 福克讷:《美国经济史》上卷,第 351 页。

自然航道的补充。"①伊利运河的通航极大地改变了西部与东部和南部之间的经济关系,使西部和东部的联系越来越密切。据统计,自伊利运河通航后,新奥尔良掌握的密西西比河上游的商业,一下子由原来的80%下降到1860年时的23%②,大部分中西部的商品不再通过新奥尔良,而直接运往东部了。

然而,美国交通运输业的最大变革却是由铁路带来的。汽船的采用和运河的开凿,都要受到地理条件的很大限制,二者对远离河道的内陆运输影响都不太大。相比之下,铁路却具有更大的优越性:它可以穿山过岭直达内地,而且速度快、载重多。因而铁路的出现就有可能把内陆运输与水上运输结合起来,从而真正形成一个完整的交通运输体系,根本改变一个国家的交通运输状况。美国的铁路建设比英国来得晚,它的第一条近代意义上的铁路即用蒸汽作动力的铁路,一般认为是1830年建成的巴尔的摩到俄亥俄的铁路,但当时只有13英里可以通行。然而,美国铁路的发展大大超过了英国以及所有欧洲国家,到1880年美国已建成铁路150086公里,而整个欧洲只建成了169000公里③。是什么原因推动美国的铁路建设以如此快的速度向前发展呢?主要就是开发西部的需要。为了加速西部的开发和改善通往太平洋的交通,美国政府决定建筑横贯大陆的铁路,并且从60年代开始把大批公地授予各铁路公司,从而刺激了美国铁路建设的飞速发展。结果,在西部相继建筑了六大干线:联合太平洋和中央太平洋铁路,大北铁路,芝加哥—密尔沃基—圣保罗铁路,南太平洋铁路,北太平洋铁路和圣菲铁路,这样,美国铁路发展的重点便

---

① G.C.菲特和J.E.里斯:《美国经济史》,辽宁人民出版社1981年版,第277页。
② F.默克:《西进运动史》,第222页。
③ 柯克兰(E.C. Kirkland):《美国经济生活史》(*A History of American Economic Life*),纽约,1969年版,第155页。

由东部转到了西部。据统计,1840年东部铁路长度为2934英里,西部只有394英里;到1880年西部的铁路增加到63664英里,而东部却只有29598英里。

这一事实再次说明:西进对美国交通运输业的发展起了巨大的推动作用。

四

在殖民时代,美国的商业贸易可以说是畸形发展的,它主要集中于沿海地区。这个时期美国的商业贸易,还带有商业资本主义时代的一切特征,甚至是早期商业资本主义时代的特征:对外贸易比国内更为重要。因为在商业资本主义时代,各民族间的分工比其内部分工更为发达,当时国内贸易虽然也在不断发展,但由于国内市场还未真正形成,远不如国外贸易来得快。据美国历史学家估计,殖民地的沿海商业大约只吸收了殖民地总产品的3%—3.5%,而输往国外的产品却占总产品的15%—20%[①]。这种状况,只是在美国独立之后,随着西部的不断开拓,以及继之而来的交通运输的发展,才逐渐发生了变化。

当美国西部刚刚被成千上万移民占领的时候,当西部的开发工作还处于"拓荒阶段"的时候,西部只不过是一个潜在的大市场。那里的农业还只能是"自给农业"(selfsufficing agriculture),农民既拿不出多少东西到市场上去出卖,也无法买回他们所需要的东西。然而,西部并不永远处于落后状态,它的经济地位在日新月异地发生变化,一个拓荒农民大约三五年之后剩余农产品就会多起来,他们就会

[①] 《美国经济史百科全书》,第266—267页。

要求有适当地点去出售剩余产品,以便换回他们极端缺乏的工业品,并多少赚些钱来扩大再生产。正在这时,一个修筑运河和铁路的热潮在全国兴起,大大小小的商业运输线修到了广阔的大西部。于是,大湖地区首先商业化并进而开始工业化,被纳入以东北部为中心的资本主义市场,在此基础上形成了"东北部—五大湖"工商业带。另一方面,美国基础资源的范围,随着密西西比河以西交通运输业的不断改善,迅速扩大到太平洋地区,19世纪90年代,当铁路网在全国逐渐建立起来时,不仅东部已经相当繁荣的城镇之间的联系更加密切,就是边远地区许多偏僻的定居点也变成了新的商业中心。这时候,一个统一的国内市场就最后形成了。这是美国商业贸易方面的一个革命性的变化。

不过,这个统一的国内市场,是伴随着区际贸易(intersectional trade)的发展逐步形成的。因为在美国经济的发展中,地区之间的差别在19世纪上半叶变得日益明显,随着西进运动的兴起,在工业的北部和奴隶制的南部以外,又增加了一个垦殖的西部,它们分别以生产工业品、棉花和粮食为主。这种随着各个地区内部的发展而逐步扩大的差异,对于国内市场的形成来说不仅不是坏事,有时还是好事,因为为了满足地区本身的需要,各地区之间必须互通有无,这就推动了"区际贸易"的发展。1840年是美国区际贸易发展中的转折点,在此之前各地区之间实际上还处于半孤立的状态。据统计,1840年,南部从西部进口的农产品,不到南部出口的同类产品的5%;1839年,南部所消费的北部的工业品,只占北部工业总产量的6%—16%;而1839年西部出口品的一半都是输往国外,不是输往国内其他区域的。1840年以后区际贸易有了显著的发展,以致完全打破了过去那种孤立或半孤立的状况。据统计,1839至1860年,西部对北部的出口增加了14倍,对南部的出口增加了5.6倍①。大约在同一时期(1839—1853年),东北部对俄亥俄河流域的出口增加了6.8倍,南部对俄亥俄河流域的出口增加了2.75倍②。在区际贸易发展的过程中形成了两大商品循环:一方面,俄亥俄河流域的粮食和食品通过密西西比河运往南部,在这里这些商品变换成棉花和蔗糖,棉花和蔗糖卖给新英格兰(或外国),在新英格兰又转换成纺织品运往西部;另一方面,新英格兰的手工业品用船运往南部,在新奥尔良又被变换成蔗糖、咖啡等,然后再运往俄亥俄河和密西西比河上游③。实际上,这种区际贸易和商品循环系统形成的过程,也就是统一的国内市场形成的过程。

然而,19世纪美国国内贸易的发展并不限于上述区际贸易方面。随着西部的不断开发和各地区经济的发展,在西部还兴起了三大新的贸易区,这就是五大湖、密西西比河三角洲和西部大平原贸易区。密西西比河三角洲以新奥尔良为中心,在法国人占领时期这里的商业就有了一定规模。美国人接管新奥尔良后,这个河口重镇不仅成为新南部的商业中心,而且在很长时期还是内地各种商品的主要出口地,因此,新奥尔良的商业贸易在19世纪上半叶得以迅速发展。1815年该港出口总值仅8779000美元,到1860年已增至185211000美元,即增加了20倍④。与此同时,随着俄亥俄和整个中西部被拓殖,五大湖地区的贸易也迅速活跃起来。特别是1825年伊

---

① 菲什洛(Fishlow):《战前区际贸易的重新估计》(*Antebellum Interregional Trade Reconsidered*),1965年版,第196、199页。
② 毕林顿(R. A. Billington):《向西扩张:美国边疆史》(*Westward Expansion: A History of the American Frontier*),纽约,1960年版,第402页。
③ F. 默克:《西进运动史》,第215页。
④ 利平科特、塔克(Lippincott and Tucker):《美国经济和社会史》(*Economic and Social History of the United States*),纽约,1927年版,第288—291页。

利运河通航后,一批颇有生气的工商业中心,如克利夫兰、底特律、芝加哥和密尔沃基,雨后春笋般拔地而起,该地区的贸易由此进入繁荣时期。1820年该地区贸易总值不过二三十万美元,到1860年便达到3亿美元,30年内增加了1000倍①。早在1846年,大湖区的主要出口地布法罗所接运的小麦和面粉,就已超过新奥尔良。西部大平原的贸易,以圣路易为主要集散地。该城在拓荒时代是"通往远西部的门户",因此在密西西比河以西的发展中占有特殊的地位。在历史上,有三条主要贸易路线由此通往远西部:一条通往圣菲(开辟于1822年),另一条通往俄勒冈(开辟于1806年),第三条通往南山口(开辟于19世纪20年代)。这样,圣路易的商人就可以把新墨西哥的银元和落基山的皮货都集中到自己手里;同时又把东部的工业品、南部的蔗糖和中西部生产的酒类运往远西部,从这种交易中牟取暴利。当时,皮货贸易获利相当丰厚,落基山皮货公司的利润达到2000%②。商人们每年运往圣菲的货物在十几万美元以上③,纯利从10%到40%不等。这三大贸易区的兴起,突出地说明了西部开发在美国资本主义发展中的作用。

新的贸易区的兴起,区际贸易的发展和统一的国内市场的形成,构成了19世纪美国的另一场革命:商业革命。这个革命的实质,就是国内贸易在整个美国商业贸易中比重的增长,大约在1839年,美国产品在国内市场的销售额,便最终超过了国内产品出口额。据统计,在此后21年中,美国输往国外的商品只从10200万美元增加到31600万美元,而国内区际之间的商品交换从10000万美元增加到

---

① 利平科特、塔克:《美国经济和社会史》,第288—291页。
② 《美国经济史百科全书》,第578页。
③ 布朗:《美国历史地理》,第310页。

48000万美元①。默克指出:"从1812年战争结束到内战开始时,内地与整个沿海地区之间贸易的价值,比美国的整个对外贸易还要大。"②到19世纪80年代,美国的民族市场已达到最大范围,1869—1900年美国国内市场已吸收了农民出卖的农产品的82%③。

五

西进对美国经济影响最大的部门莫过于农业,它完全改变了美国农业的重心。谁都知道,在美国独立之前,美国农业的重心是在大西洋沿岸,主要集中于东北部和中部各殖民地。但在独立后,随着西进运动的兴起和大西部的不断开拓,美国的农业生产重心便逐步西移,移到了密西西比河流域,特别是中西部一带。

据美国国情调查所提供的资料,早在1860年,阿巴拉契亚山脉以西的农场就占了全国农场总数的57.6%,其面积占全国农场总面积的59.8%,资产占全国农场资产总值的54%;到1900年,西部农场的数目、面积和资产总值在全国所占的比重,又分别上升为71%、79%和78%④。从农作物的栽培和产量来看,也明显地反映出这种重心转移的趋势。例如,作为美国主要农作物之一的小麦,其主要产区就不再停留于过去的所谓"面包殖民地"地区,而是移到了美国的中西部即从俄亥俄州到达科他州的地带。美国的主要小麦生产州,1839年为俄亥俄(1660万蒲式耳),1859年为伊利诺伊(2380万蒲式

---

① 《美国经济史百科全书》,第273页。
② F.默克:《西进运动史》,第216—217页。
③ F.香农(F. A. Shannon):《农场主的最后边疆》(*The Farmer's Last Frontier, Agriculture, 1860—1897*),纽约—多伦多1945年版,第355页。
④ 美国人口调查局:《1900年第十二次人口调查报告》(*Census Reports: Twelfth Census, 1900*)第5卷,农业,华盛顿1902年版,第33,37页。

耳),1869年还是伊利诺伊(3000万蒲式耳),到1889年,红河流域已成了"小麦王国"的中心。据统计,1859年,仅俄亥俄、伊利诺伊、印第安纳和威斯康辛等中西部四州的小麦产量,就占了全国小麦总产量的40%[①]。其他方面,如玉米和牲畜等,在19世纪中叶,西部实际上也都成了全国的主要产区。所有这些,都说明了美国农业重心的转移。

在农业的地区专业化方面,如果从主要农作物的种植来看,其趋向早在殖民时代就出现了,但美国农业专业化的最后形成也是在西部开发的过程之中,其突出的表现就是密西西比河流域三大农业专业区的建立。中西部地区,由于受大陆性气候的影响,既有炎热的夏天又有寒冷多雪的冬天,这种气候对小麦和玉米的生长极为有利,所以这里就成了美国小麦和玉米的主要产区,成了美国的"小麦王国"。而墨西哥湾平原和整个东南部,由于不易受到北风的吹袭,形成一种温润的亚热带气候,夏天炎热而冬天温暖多雨,较适宜于烟草、棉花和水稻的生产,结果这里形成了以阿拉巴马为中心的"棉花王国",并且和旧南部连成了一片。在密西西比河以西,特别是西经100度以西的平原地区,年降雨量不足二十英寸,在未解决灌溉问题和发明旱地农业耕作法之前,这里很难发展粮食作物的生产,但大草原丰富的牧草却为畜牧业的发展准备了良好条件,这里本来是野牛成群出没的地方,而今便成了美国畜牧业的集中产区,成了著名的"牧牛王国"。这三个新的专业化程度很高的农业区的建立,奠定了现代美国农业帝国的坚实基础,是美国农业能够持续发展的重要原因。在密西西比河流域农业区形成的同时,全国的地区分工也进行了相应的

[①] 盖茨(Paulw.Gates):《农场主的时代:农业,1815—1860》(*The Farmer's Age: Agriculture, 1815—1860*),纽约,1960年版,第160页。

调整,除了旧南部还以经济作物棉花生产为主外,东北部已经从农业区转变为工业区。

美国农业机械化过程的早日到来,与西部的开拓和西部大农业的发展更有极密切的关系。首先,西部的家庭农场虽然被称为"小农庄",它们的规模实际上都相当大,或者几十英亩,或者几百英亩,而且草原上农场的经营方式越来越与工厂无异;其次,西部辽阔无垠,随着移民运动的推进,大量荒地被开垦出来,但西部人口的密度相对来说极低,这就造成了劳动力的极端缺乏,而一般自由移民又不愿使自己降为被雇佣的地位;最后,西部许多地方,尤其是密西西比河左岸的草原地带,都非常适合大规模耕作和机器生产,而不适合于手工劳动。因此,美国的农业越是往西推进就越要借助于机械和技术的力量,否则就无法取得相应的进步。正如杰斐逊所说:"在欧洲,由于劳动力充足,就应该以尽量利用土地为目的;而在我国,由于土地充足,就应该以善于利用劳动力为目的。"[①]19世纪上半叶,为节省劳动力所进行的努力在美国是相当成功的:在耕地方面,1837年约翰·迪尔发明了钢犁,它对于草原地带的耕作极为有用,到1857年仅迪尔在伊利诺伊的工厂一年就生产一万张;在播种方面,19世纪40年代就有了条播机的出售,1853年伊利诺伊的乔治·W.布朗又发明了玉米播种机,这些机器都适宜于大面积播种的需要;在收割方面,1833和1834年奥贝德·赫西和塞拉斯·麦考密克首先分别试制成功收割机,以后又出现了一系列重要的新发明,逐渐把收割和脱粒、收割和打捆结合起来。这样,从耕地到收割等各个生产环节都有了许多重要的改进和发明,从而大大提高了农业劳动生产率。虽然当时使用的还是畜力而不是蒸汽机,但美国农业机械化的第一步毕竟是迈出了。内战

---

① 福克讷:《美国经济史》上卷,第279页。

以后,美国进入了全面实现农业机械化的阶段,开始用蒸汽机来武装农业,到1880年全国农业中所拥有的蒸汽机已达120万马力。在整个农业机械化运动中,西部始终走在运动的前列。据统计,1860至1870年10年中,全国农场工具和机器的价值只增加了10.1%,而西部却增加了102.9%;1870至1880年10年中,全国农场工具和机器的价值只增加了50.1%,而西部却增加了92.2%[1]。这说明,西部的开拓确实是美国农业机械化运动的强大动力。

当西部逐渐变成美国农业发展的重点时,东部的农业却开始出现了"衰落"的迹象。本来,东部的农业,自19世纪初工业革命兴起之后,就开始发生变化。为了给日益增加的城市人口提供蔬菜和副食品,郊区开始把粮食生产改为蔬菜生产,山区则大力发展养羊业。这一趋势随着西部的不断开拓而加强,因为在东部农场主面前站起了一个强大的竞争者。西部的拓荒业最初带有"粗放的"性质,但它绝不是"原始的"。哈克指出,西部的农民实际上"都是商业农民,拥有相当资本,并且需要短期及长期信用贷款,从事商业生产"[2]。所以,他们虽然并不一开始就是资本主义农场主,都还有一个由"自给农民"转变为资本主义农场主的过程,但自给农民"在美国经济中只是短暂的过渡现象"[3]。当20年代伊利运河通航和50年代铁路迅速发展时,西部(尤其是中西部)的农业很快就商业化。西部的廉价的粮食像洪水一样流入东部市场,给东部的农业以巨大冲击。据统计,仅1860年西部向东部出口的小麦就达28420000蒲式耳,玉米达19200000蒲式耳,面粉达4345000桶[4]。在"西部巨人"的挑战面前,

---

[1] 美国人口调查局:《1900年第十二次人口调查报告》第5卷,农业,第29—30页。
[2][3] 哈克:《美国资本主义之胜利》,第172页。
[4] 毕林顿:《向西扩张:美国边疆史》,第614页。

许多"新英格兰的农民放弃了谷物生产",转到蔬菜和乳酪业方面去了。结果,从1860到1910年,新英格兰的耕地减少了500万英亩或42%,这里出现了千万个荒芜的农庄。它从另一个侧面说明了西部的开拓对美国农业的巨大影响。

六

西进对美国工业革命的影响如何?历史学家历来多有争论。有人以两点理由来论证西部对东部工业发展的"不利作用",就是:(一)西部的土地投机活动,使东部大量资本流失;(二)东部大批人口迁往西部,影响了东部劳动力的供应。于是他们得出结论说:西进妨碍了美国的工业革命。

不可否认,上述第一条理由是有道理的。西部之所以有无限的吸引力,正是由于有似乎取之不尽的公地存在。政府为了使自己成为这些公地的最大受益者,于是便胡乱地加以处理,或者以大块为单位进行出售,或者大量授予铁路和商业公司,或者把公地奖给有功的将士,这就给大规模土地投机提供了机会。商人和银行家、军官和退役兵、农民和手工业者,都争先恐后地去做土地买卖。他们主要是商人,以个人或公司的名义,几百万、上千万英亩地从政府手中"购得"公地,然后高价转卖给渴望土地的移民,从中渔利。

自西部自由土地开放以后,西部各村镇的控制权多在投机团体和公司手中。个人所有地常达5000—10000英亩,公司所有地常在50000—100000英亩之间。建国初的那些著名资本家莫不与土地投机公司有关,如罗伯特·摩利斯所控制的土地就达600万英亩。1849—1857年间,仅伊利诺伊州转入投机者手中的公地,就不下1200万英亩。土地投机成了相当时期内美国资本的主要活动领域。

据统计,政府通过出售公地所得的收入,1825年为1216000美元,1836年为25167000美元,1837年为7000000美元,1857年为8亿美元以上①。这充分说明了土地投机规模之大。大量资本流入西部,流入土地投机以及其他"非生产性企业",当然要影响到东部的工业革命的进程。如果按哈克关于美国工业革命在1843年才真正开始的观点,那么美国的工业革命整整推迟了六十年。

然而,上述第二条理由却未必站得住脚。如果说由于西进影响了东部工业劳动力的供应,那么按理它将在东部城市人口增长的速度方面反映出来。事实上,据一些美国历史学家研究,当时从城市向农村每迁出1个人,则有20个人从农村迁入城市。据另一些美国历史学家研究,在1860—1900年间美国农业人口只从1900万增加到2800万,而非农业居民却从1200万猛增到4800万。尽管这些数字还有待进一步考察,但西进并没有影响到工业劳动力的供应这一点,应是肯定的。实际上,当大批美国人迁往西部的时候,从欧洲涌入的移民潮流,以极快的速度补充了东部的劳动力市场。

应该说,从整个美国历史发展来看,西进对美国的工业革命及工业化起了巨大的促进作用。首先,由于西部的开拓,主要是密西西比河流域的开拓,为东部正在兴起的工业革命和迅速增加的人口,提供了充足的粮食和食品。当四五十年代东北部的工业革命进入决定性阶段时,及时地源源不断地得到了来自西部的粮食。例如,在1853年西部出口的全部农产品中,99%的小麦、62%的面粉、63%的玉米,都是运往东北部工业区的②。在1860至1900年间,美国人口增加一倍多,工业化运动全面展开,但并未出现食品短缺的现象,就是因

---

① 哈克:《美国资本主义之胜利》,中译本,第163—166页。
② 毕林顿:《向西扩张:美国边疆史》,第401页。

为在此期间小麦产量增加了近3倍,玉米增加了约两倍半,这不能不说是西部开发的功劳。其次,西部各种重要矿藏的发现和开采,为正在兴起的工业革命提供了必要的原料来源。早在19世纪20年代,美国移民就开始在伊利诺伊和威斯康辛开采铅矿,到1845年密西西比河上游的铅矿产量已达25000吨①。自1800年以后,匹兹堡逐渐发展成美国重要钢铁中心,它所使用的煤和铁矿石便是来自附近矿区。由于1846年阿拉巴马发现铁矿石和石灰石,这就为新南部的钢都伯明翰的兴起准备了条件。克利夫兰的钢铁业大约开始于1855年,在此后一个世纪里运抵该城的铁矿石达二亿吨,它们主要来自俄亥俄和大湖地区②。至于苏必利湖产的铜在全国更是首屈一指,1850年它占全国总产量的85％,1860年占74％,1870年占87％③。此外,加利福尼亚(1848年)、科罗拉多(1852年)和内华达(1859年)三大金矿区,在19世纪中叶相继被发现和投入开采,成为美国资本积累的重要来源,产金量最多的1852年年产值达8100万美元。第三,向西部的推进又为东部的工业品开辟了广阔的国内市场。在整个拓荒时期,西部主要是一个农业区,工业品十分缺乏。移民们从东部匆匆迁往西部,忙于为自己建立小屋和垦荒工作,但他们需要大量生活日用品和生产资料,他们不可能完全由自己生产,必须仰赖于东部的供应。这样,就为东部和东北部的工业品提供了市场。据统计,俄亥俄河流域从东部和东北部进口的商品,1839年110000吨,1844年为129000吨,1849年为235000吨,1853年为560000吨④。

然而,西部的作用,并不仅仅在于为东部提供粮食、原料和市场。

---

① 布朗:《美国历史地理》,第247页。
② W.哈维格斯特(W. Havighurst):《俄亥俄州史》(*Ohio: A Bicentennial History*),纽约,1976年版,第111—113页。
③ 布朗:《美国历史地理》,第240页。
④ 毕林顿:《向西扩张:美国边疆史》,第402页。

西进也使美国的工业不断向西扩张,造成了制造业向西移动的趋势。由于阿巴拉契亚山脉和五大湖地区煤、铁和石灰石的发现,在西部兴建了美国几个重要的钢铁工业中心,前面已经提及,当中西部的小麦生产发展起来后,面粉厂便从沿海河流迁到伊利河上的罗彻斯特,然后又迁到芝加哥、明尼亚波利斯和堪萨斯。到内战时期,圣路易城已成为美国最大的面粉生产者。食品罐头业1816年兴起于辛辛那提,后来也发展到芝加哥和堪萨斯,不仅中西部的牲畜在这些工厂屠宰加工,而且大草原南部的牛也赶往北部去屠宰,然后东运。农机制造业是在东部兴起的,在西部垦荒业和大农业不断发展的情况下也开始西移,许多工厂从原来的纽约中部迁到伊利诺伊和威斯康辛。此外,随着西部航运业的发展,在匹兹堡、惠林和辛辛那提建起了许多造船厂,早已是西部的重要工业之一。总的来看,制造业和其他工业西移不外乎三个原因,一是西部迅速增加的人口为工业发展提供了劳动力,二是为了使工业生产更接近于原料产地,三是可以直接为西部的开拓和发展服务。由此可以看出,制造业向西移动的趋势,是直接由西部的开拓造成的。

还应当指出,由于制造业和其他工业向西移动,各地区的工业在全国的比重也发生了显著的变化。新英格兰是美国工业革命的发源地,因此这里多年来是美国的主要工业区,1850至1900年它的工业产值翻了五番,但在全国工业生产总值中的比重却不断下降:1850年为27%,1900年为14.4%,1914年为12%。与此同时,纽约、宾夕法尼亚和新泽西等大西洋中部各州,却上升为美国最重要的工业区,到1900年三州工业产值已占全国工业总产值的38%。而中部东北各州(即最初的西北部)则得到了最显著的发展,1850年时这些州还以农业为主,1904年其工业产值已占全国工业总产值的四分之一,到1914年,整个阿巴拉契亚山脉以西的工业产值,已上升为全国工业总产值的47.9%。① 作为这种趋势的象征,美国工业的中心在1890年便越过了阿巴拉契亚山脉,1900年已到俄亥俄坎顿以西约50英里的地方②。

七

上面,我们从几个方面分别探讨了西进在美国经济发展中的作用,对一些感兴趣的问题进行了初步的分析和说明。从这些探讨和分析中,我们可以得出怎样的结论呢?

第一,西进对美国经济发展的影响是带全局性的。当工业革命刚刚在东北部兴起的时候,西部的土地投机、运河挖掘和铁路建设等"非生产性行业"的活跃把大批资本吸引到西部,这在一定时间内确实延缓了东北部工业革命的发展。但正是由于向西部的不断推进和大批商业资本流入西部,才带动并刺激了拓荒业、畜牧业、采矿业、加工业、制造业及交通、运输和商业等各行各业的迅速发展,从而在19世纪中叶形成了一个以工业革命为中心的全面变革的局面。这种全面变革的形势又在客观上向各个经济部门提出了采用和发展科学技术的要求,从而使东北部工业革命的成果得以在更大的范围内及时地发挥其作用,这就扩大了工业革命(特别是技术革命)在美国经济发展中的效果。所以,西部的开拓不仅为东北部的工业革命的深入发展准备了粮食、原料、资金和市场,而且也从各个方面为全国的工业化奠定了雄厚的基础,最终实现了由商业资本主义向工业资本主义的过渡。像19世纪中叶在美国

---

① G.C.菲特和J.E.里斯:《美国经济史》,第451—452页。
② 韦尔斯(L.R.Wells):《美国工业史》(*Industrial History of the United States*),纽约,1922年版,第148页。

出现的由西进造成的以工业革命为中心的全面发展的局面,在欧洲各资本主义国家中是很难找到的。因此它产生了英法等老牌资本主义国家不曾有过的力量和速度,以致在19世纪末和20世纪初,即美国大陆边疆刚刚结束之际,美国就先后在农业和工业生产方面跃居世界首位,作为一个经济大国出现于世界的舞台,成为后来居上的典型。

第二,西进对美国经济发展的影响又是带战略性的。以英属北美十三个殖民地为基础发展起来的美国,最初只占有大西洋沿岸不到40万平方英里的狭长地带,虽然它号称"美利坚合众国",似乎是一个美洲大国,实际上实力有限。西部的面积比最初的美国大好几倍,而且又拥有无比丰富的自然资源。美国对西部的占领、殖民和开发,必将引起美国经济发展重心的转移。建国以后,从华盛顿、杰斐逊到林肯等历届美国总统及其领导下的政府,都不同程度地意识到这一点并采取过一些必要的政策和措施,来促进这一经济发展重心的转移,宣布西部土地国有化就是美国全部西部政策的基础。在19世纪后半叶,随着西部逐渐被占领和开发,美国在人口、农业和工业等方面的中心,都先后转移到阿巴拉契亚山脉以西,这对美国经济发展的远景来说,无疑是带战略性的转移,它意味着一个新西部的兴起。马克思主义认为,一个新的经济制度越是摆脱旧的生产关系的束缚,它的发展就越自由、越快,美国西部的迅速兴起证明了这个原理,因为它是在处女地上发展起来的,是按纯粹资本主义的方式发展起来的。美国的西进运动和边疆(新南部除外)历史,对资本主义发展问题的研究来说,确实是一个典型例子。

第三,西进对美国经济发展的影响还是长期性的。美国的"边疆"由东向西逐步推移,在美国历史上称之为"活动边疆"(moving frontier）。美国完全占领西部边疆的过程，整整持续了一百多年，到1890年才宣布"结束"。对边疆的拓殖，作为一个重要因素在一个国家的经济发展中长期起作用，并与这个国家社会经济发展的进程如此息息相关，这样的例子在世界近代历史上是罕见的，它无疑给美国的经济发展带来了刺激作用，因为"边疆"在资本的活动中意味着机会。显然，忽视和否认这种刺激作用，对美国经济发展中的许多问题，就很难作出令人满意的解释。但"边疆"这一因素是不是在1890年之后就完全消失了呢？按美国官方关于"边疆"的定义，是指每平方英里人口为2到6人的前沿地区。所以，这样的"边疆"虽然在19世纪末就宣布结束了，但西部实际上还有很大的吸收力，还可以继续大量地接收东部和外国的移民；至于"远西部"的真正开发，则是在20世纪最初二三十年才进行。这就是说，即使在19世纪末"边疆"宣布结束以后，它在美国的经济发展中仍然是长期起作用的重要因素。

需要说明的是，当我们在这里讨论西进在美国经济发展中的作用的时候，我们时刻也没有忘记这样一个事实，即西进运动本身是在资本主义和工业革命这样一个背景下发生的。如果说西进最终推动了美国经济发展的话，那么工业革命及导致这个革命的诸因素便是动力的动力。长期以来，史学界争论着一个问题：为什么美国这个新兴国家能够后来居上并迅速成长为一个世界大国？历史学家各持一端，或者把工业革命说成是决定性原因，或者把西部的开拓说成是决定性原因。看来，起促进作用的因素各种各样，而决定性的因素是两个而不是一个，正是工业革命和西进运动这两大运动的相互联系和作用，构成了美国实现近代化并向现代美国过渡的主要动力，并"确定了美国社会的节奏"①。

(原载《历史研究》1984年第3期,发表时原题为《西进在美国经济发展中的作用》)

---

① 莫里森等:《美利坚共和国的成长》上册,第359页。

西部的拓殖与美国工业化

自18世纪中叶以来,先后发生于各国的工业化进程,一般总是以技术变革为先导的,美国也不例外。与其他许多国家的工业化所不同的是,美国的工业化进程不仅以技术革命为先导,还以向西部的拓殖即所谓"西进运动"为助力,因为美国的工业化是在大陆扩张时代展开的。这正是美国工业化的基本特点之一,也是它的优点之一。

一、向西部的拓殖,吸引了相当大一批商业资本和流动资本,这在一定时间内和一定程度上,曾削弱了东北部发展工业的能力,但东北部工业化进展迟缓的根本原因不在于西进,而在于它的经济结构本身的弱点

早在1790年,美国已靠引进技术建起了第一座成功的棉纺厂[①],这就是塞缪尔·斯莱特在罗得岛建立的那座工厂,它使用的正是英国发明的阿克莱特式机器,斯莱特因此赢得了美国"制造业之父"的称号。24年后,也就是1814年,美国又在马萨诸塞的沃尔瑟姆建立了一种新型工厂,并首次把从纺到织的整个生产流程放在同

---

① S.斯莱特的工厂不是第一座纺纱厂,而只是第一座"成功的"工厂,因为早在1775年就在费城安装了哈格里夫斯纺纱机,同时在普罗维登斯也配备有22支纱锭的阿克莱特机。

一个工厂里,被美国人骄傲地称作"沃尔瑟姆制度"(Waltham system)①。既引进了英国的先进技术,又创造了独具特色的工厂制度,应该说工业革命在美国就算起步了,因为工业革命正是以技术变革为先导的。

然而,由于种种原因,美国工业化的进展并不很快,甚至可以说相当迟缓。在其发展的头 10 年内,美国总共只建立了 8 家棉织厂:1 家在马萨诸塞,3 家在康涅狄格,4 家在普罗维顿斯。19 世纪初,各类工厂和工场,如毛织厂、面粉厂、铁工厂、玻璃厂、肥皂厂等,一度获得较大发展。仅普罗维顿斯地区,从 1809 年到 1815 年之间,其纺织厂就从 41 座增加到 169 座,纱锭数也由 2 万增加到 13.5 万。据估计,19 世纪第一个 10 年,全国的纱锭数增加了约 30 倍,其后 5 年之内又增加了 6 倍多,达到 50 万枚。不过,仅仅数年之间,这些工厂大部分都倒闭了,1815 年罗得岛开工的近 150 家工厂,一年后只剩下了斯莱特一家。② 直到 1850 年,美国工业化的进展,才开始发生根本性变化。正因为如此,刘易斯·哈克不无理由地写道:"美国的工业革命,直到整整两个世代后才出现。"③虽然他的估计不无偏颇。因为哈所说的"工业革命","并非单指自动机器的利用,而且兼指资本主义企业家的彻底变质",即工业资本家的形成。

毫无疑问,英国重商主义政策对殖民地工业的限制,殖民时期封建制残余对生产力发展的阻碍,独立后英货倾销对美国工业生机之摧残,都是造成美国工业化进展迟缓或"延误"的重要原因。但从根本上来说,造成美国工业化进展迟缓甚至延误的主要原因,恐怕还是

---

① 旧译作"瓦特罕姆制度"。该厂的第一匹布直到 1816 年 2 月 2 日才出厂。
② 方纳(Philips Foner):《美国工人运动史》(History of the Labor Movement in the United States);第 1 卷,三联书店 1956 年版,第 86—87 页。
③ 刘易斯·M. 哈克(Louis M. Hacker):《美国资本主义的胜利》(The Triumph of American Capitalism),纽约,1940 年版,第 250 页。

一个资本供应短缺的问题即资本来源问题,因为资本是工业发展诸要素(资本、劳力和资源)中的首要因素。这并不是说这个新兴国家缺乏资本积累,恰恰相反,它在资本积累方面有很多渠道和来源:首先,美国商人早在殖民地时代后期,就利用"三角贸易"或走私贸易积累下大量资本;其次,拿破仑的"大陆封锁"打击了美国与欧洲的商业,从而使美国的一些商业资本从以往的航运业和造船业中释放出来;再次,19世纪30年代对华贸易的衰落以及40年代捕鲸业的没落,也使其占去的相当大一部分资本转作他用。如果把这些释放出来的商业资本都投入到工业领域中去,美国工业化的进展或许会来得更快一些。当然这并不是说,在北美独立革命胜利之后,工业领域的发展丝毫未引起商业资本家的注意。事实上,塞缪尔·斯莱特的第一座棉纺厂,正是靠了威廉·阿尔密及摩西·布朗等人的资助才得以建立,而沃尔瑟姆公司完全是由波士顿商人投资的,其股本最初就达30万美元之多,并在10年内把它扩大了一倍。至于洛厄尔各工厂的原始资本,则在60万至100万美元之间不等,也主要是来自东北地区的商业资本。① 为美国早期工业作出了重要贡献的那些人,像弗朗西斯·C.洛厄尔、内森·阿普尔顿、艾博特·劳伦斯等都是商业资本家,不少人原是从事航运业的②。

然而,在18世纪末和19世纪初,以及以后一个相当长的时期内,美国商业资本的主要流向并不是工业领域,而是土地投机及各种公共工程领域,即美国历史家所说的"非生产性领域",上述由航运转向工业的商人"都是例外"。早在19世纪头25年,被从商业领域中逐出的旧式商家,便纷纷走上从事地产购买、铁路建筑、保险及银行

---

① 刘易斯·M.哈克:《美国资本主义的胜利》,第261—263页。
② 本·巴鲁克·塞利格曼:《美国企业史》,上海人民出版社1975年版,第129—130页。

等行业的道路,使自己转变为农场主、投机者、放债人,而不是变为工业家。例如,从这个时期起,新英格兰的旧式商家,不仅在东北部创办运河公司、设立交换银行,成为"都市地主";同时,也以在外资本家的姿态,把自己的经济活动转向日益活跃的已经或正在被成千上万移民占领的西部,成为土地投机家、抵押公司的发起人及铁路建筑的策动者。例如,J. M. 福布斯(J. M. Fobes)在1846年经营密歇根中央铁路时,即以新英格兰的商业资本作底本。而R. 兰图尔(R. Rantoul)之所以能在1850年游说州议会,成功地取得伊利诺伊中央铁路建筑许可证,亦是靠了商业资本的力量①。据统计,到1860年时,全部铁路投资达15亿美元,占这个国家全部流动资本25%以上②。这是颇为惊人的。

不过,在资本在西部的各种投资领域中,"主要活动领域"似乎还是土地投机③。例如,据威斯康辛格林湾土地局估计,在1835年由政府出售的1300万英亩土地中,大约有300万英亩落入土地投机家之手,占总面积的61.5%。④ 这是因为,在综合性土地政策实施之前,合众国政府为要立即增加国家岁入,即已采用将大片公地授予私家公司的办法;而西部的城市开发、运河挖掘、铁路建筑及农场建立,也都必须以地产的获得为基础。美国诞生后的最初10年内,著名的资本家莫不与这类土地公司有密切关系,其中最著名的一位即罗伯特·莫利斯(R. Morris),其控制的土地曾达600万英亩。⑤ 1796—

---

① 刘易斯·M. 哈克:《美国资本主义的胜利》,第265页。
② 托马斯·C. 科克兰(Thomas C. Cochran):《企业时代》(*The Age of Enterprise: A Social History of Industrial America*),纽约,1961年版,第84页。
③ 查尔斯·A. 比尔德:《美国宪法的经济观》,商务印书馆1984年版,第26页。
④ 托马斯·C. 科克兰:《企业时代》,第39页。
⑤ 参阅查尔斯·A. 比尔德:《美国宪法的经济观》,第94—95页。曹世文主编:《美国名人词典》,华夏出版社1991年版,第528页。

1854年间实行的土地纲领,有许多法案规定把地契(land warrants)授予退伍士兵,结果也给投机性企业造成了更多的机会,因为许多退伍士兵并无能力去耕种其土地,而不得不将它们转卖。据统计,1849—1857年期间,伊利诺伊转入土地投机者之手的土地不少于1200万英亩,其中主要就是以军垦地契转移形式进行的。西部土地投机活动之所以如此之活跃,另一个重要原因是受到了金融业的刺激。1816年成立的第二合众国银行(第二年1月7日正式开始营业),始终就是以土地投机作主要投资对象。1821年摩西·奥斯丁在得克萨斯建立的第一个美国人的殖民点,就是因为有新奥尔良银行做其后盾;以后美国人之大量涌入这块墨西哥领地,最重要的就是由于有投机家对得克萨斯土地协会投资,他们从协会手中获得股票和地券然后转卖给移民。在西部开发中的市镇地皮投机,是土地投机家经营土地的又一个重要项目。独立战争刚结束,俄亥俄地区便有好几家大公司开始市镇地皮投机,马里塔、辛辛那提及克利夫兰诸城的兴建,都是土地公司经营的结果。据A.科尔教授研究,在堪萨斯领地,第一任总督刚到任即在若干地段把城基买下来,并建筑了波尼城(Pawnee City)作为他本人投机之用。劳伦斯城(lawrence)也是出自东部投机家之手[①]。1835年成立的"美国土地公司",因以南部土地及城市地皮投机为目的,一年之内便认定资本总额(100万美元)的4/5[②]。

由此可知,西部的拓殖,确实吸引了相当大一批商业资本和流动资本,并在一定时间内和一定程度上削弱了东北部发展工业的能力。但导致这些资本流失的根本原因并不是由于西部的拓殖,而是由于东北部经济结构本身的弱点。事实上,斯莱特的棉纺厂,以及全部罗

[①②] 刘易斯·M.哈克:《美国资本主义的胜利》,第213页。

得岛式的工厂,不仅所雇佣的全部是农业人口,而且所付的工资是实物而非现金,因为除纺纱是用机器外,织布等其他工序都是由农家分散进行的。① 在"沃尔瑟姆制度"下,工业生产是在合股公司的基础上组织起来的,工厂从一开始就不得不修建公司的宿舍区(company town),让工人住在公司的房子里,在公司的商店里购买他们需要的物品,进公司所属的教会和学校。然而,其工人多半也是来自乡村的少女,她们虽变成工厂劳动者,但只限于较短暂的时间之内,因其合同期平均只有2至4年。期满以后,她们便带着已获得的小小积蓄,以农妇姿态出现于家庭农场,或随丈夫西迁②。换言之,她们并不是现代意义上的无产者,因其谋生之道并不全靠工资劳动,并未把自己的全部劳动力出卖给厂主,使自己的劳动完全成为社会劳动。它说明,在这个刚刚建立起来的工厂制度中,其生产关系还带有很多的落后的因素;不仅不利于生产力的发展,也是不利于资本吸收的。

更重要的是,虽然新英格兰的纺织厂是建立在合股公司的基础上的,但这种情况并不存在于新英格兰的面粉加工业,以及新泽西和宾夕法尼亚的制铁业中,在这两个行业中企业是组织在封建的而非合股的基础之上的。至于在广大的矿区的大富商(barons),几乎完全为成千上万个家庭所束缚,因为这些家庭的所有成员都受雇于其所在的矿山和工厂,不仅不能领取工资,还一直处于对主人的债务中。1830年以后,合股公司制度开始采用于这些工业领域,但晚至1858年,某个拥资100万美元资本的合股公司依然要给508个家庭提供住房并雇佣他们③。在这种情况下,东北部整个工业发展的水

---

① 它说明,S.斯莱特还未能建立起真正的近代工厂制度,因为他生产的布是由工厂和作坊共同完成的,具有明显的由手工作坊向近代工厂过渡的性质。

② 关于这一点,刘易斯·M.哈克在其《美国资本主义的胜利》一书中早已注意到,但却未谈及下文涉及的情况。

③ 托马斯·C.科克兰:《企业时代》,第18—19页。

434

平和规模都是有限的,因而吸收资本的能力也是有限的。

二、商业资本的流失,一方面延缓了东北部工业革命的进程,另一方面又推动了西部的大规模开发,这就为东北部工业革命的发展准备了商品粮食、工业原料及工业品市场,当交通革命在东、西部之间架起交往的桥梁,西部的作用就逐步发挥出来

不管造成商业资本从东北部流失的原因何在,这种资本流失虽然在一定时间内和一定程度上削弱了东北部发展工业的能力,但从总体上看它于东北部的工业革命还是有利的。因为正是这种商业资本,借助于联邦"公共土地"政策所造成的土地投机狂,成就了西部大规模的开发,从而为东北部正在进行的工业革命准备了物质条件。从这个意义上可以说,没有大西部的开发就没有东北部工业革命的胜利,尽管由于成功地引进了当时欧洲的先进技术,美国成为了西欧之外第一个开始工业革命的国家。这是因为,要使已经起步的工业革命顺利展开,仅仅有先进的技术是不够的,还需要有一系列别的因素和条件。

首先是对商品粮食的需求。新英格兰是美国资本主义的发祥地。自殖民地时代起,整个东北部工商业的水平就高于其他地区。据统计,1790年,即工业革命在美国起步时,新英格兰和大西洋中部的都市化比例分别是7.5%和8.7%,而大西洋南部只有2.3%[①]。

---

① 道格拉斯·C.诺斯(Douglas C. North):《美国经济的增长》(*The Economic Growth of the United States*, 1790—1860),纽约,1966年版,第258页。

当时人口在2500以上的城市全国共11个,除巴尔的摩和里士满而外的9个都位于东北部[①]。随着工业革命的兴起,东北部都市化步伐加快,在1790年以后60年中,新英格兰和大西洋中部的都市化比例增量,分别达到21.3%和16.8%[②]。到1880年,整个东北部人口都市化比例已超过50%。即基本实现都市化[③]。这时,纽约市人口已接近200万大关,波士顿也有居民36万多。城市人口的增加扩大了对商品粮及肉类、蔬菜的需求,然而东北部本身要完全满足其需求却显得无能为力。事实上,由于人口向城市集中以及西迁,东北部的农业已出现相对"衰落"之势,特别是新英格兰在1860年以后50年内耕地减少了42%。[④] 据统计,1850年时,平均每人每年消费小麦4蒲式耳和玉米25蒲式耳,而当年新英格兰的人均产量,小麦只有0.4蒲式耳,玉米只有3.70蒲式耳[⑤]。至于南部,由于它以棉花为主要种植物,虽然生产了不少玉米和其他谷类,但作为主食来源的小麦也有很大空缺,如1850年时它的人均产量只有2.47蒲式耳[⑥]。因此,南部也不能成为东北部的粮食供应者。

向东北部提供商品粮的任务,很自然地落到了西部农场主的肩上。这是因为:第一,西部的拓殖几乎是与东北部的"工业革命"同步发展的,到1850年整个阿巴拉契亚山脉以西的农地面积已达1.45亿英亩,其中已耕地至少占31%[⑦]。第二,"中西部"由于土壤和气候方

[①] 美国人口调查局(U. S. Bureau of the Census):《美国第十三次人口调查,1910》(*Thirteenth Census of the United States*, *1910*),华盛顿,1913年版,第5卷,第80页。

[②] 道格拉斯·C.诺斯:《美国经济的增长》,第258页。

[③] G.波特编:《美国经济史百科全书》,第3卷,第1040页。

[④] 克莱夫·戴(Clive Day):《美国商业史》(*History of Commerce of the United States*),芝加哥,1925年版,第292页。

[⑤][⑥] 雷·艾伦·毕林斯:《向西部扩张:美国边疆史》(上册),商务印书馆1991年版,第457页。

[⑦] 美国人口调查局:《美国第十二次人口调查统计摘要》(1900年)(*Abstract of the twelfth census of the United States*, *1900*),华盛顿,1902年版,第xviii—xix页。

面的优越条件,已迅速地发展成美国最大的"小麦王国",到1859年仅伊利诺伊、印第安纳、威斯康辛和俄亥俄等州,就生产了全国小麦总产量的42%。第三,据统计,早在1850年西部小麦和玉米的人均产量就分别达到7.52蒲式耳和44.14蒲式耳①,说明在满足本地消费之后还有近一半的剩余。正因为如此,西部迅速地成为全国最大的商品粮基地。当1825年伊利运河通航之前,西部剩余农产品的主要流向是南部,其后便逐渐由南部转到东北部,到1860年输往东北部的商品已占西部全部出口的77%②。据考察,首次经伊利运河输往东北部的是面粉(100桶),是在该运河通航后不久运抵纽约港的③。但此后西部每年输出的农产品,其区域分配的基本情况却是:大部分面粉(约2/3)仍运往南部,而几乎所有的小麦(约98%)则运往东北部④。在从1840至1860年的20年内,东北部仅通过布法罗获得的来自西部的粮食(包括小麦、玉米、大麦等)就增长了28倍以上,即从1075888蒲式耳增加到31441440蒲式耳⑤。40—50年代,东北部的工业革命正处于决定性阶段,此间西部输往东北部的粮食大幅度增长说明,西部已由东北部商业资本的输入者转变成对东北部的农产品输出者,正适应了东北部由于工业革命对粮食日益增长的需求。

事实上,西部的开发不仅为正在进行工业革命的东北部提供了足够的商品粮,还为其提供了必要的或关键性的工业原料:棉花。因为,同任何早期工业革命一样,美国的工业革命也是从棉纺织业开始的。借助于技术上的优势及其产品与生活最普遍的联系,棉纺织业迅速取代以往的一切手工业,上升为美国的主要工业部门,到

---

① 雷·艾伦·毕林顿:《向西部扩张:美国边疆史》(上册),第457页。
② F.默克:《西进运动史》,纽约,1980年版,第222页。
③ W.哈维格斯特:《俄亥俄州史》,第68页。
④ 雷·艾伦·毕林顿:《向西部扩张:美国边疆史》(上册),第458页。
⑤ 道格拉斯·C.诺斯:《美国经济的增长》,第253页。

1860年其产值达1.16亿美元,居各项工业中的第二位[1]。但东北部棉纺织业发展的最大障碍是生产与原料的分离,因为东北部虽然有发展工业的资本、动力和技术,而本地却不能生产棉花,棉花种植受气候条件的限制很大,它要求200至210个无霜天以及20—25英寸的年降雨量,新英格兰是不能满足这些条件的。因此东北部的工业革命越发展,原料供应问题便越成为制约其发展的重要因素,同时也就为西部在这方面发挥其作用提供了机会。

自然,这里所说的"西部",其范围是非常有限的。据美国学者的研究,满足棉花栽培的上述条件,一般可定在北纬37°以南地区。在这个范围内,虽然早在17世纪末已有引种棉花的记载,甚至中国的"南京棉"在革命前也已传入,但产区直至1790年也还限于乔治亚和南卡罗来纳沿海地带。据统计,1790年时,全国原棉消费量11000包,其中工厂用棉等于零;当年美国出口总值1970万美元,其中棉花一项仅占0.5%,说明南部的植棉业尚不具备工业和商业价值[2]。1786年引进"海岛棉",1793年E.惠特尼发明"轧棉机",使南部的植棉业发生三重转变:一是由自给型转变为商品型,二是由家庭生产转变为种植园经济,三是由"旧南部"扩张到"新南部",而所有这些变化都是伴随着西部的拓殖发生的,以密西西比为中心的"棉花王国"的兴起则是其集中表现。这个王国几乎占据了整个墨西哥湾平原,到1859年仅亚拉巴马、密西西比和路易斯安那三州,就生产了全国棉花总产量(538.7万包)的68%。"棉花王国"的兴起,不仅保证了国际市场对棉花的巨大需求,也是东北部工业革命得以顺利进行的必要条件。据统计,到内战前夕,即1859—1860年度,从新奥尔良共出口棉花2214296包,其中运往纽约和波士顿港的达193984包,即占

---

[1] 福克讷:《美国经济史》(下卷),第42页。
[2] 门德尔逊:《经济危机和周期的理论和历史》第1卷,三联书店1975年版,第288页。

8.76％;而在内战期间(1860—1865年)输往东北部的棉花在新奥尔良棉花出口中的比重,上升到30.9％①。

西部的拓殖,不仅为正在进行工业革命的东北部准备了粮食和原料,也为它准备了广阔的市场。从某种意义上说,有没有一个广阔的工业品市场,是一个国家工业革命成败的关键,在这方面美国有过惨痛的教训。如前所述,美国的工业革命本来起步很早,到1815年仅罗得岛开工的工厂就有150家,不久后除斯莱特一家外几乎全倒闭了。1819年6月,乔舒亚·吉尔平伤心地写道:"这个国家几乎所有的工业都破了产,它们的主人都没落了,他们的财产被减价处理。实际上,也可以说,整个不动产都换了所有主。"②造成这一现象的原因何在?正如美国经济史家指出的,一个根本的原因就是"英货排挤美货使美国许多工厂倒闭",换言之,是一个市场问题。当时康涅狄格工业家大卫·汉姆弗瑞说,这是美英之间的一场"以梳棉机和纺织机为炮、以梭子和滑车为枪的战争"。③ 对于东北部来说,除了当地市场外,能为其工业品提供市场的还有两个:南部和西部。但南部的市场容量是有限的,因为南部的单一作物种植制决定了南部的经济生活很难摆脱其落后的乡村生活面貌。据劳伦斯·赫布斯特估计,南部直到1839年只消费当年北部工业品的6％—16％。④。因此,在国内,西部市场的开拓,对东北部来说不仅是必要的,也是重要的。

从上面的分析可以看出,由于西部的不断拓殖,早在19世纪上半叶,在美国三大区域之间已形成了一种互补关系:东北部以其资

---

① 福克讷:《美国经济史》(上卷),第444页。百分比是根据该书提供的数字计算的。
② 托马斯·C.科克兰:《企业时代》,第12页。
③ 方纳:《美国工人运动史》第1卷,第86页。
④ G.波特编:《美国经济史百科全书》第1卷,第269页。

本、劳力和技术上的优势,首先发起了工业革命并成为全国经济变革的原动力,南部一方面要依赖东北部提供的运输、财政和商业服务,以便把 3/4 的产品(棉花)送往欧洲;另一方面它也为东北部提供了棉花这一关键原料,从而促使了东北部由商业资本主义向工业资本主义的转变;而西部在其拓殖中,虽然要依靠来自东北部的资本和劳力,但同时也为东北部的工业革命准备和提供了粮食、原料和市场。① 可以说,在早期工业革命时代,世界上没有一个国家像美国那样,存在一个具有如此有机联系的区域经济结构。

三、西部的拓殖,不仅促进了东北部的工业革命,也推动了美国制造业的西移。19 世纪后期"五大湖工业区"的兴起,由于把工业化运动从轻工业推进到重工业阶段,成为美国实现工业化的主要标志

然而,西部的拓殖,不仅在 30—40 年代之交,开始把大量粮食及其农产品输往东北部,支持和促进了东北部的工业革命,还推动了美国制造业的西移,并以西部丰富的矿产资源为条件,在 19 世纪后期形成以五大湖为中心的重工业区,把美国的工业化运动推进到一个全新的阶段,从而成就了美国的工业化。

五大湖工业区的兴起,首先受到了西进运动的直接推动,其突出的表现就是农机制造业:不仅表现在农机具质量改进方面,而且也表现在农机具制造的地点上。美国农业起源于殖民地时代,农具的改进工作 18 世纪末在东部也已开始。早在 1797 年,新泽西的查尔斯·纽博尔德就获得了"铸铁犁"的专利,19 世纪初纽约州的杰思

---

① 道格斯·C. 诺斯:《美国经济增长史》,第 251 页。

罗·伍德又发明了用螺栓将几个部件钉在一起的改良犁,但近两百年间这方面的情况并未发生根本性改变。移民向西部的推进,以及随之而来的大规模开发,向农机具的改进工作提出了两个问题:(1)草原带的泥土容易黏结在犁铧上,怎样才能使旧式的铁犁适应草原带的需要。(2)农机具的制造以往主要集中于东北部,能否使之更接近于西部以满足拓荒者的需要;最早对此作出回答的便是新英格兰人约翰·迪尔:1837年他发明了一种钢犁,可在草原上耕地时使用并自行清除铧板上的黏土;然后,他又从新英格兰移居伊利诺伊并在莫林建起农具制造厂,到19世纪50年代他的工厂年生产犁达13000张。与此同时,1831年获收割机专利权的弗吉尼亚的赛勒斯·麦考密克,也于1847年在芝加哥建立了他的改进型收割机制造厂,并通过在中西部大草原上流动推销打开销路。工厂年产量1852年不下3500台,1865年上升到55000台。与之配套的农机具,如脱粒机、割草机、播种机等等,亦相继发明并在中西部投产,芝加哥、辛辛那提、路易斯维尔等城市,迅速发展成为重要的农机制造中心。这些农机发明和制造者,成为五大湖区制造业的开拓者,由于接近市场获得了生机。1849至1857年,麦考密克收割机的1/4的销售地集中于伊利诺伊北部11个县[①],就是明证。

五大湖工业区的兴起,还受到西部拓荒及畜牧业商品化的直接推动,这主要表现在加工业方面。如前所述,中西部拓荒业的商品化,在第二次英美战争(1812—1814年)之后就已开始,这意味着剩余农产品出口量的增加;此外,自1846年俄亥俄第一次获得来自得克萨斯的牛群后,从大草原赶往中西部的牛群越来越多。在交通条

[①] 因当时这个地区是美国小麦生产的中心。保罗·W.盖茨(Paul W. Gates):《农场主的时代》(*The Farmers Age:Agriculture,1815—1860*),纽约,1960年版,第288页。

件已有改善又不十分发达的情况下,准备运往东北部市场的小麦和家畜首先在当地进行粗加工就显得非常必要。于是,处于西部拓荒者和东北部消费者之间的商人及其他中间人,便开始在中西部城镇的商店或收购站附设库房及加工厂,以便将收购来的小麦和牲口磨成面粉或屠宰加工,从而导致了一系列加工业在中西部的兴起。早在1790年,位于俄亥俄上游的马里塔建立了中西部第一座面粉加工厂;到1850年,俄亥俄州总计有3000座水磨坊。① 从1850到1880年代,面粉加工是威斯康辛最重要的工业,仅密尔沃基在1860年时就有14家加工厂,在面粉加工业方面曾一度(约5年)取代圣路易而在西部占统治地位。在畜产品加工方面,最重要的是罐头业,最早兴起于19世纪20年代,以辛辛那提为中心在此行业中的领先地位一直保持到1860年,其后才依次让位于密尔沃基、芝加哥和圣路易。其中,密尔沃基的牛肉产量在1870年以后的40年内就增加了26倍。乳酪加工是畜产品加工的另一重要项目,仅威斯康辛一州的乳酪厂,就从1880年的不足40个增至1891年的265个,其年产量也从50万磅增至1400万磅②。与农机具不一样,中西部的小麦和畜类加工产品,主要不是供应西部市场,而是运往东部城镇。

五大湖工业区的兴起,还得益于这一地区优越的自然资源和低廉的运输费用。因为它处于美国主要工业资源的中心,便于矿山的开采和利用。矿产资源点缀着五大湖区8州中的6州,密苏里的铅和锌早在西班牙统治时期就开始开采,苏必利尔的铜的开采到1842年已系统进行,密歇根的采矿业(铁)也可以追溯到1854年。到19

---

① W.哈维格斯特:《俄亥俄州史》,第72页。
② R.柯伦特(R. Current):《威斯康辛州史》(Wisconsin: A Bicentennial History),纽约,1977年版,第78页。

世纪末,五大湖区几州矿产品价值在全国的排列位置是:伊利诺伊占第 2 位(以煤为主)、密歇根占第 4 位(以铁为主)、俄亥俄占第 5 位(以煤为主)、明尼苏达占第 6 位(以铁为主),仅次于宾夕法尼亚和西弗吉尼亚①。以在全国最集中的矿产资源为基础,在五大湖区形成了以钢铁工业为主的三大工业中心,即匹兹堡、克利夫兰和芝加哥。1871 年,伊萨贝拉和露西冶铁公司在匹兹堡开业,当时每年生产粗铁约 7 万吨,1874 年年产量提高到 20 万吨,其矿石来自苏必利尔湖、加拿大和尚普兰湖。②克利夫兰的钢铁业创建于 50 年代中期,在这个行业中占领导地位的是马特家族,1850 年 S. 马特从新英格兰抵达该城,不久就帮助组建了"克利夫兰采矿公司"。第一批运抵该市的矿石仅 132 吨,以后百年间它消耗的矿石不下 2 亿吨③。芝加哥兴起于 19 世纪 60 年代,它的钢铁工业以位于温多特的北辗压厂和位于乔利埃特的南辗压厂为基础,早在 1878 年仅北辗压公司已拥有 3000 雇员,日产钢铁 1000 吨④。大约在 1875 年左右,西部开始生产钢,而它的主要代表安德鲁·卡内基(1835—1919 年)兄弟公司在 1879 年已拥资 500 万美元,到 1887 年已可生产钢 55 万吨⑤。这些钢铁厂的主要产品,包括金属工具机、铁轨和钢轨、各类锅炉,以及各种农机具,等等。如美国第一条钢轨,就是由芝加哥生产的。

近代的工业革命,一般是由轻工业起步而由机器制造来完成的,它的转变就是以钢铁工业为代表的重工业的出现。随着钢铁工业在

---

① 克莱夫·戴:《美国商业史》,芝加哥,1925 年版,第 311 页。
② V. 克拉克(Victor S. Clark):《美国制造业史》(*History of Manufacture in the United States*),纽约,1949 年版,第 2 卷,第 204 页。
③ W. 哈维格斯特:《俄亥俄州史》,第 111—113 页。
④ V. 克拉克:《美国制造业史》第 2 卷,第 235 页。
⑤ 同上书,第 234 页。

五大湖区的兴起,从根本上改变了美国工业的结构,使钢铁业在19世纪末代替纺织业,成为美国的主要工业部。与此同时,五大湖区逐渐被纳入美国东北部"核心地区"的范围,形成所谓"东北部—五大湖制造业带",它由三个工业区组成:新英格兰(以轻工业为主),大西洋中部(轻重工业兼有),五大湖区(以重工业为主)。在第十二次国情调查报告中,美国人口调查局指出:按产品总值而得出的美国制造业中心,1850年正好在宾夕法尼亚中部,大约离哈里斯伯格西北部41英里处,到1890年已移至俄亥俄中部离坎顿西南数英里的地方,即制造业中心向西移动了225英里。事实上,到1890年,中西部在制造业中所占的比重,已超过了新英格兰地区,成为仅次于大西洋中部的工业区。到1914年,各主要工业区的工业产值,在全国工业总产值中的比重是:新英格兰为12.0%,大西洋中部为33.2%,中央东北各州为27.0%,中央西北各州为8.5%。① 这里,中央东北各州和中央西北各州,即我们上文中说的"中西部",这两个地区加在一起,其工业产值已占全国工业总产值的35.5%,超过大西洋中部,在全国各区域中居第一位。

但这个新的制造业带还只到五大湖区,因为中央西北部的工业还是很弱的。在五大湖工业区中,俄亥俄州早在1860年在工业产值上就居全国第4位,在这个州直到1860年,辛辛那提一直是整个西部的最大商业中心,当时在商业上圣路易是它唯一的竞争对手,70年代圣路易和芝加哥超过了辛辛那提,但直到1890年它还是俄亥俄最大城市,1900年才被克利夫兰超过。在工业产值上,克利夫兰在1904年居全国第17位,1909年即上升为第5位。据统计,到1910

---

① 《1914年工业普查摘要》,见G.C.菲特和J.E.里斯:《美国经济史》,第452页图19—3。

年,全国 10 万人口以上的城市 50 个,其中东北部和中西部就分别占 21 个和 14 个,其余各地区总共只有 15 个。与东北部和其他地区的城市不一样,中西部的城市的专业化倾向特别明显,每一个主要城市都有自己的主要工业部门。城市功能由多样化向单一化转化,是内战后美国城市发展的主要趋势之一,内战前的城市不仅功能多,且居住区、工业区和商业区混淆。

然而,芝加哥的形成和发展,在五大湖区各城市中又独具特色。关于这个城市的最早记载见于法文,直到 1804 年该地尚为一村落,1830 年才正式建市并定名"芝加哥"。1840 年时人口不足 5000,1860 年代和 1870 年代发展加快,1880 年已有 16 条铁路线通过该市:7 条通往东部,6 条通往西部,3 条通往南部。到 1890 年人口已过 100 万,成为整个中西部的巨大工商业中心,全国仅次于纽约的第二大城市,它的钢铁、制造、加工等工业均很发达。据统计,1879 年时,它拥有 343 个木工厂,246 个铸铁厂(和工场)、156 个金属加工厂、111 个啤酒厂,总计共有 2271 座,年产值达 26800 万美元[①]。可见,芝加哥是在专业化的基础上,由许多不同专业性工业组成的新兴工业城市,它应是美国工业化的象征。

需要指出,五大湖及整个中西部的工业的发展,不仅是以中西部拓荒业的商品化为基础的,也有赖于整个西部农业、畜牧业和采矿业的发展。它的工业原料不仅来自五大湖区,也来自大平原、落基山区和太平洋沿岸。例如,落基山的矿石,许多就是运往圣路易或芝加哥冶炼的。从这个意义上可以说,以五大湖的重工业为标志的美国工业化的实现,正是以整个大西部的开发为条件的。

[①] V.克拉克:《美国制造业史》第 2 卷,第 185 页。

四、由于西部拓荒者所具有的自我发展能力,以及东北部工业化进程的巨大影响,当五大湖被纳入美国"核心地区"的范围时,以中西部为代表的西部农业也迅速地趋于产业化,并成为整个工业化的重要组成部分

西部农业迅速产业化的动力,首先来自西部拓荒者本身,来自拓荒者固有的自我发展和扩张的能力。这是因为,西部的拓荒农民,虽然在其创基立业的时期,由于客观条件的险恶和限制,不可避免地有一个短暂的自给自足阶段,但从根本上说他们已是一种新型的农民,而不是旧式的宗法性农民。第一,西部的农场是建立在"自由土地"的基础上的,因其土地大都是通过市场购买来的;第二,由于不存在任何封建制残余的束缚,有生产力充分发展的可能;第三,他们在创业时大都拥有一定资本,并始终与市场保持着一定的联系。因此,我们称之为"新型农民",即正在形成中的商业农民[1],由于其强烈的和自发的商业化倾向,本身就具有不可忽视的自我发展和扩张的能力和要求。这是西部农业迅速产业化的根本原因。

除这一根本原因之外,以下几方面的因素导致大农业在西部迅速发展,使农业经营的产业化成为必要:其一,阿巴拉契亚山脉以西的拓荒业越向西推进,农场的面积和规模有自然扩大的趋势,那里地广人稀给拓荒者扩大农场提供了可能性。例如,1850年,全国农场平均面积是202.6英亩,而中央北部和中央南部分别是143.3英亩

---

[1] 参见《世界历史》1986年第6期,第25—26页。

和291.0英亩,西部则达到694.9英亩。① 其二,19世纪中叶以后,各种专业性农场,如大平原上的大牧场和加利福尼亚的果园,在密西西比河以西获得前所未有的发展。特别是大草原上的牧牛业,由于大都采取敞放的形式,其范围一般都很大,常常在几万、十几万英亩以上。其三,自50年代起,铁路网在全国逐步扩展,至80年代已覆盖各个区域。交通运输革命的决定性胜利,使西部农场主的市场取向和选择获得了从未有过的灵活性,从而极大地刺激了西部农业的商品化,以及随之而来的生产规模的扩大。其四,由于东北部工业革命的胜利,特别是五大湖重工业区的兴起,钢铁及机器制造业取得了重大进展,这使西部农业得以新的农机具武装起来,把生产力提高到一个新的水平。

西部农业的产业化,是伴随着"大农业"的出现而来的。如前所述,由于种种原因,西部农场的规模本来就比东部要大,这一特点在内战后变得日益突出,特别是大平原地区。这是因为70和80年代,风灾和雪灾曾几次袭击大平原,使大批小农甚至一些大牧场濒于破产和毁灭。与此同时,东部的商业资本也加快了在西部农业中的渗透,以12%—15%、有时甚至高达50%的利率从事土地抵押②。据估计,被抵押的农场在该地区农场中的比重,在内布拉斯加、南达科他和明尼苏达为1/3,在堪萨斯和北达科为1/2,在上述地区的某些县份为3/4,有些农场还多次被抵押③,由于利率过高、经营不善或其他原因,抵押者常常收不回抵押土地及其权利,这种情况80年代占西部抵押农场主的1/3至1/2。破产的农场主或者流入城市、矿山、铁路做工,或者靠租借别人的土地来耕种而演变成佃农,致使佃农在

---

① 美国人口调查局:《美国第十二次人口调查统计摘要》(1900年),第 xxi 页。
② F.香农:《农场主的最后边疆》,第188页。
③ 同上书,第306—307页。

衣阿华、密苏里、伊利诺伊等州的比重,分别达到23.8%、27.9%和31.4%①。一个"抵押制",一个"租佃制",完全打破了西部"小农王国"的梦想和秩序,其结果就是土地的集中和大农场的形成,据统计,中央北部1000英亩以上的大农场,1860年时总共只有501个,其中大半位于密西西比河以东;到1880年,这类大农场增加到2990个,其中54.2%即1621个位于密西西比河以西②;到1900年,这类大农场的4/5集中于红河以西,而达科他是其中心③。

大农场的出现,给农业经营和管理提出了一系列新问题。在此之前是以"家庭农场"(family-sized farm)为主,管理者和劳动力一般都不越出家庭的范围。在几百甚至上千英亩的农场里,仅靠农场主本人已无力管理好他的农场,家庭成员也不再能满足它对劳动力的需求,甚至产品的储藏和销售也需要另有专人来负责。正如著名经济史家F.香农所指出的,大农场"是一种组织化和经营化的模式,而不仅仅是土地占有的大小问题"④。这一极有见地的论断,点明了19世纪中叶以后大平原和远西部农业中所发生的演变的实质,也概括地说明了大平原上大农业的特点。因为,随着大农场的兴起,农场的经营和管理的形式也发生了根本性变化,有的大农场被分成好几个分场,每个分场都设有场部和相应的管理人员,整个农场聘有专门的经理来管理,雇佣劳动力多达几十人。这类大农场的经营与管理和东部的大工厂一样,实际上已完全企业化了。例如,约翰·L.格兰丁和威廉·J.格兰丁兄弟位于法戈附近的农场,19世纪80年代中期共有32000英亩小麦地和2000英亩燕麦地,其管理人是A.R.达

---

① F.默克:《西进运动史》,第583页。
② F.香农:《农场主的最后边疆》,第155—156页。
③ 罗伯特·V.海因(Robert V. Hine):《美国西部史解释》(*The American West: A Interpretative History*),波士顿,1973年版,第164页。
④ F.香农:《农场主的最后边疆》,第154页。

尔林普尔。为了管理好这个大农场，A.R.达尔林普尔将34000英亩土地分成大致相等的4个农场，每个农场都设有自己的总部、管理人、记账员、领班及其他办事员。每个农场又以2000英亩为单位分成若干分场，而每个分场均建有工人宿舍，并有一个工头监督其工作。春季时所有农场共雇佣工人500人，而到收获时其人数要增加到1000人①。该农场被称为西部大农场的"榜样"，其经营和管理或许比某些工厂还要严格。

和大工业一样，西部已经产业化的大农场的生产，也是以先进的生产力为条件的，即以农具的半机械化为条件的。如前所述，西部拓殖的艰苦条件，以及美国地广人稀的情况，曾是美国人发明农机具以改善劳动条件的动力。据统计，19世纪40年代全国有5942项发明获得专利，50年代有23140项发明获得专利，到1899年11月其专利已增加到65898项，其中有关耕犁的专利12652项，有关收割机的专利12519项，有关脱粒的专利5316项②。美国的农机具在世界上一直处于领先地位，早在1854年巴黎博览会上就独领风骚：据记载，当时选出6人使用梿枷，与4种不同打谷机进行半小时对抗赛，结果美国打谷机的效率比最好的英国打谷机高0.8倍，而比人力打谷则高出11.3倍③。到1880年，美国农机具的效率是那样高，以致一部新的收割机在一天能收割并打出20英亩小麦，相当于以前20个人

---

① G.C.菲特：《农场主的边疆》，第84—85页。
② F.香农：《农场主的最后边疆》，第139页。
③ 托马斯·C.科克兰：《企业时代》，第58页。当时对抗赛的结果如下（后面的数字表示半小时的产量）：

6人用梿枷	60公升小麦
比利时打谷机	150公升小麦
法兰西打谷机	250公升小麦
英国打谷机	410公升小麦
美国打谷机	740公升小麦

的劳动量①。西部由于地广人稀、劳力缺乏,一般都非常重视新的农机具的采用,因而花在这方面的费用以较快速度增长,到19世纪末西部一个经营得较好的农场,在农机方面的投资平均达785美元,至于产业化的大农场更是如此。例如,前面提到的那个由达尔林普尔管理的大农场,1877年时有破犁26张、能后退和翻土的犁40张、播种机21台、耙60把、大车30辆,春播时要雇50人来管理这些机器②。

农机具的大量采用,大农场的兴起和发展,家庭农场的破坏及管理形式的变化,意味着"工厂制度"在西部农业中已经形成。不过,大农场的兴起只是西部农业产业化的一个方面,西部农业的产业化还有另一个方面,这就是"集约化"农业的发展,它意味着给小农场尽可能多的投资,因而资本化程度可能比某些大农场更高。只是直至19世纪末,西部农业还带有很大的粗放性,集约化程度一般比东北部要低。因此,农机具的大量采用,大农场的兴起和发展,以及经营和管理形式的相应变化,应是西部农业产业化的主要标志和特点。不仅如此,它也应是西部乃至整个美国工业化的重要组成部分。没有这一部分,美国的工业化是不可想象的。

(原载罗荣渠主编:《各国现代化比较研究》,陕西人民出版社1993年版)

---

① 罗伯特·V.海因:《美国西部史解释》,第159页。
② G.C.菲特:《农场主的边疆》,第81页。

加利福尼亚金矿的发现
及其历史意义

1848年初,当整个环太平洋地区还处于前资本主义的不同发展阶段时,在太平洋彼岸的加利福尼亚发现了金矿,并由此而引起了震动世界的"淘金狂"。这一发现以及随之而来的"淘金狂"对美国和世界历史发展的意义何在?马克思曾把它和同年于法国发生的"二月革命"相比,认为它是当时世界上发生的两大历史性事件之一,并预言它所带来的成果"将会比美洲大陆的发现所带来的要大得多"[1]。这一有关世界历史发展的重要论断虽为人们所熟知,但在我国史学界却至今无专文论及,故在此作一初步的探讨。

一

从表面上看,加利福尼亚金矿的发现纯粹出于偶然。但若把它和19世纪初美国社会经济发展的一个重要趋势,即以"西进运动"形式出现的美国资本主义"向广度"发展联系起来,就会发现这个似乎偶然性事件的背后却隐藏着某种客观的必然性,因为它是"西进运动"的直接结果,并体现着这个运动的性质。

---

[1] 马克思和恩格斯:《国际述评(一)》(1850年1月),《马克思恩格斯全集》第7卷,第262—263页。

早在1803年"路易斯安那购买"前后,美国政府就先后派遣过三个探险队对远西部进行考察,以便寻找通往太平洋的道路。19世纪二三十年代,美国人以密苏里的圣路易或独立城为基地,不断向落基山和远西部推进。到19世纪中叶,在太平洋沿岸定居的美国移民已达6000人以上,并在俄勒冈的威拉米特和加利福尼亚的新赫尔维蒂亚,建起了两个著名的殖民地①。这就为1848年金矿的发现准备了客观条件。

1848年金矿的发现,作为"西进运动"的直接结果,具体表现有三:第一,这个事件发生的地点,刚好在太平洋沿岸两个最大的美国移民定居地之一的新赫尔维蒂亚,该要塞位于萨克拉门托河和亚美利加河的交汇处,1840年为美国移民约翰·萨特所建。第二,金矿的发现者詹姆斯·威尔逊·马歇尔,正是19世纪40年代那些征服太平洋沿岸的美国移民之一。此人1844年才从密苏里迁往俄勒冈,第二年方定居于萨特社区。第三,金矿发现于萨特要塞东北45英里处的锯木厂,而这个工厂正是为满足移民对木材日益增加的需要,为向萨特本人及其他移民提供木材而建立的②。可见,金矿的发现、萨特锯木厂的建立和40年代的大规模移民,有着不可分割的内在联系。

其实,1848年的金矿发现,并非加利福尼亚这类发现中的第一次。据记载,在此之前该地区至少还有两次较大的发现:一次是1841年在洛杉矶附近;另一次是1842年在南加利福尼亚③。然而,这两次发现均未产生"淘金狂",虽然1842年那次吸引过数百

---

① R. 毕林顿(R. A. Billington),《美国的西进运动》(*The Westward Movement in the United States*),纽约,1959年版,第53页。
② 安德鲁·F. 罗尔(Andrew F. Rolle),《加利福尼亚史》(*California: A History*),伊利诺伊,1978年版,第194页。
③ 同上书,第192页。

名淘金者,但很快就平息了。而1848年1月24日萨特锯木厂发现金矿后的情形却与此相反,3月15日圣弗朗西斯科《加利福尼亚人》刊登了这一发现的消息;5月12日商人塞缪尔·布兰南又带着金沙的样品从萨特要塞跑到圣弗朗西斯科,向大街上的行人证实了这一消息。此后,加利福尼亚发现金矿的消息便不胫而走,6月17日"路易斯"号商船向西把它带到檀香山,8月19日一封描述这次发现的信件在东部纽约的一家报纸上发表,数月内消息几乎传遍全世界。于是,一股"淘金狂"终于在1849年掀起,距发现不过一年。

为何40年代末的发现引起了"淘金狂",而40年代初的发现却未能?从根本说来,乃是前后两次发现的文化背景完全不同,尽管二者之间相隔不到10年。19世纪40年代初的发现,主要发生在印第安人教区,而印第安人的整个社会经济还处于原始的状态,并不懂得金的真正价值。此外,当时加利福尼亚外来移民不多,商品经济发展的程度以及与外部世界的联系均有限,也没有得到足够的外部刺激,所以,40年代初的金矿的发现"始终是地方性的"。而1848年初的金矿发现,是在美国大规模向远西部推进之际,和商品经济及新兴的资本主义生产方式联系在一起。金矿的发现者马歇尔,老家在美国资本主义相当发达的新泽西,本人受过良好的教育。他在建立锯木厂之前,已按现代经济方式与萨特订有正式合同,萨特答应为锯木厂提供必要的资本,而马歇尔则答应以四分之一的产品作为报酬,工厂采用雇佣劳动方式[1]。那位将发现金矿的消息"最终扩大到全世界"的布兰南,是爱尔兰人的后裔并曾

---

[1] 安德鲁·F.罗尔:《加利福尼亚史》,第194页。

在纽约出版过杂志。他是为摩门教会开拓财源,作为两百多名摩门教徒的首领,受设在伊利诺伊的摩门教会的委托,于1846年7月绕道合恩角抵加利福尼亚的。布兰南在加利福尼亚创办了一系列企业,并在萨特社区设有一个"总店",被称为"冒险商人、操纵者和土地投机家"。"1848年3月,这个总店的老主顾们开始提出用黄金支付购买威士忌和其他商品的价钱,布兰南才顿然领悟到这次发现的意义。"①于是,他开始千方百计去筹集货源,以满足他的顾客们对商品的需求,同时换回大量金沙。这说明,加利福尼亚"淘金狂"的兴起,一开始就受到市场经济的刺激。

当然,加利福尼亚"淘金狂"的兴起,还直接受到美国政府的推动。当时美国刚刚打完墨西哥战争,并准备正式兼并加利福尼亚。这场以实现"天定命运"为目的的战争,在当时整个美国朝野引起了极大的震动,各种势力之间不无争议。当金沙的样品于6月20日带到蒙特雷后,美国驻加利福尼亚总督梅森和他的官员亲自进行了测定,然后专门给当时的美国总统波尔克写了一份"有关这一发现的最详细的"报告。报告认为:"挖完从萨克拉门托到圣若昆河地区的金矿,足以支付几百倍以上墨西哥战争的费用。"②波尔克对此报告如获至宝,旋即在1848年12月5日致国会的咨文中正式予以公布,"为他在获得墨西哥割让中的政策辩护"。在此之前,虽然总督的报告早于是年9月就由人送到华盛顿,报纸上也就此事进行过许多讨论,但"当时东部仍很少有人准备前往加利福尼

---

① 沃尔顿·比恩和詹姆斯·J.罗尔斯:《加利福尼亚史解释》(Walton Bean and James J. Rawls, *California: An Interpretive History*),麦格劳—希尔图书出版公司1983年版,第87页。

② 同上书,第88页。

亚",因为人们对此半信半疑①;而波尔克总统的咨文一经发表,立即于1849年就在东部人中掀起了"淘金狂",成千上万人涌向加利福尼亚。这不能不说是政府推动的结果。

"淘金狂"首先引起了人口的急剧变动。受其影响最早的是圣弗朗西斯科,即中国人所谓的"旧金山"。当金矿发现的消息被布兰南证实后,该城"几乎所有的企业都停了业,海员把船舶抛在圣弗朗西斯科湾,士兵离开了他们的营房,仆人离开了他们的主人,涌向金矿发现地"②。结果,正如1848年6月1日美国驻该地海军代理人拉金给国务卿布加兰的报告中所说,圣弗朗西斯科一半房子都空了,两家报纸因缺乏排字工人和订户而被迫停刊,甚至美国海军的"安妮塔"号也只剩下了6名水手。接着受这股"淘金狂"冲击和影响的,是它北部的俄勒冈和南部的墨西哥。在俄勒冈,仅1848年夏季就有3000人抛下尚未收割的谷物前往加利福尼亚,几乎占该地区成年男子的一半;与此同时,1848年大约有4000名墨西哥人抵达加利福尼亚,他们多数是乘船经海路在洛杉矶或圣弗朗西斯科登岸的。是年8月17日,梅森在另一份报告中说,由于男子都到矿区去了,"沿途工厂闲置在那里,麦田任牛马去啃食,幢幢房屋空无人烟,农场也变得荒芜了"③。

如果说1848年受其冲击的主要还是太平洋沿岸的话,那么当真正的"淘金狂"在1849年到来时,几乎全世界都感到了它的影响。据估计,1849年初,加利福尼亚大约仅有26000人(印第安人除外),到年底已猛增至115000人。其中,外国移民约占20000人,分别来自

---

① 沃尔顿·比恩和詹姆斯·J.罗尔斯:《加利福尼亚史解释》,第88页。
② K.科曼(K. Coman):《远西部经济的兴起》(*Economic Beginnings of the Far West*)第1卷,纽约,1912年版,第257页。
③ 同上书,第258—259页。

墨西哥、大不列颠、德意志、法兰西、西班牙,少部分来自智利、秘鲁和夏威夷,中国人是外国人中的最大多数。那时,加利福尼亚的城镇"几乎成了国际性的",圣弗朗西斯科成了世界上"发展最快的城市",1848年3月只有812人,1849年初已接近5000人,到1850年就膨胀到25000人①。当然,在1849年进入加利福尼亚的移民,绝大多数还是来自美国东部,估计他们大约有80000人,占该年加利福尼亚总人口的五分之四。他们进入加利福尼亚的路线有三条:绕过合恩角;通过巴拿马地峡;穿过大平原。

星罗棋布的加利福尼亚采金地,以圣弗朗西斯科为起点,沿萨克拉门托河向北和圣若昆河向南形成扇形,向东一直伸展到内华达山脉。当时,正如《加利福尼亚报》所描述的,"从圣弗朗西斯科到洛杉矶,从沿海到内华达山麓,整个地区都响彻着肮脏的喊声:'金!金!'"②据记载,1848年仅萨克拉门托河及其支流,就集中了4000以上淘金者(其中一半为印第安人),平均每人每天能淘金沙一至三盎司。初时,由于金沙在地面容易淘,且相对来说淘金人数较少,平均每人一天能挣20美元,为东部工人日收入的20倍。更有幸运者,如在某个富矿区,平均每人每天可挣2000美元;又如尤巴河岸的一个矿工64天淘了5356美元金沙。当时,淘金者绝大多数是以个人或三四人为伙进行的,"每个人(印第安人除外)都为自己劳动";但也有少数(主要是印第安人)受雇于采矿公司或私人,从主人那里领取报酬,如萨莫尔和他的公司雇佣的土著达30人,"他们淘了价值连城的金,获得的食品、衣物等报酬却极少"。又如,有位叫辛克莱的牧场主,雇了50名土著为其淘金,不到五个星期就淘了价值16000美元

---

① 安德鲁·F.罗尔:《加利福尼亚史》,第197、240页。
② 同上书,第195页。

的金沙。欧洲各国的商人和资本家,当时也没有放过加利福尼亚的发现所提供的机会。例如,至1849年1月15日,以在加利福尼亚淘金为目的组织起来的贸易和采矿公司,在伦敦就有五个。各地淘出的金沙,大多先集中到圣弗朗西斯科,然后再转运到东部铸币厂冶炼,因而金沙堆满了圣弗朗西斯科的仓库。正如一位观察家所描述的,当时梅尔斯和霍华德的商行"被金沙堆包围",它"从运抵这里的金沙中获得大量租金",每年四五十万美元。布兰南的库房,从1848年5月1日至7月10日,就获得了36000美元的金沙[①]。

"淘金狂"引起了这里的人口急剧增长,使衣、食、住等方面的供应陡然紧张起来,一时间造成物价飞涨。例如,一个面包在大西洋沿岸只值四五美分,而在圣弗朗西斯科要卖50至75美分。肯塔基产的威士忌,在加利福尼亚涨到一夸特30美元。在"淘金狂"的中心萨克拉门托,一把刀子卖到30美元,一床绒被40美元,一双统靴100美元,一磅钉子192美元,一头牛500美元,旅馆住宿费一个月1000美元,甚至一颗药丸也要10美元。至于房基地,在圣弗朗西斯科更是高得惊人,原先一块只要15美元的地皮,在淘金高潮之际要卖8000美元。自然,造成物价飞涨的原因是多方面的,或者是人口过多,或者是东西奇缺,或者是运费太贵,或者三者兼有。它从一个侧面反映了这次"淘金狂"的规模,及其对加利福尼亚市场的影响。

1848年开始的"淘金狂"持续了好几年,到1853年才达到了它的顶点。据有关材料统计,加利福尼亚金的产值,由1848年的500万美元,增加到1853年的6500万美元。它使美国成为当时世界上最大的产金国,1851至1855年美国的产金量,几乎占全世界的45%。1848至1851年美国的金币铸造增加了20倍,1848至1854

---

① K.科曼:《远西部经济的兴起》第1卷,第259页。

年美国批发商品的价格指数(以 1913 年为 100)从 84.7 提高到102.5,这些都直接或间接地与黄金产量有关。更重要的是,由于大量硬币的存在,使美国有可能通过国际价格调节,通过出口黄金(据统计,1860年美国贵金属的出口为 5600 万美元①),为大量从欧洲进口剩余物资如当时美国修筑铁路急需的铁或铁轨,提供必要的货币资金。

二

关于"淘金狂"在美国历史上的意义,在美国史学界是一个不无争议的问题。有的人不仅否定它在整个美国历史发展中的重大作用,而且也否定它在加利福尼亚历史发展中的重大作用。例如,沃尔顿·比恩和詹姆斯·J.罗尔斯就认为:"从根本上来说,加利福尼亚的发展与金无关,由于该地区其他方面的优势,它最终将变得人口众多和富裕,同时它的社会演进将变得更有规律,也更有秩序和文明。"②

其实,这一重大事件对美国历史发展的影响是不言而喻的。我们从上文所述的美国这一时期的采金规模和产金量在当时世界上所占的比例就可以看出。但是,1848 年金矿的发现对美国的最大影响不是这些,而是一个迅速发展的远西部在美国的崛起。黄金的产量总归是有限的,正如一位美国的历史学家所指出的,在"淘金狂"开始后一百年内,加利福尼亚产金总值不过 20 亿美元,还不足该州 1960年一年的农产值。然而,1848 年金矿发现后,在加利福尼亚形成的以采矿业为主带动其他各业发展的经济结构,却对加利福尼亚以及

---

① 克莱夫·戴:《商业史》,第 530 页。
② 沃尔顿·比恩和詹姆斯·J.罗尔斯:《加利福尼亚史解释》,第 95 页。

整个美国远西部的开发产生了强大的影响。因为这种特殊的经济结构,打破了传统社会那种先农业、后工业的正常发展秩序,一起步就在其中注入了一种商品经济的因素,并对加快农业、工业和交通运输业的发展提出了自己的要求,否则,迅速兴起的采矿业就很难维持和发展下去。可以说,这种经济结构在其形成过程中,本身已包含着进一步发展的巨大活力。诚如一位美国历史家所说:"采矿业是西部定居的重要因素",它"有助于西部贸易中心的创立、广大的交通运输网的完成和为农产品提供市场"①。

从1854年起,加利福尼亚的"淘金狂"虽然出现了下降的趋势,金的产值从1853年的6500万美元降到6000万美元,第二年又降为5500万美元,但是,整个采矿业却孕育着向广度和深度发展。被第一次"淘金狂"所吸引的大量劳动力(据1850年人口调查提供的资料,它吸引了该州劳动力的50%②)成为向生产的广度进军的主力,使一个新的采矿高潮在1859年前后再次兴起。结果,沿加利福尼亚东部边界从北到南形成三个新的矿区:一是位于哥伦比亚河美加边界的弗雷泽,该地1854年就已发现金矿,只因发生印第安人起义直到1858年才正式向移民开放。二是位于内华达西部华绍地区的康斯托克。此矿区离加州东部边界仅20英里,当时被认为是"世界上最富的银矿蕴藏地",此矿发现后二十年内,共出产了价值近4亿美元的金和银。三是位于亚利桑那中部山区的希拉和图森,此矿原属于墨西哥,在西班牙统治时期曾发现过一个重2700磅的银块,后随1853年"加兹登购买"并入美国,在美国人占领后,这个著名的富矿带方进入开发的"黄金时代",而对其开发作出了重要贡献的,是

---

① 吉恩·M.格雷斯利(Gene M. Gressley):《美国的西部:重新确定方向》(*The American West: A Reorientation*),怀俄明大学出版社1966年版,第45页。
② 安德鲁·F.罗尔:《加利福尼亚史》,第254页。

查尔斯·D.波斯顿、赫尔曼·埃伯伦格等人。以上三个新的矿区的建立,不仅把采矿业从加利福尼亚推进到整个远西部,而且由采金发展到采银和采铜。它已经显示了加利福尼亚"淘金狂"在美国远西部崛起中的作用。

据美国历史家研究,从1858至1876年期间,这股新的"淘金狂"还进一步从西向东扩张,在落基山脉至少还建立过五大矿区:艾达荷的克利尔沃特;蒙大拿的海伦娜;犹他的霍恩;达科他的黑山;科罗拉多的派克峰。由于1859年的"淘金狂",采金业从加利福尼亚向东扩展到美国的整个远西部,从而使美国作为世界最大产金国的地位一直保持到1898年。据统计,从1848到1931年,远西部各州共产金42亿美元,产银31亿美元[①]。

然而,这一时期远西部采矿业的最大进展,还不是表现在矿区的扩大方面,而是在它的深化方面,这就是采矿业的进一步资本化。这一时期,由于深层采矿和采用新技术对大量资本的需求,主要为采矿业提供资本的,已不再是矿工个人而是采矿公司。例如,亚利桑那的希拉和图森矿区,是由"亚利桑那采矿和贸易公司"投资和控制的,该公司由圣弗朗西斯科商人组成。又如,康斯托克矿的重要投资者是威廉·O.罗尔斯顿,该矿采用的许多机器、木材就是他从加利福尼亚运进的;19世纪60年代中叶他又和别人组成"联合工业和采矿公司",以便控制这个富矿带。再如,1879年2月组成的"霍恩银矿公司"拥资1000万美元,到1882年它已控制着该矿147万多美元的资产[②]。在远西部采矿业资本化过程中,外国资本也起了重要的作用。

[①] 埃利奥特·G.米斯(Eliot G. Mears):《美国西部的海上贸易》(*Maritine Trade of Western United States*),斯坦福大学出版社1935年版,第277页。

[②] 吉恩·M.格雷斯利:《美国的西部:重新确定方向》,第45页。

估计从 1860 到 1901 年,英国在其中的投资,就达 5000 万英镑①。

1848 年以前,工业在加利福尼亚几乎还不存在,为移民提供材料的木材业才刚刚起步。"淘金狂"开始时,所有为矿山和城镇提供的商品,几乎都是进口的。面粉来自檀香山和悉尼,盐是作为压舱物从波士顿和利物浦运来的,酒来自波尔多,奢侈品来自中国。但随着采矿业向纵深发展和移民社区的扩大,工业也开始兴起。由于采矿对木材的需求逐渐增加,木材业获得了新的刺激,从而成为该州最早的工业部门。例如,1860 年,仅洪堡县和圣克鲁斯县就分别采伐了大约 3000 万和 1000 万立方英尺木材,其中许多是优质红木。19 世纪 50 年代,与采矿和拓殖有关的铸造业也初步建立起来。1849 年,由詹姆斯和彼得·多纳休在圣弗朗西斯科建起了该州第一个铁厂,即"联合铁工厂",尽管它使用的原料是从外地运来的,每吨原料要付 35 至 100 美元。1860 年,圣弗朗西斯科的铸造厂和机械厂已发展到 16 个,1876 年又增加到 47 个。它们生产的采矿机甚至出口到内华达、墨西哥、尼加拉瓜和玻利维亚。1863 年在圣克鲁斯也建起了火药制造厂。它使用的主要原料硫磺就产于克利尔湖,当时该地每天能出产矿石四吨,每吨运费只要三四美分。到 1870 年,该州采矿所用火药的十分之九,都是由本地制造的。除此而外,贵金属冶炼厂也建立起来,最初是为了冶炼来自康斯托克的银矿,后来也接收犹他、亚利桑那的矿石。据认为,这些工厂是当时美国同类工厂中最大的②。内战前夕,加州各类工厂共 3505 个,比远西部任何一州都多。

在边疆开发时期,加利福尼亚其他主要部门仅次于采矿业的是

---

① 罗伯特·V.海因:《美国西部史解释》,第 114 页。
② K.科曼:《远西部经济的兴起》第 1 卷,第 307—319 页。

牧牛业,1846年该地区大约有牛40万头。相对来说,粮食生产当时不占重要地位,因此,当"淘金狂"兴起之际,还需要进口一部分粮食,才能满足迅速增加的人口的需求。这就刺激了粮食生产的发展。据统计,1852年该州种植粮食作物的农地仅110748英亩,三年后州农业协会报告说已增加到461772英亩,其中小麦地148000多英亩,燕麦地108000多英亩,到50年代中叶已有部分剩余粮食出口。值得注意的是,50年代该州新增加的大约18000个农场中,大都建在靠近采矿中心的圣弗朗西斯科周围100英里内,这足以说明加州农业的兴起与"淘金狂"的直接联系①。

19世纪五六十年代,在加利福尼亚农业中出现了一系列重大变化。首先,在第一次"淘金狂"过去后,许多淘金者逐渐由采矿业过渡到定居生活,结果平原和流域人口迅速增长,而采矿区的人口却出现了下降或停滞的趋势。第二,在扩大粮食作物种植面积的同时,专门面向市场的蔬菜和水果(如苹果、葡萄等)栽培业也发展起来。据统计,1876年从圣弗朗西斯科出口的货物中,小麦为969万蒲式耳,干果为13700磅,葡萄酒为31600加仑。第三,是灌溉农业在加利福尼亚的兴起。早在1867年,洛杉矶和约罗两县的灌溉地就占31000英亩。此后,据《太平洋农村出版业》杂志说,圣若昆河流域各处都"对灌溉系统的必要性给予了注意"。到1877年,按美国农业局统计,加州共有灌渠611条,受益面积达202955英亩。由于这些重大变化,农业已上升为加利福尼亚经济生活中的主要因素,以致1875年该州州长宣称:"农业已是我们的主要企业。"②相对而言,采矿业在此期间却下降到次要地位。据达德利·T.穆尔黑德的研究表明,在1880

---

① G.C.菲特:《农场主的边疆》,第156—158页。
② 同上书,第168页。

年加利福尼亚52个县中,被划入"采矿区"和"采矿与木材区"的县只有10个,已不足该州县份的五分之一①。

"淘金狂"后,太平洋沿海商业性渔业也迅速兴起,使之成为该州的第三产业。"淘金狂"刚刚过去,渔船队就群集于加利福尼亚湾,然后向沿海岛屿逐渐伸展开去。当时所捕的鱼,除一部分供当地居民食用外,大量的是加工后供出口之用,于是在加利福尼亚沿海城镇形成了一系列鱼类加工中心。如蒙特雷的鳀鱼和沙丁鱼加工,圣彼得罗的金枪鱼包装,圣弗朗西斯科的鲑鱼加工,都极为有名。早在1855年,萨克拉门托附近就有三个渔业公司,从事鲑鱼加工和包装业务。到1880年,加州投资于鲑鱼业的资本达180万美元,共拥有渔船850艘;该年太平洋沿海的捕鱼量达12000吨②。不可忘记的是,在加利福尼亚这项产业发展中,也有过中国移民的不朽业绩。因为在"淘金狂"中到达加利福尼亚的华工,大部分来自中国东南和广东沿海地区,其中许多人有丰富的捕鱼经验,"淘金狂"后不少人转到渔业方面。他们曾在圣弗朗西斯科湾蒙特雷、圣迭戈建立过永久性渔村,在圣克利门蒂岛建造过临时性营帐③。

还需补充的是,无论是在加利福尼亚的开发过程中,还是在整个远西部的崛起过程中,交通运输业的发展都起着重要的作用,而在这方面"淘金狂"的影响又尤为明显和深远。如加利福尼亚第一条驿站线(开辟于1849年5月30日),就是为办理从斯托克顿到施塔斯洛

---

① 达德利·T.穆尔黑德(Dudley T. Moorhead):"地方主义与1879年加利福尼亚宪法"(Sectionalism and the California Constitution of 1879),《太平洋历史评论》(The Pacific Historical Review)1941年第10卷第3期,第288—290页。
② 安德鲁·F.罗尔:《加利福尼亚史》,第255页。
③ E.J.弗罗斯特(Frank J. Frost):"帕洛斯·维尔德半岛中国石锚之谜"("The Palos Verdes Chinese Anchor Mystery"),《考古学》(Archaeology)1982年1—2月第35卷第1期,第28页。

矿区的业务的。到50年代中叶加州已有的12条驿站线,大部分都是为该州的采矿中心服务的。随着"淘金狂"由西向东逐渐扩展,这种驿站线后来发展到整个美国的太平洋沿岸,并且伸展到落基山区以及中西部,1851年起从萨克拉门托到盐湖城就建立了这种业务。甚至美国第一条横贯大陆的铁路,即"中太平洋铁路"和"联合太平洋铁路",也是由于"淘金狂"的推动并且直接由加利福尼亚商人投资,才得以于1869年建成通车。但如果要研究采矿业、运输业和资本的关系,就不能不研究"俄勒冈汽船航运公司"形成和发展的历史,因为它是这方面的"一个典型例证"。19世纪50年代末,贸易在哥伦比亚河上游实际并不存在,但当1859年"淘金狂"从加州冲击到弗雷泽河流域和艾达荷地区时,一批曾在哥伦比亚河下游航运业中投资的公司和私人,便于1860年12月组建了以约翰·G.安斯沃思为董事长的"俄勒冈汽船航运公司"。它的经营者和股权所有者最初仅4人,布雷福德和拉克尔就分别掌握了257和345股,可见是一个"合股性质"的资本主义企业。由于该公司在运输业中采用排他性经营,很快就垄断了整个哥伦比亚河上的贸易,第一年就偿还了48%的投资,到1864年已拥有200万美元的不动产①。这个公司的历史说明,采矿业、运输业和资本之间是互相促进的。

总之,加利福尼亚及美国的整个远西部,是以"淘金狂"开始其经济起飞的。"淘金狂"宣告了远西部在美国的崛起。由于大量贵金属的发现和挖掘,成为美国资本积累的重要来源,无疑为美国资本主义的发展输送了新的血液。这个以采矿业为中心的开发运动,从加利福尼亚迅速扩展到落基山区,这就形成了一个与"西进运动"方向相

---

① 多罗西·O.约翰森(Dorothy O. Johanson):"俄勒冈汽船航运公司"("The Oregon Steam Navigation Company: An Example of Capitalism on the Frontier"),《太平洋历史评论》1941年第10卷第2期,第180—185页。

反的运动,从而缩短了整个美国大西部定居和开发的时间,加快了这一地区的经济发展速度。

三

1849年加利福尼亚的"淘金狂",一方面断然地打断了这一地区历史发展的正常秩序,使整个美国的远西部得以按特殊的"美国方式"进行开发;另一方面,它又在接纳各国移民开发其远西部的同时,把太平洋的贸易推进到一个新的阶段,并在这一过程中使夏威夷逐步"美国化"。正如恩格斯所预言的,它"第一次使太平洋真正接触现代文明,在历史上第三次为世界贸易开辟新的方向"①,使世界贸易从大西洋转向太平洋。这次"淘金狂"对世界历史发展的最大意义,或许正在于此。

自然,太平洋的贸易并不是在"淘金狂"后才开始的。早在1565年,西班牙人已在他们占领下的菲律宾和墨西哥之间,搞起了所谓"大帆船贸易",并且使这项贸易持续整整两个半世纪。然而,由于受到西班牙王室的严格限制,这项贸易很长时间内只保持在每年两艘船只往来的水平;后来虽有所放宽,但每年从马尼拉运出的货物,总值也只在75万比索左右②。1741年和1776年,俄国人白令和英国人库克,先后探险至北太平洋沿岸,并在那里发现具有重要商业价值的水獭皮。1784年当库克的探险报告出版后消息迅速传开,许多英国商船便闻讯而至,于是揭开了太平洋贸易中的"水獭时代"。此时,"中国皇后"号从中国经大西洋返回,美国的商人们为扩大与中国的

---

① 恩格斯:《民主的泛斯拉夫主义》(1849年2月),《马克思恩格斯全集》第6卷,第326页。

② 埃利奥特·G.米斯:《美国西部的海上贸易》,第277页。

贸易,也对美洲西北太平洋沿岸的皮货发生极大兴趣,加入到太平洋皮货贸易的行列。1787年美国的"哥伦比亚"号从波士顿出发,在美洲西北太平洋沿岸收购和装上皮货后,经太平洋抵中国的广州,从而实现了美国人的第一次横渡太平洋的商业航行。但由于上述贸易均属于"过境性质",故未对加利福尼亚及太平洋本身留下什么重大的经济影响,更谈不到开拓世界贸易的"新时代"。

太平洋贸易的真正兴起,并发展成为世界贸易的重要组成部分,还是发生在19世纪40年代美国夺取俄勒冈、加利福尼亚和1849年加利福尼亚"淘金狂"开始之后,因为这一系列事件特别是"淘金狂"使外界和美国太平洋沿岸港口的贸易突然变得活跃起来。首先,为了加强美国东、西两部之间经济和政治上的联系,为了把大批欧洲和美国东部的寻金者送往加利福尼亚的采金地,也为了向加利福尼亚迅速集中的人口提供食品和必要的生活用品,欧洲、美国东海岸经海上和加利福尼亚之间的交通运输和商业贸易迅速地发达起来。1848年10月,美国邮政总局与太平洋邮政轮船公司就俄勒冈的阿斯托里亚和巴拿马地峡之间提供每月一次服务问题所达成的协议签字生效的时候,正值"淘金热"兴起之际,因此该公司不仅负责阿斯托里亚和巴拿马地峡之间的邮政服务,也承担起把淘金者从地峡运往圣弗朗西斯科的任务,承担这项任务的轮船在1849年就有12艘。以后,除了邮政服务的轮船外,各类从事商业运输和旅客往返的船只逐渐增加。据一个报告说,1849年大约有700艘船只,从大西洋岸各港绕道合恩角前往加利福尼亚。为了适应这条海上航线的需要,美国人特意设计了一种"快速帆船"(Clipper ship),从1849至1853年就有几百艘这样的帆船,航行大西洋岸与加利福尼亚之间。到1886年,经过合恩角来往于太平洋和大西洋之间各港口的船只一年的吨位,已达84503吨①。这是加利福尼亚和太平洋岸贸易活跃的一个方面。

另一方面,大约从1845年起,加利福尼亚和夏威夷及东亚的贸易关系也开始活跃起来。尤其是加利福尼亚发现金矿的消息在1848年6月17日传入夏威夷后,这个群岛便迅即成了淘金者进入加利福尼亚的重要渠道,许多原先生活在那里或途经夏威夷的"外国人"(主要是中国人),开始从此地前往加利福尼亚。据统计,从1848年11月1日开始的5个月内,夏威夷外事局就签发了218份护照,其中210份的持有者宣布他们的目的地是加利福尼亚②;其次,由于俄勒冈和加利福尼亚逐渐被开发,木材业、面粉业、捕鱼业逐渐兴起,这就在它和夏威夷的贸易中注入了新的活力。正如R.阿姆斯特朗所说:"活跃的贸易正由于俄勒冈和加利福尼亚而开始,夏威夷的蔗糖和糖蜜将为这些领地所必需,而俄勒冈和加利福尼亚将用木材、面粉和鲑鱼来交换。"③最后,当美国的太平洋沿岸地区的经济地位加强后,美国在政治和经济上经夏威夷向西太平洋的渗透也加强了,从而提高了夏威夷作为美国太平洋贸易中间站的地位。

由于上述两个方面的发展,"淘金狂"后加利福尼亚和美国的整个太平洋沿岸,便逐渐成为太平洋贸易的中心。据统计,太平洋沿岸关税区所拥有的各类船只1870年为1136艘,1900年增加到2217艘,其总吨位则从1850年的18655吨,增加到1870年的190398吨,再增加到1900年的612904吨。这个关税区的进出口(包括再出口)

---

① 埃利奥特·G.米斯:《美国西部的海上贸易》,第113、260页。
② 哈罗德·W.布雷德利(H. W. Bradley):"加利福尼亚和夏威夷群岛"("California and Hawaii Islands, 1846—1852"),《太平洋历史评论》1947年第16卷第1期,第20—23页。
③ S. K. 史蒂文斯(Sylvester K. Stevens):《美国在夏威夷的扩张》(*American Expansion in Hawaii, 1842—1898*),宾夕法尼亚档案出版公司1945年版,第32页。

货物总值,由 1860 年的 1235 万美元增加到 1870 年的 3089 万美元,再增加到 1900 年的 13231 万美元。当时美国出口货物的去向,不仅包括美国的东部、欧洲,也包括南美、太平洋各岛和远东各国。圣弗朗西斯科原不过是一个小镇,"淘金狂"后仅二十年便发展成为美国的第十大城市,1870 年时拥有人口 15 万,集中了整个加州人口的 27%。这个港口的进出口总值 1860 年为 1224 万美元,1870 年增加到 2998 万美元,1900 年又增加到 4037 万美元,成为美国西海岸进出口贸易的主要门户[①]。

1849 年"淘金狂"后,世界贸易新方向的开辟,以加利福尼亚为中心的太平洋贸易的发展,又反过来对太平洋的历史产生了越来越大的影响,它的重要表现之一就是加速了夏威夷的"美国化"。早在 19 世纪 20 年代,美国对夏威夷的政治、经济和文化渗透就已开始。40 年代初,一些美国传教士脱离和教会的关系,"归化"夏威夷人、充当王国政府的顾问。与此同时,更多的美国人随即卷入到夏威夷的经济生活中,这些人趁王国政府和私人出售土地的机会,通过购买而成为土地的所有者。1849 年"淘金狂"以后,这种情况变得更盛了。1850 年美国移民局宣称:"盎格鲁-撒克逊人在人数、资本和企业方面正在增长",并特别提到:"许多传教士正在获得大片的土地。"[②]他们在这些土地上建起甘蔗种植园,以夏威夷人、中国人和其他国家移民为劳动力。紧接着就在夏威夷掀起了一场"农业革命":蔗糖业的兴起。

夏威夷"蔗糖业"的兴起,是以和加利福尼亚的贸易为条件的。1837 年,该岛虽然有了第一座蔗糖厂,但因为缺乏劳动力、资本和市

---

① 埃利奥特·G. 米斯:《美国西部的海上贸易》,第 16、67、200、414 页。
② S. K. 史蒂文斯:《美国在夏威夷的扩张》,第 30 页。

场,直到1848年它的蔗糖业发展仍很缓慢,平均年出口仅两百吨。夏威夷的"蔗糖业"之所以能在加州"淘金狂"后兴起,是因为美国远西部的开发为它提供了市场,而日益增多的外来移民(包括从加州返回的劳工)则为它提供了劳力。正如1860年6月第一届夏威夷王国农业协会所说:"美国领地和统治向太平洋边疆的扩张,加利福尼亚惊人的发现和征服,几乎是同时在美国西部边疆上一个大州的建立,就像魔术师的魔杖一样,把这个小群岛吸入文明和繁荣的核心。"① 正是由于俄勒冈和加利福尼亚按吸引人的价格,消费比夏威夷能提供的数量更多的蔗糖,而使夏威夷蔗糖的出口大增。据《太平洋广告商业报》统计,由1855年的289900磅,增加到了1860年的1826600磅;同时期糖蜜的出口由38300加仑增加到了87500加仑。

这场"农业革命"的最重要结果,是甘蔗种植场主的形成。早在1852年,组成一个甘蔗种植的合股公司已在酝酿之中;这个公司的核心在1860年已成为夏威夷甘蔗种植的决策者。它说明,大规模的甘蔗种植已经出现,蔗糖业已完成了它最初拓荒的、小规模的、多少是由私人控制和经营的阶段,而走上了资本主义轨道。与此同时,夏威夷的经济也进一步为美国所控制。到1863年10月,有人估计"和这些群岛有关的商业中,不少于五分之四的商业属于美国人"。在甘蔗种植业中,美国人更是占着绝对优势。有人对1893年夏威夷288个蔗糖投资者进行了统计,其中有126人是美国人;在美国投资者中,拥有10000到50000美元股份的有49人,拥有50000美元以上股份的有25人,拥有50万美元以上股份的有3人。据说,德国血统的美国人斯劳斯·斯普雷克尔斯就拥有私人资产913400美元,控制着近50000吨的蔗糖,还充当20000吨以上蔗糖的经纪人,超过该岛

---

① S.K.史蒂文斯:《美国在夏威夷的扩张》,第34页。

蔗糖生产的一半①。这种情况的发展,最终导致了夏威夷的"美国化":19世纪末,美国人在那里发动所谓"革命",从政治上完全控制了夏威夷。而夏威夷的"美国化",又成为美国进一步在太平洋扩张的"前哨站"。

总之,1848年加利福尼亚金矿的发现,以及由此引发的移民潮和"淘金狂",在历史上确有多方面的意义和影响:(1)是直接导致了美国远西部的开发;(2)是逐步把夏威夷群岛变成美国在海外的第一块领土;(3)是使世界贸易中心发生第三次大转移:由大西洋到太平洋。换言之,在现代世界社会经济的发展中,一个新的时代即太平洋时代的序幕,由此正式被拉开了。

(原载《历史研究》1987年第3期)

---

① 理查德·D. 韦尔(Richard D. Weigle):《蔗糖和夏威夷革命》("Sugar and Hawaiian Revolution"),《太平洋历史评论》1947年第16卷第1期,第41—46页。

美国西部城市的起源及其历史类型

一般地说,都市化是工业化的产物,也是现代文明的重要标志,它是在由农业社会向工业社会转变的过程中完成的,从这个意义上说,城市是"现代工业之家"①。在美国却不尽然,它的东北部,虽然也有一些城市是在农耕的基础上通过人口集中逐渐成长起来的,但是,那里"一半以上的、规模较大的城市都是海港城市",如波士顿、新港、纽约便是②。至于西部的城市,则大多数是伴随着西部的拓殖成长起来的,且随着拓殖运动的不断推进在不同地区显示出不同特征。因此,美国西部城市的起源,便带上了不同于东北部及旧世界其他国家和地区的许多特点,并由此形成一系列独具特色的城市类型。研究西部城市的起源及其类型,有助于进一步探索美国西部崛起的动力,了解和说明美国文化的多元性。

---

① 托马斯·C.科克兰:《企业时代》,第249页。埃里克·E.兰帕德指出,在社会科学中有三种不同的"都市化"概念:(1)人口学把都市化看作是某个特定空间人口集中的过程;(2)结构—功能学派认为,典型的人口集中是与"非农业的"活动有关的梯级性增长相一致的;(3)都市化的行为概念大半不重视人的行为空间的调整和集中,而特别强调个人或团体行为的调节。这些被认为是城市生活的特点。见 Eric E. Lampard,"Urobanization", , Glenn Porter ed. , *Encyclopedia of American Economic History*, vol. Ⅲ,纽约1980年版,第1028页。

② 克莱夫·戴:《美国商业史》,第196页。作者认为,按城市的起源和发展看,美国的城市可分为三大类:(1)海港城市,(2)贸易城市,(3)河流城市。

一、"都市边疆"的推进及一般水平

在讨论西部城市起源及其类型时,必须首先指出一个重要的历史事实:美国人并不是西部城市的第一个开拓者,早在北美独立战争爆发之前,在美国通向太平洋的辽阔的西部荒原上,已经稀稀落落地点缀着一些"城镇",并在欧洲殖民者在北美的殖民活动中起过重要的作用。因此,有必要对这些早期城镇作一些历史的考察。

据记载,美国西部土地上出现的第一座城镇应是圣菲(Santa Fe),它是由当时统治墨西哥的西班牙人建立的,其历史可以追溯到1609年。法兰西天主教教会在卡奥基亚的活动开始于1699年,此教会会址的建立者来自魁北克的"外国传教会神学校",而魁北克正是法国殖民者在北美扩张的主要基地。此后,从1701年到1703年,法国殖民者和传教士又先后建立过三个城镇:底特律、文森斯和卡斯卡斯基亚,均位于五大湖至密西西比河一带。1718年,当西班牙人在得克萨斯的圣安东尼奥定居时,法国人西厄尔·德·宾维尔在密西西比河的河口也建起一个重要据点,即著名的新奥尔良。1753年,匹兹堡以"迪尤肯堡"之名出现于阿巴拉契亚山脉的西侧,当时是以法属加拿大总督的名字命名的,1758年被英人占领后才更为今名。此后,法国殖民者在西部建立的重要据点只有圣路易城(1764年)一个,而西班牙人在太平洋沿岸建立的重要据点却有三个:圣弗朗西斯科(1776年)、洛杉矶(1781年)、萨克拉门托(1808年)。1806年特许建镇的惠林,在此之前早已以"亨利堡"闻名于世,它最初的名字叫"芬卡斯尔堡"。英国殖民者在西部则没有留下什么城镇,只有几个较为有名的"皮货贸易站",如尼亚加拉、圣约瑟夫①。

上述城镇的兴起和发展,与美国的所谓"西进运动"并无关系。因为它们主要是由西班牙和法国殖民者建立的。而且,直到北美独立战争爆发之前,整个大西部这类城镇较为重要的,估计总共只有十几个,其数量和规模都极为有限。这些城镇的建立,大多是出于宗教、贸易和军事的需要,而不是大规模拓殖运动的结果,与其说它们是城市还不如说是"要塞"。例如,圣菲(Santa Fe)在西班牙语中意为"神圣的信念",而圣弗朗西斯科的原名普勒西迪奥,则是"防御城堡"的意思②。在整个大西部,伴随着美国革命前后兴起的"西进运动"而诞生的第一个边疆城镇,应是1775年由丹尼尔·布恩建立于肯塔基的"布恩斯堡"(Boonesboroug),由于这个定居地远离交通要道,始终也未发展成为重要的大城市。与此相反,于1778年建立的路易斯维尔,由于它位于肯塔基北部的俄亥俄河南岸,却迅速地发展起来并成为西部开发初期重要的交通和贸易中心;在美国独立战争期间,法国曾派军支持北美人民,正是为了感谢法国的援助,此城才于1780年以法王路易十六命名③。10年后,在俄亥俄河北岸,一批新的市镇随着俄亥俄地区的迅速开发而勃兴,其中最著名的边疆城镇就是马里塔和辛辛那提,两城分别建立于1787年和1788年。它们不仅是西部重要的工商业中心,也是西去的移民集散地。

之后,都市边疆继续从俄亥俄河向南北扩展:在它的北边,先后建立了克利夫兰(1796年)、哥伦布(1812年)及印第安纳波利斯(1820年)等新兴城市;在它的南面,先后兴建了纳什维尔、杰克逊、

---

① 理查德·A.巴特利特(Richard A. Bartlett):《美国边疆社会史》(*A Social History of the American Frontier*),牛津大学出版社1974年版,第402页。
② 邵献图等编:《外国地名语源词典》,上海辞书出版社1983年版,第119、125页。
③ 理查德·A.巴特利特:《美国边疆社会史》,第404页。

伯明翰等市镇。向西,城市边疆则沿密西西比河及其支流继续伸展,先后兴建了独立城、堪萨斯城、圣保罗、孟菲斯、奥马哈等一系列城镇。从19世纪40年代开始,随着远西部逐步被美国移民所征服,美国的都市边疆开始跨越大平原向落基山区及太平洋沿岸伸展:首先,1847年一批摩门教徒,在其首领布里格姆·扬的带领下,从原来的定居地伊利诺伊长途跋涉来到大盐湖,在此建起著名的圣城盐湖城。然后,在1848年兴起的"淘金狂"的推动下,原先由西班牙人建立的一些要塞如圣弗朗西斯科和萨克拉门托等不仅获得了勃勃生机,而且在各个矿区周围还兴建了一批崭新的采矿城镇。

各地区都市人口在全国都市人口中的比重[1]

地　区	在全国都市人口中所占比例(%)	
	1870年	1910年
新英格兰	15.5	11.4
大西洋中部	43.4	35.3
大湖地区	19.7	22.9
东南部	11.0	10.2
大平原	7.3	9.2
西南部	0.7	3.3
山区	0.2	2.0
远西部	2.2	5.7

但从总的来看,在相当长的时期内,西部都市化的整体水平,还低于美国的东北部,这可从下表提供的统计资料得到证明。从该表可以看出,直到1870年,全国都市人口最多的地区是东北部的大西洋沿岸中部,其都市人口占了全国都市人口的43.4%,而西部都市

---

[1] 戴维·沃德(David Ward):《城市和移民》(Cities and Immigration),牛津大学出版社1974年版,第33、40页。

人口最多的大湖区,仅占全国都市人口的19.7%。至于大平原、落基山区和远西部的都市人口,则分别只占全国的7.3%、0.2%和2.2%。这种情况,到19世纪末和20世纪初,并没有发生根本性变化。以地域而论,落基山区和太平洋沿岸,在全国总面积中占28%,而都市人口只占全国的百分之二、三;与此相反,整个东北部,包括新英格兰和大西洋中部,都市人口占全国都市人口一半以上,其面积只占全国的6%。两相比较,足以说明西部的都市化程度,不可估计过高。

这是由于:第一,东北部(包括新英格兰和大西洋中部),是美国工商业的发源地,都市化过程早于西部近两百年;第二,西部从总的来说还基本上是一个拓殖区,直至19世纪末,它的主要行业仍是农业,只有五大湖是个例外;第三,和任何其他地方的都市化过程一样,西部的都市化过程也要受历史和环境条件的限制,不能超越经济开发的阶段。总之,如果离开这一基本情况,就不能对西部城市的起源与类型,及其发展的道路和特点,作出科学的估计。

二、西部都市化的起源及其类型

然而,西部城市的兴起和发展,又确有许多独特之处。在一般的情况下,城市是在乡村农业社会的基础上,通过人口集中逐渐成长起来的,因而要经历一个由地方性小城镇到地区性中心城市转变的过程,且会有少数城市发展成全国性大城市。而在西部,虽然也有某些城市的兴起和发展没有越出一般常规,但大多数城市都是伴随着西部各地区的开发过程成长起来的,因而它们的发展从一开始就是整个西部开发事业的一部分,并由此形成与农业边疆、矿业边疆、牧业边疆不同的"都市边疆"(The Urban frontier)。根据其起源之不同,我们可把西部的新兴城市主要分为四大类:

（一）作为一种"投机企业"的市镇。在西部城市的发展史上，许多城市的起源与美国政府的公共土地政策有关，它们是由公共土地的领有者即土地公司直接建立的。这是因为，合众国的公共土地政策从一开始就具有双重性：一方面，政府决定将公共土地向广大移民群众开放，允许人们以不同价格从联邦手中购买他们认为合适的土地，以便在西部定居并建立自己的家庭农场；另一方面，政府又决定按大块出售的方式处理手中掌握的土地，以便尽量吸收商人和公司的资金来缓解国家的财政危机，从而给土地投机家以可乘之机。于是，一些土地公司纷纷投入联邦土地的买卖和经营活动。它们首先按极低的价格从联邦手中获得在某地建立市镇的地权，接着便以市镇所有者的身份带着一批人员到该地选址，然后再以高价分别向移民出售镇址地皮并从中获利，由此在西部建起一个又一个新市镇，成为西部新兴城市起源的重要因素之一[1]。

以这种模式兴起的市镇有以下特点：(1)与一般的看法相反，这类市镇并不是"正常地"成长起来的，而是从一开始就与1785年土地法密不可分，其规划、勘测和地皮的占领，都采用了难以想象的格子式方法，街道一般是按东西向、南北向设计的；(2)"这些市镇实际上都是一些不同类型的投机企业"[2]，因为这些市镇本身就是公司进行投机的对象，即所谓"镇址投机"，其选址、勘测、设计都操在拥有该镇址的投机公司手中；(3)因此，这些市镇的镇址，为了能够招揽更多的移民和定居者，大多选在河边或湖岸等交通要道或较为便利的地方，并预先规划和绘制了出入市镇的公路系统；(4)由于土地投机活动的

---

[1] B. H. 希巴德(B. H. Hibbard)：《公共土地政策史》(*A History of the Public Land Policies*)，纽约，1924年版，第36—43页。

[2] "投机企业"，原文为"speculative enterprise"，见理查德·A. 巴特利特：《美国边疆社会史》，第405页。

狂潮愈演愈烈,在大多数这类都市中心的背后都站着一大群握有大量货币的土地投机家,他们一面控制着大量土地,一面琢磨着他们的市镇计划,成为推动西部社区发展的重要力量。

以这种途径兴起的城市,在西部各地及不同时期都可见到,但尤以中西部(主要是俄亥俄河和五大湖区)更为突出,因为这里是最早全面实施1785年土地法的地区,正是这个法令首先确立了在西部采用"市镇殖民制度"与公共土地出售相结合的办法,成为此类城市起源的主要契机。在中西部,这类新兴城市很多,马里塔、辛辛那提、克利夫兰等是其中较著名者,而最著名的还是马里塔①。导致马里塔(Marietta)建立的动力,来自新英格兰"俄亥俄同人公司"(Ohio Company of Associates)。早在1787年,代表该公司的R. M. 卡特勒就精细地考察过俄亥俄地区并观测过马斯金姆河河口地带,因为该公司在此拥有"为建立一个城市"的6000英亩土地。1788年春,R. 普特南率领下的一批受俄亥俄同人公司赞助的英格兰人来到此地。他们发现一批远途而来的堤坝建筑者已先于自己使用了那个市镇的镇址,于是,普特南便利用这些先前来的居民们给此地造成的变化,将其行走的道路改为宽宽的街道。他保存了马斯金姆河河边的公共土地并为居民们设计了定居地。至今,在马里塔城还可看到它的新英格兰传统,以及普特南为它设计的宽阔的街道②。

这类城市采用的"市镇殖民制度"源于新英格兰,但中西部这类城市成长的道路与新英格兰并不完全一致:新英格兰的市镇当局在以团体名义从殖民公司手中领取土地后,其土地基本上是在它管辖

---

① W. 哈维格斯特:《俄亥俄州史》,第10—12页。
② 理查德·A. 巴特利特:《美国边疆社会史》,第403—404页。

的移民中均衡分配的,土地投机活动在当时(特别是17世纪)还不存在①;而在中西部这类城市的起源中,土地投机从一开始就是整个市镇选址、勘测、设计的主要出发点,其地皮的售价是随着土地市场上的价格而波动的。所以,从这个意义上说,中西部城市的起源和发展,走的是一条不同于东北部的道路,它们属于一种新型的城市。"土地投机公司最早设计了匹兹堡、辛辛那提、路易斯维尔以及其他西部城镇的城址"②。

(二)兴起于远西部的"采矿城镇"。这种类型的市镇的兴起主要与远西部的采矿业有关,它们最初是以"采矿营地"的形式出现的。这种采矿营地,在远西部采矿业兴起的过程中,先后大概建立过几百座之多,但与其说它们是远西部城市的起源,不如说是远西部社区的起源。因为真正发展为"采矿城镇"(mining town)的只是其中很少一部分,而许多采矿营地不久就衰落了。在由"采矿营地"发展起来的"采矿城镇"中,比较著名的有内华达的弗吉尼亚城、蒙大拿的海伦娜和弗吉尼亚城、南达科他的莱德和迪德伍德,以及科罗拉多的丹佛、莱德维尔、中央城、黑鹰城、克里普尔、克里克等。它们常常是建在从高山上流下的水流形成的溪谷或峡谷旁,也有些建在荒凉的山顶,或多风的高原之上。

在远西部由"采矿营地"发展起来的城市中,科罗拉多的丹佛是最著名的一个。科罗拉多发现金矿,刚好在1848年加利福尼亚发现金矿之后10年,最初的发现地在流入普拉特河的切里河河口,该地西距大山仅12英里。4个月之内,前来淘金的人流,已在这块发现

---

① B.H.希巴德指出,美国独立后的土地制度"是一个新的出发点,因为土地出售并不是英国政府和殖民地土地政策的特点"。见其所著《公共土地政策史》,第33—34页。

② B.麦凯尔维:《美国历史中的城市》(Blake Mckelvey, *The City in American History*),纽约1969年版,第35页。

地建起两个城镇:奥腊里亚和丹佛,两年后它们便在竞争中合并成一个城市,这就是后来的丹佛市(原名奥腊里亚,系拉丁语,意即"黄金")。然而,科罗拉多山区采矿业的进一步扩大,对丹佛市的发展却是好坏参半:从直接影响上看,它使丹佛在合并奥腊里亚之后出现了衰退,据说当时"丹佛城的房屋有一半已空无人居了",许多居民移居到了新的采矿地,并在科罗拉多山区涌现出一批新的采矿城镇,如高山城、黑鹰城、中央城,都是在此时兴起的;从间接影响上看,在它的居民移往附近的其他采矿营地之后,丹佛作为一个昔日的采矿城镇虽然衰落了,但它作为向这些新的山区采矿营地供应食物和其他必需品的主要货物集散地,在19世纪60年代中叶又重新繁荣起来。

远西部的采矿营地,从表面上看五花八门,在风格和形式上都很不一致,但它们却代表着一种文明在美国的兴起。矿工来自四面八方,他们在采矿区迫不及待地要求拥有土地权。随后帐篷、油布、雨衣、马车、木屋相继出现。一个市镇投机家,虽然从拉铁丝网立柱起就声明该地方属于某人所有,拥有提出定居地的所谓"权益",但这种所有权往往有其名而无其实①。一般地说,这类城镇最初只不过意味着各种干货、杂货、化验、沙龙以及各种铁器、火药和采矿设备,还有饲料、店铺的偶然的集中地。镇子一般建在某个宽阔地带的两旁,泥沙和尘土飞扬于主要街道。在这类市镇勃兴的中间期,大街上充满了公牛、骡子和马匹,它们拉着有白顶篷的载货及载人的马车,铺板很快放满了街道两旁的人行道,一切似乎显得庞杂零乱,但它们对于采矿业来说又非常必要。进入这类新社区的,多是处于成年期的采矿人,背上大多背着各类杂物。最初的居民常常被人称为"懒汉和堕落者",他们睡在人行道边的铺板上,或睡在沙龙的地板上。

---

① 罗伯特·V.海因:《美国西部史解释》,第122页。

当采矿营地建起来后,间或有一些中间人设立起一个办事处,为人们提供关于地权、投资和价格的建议。随之,律师也很快出现了,因为有关土地权的争执日益严重,需要在这些争执之中充当某种裁决者。据统计,1865至1867年间,在内华达的惠特派恩矿区,由人们提出的土地权申诉书就有13000份以上[①]。当这些城镇的秩序趋于稳定的时候,它们所面临的问题也繁杂起来,街道需要铺设鹅卵石,水的供应和污水处理变得日益迫切,厕所的污物及骡马的粪便充溢街道,天花、肺炎、伤寒在采矿营地流行。如果一个市镇有了坏名声,那就意味着丧失投资者的全部投资,这使与其有利害关系的人开始关心起市镇的改进。为了解决这些市镇面临的问题,各采矿营地开始建立市政府,市政府一般由一个市长和一个委员会组成,日常工作掌握在一个市镇会计、一个职员、警察局长和律师手中。有时,市镇还配置一个街道监察员、一个工程师、一个医生和一个市镇清道工。市政府的建立,标志着由采矿营地到采矿城镇的转变和一个新的城镇的兴起。

(三)大平原上铁路沿线的"牛镇"。这类市镇兴起于19世纪60年代,它的兴起主要适应了大平原畜牧业迅速扩大,并逐步向商品化方向发展的趋势。在19世纪40年代之前,美国在西部的移民线仅推进到密西西比河西岸,但在40年代中期便有不少美国人以密苏里的圣路易和独立城为出发点,越过大草原进入落基山区和太平洋沿岸,由此逐渐发现了大草原在发展畜牧业方面的极大可能性。大规模的畜牧业,主要是牧牛业,是在南部的得克萨斯首先兴起的。据考证,得克萨斯的畜牧业,早在18世纪末和19世纪初已具有相当规模,1830年时那里的牛群就达10万头。40年代初,得克萨斯人开始

---

① 理查德·A.巴特利特:《美国边疆社会史》,第435页。

将牛赶往新奥尔良出售，1846年又首次把牛赶到了俄亥俄。这说明，在横贯大陆铁路建成之前，得克萨斯的牧牛业已开始了商品化的过程。只是由于市场的限制，它的出口量才很少，且主要是先运往新奥尔良，后运往孟菲斯。

但是，从60年代开始，交通运输业的发展，特别是一系列横贯大陆的铁路及其支线的建筑，在大平原的畜牧业和北部及东北部的广阔市场之间架起了桥梁。在这种情况下，作为大平原牧牛业摇篮的得克萨斯，及时地抓住了这一赚钱的机会，决定把牛群从得克萨斯"长途驱赶"到北部交通线，然后上火车转运到芝加哥等肉类加工地乃至东北部。由于赶往北部的牛群不能按时赶上火车，需要有"牛栏"来存放和喂养，且要为赶牛的"牛仔"们提供食宿之便，人们便在这些火车转运站附近建起一系列镇子，它们在美国史上被称为"牛镇"，实际上就是"牛栈"。这种"牛镇"散布于圣路易到落基山的广大地区，一般都位于横贯大陆的铁路及其支线的火车站附近，因而其发展是由东向西的。著名的"牛镇"：在堪萨斯，有阿比林、埃尔兹沃思、艾利斯、科尔贝、考德威尔、杭尼威尔、道奇等；在内布拉斯加，有许凯勒、卡尼堡、北普拉特、奥加拉拉、西德尼等；在怀俄明，有派因布拉夫、格林河、罗克沟、拉腊米、希尔斯代尔等；在蒙大拿，有迈尔斯、格伦代夫、赫勒纳等。

"牛镇"的选址，还受到另一种因素的影响，这就是要尽量避开印第安人的袭击。因为最初的得克萨斯牛仔们"长途驱赶"的路线，一般是取道俄克拉何马、阿肯色和密苏里，这些地方当时还是印第安人的领地。牛仔们常常遭到印第安人的袭击，牛群也常常被惊散。牛群动则上千头，是牛仔们及其主人的全部财产，如果牛群遭袭击就意味着经营的完全失败。如1866年詹姆斯·多尔蒂从堪萨斯赶往圣路易的1000多头牛，就是这样遭到印第安人袭击而惊散的。正如约瑟夫·麦科伊在其回忆录中所说:"人生没有哪几种行业如同贩牛一样,大笔财富的得失系于一线。实际上,赶牛贩就像小孩子一般软弱,走错一步或者稍有差池,便会失去整个牛群,而这却是他在世界上的全部财产。"①于是,人们开始寻找如何尽量避开印第安人袭击的办法,而唯一的办法就是把赶牛路线往印第安人稀少的西部移动,但也因此增加了建立"牛镇"的困难。

大平原上第一个,也是最著名的一个"牛镇",是位于堪萨斯联合太平洋铁路线上的阿比林(Abilene)②,它的建立者就是上述的那位麦科伊。阿比林原是一个小小的草原村寨,1867年春麦科伊几经周折,和汉尼巴尔及圣约瑟夫铁路公司达成协议,从该公司得到了优惠的运费率的报价,然后花 2400 美元买下了阿比林全镇共 480 英亩的地皮,作为他建立"牛镇"的地址。由于此处"居民稀少、水源丰富、牧草肥美",几乎处处都适于圈养牛群。经过麦科伊 60 天的改造,阿比林真的成了一个设备齐全的牛镇:它有一处可容纳 3000 头牛的围场,两台大型的费尔班克斯磅秤,以及一个牲口棚、一间办公室、一座三层酒店。在做完这一切后,麦科伊便派出宣传员,前往堪萨斯南部及印第安领地,到处宣传阿比林作为"牛镇"的好处,以吸引赶往北部的牛群到此圈养。结果,得克萨斯赶往北部的牛群纷纷转向阿比林,几年之内从此镇转运的牛群就达 1000 万头以上。到 1871 年,该镇已有 1000 居民,有 1 所学校、1 座监狱、3 座旅馆、3 个以上饭店。麦科伊也因此发了财,还当了阿比林的市长③。

伴随着大草原上的畜牧业而兴起的牛镇,内战后的 25 年,随着

---

① 丹尼尔·布尔斯廷(Daniel J. Boorstin):《美国人:民主历程》(*The Americans: The Democratic Experience*),中国对外文化出版公司 1991 年版,第 16 页。
② 此城在堪萨斯河沿岸,托皮卡城以西 100 英里处。
③ 丹尼尔·布尔斯廷:《美国人:民主历程》,第 17—19 页。

大草原被旱作农业的侵蚀,其中有一些因畜牧业的衰落而衰败了,但也有许多随着大草原的农耕化被保存下来,并以新的经济形式重新繁荣起来。所以,至今我们还可以在美国的地图上找到当年许多牛镇的名字,如阿比林、道奇等,只是与其最初设想的功能完全无关罢了。

(四)随着铁路延伸而兴起的"铁路城镇"[①]。这种类型城市的兴起,主要与铁路网的延伸有关。它兴起于19世纪60年代,七八十年代在密西西比河以西获得迅速发展,其数量比起采矿城镇有过之而无不及,这期间铁路的建设在大平原及远西部获得了前所未有的进展。其原因有四点:1.由于加利福尼亚发现金矿,以及随之而兴起的1849年的"淘金狂",成千上万移民从东部或中西部涌向远西部,迫切需要改善横贯大陆的交通运输条件;2.由于远西部远离东北部工商业中心,使横贯大陆的交通运输具有超越地方利益的战略性质,这已不是一般"小道"或"公路"所能胜任,而只有速度快、运输量大的铁路才能承担;3.东、西两部的商人包括联邦政府在内,这时都已注意到建立横贯大陆的铁路的必要性和重要性,并于1862年通过了具有划时代意义的《太平洋铁路法案》,由此开创了美国交通运输革命的新阶段;4.联邦政府对铁路公司的援助政策十分特别:第一,它给铁路公司的土地赠与,是以修筑铁路的长度为单位计算的,修筑的英里数越长,获得的赠地越多;第二,它给铁路公司的贷款数额,是根据铁路线穿越的地理条件考虑的,筑路的难度越大,获得的贷款也越多。因此,公司竞相多筑铁路,尽可能地向西部山区延伸,以便获取更多的赠地和贷款。

---

① "铁路城镇",意即"由铁路土地公司建立的城镇"。多萝西·W.克赖(Dorothy W. Creigh):《内布拉斯加州史》(*Nebraska: A Bicentennial History*),纽约,1977年版,第105页。

铁路的修筑,特别是横贯大陆铁路的修筑,对西部城镇的兴起和发展的推动是多方面的:首先,铁路是一种大型工程,它的建筑、维护和管理都需要大量的劳力。当横贯大陆的铁路(如联合太平洋铁路)一段一段由东向西不断推进之时,每一段都留下了筑路工人的住地及与之配套的仓库、设施,在铁路完工后一些住地废弃了,少部分则被保存下来并扩大为一批"铁路城镇"。其次,按联邦政府的援助政策,铁路公司所获得的赠地是可以自行处理的,各铁路公司为了把这些土地转化为资本,一般采取两种方式:一是直接向移民高价出售赠地以换取现金,二是组织城镇开发公司,利用赠地进行"镇址投机",而后一种方式更为普遍,由此形成了另一批"铁路城镇"。第三,铁路作为生产和市场的中介,对一切希望发财致富的人都有莫大的诱惑力,这使一些靠近铁路线的旧市镇或村庄,发生了翻天覆地的变化,不仅人口迅速增长而且在性质上也发生了变化,成为"铁路城镇"的新成员,如奥格登、奥马哈、苏城等。这三类铁路城镇,几乎在西部的每一条铁路线上都有,尤以"联合太平洋铁路"沿线更为突出。1873年后任怀俄明州长的斯特朗曾说:"大批的人口正在占领联合太平洋铁路沿线的 69 个城镇、村庄和车站。"①

在上述三种"铁路城镇"中,通过"镇址投机"建立起来的城镇最多,也最为典型。例如,里诺镇,位于内华达特鲁克河以北,是靠中央太平洋铁路建起的主要城镇,1868 年开始建立,1890 年有人口 3200②。斯普林斯镇,是一座科罗拉多的铁路城镇,1871 年 6 月由 W. 帕尔默组建的"科罗拉多斯普林斯镇址公司"建立,它将该镇 2/3

---

① 吉恩·M. 格雷斯利编(Gene M. Gressley ed.)《美国西部新趋势》(*The American West: A Reorientation*),怀俄明大学 1961 年版,第 102 页。

② 约翰·W. 里普斯(John W. Reps):《美国西部的城市》(*Cities of American West*),普林斯顿大学出版社 1979 年版,第 560 页。

的地皮和农地卖给那些愿在一年内进行改进的农场主,余下部分则以较高价格投放市场:民用地皮每英亩100美元,商业地皮每英亩175美元,农场土地每英亩30美元。帕森斯镇位于密苏里和得克萨斯铁路线的堪萨斯境内,1870年10月由帕森斯镇址公司建立。它的地皮于1871年2月开始拍卖,头3天就卖了18000美元,一个星期后地皮收入上升到30000美元。拉腊米镇位于联合太平洋铁路的怀俄明境内,1868年2月选址定位,4月就出卖了第一批镇址,其中400块镇址由土地投机家买走,地价从25美元到260美元不等。据说,在铁路线到达该镇的前5天,铁路公司在该镇的土地代理人报告,他已出售了价值34400美元的地皮,其中7315美元是用现金,其余是贷款①。此外,由铁路镇址公司建立的城镇,较著名的还有北太平洋铁路的俾斯麦镇,联合太平洋铁路的本顿,以及比灵斯、詹姆斯顿、登尼斯等。

上面探讨了西部四种主要类型城市的起源,但也不能由此得出以下结论,似乎西部的所有城市的起源都属于这四种类型。事实上还有许多城市是按通常的规律逐渐通过人口集中而形成的,也有一批城镇(如盐湖城)的兴起主要是以宗教为动力的。但上述四种类型的城镇,无疑代表了西部都市化的主要形式。

三、关于西部都市化的道路和特点

首先,从整体发展的观点看,美国西部的都市化过程是以大西部的开发为先导的,其城市是伴随着西部的开发而产生和发展起来的。只是美国西部的开发与一般开发的程序和路线有所不同,并不完全

---

① 约翰·W.里普斯:《美国西部的城市》,第589、576、561页。

或主要不是以农业开发开始的。这些开发程序或路线可以概括为三种：(1)中西部的开发所遵循的是"农业—采矿—工业"的程序或路线，可称之为"中西部方式"；(2)远西部的开发是沿着"采矿—农业—工业"的道路或路线发展起来的，可以称之为"远西部方式"；(3)大平原的开发则是按"畜牧—农业—工业"的程序或路线进行的，可称之为"大平原方式"。当然，这是就西部不同地区的主要开发程序或路线而言的。一个地区的某个地方或某个区域情况也许并不尽然，但是它们并不能改变上述基本程序或路线。需要指出的是，在整个大西部，不论该地区是以"农业"开发为先导，还是以"采矿"或"牧业"开发为先导，都分别构成了该地区开发中的重要阶段，都对各地区以后的整个发展产生过深远的影响，并决定了西部都市化的基本道路和特点。前面我们对西部城市起源及其类型的研究，也证明了西部都市化过程的这一基本特点，所谓"采矿城镇"或"牛镇"之类，恰恰说明了这些城镇是以采矿或畜牧业为先导的，是因它们而兴起的。

正是由于西部城市起源于开发业，特别是像远西部那样的规模巨大的采矿业，以及大平原那样的畜牧业，所以都市化的起步相对来说比东部要早，因为它在西部大多数地区超越了大规模的农业开发阶段，这在落基山区和远西部尤为明显。在这些地区，由于横贯大陆的铁路穿越了许多荒无人烟的地带，这些地带伴随着铁路建筑而兴起的"铁路城镇"，更是大大走在农业开发的前面。即使在中西部这样典型的农业开发区，由于许多城镇是由土地投机公司直接建立的，虽然不能说是超越农业开发阶段，但也可说是和农业开发同步发展的。采矿业与农业不一样，其开发主要是在一些点上进行的，因而伴随着采矿业而兴起的城镇，比起农业区人口集中的程度要高。此外，西部地域辽阔，人烟稀少，为了抵御自然灾害和防止印第安人的袭击，移民的定居地也要有相对的集中，从而加强了西部都市化的程度。因此,虽然西部人口密度大大低于东北部,但西部都市化比例(即都市人口与总人口之比)却高于全国的平均水平。据统计,1870年时,美国全国人口都市化比例是20.9%,而西部就有两个地区超过了这个平均水平:大湖地区为21.6%,远西部为31.2%。西部其余地区的比例也相当高,如大平原区为18.9%,山区为13.9%①。正如有的研究者指出的②,这是西部都市化的另一个重要特点。

事实上,不仅西部人口都市化的比例高于全国的平均水平,而且西部都市化的速度也往往高于全国的平均速度。为了说明这一点,我们有必要引入"人口都市化增量"(increase in the urban ratio)这一概念,这一增量表示的是某个时期增加的都市人口与这个时期开始时的都市化比例之间的函数,由此可以得出某个时期都市化增长(或减少)的速度③。据统计,中西部,即中央东北部和中央西北部,在1840年之前人口都市化比例的增长率都未超过全国的平均增长率,但1840年以后的10年内其都市化比例增长率分别高达5.1%和6.4%,大大高于全国的平均增长率(4.5%);太平洋沿岸的情况更为突出,1850年之前这里还不存在有关都市化问题的统计资料,但从1850至1860年该地区人口都市化比例陡然增长了12%,1860至1870年的增长率为3.1%,1880至1890年为9.7%,均高于或等于全国的增长率(见下表)。西部人口都市化比例增长较快的原因很多:首先,它是和西部相当高的移民率一致的;第二,它是和西部经济开发的速度一致的;第三,也是和美国工业由东北部向边缘地区扩

---

① 戴维·沃德:《城市与移民》,第33页。
② 参见王旭:《19世纪后期美国西部城市化道路初探》,《世界历史》1991年第1期,第55页。
③ 埃里克·E.兰帕德(Eric E. Lampard):"都市化"(Urbanization),见格伦·波特主编(Glenn Porter ed.):《美国经济史百科全书》(*Encyclopedia of American Economic History*)第3卷,纽约,1980年版,第1029页。

展相一致的;第四,还受到远西部"淘金热"和交通运输革命的刺激。

美国各区域人口都市化比例增长率① （%）

地 区	1810—1820	1820—1830	1830—1840	1840—1850	1850—1860	1860—1870	1870—1880	1880—1890
全 国	-0.1	1.6	2.0	4.5	4.5	5.9	2.5	6.9
东北部	0.4	3.5	5.4	9.4	7.8	7.8	8.0	9.2
大西洋中部	-0.2	2.9	3.9	7.4	9.9	8.8	6.0	7.8
大西洋南部	1.0	0.7	1.5	2.1	1.6	2.9	0.5	4.6
中央东南部	0.2	0.7	0.6	2.1	1.7	2.9	-0.4	4.3
中央东北部	0.3	1.3	1.4	5.1	7.5	7.5	5.9	10.4
中央西南部	-6.0	2.5	4.7	-8.3	-2.8	1.0	-0.8	2.6
中央西北部	—	—	0.4	6.4	3.1	5.5	-0.7	7.6
山区	—	—	—	—	3.9	2.2	9.3	7.7
太平洋沿岸	—	—	—	—	12.0	13.7	3.1	6.7

尽管西部都市化的比例和速度超过了全国的平均水平,但西部都市化的实际水平仍然低于东北部。到1910年,新英格兰和大西洋中部的都市人口,分别占该地区总人口的73.3%和70.2%,而西部都市化程度最高的远西部和大湖区,也只分别达到了56%和52.7%②。与这种反差相一致,西部都市化的过程呈现出两方面的特点:一方面人口相对集中,并由此导致都市化比例偏高;另一方面城市的规模相对偏低,因而中小城镇较多,大城市极少。据统计,1870年时,整个大西部,包括大湖区、大平原区、山区和远西部,10万人口以上的城市只有2个,占全国10万人口以上城市的1/7;2.5万人口以上的城市也只有13个,占全国相同规模以上城市的1/4,也就是说西部绝大多数城市,都是2.5万人以下的小城镇;到1910年,

---

① 格伦·波特主编:《美国经济史百科全书》第3卷,第1040页。
② 戴维·沃德:《城市与移民》,第40页。

西部 5 万人以上的城市也只有 40 个,约占全国同等规模以上城市的 36.7%,其余都在 5 万人口以下①。这种情况说明,在 19 世纪大部分时间内,西部大部分地区还主要是农业区,这和前面我们对西部都市化的分析是一致的。事实上,这个时期许多西部城市并未完全摆脱乡村面貌。以 1854 年开始建镇的苏城为例,农场主在该城人口中的比重,1860 年为 7.2%,1870 年还占 2.6%②。

正因为如此,少数较大一点的城市,甚至一些中小城镇,在西部社会经济发展中的作用就显得更为重要,因为它们的服务半径大于其他地区的同类城镇。例如,密苏里的圣路易市,虽然建立时间很早(1764 年),但在将近百年之内发展缓慢,直到 1840 年其人口也只有 16469 人;但"自 1850 年以来,圣路易已作为工商业中心而闻名"③,内战期间其工业产值增长了 300%,在中央大平原中部逐渐起着主导作用。它既是密西西比河流域南北交流的商品转运站,又是东部移民及各类工业品进入远西部的"门户",跨越大平原的商队也是从此地出发的。又如,1858 年才刚刚兴起的"采矿城镇"丹佛,1860 年时有 195 人申明其职业是务农,22086 人是矿工,175 人经营沙龙,至 1870 年其人口也不过 4759 人④。但这期间它已是整个落基山区的交换中心,附近农场生产的粮食和蔬菜、摩门教徒从盐湖城运来的面粉和玉米,都是经丹佛转运到各采矿营地的。1860 年 10 月 5 日《落基山新闻》报道:"昨天有大批鲜蛋、奶油、洋葱、大麦、燕麦等运抵此

---

① 戴维·沃德:《城市与移民》,第 33、40 页。
② 威廉·塞拉格(William Silag):《通向草原的门户:苏城和密苏里河边疆》("Gateway to the Grasslands:Sioux City and the Missouri River Frontier"),见《西部历史季刊》1984 年 10 月,第 412 页。
③ 保罗·C.内格尔(Paul C. Nagel):《密苏里州史》(Missouri:A Bicentennial History),纽约,1977 年版,第 77—79 页。
④ G. 菲特:《农场主的边疆》,第 11 页。

地",还有12000袋面粉和5000蒲式耳玉米正在从犹他到此地的途中[①]。它为了和夏延竞争以确保其在山区的主导地位,该城特地组建了一个"商会",并筹集了28万美元修筑了从丹佛至夏延及堪萨斯城的铁路线[②]。再如,圣弗朗西斯科,这个原西班牙殖民者的小要塞,在"淘金狂"初兴之时,一度受到了极大的冲击。由于居民纷纷奔往采金地,使一半房子空无人烟。但不久它就在"淘金狂"的刺激下,发展成远西部最大的工业、商业和金融中心,1870年其人口进入全国头十大城市之列(15万人),虽然它的规模还只是区域中心城市,但"已获得了与纽约、波士顿一样的中心性质"[③]。

总之,西部绝大多数新兴城市是伴随着西部的开发而兴起的,且第一个开发性行业在不同地区又有所不同。正因为如此,西部城市的兴起超越了西部以农业为主的大规模开发阶段,因而西部城镇一经兴起就反过来成为西部深入开发的动力,其作用往往超过了它们本身的规模和功能。

(原载《历史研究》1992年第4期)

[①] G.C.菲特:《农场主的边疆》,第11页。
[②] 布莱克·麦凯尔维(Blake Mckelvey):《美国的都市化(1860—1915)》(*The Urbanization of America, 1860—1915*),鲁特杰尔大学出版社1963年版,第26页。
[③] 同上书,第28页。

美国西部拓荒农场主的形成和演变

18世纪末至19世纪末,是美国大西部先后被占领和开拓的时代,也是美国资本主义"向广度"发展的时代,[①]而拓荒农场主是这个时代大西部开拓中的主要动力。西部的拓荒农场主是怎样形成和演变的,他们在形成和演变过程中又有什么样的特点,这是美国边疆史研究中尚未引起足够重视的问题。这里,试就此进行一些初步的探讨和说明。

一

西部拓荒农场主占有土地,不仅是其拓荒事业的基本前提,也是其形成的主要标志。这里,实际上存在着三个相互联系的方面:(一)农场建立者的土地从哪来?(二)拓荒者怎样获得他们的土地?(三)建立一个农场究竟要花多大的代价?需要说明的是,美国大片的西部新领土,除路易斯安那购自法国外,其余都是侵略墨西哥和抢夺印第安人得来的,这一点应该是我们整个讨论的基础,但由于国内已有文章论及,此处不再赘述。

[①] 西部各地区进入拓荒阶段的时间并不一样。密西西比河以东的地区,拓荒时代大约19世纪中叶就基本结束。而密西西比河以西的地区,那时才刚刚开拓。

众所周知,早在美国建国之初,西部所获得的土地国有化并向移民开放的政策就已确定。这一政策所适用的范围,虽然最初只包括阿巴拉契亚山脉和密西西比河之间的地带,但后来实际上扩大到整个大西部,常常有人因此而产生一种错觉,以为到西部定居并准备从事农业的人,其土地的唯一来源就是联邦政府。其实,事情远非如此简单,"从农场建立者的角度看来,这里实际上有五种可获得土地的主要来源:联邦政府、州政府、土地授予公司、个人土地投机家,及部分未耕地的私人所有者。"[1]

这是因为,在联邦"公共土地储备"建立以后,大批公共土地的所有权发生了转移。据统计,到1909年为止,联邦最初拥有的领土,40%处理给了私人和公司,11%授给了各州政府,23%作了联邦的保留地,26%依然是非保留又未拨用的。[2] 然而,更重要的是,这些土地的所有权由联邦转给州政府、土地公司及其他个人,还只是这些公共土地所有权转移的第一步,在它们脱离联邦并投放市场以后,不可避免地会再次以致多次发生转移。这正是西部土地问题复杂化的根本原因所在。

土地投机家和土地授予公司,以土地买卖为主要赢利活动,他们从联邦政府手中弄得土地本是为了转手倒卖,自然成了西部农场建立者获得土地的一大来源。那些私人所有者,不管他们的土地是来自联邦或别的什么主人,也常常由于资金和劳力不足,或准备移居到他们认为更理想的地方去,而把部分未耕地(甚至整个农场)出卖给邻居或新来者。至于授给州政府的公共土地,本是作为州进行"内部

---

[1] 克拉伦斯·丹霍夫(Clarence H. Danhof):《建立农场的代价和"安全阀"(1850—1860)》("Farm-Making Costs and the 'Safety Valve': 1850—1860"),见《政治经济学杂志》(*The Journal of Political Economy*),1941年6月,第3期,第329页。
[2] 希巴德(B. H. Hibbard):《公共土地政策史》(*A History of the Public Land Policies*),纽约,1924年版,第529页。

改造"(如修筑道路、挖掘运河或创办学校等)之用的,在多数情况下最终都由各州将其投放市场,以筹集资金。此外,直接获得了大部分铁路授地的铁路公司,虽然并非专门从事土地投机的团体(如土地公司),但为了筹集筑路基金和招揽移民也将大量土地出售。这样,在西部拓荒农场主面前就形成了多种土地来源,不过,某个时期拓荒者获得土地的主要来源及方式究竟是什么,则依然是由联邦的公共土地政策决定的。

1820年以前,由于联邦的土地政策以解决国家财政困难为主要出发点,规定公共土地出售的最小地段为640英亩或320英亩,较有利于土地投机家而不利于贫苦的普通移民,结果使大量公地落入土地投机公司之手。因此,这时期"大多数到西部定居的人并未直接从联邦政府购地",①而是间接地从土地投机公司(如俄亥俄公司等)手中购买或以"强行移住"方式非法占领联邦土地,有时则是一家一户坐着马车、带着武装直接抢夺印第安人的土地。据统计,按1796年土地法出售的土地到1800年只有48566英亩;按1800年土地法出售的土地到1801年11月1日也不过398466英亩。而这个时期"占地"活动是那样严重,以致国会不得不在1785、1804和1807年几次通过法令警告占地者,甚至派军队将占地者从他们的土地上赶走。②国会也曾采取措施试图缓和上述矛盾,如实行"分期付款"制度,允许购地者只交1/4现款,其余部分地款分四年交清;后又多次制定所谓"救济"法案,延长购地者最后付款的期限。但由于未从根本上改变公地出售中地块过大的问题,上述措施和办法几乎都无济于事,大量赊账现象的存在便是明证。据统计,到1820年为止,公地购买者所

---

① G.C.菲特和J.E.里斯:《美国经济史》,第187页。
② 1787年民团两度受命赶走占地者。1796年圣·克莱下令将"入侵者"赶出公共领土。

欠国家的地款,总计在2000万美元以上。①

1820年土地法将出售的最低限额降至80英亩,以1英亩1.25美元计只需100美元,较合于一般小农的购买力。所以,在该法实行期间(1820—1841年),政府出售了87538346英亩公地,等于1796至1820年联邦出售公地的6.7倍。此外,1841年国会还通过了一个关于"先买权"的法令,规定已经在公共土地上垦殖的人,可以一英亩1.25美元官价优先购买他们垦殖的土地。这就使一些占地者由"非法"变为合法,在实际上承认了占地者的土地权益,它是西部移民在"土地权益保护协会"领导下通过艰苦斗争取得的。但这一时期占地活动不仅没有停止,反而有增无减,因为政府的土地政策虽已放宽,仍未能满足贫苦移民无偿获得土地的要求;更重要的是,当时密西西比河以西广大地区正在被蜂拥而至的移民潮流所侵袭,而政府测量和管理方面的措施却跟不上。

1862年以后,拓荒者仍可在"先买权"法下获得土地,但"占地"已不再是拓荒者获得土地的重要方式。因为林肯颁布的《宅地法》允许移民交10美元手续费即可领取160英亩公地,而且五年以后就完全归其私人所有,这样,无偿领取宅地就成为这一时期西部拓荒农场主形成的重要途径之一。据统计,1863至1880年,明尼苏达、内布拉斯加、达科他和堪萨斯四州新建农场242000个,其中56.5%都是由新来的宅地者建立的。② 在落基山区,到1880年共有25043个农场,散布于该地区8个州和领地之内,其中40%—50%也是由宅地者建立的。③ 加州的宅地农场最初不多,但从1871年起宅地数也开始增加,以后十年中每年几乎有1000到2000份宅地被占领,而

---

① 希巴德:《公共土地政策史》,第87页。
② G.C.菲特:《农场主的边疆,1865—1900年》,第186页。
③ 同上书,第190页。

1876年的宅地数竟居该年所有州宅地之首,达3584份。① 不过,即使在《宅地法》实施后,"购买"也依然是边疆人获得土地的最有效的方式。因为政府在实施《宅地法》的同时,把几百万英亩公地拨给了州和铁路公司,直接向移民开放的公地并不多,许多拓荒者只得照样到土地市场上购买。所不同的是,这一时期他们所购土地来源发生了重要变化,铁路公司成了重要供应者。

由于通过"购买"获得土地是西部拓荒农场主形成的主要途径,这些土地很大一部分又不是来自联邦政府,我们在估计建立一个农场所需费用时,就应特别注意地价(尤其是公地以外的土地的价格)问题。因为虽然联邦土地的价格一英亩1.25或2美元,但当大批公地从联邦转到土地公司和其他私人之手以后,拓荒者花在购地上的费用就不能不受多种因素的影响。在公地价格比较低廉的情况下,"土地投机家按高于这个价格以上几分钱的价格买了土地,他们掌握起来就会获得几倍于此的价钱",②如土地投机家在印第安纳西北部出售的土地却达一英亩5至10美元。伊利运河通航刺激了东西方贸易的发展,当中西部的小麦、猪肉和面粉可以源源不断运销东部时,1825年一英亩价格5美元的农地几年以后就变成了一英亩20美元,而西部各运河岸边的地价则在几年内从15美元涨到200美元。③ 在铁路时代到来时,铁路土地又成了争相抢购的对象,铁路土地的价格也因此被抬到超乎一般的高度。如伊利诺伊的铁路土地,1850年每英亩仅卖8美元,1860年就涨到20美元,1870年又增加

---

① G. C. 菲特:《农场主的边疆,1865—1900年》,第163页。
② W. 哈维格斯特(Walfer Havighurst):《心脏地带》(*The Heartland:Ohio, Indiana, Illinois,1673—1860*),纽约,1962年版,第197页。
③ W. 哈维格斯特:《俄亥俄州史》,第82、85页。

到30美元。① 最后,采矿业的发展也给农地价格以影响,"淘金热"冲击下的加州就是一例,当时那里农地的价格常在一英亩25到100美元之间,有的地方亦高达200美元,和运河边的地价相等。

但是,对于农场建立者来说,购买土地的费用还仅是全部费用中的一部分。在耕地之前必须先清除森林、犁地。为了防止野兽和牲口的破坏,需用枝条或别的东西把农场围起来。一个40英亩的农场所花费用大约是112至224美元。② 购买农具、耕畜和种子,需要一笔很大的开支,在得克萨斯农场里买一头牛大约只要3至4美元,而在北部平原地区有时要花五六十美元。农具的费用花销最大,仅购买犁头、铁锹、大镰和马车等必备的农具大约就要100美元。

在西部建立一个农场的费用究竟多大,实际上很难找到一个准确的数字。据丹霍夫对19世纪50年代西部历史的权威研究,在西部建立一个农场大约总共要1000美元左右;不过,各州之间的情况差别很大,就是一个州内也很不一样。③ 我以为,实际情况可能千差万别,因为许多拓荒者并非从一开始就建立那么大的农场。恰恰相反,他们常常是先买得几十英亩甚至更少的土地,以便尽快地开垦出来种上作物,解决头几季困难的生活问题。在有了一定积累后,他们才逐步扩大自己的农场,添置必要的农具和家具。而且,他们并非任何时候都要用现款购买,因为有租佃和贷款方式可以利用。在这样的情况下,建立一个农场的费用实际上是可多可少的,对此我们不应该绝对化。

---

① R.J.詹森(R.J. Jensen):《伊利诺伊州史》(*Illinois: A Bicentennial History*),纽约,1978年版,第86页。
② C.丹霍夫:《建立农场的代价和"安全阀"》,第345—346页。
③ 同上书,第345—346、327页。

二

西部的拓荒农场主,就其绝大多数来说,经历了一个由自给农民到商业农民、再由商业农民到资本主义农场主的演变过程,整个过程大约完成于19世纪末。

西部的拓荒农场主,在其拓荒业开始的阶段,不能不带有某种"自给自足"的性质。第一,作为"自由移民",各拓荒者是以家庭或个人为单位移居西部的,在经济上他们始终没有得到政府任何资助,一切资金全都靠他们自己筹集;第二,在拓荒业刚刚开始的时候,由于交通运输的不便和各拓荒者之间的彼此隔离,拓荒农场主必须主要靠自己的努力来维持其生存和发展;第三,对于绝大多数拓荒者来说,由于资金和劳力不足及剩余产品不多,他们的产品还主要用作自己和家庭消费,不能用它来换取更多的现金;第四,因此,拓荒者在当时(至少在建立农场的前几年)还拿不出多少钱来购买他们所需要的工业品,许多东西(如家具和生活用品)还必须靠自己制作。正如一位拓荒者所说的:"我们有一座旧房子、牛、犁和一些家具,及我妻子做的一些房内用品。我们钱很少,但也不需要更多的钱,因为我们栽种和制作我们所用的一切。"[①]但是,从拓荒农场形成的背景、拓荒经济的结构及其所处客观环境来看,这种"自给自足"都只能是暂时的。

从根本上来说,美国西部的拓荒农民已经是一种新型农民,而不是旧式的宗法式农民。首先,西部的拓殖发生在美国革命之后,拓荒农民已经是完全摆脱了封建制及其残余的自由人,并不存在任何形式的旧的生产关系的束缚;其次,从西部拓荒农场主形成过程来看,

---

[①] R.J.詹森:《伊利诺伊州史》,第14—15页。

他们实际上是商品经济制度的产物,因为构成其基础和主要财产的土地,不是按旧式的封建继承法承继而得,绝大多数是以一定的代价从市场上购买来的,在这个过程中,土地是作为纯粹的商品进行转让的;另外,到西部定居和垦殖的人成分十分复杂,有很穷的也有相当富的,大都带有多寡不等的资金和财物,并与东部(包括欧洲)市场保持着一定的联系,而且政府的土地法一开始就附有一定的信贷措施,他们还可以利用不同方式得到贷款。

从拓荒经济结构来看,虽然大多数拓荒农民可在一定程度上做到"自给",但许多东西如农具、布匹和糖类其实是根本无法自给的。如果拓荒者希望获得这些东西,那么他们就必须卖掉少量粮食或其他产品,以换取现金再去购买自己所需要的物品;此外,许多拓荒者的耕地是用赊账和借债的办法购买的,为了偿还这些债款(无论是属于国家还是个人),也要求卖掉一些粮食和其他产品来换取现金。如据俄亥俄拓荒者阿莫斯·汉纳姆回忆,他为偿还所欠俄亥俄土地公司的债,是用粮食换了邻居的牛再卖了获得现金的。① 每个拓荒者在客观上都存在着扩大其产业的要求,如扩大农场面积、改建新的圆木屋、添置新的必要家具、购买新式农具等,这些都需要有更多的现金收入来源。为此,他们必须扩大商品生产的规模。

从客观经济环境来看,拓荒者实际上是处在一个与西部拓殖的进程几乎是同步发展的商品市场之中。当西部的拓荒业刚开始时,东北部正兴起工业革命,工商业城市的发展和人口的集中扩大了对食品的要求;在东南部,奴隶制种植园经济的发展相对抑制了粮食生产的增长,这就为西部的小麦和面粉提供了销售市场。交通运输业,特别是运河和铁路的发展,打开了通向东部资本主义市场的道路,也

---

① W.哈维格斯特:《俄亥俄州史》,第61页。

促进了西部(最初是五大湖和俄亥俄河流域,然后是密西西比河流域及整个中西部地区)工商业的兴起,从而提高了对西部农产品及畜产品的需求量。最后,由加州的"淘金热"开始的西部采矿业的兴起,不仅把更多的东部及中西部的人引向远西部并加速了远西部的开发,也使这些地区对粮食、肉类和蔬菜的需求急剧增长。于是,一些早先建立的拓荒农场逐渐扩大了商品生产,更多的直接为矿区服务的新农场也随之建立起来。所有这些,构成了西部拓荒农业商品化的外在动力。

事实上,在中西部某些地区,由于它们处于东西方交通枢纽的地位,商品市场的发展常常走在农业移民运动的前面,位于衣阿华、南达科他和内布拉斯加交界处的苏城(Sioux City)地区,就是这样一个典型。据美国历史学者研究,苏城地区都市化过程开始于1854年夏,第二年在这个镇建立了"地方土地办公室",并吸引了一批移民来到密苏里河上游边疆。但这里商业贸易的发展显然大大超过了农业移民运动,1857年4月至8月就有近三打汽船在佩里·克利克河口靠岸,到1857年夏苏城已开始作为进出大平原北部的商业贸易中心出现,50年代末一个以苏城为中心的贸易网已经形成,在周围一带军队的要塞、印第安人的贸易站和落基山的采矿营帐中,苏城的商人都为其商品找到了众多的主顾,该地区的农场主也迅速加强了他们和河上商业的联系,1858年任德贝里县生产的剩余农产品开始运往苏城市场(主要是小麦和马铃薯),随后几年农民们的大部分产品都供应给了该城北部密苏里河沿岸的消费者,以及堪萨斯和圣路易市场。① 它表明,该地区的拓荒农业已迅速走上

---

① 威廉·塞拉格:《通向草原的门户:苏城和密苏里河边疆》,《西部历史季刊》1984年10月。

了商品化的道路。

拓荒农业商品化的过程,同时也是西部农业资本主义化的过程。当拓荒者不断加强其经营的商品化程度时,随之而来的是对资金和劳力的更大需求,因而他们之中一些人有了雇工和采用机器的需要。这时候,一些商品化程度较高的农场,也就率先演变为资本主义农场。到19世纪中叶,在西部已有相当一批拓荒农场在商品化过程中演变为资本主义农场。据美国第八次人口调查的报告,1860年加利福尼亚18716个农场中已有10421名雇工,印第安纳131826个农场已有40827名雇工,衣阿华61163个农场已有27196名雇工。[①] 当时旧西北部即俄亥俄地区,农业资本主义的程度已相当高,农业工人在农业人口中的比重已达20%—28%。[②]

南北战争后,在美国发生了一系列重大社会经济变动。首先,战后不久美国完成了工业革命,实现了由商业资本主义向工业资本主义过渡。这一深刻变化加快了整个美国农业的资本主义改造,也促进了西部拓荒农业向资本主义转变,因为工商业中心在西部的普遍兴起,不可避免地把它周围的农业也商品化。其次,大约在19世纪80年代美国完成了铁路网的建设,它不仅使一个统一的国内市场在全国最终形成,而且使远西部农产品的运输和销售都更为便利。因此,继俄亥俄地区之后,整个中西部、大平原及俄勒冈地区的农业都迅速商品化。第三,战后农业机械化运动广泛地展开,使耕种一英亩小麦地所用的时间大为缩小,因此,机器的使用在西部农场中越来越普遍,使得资本主义农场的发展成为可能。第四,19世纪70年代,在大平原和加利福尼亚,灌溉农业得

[①] 保罗·W. 盖茨(Paul W. Gates):《农场主的时代》(*The Farmers Age:Agriculture,1815—1860*),纽约,1960年版,第273页。

[②] 《历史译丛》1963年第5期,第8页。

到了普遍注意,如到1889年,加州进行灌溉的农场达26%,占已改良农田面积的8.2%,①这使过去大批不能耕种的土地有了发展商品生产的可能。这些变动,对西部农业最终向资本主义转变,起着决定性的作用。

19世纪70至90年代,西部农业演变的突出表现,是各类专业化农场的形成。第一类是以粮食生产为主的农场,它们的主要种植物是小麦和玉米。在这类农场中,虽然也有其他产品的生产和出售,但小麦是他们的主要现金收入来源。如有一位叫弗雷德·弗莱斯曼的人,1879年6月定居于达科他的伍德县,以不到500美元(其中大部分还是借来的)的资本开始其拓荒业,但在80年代初迅速发展成重要的小麦农场主,1882年他出售小麦的收入达1241美元。第二类是以果树栽培为主的农场,它们主要经营葡萄、苹果之类,而粮食种植对它们来说则不太重要。这类农场在太平洋沿岸较多,因为那里气候较适合于发展水果业,而灌溉农业的发展则是该地区水果业专业化的重要原因。如一个80年代后期才定居于圣·波纳迪诺河流域的农场主,他种了一英亩葡萄、一英亩杂色水果树、三英亩紫苜蓿,但只种了一英亩小麦,仅葡萄一项一年就收入2000美元。第三类是以畜牧业为主的农场。这类农场五六十年代在加利福尼亚就已不少,如迈雷镇68个移民中,虽有41个拥有160英亩土地,但他们的产值仅200至500美元,而"他们的主要职业是养羊和牛"。但这类农场的大发展还是在60年代以后,而且主要集中于大平原各州。如在蒙大拿,仅约翰·格兰特一人就养了4000头牛;一位叫科拉德·科尔斯的人,1862年才徒步来到该州,不久竟成为拥有90000

---

① G.C.菲特:《农场主的边疆》,第169页。作者认为:"旱地灌溉农业的发展,反过来影响了加州专业作物的扩大。"

头牛的大户。①

伴随农业专业化而来的,是资本主义在西部的深入,其突出的表现是雇佣劳动的广泛采用。据美国官方统计,美国农业工人人数1860至1880年间增加了四倍多;到1909年,落基山区各州雇用工人的农户占46.8%,太平洋各州雇用工人的农户达58%。这些事实表明,大约到19世纪末叶,拓荒农场主向资本主义农场主的演变在西部已基本完成,这和整个美国资本主义发展的进程是一致的。

三

西部的拓荒农场主是美国"西进运动"的产物,而这个运动无论在背景和方式上都有其独特之处,这就不能不使西部拓荒农场主的形成和演变也带有自己的特点。因此,揭示这些特点将有助于加深对拓荒农场主形成和演变过程的了解。

由于"西进运动"是一个自由移民运动,绝大多数移民都是以个人或家庭为单位迁往西部的,所以,在西部建立起来的拓荒农场也是以家庭为单位的,被称为"家庭农场"。在这种农场里,生产目的是按拓荒者的利益确定的,生产活动是以家庭为单位组织的,甚至劳动力也主要是由各家的成员提供的,"户主就是他的农场的统治者",农场主和户主同一,这是西部拓荒农场的基本特征之一。但是,这种"家庭农场"之所以能在西部存在,其根本原因就在于它是和其相对狭小的经济基础相适合的。

---

① C.斯彭斯(Clark C. Spence):《蒙大拿州史》(*Montana: A Bicentennial History*),纽约,1978年版,第13页。

应该说,从一开始西部就有一批相当大的农场,而且随着拓荒农业向商品农业的转变,资本主义大农场会越来越多。但在拓荒业刚刚开始的时候,绝大多数拓荒农场是不大的。在西部最早被垦殖的肯塔基的乡村人口,"都靠一个小农场为生,实际上,他们中90%的人都住在农场,其中3/4只拥有不到100英亩开垦了的土地。"①犹他州1850年农场的平均面积为51英亩,到1860年反而减至25英亩。更重要的是,有些农场的总面积虽然比较大,但实际耕地面积并不一定多。据统计,中央北部、中央南部和远西部,1870年耕地在整个农场面积中的比重,也分别只占66.1%、37.3%和59.4%。② 由于经营的规模有限,拓荒农场主的收入也不很多。当时西部产量(一英亩)一般是:小麦收获30至60蒲式耳,玉米30至40蒲式耳,土豆400蒲式耳左右。有的州如犹他州可能高一些。20世纪60年代,该州一英亩产小麦106蒲式耳。有人估计:"在定居的头一两年,一个边疆农场主大约能弄到50美元现金,几年之后其收入可能增加几倍,但一般认为大多数不超过300美元。"③因此,拓荒者常常被抛入入不敷出的境地,例如1873年,托皮卡农场主查尔斯·思雷舍弄到了259.39美元,但花费就达379.1美元;1876年他收入316.12美元,而支出却超过了337.9美元。

在拓荒时代,虽然绝大多数拓荒者是不富裕的,但在土地、财产和收入上,各拓荒者之间的差别从一开始就存在。俄勒冈州某镇17户农场主,他们所有的土地高者660英亩而低者仅40英亩,各农场的价值高者3000美元而低者为400美元,各农场农产品收入高者

---

① S. A. 钱宁(Steveu A. Channing):《肯塔基州史》(*Kentucky: A Bicentennial History*),纽约,1977年版,第89页。

② 美国商业部人口调查局:《人口调查报告:1900年第十二次人口调查》(*Census Reports*),第5卷"农业",华盛顿,1902年版,第XXI、XXII页。

③ G. C. 菲特:《农场主的边疆》,第48页。

达1014美元而低者只有145美元。然而,美国西部拓荒农民在社会、经济和阶级关系方面的最大特点,并不在于是否存在这种差别和分化,而是这种差别和分化之快。以伊利诺伊州为例,1850年最富的和最穷的各1/3的人之间生活水准差别还并不很大,但到1870年该州30%的农场主无地、其个人财产不足300美元,而1/3最富的农场主的不动产达3000美元,还不包括1000美元以上的设备、家具和储蓄。① 为什么西部拓荒农场主的分化会如此之快?这是拓荒农场主演变为资本主义农场主的关键,有必要作进一步的探讨。

从大量事实来看,一些农场主之所以迅速地得到发展和扩充,成为资本主义激烈竞争中的成功者,最主要的正是他们充分利用了市场给他们提供的机会。1872年,一位明尼苏达人谈道:"舍尔·洛克有个农场主,三年前他借款1200美元移居该地,由于种植小麦,他不仅付清了债务,三年之内还增加了相当于他的农场财产和农具的东西。"它说明,注意发展对路的经济作物(特别是小麦),是拓荒农场主取得成功的原因之一,因为小麦是西部"主要增加收入的农作物";红河流域有个叫A.R.达尔林普尔的人,1875年才开始在波纳拉地区开荒种地,几年后他的农场扩大到4000英亩。为了管理好这个农场,他把头两年收入中的很大一部分用来盖房子(每160英亩一处),供在他的小麦地上劳动的家庭住。不久,他就应聘成为达科他一个大农场的经理人,并因此而获得该农场收益的一半。为了管好那个30000多英亩的小麦农场,他按自己的经验将土地分为三个大致相同的农场,在每个农场上修了房子并建立场部,又配以管理人、记账员、工头和其他办事员,从而成为该流域"最大和最著名的小麦种植

---

① R.J.詹森:《伊利诺伊史》,第86页。

者",1885年他经营的农场出售小麦21万蒲式耳。A. R. 达尔林普尔的成功主要在善于管理。伊利诺伊有个叫艾萨克·芬克的农场主,祖先是1733年从巴伐利亚来的移民,到1840年他才有了一辆马车。但1857年他已拥有伊利诺伊25000英亩土地,仅出售一胎牛的收入就达65000美元。艾萨克·芬克成功的秘密何在?主要就是他善于经营。例如,他喂养的牛是用低价从密苏里和得克萨斯买来的小牛犊,在用玉米把他们养肥后,又把它们赶到售价较高的芝加哥去卖,而不惜跋涉120英里。总之,只有那些以种种努力使自己的经营适应市场需要的人,才能够迅速地得到发展与扩充,相反则会失败。

当然,导致一些拓荒者失败的,无疑还有许多更复杂的客观因素。如果一个穷苦的拓荒者在下种季节才到来,又遇上干旱、冰雹、蝗灾或严寒,那么他的主要危险是在第二个收获季节到来之前,缺乏足够的粮食来养活他的家口。如1871年的冰雹和草原大火,给明尼苏达西南部的拓荒者造成很大损失,有一五口之家被毁掉了一个马厩、43蒲式耳小麦、15蒲式耳燕麦、25吨干草和二头猪,结果"几乎成了穷光蛋"。在类似这样的情况下,拓荒者就将直接陷入债务,两三年内他就可能破产。

由于没有绝对地租的负担,用于开发的费用相对来说较低,以及农业机器的广泛使用,美国西部各州谷物的生产费用和价格,大大低于存在着固定地租的东部和欧洲,当供求关系大致平衡时,这种情况对于西部农场主来说本无什么危险。可是,当内战后经济危机不断袭击美国时,原来大致平衡的供求关系常常被破坏,从而造成谷物生产过剩和物价长期下跌,如一蒲式耳小麦在美国市场上的价格,1870—1873年为106.7美分,1882—1885年降为80.2美分,1894—1897年又降为63.3美分。① 在这种情况下,如果再扣除铁路运费、中间剥削和贷款利息,农民的实际收入就所剩无几。当然,从总的趋势来看,美国的铁路运费是不断下降的,但如果把它们和同期美国市场的谷物价格相比较,就会发现铁路收费几乎夺走了农民所生产的每蒲式耳粮食的绝大部分收入,这正是迫使西部大批农场主破产的重要原因。

此外,作为近代经济活动中广泛采用的信贷和抵押制度,它可能给一些资金缺乏者带来某种暂时的好处,但如果借贷者和抵押者经营失败,也将不可避免地陷入破产的境地。内战前后,土地抵押在西部极为流行,如1870年到达衣阿华州汉密尔顿镇的57个拓荒者,只有16人没有参与土地抵押,有11人出现于6次以上的抵押事件中。② 当时给西部人贷款的主要是东部的资本家,如马萨诸塞一州投放西部抵押农场的资金,仅19世纪80年代每年就在800万到1000万美元左右。③ 利息一般为8%—10%,但也有高达25%—50%的时候。在这样苛刻的条件下,许多农场主无法赎回其抵押地,如1889—1893年间,堪萨斯州有11000个农场主被取消赎取抵押农场的权利。结果,许多无地或少地的农民,只得向别人租佃土地耕种,而沦为佃农。据统计,1880年,佃农在西部各州农场中的比重,伊利诺伊为31.4%,衣阿华为23.8%,内布拉斯加为18%,加利福尼亚为19.8%。④

最后,我们还要谈到西部农场主演变中的另一问题。列宁指出,雇佣劳动的使用是"资本主义在农业中最直接的标志"。如上所述,

---

① 毕林顿:《向西扩张:美国边疆史》第725、726页。
② 艾伦·G. 博格:《从大草原到玉米带》,第50页。
③ F. 默克:《西进运动史》,第473页。
④ 同上书,第583页。

随着西部拓荒农业的日益商品化,雇佣劳动的使用在西部总的来看是越来越多的。然而,我们也看到另一个方面的现象,在19世纪的大部分时间内,甚至到19世纪末和本世纪初,西部许多商业农民并不雇佣或很少雇佣劳动力。据统计,直到1909年,中部东北各州、中部西北各州、山区各州和太平洋岸各州雇佣工人的农户的百分比,也只分别为51.7%、52.0%、46.8%和58.0%。可见,当时西部大约还有一半左右的农场未采用雇佣劳动。应当如何认识这种现象并判断这些农场主的性质呢?显然,他们的经营已属于资本主义的性质,因为他们的经营主要是为市场而生产的,尽管他们并不采用雇佣劳动。正如列宁所指出的,农村资产阶级"包含着进行各种形式的商业性农业的独立经营者"。又说:"凡以独立经济抵消自己支出的小商品生产者,只要一般经济结构是建立在……资本主义矛盾上的,都归入农村资产阶级。"[①]可以说,19世纪美国西部农业资本主义发展的特点之一,就是成千上万独立农民日益深深地卷入资本主义商品经济关系之中,而同时又保持着独立的"家庭农场"的形式。

造成这一特点的原因,当然主要地应当从农机具的普遍采用中寻找,因为只有农业机器的采用才能代替雇佣劳动力。美国历史学者认为,所有内战前发明和改进的农业机器,播种机、圆盘耙、跨行中耕机和打谷机,到19世纪80年代都被充分地采用了。由于农机具的采用,从1830到1896年,耕种一英亩小麦地所花时间从61小时减为3小时,劳力的耗费从一英亩3.55美元降到0.66美元。[②] 到90年代,一个农场主耕种的面积(包括下种、管理和收获),由原来的7英亩提高到135英亩,这正好和一个普通农场的耕地面积相等。

---

① 列宁:《俄国资本主义底发展》,解放社1950年版,第150、277页。
② G.波特主编:《美国经济史百科全书》,第584页。

在这种情况下,一个普通农场的经营者完全可以不雇用和少雇用雇佣劳动力,而把整个农场的下种和收获工作兼起来,又不减少其商品生产的规模。这正是19世纪美国西部的许多"家庭农场"得以继续保持的根本原因所在。

(原载《世界历史》1986年第6期)

附 论

一个具有重大意义的主题[*]
——重读 F. 特纳的《边疆在美国历史上的重要性》

如果从"西进运动"入手,探索西部得以迅速开发的原因,及其在美国历史上的意义,我们可以得出这样一个结论:农民愈自由,受农权制残余的压迫愈少,他们的土地整个说来就愈有保障,而农民的分化就愈厉害,农场企业主阶级的形成就愈迅速,资本主义发展的速度也就愈快。因为美国的西部边疆作为辽阔的处女地,在那里没有任何封建残余的压迫和束缚,移民们得以按纯粹资本主义的方式去开发和利用其土地,从而建立起一种独具特色的经济模式,或曰:"西部开发模式。"

一

此处为何要从"西进运动"入手,而不是从别的例如特纳所说的"边疆"入手,来开始我们的探索工作呢?这是基于这样一种认识:"边疆"(frontier)主要是一个地理(包括自然地理、经济地理和人文地理)概念;而"西进运动"(Westward Movement)作为一个大规模的人口迁徙运动,既涉及到西部也涉及到东部、既涉及到地理也涉及

---

[*] 本文为作者所著《美国边疆史》一书的导论,现略经修改后发表。该书由北京大学出版社 1992 年 12 月出版。

到人文、既涉及到经济也涉及到政治,远远超出了地理的范围。因此,从"西进运动"入手,便于我们从不同角度对西部进行透视,唯物地和辩证地考察"边疆"在美国历史上的意义,避免陷入形而上学的"地理决定论"泥潭。为此,这就要从特纳的"边疆假说"谈起,当然也就不能不提及特纳其人。

弗雷德里克·J. 特纳(Frederick J. Turner,1861—1932),生于美国威斯康辛的波特奇(Portage)。该村庄位于福克斯河和威斯康辛河之间,曾是古老的皮货贸易商道的必经之地。威斯康辛的真正开发始于 19 世纪 30 年代,1840 年时该领地也只有三万来人,到 1860 年恰好走过一个世代。事实上,连"威斯康辛"(Wisconsin)这一名称的拼法,也是在 1845 年才由该领地立法机关加以统一的,在此之前它曾有过好几种拼法:Meskousing、Miskonsing、Quisconsin、Wisconsan,等等①。由此可知,特纳出世之时,这个地方只不过刚刚走出了"拓荒时代",甚至还没有完全走出这个时代。正如一位历史家所描述的,此时的波特奇"宛如一个边疆村庄,照管着一片拓荒者仍然与印第安人群杂居的地区"②。这种背景和环境,对特纳以后的学术生涯,无疑产生了深远的影响。

特纳的大学生活,是在威斯康辛大学度过的。1887 年,他在这所大学获硕士学位。之后,他转到著名的约翰·霍普金斯大学读博士学位,受教于赫伯特·B. 亚当斯。1890 年,当他拿到博士学位后仍返回他的母校威斯康辛大学,在那里从事边疆史学的教学和研究,直至 1910 年。其后,在很长一个时期内(1910—1924 年),他应聘执教于哈佛。特纳的研究工作,不仅受到他的生活环境的影响,还受到

---

① R. 科伦特(R. Current):《威斯康辛州史》(*Wisconsin: A Bicentennial History*),纽约,1977 年版,第 5 页。

② 杨生茂:《美国历史学家特纳及其学派》,商务印书馆 1983 年版,第 232 页。

他的历史观的支配。1891年,特纳在他的第一篇公开发表的文章《历史的意义》中声称:"每个时代都要根据当时最主要的条件重新撰写过去的历史。"①1893年他写出了著名的《边疆在美国历史上的重要性》一文,并于同年7月12日在芝加哥举行的美国历史协会会议上宣读。

在文章中,特纳提出了著名的"边疆假说"。这一假说认为:"直到现在为止,一部美国史在很大程度上可说是对于大西部的拓殖史。一个自由土地区域的存在,及其不断的收缩,以及美国定居的向西推进,可以说明美国的发展。"②在特纳一生之中,发表的著作和文章不下47种,还不包括大量的书评和报刊文章,以及数以万计的信函,笔记和未发表的讲稿。在已发表的著作中,最重要的有如下四部:《新西部的兴起》(1906年)、《美国历史上的边疆》(1920年)、《地域在美国历史上的意义》(1932年)以及《1830—1850年的美国:这个国家及其地域》(1935年)③。尽管如此,所有这些著作和文章,其重要性都超不过他的那篇著名论文,因为这些著作和文章都是围绕着"边疆假说"展开的。正因为如此,查尔斯·A.比尔德认为,特纳提出"边疆假说"的那篇论文,"比关于这一题目所写过的任何其他文章或书都有更深远意义的影响"④。

在威斯康辛大学和哈佛大学执教期间,特纳一直讲授有关《西部历史》的专题课,由此培养出一代又一代弟子和再传弟子。这些人后来散布于美国各地,在许多大学和机构从事教学或研究,热心传播特纳关于"边疆假说"的观点,形成所谓"边疆学派"。这里,除了特纳本

---

① 杨生茂:《美国历史学家特纳及其学派》,第234页。
② F.特纳(F. Turner):《美国历史上的边疆》(*The Frontier in American History*),纽约,1920年版,第1页。
③ 该书是在他逝世后,由他的学生整理出版的。
④ 杨生茂:《美国历史学家特纳及其学派》,第225页。

人而外,还有两位学者值得一提:一位是弗雷德里克·默克(Frederick Merk,1887—1977年),他早年著有一本关于"天定命运"的书,晚年又写出了大部头的《西进运动史》(1978年出版),是特纳的助手和弟子;另一位是 R. A. 比林顿(Ray A. Billington,1903—1972年),他先后著有《向西部扩张:美国边疆史》(1949年)、《远西部边疆:1830—1860年》等书,是默克的弟子(他的《向西部扩张》一书就是"献给 F. 默克"的),也就是特纳的再传弟子。这三位学者是一脉相承,但又各有千秋。

特纳以"边疆"问题为主要研究对象。虽然"地域"问题在他的著作中几乎是与前者同时提出来的,但直到30年后才着手将其"地域"理论系统化。比林顿对所有关于边疆史的重大主题都极为重视,但在他的早期研究工作中似乎更强调"地域"问题在美国历史中的作用。其名著《向西部扩张:美国边疆史》的前几版既探讨了"区域主义的出现"问题、也研究了"地方主义的经济学"[①]。而且,他在写作大主题的时候很注意照顾细节上的严谨,这使他的讨论和阐述显得更为深入精到,在风格上也与特纳的描述性笔法颇为不同。默克虽然是比林顿的老师,但他的《西进运动史》的出版晚于比林顿的《向西部扩张》差不多30年,因而有可能吸收战后美国学者有关边疆史研究的丰富成果,其书具有较强的综合性,并给予制度史以应有的重视。

二

从美国史学发展的角度看,特纳"边疆假说"的提出,需要有很大

[①] 参见 R. 比林顿:《向西部扩张:美国边疆史》。该书的第四版和第五版有较大修改,第一版出版于1949年,第二版出版于1960年,第三版出版于1967年,第四版出版于1974年,最后一版出版于1982年。

的"反潮流"的勇气,因为当时在美国史坛上占统治地位的是"制度史学派"。这个学派以所谓欧洲"生源论"(germ theory)来解释美国制度和文化的起源,以为美国早期的历史只不过是这种"生源"在美洲环境中的发展而已,而对美国史中的美洲因素和特点表现出不屑一顾的态度。与之相反,特纳却认为,只有把视线从大西洋沿岸转向大西部,才能真正理解美国的历史,并郑重地提出了"把边疆作为经济学和历史学的一个领域来认真研究"的任务。他的《边疆在美国历史上的重要性》一文,就是为实现这一任务而作出的重大努力。

特纳的"边疆假说",在一些学者中间一直争论不休,常常被指责为从一个极端走到了另一个极端。这当然是不无根据的,美国的民主"来自美国的森林"①,就是这方面的一个重要的依据。但实际上特纳并不完全否认美国制度和文化中的欧洲根源,因为他说过"边疆"的不断地向西推进,只是"意味着逐渐离开欧洲的影响"②,而不是根本否认这种影响。他认为,以前研究美国制度史的学者们"过分注意"了寻找日耳曼根源的问题,而对美国本身的因素注意得"十分不够"。他说,虽然欧洲生活方式已经"打进这个大陆",但美国也"改变和发展了"这种生活方式,并反过来给欧洲以影响。③ 与此同时,特纳也不认为美国的制度和文化完全是由西部产生的,因为他在提出"边疆假说"时就给自己的论点加了两个很重要的限定词:一是"直到现在为止"(up to our own day),即在时间上是指 1893 年以前的美国史;二是说"在很大程度上"(in a large degree),而不包括全部的美国史④,从而给自己留下回旋的余地。如果仔细读一下他的有关

---

① F.特纳:《美国历史上的边疆》,第 293 页。
② 同上书,第 5 页。
③ 同上书,第 4 页。
④ 同上书,第 1 页。

论述,特别是他的那篇《边疆在美国历史上的重要性》,就不难发现他也曾企图避免从一个极端走到另一个极端。至少在主观上是如此。例如,在谈及"各类不同的边疆及其推进的方式"对东部和旧世界的影响时,他列举了如下几点他认为"比较重大"的影响:(1)"促进了美国人民的一种混合民族性的形成";(2)"减少了我们对英国的依赖";(3)"民族主义的兴起和美国政治制度的演变";(4)"从边疆生活的条件中出现了极其重要的思想"[1]。特纳在这里先后使用了"促进了"和"减少了"两词,显然都是为了避免把这些影响绝对化,特纳的"边疆假说"中的这种矛盾现象,反映了这一"假说"的不成熟性。

应该说,不管对特纳的"边疆假说"的看法如何分歧,但在这个假说中却包含了一个具有重大意义的主题,这就是西部的拓殖在美国历史发展中的作用问题。关于这一主题,特纳曾用"西部问题只不过是美国发展的问题"[2]一语给予高度概括,并在提出"边疆假说"的那篇著名论文中,及时予以点明,开宗明义地提出这一假说就是为了"说明美国的发展"[3]。

笔者认为,无论从哪个方面来看,这一主题都是可以成立的:首先,从时间的延续上看,移民向西部的推进前后持续了一百多年,这个时期从18世纪末开始到19世纪末为止,正是美国历史上的所谓"成年时期",是美国近代史中最重要的时期。从这个意义上可以说,19世纪的美国史大半都是在"西进"的影响下度过的;第二,从空间的扩张上看,向西部的推进涉及到从阿利根尼山脉到太平洋沿岸的整个地域,其面积相当于美国最初13州的7.5倍;即使以密西西比河

---

[1] F.特纳:《美国历史上的边疆》,第22—26页。
[2] 同上书,第205页。
[3] 同上书,第1页。

为界计,密西西比河以西的全部领土,也超过了1783年建国时美国领土的2.6倍。美国人在这样广阔的领土上展开的历史性活动,对任何一个对美国史感兴趣的人来说,当然是绝对不应当被忽视的;第三,从行政区划上看,在美国向西推进的过程中,先后创建了31个新州(不包括佛罗里达),如果加上佛罗里达则是32个新州。由于在原13州的版图内后来又分化出3个新州(缅因、佛蒙特和西弗吉尼亚),西部新建的州数正好等于东部州数的两倍。因此,可以说,不了解这些新州的形成的过程,就不能了解今日美国及其发展的历史;第四,从经济发展上来看,由于移民以其罕见的规模和速度在西部展开的开发活动,迅速地带动了与之相关的各行各业的发展,成为美国在经济上由商业资本主义向工业资本主义转变、并最终实现工业化的强大动力。甚至在美国政府宣布"边疆"结束之后多少年内,这种作用在美国历史的发展中仍然依稀可见。在上述诸端之中,最基本的当然还是那个大规模的移民运动,领土的扩张可看作是这个运动在地理方面的结果,新州的组建则可看作是这个运动在社会方面的结果,而经济上的发展便是它们的综合体现。总之,西部的拓殖在美国的历史上产生了无可估量的作用,我想它也是"边疆问题"在美国史研究中长盛不衰的主要原因,尽管特纳"边疆学派"衰落了,确定这一主题应是特纳假说中合理的内核。

关于这一主题,在特纳之前或同时代的不少人,如德国的黑格尔和英国的亚当·斯密,意大利的A.罗利亚和法国的A.托克维尔,都从不同的角度不同程度地涉及过,但他们的议论常常是从非科学的立场出发的。例如,A.罗利亚就认为,美国从东部到西部的历史,每一页都能找到社会进化的记载,进而断言:"欧洲枉费了好几个世纪的功夫去寻找一把揭开历史之谜的钥匙,原来这把钥匙在美国,这个没有历史的国家却光辉地揭示了世界史的进程。"① 与此相反,马克思主义的创始人卡尔·马克思和弗里德利希·恩格斯,不仅不只一次地在他们的著作、文章和书信中提及美国的西部及其"自由土地"问题,而且科学地揭示了西部的拓殖在美国历史发展中的作用这一主题。在1878年11月25日致尼·弗·丹尼尔逊的信中,在谈到当时令"经济学研究者最感兴趣的对象"美国时,恩格斯首先写道:"在英国需要数百年才能实现的那些变化,在这里只有几年就发生了。"接下来他就向学者们提出:"但是研究者的注意力不应当放在比较老的、大西洋沿岸的各州上,而应当放在比较新的(俄亥俄是最显著的例子)和最新的(例如加利福尼亚)各州上。"② 这就不仅提出了美国经济和历史发展的速度问题,也提出了西部的拓殖与美国经济发展的关系问题。由此可见,特纳在"边疆假说"中所提出的主题,并不是毫无根据、毫无意义的,其结论应该是相反。

不过,特纳所提出的这一主题还有另一层意义。从近代经济发展的规律来看,各国经济发展的一个重要趋势和特点就是,在大多数国家(尤其是一些大国)中都有一个从沿海到内地的发展过程,这个过程一般来说是与由商业资本主义到工业资本主义的转变联系在一起的。之所以会产生这种历史现象,是因为近代资本主义是从商业资本主义逐步成长起来的,而商业资本主义一般来说又首先兴起于沿海及河口地带。导致这种情况的原因又主要有两个:第一,在商业资本主义时代,以及在此之前的一切时代,社会的分工主要是建立在自然分工的基础上的,因此民族之间的分工往往比国内的分工更为发达,对外贸易(特别是海上贸易)在经济中占据着重要地位;第二,

---

① 杨生茂:《美国历史学家特纳及其学派》,第13页。
② 《马克思恩格斯全集》第34卷,第333—334页。

由于"水道开拓了比陆路开拓的广大得多的市场,所以从来各种产业的分工、改良都自然而然地开始于沿海沿河口一带。这种改良往往经过许久以后才慢慢普及到内地"。① 所有这些情况和趋势,我们都可以从意大利、西班牙、荷兰、英国等国的历史中找到,美国只不过是又一个更突出的例子而已。因此,特纳所提出的主题,从世界史研究的角度看,也是值得重视的。

三

在"边疆假说"中,特纳虽然提出了一个具有重大意义的主题,但却未能找到一种正确回答这一问题的方法,以致他提出的主题最终被他的方法所扭曲和掩盖,这是因为他自觉或不自觉地陷入了"地理决定论"的泥潭,尽管他一再否认自己是一个"极端环境论者",声称"决定的因素不是一个"。② 这就提出了一个问题:特纳究竟是怎样陷入"地理决定论"的泥潭的呢?这就有必要简单考察一下他提出的基本范畴。为了"说明美国的发展",特纳给自己提出了两个范畴:一个是所谓"边疆"(frontier)概念,另一个就是所谓"地域"(section)概念,并把它们看成是"美国历史中两个最基本因素"。特纳正是在使用这两个范畴来说明美国的发展时,自觉或不自觉地陷入"地理决定论"的泥潭的③。

---

① 亚当·斯密:《国民财富的性质和原因的研究》(上卷),商务印书馆1981年版,第17页。
② 杨生茂:《美国历史学家特纳及其学派》,第181页。
③ 关于特纳的"边疆学说"和"地域理论",丁则民教授有准确而详细的分析,见丁则民:《美国"自由土地"与特纳的边疆学说》、《吉林师大学报(哲学社会科学)》1978年第3期,第13—24页。《特纳的"地域理论"评介》,《吉林师大学报(哲学社会科学)》1979年第3期,第53—64页;《"边疆学说"与美国对外政策》,《世界历史》1980年第3期。

问题不在于可不可以使用"边疆"这一概念,而在于在什么样的意义上使用这个概念。关于"边疆"这一概念,在1890年的美国人口调查报告中,被定义为每平方英里两人或两人以上六人以下这样一个人口密度的定居地。很明显,"边疆"在这里是一个人文地理学的概念,而不仅仅是一个纯粹的经济地理学的概念,更不是一个纯粹的自然地理学的概念。然而,特纳却认为在使用"边疆"这一概念之前"并不需要明确的界定",这就为他在使用这一概念时的混乱创造了条件。正因为如此,特纳在论证"边疆"在美国历史上的意义时,有时把它看作小于"西部"的区域,也就是把"边疆"当作一个自然地理学的概念在使用;有时又把它划分为"农业边疆"、"商业边疆"或"矿业边疆",也就是把"边疆"当作一个经济地理学的概念在使用;有时还把它称作是"野蛮与文明的交汇处",也就是把"边疆"当作一个人文地理学的概念在使用。当他把"边疆"当作一个自然地理或经济地理概念来使用,并企图用它来解释复杂的社会、文化和政治现象时,就不可避免地使自己陷入"地理决定论"的泥潭。

与"边疆"这一概念不一样,特纳没有赋予他的"地域"概念以多方面的含义,便径直用它来解释各种各样复杂的历史和社会现象。他用他的"地域"理论来解释美国人向西移殖的原因,便把它看作是人们为了"摆脱一些已经确立的阶级的统治",而西部也就仅仅被看作是"一个避难所";他用他的"地域"理论来解释美国的两党制及其矛盾,则宣称:"无论是党派代表大会,还是国会审议的结果都酷似地域间的条约",并预言"地域利益的冲突很可能伴随着人口的定居而更加剧烈";他用他的"地域"理论来解释联邦与州权之间的矛盾,便以为这种矛盾也是"由规模各不相同的地域而产生的",因为美国就好比是一个与欧洲差不多的"一些潜在的国家联邦";他用他的"地域"理论来解释美国的"内战"史,便认定美国"内战只不过是地域的最激烈的、最悲剧性的表现形式",它在很大程度上是由南北两个竞争的社会一道向西部未被占用的土地推进这一实际情况决定的。最后,他声称:"地域在美国历史上的意义在于:它是一个欧洲国家的模糊形象。"①换言之,一部美国史乃是各地域斗争的历史。

从形式上看,在特纳的"边疆假说"中,"边疆"和"地域"是用来解释美国发展的不同范畴,但在二者之间实际上却贯串着一种"地理决定论"的哲学。这种哲学可以在他为我们提供的如下的逻辑中看到:第一,他认为,"边疆"和"地域"是美国历史中"两个最基本的因素";第二,他认为,边疆与地域密不可分,"边疆是活动的地域";第三,他认为,各地域的特点"在奠定地理基础的时代就部分地确定了"。②在这里,关键在于"边疆是活动的地域"这一公式,通过这个公式他把美国历史发展的动力与地域直接联系起来,最终导致了地理环境决定论。特纳曾极力否认自己是一个"极端环境论者",但他在"地理决定论"的泥潭里陷得是那样深,以致他的一只脚还没从"地理决定论"的泥潭里拔出来,另一只脚又自觉或不自觉地踏进了另一个泥潭。这是因为,他的否认或辩解,并不是从辩证唯物论出发,而是从形而上学的多元论出发的。关于这一点,只要读一读他关于这个问题的声明的上下文就清楚了。他说:"决定的因素不是一个。人们不是完全受气候、地理、土壤或经济利益的支配。他们出生的血统的影响,遗传下来的理想以及精神因素,往往胜于物质利益。还有个性的影响。"③在他看来,气候、地理、经济和精神,这些因素在历史上本是并列存在和发生作用的,它们并不具有本源与从属的关系。所以当他

---

① F.特纳(F. Turner):《地域在美国历史上的意义》(*The Significance of Section in American History*),马萨诸塞,1959年版,第51页。
② 同上书,第183、316页。
③ 杨生茂:《美国历史学家特纳及其学派》,第181页。

在否认自己是"地理环境决定论"者的时候,恰恰又露出了自己"多元论"的破绽,这正是他的悲剧所在。

四

特纳的悲剧说明,为了正确地说明边疆在美国历史发展中的作用和意义,必须从根本上抛弃特纳所提供的方法论而采用科学的方法论,这就必须借助于马克思主义方法论。我们在研究美国边疆史时,之所以要从"西进运动"入手,就是因为它便于我们借助这种科学的方法论。

我们从"西进运动"入手,并不仅仅是因为它是一个可以从多角度进行透视的综合体,还在于它涉及到历史唯物论的一个根本原理。马克思主义认为,社会的发展归根到底是由生产力和生产关系的发展决定的。当美国劳动力的分布随着"西进运动"的兴起和扩大而不断发生变化的时候,也就意味着有越来越多的"潜在的"生产力变为"现实的"生产力,意味着生产和经济的新发展,所以伴随着"西进运动"而来的,必然是一个大规模的经济开发运动。仅此一点,就可以说明西进运动和边疆历史上的意义。当然还需要补充和说明。

因此,"边疆"不仅仅是一个自然地理概念或经济地理概念,而且同时也是一个人文地理概念。它将以人地关系的理论为基础,讨论有关的各种人文现象的分布、变化和扩散,以及移民活动的空间结构。并在此基础上,讨论东部和西部、政治和经济,以及各种产业结构之间的关系,以全面阐述边疆和西部在美国历史上的意义。我们之所以依然采用"边疆"这一概念,是因为我们认为美国人口调查局关于"边疆"的官方定义本身已属历史,并基本上反映了美国人向西推进和拓殖的过程,仍然有其历史的合理性。而我们所研究的范围,虽然对不同的地域而言其历史的进程也有所不同,但对西部的大部分地方来说都还未摆脱"拓荒时代"的痕迹,或者只是刚刚走出"拓荒时代",即大体属于"边疆史"的范围。这时的西部边境,主要还是作为一个已经或正在开发的农业区,而与工业的北部和奴隶制的南部相对立而存在的。

然而,把"边疆"和"西部"作为一个单独的对象来加以研究,在时间和空间上又能不受到限制。因为,当交通运输尚不发达或不很发达的情况下,特别是在铁路网还未建立起来之前,人们的各种经济活动和交往形式在很大程度上还受着地理条件的制约,而"西部"和"边疆"也就有了较大的独特性和个性,区域关系也就有了较大的历史意义。而当交通运输业已经相当发达,特别在全国性的铁路网建立起来后,随着统一市场在美国的最后形成,以往不平衡的区域关系便被打破了,过去那种具有独特性的区域问题也便开始失去它的历史意义。在这种情况下,再把西部或边疆作为一个典型的地域来研究,就失去了历史的依据,这一点决定了本书的研究范围的有限性。当然,这并不是说以后的区域问题不再存在了,但那是新条件下的区域问题,其含义是不同的。

(原载《美国研究》1993年第1期)

附:

F. 特纳"边疆假说"的一个翻译问题

1893年弗里德利克·J.特纳在《边疆在美国历史上的意义》一文中,提出了他著名的"边疆假说"。近些年来,由于对美国边疆史的兴趣,笔者接触了有关这方面的一些资料,发现关于特纳的这个"边疆假说",我国学者中竟有三种不同译文。鉴于这个问题在学术上的重要性,我以为有必要提出来加以讨论,因为它是引发许多争论的原因。这三种译文是:

(1)"直到现在,一部美国史大部分可以说就是对于大西部的拓殖史。一个自由土地区域的存在,及其继续的收缩,以及美国向西部的拓殖,都可以说明美国的发展。"(见《历史译丛》1963年第五期。黄巨兴译,张芝联校)

(2)"直到现在,一部美国史大部分可以说就是对于大西部的拓殖史。一个自由土地区域的存在,及其继续的收缩,以及美国向西部的拓殖,就可以说明美国的发展。"(见杨生茂编:《美国历史学家特纳及其学派》,商务印书馆1983年版,第3页。译文选自上面译文,但作了修改。)

(3)〔直到现在为止,一部美国史大部分可以说是对于大西部的拓殖史。〕"可以自由进入的地区的存在及其不断的收缩,还有美国人的定居地继续向西插进,这一切说明了美国的发展。"(见R.A.比林顿:《向西部扩张:美国边疆史》,商务印书馆1991年版。)

译文的重要差异,出现在这段文字的最后一句话中。关于边疆在美国历史上的意义,上述译者实际上根据自己的理解,对这一问题作出了三种不同的回答。根据第一种译法,边疆的拓殖"可以说明"美国的发展,语势带有假设性或推测性。在第二种译文中,由于在"可以说明"之前加了一个"就"字,虽然保留了上述译文的假设性,但把"边疆"变成了"说明美国发展"的唯一因素,因为在这里"就"带有"仅"或"只"的含义。而在第三种译文中,由于把"说明"一词译成了过去式,即把"可以说明"译成"说明了",而成为一个已被证明的真理或判断。显然,在三种译文之间,存在着原则性的分歧。既然如此,那么究竟哪一种译文更合乎原意呢?为了弄清这一问题,现将原文照录如下:

"Up to our own day American history has been in a large degree the history of the colonization of the Great West. The exisistence of a area of free land , its continuous recession, and the advance of American settlement westward, explain American development."(F. Turner, *The Frontier in American History*, New York, 1920, p. 1)

从原文看,"说明"一词使用的是原形,在英语语法上是复数,第三人称现在一般时,因此不能译为"说明了",因为它是现在时而不是过去时。此外,原文动词"explain"没有任何附加成分,因此在"说明"之前加一个"就"字是没有根据的,"就"字多少带有译者的主观色彩。至于在翻译时,在"说明"之前加"可以"两字,虽然在原句中找不到相应的成分,但可以从原文使用的现在一般时推演出来,因这种时态的基本用法之一,就是表示主体的"能力"。为何对特纳这段文字的翻译会产生如此明显的分歧?问题的关键出现在对其"边疆假说"的理解上,即没有弄清"特纳是在提出一个假说,而不是企图去证明一个理论"(R.·A.比林顿语),而上述这段文字正是其"假说"的集中体现,不能译成一个定论。

我们还注意到,尽管特纳的"边疆假说"包含有地理决定论的因素;但在上述这段文字中却不包含这一因素。这段文字的内容有三:(1)一片"自由土地"的存在;(2)美国"定居地"的向西推进;(3)自由土地的"不断收缩"。其中,第一项讲的是自然地理,第二项讲的是社会移动,第三项讲的二者的互动关系及后果。这里人与物相对照、进与退相结合,是一幅静与动并存的完整图景。可见,在这里特纳并不是讲地理条件,因而更不是地理决定论。

最后,我以为,虽然第一种译法较好,但那个"都"字用得并不好,也是附加到"说明"一词之上的。它似乎是在表述主语的复数概念,但一旦被放在"说明"之前,就成了动词的状语。在汉语中,"都"字有"全部……都"和"分别……都"之意,这就容易引起这样的误解,仿佛"自由土地"的存在可以说明美国的发展,"定居地"的向西推进可以说明美国的发展,而自由土地的不断收缩也可以说明美国的发展,这是不符合特纳原意的。因此,这段文字应译成:

"直到现在为止,一部美国史在很大程度上是对于大西部的拓殖史。一个自由土地区域的存在及其不断收缩,以及美国定居地的向西推进,可以说明美国的发展。"

(原载《读书》1998年第9期)

不能简单地把"西进运动"归结为"领土扩张"
——美国"西进运动"初探

一、西进运动与领土扩张

众所周知,独立时美国只据有大西洋沿岸的一个狭长地带。按1783年英美《巴黎和约》的规定,已划归美国所有的阿巴拉契亚山脉和密西西比河之间的地区,也还不在它的有效管辖之下,而是在印第安人甚至英国人掌握之中。

但是,在独立后几十年时间内,随着"西进运动"的迅速兴起和广泛展开,美国不仅把密西西比河以东的土地从印第安人及英国人手中夺了过来,而且把它的疆界从密西西比河往西推进了1500英里,直抵太平洋沿岸。据统计,从1783到1860年美国领土扩大了两倍半,由原来的83万平方英里增加到300万平方英里。① 这一事实表明:"西进运动"具有很强的扩张性。

美国在西部的领土扩张活动,以1803年从法国购买"路易斯安那"开始。在拉丁美洲革命爆发后,美国又趁机夺取了西班牙的殖民地佛罗里达。之后,美国的领土扩张主要沿两个方向继续推进:在它

---

① 马齐(D. S. Muzzey):《我们国家的历史》(*A History of our Country*),波士顿,1945年版,第338页。

的西南方面,1836年美国首先策动了得克萨斯名为"独立"、实为分裂的运动,然后又于1845年公然将它兼并,到1848年共割去墨西哥领土的一半;在它的西北方面,美国以外交和武力相威胁,提出了"北纬54度40分,否则就是战争"的口号,迫使英国不得不放弃它对俄勒冈的领土要求。最后,这两条扩张路线在加利福尼亚会合,从而完成了对整个大西部的占领。

在西部的一系列领土扩张中,"路易斯安那"购买占有特别重要的地位,其代价最小而意义最大。首先,这块新领地辽阔而肥沃,其面积达215万平方公里,又地处北美大陆的心脏地带,因此,它的获得必将对美国的地理发生"革命性"影响。从某种意义上可以说,只是由于它的获得美国才真正找到了作为一个大国的重心;其次,这块领地位于密西西比河的西侧,是密西西比河流域不可分割的重要组成部分。在未获得这块领地之前,为了取得该河的航行权及其他权益,美国不得不先与西班牙、后与法国发生数不清的纠葛。现在由于这块领地的购买,密西西比河变成了美国的内河,许多矛盾便迎刃而解。诚如美国边疆学派历史学家特纳所说:"路易斯安那的购入,使密西西比河流域获得了政治上的完整,其后果是意味深长的。"[①]最后,该领地在历史上数易其主、边界极不确定,这给美国"随意解释"其边界提供了方便,从而使进一步的扩张几乎不可避免。还在就该领地的购买进行谈判的过程中,在回答美国代表问及是否可作"随意解释"时,法国外长塔列朗就说过:"你为你的国家做了一桩伟大的买卖,我想你是会充分利用它的。"[②]这等于默许了美国新的领土要求。

[①] 特纳:《美国历史上的边疆》,第189页。
[②] 布卢姆等(J. M. Blum et al.):《民族的经历:到1877年的美国史》(*The National Experience: A History of the United States to 1877*),纽约1977年版,第160页。参阅J. H.莱丹著,王造时译:《美国外交政策史》,商务印书馆1936年版,第169页。

美国在兼并得克萨斯和西佛罗里达时,都曾以其属于"路易斯安那购买地"为借口。

为什么美国在独立后会迅速走上领土扩张的道路?过去人们谈得比较多的是奴隶主的作用,有人甚至把美国向西部的扩张概括为"奴隶制扩张"。其实,最早给美国的领土扩张以重要推动的,并不是奴隶主而是土地投机家。土地投机家是18世纪逐步形成的一个特殊的商人集团,它以土地为买卖对象并靠这种买卖发财致富,因而对向西部的扩张最为积极。早在英法七年战争之前,土地投机家已表现出对西部土地的极大兴趣。以1748年成立的"俄亥俄公司"为首的第一批土地公司,掀起了一股抢夺西部土地的狂潮,但这股狂潮在七年战争后由于英王的"宣告令"而暂时被打断。然而,大西洋沿岸的土地经过两个世纪的殖民,到18世纪下半叶已基本被占用完毕,此后任何较大的土地要求都只能在阿巴拉契亚山脉以西才能得到满足。于是,不少土地投机家因此走上反抗英国殖民统治的道路,其中包括著名的革命领导人乔治·华盛顿。独立战争后,土地投机家面临着大好形势:一方面,由于英国殖民统治的崩溃,不得不把阿巴拉契亚山脉和密西西比河之间的土地划归美国所有,这使美国一下子获得了比原十三州还大的"空地",这无疑是土地投机家的"福音";另一方面,当时由于美国负债累累,邦联政府决定按大块出售(每块640英亩)的办法处理西部新获得的公地,以解决国家的财政困难,这正好投合了土地投机家的"胃口"。由此,在美国便形成了一股又一股抢夺西部土地的新狂潮,19世纪上半叶这样的高潮就有三次:1816—1819年;1835—1837年;1854—1857年。[1] 和殖民时代相比

---

[1] 阿丹姆斯主编(J. T. Adams, ed.):《美国历史辞典》(*Dictionary of American History*)第3卷,纽约,1940年版,第240页。

较,独立后的土地投机活动具有了许多新的特点:第一,土地投机活动与官方的机构更加紧密相结合,许多土地公司控制了政府所设的"土地局",因为"土地局的工作在很多年里大半是由私营的土地公司经办的",这使土地投机本身变得更加"无法控制"。第二,土地投机的规模比以前空前扩大了。独立前土地投机的规模一般在几十、至多几百万英亩左右,而独立后土地公司从政府获得的"授地"已多到千万英亩以上。例如,1795年四家土地公司一次从乔治亚政府手中,就获得了密西西比一带3500万英亩的土地。① 第三,土地投机家的野心越来越大,他们不再以俄亥俄和密西西比河为限,而是以整个大西部为目标。当密西西比河以东的土地被占用完毕后,他们就把目光逐渐转向更远的西部。这就必然会提出夺取新领土的要求。正因为如此,土地投机家成为美国领土扩张的重要推动者。

在19世纪20年代前,奴隶主在领土扩张的作用远没有人们想象的那么大。因为这种种植园奴隶制在18世纪末已出现衰落的迹象,并且在国际上受到越来越多的人的谴责。当时很多人包括许多奴隶主在内,"都相信奴隶制度在它的范围和远景方面都是有限度的"。② 然而,两方面的情况变化使种植园奴隶制经济"起死回生":一方面,是英国的工业革命迅速兴起,整个国际市场对棉花的需求增加;另一方面,是1786年"海岛棉"传入美国,1793年惠特尼发明"轧棉机"。结果,南部的奴隶制种植园经济不仅没有消灭,反而恶性发展起来,出现了棉花种植区迅速向西扩张的趋势:1795年扩展到亚苏三角洲,1796年进入田纳西中部,1802年进入路易斯安那。在这

---

① F.默克:《西进运动史》,第115页。
② 福斯特:《美国历史中的黑人》,三联书店1960年版,第76页。

种情况下,种植园奴隶主的领土扩张欲望被刺激起来。从19世纪20年代起,奴隶制问题开始成为影响全局的大问题。到四五十年代,奴隶主的利益便成为美国对外政策的"指路的星辰"。由兼并得克萨斯开始的对墨西哥的一系列领土扩张,便在这样的背景下发生了。据美国历史学家研究,在1836年"孤星国"所发表的《独立宣言》上签名的56人中,只有3个墨西哥人和5个自由州去的美国人,其余48个都是从南部奴隶州去的。[①] 美国的奴隶主一手策划了这一分裂运动,然后又主动提出与美国"合并",它充分地说明了奴隶主在美国领土扩张中的作用。奴隶制在美国领土扩张中的这种作用,从根本上来说是这种生产方式的反动性和落后性决定的。由于对土地采取掠夺性的经营方式,几年之内把最好的土地的地力也消耗殆尽,只得靠扩大和占领新领土来维持和发展。这样,正如马克思所说,不断扩张新领土就成了奴隶制"生存的法则"。[②]

除了土地投机家和奴隶主而外,推动美国走上领土扩张道路的还有人数众多的农场主。这是一个就其成分来说十分复杂的队伍,有的人在到西部以前就是农场主,也有的是到西部后才成为农场主的。不过,不论是前者还是后者,其中绝大多数都是中下层劳动者。福斯特指出,这些人一般都是"比较贫苦的老百姓",他们由于缺少土地才决定到西部去。[③] 据美国历史学家C.古德里治和S.戴维逊的研究,在"新英格兰公司"指导下移往堪萨斯的3000个家庭和个人中,有727人留下了他们在老家的职业的记录。其中:239人为农场主,占总数的32.9%;71人为商人,占总数的9.8%;61人为专职人

[①] 俾耳德、巴格力:《美国史》,商务印书馆1929年版,第200页。
[②] 《马克思恩格斯全集》第15卷,第353页。
[③] 福斯特:《美洲政治史纲》,人民出版社1956年版,第262页。

员,占总数的 8.4%;还有 356 人是独立工人和挣工资者,占总数的 48.9%。① 此外,这两位历史家还根据 1850 年人口调查的资料,对在"新英格兰援助公司"赞助下派往堪萨斯 211 个社区进行了分析,结果发现:在 570 名移民中,农场主为 165 人,技工和挣工资者为 293 人,职员为 50 人,商人为 62 人。② 在上述两个材料中,从表面上看工人移民比农民移民还多,但由于这些工人许多是来自 1000 至 5000 人的乡村,而不是来自较大的工业中心,所以实际上真正的工人并没有那么多,农场主移民的比例还应当相应地提高。应该指出,农场主及其他劳动者和土地投机商和奴隶主在其利益上并不相同,因而他们在领土扩张中的作用也不一样。小农和其他劳动者虽然人数最多,从而构成"西进运动"的基本动力,并且常常走在"西进"队伍的前列,但他们并不是领土扩张中的决定性因素,因为他们并不是任何一次领土扩张的决策者。然而,有一点却是共同的,这就是他们和土地投机家和奴隶主一样,都渴望在西部获得一份"自由土地",而不论是用什么方法获得它,我们还必须记住:"美国的农民乃是一个土地投机家兼农业家。"③ 所以,美国在独立后迅速走上领土扩张的道路,是这三种与土地有关的社会势力共同推动的结果。

18 世纪末和 19 世纪初的美国,毕竟还是一个弱小的大陆国家。它只拥有一支不大的陆军,而没有一个近代强国通常所必不可少的强大海军。因此,不要说进行海外扩张,就是进行大陆扩张它也是力不从心的。那么,为什么美国在领土扩张中会取得如此巨大的成功?显然不能仅仅从美国方面的原因来解释,还有许多外在因素在起作用。

---

① 古德里治和戴维逊(C. C. Goodrich and S. Davison):《西进运动中的工资劳动者》("The Wage-earner in the Westward Movement"),载《政治学季刊》(*Political Science Quarterly*),1936 年第 1 期,第 103 页。

② 同上书,第 105 页。

③ 福克讷:《美国经济史》(上卷),第 6 页。

从欧洲方面看：当时，英国刚刚在上一次的北美独立战争中被打败，这场战争使它失去了最重要的殖民地，它还未从这次损失中恢复过来。而曾经不可一世的拿破仑帝国，在"反法同盟"的围攻和各国民族运动的打击下，也已渐渐丧失帝国早期的破竹之势。整个19世纪上半叶，欧洲革命运动迭起、起义和战争频繁，所有大国都忙于自己的事务而无暇西顾。加之，西部只不过是未进入文明世界的荒原，只有少数印第安人居住，社会发展水平还很低，因此并不能形成强大的抵抗。至于南部邻国墨西哥，则处于国内重重矛盾的困扰之中，经济和军事都十分落后，亦无法与美国一争短长。这就给美国造成了一个机会：它可以大大扩张自己的领土，而无需花费太高的代价。正因为如此，在向西扩张的整个过程中虽然冲突不少，但并没有发生很大的战争。

必须指出，尽管"西进运动"是以领土的"暴发式"扩张为重要特征的，但并不能因此就把这个运动归结为"领土扩张运动"。因为：第一，"西进运动"首先并不是从领土扩张开始的，而是以越过阿巴拉契亚山脉向肯塔基、田纳西移民开始的。当时，美国的边界在密西西比河一线，向该地区移民是这个新兴国家内部发展的需要。第二，"西进运动"在本质上是美国资本主义"向广度"发展的运动，它至少应包括三个方面的内容：自由移民、领土扩张和经济开发，这三个方面既有联系又有区别，不能用一个方面取代另外两个方面。第三，美国在西部大陆的领土扩张集中于19世纪上半叶，而向西部的移民和开发运动此后还在继续扩大，至于远西部的真正拓殖则是在南北战争之后。很明显，"西进运动"比"领土扩张"包含着广泛得多的内容，不可用"领土扩张"简单地加以概括。

此外，对密西西比河以西（包括佛罗里达）的领土扩张，也应当进行具体的历史的分析。这里存在着三类矛盾：侵略与反侵略的矛盾、殖民国家之间的矛盾、先进与落后生产方式的矛盾。实际上，在西部进行领土扩张所涉及的全部国家和地区中,只有墨西哥才是与美国毗邻的一个主权国家。在美国势力进入得克萨斯和新墨西哥等地区之前,这些地区一直在墨西哥管辖之下。因此,对这个国家领土的任何分裂和蚕食运动,都具有明显的侵略性质。但是,美国对路易斯安那、佛罗里达和俄勒冈的扩张,则不可与之相提并论。路易斯安那和佛罗里达是法国和西班牙的殖民地,俄勒冈一直是英美各国有争议的地区。美国和这些欧洲殖民国家在这些地区的争夺,一方面暴露了美国本身的殖民主义野心,另一方面也排斥着欧洲的殖民势力,有利于整个美洲的"非殖民地化"和新兴美国的发展。否则,美国的历史就将是另一个样子。至于印第安人,在"除了死的印第安人,没有好的印第安人"的口号下,美国统治者对他们发动了上千次疯狂的军事围剿,不是把他们无辜地杀害,就是把他们赶进"保留地"。十分清楚,印第安人才是美国领土扩张的最大受害者。

即使如此,从社会历史发展的观点来看,"西进"在美国历史上仍占有极重要的地位。马克思主义认为,资本主义的产生是一个进步的历史现象。作为美洲大陆上第一个独立的资本主义国家,美国的诞生标志着美洲历史上的巨大飞跃。新兴的美国向西部的扩张,一方面给这些地区的落后民族带来了痛苦和灾难,另一方面也在这块大陆上扩大了资本主义文明。随着西部印第安人被大批大批地驱逐或消灭,印第安人的原始社会也逐渐走向解体,在印第安人的废墟上建立起一个新的社会。正因为如此,我们在谴责对印第安人屠杀的时候,不应当忽视西部开发的巨大意义。马克思在谈到墨西哥战争时写道:由于加利福尼亚的占领,"第一次使太平洋真正接触现代文明",并"在历史上第三次为世界贸易开辟新方向"。[1] 这一评论对我

---

[1] 《马克思恩格斯全集》第6卷,第326页。

们整个"西进运动"的研究都有启发。

二、西进运动与边疆移民

在近代历史上,伴随着欧洲殖民强国的海外扩张,产生了许多大大小小的殖民运动。如葡萄牙在西非沿岸各群岛上的殖民,西班牙在拉丁美洲的殖民,以及英国在北美和澳大利亚的殖民等等。但任何一个欧洲国家的海外殖民运动,也不能与美国的"西进运动"相比。欧洲国家的海外殖民运动由于种种条件的限制其规模总是有限的,而美国向边疆的移民却是群众性的。

"西进运动"作为一个群众性移民运动,兴起于1783年美国独立之后,在19世纪中叶进入高潮。一批又一批来自东部和欧洲的移民,迅速而有效地占领广阔的大西部,成为19世纪美国社会和经济发展中最令人瞩目的现象。那么,这个群众性的移民运动是怎样兴起来的呢?这是我们在研究"西进运动"的时候需要进一步探讨的问题。

在独立之前,各殖民地内部各种矛盾就十分尖锐。独立后,东部各州的经济发生了普遍的不景气,许多工人失业、农民破产。由于战争期间滥发纸币造成货币贬值,使许多债务人因此而苦恼。有一些人因革命和其他原因丧失了土地和财产,一时在东部难以为生。对于从军革命的官兵发给的土地券,需要在革命胜利后兑现,等等。所有这些,使许许多多的人渴望在战争结束后到西部去谋生,从而使一个群众性移民运动的兴起成为不可避免。但是,一个真正的群众性移民运动的形成,并在最后有效地占领大西部,却还有许多实际问题需要解决,并非那么容易。其中,除了交通运输方面的问题外,最主要的是如下两个方面的问题。

其一,是欧洲殖民势力在西部的继续存在。因为美国是美洲殖民地第一个赢得了独立的国家,独立后美国实际上仍处于欧洲殖民势力的包围之中:北有英属殖民地加拿大,南有西属殖民地佛罗里达,西有法属(1800年以前是西属)殖民地路易斯安那。由于西班牙盘踞佛罗里达,美国人无法接近墨西哥湾。在东西交通还不发达的时候,美国内地的运输主要靠密西西比河,河口重镇新奥尔良为西班牙和法国人控制,则必将影响美国内地农产品的出口。如果说西班牙的美洲殖民地已走向衰落的话,那么法国在美洲的殖民地一度却有了扩大的趋势,其突出的表现就是拿破仑建立"大美洲帝国"的计划,这个计划以重建"路易斯安那"为重点。更值得注意的是,英国虽然在《巴黎和约》上承认了美国的独立,并把密西西比河和阿巴拉契亚山之间的土地划归美国所有,但它却继续控制"西北地区"的皮毛贸易,拒绝撤出奥斯威戈、尼亚加拉、底特律等军事据点,甚至暗中支持1806年柏尔策划的将"路易斯安那"从美国分裂出去的阴谋活动,可见英国并不甘心自己的失败。在这种情况下,美国"西进"的道路不会是平坦的。

其二,是邦联政府在土地政策上的明显弊病。美国关于西部的政策,从一开始就是很矛盾的,这种矛盾性在1784至1787年的三个法令中已有表现。一方面,这几个法令宣布将已有的国有土地由政府分块向移民出售,禁止在西北特区存在强迫劳动和奴隶制度,各新的领地在条件成熟后均可以"平等的地位"加入邦联,等等。这些规定对于把西部变为自由劳动的巨大领地,对于在西部确立自由农民土地私有制,对于整个西部朝民主的方向发展,都起了巨大的作用。另一方面,又把解决政府的财政困难作为处理这些土地的重要指导思想,规定出售土地的最小单位不得少于640英亩(每亩售价最低为一美元),而且买者必须在一个月内将款交清,这就剥夺了许多贫苦移民购地的机会。结果,到西部去的大都是一些有钱的土地投机家,或东部比较富裕的农场主,真正贫苦的移民并不多,例如,在印第安纳的早期移民区,1787年时"几乎所有的美国人都是农场主",这就不能不影响向西部移民的进程。按1803年杰斐逊的计算,如果以当时的速度进行移民,密西西比河以东住满人得一千年。可见,"西进运动"的真正兴起,还有待于西部土地政策的进一步民主化。

在上述两个方面的问题中,第一方面的问题看来是不难解决的。1803年,法国由于35000大军入侵海地失败,拿破仑重建美洲殖民帝国的计划受挫,于是不得不把刚从西班牙手中夺回的"路易斯安那",以每英亩三分的价格转让给美国。接着,由于英国人劫掠美国海员和船只的事件,触发了1812—1814年的第二次英美战争,这给美国造成了清除英国在西部的势力的机会。结果,这场名义上是为了"海员的权利"进行的战争,实际上就成了"一场西部的战争",即争夺西部控制权的战争。美国在几经失败后,终于把英国的势力稳稳地赶到了五大湖以北。至于南部的西属佛罗里达,自"路易斯安那"转让美国以后,其地位就从根本上发生了动摇。所以,拉丁美洲革命刚一爆发,西班牙就决定及早退出佛罗里达,匆匆签订了把它卖给美国的条约。至此,美国西进的道路就基本被扫清了。

然而,解决第二方面的问题却要困难得多。这是因为政府一直把公共土地出售,作为国家财政收入的主要来源,而这种政策又得到大金融家、土地投机家和奴隶主的支持。以致1796年制定的新的土地法,不仅没有减少出售土地的单位面积,反而把每英亩的最低售价从一美元提高到二美元。正因为如此,使西部土地政策进一步民主化的过程,从1800年开始到1862年《宅地法》公布,整整经历了半个世纪的时间。推动这个民主化进程的主要动力是什么呢?第一,是西北地区的拓荒者。他们在19世纪上半叶进行了一系列有组织的斗争,早在1812年就成立拓荒者的第一个组织"真正的美国人协会"。20年代,又从他们中间产生了著名的代言人托马斯·本顿,正是他带头提出了无代价分配国有土地的要求。他们的斗争是后来"土地改革"运动的先声。其次,是东部的无产阶级,其突出的代表就是乔治·亨利·伊凡斯。他领导的"土地改革"运动在40年代成为推动美国土地政策向进一步民主化转变的强大动力。他提出的"为你的宅地而投票吧"的口号,有力地支持了西部农民关于免费分配国有土地的要求,并吸引了大批工人和城市小资产阶级分子。这个运动为以后的"自由土壤党"提供了基础和力量。第三,是资产阶级的民主派。他们的大多数是随着"西进运动"的最初进展从西部新成长起来的,包括一些律师、商人和从这些人中产生的州和国会的议员,亚伯拉罕·林肯是他们的一位杰出代表。这些人认识到,他们的政治地位的巩固有赖于西部的开发,而西部的开发又取决于在多大程度上满足拓荒者的土地要求,因而对农民和工人的呼声抱同情的态度。林肯说:"我赞成把荒地分成小块,使每一个穷苦的人都能获得一个家园。"正因为如此,这些人在改革土地立法的工作中发挥了重要的作用。例如,被认为是"成功地改变了政府的土地政策"的1800年《土地法》,就是由西北准州的国会议员威廉·亨利·哈里森提出来的,《宅地法》也主要是由于这些人的支持才得以通过。

19世纪上半叶美国土地政策的改革主要表现在两点上:一是降低出售土地的面积,把开始时规定的640英亩降到40英亩;二是降低公共土地的价格,最后干脆就把出售政策改为免费分配的政策。这样,广大移民关于获得廉价土地的要求就基本实现了。且不说1862年《宅地法》关于无偿分配土地的办法,就是1820年《土地法》关于用100美元买80英亩的规定,条件稍好一些的移民都是欢迎的。据统计,从1820年到1841年即1820年《土地法》执行期间,按该法出售的土地就达8753万多英亩,而1796—1820年出售的总共还不过1364万多英亩。①美国一位农业史学者指出:"不论这项法律有何缺点,它使许多人成为土地所有者,并帮助把生产资料分配给土地耕作者手中。这样大规模分配土地,在世界历史上是独一的。"②由于土地政策的不断放宽和改进,从19世纪开始特别是20年代以后,"西进运动"在美国逐渐演变成真正群众性的运动,仅1820年以后30年内至少就有400万人从东部移往西部。据美国历史学家研究,19世纪50年代,每四个美国人中就有一个从一州移往另一州,而东北一些老州人口移出的比例高达1/3。③由于这种群众性移民,阿巴拉契亚山以西的人口迅速增长,1790年时还只占全国人口的6%,到1860年已上升到49%。其中一些地区的人口增长达到了惊人的速度,例如19世纪头十年俄亥俄的人口增加了408%,印第安纳增加了334%;从1840—1850年,威斯康辛人口增加了887%。④1854年,《纽约论坛报》记者在报道衣阿华的情况时,写道:"这个州一年之内仿佛增大了一倍,农场、铁路和城市,都几乎像是一夜之间建立起来的,整个西部就像蘑菇一样地成长着。"⑤

当然,之所以说"西进运动"是一个群众性移民运动,不仅是因为有千千万万人卷入其中,而且还在于广大移民向西部的迁徙"完全是由个人或家庭主动进行的"。据美国历史学家研究,到西部去的移民在生活上是很困难的:在19世纪30年代,一个欧洲移民要花12美

---

① 旋莱贝克尔:《美国农业史(1607—1972)》,第64页。
② 同上。
③ R.柯伦特:《威斯康辛史》,第35页。
④ 根据《美国历史统计:殖民地时代—1957》(Historical Statistics of the United States: Colonial Times to 1957)第12—13页统计数字计算。
⑤ 叶菲莫夫:《美国史纲》,三联书店1962年版,第328页。

元才能渡过大西洋,然后再花 7 美元才能到达克利夫兰,花 8 美元到达底特律,花 14.5 美元到达芝加哥。① 至于在西部建立一个农场的费用就更大了。据估计,1850—1860 年间西部各州要建立一个农场的费用最少的衣阿华州在 440 至 3000 美元之间,最高的伊利诺伊州则在 550 至 12200 美元之间,这些费用都得靠移民们自己去筹集,政府并不给他们任何帮助。正因为如此,从东部到西部的移民运动是一种自发的运动,这些移民一般被称为"自由移民"。由于这些人大多是一些破产的农民、失业的工人和其他下层群众,他们到西部后的第一个目标就是获得一块宅地,从而在西部形成普遍的"占地"运动,它是"西进运动"的自发性的突出表现。据记载,19 世纪上半叶"非法占地"之风盛行,衣阿华有些地区到 1838 年几乎为"占地者"住满。在 30 年代,阿拉巴马居民中的 2/3,密苏里居民中的 65% 都是"占地者"。1840 年"先买权"法令特别是 1862 年《宅地法》公布后,群众自发的"占地"活动虽然减少了,但在整个 19 世纪并没有停止。

这个群众性移民运动是逐步兴起来的。走在这个运动最前面的是商人和猎人,他们到边疆去主要是为了和印第安人进行毛皮贸易,其人数自然不会很多。当一批又一批的"拓荒者"加入西进的行列,并且以西部作为他们谋生的归宿而定居下来时,移民运动才真正形成大规模的运动,而这些"拓荒者"便形成西部早期移民的主体。19 世纪开始以后"西进运动"逐渐发展,到中叶便汇集成股股巨流。在通往西部的道路上移民的车队络绎不绝,有时甚至彻夜不眠。移民的车队少则几辆、十几辆,多则几十辆,甚至长达三英里。为了防备

---

① W. 哈维格斯特(W. Havighurst):《心脏地带:俄亥俄、印第安纳、伊利诺伊(1673—1860)》(*The Heartland:Ohio, Indiana, Illinois, 1673—1860*),纽约,1920 年版,第 166 页。

印第安人的袭击,他们往往同时出发、同时留宿,宛如组织严密的"军队",堪称世界移民史上的奇观。据宾夕法尼亚西部某村庄的观察者记载,在1811年的某个月内就有236辆移民的马车和600只"美利奴"羊通过他的村庄涌向西部。"坎伯兰大道"建成后,"路上有时多到24匹马拉的车子结队行走","马队、驴队、牛群、猪群和羊群,热闹得像大城市里的一条大街"。1858年10月期间,通过"南山口"越过落基山进入远西部的移民达59批,包括838名男人和9名妇女、儿童,他们携带有4851头牛和490辆车。

西部移民社会的基本单位"社区"(Community),大约相当于我国农村的村庄,西部最早的一个社区1768年建立于田纳西的瓦陶加。它实际上是一个自治的移民共同体,占地者们自己选举了具有立法权力的五人委员会,来管理他们内部的事务,并且成立了自卫性的民兵组织,这种组织形式和民主原则为后来建立移民村树立了榜样。从总的来看,在西部建立起来的这个移民社会是相当复杂的。以伊利诺伊为例,1850年时,该州人口的4%来自新英格兰,13%来自中部各州,16%来自南部各州,13%来自西北部,13%来自欧洲,39%是本地人,[1]它可以说是美国这个"移民国家"的缩影。不过,在阶级关系上,这个移民社会最初的情况倒是较为简单的。除少数比较富裕的人而外,大多数都是来自下层人民,贫富差别并不大。仍以伊利诺伊为例,有人对1850年时该州三个县的3000个家庭进行研究后发现,其中只有136户的财产(包括土地在内)在2500美元以上,其中最富裕的农场主才1500美元,最富裕的律师为5000美元,也就是说96%的家庭的财产还不到2500

---

[1] 毕林顿:《向西部扩张:美国边疆史》,第308页。

美元。^① 但是,这个社会本身也在急剧变动中:随着生产的发展,商业的活跃和资本的渗入,一些人迅速地破产了,另一些人大大地富裕起来,少数人爬上了统治者的地位,而那些濒于破产的人不得不再次转辗迁徙,有的甚至十次搬家十次落户,成为"职业性的拓荒者"。

与移民群众由东向西不断推进的过程交织在一起,大西部也经历了一个逐步"美国化"的过程。这个过程大致可以分为三个步骤:第一步是由自由移民占领土地;第二步是由政府设置"领地"(territory);第三步才是正式建州。指导这个全过程的基本文件就是1787年制定的"西北条例"。美国著名"西进运动"史学家F.迈克指出:"美国今天是一个由50个平等的成员组成的共和国,在50个成员中有31个是按1787年西北条例的原则加入联邦的。"[2]按这个条例的规定,各领地加入联邦的原则主要有两条:一是当该领地有6万(有时也可以少于6万)自由居民时方可加入联邦;二是新加入联邦的州宪法和政府必须实行共和制。需要说明,这里所说的31个州包括了阿拉斯加和夏威夷,如果不算这两个州,则西部只有29个是经过先建立"领地",然后才正式建州的。西部各州中,还有肯塔基、得克萨斯和加利福尼亚没有经过领地阶段,是直接被联邦接纳为州的。各领地以州的身份正式加入联邦,可以看作是这些领地由联邦政府有效控制的标志。

西部各领地的性质是一个需要说明的问题。马克思曾经把它称为美国的"殖民地"。[3] 我以为可以从三个方面来理解:第一,这些领地是美国新夺取的土地,以后它们成了美国殖民的对象;第二,在未

---

① R.J.詹森:《伊利诺伊史》,第52页。
② F.默克:《西进运动史》,第106页。
③ 马克思:《资本论》第1卷,第833页。

正式建州以前,各领地必须由国会指派的一个总督和三名法官管理,它出席国会的代表不具备表决权;①第三,西部作为落后的农业的地区,是先进的、工业的东部剥削的对象。但是,它与我们平常所谓的"殖民地"是不同的:第一,它与欧洲国家的海外殖民地不同,西部是美国的"国内殖民地",因为从美国占领这些地方开始,就把它看作美国领土的组成部分。第二,恩格斯认为有两类殖民地:一类是"那些只是被征服的、由土著人居住的土地",如印度,阿尔及利亚那样的殖民地;另一类是"欧洲人占据的土地",如加拿大和澳大利亚那样的殖民地,他认为后者才是"真正的殖民地"。②马克思在谈到西部时把它划入了后一类,认为它也是"自由移民开拓的处女地"。③因此,我们不应当把它和印度那样的殖民地混为一谈。第三,欧洲老牌殖民帝国始终把殖民地看作母国的附属部分,而美国却规定西部各领地在加入联邦后"在一切方面均与原有诸州平等"。④因此,西部不是越来越"殖民地化",而是越来越"非殖民地化"即美国化。应该说,当西部由自由移民占领完毕,各领地"以平等的地位"加入联邦后,西部作为"殖民地"的特征就消失了。正因为如此,美国史学家把西部的"领地"制度看成是"一种新的殖民地制度"。⑤

最后,应当指出,美国之所以在西部实行这样一种新的殖民制度,是因为美国是在反抗英国殖民统治的斗争中诞生的,有着反殖民主义的传统,独立后由各州建立的邦联实际上是一种平等的联盟,已经享有了这些平等权利的美国人在移居西部后,自然不会允许把自己降到"二等公民"的地位。所以,美国向西扩张的过程只能是逐步美

---

① 谢德风等选译:《一七六五——九一七年的美国》,第27—33页。
② 《马克思恩格斯全集》第35卷,第353页。
③ 马克思:《资本论》第1卷,第833页。
④ 谢德风等选译:《一七六五——九一七年的美国》,第27—33页。
⑤ 莫里森等:《美利坚共和国的成长》上册,第294页。

国化的过程。

三、西进运动与西部开发

在美国人进入大西部之前,虽然印第安人千百年来在那里生活和劳动,并创造过值得称赞的"古代文明",但由于地广人稀、生产落后,那里几乎还一直保持着原始的状态。有一首诗这样描述美国移民刚到西部时的观感:"除了他自己急促的脚步,听不见任何声响。"

然而,自"西进运动"兴起之后,仅二三代人或几代人的努力,这块无际的荒原已完全改变了面貌,变成了资本主义文明的"宝地"。这里,首先兴起的是资本主义农业,然后就是畜牧业、商业、矿业和工业等,最后形成为农业和畜牧业并驾齐驱、工业和农业相互促进、交通运输和商业贸易全面发展的局面。据统计,阿巴拉契亚山脉以西的农场在全国农场总数中所占比例分别是:1850年为49.1%,1860年为57.6%,1870年为63.3%,1880年为66.5%,1890年为69.2%,1900年为71.4%。[1] 1900年时西部的农场总数为409万个,其面积为全国农场总面积的79%,它们的资产占全国农场资产总值的78%。[2] 这些数字充分地说明了西部开发的速度。此外,在工业方面,1860年时西部已有企业5.4万个,工人30万,产值达5.16亿美元。[3] 尤其是旧西北部五州的发展更为显著,1850年时这些州还主要经营农业,但到1904年它们的工业产值已占全国工业总产值的1/4。[4] 在贸易方面,1820年时大湖地区的交易额不过一两万美元,到

---

[1] 根据《美国第十二次人口调查:1900》(*Twelfth Census:1900*)第5卷有关统计资料计算。

[2] 同上。

[3] G.C.菲特和J.E.里斯:《美国经济史》,第253页。

[4] 同上书,第452页。

1860年竟增加到3亿美元。而自新奥尔良输出的内地货物，1815年只有877.9万美元，到1860年已增至1.852亿万美元。总之，西部的经济开发是很有成效的。它说明，"西进运动"不仅是一个领土扩张运动，而且是一个群众性移民运动，更重要的还是一个大规模经济开发运动。

过去有一种观点认为，根本不能谈论殖民运动中的开发问题，似乎谁要谈论这个问题就"美化"了殖民主义。其实，这不过是一种误解，且不说"西进运动"这样一个群众性的拓殖运动，就是欧洲国家早期的殖民运动也是要进行具体分析的。马克思说："历史的活动是群众的事业。"①如果用这个观点来考察美国西部发展的历史，那么我们就应该得出这样一个结论：正是当年的那些"拓荒者"即广大移民群众，谱写了开发西部的壮丽篇章。其实，马克思和恩格斯本人已经直接指出了这一点，他们在《共产党宣言》俄文第二版序言中就谈到："正是欧洲移民，使北美能够进行大规模的农业生产。"②因此，要正确估价"西进运动"的意义，就必须充分说明移民群众在开发西部中的作用。为了说明这一点，我们不妨来回顾一下西部的开发史。

在美国大西部的开发中，俄亥俄河流域的开发占有特殊的地位，它可说是西部首先开发而又取得了成就的地区。在19世纪二三十年代，"俄亥俄"几乎成了西部的代名词。1803年俄亥俄州建立时，这里9/10的地方还是森林，但由于拓荒者年复一年的辛勤劳动，到1839年它已成了小麦生产的"王国"，收获量达1657万蒲式耳，约占全国小麦产量的20%。随着移民潮流的向西推进和垦荒区的逐年扩大，小麦生产的中心也不断西移，而且垦荒区越是往西伸展，小麦

---

① 《马克思恩格斯全集》第2卷，第104页。
② 《马克思恩格斯选集》第1卷，第230页。

生产的发展也越快,因为西部的草原带比东部的森林带更肥沃。50年代末这个中心已移到伊利诺伊,1859年该州小麦产量为2383万蒲式耳。60年代它又移到威斯康辛和明尼苏达,70年代末就通过了红河流域。这样,整个中西部就成了小麦的集中产区,成了美国的"面包篮"。这个"小麦王国"是怎样建立起来的呢?它正是由成千上万的拓荒者亲手开发出来的。当年的那些拓荒者,在生活和劳动上都十分艰苦。横在他们面前的,除了茂密的森林和无际的草原,就是印第安人走过的羊肠小道。移民一切都必须从头做起:首先得搭起一个供定居的小屋,然后得赶紧着手清除森林,以便季节到来时好及时下种。艰苦的拓荒生活无情地夺走了许多年轻的生命。在拓荒时代的伊利诺伊,一年内出生百个婴儿中,20到30个不满五岁就死亡,成年人的岁数平均也只在四五十岁左右。在东部,儿童的启蒙教科书第一课讲的是"亚当",而在西部第一课讲的却是"斧子",[1]那是拓荒时代的象征。其实,那也是每一个拓荒者来到西部后的"第一课"。不管后来人对"拓荒精神"作何解释,"拓荒精神"本身始终是属于劳动人民的。

当俄亥俄河和密苏里河以北发展成为美国的"小麦王国"的时候,密西西比河下游地区正在形成另一个"王国":棉花生产的"王国"。19世纪初,这一带还谈不上棉花生产,只在田纳西和路易斯安那州境内有一点点。但到1835年墨西哥湾各州的棉花产量已超过了大西洋沿岸各州,到1860年这里已成为世界的"棉花王国"。这一年,仅密西西比一州生产的棉花就达120万包。不错,这个"棉花王国"是建立在大种植园奴隶制基础上的。据统计,1840—1860年间,该地区各州的奴隶增长率是:密西西比州为62%,亚拉巴马州为

---

[1] W.哈维格斯特:《俄亥俄州史》,第53页。

71%，路易斯安那州为94%。黑人奴隶制在这一地区的扩展给美国历史增添了最黑暗的一页。但是，同样不能忘记的是，这个"棉花王国"实际上也是由拓荒者一手开拓出来的。最初进入这个地区的美国移民，就是来自旧南部的自耕农和小生产者，然后才是那些大腹便便的奴隶主，而且，即使在奴隶制"鼎盛"时期，小农在该地区农户中仍然占多数。这样，这个"棉花王国"的历史就明显地划分为两个不同的阶段：第一个阶段是拓荒者拓荒的阶段；第二阶段才是奴隶主和种植园发展的阶段。旅行家欧姆斯台说过：这里"所有大块的土地，最初都是由那些勤劳的移民们所开辟的，他们只有很少的工具，但却有坚强的毅力。只是一当他们把土地清除了并稍为安居的时候，大种植场主带同自己的黑帮便从东部来到了"。① 而那些原来的拓荒者却被迫转移到山区，变成所谓"贫穷白人"，或者迁徙到更远的西部去。这正是当年那些拓荒者的不幸。但它说明了这样一个真理：这个"棉花王国"不仅是奠基在黑奴劳动的基础上的，而且首先是奠基在白人劳动的基础上的。

在"小麦王国"和"棉花王国"以西的大草原上，还兴起了美国的第三个"王国"，美国历史家把它称为"畜牧王国"。辽阔的西部大草原水草丰富、气候温和，是世界上最好的天然牧场之一。据统计，1880年时该畜牧区各州畜养牛的头数：堪萨斯为153万多头，内布拉斯加为113万多头，科罗拉多为79万多头，怀俄明为52万多头，蒙大拿为42万多头，达科他为14万多头。② 这个"畜牧王国"的最大中心在得克萨斯，还在1860年全州蓄养的牛就达500万头。据1880年的统计资料，1867—1871年从该州赶往阿比林和考德威尔的

---

① 马克思：《资本论》第1卷，第193页，注⑰。
② 毕林顿：《向西扩张：美国边疆史》，第682页。

牛达146万头,1872—1875年从该州赶往维契塔和埃尔兹沃思的牛达107万头,1876—1879年从该州赶往道奇和艾利斯的牛达104万头。那里的牧场在5—10万英亩的不少,最大的理查德·金的牧场占地8.4万英亩,放牧着6.5万头牛、1万匹马、1.5万只羊。那么,这个"畜牧王国"又是怎样发展起来的呢?对这个"王国"所进行的历史考察告诉我们:它直接起源于移民照料牲口的活动,或者是为过往的行人照料牲口,或者是将别的移民所遗弃的牲口畜养起来。总之,它是伴随移民队伍向西部推进的过程发展起来的。正因为如此,当这里的定居人数还不多的时候,牧牛一般是采取"敞放"的形式;当定居的人数越来越多、农业的边疆推进到这里以后,它的主人们便逐步把他的牧区用带倒刺的铁丝圈起来,形成一个一个的"牧场"。这种演变大约发生在19世纪70年代中。美国一位历史学家在谈到大草原畜牧业的起源时,写道:由于移民所经过的"大道附近的牧草逐渐减少,尤其在每一移民季节的最后几个星期牧草更少。有创业精神的人们看到了这种情况,便在道路沿途各个地方居住下来,为过往的车队供应当地出产的干草或经过人工照料的牧场。这种早年的路旁牧场相当于现代的加油站,这种牧场的经营者也不厌烦用其他方式经营,例如买卖牲畜和修理车辆等。这是大草原的畜牧业的开端"。① 当时,人们把早年畜养的牛称为"移民牛",因为它是由移民从东部带到西部去的,这也从一个侧面说明了西部畜牧业的起源。

这三大"王国"的产生标志着美国农业帝国的兴起,而这个农业帝国还是现代美国赖以形成和发展的基础。美国是这样一个国家:它首先是一个农业大国,然后才是一个工业大国,并且在成为工业大国后农业始终没有衰落,这是资本主义各国中独一无二的。它之所

---

① 布朗:《美国历史地理》,商务印书馆1973年版,第321—322页。

以能做到这一点,主要是由于密西西比河流域得到了开发和利用。需要说明的是,在上述任何一个农业"王国"中并不存在绝对单一的经济形式。每一个区域都有一种主要经济,但同时又有许多其他经济作为它的补充。例如,在中西部小麦集中产区有大量玉米生产,无论是在早期还是在往后它都历久不衰。据统计,1860年伊利诺伊的玉米产量在一亿蒲式耳以上,比小麦产量还多。由于玉米是牲口的最好饲料,这里又是生猪的重要产地,甚至南方的牛也赶到这里来用玉米养肥。同时,在密西西比河下游的棉花集中产区,也栽培有大量甘蔗、水稻和小麦。1849年,路易斯安那州有1500多个甘蔗种植园,50年代平均每年产糖15万吨。在西部大草原上,除了迅速发展的牧牛业外,与之同时发展的还有养羊业,例如得克萨斯1880年有羊600万只以上。由此可见,美国既是一个专业化高度发展的国家,又是一个多种经营、全面发展的国家。这种经济发展特点在西部开发过程中就形成了。

在这个农业帝国的基础上,并伴随着这个农业帝国的发展,在西部又逐渐兴起了食品加工业和农机制造业,以及其他一系列与农业发展直接有关的工业。大约在19世纪20年代,罐头业和面粉业就开始成为西部的一项重要工业。1860年以前,辛辛那提在西部的罐头业中一直保持着领先的地位。之后,它的领先地位先由芝加哥、后又由圣路易所取代。在面粉加工业方面,19世纪中叶密尔沃基、芝加哥和圣路易都很有名,1860年密尔沃基已有14家面粉加工厂。至于西部的农机制造业,则完全是适应西部大规模开发的需要才发展起来的。大平原上的农场是那样大,即使一个普通的农场也在几十甚至几百英亩以上,全靠手工劳动就没有出路,必须借助于机械的力量。这样,从19世纪中叶开始,农机的制造和推广就成为西部极为重要的事情,而芝加哥、辛辛那提的农机制造也便兴旺起来。由于农机制造的发展，又推动了采矿业和其他一些行业的发展。

19世纪初，工业革命在东部兴起，不仅需要来自西部的粮食和原料，而且把西部作为它的产品的销售市场。西部粮食、肉类和其他农产品的增长，同时也产生了严重的市场问题。这两方面的需要结合在一起，使西部交通运输业出现了比其他任何行业更引人注目的变化，在短时间内便跨过了三个时代：税道时代、汽船时代、铁道时代。在这个发展过程中，1807年富尔顿航行和1825年伊利运河通航，对西部的运输业起着革命性的作用。1811年"新奥尔良"号完成了从匹兹堡出发，经路易斯维尔到新奥尔良的"处女航"，被称为西部航运史上的"拓荒者"。三年之后，另一艘汽船从新奥尔良出发逆流而上，最后到达路易斯维尔。到1860年，来往于密西西比河和俄亥俄河的汽船已达740艘，与此同时，其他重要的支流也都有了汽船通航。密西西比河水系作为美国的大动脉，第一次真正发挥出它的重要作用。阿巴拉契亚山脉以西的铁路是在40年代发展起来的，到1890年已有12.25万多英里。交通运输业的发展，不仅把西部和东部联系起来，而且使工业和农业相互促进，大大加速了国内市场的形成和发展，加快了农业的区域化、专业化和商品化。

这里，需要特别指出，铁路的发展不仅对交通运输业是巨大变革，而且对完成大平原和远西部的开发起着决定性作用。远西部路途遥远、道路艰险，移民不易到达。内战前，移民线只推进到堪萨斯一带，而且移民定居点大都分布在大河各支流的沿岸。至于落基山以西的地方，除加利福尼亚因发现金矿建立了一些移民点和摩门教徒为逃避宗教迫害在犹他建立了盐湖城以外，大部分地方还是杳无人烟的荒野。但随着北太平洋铁路的修建，大平原和远西部的定居和开发便神速地展开。像达科他和蒙大拿这样偏远的地方，也由于铁路公司带来的大量移民（包括许多斯堪的纳维亚人）而开始发生变化。因为修筑铁路需要大量劳动力,公司又企图通过出卖政府授予它们的公地从中渔利,还希望在铁路两旁建立移民区和发展经济来保证铁路运输的货源,所以铁路公司就成为向大平原和远西部移民的积极推动者。许多铁路公司都在纽约等地设有办事处,以提供借款和指导为诱饵搜罗移民。北太平洋铁路公司为了吸引欧洲移民,它在欧洲各国的代理人达八百人,专门向欧洲人散发宣传品。[①] 铁路公司对大平原和远西部开发的作用是那样大,以致有人把这些地区的拓殖称为"铁路的殖民运动"。

总之,在"西进运动"中,既充满了美国统治者屠杀印第安人的血腥事实,也留下了移民们艰苦奋斗、开发大西部的业绩。独立后,一方面千千万万移民一步一步地从东部走向西部,另一方面整个美国一步一步地从农业国演变为工业国,这两个似乎"毫不相干"的运动紧密配合,构成了19世纪美国历史发展的主旋律,并最终促成了一个现代美国的诞生。

(原载《美国史论文集》,三联书店1983年版,收入本书时标题做了改动)

[①] F. 默克:《西进运动史》,第472页。

美国西部开发的历史与经验[*]

我今天讲的题目是：美国西部开发的历史与经验。主要讲四个问题：(1)我们为什么要研究美国的西部开发问题？(2)美国是怎样对其大西部进行开发的？(3)西部开发在美国经济发展中的作用是什么？(4)美国在西部开发中有哪些经验和教训？

不过,在讲这些问题前,先要介绍一下"西部"这个概念。这里所说的"西部",不是指现行美国行政区划中的"西部",现行美国行政区划中的西部即落基山脉以西的地区,它的范围十分有限；而是指历史上的那个"西部",即阿巴拉契亚山脉以西的整个地域,包括了现在美国的"中西部"和"远西部",其面积约260万平方英里,是美国原有面积的6.5倍。美国原有领土,位于阿巴拉契亚山脉以东,由最初的13个殖民地演变而来,是一个濒临大西洋的狭长地带,仅约40万平方英里。1776年美国宣布独立时,东部地区即原来13个殖民地所在的地区,已有170年的发展。而阿巴拉契亚山脉以西的地区,整个说来还是杳无人烟的处女地,至1800年其人口密度每平方公里也不足1人。

这里,还有一个问题需要事先说明。美国向西推进的活动,在历史上一般叫"西进运动",我们过去把它理解为"领土扩张"。其实,

---

[*] 这是笔者2000年9月2日在全国省部级干部"实施西部大开发战略"专题研究班上的演讲,此稿省略演讲中有关中国的内容。

"西进运动"首先是一个群众性移民运动,它包含着"移民"、"扩张"和"开发"三项内容,这三项内容既相互联系又相互区别,不能简单地把它归结为"领土扩张"。对美国在西部的"扩张"也要具体分析,其中包括着这样三类矛盾:一是资本主义国家之间争夺殖民地的矛盾,如美国和英国、法国之间的争夺;二是民族独立国家与帝国主义侵略的矛盾,如美国对墨西哥的战争和土地掠夺;三是先进生产方式与落后生产方式的矛盾,如美国人与印第安人之间的矛盾。在美国向西扩张的过程中,只有墨西哥是一个独立和主权国家,因此对它的领土的任何掠夺都带有明显的侵略性质。就美国与英法的关系而言,英法是老牌殖民主义国家,而美国则是新兴资本主义国家,因此美国与英法等在西部的争夺具有两重性:一方面表现了美国扩张主义的野心,另一方面也排斥着旧殖民主义在新大陆的存在。美国西进的最大受害者是土著印第安人,因为他们当时还处于原始社会阶段,无力抵抗美国人及整个白人的进攻,不得不被迫放弃自己世代生息的家园,面临种族灭绝的边缘。

一、我们为什么研究美国的西部开发问题

我们之所以要研究美国西部开发问题,是因为:第一,开发是人类不断向生产的广度和深度进军的重要方式,是人类文明发展的重要动力和内容。中国古代的"屯田制",古希腊、罗马的海外殖民运动,近代西欧人在"自由殖民地"的拓殖活动,以及当代各种开发区和科技园的建立,都是人类的开发活动。第二,由沿海到内地的发展趋势,是工业化和现代化过程中的必然现象,是现代工业经济发展的内在需要。其理由有三:其一,在传统农业社会里,社会的分工主要是建立在自然分工的基础上的,民族之间的分工往往比国内的分工更

为发达,对外贸易(特别是海外贸易)在经济中占有特殊地位。其二,由于"水道开拓了比陆路开拓的广大得多的市场,所以从来各种产业的分工、改良都自然而然地开始于沿海河口一带。这种改良往往经过许久以后才慢慢普及到内地"。其三,现代工业经济是建立在商品交换的基础上的,它对效率和效益的不断追求,要求开拓尽可能广大的原料来源与销售市场,首先是国内市场。第三,美国对西部的开发,作为一种"自由土地"开发模式,在工业化和现代化各国中非常典型:(1)它始于美国独立之后,基本完成于19世纪末、20世纪初,时间非常集中;(2)在美国西部开发中,伴随着一个规模巨大的"西进运动",每年都有成千上万移民从东部涌向西部,具有群众性;(3)它涉及的地域辽阔,从领土面积来看,西部是东部的6.5倍,从行政区域来看,西部的州数(32个)是东部(16个)的2倍;(4)它采取了"纯粹"的资本主义方式,在开发速度、发展规模、经济效果、社会影响诸方面均很突出。

二、美国是怎样对其大西部进行开发的

"公共土地"政策是整个美国西部开发的基础,它决定了美国西部开发的模式、规模、性质和特点。这一政策的提出,是为了解决美国独立后各州在西部边界问题上的争论,但同时也是对历史上从欧洲引进的封建制残余的彻底决裂。这一政策由1784、1785和1787年三个土地法确立,其主要内容是:要求在处理西部土地的时候必须虑及"公共的利益";决定将西部新获得的土地纳入"公共土地"储备;以公开拍卖方式向自由移民开放公共土地;殖民期间联邦得在西部各地设立"领地"及其临时管理机构;当一个领地自由人口达5000时可选举立法议会;自由人口达6万后可以完全平等的地位加入联邦

并享有平等权利和义务。西部各领地和州必须采用共和制并不得实行强迫劳动等等。这一政策涉及了14.4亿英亩土地,把那样多的土地纳入国有又对移民开放,这在历史上前所未有,意义重大,影响深远。由于如此辽阔的土地向自由移民开放,并且是在先将其国有化之后向移民开放的,这就把成千上万自由移民引向西部,并使之在既没有土地税又免除了绝对地租负担的情况下,不受任何封建制残余束缚地自由发展,使美国西部的开发得以按"纯粹"的资本主义方式进行。

关于"公共土地"政策,还应指出并强调两点:(1)是其演变的日益民主化趋势。这个政策在最初确立时有两大缺点:一是价位定得较高,每英亩最初为1美元,1796年又提高到2美元;二是出售的单位面积太大,谁要买一次就得买640英亩。为了满足普通移民的需求,联邦政府不仅不断调低了售价,而且把出售的单位面积一度调到80英亩。最后,在亚伯拉罕·林肯任总统时,在1862年颁布的《宅地法》中宣布,只要交10美元手续费就可以领取160英亩公共土地,等于免费帮助移民建立一个家庭农场,其间,还实行了一系列优惠措施和政策,如允许购地者分期付款,允许移民向政府贷款,允许按低价优先购买自己的"占地"。(2)是将其与各项建设相结合。例如,向畜牧业者和采矿业者出售公共土地,允许城镇开发公司购买公共土地作为城镇地皮,将大批公共土地授予运河和铁路公司,允许他们出售其授地以便转化为资本,在1862年制定《摩利尔法》以推动各州创办农业和其他实业院校,将大批公共土地保留给联邦政府以便创办各类国家公园,以及矿产、森林等保护区等等,从而将公共土地政策推及农业、畜牧业、采矿业、市镇建设、交通运输业以及文化教育等广泛的领域,这就不仅推动了西部的土地开发,而且同时推动了以土地开发为中心的各行各业的开发和发展,赋予19世纪美国的经济革命以"暴发式"的特点。

三、西部开发在美国经济发展中的作用有什么

向西部的拓殖运动,起初本是一种自发的活动。这个运动,如果以1748年组建"俄亥俄土地公司"为开始的标志,到英国正式承认美国独立时也已有35年之久,但当时真正能在西部定居的,仅几万人而已。1784年"公共土地"政策的确立,加上整个政治和经济环境的改变,给这个向西部拓殖的运动以很大的刺激。之后,向西部的群众性移民相继出现了三次高潮:18世纪和19世纪之交,19世纪二三十年代,19世纪五六十年代,西部人口迅速增长。据统计,阿巴拉契亚山脉以西的人口在全国人口中的比重,从1790年的6%上升到1910年的59%。与此同时,全国人口的中心也从东部的巴尔的摩(马里兰州),移到西部印第安纳州的哥伦布城附近。这是向西部的拓殖运动在美国社会和经济领域引发的首要的大变动之一,因为人口在任何社会尤其是传统农业社会中都是重要的劳动力资源,人口中心的变动反映着生产力的重新布局,它一旦和西部丰富的土地和其他资源结合起来,就会引发出一场大规模的经济开发运动。为了了解当时人口变迁的规模,我们可以引入"移民率"这个概念,其公式是:移民率=纯移民数/最初的人口,它表示的是某个地区在某个时段内移民的比例。据美国当时人口统计资料,西部各领地或州的移民率一般在百分之二三百、四五百之上,我们发现的最高的移民率见于1940年代的威斯康辛,这十年该州的移民率高达857.20%。

西进在美国社会经济中引发的另一大变动,是美国农业帝国的形成及美国农业中心的西移。美国在建国之前,农业的中心在大西洋沿岸,可分为南北两大农业区,北部以小麦种植为主,南部以烟草

种植著名。建国后,随着"西进运动"的兴起,美国农业的中心也随之西移,其标志就是西部大批处女地被垦殖,以及三大农业王国的建立。据统计,从1860年至1900年美国新增耕地中,有50％即1.31亿英亩是在密西西比河以西地区。在密西西比河流域,先后兴起了三大农业基地:(1)中西部的"小麦王国",(2)墨西哥湾平原的"棉花王国",(3)大平原的"畜牧王国"。其中,最重要的是中西部的"小麦王国",其面积包括了从俄亥俄河到密苏里河的广大地区,其小麦产量在1839到1890年间提高了5282倍,达4.49亿蒲式耳。这个地区的小麦产量,早在1859年就占了全国总产量的54.9％。与此同时,东部的农业却逐渐走向衰落。据统计,从1860到1910年,新英格兰的耕地减少42％,达500万英亩。这是因为,西部廉价的粮食源源不断地输往东部,对东部的传统农业造成了巨大冲击。在这种情况下,在东部粮食种植减少的同时,一些城郊农场开始转而大量种植蔬菜、养殖牛羊,以便适应东部迅速发展的都市化浪潮。东部传统农业也因此走上资本化、集约化的道路。

向西部的拓殖在美国社会经济中引发的第三大变动,是五大湖重工业区的形成及美国产业的升级。美国在独立前还处于手工工场阶段,且主要工业集中于新英格兰地区。在英国发生的工业革命浪潮,迅速波及大西洋两岸,1790年以前一些新式发明已频频在费城的展览会上亮相,1790年在罗得岛斯莱特的纺纱厂中落户,但新英格兰的制造业主要是轻工业。西进运动兴起后,这种情况随之发生改变:首先,拓荒者所需要的农具不能都从东部带去;第二,大草原和平原的垦殖需要有新的生产和收获工具;第三,发展轮运和铁路需要大量钢材,这就迫使制造业西移。而美国发展现代工业所需的主要矿藏煤和铁,大多集中于阿巴拉契亚山脉北段和五大湖地区。以铁为例,美国有三大矿区:一是阿巴拉契亚山脉,二是苏必利尔矿区,三是科迪勒拉矿区,其中苏必利尔矿区(位于五大湖区),提供了全国9/10的铁矿苗。又有五大湖优越的运输条件。所以,五大湖区的钢铁及相关的制造业,如农机制造、机器制造、铁轨和钢轨碾压以及后来著名的汽车生产,迅速在这一带崛起,并由此形成了该地区四大新兴工业中心:匹兹堡、克里夫兰、芝加哥和底特律,以及其他一系列大大小小的工业中心。它是美国制造业中心西移及产业升级的重要标志,也是美国工业化完成的重要标志,因为五大湖重工业区的兴起,不仅是向西部拓殖引出的结果,也以钢铁和新式机器武装了美国工业和整个经济,带来了质的飞跃。

西进在美国社会经济中引发的第四大变动,是商业的发展和国内市场的扩大。自文明形成以来,商业和交换总是伴随着生产的发展,任何一个民族和国家都会有自己的商业和贸易,只是大小和程度不同而已。美国国内的商业和贸易的特点是什么呢?我认为,就是区际贸易即区域贸易的发达。任何国家都有自己不同的经济区域,但其区域的差异以及由此引出的区域关系并不一样。罗马帝国的商品经济在古代之所以特别发达,是因为它征服了许多经济发展程度大不相同的地区,由此在帝国内引起了空前规模的区际交换。在近代资本主义国家中,甚至在近代整个世界上,像美国那样存在着如此明显的区域差异,并对一个国家的经济发展产生如此大的影响,如果不是绝无仅有,也是相当少见的。在美国,特别是19世纪的美国,伴随着西部的拓殖,而形成了全然不同的三大区域,其差别不仅是经济的,也是社会的:北部,是一个日益工业化的地区,实行雇佣劳动制度;南部,以棉花种植园经济为主,且实行奴隶劳动制度;西部,虽然实行自由劳动制度,但在相当长的一段时期内主要还是一个垦殖区,以粮食生产为主。但正是这种差异,促成了区际贸易的蓬勃发展,国内市场不断扩大,因为西部有粮食但缺少工业品,南部有棉花但既缺少工业品也缺少粮食,北部有工业品但缺少粮食和原料。结果,早在19世纪中叶,美国的国内市场就已发展到极大规模,到19世纪末、20世纪初,其国内贸易大约等于对外贸易的20倍,甚至"超过了世界各国对外贸易的总和"。

西进给美国社会经济带来的第五大变动,是在美国造成了巨大的社会变迁。按照社会学的理论,"社会变迁"包括两个方面:一是横向移动,即位移;一是垂直移动,即社会地位的变动。由西进引发的社会变迁,在美国不仅突出地表现在横向移动上,而且在垂直移动方面也非常突出。在旧世界,特别是在传统农业社会中,由于传统的财产权、继承权等制度、伦理、文化、观念的长期影响,阶级和阶级关系相对而言比较稳定或稳固。但在新世界,尤其是在像美国这样的国家,阶级和阶级关系的变动较大,就是由富变穷、由穷变富的可能性较大,因为在新世界在美国为这种变迁提供了更多的机会。西部拓殖对美国社会变迁的巨大影响集中表现为新兴中产阶级的兴起和强大,而西部都市化的迅速发展间接反映了美国新兴中产阶级的兴起和强大,因为新兴的中产阶级在很大程度上是伴随着都市化而兴起和壮大起来的。以美国的都市化为例,1810年时仅为7.3%,1880年增加到35.1%,1920年则超过50%。但西部都市化的速度显然大大高于全国的平均水准:在中央北部,都市化比例1810年时仅0.9%,但到1890年已达到24.2%;而远西部(即落基山以西的地区),虽然1850年时其比例仅为6.4%,但到1890年已提高到37%。

必须指出,美国西部的开发是以土地为中心展开的,但又不是单纯地局限于农业拓殖。这是因为:第一,美国"西进运动"兴起的时候,北美的开发已走过了近两百年的历史,且这种开发是建立在资本主义发展基础上的,本已不是单纯的旧式的传统农业;第二,美国对西部的拓殖,本是和东部新英格兰的工业革命同步展开的,如果说新英格兰的工业革命体现着美国资本主义向深度发展的趋势的话,那么对西部的拓殖则是其向广度发展的趋势的体现,但由于二者均是以美国发展资本主义的需要出发的,二者不可能相互隔离,不发生关系;第三,在美国"公共土地"政策中,与农地出售相配套的,还有土地授予和土地保留的内容,市镇开发公司也可以向联邦政府购买公地以作地皮出售,它们涉及采矿业、畜牧业、运输业及城市开发和教育事业。可见,美国西部的开发,是一场以土地开发为中心,涉及农业、畜牧、采矿、交通、城市及教育等各行各业的全面的运动。它不仅赋予19世纪美国的经济革命以全面爆发的特点,而且在推动美国经济在质的转化方面,起了不可替代的作用。正因为如此,从纵向上看,美国西部的开发进程,可以大致划分出三个不同的阶段:(1)土地开发阶段(1750—1850年),也可以称之为浅层开发阶段,因为这个阶段主要是土地垦殖,以1748年"俄亥俄土地公司"的成立为标志。(2)工业开发阶段(1850—1950年),有四个标志:一是1848年加利福尼亚发现金矿,二是1850年"铁路时代"的到来,三是大批城镇在西部的兴起,四是重工业在五大湖区的形成。它把开发由土地垦殖推进到工业领域,可称之为中层开发阶段。(3)科技开发阶段(1950—),以第二次世界大战为转折点。其标志是"硅谷"及加利福尼亚的崛起。如果说前两个阶段的开发都是以生产资料和自然资源的开发为主的话,第三个阶段的开发则是以智力开发为主的,涉及电子、计算机等一系列高科技领域,是一种深层开发。"硅谷"及加利福尼亚崛起的关键,是加利福尼亚大学(1868年)、加利福尼亚工学院(1891年)和斯坦福大学(1891年)的创办。这三所大学可以说都是西部开发的产物,不仅是在西部开发中创立的,而且早期都参与了西部的开发,与东部哈佛等人文型大学不一样,从一开始就与实业有密切的联系,所以才能成为开创高科技产业的前沿阵地。

尽管如此,美国西部开发的主要阶段还是前两个阶段,也就是美国工业化或现代化的阶段,我们可以称之为美国西部开发的"经典时期"。因为这个时期,对西部的开发时间集中(从 18 世纪末到 19 世纪末)、政策明确(整个西部开发政策以"公共土地"政策为核心形成)、方法有效(纯粹的资本主义方式)、成就突出。到 19 世纪末,即 1890 年联邦政府宣布"边疆"在美国结束,即在美国已不存在"边疆"地带(以每平方英里 2 至 6 人为标准)的时候,美国就先在农业方面、后在工业方面超过英国,成为世界上的头号经济大国,成为"后来居上"的典型。据统计,1870 年时,英国工业生产在世界工业生产中的比重为 32%,美国还只有 23%;到 1885 年,英国的比重就降到 27%,而美国的比重已升到 29%,超过了英国。更重要的是,美国在成为头号工业大国后,其农业仍能保持长盛不衰。以小麦产量为例,直到 1930 年左右,美国的小麦产量一直保持世界第一,此后才为苏联所超过。据统计,1928 年时,美国的小麦产量为 2489.9 万吨,苏联为 2197.1 万吨;到 1930 年,美国的小麦产量降为 2412.7 万吨,苏联则上升为 2692.0 万吨;到 1980 年,虽然苏联的小麦产量已增加到 9818.0 万吨,但美国的产量仍达到 6461.9 万吨,世界第二。美国农业之所以长盛不衰,主要靠了几大农业基地的建立,这都是西部开发奠定的基础。总之,西部开发,对扩大美国经济活动的空间,加强美国工农业的物质基础,开辟较其他国家更为广阔的国内市场,增强这个国家的综合实力,具有举足轻重的作用。

四、美国在西部开发中有哪些经验和教训

在"西进运动"兴起之初,对西进的得失美国朝野并非毫无争议,当时东部的企业家有两个担心:一是担心资本流失,二是担心劳动力

流失,会影响东部的工业革命。我们研究证明,第一个担心是有根据的,在西进兴起之初乃至整个19世纪上半叶,确有大量资本主要是商业资本和流动资本,从东部主要是新英格兰流向西部,主要是通过土地投机和挖掘运河、修建铁路等形式,当时的土地公司、运河公司和铁路公司,主要是东部的商人投资兴办的。但当时流向西部的,主要是中小农民及一些外国移民,并不是城市和工厂的工人,外国移民的大部分也基本上选择东部作为定居地,因此并没有影响东部工业劳动力的供应。重要的是,大量资本流向西部,虽然在一定时期内影响了东部的发展,但随着大西部的逐步开发和成千上万拓荒农场的建立,以及畜牧业、采矿业和交通运输业的发展,也为东部的工业革命准备了市场和原料,最终还是促进了东部的工业革命和全国的工业化和城市化。据研究,1839年以后,西部出口的小麦,90%以上都运到了东北部,而西部经伊利运河从纽约方面获得的商品,在1836年已达364906吨,以后逐年呈上升趋势。这说明,东西部之间是相互促进的。

为东、西部之间的交流及各种发展要素架起桥梁的是交通运输的发展。美国交通运输业的发展,在独立后的几十年内经历了三个时代:税道时代(1790—1815年),汽船时代(1815—1840年),铁道时代(1850—)。其中,有三个标志性事件:一是1811至1818年修建的"坎伯兰大道",从马里兰的坎伯兰到俄亥俄河南岸的惠林;二是1825年通航的"伊利运河",它的意义是把东部的哈得孙河与五大湖连接了起来;三是1869年建成的联合太平洋铁道,它是第一条横贯大陆的铁路。从中不难看出,对美国交通运输业的改观起了重大作用的事件,都是与解决东、西方的交通有关的。这是因为,美国的自然通道,美国的主要河流,如哈得孙河和密西西比河,都是南北走向的而不是东西走向的,而独立后美国经济的扩张主要走向却是由东向西,这就为美国的交通革命指明了方向。美国交通运输的发展开始是滞后的,但自1869年第一条横贯大陆的铁路建成通车起,它却是超前的,因为它走在了大平原以致整个远西部拓殖活动的前面。当时还是处女地的辽阔的大平原及远西部,在此后不到30年的时间内就被移民占领完毕,以致联邦人口调查局在1890年得以宣布美国"边疆"的结束,主要得益横贯大陆的铁道的建设。但这场交通运输革命的作用,不仅是解决了东、西方的联系问题,更重要的是促进了全国统一的市场的建设,以及三大区域地区专业化的发展和整个国民经济的商品化,据统计,当19世纪90年代美国全国铁路网建成的时候,其铁路线长度超过了整个欧洲的长度,在16万英里以上。应该说,交通运输的迅速发展,尤其是铁路的超前发展,既是美国西部开发和整个美国现代化的强大动力,也是美国现代化运动的重要特点。

由于是以土地开发为中心,又带有很大的自发性和群众性,加上美国人"得天独厚"的观念,美国西部的拓殖从一开始就带有明显的盲目性和投机性,不同程度地存在着乱砍乱采现象,因此西部水土流失严重。从1886年起,大平原地区"沙尘暴"日益严重,"沙尘暴"影响的地区,由1934年的22个增加到1937年的72个,"沙尘暴"从西部吹到东部,甚至进入白宫。当然,30年代大平原"沙尘暴"形成的原因是多方面的:西经100°以西降雨量年平均不足20英寸,1890年起经常不断的大旱天气的影响,以及一次大战期间美国总统扩大种植面积的命令,都是造成"沙尘暴"的原因,但土地的过度垦殖仍是其主要原因。但从整体上看,联邦在政策的制定和实行过程中,仍体现了相当的理性精神和现代意识。早在1784和1785年土地法中,就明确规定政府在出售公共土地时,勘测工作要走在移民的前头,在出售市镇地皮时要为建立学校保留一定土地。1787年制定的《联邦宪法》,在第1条第8项第8款中设立了"专利"保护制度,这就为科技和发明提供了重要的环境和条件,也为西部开发的顺利发展创造了条件。1862年和1887年分别制定的《摩利尔法》和《海琪法案》,又为西部发展高等农业和实业教育专门拨付了土地,并决定为在各地建立的农业科学实验站给予资助。19世纪70年代,联邦政府认识到在西部干旱和半干旱地区进行植树和治理的必要性,先后在1873年和1877年制定了《鼓励西部草原植树法案》和《沙漠土地法》,对这些地方的公地申请人在植树和灌溉方面的工作,作了明确的规定。政府从一开始就注意到矿产资源的重要性,在1785年土地法中,就将"所有金、银、铅矿区的1/3"保留给政府,以后又多次出台有关保留政策,并逐步扩大了保留的范围。针对西部日益明显的森林砍伐过分、水土流失严重、矿山开采混乱的情况,西奥多·罗斯福总统在20世纪初首倡自然资源"保护及适当利用",指出自然资源不会再生,"并非用之不竭",应当实行"有计划有秩序的开发"。为此,他多方征求专家的意见,设立自然资源保护委员会,展开了大规模的水土、能源、矿山等的保护工作,被称为"现代美国之父"。20世纪初,大平原开发过度,30年代出现罕见的"沙尘暴",沙尘甚至吹进位于东部的白宫,政府又在1935年制定《土壤侵蚀法》,授权在农业部成立水土保持局,以专门负责水土保护工作;在1977年制定《土壤和水资源保护法》,对土壤、水资源及相关资源进行全面评估和保护。在此期间,还有一个法令值得一提,这就是1936年的《土壤保护和国内配额法》,它把农作物分为消耗地力和增强地力两类,规定凡把原本种植消耗地力的作物耕地转种增强地力的作物,每英亩可获得政府10美元补贴。所有这些都表明,在美国的西部开发政策中,相当重视科学技术的作用,以及人与自然的协调发展,其主导观念是现代的。

从上面的介绍和分析,我们可以得出如下的结论:

第一,西进在美国历史上的影响是带全局性的。所谓"全局性",有几层含义:(1)涉及的范围广,西部的面积6.5倍于美国宣布独立时的领土;(2)影响到美国的经济、政治和社会的发展,仅在行政区划上就包括了两倍(32个州)于东部(16个州)的州;(3)在历史上绵延时间长,前后达100多年,又是美国的成年时期。

第二,西部的开发增强了美国的综合国力。主要体现在三个方面:一是创建了美国的农业帝国,大批处女地的拓殖及三大农业王国的建立,极大地增强了美国的经济基础;二是五大湖重工业区的建立,它不仅使美国的产业得到升级,使工业以轻工业为主转变为以重工业为主,而且是美国整个国民经济现代化的标志;三是建立了世界上最大的国内市场。这主要不是指这个市场的面积,而是指美国经济商品化的程度和国内贸易的发达程度。

第三,美国西部开发的成功,除了自然条件和社会因素外,主要取决于联邦"公共土地"政策的提出与实施。由于这一政策,建立了当时世界上最大面积的"公共土地"储备(14.4亿英亩),确立了一种"纯粹"的资本主义的开发模式,又以其几乎是"名义"上的价格吸引了成千上万移民前往西部,并将公地出售与土地授予和土地保留相配合,使农业、畜牧、采矿、城建、交通和教育各业均受其惠,从而形成了一种"多元互动"功能。

第四,从纯粹经济发展的角度看,美国西部的开发有以下若干特点:(1)交通运输业先行;(2)以农、牧、矿为主要产业指向;(3)以中心城市即所谓"增长焦点"带动区域开发;(4)以商业资本和民间资金为主要资金来源和渠道;(5)政府适度和有效的干预是成功开发的重要保障。

总之,区域差异并不是坏事,有时可能是一种好事。从现代经济的发展来看,关键是要有地区专业化,如此才能形成优势互补。19世纪美国经济的最大特点,就是三大区域的专业化,以及由此形成的互补性很强的区域关系。而这一特点,就是在西进中形成的。

(原载《国家行政学院学报》2000年第6期,此处按原稿排印)

大西部的开发与美国的现代化

在全球众多国家中,真正的大国只有几个。但凡大国都有一个发育过程,包括版图的形成、民族的整合和边疆的开发,且这一过程几乎贯串于各大国的全部历史。如印度对于南部山区和高原的开发,中国对于大西北的开发,俄国对于西伯利亚的开发,美国对于大西部的开发,澳大利亚对于内陆平原的开发,无不经历了漫长而艰难的过程,并对该国的发展产生过重大的影响。其中尤以美国对大西部的开发最为典型。

一、背景与过程

美国对大西部的开发始于 18 世纪末,即英属北美独立战争结束之际。这时的美国还只是一个小国,只据有大西洋沿岸的一个狭长地带,且北部、南部和西部分别被英国、西班牙和法国的殖民地所包围。为打开通往西部的道路,美国颇费周折,其间还发生第二次反英战争(1812—1814 年)。但近两百年的殖民活动已为其进一步发展打下良好基础,几年的革命战争又焕发了这个新兴民族的勃勃生机,而阿巴拉契亚山脉以西广袤的处女地则为它提供了无限的机会。美国资本主义正面临一个向广度和深度发展的新时代。

毋庸讳言,美国西部大开发的成功,得益于许多别国所不具备的条件:第一,6.5 倍于美国原有领土的大西部,拥有丰饶的土地、肥美的草原、丰富的矿藏,以及可航长度达13912英里的密西西比河水系,为其提供了"得天独厚"的自然资源;第二,当17世纪初英国人开始在北美殖民时,英国已是欧洲最先进的资本主义国家,所以英国人在殖民过程中并未带去一个完整的封建体系而只是一些封建制残余,这使美国的发展少了许多传统因素的束缚;第三,当18世纪末美国开始其西部大开发时,它已建立起一个集共和制、联邦制和总统制于一体的国家体系,并实行立法、行政、司法三权分立又相互制衡的原则及地方分权制度,被马克思称之为当时"最完善的"国家;第四,当美国开始其西部大开发时,于18世纪60年代兴起的工业革命的洪流已从英国越过大西洋进入新大陆,并已于1790年在新英格兰催生出第一座阿克特式工厂,各种技术的引进和发明随之相继发生,大西部的开发和东北部的工业革命有着密切的互动关系。

但真正为大西部开发奠定基础的,还是美国政府制定的"公共土地"政策,西部开发的模式、规模、性质和特点,可以说都是由它决定的。这一政策的提出,本是为了解决独立后一些老州对西部土地的争执,但同时也意味着与殖民时期引进的封建制残余决裂,因为它确立了西部土地国有化的原则,这个原则排除了对土地的封建垄断所带来的弊病。这一政策产生于1780年10月10日大陆会议关于"公共土地"的决议,而确立于1784、1785和1786年三个联邦土地条例。其基本精神是:建国后,位于阿巴拉契亚山脉以西的土地,不管它是以何种方式获得的,其日后的处理都必须考虑到合众国的"公共利益",即必须先把他们纳入国家"公共土地"储备,然后才能将它们投入市场供移民购买、垦殖或拨作他用,如拨作政府用地、学校用地、铁路用地、军人用地,等等。它表明,正如马克思所指出的,这些土地依然是"人民的财产",以致任何移民可将其占作私有财产和生产资料,而又不妨碍后来的移民同样那样做。由此所确立的西部土地关系,将既没有代役租之类的封建制残余,也免除了建立在封建私人垄断基础上的绝对地租的负担,只与市场发生联系。这为日后大西部的开发创造了良好的条件。

尽管这一政策的实行充满了变数和曲折,但总的演变趋势是有利于移民的。正因为如此,成千上万来自美国东部以及欧洲的移民,得以投入连绵约一个世纪的西部大开发的行列,并形成对美国社会产生了震撼作用的所谓"西进运动"。据统计,从1790年起的60年内,越过阿巴拉契亚山脉前往西部的移民平均每年超过10万,以致有人说"昔日的美国正在破裂",若"冰山漂流"一般。结果,密西西比河以东的"旧西部"在一代人的时间大半便被移民占满和垦殖,至1820年在那里已组建7个新州,只剩下大湖平原的北侧和海湾平原的南侧,人烟尚少。与此同时,移民潮的前锋,早已越过密西西比河,进入密苏里、衣阿华和阿肯色以至堪萨斯,1820年左右已有了"新西部"和"旧西部"之别。19世纪四五十年代,是密西西比河流域拓殖的黄金时期,不仅该河主流两岸的肥田沃土被移民充分垦殖,拓荒者的足迹也遍及大河各支流及其边区,远及内布拉斯加、明尼苏达、达科他和得克萨斯。其间,亦有少数美国移民越过落基山,进入加利福尼亚谷地,1848年萨克拉门托发现金矿后,"远西部"成为西部大开发中的另一热点,那里人口一年之内增加了4倍,只是在50年代末随着矿区的东移,移民潮才开始回流至落基山区,以及大平原区。结果,中部的大草原,虽然被远去的淘金者及各类移民的车辆来回走过,但长期不被视作理想的定居地,在七八十年代反成了美国"最后的边疆"。

二、结果与影响

西部大开发在经济上产生了重要成果。据统计,从1607至

1870年美国总共只垦殖了1.89亿英亩,而从1860年后40年内就新垦地2.52亿英亩,其中绝大部分在密西西比河流域。在19世纪,在阿巴拉契亚山脉与落基山脉之间,以此为基础先后兴起了三大农业基地:(1)是中西部的"小麦王国";(2)是墨西哥湾平原的"棉花王国";(3)是大平原的"畜牧王国",它们为美国的工业化奠定了坚实基础。但西进对美国经济的影响绝对不仅限于此,西部大开发也极大地扩大了美国基础资源的范围,这既包括五大湖地区的煤铁,也包括落基山区丰富而多样的矿藏,以及加利福尼亚的金矿。以五大湖矿区为基础发展起来的,以钢铁冶炼、机器制造和汽车生产为标志的重工业,不仅把美国的制造业带从新英格兰扩展到中西部,也使美国的工业产业得以实现升级:由以轻工业为主转为以重工业为主,而匹兹堡、克利夫兰、芝加哥和底特律,就是它们的新中心。西部大开发对美国工业化的突出影响,是交通运输革命特别是铁路网的建立,因为美国东部的河流一般是南北走向,为"西进运动"服务的交通运输设施主要是解决东西交通的,所以1811年开始修建第一条国道即坎伯兰大道,1825年通航的连接五大湖与哈得孙河的"伊利运河",1869年通车的第一条横贯大陆的"联合太平洋铁路",在解决东西交通方面都具有革命作用。但交通运输革命的作用不完全是为了解决东西之间交通问题,它的最重要的意义是促进了全国统一市场的逐步形成,而一个充分发达的国内市场曾是19世纪美国经济速度崛起的重要因素。

西部大开发也深深影响着美国政治的发展。美国本土共48个州,建国时所辖领土内只有16个州,其余32个州都是在西部大开发过程中新加入联邦的,其中只有几个不是"公共土地州"。每个新州在加入联邦时都要在参院增加两个席位,而这些新州与东部特别是建国时主导国家走向的南部各州利益并不一致,这就不可避免地引发美国政治结构的变化,并为美国社会的改革注入新的活力。西部新州的先后加入,常常成为联邦立法和改革的重要力量,给移民免费土地的《宅地法》(1862年)经历十年争论方被国会通过,就是这种结构改革的结果。1804年划定的"梅松-狄克逊线"(北纬39°43′),第一次把自由劳动制与奴隶制的斗争变成南、北两大区域之间的斗争,这种斗争最终演变成长达4年之久的内战(1861—1865年),并以北部的完全胜利和奴隶制的废除而结束。这场战争对美国的崛起意义重大,因为它从此结束了奴隶制对南部乃至全国的影响,资本主义得以在自由劳动的基础上在全国畅行无阻地发展。但北部的胜利离开了西部的支持几乎是不可能的,因为领导这次战争走向胜利的林肯总统及其1854年创建的共和党,其成员主要来自东北部的工商业者及西部从拓荒中成长起来的农场主,林肯总统本人也是从一位拓荒者成长起来的来自伊利诺伊的民主政治家。此外,联邦军队的维持在很大程度上也是靠着西部农民在兵源和后勤上的补充,以致林肯曾说:"是俄亥俄拯救了这个国家。"西部大开发对美国政治的影响,还突出地表现在19世纪末和20世纪初的"进步主义"改革上。这次改革,以"反垄断"为中心口号,追求社会经济的协调发展,和人民大众在政治上广泛参与,其间国会通过了征收所得税、参议员直选和妇女选举权三条宪法修正案。这个运动的领导主要是中小资产阶级,但动力则主要是来自城乡贫民,特别是遍及西部各州的独立农民,他们在19世纪60年代发起了"格兰奇"运动,在七八十年代组织了有几百万人参加的"农民协进会",在此基础上90年代又建立了"人民党"。事实上,进步主义改革的几乎所有主要议题,都是在西部农民的抗争中提出来的。

西部大开发对美利坚民族的整合也发挥了重要的影响。建国之初,美国存在着三大问题或隐忧:一是旧殖民体系的包围,二是印第安人地位的不确定,三是由"州权"引申出来的地方分裂倾向。1803年的"路易斯安那购买"和1812—1814年的第二次反英战争,基本上解决了头一大问题或隐忧。而1861—1865年的南北战争及联邦胜利,则确立了国家主权至上和联邦主义在全国的主导,从此"州权"在政治上不再是一个问题。印第安人的问题相对而言则较为复杂,一是他们居住分散而文化分裂,不易一次性地作整体解决,二是牵涉其生存和发展命根即土地问题,不能采用完全剥夺其土地的办法,三是革命时的美国人曾宣布印第安人是与美国平权的"民族",其财产、权力和自由不得受到侵犯。因此,美国在建国后所实行的印第安人政策,虽然最终是要把他们融入美国主流社会之内,但又不得不采取迂回曲折的方式。其做法可分为两个步骤:第一步,是将印第安人由"独立民族"变为美国的"依附民族",其转折点是1830年由杰克逊总统为印第安人设立的"保留地"制度,即用密西西比河以西的土地换取该河以东原印第安人拥有的土地,在河西设立"印第安领地"并将其置于美国政府"监护"之下。这是因为,1830年之前,美国大规模的开发活动,主要还限于密西西比河以东,即"旧西部"地区;第二步,是将这个"依附民族"转变为美国的"公民",其转折点是1887年国会通过的"道斯土地专有权法",就是废除印第安部落管理制和公社土地所有制,允许印第安人每人拥有40英亩份地并在25年后拥有"公民"资格,"多余的"土地则由政府收走然后出售。这是因为,当时美国的大开发运动早已越过了密西西比河,已不能允许印第安人再大量"保留"其土地了。美国解决印第安人问题的上述两大步骤,其背景都是由西部大开发活动的迅速推进促成的,而实质都是对印度安人土地的掠夺,而被西奥多·罗斯福称为对付印第安部落的"强大粉碎机"。但从长远来看,由于印第安人部落被逐渐融入美国主流社会之内,而不再被排斥于美国主流社会之外,或被迫沦为美国的一个

"依附民族",这种转变仍不失为一种历史的进步,尽管它是以印第安人的巨大牺牲为代价的。

总之,西部大开发对美国历史的影响是全局性的。它不仅涉及6.5倍于美国宣布独立时的领土和两倍(32大州)于东部(16个州)的联邦成员,而且其过程几乎贯串于美国的整个成年时期。大批处女地的拓殖及三大农业"王国"的建立,极大地增强了美国的经济基础;而五大湖重工业区的建立,则由于使美国的产业升级而大大加快了美国工业化和现代化的进程。不但如此,成千上万独立的农场主在西部的成长,不仅直接为1861年爆发的内战提供了战斗力量,也为19世纪末和20世纪初的"进步主义"改革准备了社会基础。西部大开发,先是把大批大批的印第安人赶入美国政府设置的"保留地",然后又用强力迫使传统的印第安部落和原始公社解体,让印第安人接受政府分给他们的少量份地和"公民"身份,印第安人不得不忍受长期的痛苦以适应美国政府操控的民族整合。所有这一切都表明,西部大开发对现代美国的成长,尤其是工业化的发展起过无可估量的作用。

三、经验与教训

美国的西部大开发,本是美国资本主义向广度发展的产物,其性质和方式均是由资本主义制度决定的。它既是一个群众性的移民运动,也是一个不断的领土扩张运动,又是一个大规模经济开发运动,这三者相互联系又相互区别,不能简单地把它归结为"领土扩张",但也不能否认其扩张色彩。因此,它既留下了移民们在西部艰苦拓殖的业绩,也给当地的印第安人带来了无穷的灾难,阿巴拉契亚山脉以东的印第安人几乎全部被赶走或消灭,以西的印第安人也急剧减少。

但从开发和发展角度看,美国的西部大开发运动,仍有不少值得我们重视的地方:(1)西进虽然是一个自发的群众运动,但联邦政府通过实施"公共土地"政策,不仅给千千万万自由移民以建立一个家园的机会,而且在很大程度上决定了西部大开发的性质、规模和特点。(2)从一开始政府就规定,在移民在某市镇购地、定居之前,政府必须先行对市镇进行勘测、设计,并制定了西部由定居地到领地再到建州并加入联邦的步骤和条件,因此移民运动在个人方面虽然是自发的,但在管理方面却不是完全无序的。(3)西部大部分地区,是通过各种方式兼并而得的,但由于允许西部领地在条件成熟时以与东部原有诸州"平等"的身份加入联邦,而不是把它们视为旧殖民时代那样的永远的附属地,西部辽阔的领地得以比较顺利地"美国化"。(4)移民可以在西部"公共土地"上自由定居、开垦,但政府一开始就规定每个新建市镇必须给政府和学校预留用地,此外联邦政府还保留了大量公地以作他用,矿山一度也是保留给政府的,"保留"是为了更好地开发。(5)此外,联邦政府还特别重视交通运输设施的建设,并为此采取了一系列重要措施,如为公路、运河和铁路建设公司提供授地,按平原、高原、山地分别为铁路公司提供高低不同的财政补贴,从而为西部大开发提供了物质保证,交通运输业得以由最初的滞后转变为后来的先行。

但不可否认,在西部大开发的过程中,从政策的制定到政策的落实,都存在着不少的教训。"公共土地"政策提出之初,本是以解决联邦政府的财政困难为出发点,所以当时规定的用于出售的最小单位面积明显偏大,一般移民很少能买得起,不得不采取自发占地的方式。1862年决定免费向移民提供空地,与此同时又超量向铁路公司授地,致使大量优质土地落入投机商之手,普通移民反而得不到好地耕种。更为严重的是,由于西部大开发的投机性和群众性,开发活动常常是在无序状况下进行的,土地、森林、草原和矿藏的破坏不免过于严重,这在19世纪开发处于高潮时尚不太引人注意,到20世纪30年代"沙尘暴"袭击美国中部广大地区时,这一"自由土地开发模式"所隐含的缺陷所带来的问题,就暴露无遗了。

然而,美国西部大开发的成功和失败、经验和教训,都只能从"自由土地开发模式"中去寻找,因为这种开发模式是以土地为中心展开的,其核心离不开土地投机。这种土地投机既刺激着成千上万的人投入西部大开发的行列,也引发了大量只顾眼前利益而不顾长远利益的短视行为,其建设性和破坏性总是相伴而行的。当20世纪初西奥多·罗斯福总统上台,指出自然资源不会再生、"并非用之不竭",提出必须对自然资源实行"有计划有秩序地开发"时,或许才会从根本上改变有关开发的观念和方式,逐渐以有序开发取代无序开发。

(原载《南通大学学报》2006年第3期)

略论美国西部开发模式

在世界开发史上,美国西部的开发和加拿大、澳大利亚以及其他"自由殖民地"的开发一样,大体都是采取资本主义方式。然而,只有在美国西部的开发过程中,其所采取的资本主义方式才具有某种"纯粹"的形态,并由此造成一系列有别于其他地方的特点,以致形成一种独具特色的开发模式,因为它从一开始就是在真正"自由土地"的基础上进行的。换言之,"自由土地"是此模式形成的前提和条件。

不过,此处所说的"自由土地",与F.特纳所说的"自由土地",在概念上完全不同。因为他所说的"自由土地",是可以"自由占领"的土地,即印第安人的土地。[①] 与此相反,科学意义上的"自由土地"概念,是从土地与市场的关系来考虑问题的,因为判断土地是否"自由",不在于它是否已经有"主",也不在于它是否可由人们"自行"去占领;土地的真正自由在于,它彻底摆脱了封建制以及一切前资本主义所有制的束缚,从而可以作为商品自由地在市场上被出售、交换和转让,即在于它的商品化。正是在这个意义上,列宁指出:"所谓自由土地,就是它一方面摆脱了中世纪的一切羁绊,摆脱农奴制度和封建制度,另一方面又摆脱了土地私有制的羁绊。"[②]

其实,不仅在印第安人还拥有主权时西部土地不是"自由"的,就

[①] F. Turner, *The Frontier in American History*(《美国历史上的边疆》),pp. 1, 3. 关于这个问题的分析,参阅拙著:《美国边疆史》,北京大学出版社1992年版,第60页。

[②] 列宁:"十九世纪末俄国的土地问题",《列宁全集》第15卷,第114页。

是在赶走或消灭了印第安人之后它也不一定是"自由"的：首先，这些昔日的土著人的土地一旦变成新兴的合众国的领土，就有一个对它们如何管理和使用的问题。自1774年以来，"大陆会议"曾就此反复研讨，并几次通过法令禁止移民到西部去"占地"。① 可见，和英王1763年"宣告令"一样，合众国政府也视"占地"为非法；其次，在美国移民向西拓殖过程中，从一开始就存在着新旧两种制度的斗争，资本主义制度在西部的确立也不是一帆风顺的。例如，1775年，理查德·亨德森在为其在西部的殖民地"特兰西瓦尼亚"制定的宪法中就曾规定，每个移民为占有和使用该殖民地土地每100英亩必须支付2先令"免役税"②，他显然是企图在那里"建立一个新业主的殖民地"，③并在那里保留某些封建制的残余。

西部领地向"自由土地"的转变，应始于合众国政府所制定的"公共土地"政策，而这一政策的提出则与一系列历史因素有关。例如，把西部土地作为"奖金"授给革命将士的允诺，割让并出售西部土地以清偿国债的主张，当时西北部印第安人袭击对边疆的威胁，以及日益增多的向西部自发迁徙的压力，都不同程度地促进了"公共土地"政策的出台。正是在上述因素的影响下，早在1776年底S.迪恩就提议，将一部分西部领土售给某合股公司以支付战债，并将这些领土组成一"特殊的州"。1778年，大陆会议财政委员会也提出类似建议，不过在西部建立的新州将不是一个而是"若干个"，"并将被接纳为联邦的成员"。1779年5月马里兰给它的大陆会议代表的训令认为，西部土地"是用十三州的鲜血和财富从共同的敌人手里攫取来

---

① B. Hibbard, *A History of the Public Land Policies*（《公共土地政策史》），New York, 1924, pp. 41—42; F. Merk, *History of the Westward Movement*（《西进运动史》），New York, 1980, p. 11.
② 免役税，亦称"代役租"，是英属北美殖民地封建制残余的一种。
③ R.比林顿：《向西部扩张：美国边疆史》上册，第242页。

的","应该看成是公共的财产",但在这些土地上建立的新州应是"方便、自由和独立的"。1780年,托马斯·潘恩发表的小册子,几乎讨论了当时业已提出的各种主张和提议,其标题就是《公共福利:关于弗吉尼亚对广阔的西部领土的土地所有权,以及合众国对上述西部领土的权利的考察:是将它合并到弗吉尼亚,划出建立一个新州,用作继续战争的基金,还是用来偿还国债?》[1]。可见,关于西部土地的处理,已成为朝野广泛关注的问题,并已初步形成了某些共识。

在初步形成的这种共识推动下,作为临时革命政权的大陆会议,开始着手策划处理西部土地的政策和措施。1780年9月它向拥有西部土地的各州提出,把它们的土地所有权割让给合众国政府。同年10月10日,由于纽约州已于年初声明放弃其对西部土地的全部要求,它又正式通过一项决议,其要点是:(1)有关西部土地问题的处理要以"公共利益"为准绳;(2)要对西部土地进行分配并在这些土地上"安置移民";(3)在西部建立的新州必须实行"共和制";(4)这些州作为联邦的平等成员将享有"自由、主权和独立"。它表明,关于处理西部土地的上述原则,已成为合众国的基本国策。根据这一决议,邦联国会于1783年成立以托马斯·杰斐逊为首的委员会,并向它发出了起草有关处理西部领土问题的"计划"的指令,指令要求该计划必须"与邦联的原则相一致",并把拟议中的领地机构称为"临时政府"。1784年4月23日,由杰斐逊起草的《西部领地管理计划》被国会通过,此计划说它涉及的范围是"由各州已经或将要割让给合众国,以及由合众国已经或将要购买的印第安人的",并可"由国会提出来供

---

[1] Thomas Paine, Public Good: Being an Examination into the Claim of Virginia to the Vacant Western Territory, and of the Right of the United States to the Same: To Which Is Added, Proposals for Laying off a New State, to Be Applied as a Fund For Carrying on the War, or Redeeming the National Debt. (1780)

出售的"土地。这里实际上包括了两个方针：一是西部土地的国有化,一是公共土地的私有化,二者是相互联系但性质相反的过程。同时,计划还第一次为西部领地的演进提供了某种程序;当拟议中的某州移民建立"临时政府"时,应采用原十三州的宪法和法律,并把该州分成若干县和镇,以便选举立法人员;当其自由居民达到两万时得召开代表会议以建立一"永久政府",其间它将被允许向国会派遣一名只有讨论权而无表决权的代表;当该领地人口增长到至少与原有州的人口相等时,它将成为邦联的正式成员并享有平等的权利。计划决定"将不对领地征收合众国的土地和财产税"。①

为拟订上述"计划"的具体执行措施,詹姆斯·门罗被任命为一个委员会的主席,按要求他将就"合众国的西部领地"上组建政府的"政权形式"提出报告。"合众国的西部领地"这一概念,在国会的指示中采用了专有名词的写法,标志着美国"领地"概念的完全形成。根据这个委员会的提议,未来的政权形式将由"一个总督、参议会和若干可免职的合众国法官"组成,但它在第一阶段将由国会任命的若干官员专权,在第二阶段则由一个选举的议会掌权并在国会派有无表决权的代表,到第三阶段方才上升为具有完整权利的州的地位。它表明,有关西部领地的"基本模式"已经确定,该模式带有很强的"依附的观念"。② 在"基本模式"确定后,国会于1785年5月20日通过《西部领地土地处理规则》,它是在杰斐逊离美赴欧而其职位由他人取代的情况下制定的。因此,此规则虽然重申了西部土地国有化及对移民开放的方针,但却很少谈及1784年土地法有关西部领地

---

① Encyclopedia Britannica,Inc. ,*The Annals of America*(《美国编年文献史》),Chicago,1968,vol. Ⅳ,pp. 1—2.

② J. Bloom,*The American Territorial System*(《美国的领地制度》),Ohio University Press,1973,p. 48.

579

的政治原则,其主要内容是确定了公地测量和出售的方法。它规定,公共土地必须按方形测量,每36平方英里为一镇区,每640平方英亩为一分区;在各地交通便利的地方设立"土地局",按地段编号顺序以每英亩不少于1美元价格出售,并须用现金和证券支付;每个镇区要保留4个地段给合众国政府,并留出一地段作兴办公立学校之用。其中,实际上包含了有关公共土地出售的三原则,即"公开出售"原则、"现金支付"原则、"大块拍卖"原则。此外,此法还对矿山保留以及给军官和士兵的土地授予,有简略的规定。

由于1784年土地法尚未生效就被1785年土地法取代,而1785年土地法又主要涉及土地测量与出售,西部领地政府的组织问题并未解决。但在上述两土地法刺激下,各地私营土地公司纷纷组成,关于西部土地的投机活动迅速发展,"俄亥俄公司"就是一例。此公司1786年成立于波士顿,其董事长鲁弗斯·普特南是一位将军,对俄亥俄马斯金格姆河流域150万英亩土地发生兴趣。经代理人马纳塞·卡特勒与国会交涉,以平均每英亩不足9美分的价格买下,并获得$33\frac{1}{3}$%的特别贴现。这桩生意的成功意味着,不久大批移民将在俄亥俄定居,对西部领地的管理问题已具体提到国会面前。于是,1787年7月13日,在仅8州18名代表出席的会议上,通过了邦联历史上最重要的法令,即《西北条例》。关于由领地到州的演变程序,条例与1784年计划的规定基本一致,但在许多地方要比后者更具体。例如,它规定"临时政府"应由总督一人、秘书一人和法官三名组成,领地立法机构分为立法会议和代表会议,前者由国会从后者所提10人中任命5名组成。与1784年计划一样,条例重申了领地"将永远是美利坚合众国邦联之部分"的原则,但增加了在领地内"不得有奴隶或强迫劳役"的内容,并强调了保障领地居民"民权和自由"的必要。

从整个西部发展的角度观之,上述决定、法令和条例酝酿和提出的过程,其实就是"美国西部开发模式"形成的过程。因为:第一,在上述决定和条例酝酿过程中,已逐步形成了这样一个明确的概念,即西部新获得的土地应成为"美国的领地"即美国的"国内殖民地",这就为按美国方式即资本主义方式开发西部提供了前提和条件;第二,这些法令和条例规定,美国在西部的土地不论它们是以什么方式获得的,均应先纳入美国的"公共土地"储备而不能由各州自行处理,这就为西部29个州的开发提供了统一的基础,这些州因而才有"公共土地州"之称;第三,这些法令和条例,由于在西部土地国有化的基础上进一步确立了"公共土地私有化"的方针,不仅决定了西部开发方式的基本性质,也确定了西部土地关系发展的基本方向,使成千上万拓荒农场主在廉价土地上得以迅速形成,并成为开发大西部的主力;第四,不仅如此,这些法令和条例,还确定了西部由"领地"到州转变的程序,并规定这些领地只能实行"共和制",从而使西部有了一个与其自由经济相适应的政治体制。总之,由于上述理由,一个独特的开发模式已在西部形成,它适用的范围包括西部29个州和领地,其存在的基础就是广阔的"自由土地",而形成的关键则是"公共土地"政策的确立。之所以说"公共土地"政策的确立是这个模式形成的关键,是因为这一政策不仅决定着这个模式的基本性质和特点,而且赋予这个模式难得的"纯粹"形态。因为作为"最彻底的资产阶级措施",[①]西部土地的国有化意味着打破农民身上一切前资本主义关系的束缚,在西部土地上成长起来的农场主将既没有长子继承制之类的限制,也没有由于土地所有权的垄断所带来的绝对地租的负担,从

---

① 参见《马克思恩格斯全集》第4卷说明。

而可以在完全自由和独立的条件下发展。那么,这个"西部开发模式"主要有哪些特点呢?

(1)是它突出的开放性。它突出地体现在以下几方面:一是定居和迁徙方面的充分自由,二是私有土地处理方面的充分自由,三是产业经营方面的充分自由。正如 M.维尔所说:"开拓边疆是对美国社会史话的一种持续不断地再创造,这体现了美国'开放的'和民主的性质。"①这种开放性是由两项基本政策决定的:一是其自由移民政策,允许移民自由地在西部定居;二是其公地出售政策,允许移民购置宅地以建立家园。但主要还在于"公共土地"出售政策的确立,因为此政策本身已包含两层意义:首先,由于允许移民购买联邦土地,从而实现了向广大移民开放其领地的方针;其次,土地"拍卖"意味着把市场机制引入西部开发过程,而市场经济在本质上总是开放的。由公地出售所实现的开放之实际效应,由于以下两个因素得到了预想不到的加强:其一,是西部"自由土地"的特别丰富。它的范围由最初的"旧西部"扩展至整个大西部,其总面积在 14 亿英亩以上,遍及西部 29 个州或领地,诚如托马斯·杰斐逊所说:"我们天赐良土,足以容纳千万代的子孙。"②其二,是公地价格的格外低廉。按官方规定,联邦政府所出售的土地,除 1790 年土地法定为每英亩 2 美元外,其余土地法所定价格均在 2 美元以下,有时甚至低到每英亩 25 美分。虽然市场投机价格有时高达 400 美元,③但在拓荒时期大多在 20 美元上下浮动。因此,西部土地的价格几乎只是"名义"上的④。正是这些因素,使自由土地平添了无限魅力,成就了 19 世纪

---

① M.维尔:《美国政治》,商务印书馆 1981 年版,第 8 页。
② 康马杰编:《美国历史文献选萃》,今日世界出版社 1979 年版,第 54 页。
③ G. Fite, *The Farmer's Frontier*(《农场主的边疆》), University of New Mexico Press, 1971, p. 101.
④ 这是列宁的观点,见《列宁全集》,第 15 卷,第 114 页。

最伟大的移民运动。

(2) 是它明显的多元性。首先,在拓荒者的土地来源方面,虽然联邦是一个主要的提供者,但由于以下原因,其土地来源不可避免将多元化:第一,"公地出售"政策的实行,其本身已意味着由单一国家土地所有权向分散的私人土地所有权转变;第二,由于将"公地保留"、"公地授予"与"公地出售"政策相结合,又在国家所有制与个人所有制之间制造了大量"中间人";第三,当公共土地脱离联邦并投放市场后,其所有权将不可避免会发生第二次、第三次乃至多次转移,因为它们已是"自由土地"。所以,"从农场建立者的角度观之,这里实际上有五种可获得土地的主要来源,即联邦政府、州政府、土地授予公司、个人土地投机家,以及部分未耕地的私人所有者"①。其次,从西部各地所遵循的开发程序上看,虽然整个西部的开发都是以土地开发为中心展开的,但由于整个西部是开放的且各地区自然差异很大,西部各个地区首先兴起的第一开发业并不一定都是农业,从而在不同地区便形成了不同的开发程序或路线。例如,在中西部,首先兴起的是拓荒业,接着发展起来的是采矿业和加工业,那里的开发所遵循的是"农业—采矿—工业"的程序。又如,在远西部,1848年金矿的发现使采矿成为它的头号产业,并带动了农业和工业的发展,那里的开发所走的"采矿—农业—工业"的道路。再如,在大平原,由于得天独厚的草原资源,畜牧业成了它的第一大企业,那里的开发所遵循的则是"畜牧—农业—工业"的程序。② 最后,从都市化的道路来看,由于西部城市兴起的背景不同,虽然也有许多城市是在乡村人口集中的基础上逐步形成的,但相当大一批城市的兴起都与当地主要

---

① C. Danhof,"Farm-Making Costs and the 'Safety Valve',1850—1860"(《建立农场的成本与"安全阀"》),*Journal of Political Economy*,No.3(June1941).

② 参见《历史研究》1992年第4期,第12—13页。

的开发业有关,并由此形成一批独具特色的城市类型,如"矿业城市"、"铁路城镇"及大平原上的"牛镇"便是。还有一些城市,则是由土地公司建立的,其兴起过程始终与"镇址投机"交织在一起。所有这些,都从一个重要侧面反映了西部开发模式丰富的内涵。

(3)是它突出的投机性。这一特点主要是由公共土地的商品化决定的。在1785年土地法所确立的三原则中,如果说"公开出售"在于把市场机制引入公地处理过程的话,那么"现金支付"则使土地私有权依赖于资本所有权,而"大块拍卖"就是土地垄断之源,三者都导致了投机的发展。结果,投机几乎渗透到西部开发的各个领域;在农业中,土地投机主要是由东部"富商"组成的土地公司进行的;在铁路建设中,铁路公司专门组织有二级"市镇开发公司";在市镇建设中,镇址地皮是投机的主要对象。西部开发中的这种投机性,由于以下几种原因而被强化:(1)是联邦宅地政策中的弊病。因为在《宅地法》及此后的一系列修正案中,不仅移民被授予的宅地面积很大,而且人们还同时保有所谓"先购权",土地投机家得以先占领大批荒地,然后以"宅地"名义进行登记。(2)是"代理投机家"(agent-speculators)活动的猖獗。他们作为东部银行或私人的代表来到西部,处理土地执照并操纵地方证券,同时经营东部资本家的发行银行,以20%—60%的利率贷款给占地者。如库克·萨特金的银行,在衣阿华就开设了8个办事处,拥有20万英亩地权[1]。(3)是中央和地方金融机构直接参与投机。且不说19世纪二三十年代那些"野猫银行",就是先后成立的两个"合众国银行",也都是以土地投机为主要业务的。

---

[1] P. Gates,"The Role of the Land Speculator in Western Development"(《土地投机在西部开发中的作用》),见 V. Carstenson, ed., *The Public Lands: Studies in the History of the Public Domain*(《公共土地:公共领土史研究》), University of Wisconsin Press, 1963, p.353.

它们不仅以高利率从事贷款业,还在西部办理农场抵押事宜。(4)是广大移民直接卷入土地投机,形成所谓"移民投机家"(settler-speculators)。据估计,从事土地投机的这类人,在西北达科他地区几占宅地者人数的 4/5。由于"投机是一种其目的在于利润的商业",投机的普遍化必将加重西部开发的资本主义色彩,因为投机一方面诱发了地价的上涨,增加了移民经营土地的负担,另一方面也扩大了地权转移的渠道,加快了土地和资本的集中。

开发即发展。由于采用纯粹的资本主义方式,这个开发模式一经形成就立即显示出它巨大的活力,使美国大西部的开发在大约一个世纪之内就取得了令人瞩目的成就,以致可以说在世界开发史上很难找到类似的例子,在相对来说不太长的时间内获得如此快的进展。据统计,从 1607 至 1870 年,美国全国已垦殖的土地仅 4.07 亿英亩(其中改良地占 1.89 亿英亩),而从 1870 至 1900 年的三十年内被拓殖的土地,就超过了以往 260 年的总和,达到 4.3 亿英亩(其中改良地占 2.25 亿英亩)。① 1860 至 1900 年,仅西部 19 个州和领地,就新添了 141276 个农场,13073 万英亩耕地。随着大批处女地被垦殖,美国农牧业的中心已移到阿巴拉契亚山脉以西。到 1900 年,新定居的美国西部,共饲养了全国 50% 的牛、56% 的羊、25% 的猪,生产全国 58% 的小麦和 32% 的谷类,而它的人口只占全国的 17%②。

作为西部经济发展中的核心问题,经济上的转型要比土地开发困难得多,但这在西部也得以较快的实现。如果说在西部诞生的成千上万拓荒农场主,最初多少还带着某些自给自足色彩的话,那么要不了三两年他们就可能成为自给有余的商业农民。这可从 19 世纪

---

① R. 比林顿:《向西部扩张:美国边疆史》下册,第 347 页。
② G. Fite, op. cit., p. 223.

585

20 年代乔治·弗劳尔所写的《伊利诺伊爱德华县的英国定居点历史》一书得到证明。该书写道:"最初的定居点建立之后大约三年内,玉米、猪肉和牛肉都有盈余,但无市场。农民只好离开农场自寻财路,把农产品转运出去直至找到市场。"①作者本人是该定居点创建人之一,因此这个记载应当是可信的。而那些经营得法的农场主,如主要经济作物选择得当,又善于利用市场给他提供的机会,几年之内就可能把产业规模扩大几倍,甚至演变成名副其实的资本主义农场主,威廉·西沃尔可视为这方面一个典型而又普通的例子。此人原籍弗吉尼亚,1830 年 3 月才定居于伊利诺伊杰克逊维尔,8 月份才以每英亩 1.25 美元价格购得"公共土地"240 英亩开始其拓荒业,但几年之内他不仅两次扩大了他的农场而且还有了出租土地,每年出售的小麦在 250 蒲式耳以上,并于 1831 年就采用了雇佣劳动制,1835年又把这种制度扩大到家庭成员②。自然,从整个大西部来看,实现这种转型可能需要二三十年,但对于局部地区或个人而言"只有几年就发生了"(恩格斯语)。

  西部的迅速发展,还在都市化方面反映出来,而都市化又是工业化的产物,是农业社会转变为工业社会的标志,因此在很大程度上反映着西部拓荒业质的变化。研究者常常引用"都市化比例增量",对不同地区都市化的速度进行比较,因为这一指标反映着某个时期增加的都市人口与该时期开始时的都市化比例的内在联系。据统计,1850—1860 年间,全国都市化比例的平均增量仅为 4.5%,大西洋中部地区也只有 9.9%,而太平洋沿岸却达到 12.0%;1860—1870 年

---

  ① 贝阿德·斯蒂尔编:《美国西部开发纪实》(1607—1890 年),光明日报社 1988 年版,第 52 页。
  ② Allan G. Bogue, *From Prairie to Corn Belt*(《从大草原到玉米带》),University of Chicago Press, 1963, p. 243.

间,全国都市化比例的平均增量为 5.9%,大西洋中部地区也只有 8.8%,而太平洋沿岸却达到 13.7%。① 这说明,西部存在着较快的人口集中趋势。正因为如此,在实现都市化方面,西部得以用较短时间走完东部相同的历程,而尤以五大湖区更为突出。如果我们从 8% 的都市化水平算起,到基本实现都市化即人口都市化比例在 50% 以上,新英格兰用了 80 年(1800—1880 年),而五大湖区只花了 60 年(1850—1910 年),远西部所用时间则更少。

为何西部会获得如此迅速的发展?对此研究者已有许多的探索和思考。有人把它归之于"得天独厚"的自然资源,认为广袤的处女地是西部繁荣的主要原因。关于这一点,艾伯特·加勒廷 1796 年在土地法案的辩论中就说:"如果深入考察这个国家的幸福从何而来,那就会发现它的根源在很大程度上是在于按其与居民的比例来说极为充分的土地。"②也有人特别强调外来移民的作用,认为如果没有欧洲移民(甚至华工)就没有西部的迅速开发。论者常常从此种观点出发,引述马克思和恩格斯这一著名论点:"正是欧洲移民,使北美能够进行大规模的农业生产,这种农业生产的竞争震撼着欧洲大小土地所有者的根基。"③其实,除了上述两个重要原因而外,最主要的还是由于西部开发模式所具有的自我发展功能,即它所包含的巨大的内在活力,而土地和移民对它来说都不过是外在因素,它们只能在一定条件下才能发挥作用。

之所以把它的发展能力称为"自我发展功能",是因为它的功能或能力是来自西部开发模式本身的性质和特点,它们是在这个模式

---

① G. Porter ed., *Encyclopedia of American Economic History*(《美国经济史百科全书》),Vol.1,New York,1980,p.1040.
② 塞缪尔·莫里森等,《美利坚共和国的成长》(上卷),第 401—402 页。
③ 《马克思恩格斯选集》,第 1 卷,第 230 页。

形成时就被赋予了的。如前所述,西部开发模式形成于联邦政府关于西部公共土地"私有化"的政策,而这种私有化是通过"公开拍卖"来实现的,这就不可避免地把市场原则引入西部开发过程,并使之成为日后西部发展的主要机制。例如,最初以 640 英亩为单位出售公地的决定曾是妨碍移民的一大障碍,但农场建立者土地来源的多元化又得以使移民有可能越过这一障碍,而土地来源的多元化则是根源于"公地出售"与"公地授予"政策本身,正是这种政策造成了国有土地所有权的转移和分散。又如,由公地出售所带来的公共土地商品化,形成了公共土地官方价格与市场价格的差额,这就使土地投机在经济上具有了明显的意义,而后来在西部开发中起了重要作用的商业资本,主要就是通过各种形式的土地投机被引入西部的。正因为如此,一位美国学者在谈及国会在各地所设置的"土地局"的业务时,使用了具有"业务"和"商业"双关语义的"business"一词[1]。它说明,"土地局"的作用正在于,架设国家与私人之间的桥梁,充当公地与市场之间的"中介"。

西部由垦殖社会向工业社会的转变不仅时间短,而且在许多地方很难划分出多少明显不同的阶段,发展呈"成倍加速"与"连锁反应"的趋势。这是因为,在西部的开发和发展中,有一种"相互影响的积累过程在起作用"[2],即具有一种各行各业同步发展又互相推动的功能,而这一功能显然与西部开发模式的多元性有关。仔细考察起来,以土地为中心的"基础资源"开发从一开始就不限于农业,而是包括拓荒业、畜牧业和采矿业在内的三大行业。当这三大基础资源开发业兴起之时,它们不仅互相影响而且又分别带动和促进一系列新

---

[1] M. Rohrbough, *The Land Office Business*(《土地办公业》),Oxford University Press,1968.
[2] 卡特·古德里奇语,见 G.C.菲特和 J.E.里斯:《美国经济史》,第 279 页。

的行业的诞生:与农业相联系的是面粉加工业,与畜牧相联系的是肉类加工业,而与采矿相联系的则有冶金和机械工业。这就不仅把西部的开发业扩大了好几倍,而且由于重工业的兴起而引起西部开发业的质变。这种质变的一个重要特点是,它不是在单一农业经济的基础上经过缓慢演变而发生的,而几乎是与各地的拓荒业同时开始的,因为作为三大基础资源开发业的采矿业,本身就是工业的一个部门。所以,我们也可以把西部开发模式的这种功能,称之为"多元互动"功能。

在西部开发过程中,中心城镇的集散功能曾发挥过重要作用,而这种功能也可以说是在西部开发模式形成之时就孕育了的。因为这种功能虽然是任何中心城市都会具有的,但它在西部的开发中显得特别突出:第一,西部城市的兴起几乎是与西部的开发同时起步的;第二,"都市边疆"是与农业边疆、牧牛边疆和采矿边疆同时存在的;第三,由于辐射面较大,西部城市的作用往往超越了它们本身的规模;第四,西部少数较大的城市很快具有了全国性中心城市的性质。总之,西部城市从一开始就在不同地区、不同程度上,在西部经济发展中发挥着中心城市的主导作用,而这就不能说与西部开发模式本身无关了。事实上,正是在对西部开发模式的形成起了决定作用的"1785年土地法"中,采用了既来自于殖民时代新英格兰又有别于新英格兰的"市镇殖民制度",这就使西部中心城镇的兴起具有了两大特点:(1)它的兴起几乎是与西部的拓殖同步发展的,因为作为某些城市起源的"市镇"原本是边疆移民社会的单元;(2)它的兴起是与大规模土地投机交织在一起的,因为它采用的是"市镇殖民制度"与公共土地出售相结合的办法。结果是,当西部许多地方的大规模农业开发尚未到来时,"市镇"已伴随着某些最初的开发活动(如采矿业)提前起步了,虽然它们的大发展仍然有赖于当地日后的大规模拓殖。

由此可见,美国西部得以迅速开发的根本原因,不在于它拥有"得天独厚"的自然条件,因为自然条件只是构成经济迅速发展的潜力,也不在于它得到了多少欧洲移民的帮助,因为统计表明在西部定居的移民仍以美国出生的居多①,而在于它具有巨大的自我发展和自我扩张的能力,这种能力从根本上说是由它在开发中采用的方式和特点决定的。十分清楚,如果没有联邦政府关于西部土地"先国有化而后私有化"的方针,没有大批大批的联邦土地投放市场并因此被商品化,不仅不可能吸引成千上万外来移民投入大西部开发的行列,也就不可能迅速地和有效地利用其丰富的自然资源并将它们转化为现实的生产力,更不可能使西部的开发获得那样少有的多样性。正因为如此,马克思深刻地指出:"自由殖民地的本质在于,大量土地仍然是人民的财产,因此每个移民都能够把一部分土地变为自己的私有财产和个人的生产资料,而又不妨碍后来的移民这样做。"他并由此进一步得出结论说:"这就是殖民地繁荣的秘密。"②显然,马克思在这里强调的,是土地的私有权及其形成的条件,而不是土地本身的重要性。

由是,我们便可以形成这样一个概念:所谓"美国西部开发模式",就是在"自由土地"的基础上,推行西部土地"先国有化而后私有化"的政策,以及"市镇殖民制度"与公共土地出售相结合的办法,大量吸收国内外移民、技术和资本,充分利用西部与北部和南部在经济上的互补性,农业开发、牧业开发、矿产开发与市镇开发并进,在处女地上进行工业化的模式。由于"自由土地"是其赖以形成和运行的基

---

① D. Ward, *Cities and Immigrants: A Geography of Change in Nineteenth Century America*(《城市与移民:十九世纪美国变化中的地理》), Oxford University Press, 1971, p. 60. 参见拙著:《美国边疆史》,第 270 页。

② 卡尔·马克思:《资本论》第 1 卷,人民出版社 1975 年版,第 837 页。

础,并在很大程度上决定着这个模式的性质和特点,其运作又带有浓厚的土地投机色彩,我们可以称之为"自由土地开发模式"。

有鉴于此,我们在研究西部开发模式时,应当在总体上把握两点:第一,必须充分注意"公共土地"政策的作用,因为只有它才能真正说明所谓"自由土地"的意义,以及整个开发模式的性质和特点;第二,必须将整个大西部纳入这个统一的模式之中,而不能仅仅把研究放在"中西部"或"远西部"这些局部地区,因为它们作为"公共土地州"是一个整体。离开了这两点,就谈不上该开发模式的规定性。

(原载《北大史学》1994年第2期)

后　　记

在本文集即将付梓的时候,有些话是不能不说的。因为它几乎涉及了我此前的整个学术生涯,因而也凝结了本人及太多人的心血。

我要感谢我在北大学习期间,为我们授过课的全体教师,他们是讲授中国史的孙森、张传玺、田余庆、汪篯、邓广铭、许大龄、张寄谦;讲授世界史的魏杞文、朱桂昌、欧阳可璋、郑家馨、徐天新。魏杞文老师不仅在写作上给我许多指点,还为学生找到难得的避难之所,使我在"文革"武斗期间仍可安生。在当时几乎看不到任何学术著作的情况下,杨人楩和张芝联先生多次送书给我,包括中外文书籍在内,真有"雪中送炭"之感。在十年动乱中,在十分艰难的情况下,有一位老师在一段时间内,几乎每周都要抽半天给我辅导专业外语,并在研究方面不时给予指点,他就是博学多才的张广达先生。

"文革"结束后,谭英华先生和张芝联先生率先在国内开设系统的《西方史学史》课程,我不仅全程聆听并阅读指定参考书,还多次与谭先生促膝交谈请教,成为该课程最大受益者。在学术上观点常常相左的罗荣渠和潘润涵两先生,同时都是我敬重的两位世界史老师,我几乎聆听过他们开设的全部研究生课程,如《欧洲史》《西方殖民主义史》《美国史通论》等,真是获益匪浅。马克垚先生和陆庭恩教授,虽不是我本科时的授课老师,但他们单独为我作的中世纪史和非洲史辅导,指点迷津,令我有茅塞顿开之感。马先生及北大历史系的历届领导,多年来对我的照顾和容忍,使我得以全身心地投入自己心爱的事业,同时也服务于这所培养了我的学校,虽经磨难仍能在所不惜。

我的夫人盖秀贞女士,不仅在工作中是模范,在家里也是顶梁柱,还要照顾外孙女,我取得的每一份收获,都包含着她的劳动和汗水。

最后,我要感谢商务印书馆接纳了我这本小书,特别是常绍民、朱绛、王明毅的热情相助,以及他们在编辑此书时所付出的辛劳。

何顺果
2005年6月于北京大学